Haase/Keller
Grundlagen und Grundformen des Rechts

Grundlagen und Grundformen des Rechts

Eine Einführung

von

Dr. RICHARD HAASE
Direktor des Amtsgerichts Leonberg
Honorarprofessor an der
Universität Hohenheim

Dr. ROLF KELLER
Leitender Ministerialrat
im Justizministerium
Baden-Württemberg

Lehrbeauftragte an der
Universität Tübingen

Fünfte, überarbeitete und erweiterte Auflage

Verlag W. Kohlhammer
Stuttgart Berlin Köln Mainz

CIP-Kurztitelaufnahme der Deutschen Bibliothek

Haase, Richard:
Grundlagen und Grundformen des Rechts :
e. Einf. /
von Richard Haase ; Rolf Keller. –
5., überarb. u. erw. Aufl. –
Stuttgart, Berlin, Köln, Mainz : Kohlhammer, 1980.
    ISBN 3-17-005952-1

NE: Keller, Rolf:

Aus dem Vorwort zur 1. Auflage

Wer einen ersten Zugang zum Recht sucht, dem fehlt heute noch in aller Regel ein Orientierungswissen, das ihm – von Schule und Unterricht vermittelt – Hilfe, Anreiz und ein gewisses Maß an Selbstvertrauen bieten könnte. Der Abiturient, der sich dem Studium etwa der Philologie, der Mathematik, der Physik oder der Biologie zuwenden möchte, weiß im Grunde, was ihn erwartet und was von ihm erwartet wird; er kann sogar auf einem fachbezogenen Grundwissen, das er während der schulischen Ausbildung erworben hat, aufbauen. Demgegenüber bedeutet die Wahl des Jurastudiums den Schritt in ein Neuland, dessen besondere Beschaffenheit, dessen steinige und steile Wege und dessen Grenzen weitgehend unbekannt sind. Deshalb stehen so häufig Verlegenheit, Unsicherheit, Ratlosigkeit und ein gewisser „horror vacui" am Beginn des Studiums der Rechtswissenschaft. Erst allmählich und leider mit nicht unerheblichem Zeit- und Energieaufwand gelingt es, Fuß zu fassen, die Grundlagen und Grundformen des Rechts zu begreifen, zum Selbstverständnis der juristischen Denkweise zu finden und damit eigentlich nur die Position zu gewinnen, die die Studienanfänger anderer Fachbereiche bereits im Zeitpunkt des Übergangs von der Schule zur Hochschule besitzen.

Immerhin ist der angehende Jurist in der noch verhältnismäßig günstigen Situation, eine gewisse Anlaufzeit in den ersten Studienmonaten verschmerzen zu können und sein Wissen erst nach sieben und mehr Semestern in einer Prüfung beweisen zu müssen. Anders steht es bei solchen Studierenden, für die die Rechtswissenschaft nicht Hauptfach ist, also insbesondere bei Volks- und Betriebswirtschaftlern, Agrarökonomen, Forstwirten, Akademieabsolventen. Sie sollen gewöhnlich nach einem Jahr juristische Klausuren schreiben können oder gar schon Prüfungen ablegen. Für sie ist es entscheidend, so schnell wie möglich den Einstieg in die fremde und komplizierte Materie des Rechts zu finden, denn davon hängt der Erfolg ab.

An diesen Leserkreis wendet sich unser Buch in erster Linie. Das Bedürfnis all derer, die sich im Nebenfach oder zur Fortbildung mit den Problemen des Rechts zu befassen haben, nach einer einfachen und anschaulichen Einführung, die nichts voraussetzt, veranlaßte uns zu unserem Bemühen.

Allerdings glauben wir, auch den angehenden Juristen in seinen ersten Semestern ansprechen zu können. Dabei darf unsere Darstellung selbstverständlich nicht mit den vorhandenen großen, teils schon klassischen Einführungswerken verglichen werden: Wir setzen eine erhebliche Stufe „tiefer" an und wollen uns darauf beschränken, mit einer ersten Einführung in das Recht den Boden zu bereiten, auf dem die Lektüre jener im Grunde mehr als nur einführenden juristischen Literatur ihre reichen Früchte tragen kann. Ebensowenig kann und soll unsere Arbeit das „Lehrbuch" ersetzen. Im Gegenteil! Unser Ziel ist es, den Anfänger zu den Lehrbüchern hinzuführen, ihm das „Vorverständnis" zu vermitteln, das ihm erlaubt, müheloser zu den eigentlichen Quellen der Rechtswissenschaft vorzudringen. Gedacht haben wir ferner an die Ausbildung der Beamten des gehobenen Justiz- und Verwaltungsdienstes, die durch unsere Darstellung unterstützt werden könnte.

Die Rechtsfremdheit, mit der Schüler im allgemeinen, Inhaber des Reifezeugnisses im besonderen, in das Leben hinaustreten – in ein Leben, das so eng und so vielfältig mit dem Recht verflochten ist –, wird seit langem beklagt, aber sie ist noch immer eine Tatsache. Freilich fehlt es nicht an Anstrengungen und guten Ansätzen, hier eine wirksame Abhilfe zu schaffen. Auch wir haben versucht, die Impulse zur Intensivierung des „Rechtskundeunterrichts" zu mehren. Im Zusammenwirken mit erfahrenen Lehrern und mit versierten Praktikern des Gemeinschaftskundeunterrichts, denen wir an dieser Stelle besonders danken möchten, haben wir viele didaktische Anregungen bekommen, die wir gerne aufgegriffen und die in den folgenden Seiten ihren Niederschlag gefunden haben. Diese Zusammenarbeit mit Pädagogen insbesondere ermutigt uns zu der Hoffnung, daß unsere Arbeit als Beitrag zur Gestaltung des Rechtskundeunterrichts an den Schulen gelten, daß sie dem Lehrer als Handreichung dienen und daß sie den Schülern der Oberklassen als Information nützlich sein möge.

Die Schwierigkeiten, die sich ergeben, wenn der Jurist seine Materie „populär" gestalten will, sind groß. Ihre Ursachen liegen vor allem darin, daß der Jurisprudenz als einer hochspezialisierten Wissenschaft ein „Kleines Einmaleins" von Natur aus fremd ist. Wer es unternimmt, Laien in das Recht einführen zu wollen, bewegt sich auf einem besonders schmalen Pfad zwischen gefährlicher Simplifikation, die keine Grundlagen, sondern allenfalls ein dilettantisches Halbwissen vermitteln kann, und ungeeignetem Perfektionismus, der sich in allzuvielen Details verliert und verwirrt, wo Klarheit geboten ist.

Wir wissen, daß es sich bei unserem Unternehmen um einen Versuch handelt, der die doppelte Gefahr oder – wenn man so will – den doppelten Nutzen in sich schließt, sowohl der Kritik der Juristen als auch dem Tadel der Pädagogen anheimzufallen.

Was die juristische Seite anlangt, haben wir uns von folgenden Vorstellungen leiten lassen: Wir verfolgen mit unserer Darstellung keine wissenschaftlichen Ambitionen, wollen vielmehr in möglichst einfacher Sprache, die allerdings feststehende Fachbegriffe nicht einfach „unterlaufen" kann, und unter Verwendung vieler Beispiele dem Laien eine Vorstellung von dem geben, was den Juristen bewegt. Gleichzeitig sollen erste Kenntnisse vermittelt werden, auf denen eine weitere Ausbildung oder Fortbildung aufgebaut werden kann. Die Auswahl des Dargebotenen war naturgemäß starken Beschränkungen unterworfen: Eine Behandlung sämtlicher Rechtsbereiche bis hin zum Wertpapierrecht, zum Internationalen Privatrecht oder gar zum Kirchenrecht schien uns in dieser ersten Einführung ebensowenig am Platze wie eine in sich komplette Beschreibung der von uns ausgewählten Gebiete. Wir haben uns entschlossen, „Grundformen" unserer Rechtsordnung darzustellen und uns damit gleichzeitig zur „Lückenhaftigkeit" bekannt. Bei dieser Anlage des Buches müssen wir es auf uns nehmen, daß Auswahl und Kompression des Stoffes mit keiner allseitigen Zustimmung der juristischen Fachwelt rechnen dürfen. Wenn im übrigen dem bürgerlichen Recht ein verhältnismäßig breiter Raum gewidmet wurde, so deshalb, weil gerade dieser Bereich unserer Rechtsordnung dem Anfänger besondere Schwierigkeiten macht und ihm wohl auch der fremdeste ist. Der Konzeption unseres Versuches entsprechend haben wir auf die Diskussion wissenschaftlicher Lehrmeinungen ebenso verzichtet wie auf Zitate aus der Rechtsprechung. Unerläßlich ist es jedoch, daß die angeführten gesetzlichen Bestimmungen nachgelesen werden.

Trotz der zahlreichen Beispiele hält sich unsere Darstellung an die juristische Systematik und Methodik, die vom Allgemeinen zum Besonderen führt. Wir meinen, daß die Rechtswissenschaft insoweit eine nahe Verwandtschaft zur Mathematik hat: Beiden Fachbereichen sind die Erfordernisse der Systematik und der fachwissenschaftlichen Grundlage wesensnotwendig. Dabei verkennen wir durchaus nicht, daß das Recht, das uns gewöhnlich im „Episodenhaften" begegnet, in besonderem Maße dazu verlockt, induktiv vorzugehen. Das mag von Fall zu Fall und unter fachkundiger Anleitung sogar durchaus zweckmäßig und wünschenswert sein. Insgesamt aber kommt es, so meinen wir, auch beim Recht darauf an, das geordnete Ganze zu übersehen und zu verstehen.

Trotz unseres Strebens, die Darstellung möglichst einfach zu halten, ist das Buch ganz gewiß keine Reise- oder Entspannungslektüre. Es kann auf die Mitarbeit seiner Leser nicht verzichten und wäre ohne ihr Bemühen totes Inventar. Wer es zur Hand nimmt, wird also durch Höhen und Tiefen gehen und manche Stelle vielleicht mehrmals lesen müssen, um sich in die juristische Welt einzuarbeiten. Was Euklid von der Mathematik gesagt hat, gilt auch von der Rechtswissenschaft: Es gibt keinen Königsweg zu ihr.

Leonberg, im April 1971   Die Verfasser

Vorwort zur 5. Auflage

Als wir vor nunmehr knapp zehn Jahren die „Grundlagen und Grundformen des Rechts" zum erstenmal der Öffentlichkeit übergaben, waren wir uns des Wagnisses, die Zahl der erprobten Einführungen in die Rechtswissenschaft um ein weiteres Lehrbuch zu vermehren, durchaus bewußt. Die gute Aufnahme, die unser Werk gefunden hat und die jetzt seine fünfte Auflage notwendig macht, erfüllt uns mit der dankbaren Genugtuung, daß der Versuch geglückt und die Form, in der wir unsere Leser mit dem Recht vertraut machen wollen, brauchbar ist. Mit Freude dürfen wir heute feststellen, daß der „Haase/Keller" seinen Platz in der juristischen Ausbildungsliteratur gefunden und daß er den Leserkreis, der uns in erster Linie vorschwebte und den wir im Vorwort zur ersten Auflage angesprochen haben, erreicht hat.

Die Entwicklung in Gesetzgebung und Rechtsprechung zwang uns, ständig am Inhalt des Buches zu arbeiten, es auf dem laufenden zu halten, um dem Benutzer in Studium, Fachunterricht oder Schule, in Aus- oder Fortbildung, bei zielgerichteter Arbeit oder ergänzender Informationslektüre ein stets aktuelles Bild unserer Rechtsordnung zu vermitteln. Zuweilen war das Tempo der Gesetzesproduktion so groß, daß wir zwischen den einzelnen Auflagen zusätzliche Ergänzungen als Einlegeblätter herausgeben mußten, um das „geltende" Recht korrekt darzustellen. Dafür, daß der Verlag für diesen „Aktualitäts-Dienst" im Interesse unserer Leser Verständnis hatte und hat, sei an dieser Stelle besonders gedankt.

Vor allem aber danken wir unseren Lesern, von denen wir manche Anregung erhalten haben. Wenn immer es möglich war, haben wir diese Anstöße, Ratschläge, Ideen oder auch Ermunterungen aufgegriffen und umgesetzt. Da uns immer die praktische Brauchbarkeit der Einführung in der Ausbildung ganz besonders am Herzen lag, haben wir uns auch jenen Wünschen nicht verschlossen, die – im Rahmen des Möglichen – auf eine partielle Erweiterung des Stoffangebots gerichtet waren. Das Buch hat deshalb auch an äußerem Umfange merklich zugenommen. Wir hoffen, daß dies nicht als Nachlassen unseres „Mutes zur Lücke", zu dem wir uns nach wie vor bekennen, mißdeutet wird und auch auf unsere künftigen Leser keine abschreckende Wirkung ausübt.

Ebensowenig wie die Vorauflagen ist die fünfte Auflage ein „dictum perpetuum". Erneut wurde an vielen Stellen geschliffen, gestrichen, ergänzt oder umformuliert. Das Buch ist damit dem Stande der Gesetzgebung zum Abschluß der 8. Legislaturperiode des Deutschen Bundestages angepaßt worden.

Nicht länger konnten wir einem seit Jahren immer wieder geäußerten Wunsche widerstehen: In einem neuen Abschnitt haben wir die Grundzüge des Handels- und Gesellschaftsrechts eingearbeitet. Die insoweit bisher bestehende Lücke war insbesondere von den Schulen, in erster Linie von Berufsschulen und Wirtschaftsgymnasien, aber auch von zahlreichen anderen Ausbildungsinstitutionen beklagt worden.

Entsprechende Impulse und Überlegungen haben uns ferner veranlaßt, das im „Alltag" besonders vorherrschende Recht der Ordnungswidrigkeiten in seinen Grundformen darzustellen. Zugleich haben wir allerdings auch versucht, Ausschnitte aus dem „Besonderen Teil" des Strafgesetzbuches mit einer Darstellung ausgewählter Straftatbestände zu bieten, um damit dem strafrechtlich Interessierten einen ersten Einstieg zu vermitteln.

Wir hoffen erneut, mit dieser Auflage eine verständliche und zuverlässige Information über die wesentlichen Strukturen und Bereiche unserer Rechtsordnung zu geben und das Interesse unserer Leser am Recht zu vertiefen.

Leonberg, im September 1980   Die Verfasser

Inhaltsverzeichnis

2. Unterabschnitt

Das Recht der Schuldverhältnisse

3. Unterabschnitt

Das Sachenrecht

4. Unterabschnitt

Familien- und Erbrecht

Dritter Abschnitt

Einblick ins Handels- und Gesellschaftsrecht

Vierter Abschnitt

Grundlinien des öffentlichen Rechts

1. Unterabschnitt

Das Verfassungsrecht der Bundesrepublik Deutschland

2. Unterabschnitt

Strafrecht und Recht der Ordnungswidrigkeiten

3. Unterabschnitt

Einblick in das Verwaltungsrecht

4. Unterabschnitt

Das Prozeßrecht

Abkürzungsverzeichnis

a.a.O.	am angegebenen Ort
AbfG	Abfallbeseitigungsgesetz
Abs.	Absatz
a. E.	am Ende
a. F.	alter Fassung
AG	Aktiengesellschaft
AGBG	Gesetz zur Regelung des Rechts der Allgemeinen Geschäftsbedingungen
AktG	Aktiengesetz
Art.	Artikel
AV	Ausführungsverordnung
BBauG	Bundesbaugesetz
BBG	Bundesbeamtengesetz
bestr.	bestritten
BGB	Bürgerliches Gesetzbuch
BGBl.	Bundesgesetzblatt
BGHZ	Entscheidungen des Bundesgerichtshofs in Zivilsachen (Band, Seite)
BImSchG	Bundes-Immissionsschutzgesetz
BRRG	Beamtenrechtsrahmengesetz
BSHG	Bundessozialhilfegesetz
BVGG	Gesetz über das Bundesverfassungsgericht
BWahlG	Bundeswahlgesetz
DRiG	Deutsches Richtergesetz
EGBGB	Einführungsgesetz zum BGB
EGGVG	Einführungsgesetz zum Gerichtsverfassungsgesetz
EGStGB	Einführungsgesetz zum Strafgesetzbuch
f.	folgende(r) (Paragraph, Seite usw.)
ff.	folgende
FlurBG	Flurbereinigungsgesetz
GBO	Grundbuchordnung
GBVerf	Grundbuchverfügung
Ges.Bl.	Gesetzblatt
GewO	Gewerbeordnung für das Deutsche Reich
GG	Grundgesetz für die Bundesrepublik Deutschland
GmbH	Gesellschaft mit beschränkter Haftung
GmbHG	GmbH-Gesetz
GenG	Genossenschaftsgesetz
GVBl.	Gesetz- und Verordnungsblatt
GVG	Gerichtsverfassungsgesetz
Halbs.	Halbsatz
HGB	Handelsgesetzbuch
h. M.	herrschende Meinung
i. e. S.	im engeren Sinn
i. w. S.	im weiteren Sinn
JGG	Jugendgerichtsgesetz
Jhdt.	Jahrhundert
Kap.	Kapitel
KG	Kommanditgesellschaft
Nr.	Nummer
OHG	Offene Handelsgesellschaft
OWiG	Gesetz über Ordnungswidrigkeiten

PStG	Personenstandsgesetz
S.	Seite
s.	siehe
s. o.	siehe oben
s. u.	siehe unten
StGB	Strafgesetzbuch
StPO	Strafprozeßordnung
str.	streitig
StVG	Straßenverkehrsgesetz
StVO	Straßenverkehrsordnung
StVollzG	Strafvollzugsgesetz
u. a. m.	und andere(s) mehr
u. dgl.	und dergleichen
u. v. a.	und viele andere
vgl.	vergleiche
VwGO	Verwaltungsgerichtsordnung
VwVfG	Verwaltungsverfahrensgesetz
WEG	Wohnungseigentumsgesetz
WPflG	Wehrpflichtgesetz
WStG	Wehrstrafgesetz
ZPO	Zivilprozeßordnung
ZVG	Zwangsversteigerungsgesetz

Erster Abschnitt

Allgemeine Grundlagen

1. Kapitel

Rechtsordnung und Recht

Die Beziehungen des Menschen zu seiner Umwelt wickeln sich nicht regellos ab. Sie sind vielmehr von zahlreichen und sehr verschiedenartigen **Ordnungssystemen** abhängig.

Eine fundamentale Ebene, in der Ordnung sichtbar wird, ist der **physisch-materielle Bereich der unbelebten Natur.** Hier spielen sich Entwicklungsprozesse und Vorgänge ab, die keineswegs auf Zufälligkeiten beruhen, sondern von einer unabänderlichen Regelmäßigkeit und von einer zwingenden Kausalität bestimmt sind.

> Das Atom ist nach einem bestimmten Prinzip aufgebaut; die Planeten bewegen sich gesetzmäßig in ihren Bahnen; ein Stein fällt mit bestimmter Beschleunigung zur Erde usw.

Die unter gleichen Bedingungen immer gleichen und meßbaren Verhaltensweisen sind schon mit dem Wesen der materiellen Dinge und Kräfte gesetzt und gehen aus ihm mit Notwendigkeit hervor. Man spricht von **Naturgesetzen.** Sie beherrschen alle anderen Ordnungssysteme und erzwingen allgemeine Beachtung.

> Eine Rechtsvorschrift, die z. B. davon ausginge, daß das Wasser bergauf fließe, wäre absurd.

> In seinem Geschichtswerk berichtet der Grieche Herodot über die Perserkriege, die in den Jahren 500–479 v. Chr. zwischen Persern und Griechen geführt wurden. Er beschreibt, wie der persische König Xerxes eine Brücke über den Hellespont schlagen ließ, um sein Heer von Asien nach Europa überzusetzen, wie ein Sturm die eben gebaute Brücke zerstört und fährt dann fort: „Wie das nun Xerxes erfuhr, regte er sich sehr auf und befahl, der Hellespont solle dreihundert Geißelhiebe bekommen und man solle in die See Fesseln hinabsenken und ich habe gehört, daß er noch Brandmarker abschickte, um das Wasser zu brandmarken. Während des Geißelns befahl er, folgenden Fluch zu sprechen: ‚Du bitteres Wasser, Dir legt der Gebieter diese Strafe auf, weil Du ihn beleidigt hast, ohne daß er Dir ein Leid angetan hat. König Xerxes wird über Dich gehen, ob Du willst oder nicht'."

Alle Regelungen, die der Mensch treffen will, müssen die natürlichen Gegebenheiten beachten. Sie sind sonst sinnlos.

Aber auch die Ordnung, die für die **belebte Natur** maßgebend ist, muß als unabänderlich, als absolut hingenommen werden. Zwar sind die Vorgänge im Bereich des Organischen weitgehend der exakten mathematisch-formelhaften Erfassung entzogen, jedoch nehmen sie ebenfalls einen ganz bestimmten Regelverlauf.

Jedes Leben hat seinen Anfang, sein Wachsen, Altern und seinen Tod; die Tragezeiten lassen sich für den Menschen und für alle Arten der Säugetiere innerhalb bestimmter Toleranzen feststellen usw.

Auf dem natürlichen Reifeprozeß des Menschen beruhen gesetzliche Regelungen über seine Schuldfähigkeit, seine Strafmündigkeit, seine Geschäftsfähigkeit, seine Ehefähigkeit usw.; die statistisch erhobene durchschnittliche Lebenserwartung des Menschen spielt für das Versicherungsrecht eine wichtige Rolle; an die unumstößliche Tatsache des Todes knüpft das Erbrecht an; die Erkenntnisse über die Bedrohung von Tier- oder Pflanzenarten sind Ausgangspunkt für die Jagd- und Naturschutzgesetze.

Obwohl der Mensch diesen naturgesetzlichen Zwängen unterworfen ist, bleibt ihm ein weiter **Freiheitsraum** für eigene, selbstgewählte Gestaltungsmöglichkeiten seines Lebens. Diese Fähigkeit zur freien Selbstbestimmung stellt einen Grundwert menschlicher Lebensführung und die Bedingung dafür dar, daß der Mensch aus eigener Entschließung „Gutes" oder „Böses" tun kann. Auf Grund dieser Freiheit **setzt der menschliche Geist** neben die von Natur aus bestehenden Gesetzlichkeiten **eigene Ordnungen;** zu ihnen gehört auch das **Recht.** Es ist seinem Wesen nach **Sozialordnung,** weil es die Beziehungen der Menschen zueinander regeln will. Das Recht ist aber nicht die einzige soziale Ordnung; es muß daher zunächst gegenüber anderen Regelungen des zwischenmenschlichen Bereichs *abgegrenzt* werden.

Nur wenige elementare menschliche Beziehungen können sich völlig ungenormt entwickeln, sind durch keinerlei Zwang gebunden und beruhen allein auf der Achtung vor der Person des anderen und auf gegenseitigem Vertrauen.

> Hierher gehören z. B. die Beziehungen aus Liebe, Freundschaft oder Kameradschaft: das Zusammenleben von Vater, Mutter und Kindern, die Freundschaft zwischen Schülern, die Kameradschaft der Bergsteiger.

In diesem Bereich ist der dem Menschen angeborene Zwiespalt zwischen eigennützigem Streben und Gemeinschaftssinn weitgehend überbrückt. Die Ordnung bricht aber zusammen, wenn und sobald der persönliche Eigenwille eines Partners vorherrschend wird oder werden möchte. Egoismus gefährdet oder zerstört diese Beziehungen.

Eine ähnlich ungesicherte Sozialordnung ist der **Brauch.** Die Mißachtung oder Verletzung der im Brauch begründeten Verhaltensregeln hat keine, jedenfalls keine schwerwiegenden Folgen.

> Es ist hierzulande Brauch, die Hauptmahlzeit um die Mittagsstunde einzunehmen; wer sich daran nicht hält und seine tägliche Hauptmahlzeit anstelle des Frühstücks einnehmen möchte, wird dies regelmäßig ohne alle Nachteile tun können.

Demgegenüber ist die Ordnungsmacht der **Sitte** oder der Konvention wesentlich stärker. Auch wenn die Maßstäbe, die von der Verkehrssitte aufgestellt werden, einem ständigen Wandel unterworfen sind und heute verhältnismäßig großzügig gehandhabt werden, haben sie in der liberalen, pluralistischen Gesellschaft mindestens noch mitbestimmende Bedeutung.

> Es ist Sitte, daß sich Bekannte gegenseitig grüßen; wer einen Gruß nicht erwidert, muß damit rechnen, künftig „geschnitten" zu werden.

> Die Einhaltung gewisser Umgangsformen und des sogenannten guten Tons (Tischsitten, Gebote der Gastlichkeit usw.) wird von der Gesellschaft erwartet; wer sich darüber hinwegsetzt, läuft Gefahr, isoliert zu werden.

Die Mißachtung örtlicher Gepflogenheiten kann ebenfalls einen Ausschluß aus der Gemeinschaft, zumindest ein negatives Urteil im „Gerede der Leute", nach sich ziehen. Auch in ganz rationalen Lebensbereichen, wie etwa im kaufmännischen Geschäftsverkehr, sind „übliche Gepflogenheiten" festzustellen (Briefstil, Anredeformel usw.), deren Nichtbeachtung vom Partner unter Umständen sogar mit einem Abbruch der Beziehungen beantwortet wird.

Wer also gegen die Sitte verstößt, muß mit Reaktionen der Gesellschaft rechnen, die ihn mehr oder weniger nachteilig treffen können. Allerdings stehen hinter der Verkehrssitte keine *solchen* Machtmittel, die ihr gegenüber jedermann uneingeschränkte Durchsetzbarkeit sichern. Es ist dem einzelnen anheimgestellt, wie er sich verhalten will. Wer sich allein stark genug fühlt, wer so robust ist, daß ihn die Abkehr seiner Umwelt nicht stört, kann und darf jede Sitte außer acht lassen.

Ganz anders verhält es sich mit der **Moral.** Auch sie hat ordnende Aufgaben. Sie beruht ebensowenig wie die **Religion,** mit der sie nahe verwandt ist, auf objektivem Zwang. Indessen üben beide Ordnungssysteme – Moral und Religion – auf den einzelnen einen **subjektiven Druck** aus, der von der Ausbildung seines Gewissens abhängt und in diesem Maße bindend wirkt. Die Ordnungsstärke von Moral und Religion ist demgemäß von der inneren Haltung der Person abhängig: Hat sie ein sehr ausgeprägtes Gewissen, so wird ihr Verhalten mehr durch Überzeugung als durch äußere Machtmittel bestimmt; ist sie dagegen „gewissenlos", so wird ihr Handeln nicht von moralischen Grundsätzen geleitet, sondern kann nur mit Zwang von außen in eine soziale Ordnung gepreßt werden.

Eine strenge Scheidung von Rechts- und Moralordnung ist nicht möglich. Der Einfluß der Moral auf die Rechtsordnung ist groß. Gleichwohl ist das Recht, das allenfalls vom „Durchschnittsgewissen" ausgehen kann, viel bescheidener und genügsamer als die Moral. Es gibt sich mit einem „ethischen Minimum" zufrieden und knüpft damit an der unteren Grenze dessen an, was moralisch zu fordern ist.

Häufig kommt es deshalb vor, daß der einzelne in bezug auf seine Mitmenschen mehr tut, als er nach der Rechtsordnung mindestens zu tun verpflichtet ist.

Nach § 196 BGB verjähren die Ansprüche der Kaufleute in zwei Jahren. Müller kauft beim Kaufmann Krämer, der in seiner Nähe ein Rundfunkgeschäft betreibt und mit dem er persönlich bekannt ist, einen Fernsehapparat. Nach drei Jahren stellt Krämer bei Durchsicht seiner Geschäftsbücher fest, daß der Kaufpreis von Müller nicht bezahlt worden ist. Er erinnert den Kunden an die ausstehende Forderung. Nach dem Gesetz könnte Müller geltend machen, die Forderung sei bereits verjährt. Tut er dies, so geht Krämer des Kaufpreises verlustig; Müller darf das Fernsehgerät behalten. Es wird letztlich von der inneren Einstellung Müllers abhängen, ob er sich auf seine günstige Rechtsposition beruft oder ob er trotzdem zahlt.

Der Vater eines nichtehelichen Kindes ist zur Zahlung von Unterhalt in Höhe bestimmter Regelsätze verpflichtet. Es hängt von ihm ab, ob er lediglich den Mindestunterhalt bezahlt oder ob er großzügig für das Kind ein übriges tun will.

Aus diesen Abgrenzungen ergeben sich **charakteristische Wesenszüge der Rechtsordnung:**

Die Rechtsordnung ist **Teil der Sozialordnung;** sie ist mit anderen Ordnungen zwischenmenschlicher Beziehungen verknüpft und kann daher bei isolierter Betrachtungsweise nicht voll verstanden werden.

Ein wesentliches Merkmal der Rechtsordnung ist der von ihr ausgehende **Zwang**. Es ist ein *äußerer* Zwang, der vom individuellen Wollen und Wünschen des Zwangsunterworfenen unabhängig in Funktion tritt. Wo der generell geforderte Rechtsgehorsam ausbleibt, wird das Recht zwangsweise durchgesetzt.

> Erfüllt ein Schuldner den gegen ihn gerichteten Zahlungsanspruch nicht, so kann bei ihm zur Befriedigung des Gläubigers unter bestimmten Voraussetzungen eine Sache gepfändet und in einer Versteigerung zu Geld gemacht werden, das dem Gläubiger ausbezahlt wird.

> Verstößt ein Autofahrer gegen Vorschriften des Straßenverkehrsrechts, die zum Schutze aller Verkehrsteilnehmer erlassen wurden, so muß er mit Bestrafung und Verlust seiner Fahrerlaubnis rechnen.

Regelmäßig kommt es übrigens gar nicht dazu, daß der Rechtszwang **unmittelbar** angewendet werden muß; es reicht bereits aus, daß der Betroffene weiß, was ihm droht, wenn er sich nicht richtig, d. h. dem Recht entsprechend, verhält. Die Macht, die der Rechtsordnung innewohnt, tritt **meist nur mittelbar** in Erscheinung: Sie *verhütet* Rechtsverletzungen und *beugt* rechtswidrigen Handlungen *vor*.

> Oft wird eine strafbare Handlung letztlich nur deshalb unterlassen, weil derjenige, der sie eigentlich ausführen möchte, die Entdeckung und die Strafe fürchtet.

> Ein Kraftfahrzeugführer, der mit seinem Auto zur Geburtstagsfeier eines Freundes gefahren ist, widersteht der Versuchung, Alkohol zu trinken, weil er mit einer Verkehrskontrolle bei der Heimfahrt rechnet.

> Ein Schuldner zahlt, weil er weiß, daß der Gläubiger sonst das Gericht anruft und schließlich die Zwangsvollstreckung gegen ihn betreibt.

Notfalls muß das Recht allerdings erzwungen werden. Das ist nur möglich, weil **staatliche Macht** vorhanden ist und ausgeübt werden kann, um dem Bürger in geordneten Verfahren zu seinem Recht zu verhelfen. Es geht nicht an, daß der Staat den rechtswidrig Geschädigten oder Verletzten auf den Weg der Selbsthilfe verweist, denn sonst würde sich immer nur der Stärkere durchsetzen und dauernd Unruhe herrschen.

> Die Mafia, ein sizilianischer Geheimbund, der insbesondere im 19. Jahrhundert viele Anhänger gewann, griff zur Selbsthilfe, weil die Regierung in Neapel zu schwach war, um einen ausreichenden staatlichen Rechtsschutz vor Verbrechen zu gewährleisten. Wie in einer Kettenreaktion löste eine Gewalttat die andere aus. Im Kampf um die Position des Stärkeren rotteten sich ganze Familien gegenseitig aus.

> Aus den isländischen Sagas ist die Blutrache als primitive Form der Vergeltung überliefert, die im übrigen in einzelnen europäischen Gebieten (z. B. auf Korsika) noch im 20. Jahrhundert geübt wird. Sie besteht darin, daß die Tötung oder Ehrenkränkung eines Angehörigen der eigenen Familie oder Gruppe durch Tötung des Schuldigen gerächt wird. Da die Sippe oder Gruppe des Schuldigen insgesamt für die Tat einstehen muß, kann die Blutrache an jedem Mitglied vollstreckt werden. Rache und Gegenrache gehen auch hier bis zum bitteren Ende.

Umgekehrt dient der vom Staat ausgehende Rechtszwang auch dem Rechtsbrecher: Er wiederum wird vor unverhältnismäßig scharfen Reaktionen desjenigen, dem er Schaden zugefügt hat, geschützt.

> Das geordnete Strafverfahren bietet dem Angeklagten die Gewähr dafür, daß er sich verteidigen kann und daß nicht blindwütende Rache („Lynch-Justiz") an ihm genommen wird.

Das geordnete Verfahren in bürgerlichen Rechtsstreitigkeiten garantiert dem Beklagten, daß seine besonderen Verhältnisse angemessen berücksichtigt werden können (z. B. Gewährung von Vollstreckungsschutz, § 765 a ZPO; Gewährung einer Frist für die Räumung einer Wohnung, § 721 ZPO).

Um den Rechtszwang ausüben zu können, schafft der Staat Einrichtungen, die über die Einhaltung oder Wiederherstellung des Rechts wachen: Gerichte und Behörden. In den Verfahrensordnungen bestimmt er außerdem, in welcher Form und mit welchen Mitteln die Rechtspflege durchgeführt werden darf.

Der Staat errichtet und unterhält die Gerichte; er organisiert den Behördenaufbau und verteilt die Zuständigkeiten.

Den Richtern ist die Rechtsprechung anvertraut.

Staatsanwaltschaften haben die Aufgabe, Straftaten zu verfolgen.

Verwaltungsbehörden führen die Gesetze aus; sie gestalten, lenken, fördern und sichern die Belange des sozialen, wirtschaftlichen und kulturellen Lebens im Rahmen der Gesetze.

Vollstreckungsorgane (z. B. Gerichtsvollzieher) erzwingen unter bestimmten Voraussetzungen das geschuldete Verhalten.

Strafvollzugsanstalten werden gebaut, ausgestattet und unterhalten; in ihnen werden die von den Strafgerichten rechtskräftig erkannten Freiheitsstrafen vollstreckt.

Jede Rechtsordnung muß also durch staatliche Autorität gesichert sein. Trotzdem ist sie **keine reine Gewalt- oder Zwangsordnung.** Ihre geistigen Quellen sind nämlich einerseits die **Idee der Gerechtigkeit,** andererseits das **Sozialethos,** d. h. die durchschnittliche Moralauffassung der Gemeinschaft im Staat.

Von Rechtsgelehrten und Philosophen aller Zeiten wurde darum gerungen, das **Wesen der Gerechtigkeit** zu erfassen und damit zugleich die Frage nach der **Herkunft des Rechts** zu beantworten. Eine klare und endgültige Definition des Begriffs „Gerechtigkeit" ist bis heute nicht gefunden worden und sie wird wohl auch nie gefunden werden können. Gerechtigkeit ist ein **Grundwert des menschlichen Zusammenlebens.** Es geht mit ihm aber wie mit vielem: Man kann ihn umschreiben und man kann ihn auf Grund seiner Wirkungen – gleichsam an seinem Schatten – erkennen, jeder direkten und erschöpfenden Bestimmung entzieht er sich.

Ungenau wäre es, die Gerechtigkeit mit der „Billigkeit"[1] gleichzusetzen und dabei die Gegenpole eines starren, positiven Rechts und eines von Fall zu Fall nachgiebigen, „billigen" Rechts aufzustellen. Ungerecht könnte nämlich auch eine Ordnung sein, die jeden objektiven Maßstab aufgeben würde und nur an Billigkeitserwägungen ausgerichtet wäre.

Jede Prüfungsordnung enthält Bestimmungen über die Leistungen, die der Prüfling mindestens erbringen muß, um „bestehen" zu können. In einem juristischen Staatsexamen stellt der Prüfungsausschuß in seiner abschließenden Beratung fest, daß der Kandidat A die zum Bestehen des Examens geforderten Mindestleistungen nur ganz knapp nicht erreicht hat. Die Prüfer wissen, daß es sich bei A um einen fleißigen Mann handelt, der bereits verheiratet ist und eine Familie versorgen sollte. Vom Standpunkt dieses Kandidaten aus erscheint es „billig", ihm trotz seiner nicht ganz ausreichenden Leistungen ein Zeugnis über das Bestehen des Examens zu erteilen. Aus der Sicht aller in der Vergangenheit geprüften und in Zukunft zu prüfenden Kandidaten, aber auch im Hinblick auf den Sinn der Prüfung, die Rechtspflege mit Richtern, Staatsanwälten,

---

1 Im ursprünglichen Sinne des Wortes „billig" = angemessen, gemäß, recht, passend.

Rechtsanwälten usw. auszustatten, die im Interesse der Allgemeinheit nachgewiesenermaßen über die erforderlichen Fachkenntnisse in ihrem Beruf verfügen, wäre es „ungerecht", den Kandidaten A nicht durchfallen zu lassen.

Das **extreme Billigkeitsrecht** würde es weitgehend dem **richterlichen Ermessen** überlassen, alle Zufälligkeiten und Einmaligkeiten des Einzelfalles maßgeblich in der Entscheidung zu berücksichtigen.

Fast jeder Lebensvorgang weist irgendwelche Besonderheiten auf. Würde der Richter immer auf sie abheben, so könnte praktisch kein Fall gleich wie der andere entschieden werden. Der Autofahrer, der in betrunkenem Zustand einen Fußgänger anfährt, kann z. B. sehr verschiedene Gründe dafür haben, daß er, obwohl er sich noch ans Steuer setzen wollte, vor Antritt der Fahrt Alkohol genossen hat: Er kann wegen eines Streites mit seiner Frau, aus Freude über ein von seinem Verein gewonnenes Fußballspiel, zur Betäubung von Zahnweh, aus Genußsucht, weil er in einer lustigen Gesellschaft mithalten wollte, aus Liebeskummer usw. getrunken haben. Wir spüren, daß diesen Motiven durchaus unterschiedliches Gewicht zukommt. Gleichwohl fragen wir uns – auch im Hinblick auf den zu Schaden gekommenen Fußgänger – ob die Strafbarkeit der Trunkenheitsfahrt von den Beweggründen für den vorausgegangenen Alkoholgenuß abhängen kann.

Das **strikte oder strenge Recht** könnte die Schattierungen des Einzelfalles so gut wie überhaupt nicht berücksichtigen; es würde den Richter *verpflichten*, so und nicht anders zu entscheiden, wenn bestimmte Grundvoraussetzungen vorliegen.

Wer eine Trunkenheitsfahrt begangen hat, wird ohne Rücksicht auf die Motive, die für das Trinken vorgelegen haben mögen, bestraft. Wir spüren jedoch Hemmungen, wenn wir annehmen müßten, in jedem Falle wäre unterschiedslos die Verhängung der gleichen und gleich hohen Strafe vorgeschrieben. Soll etwa der gewohnheitsmäßige Trinker, der vielleicht sogar wegen des gleichen Delikts bereits vorbestraft ist, dieselbe Strafe erhalten, wie der bisher verantwortungsbewußte Fahrer, der auf Grund ganz besonderer Umstände einen einmaligen Fehltritt begangen hat?

Bevor wir Folgerungen ziehen, müssen wir unsere Überlegungen durch den weiteren Gedanken der **Rechtssicherheit** vervollständigen. Vom Recht wird gefordert, daß es bestimmt, klar und eindeutig ist: Jedermann soll seinen Inhalt erkennen können. Das billige Recht kann zwar dem Einzelfall ein hohes Maß an Gerechtigkeit angedeihen lassen (man spricht deshalb von **Einzelfallgerechtigkeit**), aber niemand ist, wenn jede Besonderheit des Sachverhalts berücksichtigt werden soll, in der Lage, vorauszusehen, wie das Gericht entscheiden wird. *Billiges Recht ist unsicheres Recht.*

Der Gang zum Rechtsanwalt wird unternommen, weil der Betreffende wissen möchte, welche Erfolgsaussichten eine Klage vor Gericht hat. Nur ein sicheres Recht erlaubt es dem Rechtskundigen, den Sachverhalt zu beurteilen und dem Rechtsuchenden geeignete Ratschläge zu geben.

Es wird erwartet, daß der Rechtsanwalt darüber Auskunft gibt, auf welche Weise und mit welchen prozessualen Mitteln das Recht, das man zu haben glaubt, gerichtlich durchgesetzt werden kann. Oft kommt es dann vor, daß ein Anwalt seinem Klienten wegen mangelnder Erfolgsaussicht davon abraten wird, das Kostenrisiko eines verlorenen Prozesses einzugehen.

Umgekehrt gilt auch der Satz: *Striktes Recht ist sicheres Recht.*

Ist in einem Rechtssatz vorgeschrieben, daß ein bestimmter Vertrag nur gültig sein soll, wenn er notariell beurkundet ist, so kann jedermann von vornherein erkennen, daß ihm

Ansprüche aus diesem Vertrag nicht zustehen, wenn die Formvorschrift nicht eingehalten worden ist. Auf die Gründe, die zu dem Formmangel geführt haben mögen, kommt es grundsätzlich[1] nicht an.

Die Gegenüberstellungen und Beispiele zeigen, daß ein gerechtes Recht versuchen muß, das **Spannungsverhältnis zwischen Billigkeit und Rechtssicherheit** so gut es geht *zu überbrücken*. Man wird nämlich ein striktes Recht, das allzu schematisch ist und keinerlei Besonderheiten des Einzelfalles gelten läßt, als ebenso ungerecht empfinden wie ein zu sehr individualisierendes Recht, bei dem niemand genau genug vorherbestimmen kann, welches Verhalten von ihm gefordert wird und welches Verhalten er von anderen beanspruchen darf.

Wie so oft, liegt der richtige Weg in der Mitte: Das Recht muß dem dargestellten Widerstreit im *Kompromiß* Rechnung tragen.

Jeder soll sich darauf verlassen können, was rechtens ist; jeder soll auch die Möglichkeit haben, im wesentlichen vorauszusehen, wie ein Gericht in einem konkreten Fall entscheiden würde. Nur so wird auch die vorbeugende Wirkung des Rechts erzielt.

Dieser Forderung entspricht die Allgemeinheit, mit der Rechtssätze aufgestellt werden.

Wer z. B. eine bestimmte Handlung begeht, wird mit einer Strafe belegt.

Die Form- und Fristvorschriften dienen in besonderem Maße der Rechtssicherheit.

Ist ein Urteil rechtskräftig geworden, d. h. sind alle Rechtsmittel (Berufung, Revision) ausgeschöpft oder ist die Frist, innerhalb welcher ein Rechtsmittel noch hätte eingelegt werden können, versäumt worden, so muß die richterliche Entscheidung grundsätzlich als unabänderlich hingenommen werden. Nur in ganz außergewöhnlichen Ausnahmefällen, die vom Gesetz abschließend geregelt worden sind, ist die Wiederaufnahme des Verfahrens möglich.

Das Recht muß aber auch die gerechte Entscheidung des Einzelfalls ermöglichen und insoweit der Billigkeit Spielraum lassen.

So enthalten z. B. weitaus die meisten Strafvorschriften einen sogenannten Strafrahmen für das bestimmte Delikt, d. h. für die strafbare Handlung schreibt das Gesetz eine Mindest- und eine Höchststrafe vor. Bei der konkreten Strafzumessung kann der Richter innerhalb dieses „Rahmens" unter Abwägung der strafmildernden und strafschärfenden Besonderheiten des Einzelfalles die angemessene Strafe finden. Im Beispiel mit der Trunkenheitsfahrt können demzufolge die besonderen Umstände des Sachverhaltes bei der Bemessung der Strafe berücksichtigt werden.

Nach § 829 BGB besteht unter bestimmten Voraussetzungen eine Schadensersatzpflicht insoweit, als „die Billigkeit nach den Umständen, insbesondere nach den Verhältnissen der Beteiligten, eine Schadloshaltung erfordert . . .".

Nach § 242 BGB ist der Schuldner verpflichtet, die Leistung so zu bewirken, wie Treu und Glauben mit Rücksicht auf die Verkehrssitte es erfordern.

Das Ineinandergreifen von strengem Recht und billigem Recht macht es auch verständlich, daß der Satz, Gerechtigkeit fordere von der Rechtsordnung, daß sie **„jedem das Gleiche"** gewähre, falsch ist.

---

1 In der juristischen Terminologie wird das Wort „grundsätzlich" sehr häufig verwendet. Im Gegensatz zum gewöhnlichen Sprachgebrauch, wo es regelmäßig für „ausnahmslos" steht, wählt der Jurist den Begriff „grundsätzlich", wenn er zum Ausdruck bringen will, daß Ausnahmen von der Regel (vom Grundsatz) möglich sind.

Der Minderjährige wird im Recht günstiger behandelt als der Erwachsene: Vor Rechtsgeschäften, die ihm nicht ausschließlich einen Vorteil bringen, wird er dadurch geschützt, daß sie ohne Einwilligung des gesetzlichen Vertreters unwirksam sind; strafrechtlich ist nicht verantwortlich, wer zur Zeit der Tat noch nicht vierzehn Jahre alt ist.

Worum es bei dieser „Ungleichbehandlung" geht, möge ein weiteres Beispiel verdeutlichen:

Am Schalter einer Bank steht eine lange Reihe wartender Kunden; ein Neuankömmling stellt sich nicht an das Ende der Warteschlange, sondern drängelt sich vor; die natürliche Folge wird es sein, daß sich die ordnungsmäßig Wartenden über diese „Frechheit" empören und den Ungeduldigen auf seinen Platz zurückweisen.

Anders dürfte die Reaktion der Wartenden ausfallen, wenn es sich bei dem Neuankömmling um einen beinamputierten Schwerbehinderten handeln würde.

In diesem Beispiel wird der Schwerbehinderte auf Grund eines sittlichen Empfindens der wartenden Kunden „anders", „besser" behandelt.

Aber auch das Recht gewährt dem Schwerbehinderten eine Sonderstellung. Das Schwerbehindertengesetz verpflichtet die Arbeitgeber zur bevorzugten Einstellung und beruflichen Förderung von schwerbehinderten Arbeitnehmern.

Was bewirken diese – übrigens schon aus dem Gefühl berechtigt erscheinenden – Unterschiede? Gehen wir von dem Satz aus „jedem das Gleiche", so wäre nicht einzusehen, warum der 12jährige Dieb anders behandelt wird als der 30jährige; wir müßten ferner verlangen, daß sich auch der Schwerbeschädigte solange „anstellt", bis er an die Reihe kommt. Beides könnten wir aber kaum als gerecht empfinden. Von der Rechtsordnung wird deshalb verlangt, daß sie **zwar Gleiches gleich, aber Ungleiches ungleich** behandelt. Der Satz „jedem das Gleiche" muß umformuliert werden; richtig hat er zu lauten: **„Jedem das Seine.**

Jetzt versteht es sich fast von selbst, daß die Rechtsordnung gerecht sein muß, wenn sie die Stufe der Zwangsordnung überwinden will. Sie wird als gerechte Ordnung vom ethischen Durchschnittsbewußtsein so durchdrungen, daß die Vorstellung vom Recht als Zwang weitgehend hinter der Erkenntnis zurücktritt, beim Recht handle es sich um die selbstverständliche Ordnung, die das „Gute" vom „Bösen" scheide.

Zusammenfassend ist festzuhalten: Als Teil der Sozialordnung regelt das Recht mitmenschliche Beziehungen. Dies geschieht unter Androhung von Zwangsmaßnahmen, die im Falle des Rechtsungehorsams verhängt werden sollen. Der Staat gewährleistet, daß das Recht durchgesetzt werden kann. Recht und Gerechtigkeit sind zwar nicht identisch, aber das Recht strebt nach Gerechtigkeit; es dient ihr. Dabei muß das Recht das der Gerechtigkeit innewohnende Spannungsverhältnis zwischen Billigkeit (Einzelfallgerechtigkeit) und Rechtssicherheit angemessen entschärfen. Kraft seiner engen Bindung zum menschlichen Grundwert „Gerechtigkeit" kann und darf das Recht nicht nur unter dem Blickwinkel des Zwangs betrachtet werden. Die Gemeinschaft bejaht es als Notwendigkeit, die im ethischen Bereich ihre eigentliche Rechtfertigung findet.

2. Kapitel

Die Quellen des Rechts

Um zu erkennen, was in einer bestimmten Situation Recht oder Unrecht ist, reicht es in aller Regel nicht aus, nur das eigene **Rechtsgefühl** zu befragen. Wie jedes Gefühl ist auch das Rechtsempfinden subjektiv, wandelbar, von der Erziehung mitbestimmt und von den jeweiligen Umwelteinflüssen geprägt. Es kann – wie andere menschliche Anlagen und Fähigkeiten – in einer primitiven oder unterdurchschnittlichen Entwicklungsstufe stecken bleiben; es kann im Laufe der Zeit abstumpfen, verkümmern und schließlich sogar verrohen. Aber auch derjenige, dessen Empfinden von Recht und Unrecht hoch entwickelt ist, wird einen komplizierter gelagerten rechtlichen Sachverhalt allein aus dem Gefühl nur subjektiv entscheiden können.

Max schuldet dem Moritz 200 DM aus einem Darlehen. Das Geld ist schon einige Zeit zur Rückzahlung fällig. Moritz hat großzügig zugewartet und den Max, mit dem er befreundet ist, nicht bedrängt. Eines Abends machen die beiden Freunde einen Spaziergang. An einer entlegenen Stelle werden sie plötzlich von einem Maskierten, der eine Pistole führt, angehalten und unter schweren Drohungen zur Herausgabe von Geld aufgefordert. Max, der zufällig 200 DM bei sich hat, ursprünglich aber nicht daran dachte, den Darlehensbetrag an diesem Abend an Moritz zurückzuzahlen, zieht seinen Geldbeutel heraus und gibt ihn seinem Freund mit der Bemerkung: „Gerade fällt mir ein, daß ich Dir ja noch 200 DM schulde; da hast Du das Geld!" Sofort nimmt der Räuber dem Moritz diesen Geldbeutel weg. Der kaltblütige Max hatte sich gedacht, daß das Geld auf jeden Fall verloren sei; wenn er es jedoch zuerst dem Moritz gebe, erfülle er immerhin seine Darlehensschuld.

Bevor Sie weiterlesen, überlegen Sie sich, wie Sie diesen Fall nach Ihrem Rechtsgefühl beurteilen würden. Wir haben ihn wiederholt Nichtjuristen vorgetragen und eine Abstimmung darüber herbeigeführt, ob das Darlehen zurückgezahlt und damit die Rückzahlungsforderung des Moritz erfüllt ist oder nicht.

Diese Abstimmungen gingen meist so aus, daß sich eine Hälfte der Teilnehmer für die Erfüllung der Schuld, die andere Hälfte dagegen entschied.

Zur *objektiven* Lösung des Falles muß man wissen, daß aus § 242 BGB der Grundsatz abgeleitet wird, wonach eine Schuld nur dann erfüllt ist, wenn die Leistung zur rechten Zeit und am rechten Ort erfolgt. Beides ist in unserem Beispiel nicht der Fall. Max schuldet dem Moritz nach wie vor 200 DM.

Der in Rechtsangelegenheiten Unerfahrene neigt dazu, vorschnell für den vermeintlich Schwächeren Partei zu ergreifen: Nicht immer ist indes die „arme Witwe" gegenüber dem „harten Gläubiger" im Recht.

Ein Hilfsarbeiter mit Ehefrau und sechs Kindern wohnt in dürftigen Verhältnissen in einer Baracke. Er kauft auf Raten viele teure Gegenstände (Fernsehapparat, Tonbandgerät usw.). Weil er seine eingegangenen Verpflichtungen nicht einhalten kann, kommt es schließlich zum Prozeß, zur Verurteilung auf Zahlung und zur Zwangsvollstreckung. Auch hier stellen wir uns gefühlsmäßig zunächst auf die Seite des sozial Schwachen. Bei näherem Betrachten müssen wir aber anerkennen, daß der Leichtsinn des Käufers nicht zu Lasten der Verkäufer gehen kann.

Die Fähigkeit, einen Vorgang „**objektiv**" einzuschätzen, wird um so stärker beeinträchtigt und in Frage gestellt, je mehr der Beurteilende an dem Ergebnis interessiert ist.

Wer selbst einen Schaden erlitten hat, wird wenig geneigt sein, ein eigenes Mitverschulden zuzugeben.

Unsere Befürchtung, der in solchen Fällen unmittelbar Betroffene werde nicht objektiv urteilen können, klingt deutlich durch, wenn wir in der Umgangssprache sagen, jemand *„suche* einen Schuldigen".

Die Strafprozeßordnung schreibt für bestimmte Verfahren, die für den Angeklagten möglicherweise besonders folgenschwer sein können, die Bestellung eines Verteidigers von Amts wegen vor (Pflichtverteidigung). Auch wenn der Angeklagte selbst rechtskundig ist, muß ihm das Gericht einen Verteidiger beiordnen. Der Grund liegt in der menschlichen Eigenart, die den einzelnen ständig gefährdet, in Dingen des eigenen Interesses den „kühlen Kopf" zu verlieren. Dies kann in einem komplizierten Prozeß, in dem viel auf dem Spiele steht (hohe Freiheitsstrafe, Sicherungsverwahrung usw.), zu Versäumnissen oder zu unbedachten Reaktionen führen, die sich nachteilig auswirken können. Der unbeteiligte „Dritte" behält die bessere Übersicht.

Das Rechtsgefühl schweigt vollständig in Situationen, bei deren Beurteilung es auf die positive Kenntnis von *wertneutralen Ordnungsregeln* ankommt. Das sind Regeln, die für sich betrachtet mit der Idee der Gerechtigkeit, nach deren Verwirklichung das Recht im ganzen strebt, nichts zu tun haben. Sie sind nach praktischen Gesichtspunkten aufgestellt und sollen immer wiederkehrende gleichartige menschliche Beziehungen so ordnen, daß sie ungestört ablaufen können. Diese Ordnungsvorschriften haben große Ähnlichkeit mit *Spielregeln.* Sie müssen daher von demjenigen, der sich aktiv oder als Beobachter am „Spiel" beteiligen möchte, erlernt und beherrscht werden.

Die Regeln eines Fußballspiels oder einer Schachpartie ordnen das Spiel; man muß sie kennen, wenn man mitspielen oder mit Verständnis zuschauen möchte.

In vielen Rechtsbereichen kommen solche Regeln vor, die man, ohne ungerecht oder weniger gerecht zu sein, auch *anders* hätte gestalten können. Wer die Spielanweisungen nicht kennt, wird, wenn er trotzdem zu spielen versucht, verlieren; wer die Regeln des Rechts nicht kennt und glaubt, gefühlsmäßig schon richtig handeln zu können, dem werden weit ernstere Nachteile entstehen.

Am Beispiel des Straßenverkehrsrechts wird das sehr deutlich: Die Frage, ob rechts oder links gefahren und entsprechend links oder rechts überholt werden muß, ist wertneutral. Die einzelnen Staaten können sie in ihren Rechtsordnungen verschieden beantworten. Weder der einen noch der anderen Entscheidung kann unter moralischen oder ethischen Gesichtspunkten der Vorzug gegeben werden. Für den reibungslosen Verkehrsfluß kommt es hauptsächlich darauf an, daß es nicht dem einzelnen Verkehrsteilnehmer überlassen wird, die Straßenseite nach Belieben zu wählen. Wichtig ist ferner, daß der Benutzer der Straße weiß, welche Regelung der Staat getroffen hat, in dessen Gebiet er sich mit seinem Fahrzeug bewegen will.

Das gleiche gilt für viele andere Verkehrsvorschriften (Vorfahrt, Geschwindigkeit, Verkehrszeichen usw.).

Übrigens wird an diesen Beispielen klar, wie bedeutungsvoll es ist, gleiches Recht in möglichst großen Gebieten zu haben, und welche Vorteile die *internationale Angleichung der Rechtsvorschriften* bringen kann.

Ordnungsregeln, bei denen es ausschließlich auf das „Kennen und Wissen" ankommt, gibt es in hoher Zahl auch in anderen Rechtsbereichen (so z. B. im Verwaltungsrecht, im Beamtenrecht, im Baurecht, im Wechsel- und Scheckrecht, im Handelsrecht, im bürgerlichen Recht).

Das Rechtsgefühl kann demnach kein zuverlässiger Maßstab dafür sein, was im Einzelfall Recht oder Unrecht ist; die Rechtsordnung muß sich vielmehr in geeigneten Formen *Ausdruck verschaffen, sich objektiv manifestieren.* Diese Formen, aus denen das geltende Recht hervorgeht oder abgeleitet werden kann, die uns den Erkenntnisgrund liefern, wenn nach dem geltenden Recht gefragt wird, nennen wir „**Rechtsquellen**".

I. Das gesetzte Recht: Gesetz, Rechtsverordnung und Satzung

Für die moderne deutsche Rechtsordnung ist – wie in vielen anderen Staaten der Gegenwart – das **geschriebene Gesetzesrecht** die Hauptform, in der sich das Recht ausdrückt. Das deutsche Recht ist in erster Linie in geschriebenen Rechtssätzen niedergelegt; sie sind häufig systematisch in einem Gesetzbuch (Kodex) zusammengefaßt. Man spricht deshalb auch von einer *„kodifizierten"* Rechtsordnung.

Z. B.: Bürgerliches Gesetzbuch, Strafgesetzbuch, Handelsgesetzbuch, Zivilprozeßordnung, Strafprozeßordnung, Verwaltungsgerichtsordnung.

Im Gegensatz zu unserem kodifizierten System steht das anglo-amerikanische Recht: Hier ergibt sich das Recht vorwiegend aus den Entscheidungen der Gerichte, die – einmal ergangen – grundsätzlich alle Gerichte binden, eine gleiche Rechtsfrage so zu entscheiden, wie sie ein Obergericht in einem anderen Prozeß – mag er auch Jahrzehnte zurückliegen – einmal entschieden hat. Die geschriebenen Rechtssätze (Gesetze), die es daneben in kleiner Zahl gibt, stehen im Hintergrund. Man bezeichnet diese Rechtsordnungen als Systeme des *„Fall-Rechts"* oder *„Spruchrechts"* (*„Case-Law"*). Es leuchtet ein, daß die Orientierung über das geltende Recht z. B. in England recht mühsam werden kann: Wer sich dort über eine bestimmte Rechtsfrage informieren will, kann nicht einfach ein Gesetzbuch zur Hand nehmen; er muß vielmehr die Entscheidungssammlungen der Gerichte durchsichten, ob ein gleicher oder ähnlicher Fall schon einmal entschieden worden ist.

1. Das Gesetz. Gesetze sind Rechtssätze (Rechtsnormen), die von den **verfassungsmäßig berufenen Trägern der gesetzgebenden Gewalt in einem Verfahren und in einer Form, die beide von der Verfassung vorgeschrieben sind, erlassen wurden.**

Zu Einzelheiten über das Zustandekommen eines Bundesgesetzes vgl. unten Kap. 31.

Sie enthalten Regelungen, die in **allgemeiner Form** und mit **verbindlicher Wirkung** die **Rechte und Pflichten des Betroffenen begründen, ausgestalten, ändern oder aufheben.** Das Gesetz ist **generell** und **abstrakt**, d. h. es richtet sich an alle, ist also nicht auf einzelne Personen abgestellt, und regelt nicht unmittelbar einen Einzelfall.

Als Beispiel führen wir die Schadensersatzpflicht bei unerlaubten Handlungen an. § 823 Abs. 1 BGB bestimmt: „Wer vorsätzlich oder fahrlässig das Leben, den Körper, die Gesundheit, die Freiheit, das Eigentum oder ein sonstiges Recht eines anderen widerrechtlich verletzt, ist dem anderen zum Ersatze des daraus entstehenden Schadens verpflichtet."

Diese Regelung ist generell. Es ist also nicht darauf abgestellt, ob der Autofahrer X oder der Autofahrer Y fahrlässig einen Fußgänger angefahren hat. **Jeder,** der vorsätzlich oder fahrlässig die genannten Rechte eines anderen widerrechtlich verletzt, ist dem anderen zum Ersatze des daraus entstehenden Schadens verpflichtet.

Die Regelung ist auch abstrakt, d. h. losgelöst von einem bestimmten Lebensvorgang. Ob z. B. eine Körperverletzung dadurch entsteht, daß im Einzelfall ein Verkehrszeichen übersehen, der Schnee vor dem Hausgrundstück nicht geräumt, ein loser Dachziegel nicht befestigt wurde usw., ist für die Anwendung der gesetzlichen Bestimmung unerheblich.

Während ein Vertrag eine ganz bestimmte (konkrete) Situation regeln kann, trifft das Gesetz Regelungen für eine unbestimmte Vielzahl gleichartiger Lebensvorgänge (z. B. Körperverletzung durch vorsätzliches oder fahrlässiges Verhalten).

2. Rechtsverordnungen. Auch die Rechtsverordnungen enthalten abstrakte Regelungen, die nicht den Einzelfall betreffen und unmittelbar die Rechte und Pflichten des Bürgers berühren. Anders aber als die Gesetze sind sie nicht in dem verfassungsmäßig vorgeschriebenen Gesetzgebungsverfahren und in Gesetzesform zustande gekommen, sondern **von Organen der vollziehenden Gewalt** (Exekutive) in einem **besonderen Verfahren** erlassen worden.

Der Rechtsstaat ist insbesondere durch das Prinzip der *Gewaltentrennung* gekennzeichnet. Danach werden drei Staatsgewalten, die gesetzgebende (Legislative), die verwaltende (Exekutive) und die rechtsprechende (Judikative), unterschieden, die voneinander getrennt sind und sich gegenseitig kontrollieren können. Die Vereinigung aller drei Gewalten in einer Hand würde, wie sich von selbst versteht und wie die Geschichte beweist, zu einer unerträglichen und gefährlichen Machtballung führen.

Nach diesem System ist die Gesetzgebung vom Grundgesetz der Legislative (dem für die Gesetzgebung verfassungsmäßig berufenen Staatsorgan = Parlament = Volksvertretung) vorbehalten; der Exekutive (Regierung und Verwaltung) obliegt es, die vom Gesetzgeber erlassenen Rechtsvorschriften zu vollziehen; die „dritte Gewalt" (rechtsprechende Gewalt = Gerichte) wacht darüber, daß die beiden anderen Staatsgewalten ihre Befugnisse nicht überschreiten und daß das Recht eingehalten wird.

Wenn demnach Organe der vollziehenden Gewalt, nämlich die Regierung oder ein einzelnes Ministerium Rechtsverordnungen erlassen und damit materielles Recht schaffen können, so ist der Grundsatz der Gewaltenteilung *durchbrochen*. Weil dadurch die Exekutive einen erheblichen Machtzuwachs erhält, muß diese ihr übertragene Zuständigkeit und Befugnis in engen Grenzen gehalten werden. Nach Art. 80 GG können die Bundesregierung, ein Bundesminister oder die Landesregierungen nur dann eine Rechtsverordnung erlassen, wenn in einem Gesetz eine spezielle **Ermächtigung** dazu vorhanden ist. Die Legislative hat es also in der Hand, ob und in welchem Umfange sie ihre Befugnisse schmälern und die Zuständigkeit zum Erlaß materieller Rechtsvorschriften auf Organe der Exekutive übertragen will. Die gesetzlichen Vorschriften, die zum Verordnungserlaß ermächtigen, müssen ferner **Inhalt, Zweck und Ausmaß** der Ermächtigung angeben.

Die Ermächtigung muß also so gefaßt sein, daß *vorhersehbar* ist, in welchen Fällen und mit welcher Tendenz von ihr Gebrauch gemacht werden kann und welchen Inhalt die auf Grund der Ermächtigung erlassenen Rechtsverordnungen haben können.

Generalermächtigungen oder Ermächtigungen, die allgemein und unbestimmt sind, wären verfassungswidrig; eine auf sie gestützte Rechtsverordnung könnte keine Wirkung haben. Die Gerichte prüfen die Gültigkeit der Ermächtigung nach. Rechtsverordnungen müssen daher immer angeben, auf welche Ermächtigung ihr Erlaß gestützt wird.

Für die Unterhaltpflicht gegenüber nichtehelichen Kindern bestimmt § 1615 f Abs. 1 BGB: „Bis zur Vollendung des achtzehnten Lebensjahres hat der Vater dem Kinde mindestens den Regelunterhalt zu zahlen; dies gilt nicht, solange das Kind in den väterlichen Haushalt aufgenommen ist. Regelunterhalt ist der zum Unterhalt eines

Kindes, das sich in der Pflege seiner Mutter befindet, bei einfacher Lebenshaltung im Regelfall erforderliche Betrag (Regelbedarf), vermindert um die nach § 1615 g anzurechnenden Beträge..."

In Absatz 2 dieser Vorschrift ist folgende Ermächtigung zum Erlaß einer Rechtsverordnung enthalten: „Der Regelbedarf wird von der Bundesregierung mit Zustimmung des Bundesrates durch Rechtsverordnung festgesetzt. Er kann nach dem Alter des Kindes und nach den örtlichen Unterschieden in den Lebenshaltungskosten abgestuft werden."

Von dieser Ermächtigung hat die Bundesregierung Gebrauch gemacht und die „Verordnung zur Berechnung des Regelunterhalts (Regelunterhalt-Verordnung)" vom 27. Juni 1970 (BGBl. I S. 1010) erlassen. Ihr Eingang hat folgenden Wortlaut: „Auf Grund des § 1615 f Abs. 2... des Bürgerlichen Gesetzbuchs... verordnet die Bundesregierung mit Zustimmung des Bundesrates:...".

In § 1 der Regelunterhalt-Verordnung wurde der Regelbedarf eines Kindes festgesetzt. Durch Änderungsverordnungen in den Jahren 1972, 1974, 1976 und 1979 wurde dieser Regelbedarf wiederholt an die gestiegenen Lebenshaltungskosten angepaßt. Die derzeit geltende Fassung von § 1 der Regelunterhalt-Verordnung hat folgenden Wortlaut:

„Der Regelbedarf eines Kindes (§ 1615 f Abs. 1 Satz 2 des Bürgerlichen Gesetzbuchs[1]) beträgt

1. bis zur Vollendung des sechsten Lebensjahres
   a) für die Zeit vom 1. Juli 1970 bis zum 30. September 1972 monatlich 108 Deutsche Mark;
   b) für die Zeit vom 1. Oktober 1972 bis zum 31. Mai 1974 monatlich 126 Deutsche Mark;
   c) für die Zeit vom 1. Juni 1974 bis zum 31. Oktober 1976 monatlich 144 Deutsche Mark;
   d) für die Zeit vom 1. November 1976 bis zum 31. Dezember 1979 monatlich 165 Deutsche Mark;
   e) ab 1. Januar 1980 monatlich 188 Deutsche Mark;

2. vom siebten bis zur Vollendung des zwölften Lebensjahres
   a) für die Zeit vom 1. Juli 1970 bis zum 30. September 1972 monatlich 132 Deutsche Mark;
   b) für die Zeit vom 1. Oktober 1972 bis zum 31. Mai 1974 monatlich 153 Deutsche Mark;
   c) für die Zeit vom 1. Juni 1974 bis zum 31. Oktober 1976 monatlich 174 Deutsche Mark;
   d) für die Zeit vom 1. November 1976 bis zum 31. Dezember 1979 monatlich 200 Deutsche Mark;
   e) ab 1. Januar 1980 monatlich 228 Deutsche Mark;

3. vom dreizehnten bis zur Vollendung des achtzehnten Lebensjahres
   a) für die Zeit vom 1. Juli 1970 bis zum 30. September 1972 monatlich 156 Deutsche Mark;
   b) für die Zeit vom 1. Oktober 1972 bis zum 31. Mai 1974 monatlich 180 Deutsche Mark;
   c) für die Zeit vom 1. Juni 1974 bis zum 31. Oktober 1976 monatlich 204 Deutsche Mark;
   d) für die Zeit vom 1. November 1976 bis zum 31. Dezember 1979 monatlich 237 Deutsche Mark;
   e) ab 1. Januar 1980 monatlich 270 Deutsche Mark."

---

1 Artikel und Paragraphen werden in Absätze, diese wiederum in Sätze eingeteilt und entsprechend zitiert. Die Zitierweise ist nicht einheitlich. Überwiegend wird angegeben: § 1615 f Abs. 1 Satz 2 BGB; vereinfachend kann dafür auch die Abkürzung stehen: § 1615 f I 2 BGB.

Das Gesetz zum Schutz vor schädlichen Umwelteinwirkungen durch Luftverunreini-
gungen, Geräusche, Erschütterungen und ähnliche Vorgänge (Bundes-Immissions-
schutzgesetz) vom 15. März 1974 (BGBl. I S. 721) verfolgt den Zweck, „Menschen
sowie Tiere, Pflanzen und andere Sachen vor schädlichen Umwelteinwirkungen und,
soweit es sich um genehmigungsbedürftige Anlagen handelt, auch vor Gefahren,
erheblichen Nachteilen und erheblichen Belästigungen, die auf andere Weise herbeigeführt werden, zu schützen und dem Entstehen schädlicher Umwelteinwirkungen
vorzubeugen" (§ 1 BImSchG).

Für besonders umweltschädliche Anlagen sieht dieses Gesetz ein Genehmigungsverfah-
ren vor; aber auch für die Betreiber nicht genehmigungsbedürftiger Anlagen regelt das
Gesetz im Interesse eines wirksamen Umweltschutzes bestimmte Pflichten.
§ 23 Abs. 1 Satz 1 BImschG bestimmt dazu ergänzend folgendes:

„Die Bundesregierung wird ermächtigt, nach Anhörung der beteiligten Kreise (§ 51)
durch Rechtsverordnung mit Zustimmung des Bundesrates vorzuschreiben, daß die
Errichtung, die Beschaffenheit und der Betrieb nicht genehmigungsbedürftiger
Anlagen, soweit sie der Vorschrift des § 22 unterliegen, bestimmten Anforderungen
zum Schutz der Allgemeinheit und der Nachbarschaft vor schädlichen Umwelteinwirkungen genügen müssen, insbesondere daß

1. die Anlagen bestimmten technischen Anforderungen entsprechen müssen,
2. die von Anlagen ausgehenden Emissionen bestimmte Grenzwerte nicht überschreiten dürfen und
3. die Betreiber von Anlagen Messungen von Emissionen und Immissionen nach in
   der Rechtsverordnung näher zu bestimmenden Verfahren vorzunehmen haben
   oder von einer in der Rechtsverordnung zu bestimmenden Stelle vornehmen lassen
   müssen."

Von dieser nach Inhalt, Zweck und Ausmaß sehr ausführlich bestimmten Ermächtigung
hat die Bundesregierung Gebrauch gemacht und die „Verordnung über Feuerungsanla-
gen" vom 28. August 1974 (BGBl. I S. 2121) erlassen. Sie beginnt mit den Worten:
„Auf Grund des § 23 Abs. 1 des Bundes-Immissiosschutzgesetzes vom 15. März 1974
(BGBl. I S. 721) wird von der Bundesregierung nach Anhörung der beteiligten Kreise...
mit Zustimmung des Bundesrates verordnet:...". (Die Verordnung gilt jetzt in der
Fassung der Bekanntmachung vom 5. Februar 1979 [BGBl. I S. 165].)

Im BImSchG finden sich noch eine Reihe weiterer Ermächtigungen zum Erlaß von
Rechtsverordnungen (z. B. §§ 27 Abs. 4, 32, 33, 34, 35, 38, 40, 43, 49). Aber auch viele
andere Gesetze enthalten derartige Ermächtigungen zum Erlaß von Rechtsverordnungen. Zum Erlaß verschiedener Rechtsverordnungen ermächtigt z. B. § 6 des Straßenver-
kehrsgesetzes (hierauf gestützt ergingen u. a. die Straßenverkehrsordnung, die Fahrleh-
rerverordnung und die Kraftfahrsachverständigen-Verordnung). Verschiedene
Ermächtigungen sind ferner in § 14 BBauG zusammengefaßt.

Im Vergleich zum Gesetzgebungsverfahren, das in der Regel eine geraume Zeit
beansprucht, bieten Rechtsverordnungen den Vorteil, daß sie verhältnismäßig
schnell erlassen, geändert oder aufgehoben werden können. Mit ihrer Hilfe kann
das Recht sehr rasch den geänderten Bedürfnissen des Staates und der Gesellschaft
angepaßt werden.

Am Beispiel der Regelunterhalt-Verordnung (s. o.) wird dieser praktische Gesichtspunkt sehr deutlich.

Insbesondere auch zur zügigen Durchführung eines Gesetzes sind Rechtsverordnungen von Nutzen. Oft trifft der Gesetzgeber nämlich nur die Grundsatzentscheidung und überläßt die Detailregelung über Ermächtigungen zum Erlaß von
Rechtsverordnungen der Verwaltung.

Viele Rechtsverordnungen sind deshalb als *Durchführungsverordnungen* zu bestimmten Gesetzen bezeichnet. Z. B. Durchführungsverordnungen zum Bundessozialhilfegesetz oder zu den Steuergesetzen.

Von der Rechtsverordnung ist die *Verwaltungsverordnung* zu unterscheiden. Sie ist kein Rechtssatz, weil sie keine Rechte oder Pflichten für die Allgemeinheit berührt, sondern nur den innerdienstlichen Betrieb der Behörden regelt.

Bei den Verwaltungsverordnungen handelt es sich um Organisationserlasse, allgemeine Verfügungen an nachgeordnete Dienststellen, dienstliche Anweisungen usw.

Eine Verwaltungsverordnung ist z. B. die organisatorische Regelung über die Durchführung des Gesetzes zur Förderung der Vermögensbildung der Arbeitnehmer („624-DM-Gesetz") für die Angehörigen des öffentlichen Dienstes.

Weil es sich um keine Rechtsvorschriften handelt, unterliegen die Verwaltungsverordnungen nicht den für die Rechtsverordnung geltenden Beschränkungen. Sie können aus unserer Betrachtung ausgeklammert werden.

3. Satzungen. Unter Satzungen versteht man **Rechtssätze, die von juristischen Personen des öffentlichen Rechts zur Regelung ihres Aufgabenbereichs in allgemeiner und verbindlicher Form erlassen werden.**

Die juristischen Personen des öffentlichen Rechts werden unten (Kap. 39 I) dargestellt. Hier genügt es zu wissen, daß es sich um eigenständige Organisationen handelt (z. B. Gemeinden, Kreise), denen hoheitliche Befugnisse verliehen sind und die somit „mittelbar" Staatsverwaltung ausüben.

Um die Erfüllung ihrer Aufgaben zu ermöglichen, erlassen diese Rechtsträger (Rechtssubjekte) abstrakte und generelle Rechtssätze in Form von Satzungen (Ortssatzungen, Zweckverbandssatzungen, Satzung der Deutschen Bundesbank vom 27. November 1958 [Bundesanzeiger 1959 Nr. 7 S. 2] usw.).

In den Satzungen können die Rechtsverhältnisse der juristischen Person des öffentlichen Rechts geregelt werden; es kann z. B. die Erhebung von Gebühren, der Zwang zum Anschluß an eine gemeinsame Wasserversorgung oder an die Kanalisation vorgeschrieben werden.

Auch die **Satzungsbefugnis** durchbricht das Prinzip der Gewaltentrennung. Gleichwohl finden die Beschränkungen, die Art. 80 GG für die Rechtsverordnungen aufgestellt hat, keine Anwendung. Dies läßt sich dadurch erklären, daß die Satzungsbefugnis nur durch eine *gesetzliche Grundlage* verliehen und das Satzungsrecht nur im Rahmen des konkreten Aufgabenbereichs, der zu erfüllen ist, ausgeübt werden kann. Im Grunde bedeutet das nichts anderes, als daß die an die Verordnungsermächtigung gestellten Anforderungen automatisch im Gründungsakt der juristischen Person des öffentlichen Rechts mitenthalten und miterfüllt sind.

Durch das baden-württembergische Gesetz über die öffentliche Berufsvertretung, die Berufspflichten, die Weiterbildung und die Berufsgerichtsbarkeit der Ärzte, Zahnärzte, Tierärzte, Apotheker und Dentisten (Kammergesetz) in der Fassung vom 31. Mai 1976 (Ges. Bl. S. 473) wurden die Landesärztekammer, die Landeszahnärztekammer, die Landestierärztekammer und die Landesapothekerkammer errichtet. § 6 dieses Gesetzes bestimmt, daß die Kammern juristische Personen des öffentlichen Rechts sind. In § 9 wird ihnen die Befugnis zum Erlaß von Satzungen verliehen. § 10 legt die Gegenstände fest, über die Satzungen zu erlassen sind (z. B. Sitz der Kammer, Zahl der Mitglieder der Vertreterversammlung, Wahlverfahren zur Vertreterversammlung, Zahl der Mitglieder und Wahl des Vorstands sowie Rechte und Pflichten des Vorstands und seiner Mitglieder).

Das Beispiel zeigt, daß die an den Erlaß von Rechtsverordnungen geknüpften Voraussetzungen für die Satzungsbefugnis im Gründungsakt (Gesetz) der Berufskammer verankert wurden.

II. Das Gewohnheitsrecht

Die Urform, in der sich eine Rechtsordnung manifestieren kann, d. h. in der sich geltendes Recht zu erkennen gibt, ist das **Gewohnheitsrecht**. Wie der Name sagt, stammt es aus der Gewohnheit einer **gleichmäßigen Übung über lange Zeiten**. Es ist **ungeschriebenes** Recht. Diejenigen, für die das Gewohnheitsrecht gelten soll, anerkennen es aus **Rechtsüberzeugung** und fühlen sich daran **gebunden**. Diese „Selbstbindung" beruht auf der Einsicht, daß sie ein vernünftiges Zusammenleben in der Gemeinschaft gewährleistet. Gewohnheitsrecht wird von einer Generation auf die andere **überliefert**.

Rechtsordnungen gab und gibt es auch in Gemeinschaften, deren Mitglieder des Schreibens und Lesens unkundig sind. In solchen primitiven Staatsformen (Volksgemeinschaften der historischen Frühzeit, unzivilisierte Stämme usw.) ist das Gewohnheitsrecht die einzige denkbare Form, in der sich die Rechtsordnung ausdrücken und allgemein verständlich machen kann. Damit das soziale Leben möglich ist, hat es sich zwangsläufig aus Sitte und Brauchtum – meist unter starkem Einfluß religiöser Elemente – gebildet. Was zunächst nur Herkommen, Umgangsform oder Verkehrssitte gewesen sein mochte, hat sich im Laufe der Zeit dadurch zum Rechtssatz „verdichtet", daß die Rechtsüberzeugung hinzukam.

Der **Entstehungszeitpunkt** von Gewohnheitsrecht läßt sich in keinem Falle feststellen, weil die Rechtsgewohnheit kein Akt der Rechtssetzung, sondern das **Ergebnis einer Entwicklung** ist.

Man kann also – im Gegensatz zum geschriebenen Recht – nicht sagen, seit wann Gewohnheitsrecht gilt. Das Geheimnis, das seine Entstehung umgibt, ist für das Gewohnheitsrecht charakteristisch.

Gewohnheitsrecht entsteht und gilt aber nicht nur in primitiven Kulturen. Es ist *zu allen Zeiten*, auch in den modernen Rechtsordnungen der Gegenwart, als selbständige Quelle der Rechtserkenntnis vorhanden und zu beachten. Freilich hat das geschriebene Recht die Rechtsgewohnheit weitgehend in den Hintergrund gedrängt.

Die Gesetzgebungstätigkeit unserer Zeit, die alle Spannungsfälle des Zusammenlebens möglichst lückenlos zu erfassen versucht, läßt nur wenig Spielraum für die Entfaltung von Gewohnheitsrecht. Die Rechtsetzung des organisierten Staates (Rechtsetzung „*von oben*") hat die Möglichkeit der Rechtsbildung im Wege freier Übereinstimmung der Gesellschaft (Rechtsetzung „*von unten*") verdrängt.

Gleichwohl gibt es Gewohnheitsrecht, das sich unter Umständen sogar *gegen* geschriebenes Recht bildet, oder das *offene Lücken*, die dem Gesetzgeber entgangen sind, schließt. Im Gewohnheitsrecht moderner Prägung kommt der **Rechtsprechung**, d. h. der Rechtsanwendung durch die Gerichte, und der **Rechtswissenschaft** eine große Bedeutung zu. Die „langdauernde Übung" ungeschriebenen Rechts wird heutzutage praktisch von der ständig gleichartigen Rechtsprechung der Gerichte zu einer Rechtsfrage und von der in Lehr- und Erläuterungsbüchern der Fachgelehrten gleichmäßig vertretenen Rechtsmeinung übernommen.

Das aus dem Wirtschaftsleben unserer Zeit nicht mehr wegzudenkende Instrument der „Sicherungsübereignung" ist auf diese Weise gewohnheitsrechtlich entwickelt worden. Zahlreiche Beispiele für Gewohnheitsrecht finden sich im Arbeitsrecht. (Die Weihnachtsgratifikation z. B., ursprünglich eine freiwillige Zuwendung des Arbeitgebers an die Arbeitnehmer, hat sich infolge fortgesetzter Übung, zu der die Überzeugung von einer bestehenden Rechtspflicht des Arbeitgebers hinzutrat, zu einem festen Anspruch „verdichtet".)

Gewohnheitsrechtlich besteht ein öffentlich-rechtlicher Entschädigungsanspruch für Schäden, die der Betroffene z. B. durch eine fehlerfrei durchgeführte Impfung erleidet, die durch Gesetz vorgeschrieben oder vom Staat lediglich empfohlen war. Man spricht hier vom sog. Aufopferungsanspruch (s. u. Kap. 32 IV 16 Fußnote 1).

Ebenso wie das geschriebene Recht ist auch das Gewohnheitsrecht stets **abstrakt und allgemein.** Auch durch langdauernde Übung kann ein bestimmter Anspruch eines einzelnen gegen eine bestimmte andere Person nicht entstehen.

Dadurch, daß es vom Grundstückseigentümer Anton seit Jahren geduldet wird, daß sein Nachbar Berthold über sein Grundstück geht, um den eigentlichen Weg abzukürzen, entsteht für Berthold kein *Recht* auf weitere Duldung. Anton kann also das Grundstück einzäunen.

Es wird darüber gestritten, welches Recht beim Zusammentreffen von Rechtsgewohnheiten und Gesetzesrecht Vorrang hat. Aus der Tatsache, daß sich Gewohnheitsrecht *gegen* gesetztes Recht entwickeln und auf dem Wege über die Praxis der Gerichte durchsetzen kann, wird der Vorrang des Gewohnheitsrechts zu begründen versucht. Andererseits wird die Priorität des geschriebenen Rechts daraus abgeleitet, daß der Staat Gewohnheitsrecht durch Gesetzgebungsakt beseitigen kann und demzufolge bestehendes Gewohnheitsrecht offenbar nur „duldet".

Ein Beispiel für die bloße Duldung von Gewohnheitsrecht durch den Staat können wir der schweizerischen Rechtsordnung entnehmen. In Art. 1 des schweizerischen Zivilgesetzbuches ist bestimmt, daß der Richter *nur dann*, wenn gesetzliche Regeln fehlen, auf das Gewohnheitsrecht zurückgreifen darf.

Es kann auch gesetzlich vorgeschrieben sein, daß Gewohnheitsrecht *überhaupt nicht gelten* soll.

In § 1 StGB, der wörtlich mit Art. 103 Abs. 2 GG übereinstimmt, heißt es: „Eine Tat kann nur bestraft werden, wenn die Strafbarkeit gesetzlich bestimmt war, bevor die Tat begangen wurde." Hieraus ergibt sich, daß gewohnheitsrechtlich *keine neuen Straftatbestände* gebildet und auch die *Strafdrohungen nicht erhöht werden* dürfen.

Von diesem besonderen Fall abgesehen, können sich auch im Strafrecht Rechtsgewohnheiten bilden. So ist etwa die Einengung von Tatbeständen[1] durch ständige milde Auslegung denkbar. (Das Strafgesetzbuch bedroht z. B. denjenigen, der ohne behördliche Erlaubnis öffentlich ein Glücksspiel veranstaltet oder die Einrichtung dazu bereit-

---

1 In der Sprache der Juristen werden die Begriffe *Sachverhalt* und *Tatbestand* scharf unterschieden. Mit dem Wort „Sachverhalt" wird grundsätzlich der konkrete Lebensvorgang, das tatsächliche Ereignis (z. B. der Hergang eines Verkehrsunfalls) bezeichnet. Vom „Tatbestand" wird grundsätzlich dann gesprochen, wenn die abstrakte Normierung typischer Geschehensabläufe durch das Gesetz gemeint ist (vgl. z. B. den Tatbestand des Betrugs, § 263 StGB, oder den Tatbestand der unerlaubten Handlung, § 823 BGB). Vgl. oben I 1 und das dort behandelte Beispiel. Ist der „Tatbestand" erfüllt, d. h., paßt ein konkreter Lebensvorgang (Sachverhalt) in den abstrakten Rahmen (Tatbestand), den das Gesetz gezogen hat, so knüpfen sich „Rechtsfolgen" (Pflichten oder Rechte) an. Z. B. A stellt dem B ein Bein; B stürzt, verletzt sich und muß vom Arzt behandelt werden. Dieser Lebensvorgang (Sachverhalt) paßt unter die abstrakte Regelung (Tatbestand) des § 823 Abs. 1 BGB (s. o.). Die Rechtsfolge ist, daß A dem B Schadensersatz (Ersatz der Behandlungskosten) leisten muß.

stellt, mit Strafe; nach der Rechtsprechung kommt es aber nur zur Bestrafung, wenn es sich um Gewinne von nicht ganz unbedeutendem Wert handelt; Glücksspiele um geringwertige Gegenstände bleiben straflos, obwohl das Gesetz diese Einschränkung nicht ausdrücklich gemacht hat.)

Für das Strafrecht läßt sich somit feststellen: Die Entwicklung von Gewohnheitsrecht *zuungunsten* des Täters ist ausgeschlossen; die Entwicklung von Gewohnheitsrecht *zugunsten* des Täters ist möglich.

Der Streit um den Vorrang von Gewohnheitsrecht oder Gesetzesrecht läßt sich *nicht generell entscheiden.* An dieser Tatsache erweist es sich erneut, wie schwer das Gewohnheitsrecht rational faßbar ist.

III. Das Richterrecht

Die deutsche Rechtsordnung kennt grundsätzlich **kein Recht, das von den Gerichten allgemeinverbindlich** geschaffen wird. Die ständig gleichartige Entscheidung einer Rechtsfrage durch die Gerichte fördert – wie wir sahen – die Bildung von Gewohnheitsrecht sehr stark. Darüber hinaus kommt aber der Rechtsprechung nicht die Bedeutung einer *eigenständigen Quelle* der Rechtserkenntnis zu. Erneut stoßen wir auf den grundlegenden Unterschied zum anglo-amerikanischen Rechtskreis (vgl. oben I).

Es ist ein weit verbreiteter Irrtum, wenn angenommen wird, die Entscheidung einer Rechtsfrage durch den Bundesgerichtshof sei für alle Oberlandesgerichte, Landgerichte und Amtsgerichte verbindlich. Eine solche Bindungswirkung höchstrichterlicher Rechtsprechung ist der deutschen Rechtsordnung fremd; sie kennt grundsätzlich keine *„Präjudizien".*

Ist beispielsweise eine juristische Streitfrage vom Bundesgerichtshof in einem bestimmten Sinne entschieden worden, so bleibt es einem Landgericht, das später vor die Entscheidung des gleichen Problems gestellt wird, unbenommen, in freier richterlicher Beurteilung einen entgegengesetzten Standpunkt zu vertreten. Die Entscheidung des Bundesgerichtshofs hatte kein allgemeinbindendes Recht geschaffen.

Man muß sich darüber klar sein, daß die Partei, die sich in einem Prozeß auf ein für sie günstiges Urteil eines Obergerichts in einem anderen, gleichliegenden Fall beziehen kann, damit allein den Prozeß noch nicht gewonnen hat. Anders, wenn sie sich zutreffend auf eine für sie günstige Rechtsvorschrift berufen kann, denn die Gerichte sind an Gesetz und Recht, grundsätzlich aber nicht an Entscheidungen anderer Gerichte gebunden (vgl. Art. 20 Abs. 3 GG).

In Wirklichkeit ist allerdings die *faktische Kraft* obergerichtlicher Rechtsprechung nicht zu leugnen. Denn in der Regel halten sich die Gerichte der unteren Instanzen an die Auffassung, die das übergeordnete Gericht zu einer bestimmten Rechtsfrage vertritt, und auch die Bundesgerichte ändern ihre eigenen, einmal aufgestellten Rechtsgrundsätze nur selten.

Das zuletzt genannte Beispiel bedarf also einer kleinen Ergänzung: Die Partei, die sich in einem Prozeß auf ein anderes, für sie günstiges Urteil eines Obergerichts berufen kann, hat große Chancen, daß das erkennende Gericht jener „Grundsatzentscheidung" folgt.

Trotz dieser **faktischen Bindung an Vorentscheidungen,** die zu der sogenannten **ständigen Rechtsprechung** führt, entsteht durch die Häufung vieler gleichartiger Urteile, die eine ursprünglich strittige Rechtsfrage einheitlich beantworten, **kein**

Rechtssatz. Das ergibt sich aus folgender Überlegung: Die tatsächliche Bindung der Gerichte ist freiwilliger Natur. Jedes Gericht und jeder Richter kann sich, ohne daß es einer besonderen Rechtfertigung bedürfte, von der „herrschenden Meinung" lösen und die eigene, abweichende Überzeugung vertreten. Eine nur von der Rechtsprechung aufgestellte „Regel" hat keinen allgemeinverbindlichen, befehlenden Charakter. Ihr fehlen die typischen Kennzeichen jeden Rechts: Zwang und Durchsetzbarkeit. Wenden also die Richter bei einer neuen Entscheidung eine „Regel" an, die sie oder ein anderes Gericht anläßlich eines früheren Prozesses aufgestellt haben, so tun sie das nicht auf Grund einer Rechtsverbindlichkeit dieser „Regel", sondern weil sie sich *erneut* davon überzeugt haben, daß das Problem so und nicht anders beurteilt werden kann. Wenn die Richter, die immer einen **konkreten Einzelfall** zu entscheiden haben, über diesen Einzelfall hinausgehend allgemeinverbindliche Rechtssätze aufstellen könnten, nähme die Rechtsprechung Befugnisse wahr, die ihr im gewaltenteiligen System nicht zukommen.

Von dem Grundsatz, daß die Rechtsprechung kein allgemeinverbindliches Recht schaffen kann, gibt es in der deutschen Rechtsordnung allerdings eine **wichtige Ausnahme:** Nach § 31 des Bundesverfassungsgerichtsgesetzes binden die **Entscheidungen des Bundesverfassungsgerichts** die Verfassungsorgane des Bundes und der Länder sowie alle Gerichte und Behörden. In bestimmten Fällen hat die Entscheidung des Bundesverfassungsgerichts sogar **Gesetzeskraft.**

Gesetzeskraft hat u. a. die Entscheidung, mit der das Bundesverfassungsgericht die **Nichtigkeit eines Gesetzes** feststellt.

Dazu folgendes Beispiel: In § 1628 BGB in der Fassung des Gleichberechtigungsgesetzes vom 18. Juni 1957 (BGBl. I S. 609) war neben anderem der sog. Stichentscheid des Vaters bei Kontroversen über die Ausübung der elterlichen Gewalt festgelegt worden. Die Vorschrift hatte folgenden Wortlaut:

„Können sich die Eltern nicht einigen, so entscheidet der Vater; er hat auf die Auffassung der Mutter Rücksicht zu nehmen.
Das Vormundschaftsgericht kann der Mutter auf Antrag die Entscheidung einer einzelnen Angelegenheit oder einer bestimmten Art von Angelegenheiten übertragen, wenn das Verhalten des Vaters in einer Angelegenheit von besonderer Bedeutung dem Wohle des Kindes widerspricht oder wenn die ordnungsmäßige Verwaltung des Kindesvermögens dies erfordert.
Verletzt der Vater beharrlich seine Verpflichtung, bei Meinungsverschiedenheiten den Versuch einer gütlichen Einigung zu machen und bei seinen Entscheidungen auf die Auffassung der Mutter Rücksicht zu nehmen, so kann das Vormundschaftsgericht der Mutter auf Antrag die Entscheidung in den persönlichen und vermögensrechtlichen Angelegenheiten des Kindes übertragen, wenn dies dem Wohle des Kindes entspricht."

In Ergänzung dazu bestimmte § 1629 Abs. 1 BGB:
„Die Vertretung des Kindes steht dem Vater zu; die Mutter vertritt das Kind, soweit sie die elterliche Gewalt allein ausübt oder ihr die Entscheidung nach § 1628 Abs. 2, 3 übertragen ist."

Das Bundesverfassungsgericht sah in den zitierten Bestimmungen einen Verstoß gegen die vom Grundgesetz garantierte Gleichberechtigung und erklärte sie für nichtig. Diese Entscheidung hat Gesetzesrang. Im Bundesgesetzblatt (1959 I S. 633) wurde daher folgendes veröffentlicht:

„Aus dem Urteil des Bundesverfassungsgerichts vom 29. Juli 1959... wird gemäß § 31 Abs. 2 Satz 2 des Gesetzes über das Bundesverfassungsgericht in der Fassung des Gesetzes vom 26. Juni 1959 (BGBl. I S. 297) nachfolgend der Entscheidungssatz veröffentlicht:

§ 1628 und § 1629 Abs. 1 des Bürgerlichen Gesetzbuchs in der Fassung des Gleichberechtigungsgesetzes vom 18. Juni 1957 (BGBl. I S. 609) sind nichtig.

Der vorstehende Entscheidungssatz hat gemäß § 31 Abs. 2 Satz 1 des Gesetzes über das Bundesverfassungsgericht Gesetzeskraft."

Keine Ausnahmen von dem dargestellten Grundsatz bilden dagegen folgende Fallgruppen:

a) Im **gleichen Prozeß** kann sich eine Bindung des im Instanzenzug nachgeordneten Gerichts an die Entscheidung des übergeordneten Gerichts ergeben.

Wird z. B. in einem Zivilrechtsstreit gegen die Entscheidung des Landgerichts Berufung zum Oberlandesgericht und gegen dessen Entscheidung Revision zum Bundesgerichtshof eingelegt, so kann der Bundesgerichtshof, wenn er das Urteil aufhebt, die Sache zur anderweitigen Verhandlung und Entscheidung an das Oberlandesgericht zurückverweisen; § 565 Abs. 2 ZPO bestimmt dazu: „Das Berufungsgericht hat die rechtliche Beurteilung, die der Aufhebung zugrunde gelegt ist, auch seiner Entscheidung zugrunde zu legen."

Hier tritt zwar eine durch Gesetz vorgeschriebene Bindungswirkung eines Gerichts an die Entscheidung eines anderen Gerichts ein, jedoch wird dadurch kein allgemeingültiges Recht geschaffen. Die Bindung beschränkt sich nämlich nur auf den einen zur Entscheidung stehenden Einzelfall.

b) In der Bundesrepublik Deutschland ist die Rechtspflege auf **fünf Gerichtszweige** aufgeteilt, an deren Spitze jeweils ein oberster Gerichtshof des Bundes steht. Die Gerichtszweige und ihre Bundesgerichte sind:

Ordentliche Gerichtsbarkeit (Zivil- und Strafsachen)	*Bundesgerichtshof* (Karlsruhe)
Verwaltungsgerichtsbarkeit	*Bundesverwaltungsgericht* (Berlin)
Finanzgerichtsbarkeit	*Bundesfinanzhof* (München)
Arbeitsgerichtsbarkeit	*Bundesarbeitsgericht* (Kassel)
Sozialgerichtsbarkeit	*Bundessozialgericht* (Kassel)

Diese Gerichtsbarkeiten sind durch Art. 95 Abs. 1 GG verfassungsmäßig festgelegt.

Das Nebeneinander verschiedener Gerichtszweige bringt es mit sich, daß bestimmte Rechtsfragen – wenn auch in anderem Zusammenhang – sowohl bei der einen wie bei der anderen Gerichtsbarkeit zu entscheiden sind.

Das Arbeitsrecht baut z. B. auf dem bürgerlichen Recht (Dienstvertragsrecht) auf. Regeln des bürgerlichen Rechts müssen daher teilweise im Arbeitsrecht angewendet werden.

Die Finanzgerichtsbarkeit ist ein besonderer Zweig der Verwaltungsgerichtsbarkeit. Verwaltungsrechtssätze müssen deshalb auch von den Finanzgerichten beachtet werden.

Dabei kann es vorkommen, daß die gleiche Rechtsfrage von einem obersten Gerichtshof abweichend von der Auffassung eines anderen Bundesgerichts beurteilt wird. Um dies zu verhindern, schreibt Art. 95 Abs. 3 GG vor, daß zur Wahrung der Einheitlichkeit der Rechtsprechung ein **Gemeinsamer Senat** aller fünf obersten Bundesgerichte zu bilden ist. Er wurde durch das „Gesetz zur Wahrung der Einheitlichkeit der Rechtsprechung der obersten Gerichtshöfe des Bundes" vom 19. Juni 1968 (BGBl. I S. 661) errichtet. Nach § 2 dieses Gesetzes muß eine Rechtsfrage dem Gemeinsamen Senat vorgelegt werden, wenn ein oberster Gerichtshof von der Entscheidung eines anderen obersten Gerichtshofs oder des Gemeinsamen Senats abweichen möchte. Der Gemeinsame Senat entscheidet mit bindender Wirkung für die obersten Bundesgerichte, jedoch wird auch dadurch kein allgemeinverbindliches Recht geschaffen.

IV. Das Naturrecht

Man pflegt dem vom Menschen gesetzten Recht, dem sogenannten **positiven Recht,** das **Naturrecht** gegenüberzustellen und versucht darunter ein **zeitlos gültiges, unverlierbares, mit dem Wesen des Menschen vorgegebenes Recht auf bestimmte Urgüter** zu verstehen. Dieses Naturrecht steht demnach *über* den Gesetzen; es verweist den staatlichen Gesetzgeber bei der Gestaltung positiver Rechtsregeln in Schranken; werden sie überschritten, so entsteht *„gesetzliches Unrecht".*

Die jüngste Vergangenheit in der deutschen Geschichte zeigt, welches Unrecht begangen wird, wenn positive „Rechts"-Vorschriften die Menschenwürde und alle Freiheitsrechte mißachten.

Wir erinnern in diesem Zusammenhang an die „Rassen- und Arisierungsgesetze" der NS-Gewaltherrschaft und ihre ungeheuerlichen Folgen: Mit dem „Gesetz zur Wiederherstellung des Berufsbeamtentums" vom 7. April 1933, auf Grund dessen Beamte nichtarischer Abstammung in den Ruhestand zu versetzen waren, setzte offiziell die Judenverfolgung ein. Am 15. September 1935 folgten die berüchtigten „Nürnberger Gesetze": das „Reichsbürgergesetz" beraubte die Juden ihres Staatsbürgerrechts; das „Gesetz zum Schutze des deutschen Blutes und der deutschen Ehre" verbot – unter Androhung schwerer Strafen – insbesondere Eheschließungen und außerehelichen Verkehr „zwischen Juden und Staatsangehörigen deutschen oder artverwandten Blutes". Damit war eine Menschenverfolgung grausamsten Ausmaßes eingeleitet: Am 31. Juli 1941 erließ Hitler den Befehl zur „Endlösung der Judenfrage", der die biologische Vernichtung eines ganzen Volkes bezweckte; am 19. September 1941 erging der Befehl zum „Tragen des gelben Judensterns"; am 14. Oktober 1941 setzten die Deportationen der Juden in den Osten ein; im Juni 1942 begannen die systematischen Massenvergasungen der Juden in den Konzentrationslagern. Die Zahl der unter dieser Schreckensherrschaft ermordeten Juden wird auf rund 6 Millionen geschätzt.

Neben diesen antijüdischen Maßnahmen wurde ein für alle geltendes System des Unrechts aufgebaut, das die Menschenwürde und die Freiheit des Individuums verneinte (z. B. Vernichtung „lebensunwerten Lebens", Verhinderung unerwünschter Ehen, „Kinderzuchtpläne Lebensborn", Terrorurteile der Sondergerichte u. v. a.).

Die Bemühungen der Wissenschaft, das **Naturrecht lehrsatzmäßig zu erfassen,** ihm einen Standort im Recht zu geben und seinen Inhalt eindeutig zu bestimmen, sind uralt, waren allerdings auch fast erfolglos. Schon die Frage, *welche* gesicherten, ewigen Rechtsinhalte bestehen, wird nicht einheitlich beantwortet.

> Als Urgüter des Rechts nennen wir heute z. B. die Unantastbarkeit der Menschenwürde, das Recht auf Leben, auf Familie, auf Eigentum, auf Gewissensfreiheit. Aber sind das alles wirklich *„ewige"* Werte?

Sicher scheint nur zu sein, daß es in einer **bestimmten Kultur** und in einer **bestimmten Zeit** Grundwerte des Menschen gibt, die die Rechtsordnung schlechthin anerkennen *muß*, wenn sie der Gerechtigkeit dienen will. Mißachtet die Gesetzgebung diese überpositiven Rechtsprinzipien, so erscheint der Ungehorsam des einzelnen gegenüber dem gesetzten (positiven) Recht ausnahmsweise als „gerecht".

> Ein bezeichnendes Beispiel für diesen *aus höherem Recht gerechtfertigten Ungehorsam gegen das vom Staat gesetzte Recht* findet sich bereits im 2. Buch Moses (Kap. 1, Vers 15–17). Es heißt dort: „Der König von Ägypten aber sprach zu den Hebammen der Hebräer... und gebot ihnen: Wenn ihr den Hebräerinnen beisteht und die Zeit der Geburt kommt, so tötet das Kind, wenn es ein Knabe ist; ist es aber ein Mädchen, so laßt es am Leben. Die Hebammen fürchteten aber Gott und taten nicht nach dem Befehle des Königs, sondern ließen auch die Knaben am Leben". Hier ist der Wille Gottes oberstes Gebot und höchstrangiges Recht; die Hebammen handeln in der Überzeugung eines *göttlichen Naturrechts.*

> Aktuelle Beispiele für den gerechtfertigten Ungehorsam gegen staatliches Recht bieten uns die Taten der deutschen Widerstandskämpfer gegen die Tyrannei des Dritten Reiches (insbesondere die Münchener Widerstandsgruppe „Weiße Rose" mit Professor Kurt Huber und den Geschwistern Scholl; ferner die Männer des 20. Juli 1944 u. v. a.).

Für den religiösen Menschen ist die Erklärung eines überpositiven Rechts noch verhältnismäßig einfach. Wesentlich schwieriger ist die Begründung des Naturrechts außerhalb eines von der Religion vermittelten Glaubens. Erfolglos versuchte z. B. die Zeit der Aufklärung, das Naturrecht aus der „vernünftigen Natur des Menschen" abzuleiten. Wir stoßen also bereits bei der Frage nach der **Herkunft des Naturrechts** auf unüberwindliche Hindernisse. Das Naturrecht entzieht sich jedem Zugriff, wenn sein **Inhalt** bezeichnet werden soll. Es hat sich nämlich gezeigt, daß die Inhalte des Naturrechts **nicht absolut,** sondern von der Zeit und von der Kultur, in der der Mensch lebt, abhängig, also **relativ** sind.

> Dies läßt sich an einigen Beispielen verdeutlichen:
> Mit Selbstverständlichkeit betrachten wir heute die Freiheit der Person als ein fundamentales Gut des Menschen, das jede Rechtsnorm achten muß. Das war aber nicht immer und ist auch gegenwärtig nicht überall so. Lange Zeit standen bei uns Sklaverei, Leibeigenschaft und Hörigkeit als sinnvolle Rechtseinrichtungen außer jedem Zweifel. Einem erst vor einigen Jahren veröffentlichten Bericht zufolge wehren sich die Sklaven im Scheichtum Oman mit Entschiedenheit gegen eine Änderung des bestehenden, für uns unbegreiflich gewordenen Zustandes.

> Nicht alle Kulturen bekennen sich zur Einehe. Vielfach waren rein wirtschaftliche Gründe dafür maßgebend, daß sich die Monogamie durchgesetzt hat.

> Auch das private Eigentum ist für uns ein vom Staat zu achtendes Gut. Man muß aber zugeben, daß derjenige, der das Privateigentum als Diebstahl an der Gesamtheit des Volkes ansieht, die ewige Gültigkeit dieses Wertes in Frage stellt. Im übrigen wissen wir, daß es Staaten und Kulturen gibt, die das Privateigentum nicht oder nur beschränkt anerkennen.

Angesichts dieser **Relativität der Naturrechtsinhalte,** d. h. ihrem der Zeit und der Kultur unterworfenen Wandel, müssen wir fragen, welche Substanz das Naturrecht für unsere Gegenwart und für unsere Wertvorstellungen hat. Dabei stellen wir fest, daß unsere Anschauung vom Inhalt des Naturrechts dem entspricht, was die Grundrechte in den Verfassungen, die Konvention zum Schutze der Menschenrechte und Grundfreiheiten, die Allgemeine Erklärung der Menschenrechte durch die Vereinten Nationen usw. niedergelegt haben.

Das **Grundgesetz** der Bundesrepublik Deutschland nimmt die **Würde des Menschen** als ein unantastbares, vorgegebenes Gut zum **Ausgangspunkt seiner Wertordnung.** Es räumt jedermann persönliche Freiheitsrechte ein, anerkennt aber zugleich, daß dem Interesse des einzelnen das Gemeinwohl im Staate in einem Spannungsverhältnis gegenübertritt. So werden Rechte und Pflichten des einzelnen wohl abgewogen und Eingriffe in die Freiheitssphäre des Bürgers davon abhängig gemacht, ob sie das allgemeine Wohl zwingend erfordert.

Der Gesetzgebung sind damit Schranken gesetzt, die sie nicht überschreiten darf. Würden sie gleichwohl mißachtet, so entstünde „gesetzliches Unrecht". Das Bundesverfassungsgericht hat in erster Linie darüber zu wachen, daß solche Fälle nicht eintreten. Die demokratische Staatsform ruft aber darüber hinaus jeden einzelnen zur Wachsamkeit auf, daß staatliches Unrecht nicht mehr geschehen kann.

Zusammenfassung: Die Quellen des geltenden Rechts der Bundesrepublik Deutschland sind das in Gestalt von **Gesetzen, Rechtsverordnungen und Satzungen geschriebene Recht und das Gewohnheitsrecht.** Die Rechtsprechung wirkt entscheidend an der Bildung und Fortbildung von Gewohnheitsrecht mit; ein Richterrecht als selbständige Rechtsquelle anerkennt die deutsche Rechtsordnung nicht. Über dem vom Menschen geschaffenen Recht steht ein **überpositives Recht** (Naturrecht), das die menschliche Rechtsschöpfung beschränkt. Es ist von den Kulturen und Zeiten, in denen jeweils Menschen zusammenleben, abhängig und hat für uns seine konkrete Ausformung in der Unantastbarkeit der Menschenwürde und in den Grundrechten der Verfassungen unseres Lebensraums gefunden.

3. Kapitel

Die Einteilung des Rechts

Die Rechtsvorschriften, die wir in den Formen des geschriebenen Rechts und des Gewohnheitsrechts kennengelernt haben, lassen sich nach bestimmten Gesichtspunkten einteilen (vgl. dazu auch Anhang I).

I. Öffentliches Recht und Privatrecht

Der Mensch fühlt sich in erster Linie als **Einzelwesen;** mit individuellen Interessen, Wünschen und Bedürfnissen gestaltet er seinen privaten Lebensraum. Er ist andererseits aber zugleich auf **Gemeinschaften** mit anderen Menschen angewiesen;

dort herrscht – zum Wohle des Gemeinwesens – nicht mehr der persönliche, sondern ein vereinter Wille vor. Das Recht muß sowohl die ichbezogene als auch die gemeinnützige Entfaltung des Menschen ordnen.

> Felix träumte schon lange von einem bestimmten Grundstück am Rande der Stadt, wo er sich am Wochenende im Grünen erholen möchte. Er gewinnt im Lotto und kauft sich das Stück Land.

> Als er noch eine größere Erbschaft macht, beschließt er, auf seinem Grundstück ein Wohnhaus zu bauen. Die Baubehörde versagt die Genehmigung, weil das Grundstück außerhalb des Bebauungsplanes liegt.

Es ergeben sich somit Merkmale, nach welchen privates und öffentliches Recht grundsätzlich unterschieden werden können:

Das **private Recht** ist der Teil der Rechtsordnung, der auf der **Grundlage der Gleichberechtigung und Selbstbestimmung die Beziehungen der einzelnen Bürger zueinander regelt.**

> Felix hat einen Kaufvertrag über ein Grundstück abgeschlossen. Käufer und Verkäufer stehen sich gleichberechtigt gegenüber. Keiner kann vom anderen den Vertragsschluß oder bestimmte Konditionen erzwingen. Erklärt z. B. der Verkäufer, er wolle überhaupt nicht verkaufen, so muß sich der Kaufinteressent damit abfinden; erklärt umgekehrt dieser, ihm sei der vom Verkäufer geforderte Preis zu hoch und läßt der Verkäufer nicht „mit sich handeln", so kann er sein Grundstück nicht zu Geld machen.

> Der Vertrag, in dem sich gleichgeordnete Partner über den Eintritt bestimmter Rechtsfolgen einigen, ist das wichtigste und regelmäßige Mittel zur Gestaltung privater Rechtsverhältnisse (vgl. dazu unten Kap. 10 III).

Das **öffentliche Recht** ist demgegenüber der Teil der Rechtsordnung, **der die Beziehungen des Staates und anderer Träger hoheitlicher Gewalt** (z. B. Gemeinden, sonstige Körperschaften des öffentlichen Rechts und öffentlichrechtliche Anstalten) **untereinander sowie zum einzelnen Bürger oder Mitglied regelt.** Die Rechtsverhältnisse zwischen Staat und Bürger, Gemeinde und Einwohner, Berufskammer und Mitglied, öffentlicher Bibliothek und Benutzer usw. beruhen grundsätzlich nicht auf einer Gleichordnung von Partnern, sondern auf der **Überordnung** des Hoheitsträgers und der **Unterordnung** des einzelnen. Dieses Verhältnis der Über- und Unterordnung ist allerdings im Rechtsstaat genau geregelt und dank eines lückenlosen Rechtsschutzes durch die Gerichte ist der einzelne gegen jede Willkür des Staates und seiner Einrichtungen abgesichert.

> Im Beispielsfalle wollte Felix sein Grundstück mit einem Wohnhaus bebauen. Dazu braucht er kraft gesetzlicher Vorschrift eine „staatliche" Genehmigung; sie wird ihm von der zuständigen Verwaltungsbehörde (Landratsamt bzw. Bürgermeisteramt) versagt.

> Der Hoheitsträger beschränkt hier einseitig, aber mit verbindlicher Wirkung, die Gestaltungsmöglichkeiten eines Bürgers. Dies geschieht jedoch nicht willkürlich, d. h. aus unsachlichen Erwägungen, sondern auf der Grundlage und im Rahmen eines Gesetzes (Bundesbaugesetz, Landesbauordnung). Die Legislative der Bundesrepublik Deutschland hielt dieses die Privatinteressen des einzelnen beschränkende Gesetz für erforderlich, weil es für die Gemeinschaft unerträglich wäre, wenn jeder an beliebiger Stelle ein Haus bauen könnte, ohne daß z. B. die Erschließung des Baugrundes oder der Anschluß an eine ordnungsmäßige Kanalisation gesichert wäre. Im Interesse des Gemeinwohls muß der Wunsch des Bürgers, mit seinem Grundstück nach Belieben zu verfahren, zurücktreten.

Mit Hilfe des **Kennzeichens der Über- und Unterordnung** lassen sich die einzelnen Rechtsgebiete oder die einzelnen Gesetze entweder dem **Privatrecht** oder dem **öffentlichen Recht** zuordnen.

Zum Privatrecht gehört z. B. das bürgerliche Recht (Bürgerliches Gesetzbuch), das bei Verhältnissen im Bereiche der Gleichordnung die Rechtssätze enthält, die alle Bürger angehen (Personenrecht, Vertragsrecht, Schadensersatzrecht, Eigentum und andere Sachenrechte, Familienrecht, Erbrecht usw.). Zum Privatrecht gehören ferner das Sonderrecht der Kaufleute und der Handelsgesellschaften (Handelsgesetzbuch, Aktiengesetz, GmbH-Gesetz), das Wertpapierrecht usw.

Zum öffentlichen Recht zählen insbesondere das Staatsrecht, das Verfassungsrecht, das Verwaltungsrecht mit seinen vielen Untergruppen (z. B. Polizeirecht, Baurecht, Beamtenrecht, Wasserrecht), das Strafrecht, das Steuerrecht, die Prozeßrechte (Zivilprozeßordnung mit Zwangsvollstreckungs- und Konkursrecht, Strafprozeßordnung, Verwaltungsgerichtsordnung) usw.

Einige Rechtsgebiete gehören teilweise zum Privatrecht, teilweise zum öffentlichen Recht; sie können also weder dem einen noch dem anderen Bereich voll zugeordnet werden, sondern liegen auf der Schnittstelle zwischen privatem und öffentlichem Recht (vgl. Anhang I). Hierher gehört z. B. das Arbeitsrecht (ein Sonderrecht der unselbständigen Arbeitnehmer) oder das Wirtschaftsrecht.

Auf den ersten Blick erscheint die Abgrenzung des Privatrechts vom öffentlichen Recht mit Hilfe der Merkmale „Gleichordnung" oder „Über- und Unterordnung" recht einfach. Wie so oft im Rechtswesen zeigt sich jedoch bei einer verfeinerten Betrachtung, daß die Theorie den praktischen Gegebenheiten nicht immer entspricht. Bei der Unterscheidung von privatem und öffentlichem Recht gibt es nämlich einen Bereich, in dem sich die Grenzen verwischen. Hier werden unsere Maßstäbe „Gleichordnung" bzw. „Über- und Unterordnung" unbrauchbar.

So gibt es z. B. im Privatrecht zwischenmenschliche Beziehungen, die eine Über- und Unterordnung voraussetzen (z. B. Vormundschaft, elterliche Sorge usw.).

Andererseits können sich etwa zwei Gemeinden im Wege freiwilliger Vereinbarung, also durch Vertrag, zu einer neuen Gemeinde zusammenschließen. Die beiden Gemeinden handeln dabei als gleichgeordnete Rechtsträger.

Um auch in diesem Grenzbereich zwischen privatem und öffentlichem Recht sauber unterscheiden zu können, stellt man neuerdings auf den **Einzelfall** ab und prüft jeweils nur, **ob wenigstens einer der am Rechtsverhältnis Beteiligten in seiner Eigenschaft als Hoheitsträger handelt.** Ist die Frage zu bejahen, so liegt öffentliches Recht vor, ist sie zu verneinen, so handelt es sich um eine privatrechtliche Betätigung.

Kauft eine Gemeinde von einem Privatmann ein Grundstück oder läßt sie den Dienstwagen des Bürgermeisters in einer Werkstätte reparieren, so tut sie das – deutlich erkennbar – nicht in ihrer Eigenschaft als Trägerin hoheitlicher Gewalt, sondern wie jeder Bürger ohne alle Vorrechte. Die Verträge gehören dem Privatrecht an. (Im Gegensatz zum hoheitlichen Handeln bezeichnet man die privatrechtliche Teilnahme des Staates oder seiner Einrichtungen am Rechtsverkehr als „fiskalische" Betätigung; vgl. dazu unten Kap. 38 II 1).

Schließen dagegen zwei Gemeinden miteinander eine Vereinbarung, die die Ausübung ihrer Hoheitsrechte berührt, so handeln sie zwar gleichgeordnet, jedoch als Träger hoheitlicher Gewalt. Der Vertrag ist öffentlich-rechtlicher Natur. Das ist z. B. der Fall, wenn zwei Gemeinden ihren Zusammenschluß zu einer neuen Gemeinde oder zu einer Verwaltungsgemeinschaft beschließen.

Bei den Bemühungen, das Privatrecht und das öffentliche Recht exakt abzugrenzen, handelt es sich keineswegs um eine bloße Gedankenspielerei. Die Unterscheidung beider Rechtsgebiete ist von großer **praktischer Bedeutung:** Von ihr hängt es ab, welche Gerichtsart in einem Streitfalle angerufen werden muß.

Wir haben bereits festgestellt (s. o. Kap. 2 IIIb), daß das Grundgesetz verschiedene Zweige der Gerichtsbarkeit *(Gerichtsarten)* unterscheidet. Demzufolge gibt es auch verschiedene Wege an das Gericht *(Rechtswege)*. Neben dem Weg zu den ordentlichen Gerichten *(ordentlicher Rechtsweg)* bestehen Rechtswege zu den Verwaltungsgerichten *(Verwaltungsrechtsweg)*, zu den Gerichten der Finanzgerichtsbarkeit, der Arbeitsgerichtsbarkeit und der Sozialgerichtsbarkeit. Außerdem gibt es den Rechtsweg zu den Gerichten der Verfassungsgerichtsbarkeit.

> Ist der Rechtsweg zu einer bestimmten Gerichtsbarkeit zulässig, so ist eines dieser Gerichtsart angehörenden Gerichte zur Entscheidung des Rechtsstreits berufen (in der ordentlichen Gerichtsbarkeit z. B. das Amtsgericht, das Landgericht, das Oberlandesgericht oder der Bundesgerichtshof). Welches Gericht der bestimmten Gerichtsbarkeit im Einzelfall zu entscheiden hat, ist dann eine Frage der sachlichen (z. B. Amtsgericht oder Landgericht) und der örtlichen (Amtsgericht München oder Amtsgericht Köln) Zuständigkeit.

Die Zulässigkeit des Rechtswegs an einen bestimmten Zweig der Gerichtsbarkeit kann entweder allgemein durch eine Generalklausel oder speziell durch Aufzählung einzelner Arten von Rechtsstreitigkeiten bestimmt werden. Sowohl der ordentliche Rechtsweg als auch der Verwaltungsrechtsweg ist jeweils durch eine Generalklausel, die allerdings Ausnahmen vorsieht, festgelegt.

Nach § 13 GVG gehören vor die ordentlichen Gerichte alle bürgerlichen Rechtsstreitigkeiten und Strafsachen, für die nicht entweder die Zuständigkeit von Verwaltungsbehörden oder Verwaltungsgerichten begründet ist oder auf Grund von Vorschriften des Bundesrechts besondere Gerichte bestellt oder zugelassen sind.

> Als besondere Gerichte für privatrechtliche Streitigkeiten sind die Arbeitsgerichte für Arbeitssachen bestellt worden (§ 1 des Arbeitsgerichtsgesetzes).

Ist keine besondere gesetzliche Regelung getroffen worden, so richtet sich die Zulässigkeit des ordentlichen Rechtswegs gemäß § 13 GVG nach der Natur des Prozesses als einer *„bürgerlichen Rechtsstreitigkeit".* (Strafsachen können hier außer Betracht gelassen werden, da sie als solche jeweils zweifelsfrei bestimmbar sind.) Anhand der oben dargestellten Abgrenzungsmöglichkeiten zwischen Privatrecht und öffentlichem Recht steht ein Erkennungsmittel dafür zur Verfügung, ob es sich um eine bürgerliche (privatrechtliche) Rechtsstreitigkeit handelt oder nicht.

Der Weg zu den Verwaltungsgerichten ist demgegenüber nach der Generalklausel des § 40 Abs. 1 VwGO in allen öffentlich-rechtlichen Streitigkeiten nichtverfassungsrechtlicher Art gegeben, soweit die Streitigkeiten nicht durch Bundesgesetz einem anderen Gericht ausdrücklich zugewiesen sind. Der Verwaltungsrechtsweg kann demnach nicht beschritten werden
– in verfassungsrechtlichen Streitigkeiten; sie gehören vor die Verfassungsgerichte (Bundesverfassungsgericht, Verfassungsgerichte der Länder, vgl. unten Kap. 30 II 4 a);
– in öffentlich-rechtlichen Streitigkeiten, die durch Bundesgesetz ausdrücklich einer anderen Gerichtsart zugewiesen sind;

Streitigkeiten in Angelegenheiten der Sozialversicherung und der Kriegsopferversorgung gehören vor Gerichte der *Sozialgerichtsbarkeit* (vgl. § 51 des Sozialgerichtsgesetzes);

Streitigkeiten über Steuern und Zölle, die auf Grund von Bundesgesetzen erhoben werden, gehören vor die Gerichte der *Finanzgerichtsbarkeit* (vgl. § 33 der Finanzgerichtsordnung);

die Sozialgerichtsbarkeit und die Finanzgerichtsbarkeit werden deshalb auch als *„besondere Verwaltungsgerichtsbarkeiten"* bezeichnet;

– für öffentlich-rechtliche Streitigkeiten, die durch Bundesgesetz ausdrücklich den ordentlichen Gerichten zugewiesen sind.

Nach Art. 14 Abs. 3 Satz 3 GG ist z. B. wegen der Höhe der Entschädigung bei einer Enteignung (öffentlich-rechtliche Maßnahme!) im Streitfall der Rechtsweg zu den ordentlichen Gerichten gegeben. (Wird dagegen behauptet, die Enteignung als solche sei rechtswidrig, so müßte die Klärung durch die Verwaltungsgerichtsbarkeit erfolgen.)

Das gleiche gilt nach Art. 34 GG für den Schadensersatzanspruch bei Amtspflichtverletzungen. Auch hier sind die ordentlichen Gerichte – in erster Instanz das Landgericht – zuständig.

Weitere Beispiele in § 40 Abs. 2 VwGO.

An folgenden Beispielen sollen die Zusammenhänge verdeutlicht werden:

Wäre es im Ausgangsfalle zwischen Felix und dem Verkäufer des Grundstücks zu einem Streit gekommen (z. B. wegen der Zahlung des Kaufpreises), so hätte das ordentliche Gericht angerufen werden müssen.

Wollte Felix die Entscheidung der Baubehörde, mit der ihm die Baugenehmigung versagt worden ist, gerichtlich überprüfen lassen, so müßte er sich an das Verwaltungsgericht wenden.

Kauft das Landratsamt eine Schreibmaschine und würde es die Rechnung nicht pünktlich bezahlen, so müßte der Verkäufer vor dem ordentlichen Gericht Klage erheben.

Kommt es nach dem vertraglichen Zusammenschluß zweier Gemeinden über einen Punkt der Vereinbarung zum Streit, so muß er vor dem Verwaltungsgericht ausgetragen werden, weil es sich um einen öffentlich-rechtlichen Vertrag und damit um eine öffentlich-rechtliche Streitigkeit handelt.

Wie sich die verschiedenen Rechtswege praktisch auswirken und sogar in einem einheitlichen Lebensvorgang bedeutsam werden können, mag folgender Fall zeigen[1]: Der 58 Jahre alte Maschinenschlosser A verursacht infolge Unachtsamkeit einen Verkehrsunfall: Er fährt mit seinem Pkw auf das vor ihm fahrende, von Z gelenkte Auto auf. Beide Fahrzeuge werden beschädigt, A und Z sind verletzt. Im anschließenden Strafverfahren wird A zu einer Geldstrafe wegen fahrlässiger Körperverletzung des Z verurteilt.

Zu seiner Verteidigung innerhalb des Strafverfahrens hatte A wahrheitsgemäß erklärt, er sehe ohne Brille nicht mehr gut; er habe zur Zeit des Unfalls keine Brille getragen und deshalb die Entfernung zu seinem Vordermann falsch eingeschätzt.

Von dieser Aussage erfährt die für die Erteilung der Fahrerlaubnis zuständige Verwaltungsbehörde. Sie prüft den Sachverhalt und erteilt schließlich dem A die Auflage, künftig nur noch mit Brille ein Kraftfahrzeug zu lenken.

---

1 Nach Heyde, Wolfgang, Die Rechtspflege in der Bundesrepublik Deutschland, 2. Auflage 1970, S. 20.

Z, der sich wegen seiner Verletzung in ärztlicher Behandlung begeben hatte, verlangt von A Ersatz der entstandenen Heilkosten, des vorübergehend eingetretenen Verdienstausfalls und ein angemessenes Schmerzensgeld.

Bei A hinterläßt der Unfall einen bleibenden Gesundheitsschaden, der sich nachteilig auf seine Arbeitsleistung im Beruf auswirkt. Dies veranlaßt seinen Arbeitgeber, ihm nach einiger Zeit zu kündigen. Auf Grund seines fortgeschrittenen Lebensalters und der Gesundheitsbeschädigung findet A keinen geeigneten anderweitigen Arbeitsplatz und ist gezwungen, von der Arbeitslosenunterstützung zu leben.

Dieser Lebensvorgang kann zu Prozessen in verschiedenen Gerichtszweigen führen:
a) Die Bestrafung des A erfolgt durch ein Gericht der ordentlichen Gerichtsbarkeit (§ 13 GVG).
b) Durch die Auflage der Verwaltungsbehörde, nur noch mit Brille ein Kraftfahrzeug führen zu dürfen, wird die Fahrerlaubnis des A eingeschränkt. Will er sich dagegen wehren, so muß er den Verwaltungsrechtsweg beschreiten, d. h. Klage beim Verwaltungsgericht erheben (§ 40 Abs. 1 VwGO).
c) Für die Schadensersatz- und Schmerzensgeldforderung des Z wäre, sofern A nicht freiwillig bezahlt, der ordentliche Rechtsweg zulässig (bürgerliche Rechtsstreitigkeit, § 13 GVG).
d) Hält A die Kündigung seines Arbeitgebers für ungerechtfertigt, so müßte er sich an ein Gericht der Arbeitsgerichtsbarkeit wenden.
e) Ist A mit der Höhe der ihm gewährten Arbeitslosenunterstützung unzufrieden, so kann er ein Gericht der Sozialgerichtsbarkeit anrufen.

Insgesamt ist folgendes festzuhalten: Wer wegen eines bestimmten Streitfalles das Gericht anrufen, d. h. Klage erheben möchte, muß sich zunächst darüber Gewißheit verschaffen, welche *„Gerichtsart"* für die Behandlung des Prozesses vorgesehen ist. Schwierigkeiten ergeben sich dabei insbesondere, wenn zwischen dem Rechtsweg zu den ordentlichen Gerichten und dem Rechtsweg zu den Verwaltungsgerichten zu wählen ist. Grundsätzlich kommt es dann darauf an, ob das strittige Rechtsverhältnis privatrechtlicher oder öffentlich-rechtlicher Natur ist.

II. Objektives und subjektives Recht

Unter dem Begriff „objektives Recht" wird die **Gesamtheit aller geltenden Rechtsvorschriften** verstanden. Das Recht als solches ist der Gegenstand, das *Objekt* der Betrachtung.

Diesem objektiven Recht steht auf seiten des einzelnen das **„subjektive Recht"** oder – zunächst sehr grob gesprochen – die **„Berechtigung"** gegenüber. Das Recht wird hier als eine Rechtsmacht betrachtet, die der Person, dem *Subjekt*, gewährt wird.

Es ist schwierig, für den Begriff des subjektiven Rechts eine umfassende Definition zu finden. Zusammenfassend ausgedrückt, bedeutet der Begriff „subjektives Recht" **eine dem einzelnen vom objektiven Recht,** also von geltenden Rechtsvorschriften, **verliehene Macht insbesondere des Inhalts, eine Sache nach eigenem Willen zu beherrschen, von einem anderen ein Tun oder Unterlassen zu verlangen oder einseitig auf ein Rechtsverhältnis gestaltend einzuwirken.**

Das subjektive Recht spielt in unserer Rechtsordnung eine wichtige Rolle. Deshalb ist es notwendig, daß wir uns näher mit ihm beschäftigen.

1. Wesen und Inhalt des subjektiven Rechts. Das Recht als Teil der Sozialordnung regelt – wie wir sahen – die mitmenschlichen Beziehungen. Weil es zwangsweise durchgesetzt werden kann, erfüllt es seinen Zweck auch und gerade dort, wo andere Ordnungssysteme versagen. So gesehen dient das Recht in seiner Gesamtheit dem **Schutze aller Bürger** oder der **Allgemeinheit.** Viele Rechtsvorschriften nützen darüber hinaus aber gezielt dem **einzelnen** oder einem **bestimmten Personenkreis.** Diese Rechtsnormen, die den Schutz „eines anderen bezwecken" und die man deshalb „Schutzgesetze" nennt (vgl. § 823 Abs. 2 BGB), stellen für denjenigen, der geschützt werden soll, eine rechtlich besonders **günstige Lage** her.

> Nach § 1 Abs. 2 StVO muß sich jeder Teilnehmer am öffentlichen Straßenverkehr so verhalten, daß kein anderer geschädigt, gefährdet oder mehr, als nach den Umständen unvermeidbar, behindert oder belästigt wird. Die Vorschrift bezweckt also den Schutz anderer Menschen (Autofahrer, Radfahrer, Fußgänger, Straßenanlieger usw.).

> Die Arbeitszeitordnung dient dem Schutze jedes Betriebsinhabers vor unlauterem Wettbewerb außerhalb der zugelassenen Arbeitszeiten.

Obwohl diese Gesetze bestimmte Personen oder Personengruppen schützen, haben die Begünstigten **kein Recht, unmittelbar** von einem anderen die Einhaltung des Gesetzes – von einem Verkehrsrowdy etwa die Beobachtung des § 1 StVO – **zu** „**fordern".** Daran ändert auch die Tatsache nichts, daß die Möglichkeit besteht, Strafanzeige zu erstatten oder – nach Eintritt eines Schadens – Schadensersatz zu verlangen.

> Durch Rechtssatz bestimmt eine Gemeinde, daß die Straßenanlieger bei Schnee- oder Eisglätte den Gehweg vor ihrem Grundstück bis spätestens 7.00 Uhr gestreut haben müssen. Grundstücksbesitzer Faul, der regelmäßig bis in den späten Vormittag zu schlafen pflegt, denkt nicht daran, seine Streupflicht zu erfüllen. Sein Nachbar Fleißig hingegen streut pünktlich und eilt jeden Morgen kurz nach 7.00 Uhr am Grundstück des Faul vorbei zu seiner Arbeitsstelle. Immer wieder ärgert er sich, daß Faul nicht gestreut hat. Gleichwohl kann Fleißig den Faul vor Gericht nicht aus eigenem Recht verklagen. Er hat keine Rechtsmacht, von Faul die Erfüllung der Streupflicht zu verlangen. Ihm bleibt nur der Weg über die Strafanzeige.

> Ebensowenig kann ein Autofahrer den Führer eines hinter ihm fahrenden Kraftfahrzeugs auf Einhaltung des Mindestabstands verklagen.

Welchen Sinn haben aber dann die Rechtsvorschriften, die den Schutz eines anderen zwar bezwecken, ihm jedoch nicht die Möglichkeit geben, ihre Einhaltung unmittelbar durchzusetzen? Die Antwort lautet: Der Schutz wird **mittelbar erreicht,** sei es, daß der Staat den Rechtsungehorsam bestraft, oder sei es, daß dem Betroffenen, wenn ihm aus der Nichtbefolgung eines zu seinem Schutze bestimmten Gesetzes ein Schaden entsteht, Schadensersatz zuerkannt wird.

> Hält ein Autofahrer den vorgeschriebenen Mindestabstand zu seinem Vordermann nicht ein, so droht ihm die Verhängung einer Geldbuße.

> Kommt Fleißig auf dem nicht gestreuten Gehweg vor dem Hause des Faul zu Fall und bricht er sich dabei ein Bein, so kann er einen Schadensersatzanspruch gegen Faul geltend machen.

Die Androhung derartiger Folgen für den Fall des Rechtsungehorsams übt *mittelbar* einen Zwang zu rechtmäßigem Verhalten aus.

Im Gegensatz zum subjektiven Recht, das seinem Inhaber die Macht verleiht, direkt von einem anderen ein gesetzestreues Verhalten zu verlangen, wirkt sich die Begünstigung durch ein Schutzgesetz nur indirekt aus. Man bezeichnet sie deshalb als „**Reflexrecht".**

Damit kommen wir zu einem wichtigen **Zwischenergebnis:** Ein subjektives Recht liegt nicht schon deshalb vor, weil bestimmte Rechtsvorschriften begünstigenden Inhalt für den einzelnen oder eine Personengruppe haben. Wer durch das Recht „geschützt" ist, ist damit noch nicht zugleich auch „berechtigt".

Die unmittelbare Rechtsmacht des einzelnen, die mit dem Begriff des subjektiven Rechts bezeichnet wird, kann – wie bereits angedeutet wurde – verschiedene Formen haben. Herkömmlicherweise werden folgende Kategorien unterschieden:

a) Beherrschungsrechte. Die Beherrschungsrechte – auch Herrschaftsrechte genannt – verleihen dem Inhaber die Rechtsmacht, mit einem Gegenstand grundsätzlich, d. h. im Rahmen der Gesetze und soweit keine Rechte anderer entgegenstehen, **nach Belieben zu verfahren.**

> Das wichtigste Beherrschungsrecht ist das Eigentum. In § 903 BGB heißt es dazu: „Der Eigentümer einer Sache kann, soweit nicht das Gesetz oder Rechte Dritter entgegenstehen, mit der Sache nach Belieben verfahren und andere von jeder Einwirkung ausschließen."

> Zu den Beherrschungsrechten gehören ferner das Pfandrecht, die Hypothek, die Persönlichkeitsrechte (z. B. das Namensrecht), das Urheberrecht, das Patent usw.

b) Ansprüche. Was ein Anspruch ist, definiert das Gesetz selbst (Legaldefinition): Nach § 194 Abs. 1 BGB ist der **Anspruch das Recht, von einem anderen ein Tun oder Unterlassen zu verlangen.** Das Tun oder Unterlassen (Oberbegriff: Handeln), das zu fordern ist, kann von Fall zu Fall den verschiedensten Inhalt haben.

> Der Verkäufer kann vom Käufer Zahlung des Kaufpreises, der Mieter vom Vermieter die Überlassung der Mietsache zum Gebrauch verlangen; der Eigentümer kann Herausgabe seines Eigentums vom Besitzer, d. h. von demjenigen, der die tatsächliche Gewalt über die Sache ausübt, fordern; der durch eine unerlaubte Handlung Geschädigte kann vom Schädiger Schadensersatz beanspruchen; Kinder können von ihren Eltern Unterhalt begehren; der Eigentümer, der bei der Ausübung seines Beherrschungsrechts gestört wird, kann vom Störer Unterlassung verlangen usw.

Während sich die Beherrschungsrechte auf einen Gegenstand beziehen, richten sich die Ansprüche, auch Forderungen genannt, **gegen eine andere Person.**

Ansprüche sind in unserem Rechtssystem, insbesondere im Zivilrecht, von größter Bedeutung. Sie sind grundsätzlich der Schlüssel für die Lösung eines zivilrechtlichen Problems und dienen als Ausgangspunkt oder „Einstieg" bei der Bearbeitung von Zivilrechtsfällen. Sie müssen in ihrem Wesen und in der praktischen Handhabung von jedem, der das Recht – und wenn auch nur in Grundzügen – kennenlernen will, so schnell wie möglich begriffen werden. Das Denken in Ansprüchen ist für die Arbeitsweise des Zivilrechtlers typisch.

> A hat von B ein gebrauchtes Auto gekauft. Gegen das Versprechen, den vereinbarten Kaufpreis umgehend zu überweisen, hat er das Auto gleich mitnehmen dürfen. A, den der Kauf inzwischen reut, zahlt nicht. B möchte zu seinem Geld kommen. Welche Auskunft kann ihm gegeben werden?

> Die erste Frage, die geprüft werden muß, lautet: Hat B gegen A einen Anspruch auf Zahlung? Wir müssen im Gesetz suchen, ob eine Vorschrift vorhanden ist, die B einen solchen Anspruch gewährt.

> § 433 Abs. 2 BGB bestimmt: „Der Käufer ist verpflichtet, dem Verkäufer den vereinbarten Kaufpreis zu zahlen ..."

B kann also von A Zahlung verlangen. Gestützt auf diesen Anspruch ist er in der Lage, vor dem ordentlichen Gericht Klage zu erheben.

Die **Anspruchsgrundlage,** d. h. die Rechtsvorschrift, die einen Anspruch gewährt, muß aus dem Gesetz ermittelt werden. Dabei ist folgendes zu beachten: Natürlich ist nicht jede gesetzliche Bestimmung des Zivilrechts eine Anspruchsnorm. Im Gegenteil! Die meisten Paragraphen des Bürgerlichen Gesetzbuchs enthalten Rechtssätze, die keine Berechtigung vermitteln, von einem anderen etwas zu beanspruchen.

Es gibt **allgemeine Rechtssätze,** die ohne Gewährung einer Berechtigung unter bestimmten Voraussetzungen eine Rechtsfolge anordnen (z. B. Geschäftsfähigkeit, Nichtigkeit oder schwebende Unwirksamkeit eines Rechtsgeschäfts, Verjährung u. v. a.).

Daneben stehen die sogenannten **Definitionsnormen,** die einen Rechtsbegriff bestimmen (vgl. z. B. die obengenannte Legaldefinition des Anspruchs).

Wir können weiter die **Formvorschriften** und die **Fristbestimmungen** unterscheiden.

Schließlich gibt es Normen, die lediglich **verweisen** (damit unnötige Wiederholungen gespart werden: In § 580 BGB ist z. B. gesagt: „Die Vorschriften über die Miete von Grundstücken gelten, soweit nicht ein anderes bestimmt ist, auch für die Miete von Wohnräumen und anderen Räumen"), die einen allgemein formulierten Rechtssatz **beschränken** oder für einen Sonderfall **abändern** (nach § 276 Abs. 1 Satz 1 BGB hat der Schuldner grundsätzlich Vorsatz und Fahrlässigkeit zu vertreten; nach § 599 BGB hat der Verleiher aber nur Vorsatz und *grobe* Fahrlässigkeit zu vertreten).

Allen diesen Rechtssätzen ist gemeinsam, daß sie **keine Anspruchsgrundlage** bieten. Wenn wir aus der Fülle der Rechtsregeln des bürgerlichen Rechts Anspruchsnormen finden wollen, so müssen wir beachten, daß sich die Sprache des Gesetzes verschiedener Formulierungen bedient, um die Verleihung einer Berechtigung kenntlich zu machen. In § 433 BGB wird gesagt, der Käufer sei *verpflichtet,* ... zu zahlen; in § 557 Abs. 1 BGB heißt es: „Gibt der Mieter die gemietete Sache nach der Beendigung des Mietverhältnisses nicht zurück, so *kann* der Vermieter für die Dauer der Vorenthaltung als Entschädigung den vereinbarten Mietzins *verlangen*"; § 280 Abs. 1 BGB lautet: „Soweit die Leistung infolge eines von dem Schuldner zu vertretenden Umstandes unmöglich wird, *hat* der Schuldner dem Gläubiger den durch die Nichterfüllung entstehenden Schaden *zu ersetzen*". Einige Vorschriften sagen nur, der Berechtigte *könne* unter gewissen Voraussetzungen *klagen* (z. B. § 12 Satz 2 BGB oder § 1004 Abs. 1 Satz 2 BGB). Alle diese unterschiedlichen Ausdrucksweisen bedeuten dasselbe: Dem Betroffenen steht ein Anspruch zu.

Man kann nicht oft genug betonen, wie wichtig es ist, bei der Lösung eines Zivilrechtsfalles die Anspruchsnorm festzustellen und von ihr auszugehen. Bei Anfängern kommt es immer wieder vor, daß sie sich nicht an diese fundamentale Regel halten. Meistens liegt dies daran, daß sie das Wesen des Anspruchs nicht verstanden haben und deshalb das Gesetz nicht lesen können.

Dazu folgendes Beispiel: § 276 Abs. 1 Satz 1 BGB lautet: „Der Schuldner hat, sofern nicht ein anderes bestimmt ist, Vorsatz und Fahrlässigkeit zu vertreten." Allzuoft glaubt der Unkundige, aus dieser Vorschrift einen Schadensersatzanspruch herleiten zu können. Das ist falsch. Wir wissen: Der Anspruch ist das Recht, von einem anderen ein Tun oder Unterlassen zu verlangen. Davon ist in § 276 BGB keine Rede! Die Vorschrift besagt nur, daß der Schuldner Vorsatz und Fahrlässigkeit (Oberbegriff: Verschulden) zu vertreten hat; welche Folge diese Verantwortlichkeit auslöst, ist in einer Anspruchsnorm festgelegt (z. B. die Verpflichtung zum Schadensersatz).

Wie sehr es darauf ankommt, die Anspruchsgrundlage richtig zu erkennen, soll ein weiteres Beispiel zeigen: Der Mieter hatte die von ihm gemietete Wohnung nicht beziehen können, weil sie ohne Verschulden des Vermieters nach Abschluß des Mietvertrags unbewohnbar geworden war. Der Mieter war gezwungen, vorübergehend in ein Hotel zu ziehen, bevor er eine andere geeignete Wohnung fand. Er fragt jetzt, ob er die ihm durch die Hotelunterkunft entstandenen Mehrkosten vom Vermieter verlangen könne. Wer die Antwort aus § 536 BGB entnehmen möchte, wählt die falsche Anspruchsgrundlage. Zwar gewährt § 536 BGB einen Anspruch („Der Vermieter hat die vermietete Sache dem Mieter in einem zu dem vertragsmäßigen Gebrauche geeigneten Zustande zu überlassen und sie während der Mietzeit in diesem Zustande zu erhalten"), der Mieter hatte aber hier nicht danach gefragt, ob er die Überlassung der Wohnung verlangen könne, sondern ob er Ersatz der Mehrkosten, also Schadensersatz, fordern dürfe. Die Antwort auf diese Frage gibt nicht § 536 BGB, sondern § 538 Abs. 1 (2. Alternative) BGB („Ist ein Mangel der im § 537 bezeichneten Art beim Abschluß des Vertrages vorhanden o d e r entsteht ein solcher Mangel später infolge eines Umstandes, den der Vermieter zu vertreten hat, oder kommt der Vermieter mit der Beseitigung eines Mangels in Verzug, so kann der Mieter unbeschadet der im § 537 bestimmten Rechte Schadensersatz wegen Nichterfüllung verlangen").

Bei der Suche nach der Anspruchsgrundlage ist also genau darauf zu achten, *welcher* Anspruch geltend gemacht wird. Ebenso sind die verschiedenen Möglichkeiten, die das Recht anbietet, streng auseinanderzuhalten.

c) **Gestaltungsrechte.** Zu den subjektiven Rechten gehören auch die Gestaltungsrechte. Mit ihrer Hilfe kann ein Rechtsverhältnis durch **einseitigen Akt einer Partei,** meist durch eine Erklärung, begründet, verändert oder aufgehoben werden. Es handelt sich also um eine Ausnahme von dem Grundsatz, daß sich Rechtsverhältnisse im Gleichordnungsverhältnis mehrerer Personen nur durch deren Einverständnis begründen, ändern oder aufheben lassen.

Hierher gehören die *Kündigungsrechte.* Durch die einseitige Erklärung „Ich kündige" wird ein bestehendes Miet- oder Arbeitsverhältnis nach Ablauf der gesetzlich vorgeschriebenen Kündigungsfrist beendet, sofern das Kündigungsrecht nicht beschränkt ist. Ein Gestaltungsrecht ist auch die *Anfechtung.* Kauft jemand ein Grundstück in der irrigen Annahme, es handle sich um einen Bauplatz, so kann er, sobald er den Irrtum erkennt, den Kaufvertrag anfechten. (Vgl. unten Kap. 10 IV 2).

Gestaltungsrechte sind ferner das *Aneignungsrecht* (das ist das Recht, eine herrenlose Sache in Besitz zu nehmen und dadurch das Eigentum an ihr zu erwerben, § 958 Abs. 1 BGB) sowie das Recht, unter bestimmten Voraussetzungen *von einem Vertrag zurückzutreten* usw.

2. **Absolute und relative subjektive Rechte. Absolute Rechte** sind solche, die **gegenüber jedermann** wirken.

Das Eigentum kann z. B. gegenüber allen anderen geltend gemacht werden.

Das gleiche gilt von den Persönlichkeitsrechten, von den Sachenrechten, vom Patentrecht usw.

Relative Rechte sind solche, die sich nur gegen eine **ganz bestimmte Person** richten und gerade ihr eine Verpflichtung auferlegen.

Hierher gehören die Forderungsrechte oder Ansprüche und die Gestaltungsrechte.

Der Anspruch auf Zahlung des Kaufpreises besteht nur gegenüber dem bestimmten Käufer, mit dem der Vertrag geschlossen worden ist.

3. **Grenzen der subjektiven Rechte.** Wir haben gesehen, daß die subjektiven Rechte dem einzelnen eine Rechtsmacht zur Beherrschung eines Gegenstandes, zum

Fordern eines Tuns oder Unterlassens oder zur einseitigen Gestaltung eines Rechtsverhältnisses verleihen. Trotzdem sind der **Ausübung dieser Rechtsmacht** im Einzelfall gewisse **Grenzen** gesetzt.

a) **Dem subjektiven Recht steht ein Gegenrecht entgegen.** Wenn vom subjektiven Recht als der Rechtsmacht des einzelnen gesprochen wird, darf nicht übersehen werden, daß *jedem* einzelnen subjektive Rechte zustehen können. Das hat zur Folge, daß in manchen Fällen die Rechtsmacht des einen mit der Rechtsmacht des anderen zusammenstößt.

> Greifen wir nochmals auf den zwischen A und B geschlossenen Kaufvertrag über ein gebrauchtes Auto zurück und nehmen wir jetzt an, B habe dem A erklärt, er solle das Auto gleich mitnehmen, den Kaufpreis könne er nach Ablauf von zwei Monaten bezahlen. Einige Tage nach dieser Vereinbarung braucht B dringend Geld. Er verlangt von A sofortige Zahlung des Kaufpreises.

> Zunächst wird festgestellt, daß B gegen A einen Anspruch auf Zahlung des Kaufpreises hat (s. o.).

> Erklärt A unter Berufung auf die Abmachung, er brauche erst nach Ablauf von zwei Monaten zu zahlen, so macht er *Stundung* geltend. A hat ein Gegenrecht; B kann keine sofortige Zahlung verlangen.

Man nennt diese Gegenrechte „**Einreden**". Auch sie sind subjektive Rechte. Typisch für die Einreden ist, daß sie *nur* berücksichtigt werden können, wenn sie von ihrem Inhaber geltend gemacht werden.

> Würde sich A auf die Stundung nicht ausdrücklich berufen, so würde er vom Gericht selbst dann zu sofortiger Zahlung verurteilt werden, wenn es auf anderem Wege – etwa von einem Zeugen – vom Inhalt der Vereinbarung Kenntnis erlangt hätte.

> Das gleiche gilt für die *Einrede der Verjährung*. Ist eine Forderung verjährt, beruft sich aber der Schuldner nicht darauf, so muß er die geschuldete Leistung erbringen.

Um zu kennzeichnen, daß eine Einrede gemeint ist, verwendet das Gesetz regelmäßig die Worte: „Der Schuldner *ist berechtigt* . . ." oder „Der Schuldner *kann die Leistung verweigern* . . .".

> § 222 Abs. 1 BGB lautet: „Nach der Vollendung der Verjährung ist der Verpflichtete berechtigt, die Leistung zu verweigern."

> Weitere Beispiele: §§ 273, 320 BGB.

b) **Mißbräuchliche Rechtsausübung.** Das subjektive Recht stößt auch dann auf Schranken, wenn seine Ausübung nach allgemeinen Rechtsgrundsätzen **unzulässig** oder **mißbräuchlich** wäre. Rechtsprinzipien dieser Art haben in verschiedenen Vorschriften des Bürgerlichen Gesetzbuchs ihren Niederschlag gefunden. Es handelt sich vor allem um den Grundsatz der Wahrung von „**Treu und Glauben**" (§ 242), um das **Verbot sittenwidrigen Handelns** (§ 826) und um das sog. **Schikaneverbot** (§ 226). Diese Regeln gelten, obwohl bürgerlichen Rechts, in allen Bereichen unserer Rechtsordnung (z. B. im Verwaltungsrecht oder im Arbeitsrecht).

4. **Subjektive Rechte im öffentlichen Recht.** Wir haben das subjektive Recht bisher fast ausschließlich als Berechtigung einer Person gegenüber gleichgeordneten anderen Personen betrachtet. Darüber hinaus gibt es Rechtspositionen des einzelnen, die es ihm ermöglichen, vom Staat und seinen Einrichtungen ein bestimmtes Tun oder Unterlassen zu verlangen. Diese Rechtsmacht wird im öffentlichen Recht als **subjektiv-öffentliches Recht** bezeichnet.

Das subjektiv-öffentliche Recht ist für die Beziehungen des Bürgers zur öffentlichen Gewalt im Rechtsstaat von ganz entscheidendem Gewicht. Die Rechtsprechung der Verwaltungsgerichte neigt dazu, immer mehr „Interessen" des einzelnen als subjektiv-öffentliche Rechte anzuerkennen. Das ist besonders für die Frage, ob eine Maßnahme der Verwaltung gerichtlich nachprüfbar ist, von Bedeutung, denn grundsätzlich setzt die Anrufung der Verwaltungsgerichte voraus, daß der Betroffene behaupten kann, in seinen Rechten, d. h. in seinen subjektiv-öffentlichen Rechten, verletzt worden zu sein (vgl. Art. 19 Abs. 4 GG).

Zu den subjektiv-öffentlichen Rechten gehören in erster Linie die **Grundrechte.** Jeder hat grundsätzlich die Rechtsmacht, sie auszuüben und sie zu verteidigen.

> Nach Art. 14 Abs. 1 GG wird das Eigentum gewährleistet. Nach Abs. 2 dieser Verfassungsbestimmung verpflichtet Eigentum aber auch; sein Gebrauch soll zugleich dem Wohle der Allgemeinheit dienen *(Sozialbindung).* Eine Enteignung ist nur zum Wohle der Allgemeinheit zulässig (Art. 14 Abs. 3 Satz 1 GG). Gegen die Maßnahme einer Behörde, durch die eine Enteignung verfügt wird, kann sich der Betroffene wehren, d. h. das Gericht mit der Behauptung anrufen, er sei in seinem Grundrecht auf Eigentum verletzt worden, weil die Enteignung zum Wohle der Allgemeinheit nicht erforderlich gewesen sei.

Subjektiv-öffentliche Rechte werden ferner durch **Verleihung bestimmter Befugnisse** vermittelt.

> Zulassung als Rechtsanwalt oder Notar; Verleihung einer Gaststätten- und Schankerlaubnis; Erteilung der Fahrlehrerzulassung usw.

Schließlich gibt es auch **öffentlich-rechtliche Ansprüche,** kraft derer von der öffentlichen Gewalt eine Leistung verlangt werden kann.

> Der Beamte hat einen Anspruch auf Dienstbezüge.

> Der Rentner hat Ansprüche auf Leistungen aus der Sozialversicherung.

> Sofern die gesetzlichen Voraussetzungen erfüllt sind, besteht ein Anspruch auf Erteilung einer Baugenehmigung.

> Wer zuviel Steuern vorausgezahlt hat, kann die Rückzahlung der Mehrleistungen fordern.

III. Die Einteilung des Rechts
nach der Rangordnung der Rechtssätze

Bei der Darstellung der Rechtsquellen (s. o. Kap. 2 I) haben wir gezeigt, daß geschriebene Rechtssätze in unterschiedlichen Formen (Gesetz, Rechtsverordnung und Satzung) vorkommen und daß sie von verschiedenen Trägern hoheitlicher Gewalt (Legislative, Exekutive, juristischen Personen des öffentlichen Rechts) erlassen werden. Deshalb ist es nicht auszuschließen, daß die gleiche Rechtsfrage z.B. in einem Gesetz anders entschieden wird als in einer Rechtsverordnung. Da aber die Rechtsordnung eine Einheit bildet, wäre es unerträglich, wenn verschiedene Rechtsquellen auf die gleiche Frage unterschiedliche Antworten geben und jede dieser Antworten Verbindlichkeit beansprucht. Die Rechtsordnung muß deshalb regeln, welchem Rechtssatz in Fällen widersprüchlichen Inhalts Vorrang gebührt. Sie tut dies, indem sie die Rechtsquellen hierarchisch gliedert, d. h. **eine Rangordnung der Rechtssätze** aufstellt, in der jeweils die übergeordneten die nachgeordneten ausschließen.

Die Rechtssätze haben also unterschiedliche Geltungskraft. Unsere Einteilung befaßt sich demnach mit der Frage, auf welcher Geltungsstufe die Rechtssätze stehen.

Den obersten Rang im positiven Recht hat das Grundgesetz. Es geht allen übrigen Rechtssätzen vor. Widerspricht ein Gesetz dem Grundgesetz, so ist es ungültig.

Wir erinnern daran, daß über dem Verfassungsrecht das Naturrecht als überpositives Recht rangiert (s. o. Kap. 2 IV).

Die nächste Geltungsstufe nehmen die Gesetze ein. Rechtsverordnungen und Satzungen, die mit Gesetzen in Widerspruch stehen, sind ungültig.

Rechtsverordnungen schließlich gehen den Satzungen vor, weil staatliches Recht dasjenige von autonomen Organisationen der mittelbaren Staatsverwaltung bricht.

Zu beachten ist, daß in einem Bundesstaat, wie ihn die Bundesrepublik Deutschland darstellt, sowohl der Bund als auch die Länder Recht setzen (ausführlicher dazu unten Kap. 30 II 2). Es können somit Widersprüche zwischen bundesrechtlichen und landesrechtlichen Rechtssätzen auftreten. Nach Art. 31 GG hat in solchen Fällen stets das Bundesrecht Vorrang, denn „**Bundesrecht bricht Landesrecht**".

Daraus folgt, daß ein Bundesgesetz, mit dem ein Landesgesetz nicht vereinbar ist, vorgeht. Steht eine Bestimmung einer Landesverfassung mit einer Rechtsverordnung des Bundes in Widerspruch, so geht sogar die Rechtsverordnung des Bundes der Landesverfassung vor.

Auf Grund der bisherigen Überlegungen ergibt sich folgende Stufenleiter der Rechtssätze („**Normenhierarchie**"), wobei im Falle widersprüchlichen Zusammentreffens jeweils die tiefer stehenden von den höher stehenden ausgeschlossen werden:

Grundgesetz
Bundesgesetz
Rechtsverordnung des Bundes
Satzung autonomer Organisationen des Bundes
Landesverfassung
Landesgesetz
Rechtsverordnung des Landes
Satzung autonomer Organisationen des Landes

Befinden sich Rechtssätze der *gleichen* Rangordnung miteinander in Widerspruch, so geht der später erlassene Rechtssatz dem früher erlassenen vor. Vorrang genießt in diesem Falle auch die speziellere Regelung gegenüber der allgemeineren.

4. Kapitel

Die Anwendung des Rechts

Das Recht muß von jedermann beachtet und „**angewendet**" werden. Ebenso wie der einzelne sind auch die staatlichen Gewalten dem Recht verpflichtet: „Die Gesetzgebung ist an die verfassungsmäßige Ordnung, die vollziehende Gewalt und die Rechtsprechung sind an Gesetz und Recht gebunden" (Art. 20 Abs. 3 GG).

Jede Anordnung, die eine Verwaltungsbehörde trifft, muß sich im Rahmen des Rechts halten.

Wir alle wenden tagtäglich das Recht an. Dies geschieht oft völlig unbewußt, z. B. beim Kauf einer Zeitung, beim Lösen einer Fahrkarte, beim Theaterbesuch, dann aber auch durchaus bewußt, indem wir etwa beim Vertragsschluß über die Miete einer Wohnung, beim Kauf einer Stereoanlage von vornherein an die möglichen „Rechtsfolgen" (Kündigungsfrist, Grantie u. v. a.) denken und uns „rechtlich" absichern wollen.

Von dieser Rechtsanwendung im weitesten Sinne muß die **Anwendung des Rechts durch die Gerichte** unterschieden werden. Immer wieder entsteht Streit über die *Berechtigungen* (subjektive Rechte), die der eine zu haben glaubt, und über die entsprechenden *Verpflichtungen,* die der andere leugnet: Jeder behauptet von sich, „im Recht zu sein"; keiner ist bereit nachzugeben. Diesen Spannungszustand zu lösen und den Frieden wiederherzustellen, ist Aufgabe der Rechtsprechung. Im Unterschied zu allen anderen „Rechtsanwendern", insbesondere auch zu den Verwaltungsbehörden, entscheiden die Gerichte einen Konflikt **endgültig**.

Anläßlich eines Rechtsstreits mit einem Kunden läßt sich ein Industrieunternehmen von einem namhaften Rechtswissenschaftler beraten. Was im konkreten Falle Recht ist, wird aber nicht durch sein Gutachten, sondern endgültig durch die Gerichte festgestellt.

Eine Verwaltungsbehörde erläßt einen Bescheid. Auf Widerspruch des Betroffenen überprüft sie ihn nochmals. Erst die Verwaltungsgerichte entscheiden aber den Streitfall endgültig.

Im folgenden soll die Anwendung des Rechts durch die Gerichte näher betrachtet werden.

I. Die Garantie für die Neutralität der Gerichte

Die rechtsprechende Gewalt ist den **Richtern** anvertraut (Art. 92 GG). Sie sind **unabhängig** und nur dem Gesetz unterworfen (Art. 97 Abs. 1 GG). Dies sind entscheidende Aussagen für die Stellung der Rechtspflege in unserem Staate. Sie bedeuten: Die Richter haben das **Entscheidungsmonopol**, sie allein sind berufen, das Recht **im Einzelfall** mit letzter Autorität zu finden. Zur Bewältigung dieser Aufgabe sind sie **sachlich unabhängig.** Auf ihre Entscheidung darf weder allgemein noch in bezug auf einen bestimmten Sachverhalt Einfluß genommen werden.

Weder die Regierung noch sonstige Organe der Exekutive dürfen die Richter beeinflussen, ihnen Empfehlungen oder gar Weisungen erteilen, wie sie einen Fall oder eine Gruppe von Fällen entscheiden sollen. Auch dem Präsidenten eines Gerichts ist es verwehrt, Einfluß auf die Entscheidungen der in seinem Bezirk tätigen Richter zu nehmen.

Diese verfassungsmäßig garantierte sachliche Unabhängigkeit schließt es nicht aus, daß der Richter einer *Dienstaufsicht* untersteht. Sie wird an oberster Stelle vom zuständigen Fachminister ausgeübt, der seinerseits gegenüber dem Parlament für den geordneten äußeren Ablauf der Geschäfte bei den Gerichten verantwortlich ist. Im Unterschied zu anderen Angehörigen des öffentlichen Dienstes, insbesondere zu den Beamten, ist die Dienstaufsicht bei Richtern stark beschränkt: Der Richter untersteht ihr nur, soweit nicht seine Unabhängigkeit beeinträchtigt wird (§ 26 Abs. 1 DRiG). Glaubt der Richter, eine bestimmte Maßnahme der Dienstaufsicht würde seine Unabhängigkeit beeinträchtigen, so kann er – z. B. gegen eine

Anordnung des Justizministers – das Richterdienstgericht, das seinerseits unabhängig ist, zur Entscheidung anrufen (§ 26 Abs. 3 DRiG).

> Im Wege der Dienstaufsicht kann dem Richter z. B. vorgehalten werden, er habe es infolge mangelnden Einsatzes seiner Arbeitskraft dazu kommen lassen, daß Verfahren über lange Zeit hinweg unerledigt blieben, er habe einen Verfahrensbeteiligten „angebrüllt" oder sich sonst unbeherrscht verhalten.

> Keinesfalls darf dienstaufsichtsrechtlich überprüft werden, ob der Richter z. B. das Gesetz richtig angewendet, ob er die Beweismittel ausgeschöpft oder ob er die Beweise zutreffend gewürdigt hat. Dies alles gehört – neben anderem – dem Bereiche der Unabhängigkeit an. Insoweit kann eine Nachprüfung nur im Rahmen der nach den einzelnen Verfahrensordnungen statthaften Rechtsmittel durch unabhängige, im Instanzenzug übergeordnete Gerichte vorgenommen werden. Sind die Rechtsmittel erschöpft, so muß eine gerichtliche Entscheidung grundsätzlich als unabänderlich hingenommen werden, auch wenn sich der Betroffene von der Richtigkeit ihres Inhalts oder ihrer Begründung nicht überzeugen lassen will.

Leider ist diese *strikte Trennung zwischen rechtsprechender Gewalt und Exekutive* im Bewußtsein vieler Bürger noch nicht tief genug verhaftet. Oft kommt es vor, daß jemand, der in einem Strafverfahren verurteilt wurde oder in einem anderen Prozeß unterlegen ist, z. B. den Justizminister mit dem Ziel der Abänderung oder Aufhebung des als „unrichtig" empfundenen Urteils anruft. Ihm kann dann nur gesagt werden, daß dem Justizminister kein Recht und keine Möglichkeit zusteht, gerichtliche Entscheidungen auch nur kritisch zu prüfen, geschweige, sie zu ändern oder aufzuheben.

> In einem solchen Falle ist der Justizminister nicht einmal befugt, die Gerichtsakten beizuziehen. Ebensowenig darf er eine Stellungnahme des Richters anfordern.

Das gleiche gilt, wenn jemand wegen einer richterlichen Entscheidung das Parlament anruft.

> Nach Art. 17 GG hat jedermann das Recht, sich mit Bitten und Beschwerden auch unmittelbar an die Volksvertretung zu wenden (Petitionsrecht). Handelt es sich um eine Gerichtsentscheidung, die beanstandet werden soll, so fehlt dem Parlament im Hinblick auf die richterliche Unabhängigkeit das Recht zur Prüfung und Einflußnahme.

Die sachliche Unabhängigkeit des Richters bliebe unvollkommen, wenn er nicht gleichzeitig auch **persönlich unabhängig** wäre.

> Erläßt der Richter ein Urteil, das der Exekutive nicht „paßt", so könnte sie diese Entscheidung zwar nicht ändern (sachliche Unabhängigkeit); denkbar wäre jedoch, daß das Ministerium zur Vermeidung einer Wiederholung den betreffenden „unbequemen" Richter versetzt oder ihn gar absetzt.

An dem Beispiel wird deutlich, daß die volle Unabhängigkeit des Richters nur dann gewährleistet ist, wenn sie **sowohl sachlicher als auch persönlicher Natur** ist. Das Grundgesetz (Art. 97 Abs. 2) trägt dieser Tatsache Rechnung und bestimmt insbesondere, daß die hauptamtlich und planmäßig endgültig angestellten Richter *gegen ihren Willen* grundsätzlich nicht abgesetzt oder an eine andere Stelle versetzt werden können. Nur durch Gesetz dürfen gewisse enge Ausnahmen gemacht werden.

> Die Aufhebung eines Gerichts, die zwangläufig eine Versetzung der bei ihm tätigen Richter nach sich zieht, ist möglich, kann aber nicht durch Verwaltungsanordnung verfügt werden, sondern bedarf eines Gesetzes.

Diesem Höchstmaß an Unabhängigkeit, das die Verfassung gewährt, stehen nun allerdings auch gewisse **Pflichten des Richters** gegenüber. Daß Unabhängigkeit nicht „Freiheit zur Willkür" bedeutet, ergibt sich bereits daraus, daß die Richter *dem Gesetz unterworfen* sind. Der Richter hat also getreu dem Grundgesetz und getreu den Gesetzen nach bestem Wissen und Gewissen ohne Ansehen der Person zu urteilen und nur der Wahrheit und Gerechtigkeit zu dienen (vgl. die Formel des Richtereids, § 38 Abs. 1 DRiG). Die Kontrolle darüber, daß möglichst keine Rechtsfehler auftreten, ist durch den gerichtlichen **Instanzenzug** gewährleistet. Vorsätzliche **Rechtsbeugung** ist mit hoher Freiheitsstrafe bedroht (§ 336 StGB). Abgesehen von dieser fundamentalen Richterpflicht, sich an die Gesetze zu halten, muß er sich dienstlich und privat solche Handlungen versagen, die auch nur den Anschein von Voreingenommenheit erwecken könnten.

> Schon aus dem Gewaltenteilungsprinzip ergibt sich, daß der Richter nicht zugleich Rechtsprechungsaufgaben und Aufgaben der gesetzgebenden oder vollziehenden Gewalt wahrnehmen kann. § 4 DRiG wiederholt dies ausdrücklich.

> Nach § 39 DRiG hat sich der Richter innerhalb und außerhalb seines Amtes auch bei politischer Betätigung – die ihm nicht verwehrt ist – so zu verhalten, daß das Vertrauen in seine Unabhängigkeit nicht gefährdet wird.

Schließlich muß der Richter – und dies ist gerade in unserer Zeit von besonderer Bedeutung – gegen Lob und Tadel der öffentlichen Meinung, der Presse, des Fernsehens usw., immun sein.

> Die Berichterstattung über ein von der Allgemeinheit beachtetes Strafverfahren darf den Richter nicht berühren. Der „Beifall der Massen" muß den Richter ebenso unbeeinflußt lassen wie eine „Urteilsschelte".

Hier erweist es sich, welche menschlichen Qualitäten die Richterpersönlichkeit besitzen muß; hier zeigt sich auch, daß zu der von der Verfassung garantierten **„äußeren Unabhängigkeit"** die **„innere Unabhängigkeit"** des Richters hinzuzutreten hat. Sie muß von Tag zu Tag bewahrt und gefestigt werden und sie ist es letztlich, was das Richteramt besonders auszeichnet, aber auch besonders schwer macht.

II. Zur Methodik richterlicher Rechtsanwendung

Scheinbar ist die Anwendung des Rechts durch die Gerichte ganz einfach: Dem Richter wird eine bestimmte Streitfrage vorgetragen, er stellt die einschlägigen Rechtsvorschriften fest; er prüft, wem die Berechtigung (das subjektive Recht) zusteht oder ob eine Strafe verhängt werden muß und entscheidet sodann. Daß der Vorgang der Rechtsanwendung in Wirklichkeit sehr viel komplizierter und schwieriger ist, müssen wir uns klar zu machen versuchen.

1. Die Sachverhaltsfeststellung. Dem Richter wird zunächst keine Rechtsfrage, sondern ein Lebenssachverhalt vorgetragen, der in der Regel von den Verfahrensbeteiligten unterschiedlich dargestellt wird.

> Der Kläger sagt: Am 30. Januar 1980 fuhr ich am frühen Nachmittag von Stuttgart nach Tübingen. Kurz vor Tübingen sah ich einen entgegenkommenden Lastzug. Ich fuhr mit ca. 70 km/h. Als ich noch etwa 150 m von dem Lastzug entfernt war, setzte der Beklagte, der hinter dem Lastzug gefahren war, zum Überholen an. Um einen Frontalzusammenstoß zu vermeiden, mußte ich stark abbremsen. Dem Beklagten gelang es dadurch gerade noch, den Überholvorgang abzuschließen. Infolge meiner

Bremsung war ich jedoch ins Schleudern geraten, von der Straße abgekommen und gegen einen Baum gefahren. Der Schaden an meinem Fahrzeug beträgt 2000 DM. Der Beklagte muß ihn mir ersetzen.

Der Beklagte sagt: Am Nachmittag des 30. Januar 1980 fuhr ich mit meinem Pkw von Tübingen nach Stuttgart. Kurz hinter Tübingen hatte ich einen in gleicher Richtung vor mir fahrenden Lastzug eingeholt, den ich überholen wollte. Ich überzeugte mich, daß der mir entgegenkommende Kläger noch mindestens 500 m entfernt war und ich den langsam fahrenden Lastzug noch völlig gefahrlos werde überholen können. Lange bevor der Kläger an mir vorbeifuhr, hatte ich den Überholvorgang abgeschlossen; der Kläger brauchte nicht zu bremsen. Im Rückspiegel stellte ich plötzlich fest, daß das Auto des Klägers ohne Schleuderbewegung von der Fahrbahn abkam und auf einen Baum fuhr. Der Kläger muß wohl eingeschlafen sein. Ich brauche keinen Schadensersatz zu leisten, weil ich mit dem Unfall überhaupt nichts zu tun habe.

Der Richter muß nun zunächst den **wahren Sachverhalt** feststellen. Das Verfahren, das er dabei zu beachten hat, ist in der Prozeßordnung geregelt. Er wird sich also der zulässigen und vorhandenen Beweismittel bedienen (d. h. die Zeugen – Polizeibeamte, Lkw-Fahrer usw. – vernehmen, das Tachographenblatt des Lastzugs auswerten bzw. durch einen Sachverständigen auswerten lassen, einen Augenschein an der Unfallstelle einnehmen usw.). Das Beweisergebnis wird vom Richter schließlich gewürdigt und der Sachverhalt, wie er sich nach der richterlichen **Überzeugung** abgespielt hat, **festgestellt.** Diese Sachverhaltsfeststellung (Wahrheitsfindung) ist mitunter außerordentlich schwierig und oft das Kernstück des Prozesses.

2. Die Ermittlung der geltenden Rechtsvorschriften. War die Feststellung, wie sich ein bestimmter Lebensvorgang zugetragen hat, im wesentlichen nicht juristischer Natur, so beginnt jetzt die eigentliche juristische Arbeit des Richters: Er muß die für die rechtliche Beurteilung der im Einzelfall festgestellten Tatsachen einschlägigen Normen finden und anwenden. Dabei können sich folgende Alternativen ergeben:

a) Das Gesetz paßt vollkommen auf den festgestellten Lebensvorgang. Einfach ist die Ermittlung und Anwendung der Rechtsvorschriften dann, wenn das Gesetz den konkret festgestellten Lebensvorgang in seine generelle Regelung einbezogen hat und das eindeutig zum Ausdruck bringt. Hier braucht der Richter die abstrakten Formulierungen des Rechtssatzes (Tatbestand) nur durch die festgestellten Tatsachen zu konkretisieren. (Man nennt diesen Vorgang „Subsumtion".)

A soll zur Rechenschaft gezogen werden, weil er innerhalb einer geschlossenen Ortschaft mit seinem Pkw zu schnell gefahren ist. Es wird festgestellt, daß A innerhalb der Stadt X mit 70 km/h fuhr. A meint, die Breite der Straße und die geringe Verkehrsdichte hätten diese Geschwindigkeit ohne weiteres erlaubt.

Nach § 3 Abs. 3 Nr. 1 StVO beträgt die zulässige Höchstgeschwindigkeit innerhalb geschlossener Ortschaften für alle Kraftfahrzeuge auch unter günstigsten Umständen 50 km/h. Die Vorschrift paßt unmittelbar auf den festgestellten Sachverhalt; die Erklärung, mit der sich A zu verteidigen versucht, ist unbeachtlich.

b) Das Gesetz paßt nicht unmittelbar auf den festgestellten Lebensvorgang. Die Lebensvorgänge sind – auch wenn sie sich ähneln – so vielgestaltig, daß der Wortlaut eines Gesetzes häufig **nicht unmittelbar** auf den zur Entscheidung anstehenden Einzelfall paßt. Der Richter bedient sich dann zunächst der Methode der **Auslegung.** Er versucht dabei den Sinn, den ein Rechtssatz für das Rechtsleben hat und der dann also auch für die Beurteilung des ihm vorliegenden Einzelfalles maßgebend sein könnte, klarzustellen. Neben dem Wortlaut der Vorschrift hat der Richter insbesondere ihr Verhältnis zu anderen Rechtsnormen, ihre geschichtliche Entwicklung, ihren tatsächlichen Zweck und andere Gesichtspunkte zu berücksichtigen. Insgesamt ist eine Vorschrift, die nicht unmittelbar auf den Sachverhalt paßt, so auszulegen, daß das Ergebnis der rechtlichen Grundordnung, d. h. den ethischen, sozialen und wirtschaftlichen Anschauungen unserer Gesellschaft, entspricht.

Die Auslegung spielt in der Rechtsprechung eine hervorragende Rolle. Viele Entscheidungen der obersten Gerichtshöfe befassen sich überwiegend mit der Frage, wie eine gesetzliche Bestimmung auszulegen ist.

> Die Auslegung, d. h. die Klarstellung des Sinns von Rechtssätzen, steht vor allem deshalb im Mittelpunkt richterlicher Tätigkeit, weil sich das Recht durch die Sprache mitteilt und die Sprache sehr oft mehrdeutige Begriffe verwendet. Auch solche Ausdrücke, die zunächst klar und eindeutig zu sein scheinen, können – je nach der Art ihrer Verwendung und je nach dem Sinnzusammenhang, in dem sie gebraucht werden – in den verschiedensten Bedeutungen schillern.
>
> Mit dem Begriff „Kinder" z. B. kann sehr Unterschiedliches gemeint sein. Man kann Menschen einer bestimmten Altersgruppe als „Kinder" bezeichnen und damit den Gegensatz zu den „Erwachsenen" herstellen. In diesem Sinne werden die Wörter „Kindergarten", „Kinderspielplatz", „Kinderbekleidung" usw. verwendet. Das gleiche gilt, wenn es etwa auf einer Preistafel heißt „Kinder zahlen die Hälfte".
>
> Der Begriff „Kinder" wird aber auch in einem engeren Sinne zur Kennzeichnung des Familienverbandes benutzt. Die Eltern sprechen von ihren „Kindern" und meinen damit ihre Abkömmlinge. Aber selbst hier ist der Begriff nicht eindeutig auf die „unmittelbaren" Abkömmlinge (die Großmutter spricht z. B. von den Enkeln als ihren „Kindern"), ja nicht einmal auf die blutsverwandten Familienmitglieder (Sohn und Schwiegertochter werden als „Kinder", Adoptiv- und Pflegekinder werden als „Kinder" bezeichnet) beschränkt.
>
> Die Zahl dieser Bedeutungsvariationen der Umgangssprache versucht das geschriebene Recht dadurch zu vermindern, daß es häufig selbst definiert, wie es einen bestimmten Ausdruck verstanden wissen will (Legaldefinitionen), oder daß es neue Begriffe schafft (das Jugendgerichtsgesetz teilt z. B. Menschen, die noch nicht 21 Jahre alt sind, in drei Gruppen ein: Menschen von 14 bis 18 Jahren = „Jugendliche", Menschen von 18 bis 21 Jahren = „Heranwachsende" und Menschen unter 14 Jahren). Diese Bemühungen des Rechts um möglichst genaue und eindeutige Begriffe führen zur sog. *Juristensprache*, die als wissenschaftliche Fachsprache vom Laien oft nicht verstanden und deshalb belächelt wird.
>
> Trotz einer besonderen juristischen Begriffswelt gelingt es aber nicht, eine absolute Eindeutigkeit der Ausdrücke zu erreichen. Sehr häufig ist daher ein vom Gesetz benützter Begriff „mehrdeutig". In allen diesen Fällen muß der Richter im Wege der Auslegung erforschen, welchen Inhalt und welche Begrenzung der Gesetzgeber diesem Begriff gegeben hat.

Nicht immer hilft jedoch die Auslegung weiter. Oft liegen Lebenssachverhalte vor, auf die das Gesetz weder unmittelbar noch mittelbar, d. h. durch entsprechende Auslegung, paßt. Man spricht in diesem Falle von sog. **Gesetzeslücken.** Solche Lücken entstehen dadurch, daß die Gesetzgebung ganz **bewußt eine Regelung unterläßt** und den Richter auf ausfüllungsbedürftige **Generalklauseln** verweist. Dann ist es ausschließlich dem Richter überlassen, das Recht an Hand des festgestellten Sachverhalts zu konkretisieren.

> Die wichtiges Generalklausel ist in diesem Zusammenhang § 242 BGB („Treu und Glauben").

Gesetzeslücken können aber auch dadurch entstehen, daß im Gesetz ein Lebenssachverhalt **übersehen** oder – etwa weil eine bestimmte technische Erfindung noch nicht gemacht war – ein Bedürfnis für die Regelung nicht erkannt wurde.

Weil die Schöpfer des BGB übersehen hatten, daß es neben Unmöglichkeit und Verzug auch andere Leistungsstörungen geben kann, war eine Gesetzeslücke entstanden. Sie wurde von der Rechtsprechung ausgefüllt („positive Forderungsverletzung", vgl. unten Kap. 15 IV).

Zunächst ist davon auszugehen, daß der Richter niemals berechtigt ist, seine Entscheidung zu verweigern (**Verbot der Rechtsverweigerung**).

Der Richter kann also nicht erklären, er erlasse kein Urteil, weil er festgestellt habe, daß das Gesetz eine Regelung für den ihm vorliegenden Sachverhalt nicht enthalte.

Der Richter ist somit *gezwungen*, zu entscheiden. Läßt ihn das Gesetz im Stich, so muß er die Antwort auf die ihm gestellte Frage selbst finden. Der Weg ist ähnlich, wie bei der Auslegung: An Hand allgemeiner Rechtsprinzipien bewertet der Richter die gegensätzlichen Interessen und Bedürfnisse der Prozeßbeteiligten mit dem Ziele eines gerechten Ausgleichs, der sowohl die Belange des einzelnen als auch der Gemeinschaft berücksichtigt. Dabei hat er einige methodische Hilfsmittel zur Hand. Es kann sich z. B. ergeben, daß eine befriedigende Behandlung des Einzelfalles dadurch möglich wird, daß der Richter eine dem Wortsinne nach auf einen ganz anderen Sachverhalt zugeschnittene Regelung auf den bei ihm zur Entscheidung anstehenden Fall erstreckt. Man nennt diese Methode der Rechtsanwendung **Analogie**.

Der Bundesgerichtshof hatte folgenden Fall zu entscheiden: A ist vertraglich verpflichtet, dem B Öfen zu liefern und sie in dessen Neubau aufzustellen. Weil eine Treppe in dem Neubau nicht verkehrssicher ist, erleidet A beim Aufstellen der Öfen einen Unfall, an dessen Folgen er stirbt. Seine Hinterbliebenen verlangen von B Schadensersatz aus Vertrag (Rente, Beerdigungskosten).

Der Vertrag ist eine Mischung von Kauf- und Werkvertrag. Die Hinterbliebenen stehen mit B aber in keinem Vertragsverhältnis. Eine Vorschrift, die ihnen vertragliche Ansprüche gewährt, ist im Gesetz nicht vorhanden. Allerdings findet sich in § 618 Abs. 3 BGB eine Bestimmung, die einen ähnlichen Sachverhalt regelt. Sie lautet: „Erfüllt der Dienstberechtigte die ihm in Ansehung des Lebens und der Gesundheit des Verpflichteten obliegenden Verpflichtungen nicht, so finden auf seine Verpflichtung zum Schadensersatze die für unerlaubte Handlungen geltenden Vorschriften der §§ 842 bis 846 entsprechende Anwendung." In § 844 BGB werden Ansprüche auf Ersatz der Beerdigungskosten und auf Unfallrente gewährt.

§ 618 Abs. 3 BGB betrifft nun aber weder Kauf- noch Werkverträge, sondern Dienst- und Arbeitsverträge.

Gleichwohl hat der Bundesgerichtshof den § 618 Abs. 3 BGB *analog* auf Werkverträge erstreckt. Er hält die beiden verschiedenen Sachlagen für so ähnlich, daß der in § 618 Abs. 3 BGB zum Ausdruck kommende Rechtsgedanke nicht auf den Dienstvertrag beschränkt bleiben muß, sondern auf die vergleichbare Situation, die bei Werkverträgen entstehen kann, ausdehnbar ist.

Die Hinterbliebenen des A können also von B Rente und Ersatz der Beerdigungskosten fordern.

Umgekehrt kann aber eine Rechtsvorschrift auch so gefaßt sein, daß sich eine ausdehnende (analoge) Anwendung von vornherein verbietet. Das Gesetz wollte bewußt nur diesen bestimmten Sachverhalt auf diese Weise regeln. Man spricht dann vom sog. **Umkehrschluß** („argumentum e contrario").

§ 823 Abs. 1 BGB lautet: „Wer vorsätzlich oder fahrlässig das Leben… eines anderen widerrechtlich verletzt, ist dem anderen zum Ersatze des daraus entstehenden Schadens verpflichtet."

Nehmen wir an, es verletzt jemand das Leben eines anderen, ohne daß er vorsätzlich oder fahrlässig, also ohne daß ihn ein Verschulden trifft, gehandelt hat. Aus dem Sinn der Vorschrift ergibt sich, daß die Schadensersatzpflicht aus unerlaubter Handlung an die Voraussetzung des Verschuldens geknüpft ist: Ohne Schuld keine Haftung. Durch den Umkehrschluß kommen wir also zu dem Ergebnis, daß § 823 Abs. 1 BGB auf schuldlose Verletzungen des Lebens eines anderen nicht – auch nicht entsprechend – angewendet werden darf.

Erst dann, wenn alle diese Methoden bei der Gesetzesanwendung versagen, d. h. wenn im Gesetz überhaupt kein Anhaltspunkt für die rechtliche Beurteilung des konkreten Falles gewonnen werden kann, ist der Richter zu **eigenschöpferischer Rechtsfindung** ermächtigt und verpflichtet. Er hat seinen Spruch nach pflichtgemäßem Ermessen zu fällen und darf dabei weder mit den Grundgedanken des Gesetzes noch mit den anerkannten Lehrsätzen in Widerspruch geraten. Wir erinnern uns, daß trotz dieser rechtsbildenden Tätigkeit des Richters kein allgemeinverbindliches materielles Recht entsteht, sondern daß nur entschieden wird, was in einem Einzelfall rechtens ist.

Besonderheiten für die Methodik richterlicher Rechtsanwendung sind im Strafrecht zu beachten:

Die Auslegung von Rechtssätzen ist im Strafrecht zwar ebenso notwendig und möglich wie in anderen Rechtsgebieten, jedoch ergibt sich aus Art. 103 Abs. 2 GG und § 1 StGB ein *Analogieverbot*. Im Wege der Analogie dürfen Straftatbestände weder neu geschaffen, noch bestehende ausgeweitet werden; ebensowenig dürfen Strafdrohungen neu geschaffen oder verschärft werden. Eine Analogie zugunsten des Täters ist jedoch möglich. Die Parallele zur Bildung von Gewohnheitsrecht im Strafrecht ist ganz deutlich zu sehen (s. o. Kap. 2 II a. E.). Vgl. zum Analogieverbot im Strafrecht Kap. 34 I 2.

Diese kursorische Betrachtung zeigt bereits deutlich genug, wie zahlreich und wie groß die Probleme sind, die bei der Anwendung des Rechts durch die Gerichte entstehen können.

5. Kapitel

Rechtsgeschichtlicher Überblick

1. Die ersten Anfänge des Rechts bleiben im Dunkel der Vorzeit verborgen. Man kann sich zwar vorstellen, daß die Verteilung der Beute, der Nahrung, die Wahl des Rates, die Gründung einer Siedlung, die Ablieferung von Abgaben, also alles, was nicht nur die Interessen des einzelnen, sondern auch die der Gemeinschaft berührt, nach bestimmten Regeln geordnet gewesen sein mag. Daß diese Regeln auch befolgt werden mußten, zeigt uns eine ca. 10 000 Jahre alte Felsmalerei in der Remigiahöhle (Spanien), die vermutlich eine Exekution darstellt.

2. Schriftliche Belege erscheinen aber erst in historischer Zeit, etwa um 2000 v. Chr. in Sumer (Codex Ur-Nammu). Mit der *Fixierung* des Rechts tritt eine Erstarrung ein. Gleichzeitig löst es sich von der Religion, wenn auch gewisse magische Vorstellungen im Recht weiterhin erhalten bleiben. Noch im römischen Recht bedeutet das Wort *lex* Kult- und Rechtsvorschrift. Auch bei den Germanen ist die Rechtsgesinnung von Lebensstil und religiöser Grundhaltung nicht zu trennen.

3. Das **christliche Mittelalter** läßt neben die germanische Volksgemeinschaft andere Instanzen treten. Zur Sippe gesellen sich Kaiser und Kirche. Trotzdem bleibt der einzelne noch in der Hierarchie verhaftet, das Ichbewußtsein ist nicht so stark, um die Fesseln der Tradition sprengen zu können. Erst die **Renaissance** bringt den Machtmenschen, der Absolutismus den Machtstaat. Hatte sich bisher der einzelne rechtlich und sozial in die Hierarchie eingeordnet und einordnen müssen, so tritt nun das politische Denken machtvoll hervor. Die Rechtsidee entnimmt man nicht mehr der Tradition, sondern Recht ist das, was verstandesmäßig erfaßbar ist. Rechtsquelle ist also die reine Vernunft des Menschen. Das aus ihr ableitbare Recht nennt man **Naturrecht**. Es soll für alle Zeiten und Völker gleichermaßen gültig sein. Am Ende dieser Epoche, innerhalb welche die Naturrechtslehre verschiedene Modifikationen erfahren hat, stehen die großen **Zivilrechtskodifikationen:** das Preußische Allgemeine Landrecht (1794), der Code Napoléon (1804), das Badische Landrecht (1809) und das österreichische Allgemeine Bürgerliche Gesetzbuch (1811).

4. Mit der **Romantik** ändert sich die Auffassung vom Wesen des Rechts wieder. Nicht mehr ein schulmäßiges Vernunftrecht, sondern ein im Volk gewordenes Recht soll Quelle jeder Rechtsordnung sein. Das Recht entwickele sich im Volk pflanzenhaft, es webe im Verborgenen und breche wie ein Volkslied aus der Tiefe des Volksempfindens („Volksgeist") auf. Führer dieser sog. *Historischen Rechtsschule* ist Friedrich Carl von Savigny, der sich in seiner berühmten Schrift „Vom Berufe unserer Zeit für Gesetzgebung und Rechtswissenschaft" (1814) gegen die Kodifizierung des Rechts aussprach. Das Rechtsbewußtsein des Volkes verkörpere die Rechtswissenschaft. Allerdings pflegte diese damals nicht das deutsche Recht, sondern das römische (!) Zivilrecht, welches im Corpus Iuris Civilis (Sammlung des Zivilrechts) des byzantinischen Kaisers Justinian (482–565) überliefert ist und im 12. Jhdt. in Bologna die erste wissenschaftliche Durchdringung nach dem Untergang des römischen Reiches erfuhr, und das etwa vom 14. Jhdt. ab in Deutschland rezipiert worden war[1]. Savignys Auffassung wurde nicht allgemein akzeptiert: A. F.

---

1 Nach mittelalterlicher Theorie war das Kaisertum die unmittelbar von Gott eingesetzte höchste Gewalt auf Erden, die zuerst den Römern, dann den Griechen (Justinian!) und schließlich durch die Krönung Karls des Großen im Jahre 800 auf die deutsche Nation übertragen worden war. Waren daher Kaiserwürde und Römisches Reich (wenn auch mit anderem Mittelpunkt) noch identisch, so verstand es sich von selbst, daß Justinians Gesetzbuch auch im Heiligen Römischen Reich Deutscher Nation Geltung haben müsse, soweit nicht eine Aufhebung nachweisbar ließ. Diese Theorie von der Allgemeingültigkeit des römischen Rechts galt jedoch in der Praxis bis zur Mitte des 15. Jh. kaum: Wie man die kaiserliche Gewalt zwar nicht entbehren konnte, sich aber doch nicht allzusehr um sie kümmerte, so konnten sich lokale Rechte ungestört entfalten. Die tatsächliche Einführung des römischen Rechts ins deutsche Rechtsleben vollzog sich auf dem Wege über die gelehrte Bildung, welche deutsche Juristen in Italien (insbes. Bologna) erhielten. Kehrten sie als *Doctores* in die Heimat zurück, so brachten sie die Kenntnis des römischen Rechts mit. Auch erschienen italienische Gelehrte als Rechtslehrer an den deutschen Universitäten. Folge der Aufnahme des römischen Rechts war u. a. eine Unzahl von Streitfragen über juristische Probleme, die der raschen Erledigung der Prozesse nicht förderlich war, sondern sie im Gegenteil erheblich hinderte. Es setzte sich deshalb eine Erbitterung gegen den gelehrten Juristen in der Bevölkerung fest, die zum Teil heute noch nicht überwunden ist.

J. Thibaut hatte schon 1811 „die Notwendigkeit eines allgemeinen bürgerlichen Rechts für Deutschland" betont und die wirtschaftlichen Verhältnisse erzwangen schließlich die Bemühungen um Rechtseinheit auf dem Wege über die *Kodifikation:* 1848 entstand die Allgemeine Deutsche Wechselordnung, 1861 das Allgemeine Deutsche Handelsgesetzbuch.

5. Auch die Anschauungen vom Wesen des Rechts hatten sich gewandelt. Die **Rechtspositivisten** lehrten, Recht sei das, was im Gesetz stehe; die Rechtssätze wurden wie Naturgesetze behandelt. Diesen Anschauungen trat R. v. Jhering mit der These entgegen, der „Zweck" sei der Schöpfer des Rechts. Alle diese Divergenzen haben aber nicht verhindert, daß die deutsche Pandektenwissenschaft[1] eine führende Rolle in der Jurisprudenz Europas spielte. Ihr bedeutendster Vertreter war B. Windscheid, der bei der Schaffung des Bürgerlichen Gesetzbuches maßgeblich mitwirkte.

6. Die vielfältige Entwicklung des **Bürgerlichen Rechts** kann hier nur in ganz groben Zügen angedeutet werden.

a) Schuldverträge wurden in *germanischer Zeit* in geringem Umfang abgeschlossen. Kauf und Tausch vollzogen sich als Bargeschäfte und erzeugten schuldrechtliche Verpflichtungen regelmäßig nicht. Nichterfüllung einer Schuld wurde als strafrechtliche Handlung, nämlich als Diebstahl angesehen.

Grund und Boden gehörten der Dorfgemeinschaft. Das sich zaghaft entwickelnde Eigentum an ihm war durch Beispruchs- und Wartrechte der nächsten Erben in seiner Entfaltung behindert. An beweglichen Sachen wird Sondereigentum anerkannt.

Die Familie stand unter der personenrechtlichen Gewalt des Hausvaters (Munt), ein Erbrecht entwickelte sich erst allmählich.

b) Die *fränkische Zeit* unterscheidet sich im Bereich des Schuldrechts kaum von der germanischen. Auffallend ist die Entwicklung des Urkundenwesens.

Im Bereich des Bodenrechts werden die Rechte der Erben beschnitten, so daß die Übertragung des Eigentums an Grund und Boden leichter vonstatten gehen kann. Vorzugsrechte des Königs (Regalien) führen zur Ausbildung des Lehenswesens. Die Eigenständigkeit des Fahrniseigentums wird gefestigt.

Im Familienrecht tritt die Munt zurück, die königliche Obrigkeit beansprucht Mitspracherecht, z. B. bei der Obervormundschaft über Witwen und Waisen.

Nunmehr wird auch die Vererbung an eine einzelne Person möglich, und zwar sowohl durch gesetzliche Erbfolge wie durch Einzelverfügung von Todes wegen.

c) Im *Mittelalter* bewirken Handel und Verkehr eine differenzierte Ausgestaltung des Schuldrechts. Nicht nur entstehen neue schuldrechtliche Verträge (z. B. Dienstvertrag, Kommissionsvertrag, Leihvertrag), sondern es werden auch die bisher bekannten Vertragsformen verfeinert. Vertragsverletzungen werden jetzt nicht mehr unter strafrechtlichen, sondern unter privatrechtlichen Gesichtspunkten (Schadensersatz!) gesehen.

---

1 Die Bezeichnung weist auf die Pandekten hin, jenen Teil des Corpus Iuris Civilis, der auch Digesten heißt und Auszüge aus den Schriften der klassischen römischen Juristen enthält. Der Name „Pandekten" kommt von der griechischen Bezeichnung *pandektai (bibloi),* d. h. die allumfassenden (Bücher). Digesten erscheinen als juristische Literaturgattung der Römer schon lange vor Justinian. Das Wort kommt von *digere* „ordnen". Es handelt sich also um „geordnete (Entscheidungen)".

Die Regalien werden erweitert, die Bindungen des Eigentums an Grund und Boden schwinden immer mehr, andererseits erscheinen die Fideikommisse des Adels. Grundstücksbelastungen (Reallasten und Grundpfandrechte) werden häufiger. Das Eigentum an beweglichen Sachen ist als Sondereigentum voll entwickelt.

Im Familienrecht steht die eheliche Gemeinschaft zwischen den Ehegatten im Vordergrund. Im Erbrecht bereitet sich die moderne Ausgestaltung vor.

d) Die *Neuzeit*[1] bringt eine Verfeinerung der sich im Mittelalter anbahnenden Entwicklungen, wozu auch die Umgestaltung der sozialen Verhältnisse ihr Teil beiträgt.

7. Das **Strafrecht** der germanischen Zeit ist teils Sippenstrafrecht (mit Strafgewalt des Familienoberhaupts über die Angehörigen der Sippe), teils externes Strafrecht mit der Folge der Blutrache zwischen den Sippen. Diese wird bald von der Möglichkeit, den Streit durch Zahlung einer Buße zu beenden, abgelöst.

In *fränkischer Zeit* entstehen die ersten sog. Volksrechte, Aufzeichnungen des Rechts in lateinischer Sprache. Sie enthalten im wesentlichen strafrechtliche Vorschriften, Bußsätze und die Grundsätze für den Strafprozeß.

Etwa seit dem 12. Jhdt. macht sich die Reichsgesetzgebung bemerkbar. Die sog. Landfrieden sollen die Ausschreitungen des Fehderechts eindämmen. 1495 verbietet der „Ewige Landfriede" das Fehderecht überhaupt.

Die *Rezeption* des römischen Rechts (s. o.) vollzieht sich auf dem Gebiet des Strafrechts in Form einer umfassenden Gesetzgebung. Nach einigen Partikulargesetzen entsteht das erste deutsche Strafgesetzbuch: die Peinliche Halsgerichtsordnung Karls V. von 1532. Sie ist gekennzeichnet durch grausame Leibes- und Lebensstrafen, die in der Praxis allerdings gemildert wurden.

Die Zeit der *Aufklärung* bringt die Ansatzpunkte für die heutige Strafrechtspflege, indem sie sich von dem u. a. von Kant verfochtenen Vergeltungsprinzip („Aug um Aug, Zahn um Zahn") abwendet und den Besserungsgedanken in den Vordergrund stellt.

In der Folgezeit kämpft Feuerbach (1775–1833), der „Vater der modernen Strafrechtswissenschaft", für klar und scharf gefaßte Begriffe und Tatbestände im Gesetz, damit die in der Strafe liegende Abschreckung (Generalprävention) nicht richterlicher Willkür verfalle. Seine Gegner vertreten spezialpräventive Gedanken und verlangen eine der Person des Täters und seiner Gefährlichkeit angepaßte Strafe.

Zu Anfang des 19. Jhdt. entstehen allenthalben in den deutschen Staaten *Strafgesetzbücher*. Erst nach der Errichtung des Reiches tritt das einheitliche Strafgesetzbuch für das Deutsche Reich vom 15. Mai 1871 in Kraft.

---

1 Ob die für die politische Geschichte zwar viel gescholtene, aber doch immer wieder verwendete Periodisierung des Magisters Cellarius aus Halle (1634–1707) für die Geschichte des Rechts verwendbar ist, mag hier dahingestellt bleiben. Immerhin bildet die Reichskammergerichtsordnung von 1495 einen bedeutsamen Einschnitt in der deutschen Rechtsgeschichte, weil sie in § 3 bestimmt, die Beisitzer sollten „nach des Reichs gemeinen Rechten, auch nach redlichen, ehrbaren und leidlichen Ordnungen, Statuten und Gewohnheiten der Fürstentümer, Herrschaften und Gerichte, *die vor sie gebracht werden*", entscheiden. Das bedeutet, daß grundsätzlich das rezipierte römische Recht angewandt werden sollte, sofern nicht dem Gericht nachgewiesen wurde, daß im konkreten Fall Partikularrechte anzuwenden seien, für ihn also einheimisches Recht zu gelten habe.

8. Von einem **Verwaltungsrecht** im heutigen Wortsinn kann man erst von der Entstehung des modernen Staates ab sprechen, also von dem Zeitpunkt ab, zu welchem die ständische Ordnung verdrängt wird und der Landesherr, der Souverän, die Leitung des Gemeinwesens übernimmt und sich „zum Herrn der Güterordnung" macht. Das bedeutet einmal, daß er die volle Verfügungsgewalt über die persönlichen und sächlichen Mittel hat, zum andern, daß die Masse der Bevölkerung der Staatsgewalt als Untertanen gegenübersteht und die ständischen Ordnungen kein Medium zwischen Staatsvolk und Herrscher bilden. Die Geschäfte des Staates werden jetzt von Berufsbeamten wahrgenommen, wie z. B. die Verwaltung der Finanzen. Die Rechtsquellen für ihr Verhalten sind die Anweisungen des Souveräns unter den Gesichtspunkten der Nützlichkeit und Zweckmäßigkeit. Das Prinzip der Gesetzmäßigkeit der Verwaltung taucht erst mit der Entstehung des bürgerlichen Rechtsstaats auf, der durch Gewaltenteilung und individuelle, verfassungsmäßig gesicherte Freiheitsrechte des Bürgers gekennzeichnet ist. Ausgebaut und verfeinert wird das Verwaltungsrecht nach der Mitte des 19. Jhdt., indem man etwa eine reinliche Scheidung von der Rechtspflege vornimmt und den Schutz des Bürgers gegenüber Verwaltungsakten stärkt. Parallel damit geht die Entwicklung der Verwaltungsrechtswissenschaft, als deren Begründer man Otto Mayer anzusehen hat.

Zweiter Abschnitt

Das Bürgerliche Gesetzbuch

6. Kapitel

Die Entstehung des Bürgerlichen Gesetzbuchs. Allgemeine Charakteristik

1. Im Jahre 1873 wurde die Gesetzgebungsbefugnis des Deutschen Bundes für das ganze Deutsche Reich auch auf das Gebiet des bürgerlichen Rechts ausgedehnt. Die Folge war die Einsetzung einer „Vorcommission" im Jahre 1874, welche Vorschläge zur Planung und Arbeitsweise in bezug auf ein Bürgerliches Gesetzbuch machte. Noch im gleichen Jahr begann eine vom Bundesrat eingesetzte *(Erste) Kommission* mit der Ausarbeitung eines Entwurfs zum BGB. Obwohl sie aus Praktikern bestand, fiel der sog. Erste Entwurf doch sehr theoretisch und volksfremd aus, weshalb er starker Kritik ausgesetzt war. 1890 arbeitete eine weitere vom Bundesrat eingesetzte *(Zweite) Kommission* den Entwurf um. Sie zog auch Vertreter der Wirtschaft und der großen Parteien als Berater zu. Ihren (sog. Zweiten) Entwurf nahm der Bundestag an und leitete ihn 1896 an den Reichstag weiter *(Reichstagsvorlage)*. Dieser stimmte dem Entwurf im wesentlichen zu.

Zur Ergänzung des BGB wurden weitere Gesetze (Grundbuchordnung, Gesetz über die Zwangsversteigerung und Zwangsverwaltung von Grundstücken, Gesetz über die Angelegenheiten der Freiwilligen Gerichtsbarkeit) erlassen.

Am 1. Januar 1900 trat das BGB in Kraft. Neben einigen landesrechtlichen Vorbehalten galt es für das ganze Deutsche Reich. Heute ist sein Wirkungskreis auf das Gebiet der Bundesrepublik Deutschland beschränkt.

Das BGB hat 2385 Paragraphen, die aus mehreren Sätzen und Absätzen bestehen können. Es ist in fünf Bücher eingeteilt. Darin folgen seine Väter einerseits der Pandektenwissenschaft (die den Stoff des bürgerlichen Rechts in einen Allgemeinen Teil, in Sachenrecht, Schuldrecht, Familien- und Erbrecht einteilt), andererseits ändern sie diese Anordnung entsprechend der Bedeutung der Materie für den Rechtsverkehr ab. Nach dem *Allgemeinen Teil*, in welchem der Mensch als solcher innerhalb der Rechtsordnung dargestellt wird (z. B. Beginn der Rechtsfähigkeit, Entmündigung, Geschäftsfähigkeit), und der außerdem allgemeine Regeln enthält, die in jedem Bereich des bürgerlichen Rechts vorkommen können (Vertragsschluß, Verjährung), folgt das *Schuldrecht,* welches sich mit dem Menschen als Teilnehmer am Wirtschaftsleben (Kauf, Miete, Pacht) befaßt. Sodann behandelt das BGB die Beziehungen des Menschen zu der ihn umgebenden, von ihm beherrschten Umwelt *(Sachenrecht).* Hier geht es um Fragen des Eigentumserwerbs und -verlustes, um Rechte Dritter am Eigentum (Hypotheken, Pfandrechte) und den Schutz des Eigentums. Im vierten Buch wendet sich das BGB der Stellung des Menschen innerhalb der Familie zu *(Familienrecht),* während es im fünften das Schicksal seines Vermögens im Falle des Todes regelt *(Erbrecht).*

Wenn auch das BGB liberale Züge trägt, so sind die Zeiten doch nicht spurlos an ihm vorübergegangen. Man denke an die Umwälzungen im Familienrecht (Gleichberechtigung, Ehescheidung) oder an das sog. soziale Mietrecht (dem das Mieterschutzgesetz vorausgegangen war, welches die einschlägigen Bestimmungen des BGB außer Kraft gesetzt hatte) oder an das Scheidungsrecht, welches längere Zeit im Ehegesetz außerhalb des BGB geregelt war. Nicht unerwähnt darf auch das Arbeitsrecht bleiben, welches sich als Sondergebiet neben dem vom BGB recht stiefmütterlich behandelten Dienstvertrag entwickelt hat.

2. Das Bürgerliche Gesetzbuch bedient sich einer abstrahierend-verallgemeinernden Sprache, d. h. es verwendet eine *Fachsprache,* die dem Laien oft fremdartig erscheint. Begriffe des täglichen Lebens erhalten hier ihre besondere Bedeutung.

Der Begriff des „Gegenstandes" spaltet sich auf in den der „körperlichen Gegenstände" (das sind die „Sachen" im Sinne des Gesetzes, § 90 BGB) und den der „unkörperlichen Gegenstände" (Forderungen und Rechte [Urheberrechte, Patentrechte, Namensrecht]). – Bei der „Zustimmung" wird unterschieden zwischen „Einwilligung" (§ 183 Satz 1 BGB) und „Genehmigung" (§ 184 Abs. 1 BGB).

Der Vorteil dieser Methode liegt darin, daß die unterschiedlichsten Lebensvorgänge unter einen gesetzlichen Tatbestand eingeordnet werden können. Ihr Nachteil besteht in der teilweisen Unverständlichkeit des Gesetzes für den Laien, dem die Fachsprache des Juristen nicht geläufig ist und nicht geläufig sein kann. Die Gesetzessprache wirkt „abgezogen und unlebendig" (Dölle).

Will der Gesetzgeber dem Bürger entgegenkommen und ihm das Gesetz verständlich machen, wählt er einen kasuistischen Stil, wie es etwa das Preußische Allgemeine Landrecht von 1794 getan hat. Als Beispiel für diesen Gesetzesstil seien einige Paragraphen aus dem Zweiten Teil (Erster Titel: Von der Ehe. Vierter Abschnitt: Von den Rechten und Pflichten der Eheleute, in Beziehung auf ihre Person) des Allgemeinen Landrechts zitiert:

§ 173. Die Rechte und Pflichten der Eheleute nehmen sogleich nach vollzogener Trauung ihren Anfang.

§ 174. Eheleute sind schuldig, sich in allen Vorfallenheiten nach ihren Kräften wechselseitigen Beistand zu leisten.

§ 175. Sie müssen vereint mit einander leben, und dürfen ihre Verbindung eigenmächtig nicht aufgeben.

§ 176. Auch wegen Widerwärtigkeiten dürfen sie einander nicht verlassen.

§ 177. Öffentliche Geschäfte, dringende Privat-Angelegenheiten und Gesundheits-Reisen, entschuldigen die Abwesenheit.

§ 178. Eheleute dürfen einander die ehelichen Pflichten anhaltend nicht versagen.

§ 179. Wenn deren Leistung der Gesundheit des einen oder des anderen Ehegatten nachteilig seyn würde, kann sie nicht gefordert werden.

§ 180. Auch säugende Ehefrauen verweigern die Beiwohnung mit Recht.

§ 181. Zur ehelichen Treue sind beide Ehegatten wechselseitig verpflichtet.

Trotz seiner rund 17 000 Paragraphen konnte aber auch das Allgemeine Landrecht nicht alle Fälle des Lebens erfassen und mußte Stückwerk bleiben. Es konnte eben, ebensowenig wie jedes andere Rechtsbuch, für jeden Fall die Entscheidung mechanisch an die Hand zu geben. Denn „noch niemals (ist) durch einen noch so populären Codex der Traum erfüllt (worden), daß der gemeine Mann jeder Zeit sicher erfahren könne, was Rechtens sei" (R. Stintzing).

Das BGB sagt in § 1353 Abs. 1 Satz 2: „Die Ehegatten sind einander zur ehelichen Lebensgemeinschaft verpflichtet."

1. Unterabschnitt

Der Allgemeine Teil

7. Kapitel

Bedeutung und Inhalt des Allgemeinen Teils

Es gibt Rechtssätze, die innerhalb der verschiedensten Bereiche des Rechtslebens Anwendung finden können. So verjährt ein Anspruch auf Zahlung des Kaufpreises (§ 433 Abs. 2 BGB) ebenso wie einer auf Herausgabe von Eigentum (§ 985 BGB), auf Unterhalt (§§ 1601 ff. BGB) oder auf Unterlassung unberechtigter Namensführung (§ 12 BGB). Es wäre deshalb umständlich und würde den Rahmen eines Gesetzbuches unerträglich erweitern, wenn man etwa die Verjährung der einzelnen Ansprüche jeweils bei den betreffenden Rechtsbereichen immer wieder in gleicher Weise regeln wollte. Der Gesetzgeber hat deshalb einen sog. Allgemeinen Teil geschaffen, in welchem die Verjährung grundsätzlich geregelt wird (§§ 194 ff. BGB). Ausnahmen stehen dann dort, wohin sie gehören. Aber nicht nur die Verjährung steht im Allgemeinen Teil, sondern auch andere Institutionen sind hier anzutreffen, so z. B. die Vorschriften über das Zustandekommen eines Vertrages. Sie werden wegen ihrer *allgemeinen Bedeutung* gewissermaßen *vor die Klammer* gezogen, wobei wir uns die Sondervorschriften innerhalb der Klammer stehend vorzustellen haben.

> A sagt zu B: „Sie haben da aber einen schönen Zweitwagen. Würden Sie ihn mir nicht für 3500 DM verkaufen?" B meint: „Na, das Angebot ist nicht besonders, aber weil wir uns so gut kennen, will ich Ihnen das Auto für 3500 DM geben." – C erscheint bei D und fragt, ob er für ihn eine Wohnung mit vier Zimmern, Küche, Bad usw. nebst Garage habe. Der erwidert, er habe zwar eine solche Wohnung, aber vielleicht seien C 500 DM monatlich zu viel. C meint darauf, damit habe er gerechnet, er werde am nächsten Ersten einziehen. D ist das recht. – V vereinbart mit seinem Sohn S (20), daß er ihm für die Dauer des Studiums monatlich 800 DM zahlt.
>
> In allen diesen Fällen handelt es sich um Verträge (Kauf-, Miet-, Unterhaltsvertrag). Allen ist gemeinsam, daß sie durch Angebot und Annahme zustande kommen (im einzelnen dazu unten Kap. 10 III 2). Es wäre also unpraktisch und würde den Umfang eines Gesetzbuches erheblich erweitern, wenn der Gesetzgeber sowohl bei Kauf und Miete als auch im Unterhaltsrecht jeweils erneut sagen würde, wie ein Vertrag zustande kommt. Deshalb regelt das BGB das Zustandekommen des Vertrages im Allgemeinen Teil (§§ 145 ff. BGB). Es zieht also das, was für das Zustandekommen jedes Vertrages im Grundsatz gilt, „vor die Klammer". Was das Wesen des speziellen Vertrages ausmacht, regelt es dort, wo es den Vertragstypus behandelt (Kauf: §§ 433 ff. BGB; Miete: §§ 535 ff. BGB usw.).

Diese Vorwegnahme bestimmter Vorschriften macht die Behandlung eines Rechtsfalles nicht einfacher, da man sich die einschlägigen Paragraphen aus verschiedenen Büchern des BGB zusammensuchen muß[1].

---

1 Gleiches gilt im Prinzip auch für das StGB.

Beim Grundstückskaufvertrag gelten allgemein die §§ 433 ff., 145 ff. BGB. Daneben sind zu beachten: §§ 313, 873, 925, 854 BGB.

Außerdem wird dadurch das BGB für den Laien noch schwerer lesbar, als es jedes Gesetz für ihn ohnehin schon ist. Trotzdem hat die Zusammenfassung allgemeiner Vorschriften ihre Vorteile, da sich der Gesetzgeber Wiederholungen ersparen kann und das Gesetz kürzer wird.

Man findet im Allgemeinen Teil eine Anzahl von sog. *Legaldefinitionen*, d. h. Begriffsbestimmungen, die der Gesetzgeber selbst für die Anwendung des Gesetzes zur Verfügung stellt: Das Wort „unverzüglich" wird in § 121 Abs. 1 BGB, die Wendung „kennen müssen" in § 122 Abs. 2 BGB, das Wort „Vollmacht" in § 166 Abs. 2 BGB, der Begriff „Anspruch" in § 194 Abs. 1 BGB erläutert.

Wo immer also im BGB das Wort „unverzüglich" auftaucht, hat es die in § 121 Abs. 1 angegebene Bedeutung. Gleiches gilt für die anderen Ausdrücke. Legaldefinitionen enthalten auch die anderen Bücher des BGB[1]. Die wichtigsten von ihnen seien hier zusammengestellt:

Abtretung: § 398 BGB,
Anfall der Erbschaft: § 1942 Abs. 1 BGB,
angemessener Unterhalt: § 1610 BGB,
Anspruch: § 194 Abs. 1 BGB,
Auflage: § 1940 BGB,
Auflassung: § 925 BGB,
beschränkte persönliche Dienstbarkeit: § 1090 BGB,
Bestandteile, wesentliche: § 93 BGB,
Einrede der Vorausklage: § 771 BGB,
Einwilligung: § 183 BGB,
Erbe: § 1922 Abs. 1 BGB,
Erbfall: § 1922 Abs. 1 BGB,
Erbfolge nach Stämmen: § 1924 Abs. 3 BGB,
Erbschaftsbesitzer: § 2018 BGB,
Erbteil: § 1922 Abs. 2 BGB,
Erbvertrag: § 1941 Abs. 1 BGB,
Erfüllung Zug um Zug: § 274 Abs. 1 BGB,
Ersitzung: § 937 BGB,
Genehmigung: § 184 BGB,
Gesamtgut: § 1416 Abs. 1 BGB,
Gesamthypothek: § 1132 BGB,
Gesamtschuldner: § 421 BGB,
Gesellschaftsvermögen: § 718 Abs. 1 BGB,
Grunddienstbarkeit: § 1018 BGB,
Guter Glaube: § 932 Abs. 2 BGB,
Hypothek: § 1113 BGB,
Inventar: § 1993 BGB,
Kennen müssen: § 122 Abs. 2 BGB,
Letztwillige Verfügung: § 1937 BGB,
Minderung: § 462 BGB,
Nachlaßpfleger: § 1960 Abs. 2 BGB,
Nießbrauch: § 1030 BGB,
öffentliche Versteigerung: § 383 Abs. 3 BGB,
Pfandrecht: § 1204 BGB,

---

1 Damit ist aber nicht gesagt, daß Legaldefinitionen nur im BGB enthalten sind. Auch das StGB z. B. enthält in § 11 eine Reihe von Begriffsbestimmungen, so etwa für „Angehöriger", „Amtsträger", „Richter", „Behörde" usw.

Quittung: § 368 BGB,
Rentenschuld: § 1199 BGB,
Schuldanerkenntnis: § 781 BGB,
Schuldversprechen: § 780 BGB,
Schuldverschreibung auf den Inhaber: § 793 BGB,
Sicherungshypothek: § 1184 BGB,
Testament: § 1937 BGB,
unverzüglich: § 121 Abs. 1 BGB,
verbotene Eigenmacht: § 858 BGB,
Vergleich: § 779 Abs. 1 BGB,
Vermächtnis: § 1939 BGB,
Vollmacht: § 166 Abs. 2 BGB,
Wandelung: § 462 BGB,
wesentliche Bestandteile: § 93 BGB,
Zurückbehaltungsrecht: § 273 Abs. 1 BGB.

Der Allgemeine Teil befaßt sich zunächst mit den Rechtssubjekten (§§ 1 bis 89 BGB), sodann mit den Rechtsobjekten (§§ 90 bis 103 BGB), er regelt die Geschäftsfähigkeit (§§ 104 bis 115 BGB), die Willenserklärung (§§ 116 bis 144 BGB,) den Vertrag (§§ 145 bis 157 BGB) und seine Modalitäten (§§ 158 bis 185 BGB), trifft Vorschriften über Termine und Fristen (§§ 186 bis 193 BGB), über die Verjährung (§§ 194 bis 225 BGB) und schließlich über die Ausübung der Rechte (§§ 226 bis 231 BGB) und die Sicherheitsleistung (§§ 232 bis 240 BGB).

8. Kapitel

Rechtssubjekte (Personenrecht)

I. Die Rechtsfähigkeit

Wie wir oben in Kap. 3 II gesehen haben, können Rechte und Pflichten nur Personen zustehen. Sie allein sind die Rechtssubjekte. Rechtsobjekte können nicht rechtsfähig sein.

Fräulein Eulalia kann (um ein oft gebrauchtes Beispiel zu wiederholen) dem geliebten Papagei „Hansi" nichts vererben; er ist nicht rechtsfähig.

Rechtssubjekt ist in erster Linie der **Mensch.** Daß er rechtsfähig ist, setzt das BGB als selbstverständlich voraus, denn es regelt in § 1 BGB nur die Frage, ab wann die Rechtsfähigkeit *beginnt* – nämlich mit der Vollendung der Geburt. Darunter versteht man den vollständigen Austritt der Leibesfrucht aus dem Mutterleib. Dabei muß das Kind leben. § 29 Abs. 1 der AV zum PStG sagt dazu, daß bei dem Kinde nach der Scheidung vom Mutterleib entweder das Herz geschlagen, die Nabelschnur pulsiert oder die natürliche Lungenatmung eingesetzt[1] haben müsse. Auf die Lebensfähigkeit kommt es nicht an, ebensowenig auf Geschlecht, Hautfarbe oder körperliche Mißbildungen.

---

1 Deshalb wird bei Obduktionen die Lunge des Neugeborenen ins Wasser gelegt. Schwimmt sie, ist sie beatmet worden.

Die Rechtsfähigkeit ist im Prozeß bedeutsam, denn nur eine rechtsfähige Person kann klagen oder verklagt werden. Auch für das Erbrecht ist sie von Wichtigkeit: Da die Leibesfrucht noch nicht rechtsfähig ist, könnte ein gezeugtes, aber noch nicht geborenes Kind seinen Vater nicht beerben, falls dieser vor der Geburt stürbe. Hier sind besondere Vorschriften erforderlich, um gerechte Ergebnisse zu erzielen.

> Nach § 1923 Abs. 2 BGB kann Erbe werden, wer zur Zeit des Erbfalles gezeugt war (nasciturus) und später lebend geboren wird. Er wird so behandelt, als sei er schon vor dem Erbfall geboren worden. – Unterhaltsansprüche des nasciturus schützt § 844 Abs. 2 BGB. Vgl. noch § 1912 BGB.

Die Rechtsfähigkeit der natürlichen Person *endet* mit dem Tode. Dieser muß unter Umständen amtlich durch Todeserklärung festgestellt werden[1]. Andere Fälle der Beendigung gibt es heute nicht mehr – im Gegensatz zu früheren Zeiten, die z. B. noch den sog. Klostertod kannten, bei dem die Rechtsfähigkeit mit dem Eintritt in ein Kloster endete.

Wenn soeben von einer „natürlichen Person" gesprochen wurde, so fragt man, ob es denn noch andere Personen gebe. So ist es in der Tat. Das BGB kennt auch noch die **„juristischen Personen"** (§§ 21 ff. BGB). Es handelt sich um Gebilde, denen Rechtsfähigkeit zugesprochen wird, ohne daß es sich um natürliche Personen handelt. Auf sie ist später (unten III) einzugehen.

II. Handlungsfähigkeit (= Geschäftsfähigkeit und Deliktsfähigkeit)

Die Rechtsfähigkeit der natürlichen Person besagt noch nicht, daß diese im Rechtsverkehr in jedem Falle auch persönlich verantwortlich handeln könne. Ein Säugling ist zwar rechtsfähig, es ist aber unnötig zu betonen, daß er zum Abschluß von Rechtsgeschäften unfähig ist, denn er kann ja noch nicht einmal reden. Um rechtswirksam handeln zu können, bedarf es einer gewissen geistigen und körperlichen Entwicklung, die wir als Handlungsfähigkeit bezeichnen (ein Begriff, den das BGB nicht kennt). Diese Fähigkeit, eigenverantwortlich Rechtswirkungen hervorzurufen, also Rechte und Pflichten zu begründen, zu ändern oder aufzuheben, gliedert sich in die Geschäftsfähigkeit und die Deliktsfähigkeit[2].

1. Die Geschäftsfähigkeit. Entsprechend dem Alter des Menschen und der damit verbundenen geistigen und körperlichen Entwicklung ist die Geschäftsfähigkeit abgestuft. *Geschäftsunfähig* sind Kinder unter sieben Jahren (§ 104 Nr. 1 BGB).

> Ein sechsjähriges Kind kann erklären, was es will, es kann weder sich noch einen anderen (indem es etwa als Stellvertreter auftritt [unten Kapitel 11, 4b]) verpflichten oder berechtigen. Seine Erklärungen können allenfalls als die eines Boten anzusehen sein, dann sind es aber eben Erklärungen eines anderen, der sich des Kindes zur Übermittlung bedient (unten Kap. 11, 4b).

Ihnen gleichgestellt sind diejenigen, die sich in einem die freie Willensbildung ausschließenden Zustand krankhafter Störung der Geistestätigkeit befinden, sofern nicht der Zustand seiner Natur nach von vorübergehender Dauer ist (§ 104 Nr. 2

---

1 Die Regelung findet man im Verschollenheitsgesetz vom 15. 1. 1951 (BGBl. I, S. 63), das an die Stelle der §§ 13 bis 20 BGB getreten ist.
2 Beachte: Rechtsfähigkeit ist die Fähigkeit zu rechtlichem *Sein*, Handlungsfähigkeit die zu rechtlichem *Tun*.

BGB). Es muß sich hier also um eine dauernde Störung handeln, was andererseits nicht ausschließt, daß Erklärungen, die in einem „lichten Moment" abgegeben werden, wirksam sein können.

Ein an Schizophrenie Leidender kann einen gültigen Kaufvertrag abschließen, wenn er gerade „bei sich" ist.

Schließlich sind die wegen Geisteskrankheit Entmündigten (§ 6 Nr. 1 BGB) geschäftsunfähig (§ 104 Nr. 3 BGB). Dabei kommt es nicht darauf an, ob die Entmündigung zu Unrecht ausgesprochen worden ist oder ob der Entmündigte gerade in einem „lichten Moment" handelte. Die Tatsache der Entmündigung macht ihn geschäftsunfähig und stellt ihn einem Kind unter sieben Jahren gleich.

Vom vollendeten siebenten Lebensjahr ab tritt die **beschränkte Geschäftsfähigkeit** ein (§ 106 BGB). Sie dauert bis zum vollendeten 18. Lebensjahr. In diesem Stadium wird dem einzelnen eine gewisse Selbständigkeit bei der Gestaltung seiner Rechtsverhältnisse gewährt, auf die wir noch zu sprechen kommen (unten Kap. 10 II 4).

Dem Minderjährigen – so heißt im Zivilrecht die natürliche Person vor dem vollendeten 18. Lebensjahr – über sieben Jahren steht derjenige gleich, der wegen Geistesschwäche, Verschwendung, Trunksucht oder Rauschgiftsucht entmündigt worden ist (§§ 114, 6 BGB). Gleiches gilt für denjenigen, der im Entmündigungsverfahren unter vorläufige Vormundschaft gestellt worden ist (§ 1906 BGB).

Zu bemerken ist noch, daß die Begriffe „Geistesschwäche" und „Geisteskrankheit" juristische Kategorien sind, die sich nach dem Grad der geistigen Störung richten. Mit der Diagnose des Psychiaters haben sie nichts zu tun.

Schwachsinn (Oligophrenie) kann sich als leichter (Debilität), mittlerer (Imbezillität) oder höchster Schwachsinn (Idiotie) manifestieren. Je nach dem erreichten Grad kommt dann für den Juristen Geistesschwäche oder Geisteskrankheit in Frage. Nur bei der Entmündigung wegen letzterer tritt gem. § 104 Nr. 3 BGB Geschäftsunfähigkeit ein. Die Grenze bildet die geistige Kapazität eines Sechsjährigen.

Eine teilweise Geschäftsfähigkeit kann bei Minderjährigen vorkommen, wenn sie bestimmte Geschäfte mit Zustimmung ihres gesetzlichen Vertreters betreiben (§§ 112, 113 BGB).

Wer das 18. Lebensjahr vollendet, wird *volljährig* (§ 2 BGB), d. h. voll geschäftsfähig.

Daran ändert nichts, wenn sich ein Volljähriger gelegentlich sinnlos betrinkt, denn die Geschäftsfähigkeit wird von einem solchen vorübergehenden geistigen „Wegtreten" nicht berührt. Beachte aber § 105 Abs. 2 BGB!

Also bleibt der Student Karl (22), der stockhagelblau nach Hause kommt und seiner schimpfenden Wirtin lallend erklärt: „Ich ziehe aus", geschäftsfähig. Aber die in seiner Erklärung liegende Kündigung ist nichtig (§ 105 Abs. 2 BGB), somit ohne jede Wirkung.

2. Die Deliktsfähigkeit. Wer deliktsfähig ist, muß für einen rechtswidrigen, schuldhaften (unten Kap. 20 I) Eingriff in eine fremde Rechtssphäre einstehen, wenn dadurch ein Schaden entsteht. Es geht also darum, ob jemand für einen Schaden, den er einem anderen außerhalb des rechtsgeschäftlichen Verkehrs zugefügt hat, haftbar gemacht werden kann.

A schlägt dem B das Fenster ein, weil beide sich tags zuvor gestritten haben. Hier verletzt A nicht etwa eine rechtsgeschäftlich entstandene Verpflichtung (etwa aus einem Vertrag), sondern er greift in die Rechtssphäre des B ein, ohne ein Recht dazu zu haben, und fügt B vorsätzlich Schaden zu (§ 823 BGB). Für diesen Schaden muß er einstehen (§§ 249 ff. BGB).

Nicht jedem aber kann sein Verhalten zugerechnet, d. h. zu einem rechtlich erheblichen Vorwurf gemacht werden. Ein Zweijähriger, der im Übermut mit einem Stein eine Fensterscheibe einwirft, erkennt überhaupt nicht, daß er einem anderen einen Nachteil zufügt, da ihm Begriffe wie „Eigentum", „Geld" usw. nicht bekannt sind. Von einem Zehnjährigen wird man dagegen insoweit eine Einsicht gewöhnlich schon verlangen. Das Gesetz läßt deshalb die Deliktsfähigkeit erst mit der Vollendung des siebenten Lebensjahres beginnen. Wer noch nicht so alt ist, ist *deliktsunfähig* (§ 828 Abs. 1 BGB). Ihm steht gleich, wer im Zustand der Bewußtlosigkeit

> jemand fällt in Ohnmacht, stürzt und reißt dabei eine Vase um, die zerbricht

oder in einem die freie Willensbildung ausschließenden Zustand krankhafter Störung der Geistestätigkeit

> ein Epileptiker beschädigt während eines Anfalls fremde Sachen

Schaden stiftet (§ 827 Satz 1 BGB). Die Entmündigung als solche genügt zur Annahme der Schuldunfähigkeit noch nicht; eine dem § 104 Nr. 3 BGB entsprechende Bestimmung fehlt hier.

Die Befreiung von der Pflicht, den angerichteten Schaden zu ersetzen, tritt aber nicht ein, wenn sich der Täter schuldhaft in einen die freie Willensbildung ausschließenden Zustand versetzt hat (§ 827 Satz 2 BGB)

> jemand weiß, daß er im Rausch alles kurz und klein schlägt, und betrinkt sich trotzdem

oder wenn die Ersatzpflicht der Billigkeit entspricht (§ 829 BGB).

Beschränkt deliktsfähig sind diejenigen, die zwar sieben Jahre alt geworden sind, das 18. Lebensjahr aber noch nicht vollendet haben. Sie haften dann nicht für den Schaden, wenn ihnen bei der Tat die zur Erkenntnis der Verantwortlichkeit erforderliche Einsicht gefehlt hat (§ 828 Abs. 2 Satz 1 BGB).

> Ein Zwölfjähriger schießt beim Spiel einem Kameraden mit einem Pfeil ein Auge aus. Er haftet für den Schaden. Von ihm kann man nämlich regelmäßig erwarten, daß er die Gefährlichkeit seines Verhaltens erkennt. Das läßt sich von einem Siebenjährigen nicht ohne weiteres sagen.

Gleichgestellt sind Taubstumme im Rahmen des § 828 Abs. 2 Satz 2 BGB.

Unbeschränkt oder *voll deliktsfähig* ist man von der Vollendung des 18. Lebensjahres ab.

III. Die juristische Person

Wie schon erwähnt, gibt es neben der natürlichen Person auch juristische Personen (= jP.), und zwar sowohl im öffentlichen Recht (s. u. Kap. 40 I) wie im Privatrecht. Nur die **jP. des Privatrechts** interessieren hier. Es handelt sich dabei um die Zusammenfassung von Personen (Vereine) oder Vermögensmassen (Stiftungen), die mit eigener Rechtspersönlichkeit ausgestattet sind, d. h. sie sind Personenvereinigungen oder Vermögensmassen, welche die Rechtsordnung als rechtsfähig anerkennt. Die Folge davon ist, daß nicht die Mitglieder eines Vereins am Rechtsleben teilnehmen; das tut vielmehr der Verein als solcher, denn er ist die Rechtspersönlichkeit, also Träger von Rechten und Pflichten. Dabei wird grundsätzlich das gesamte Privatrecht umfaßt, so z. B. auch das Namensrecht (§ 12 BGB), nicht dagegen ein Bereich, der eine menschliche Individualität voraussetzt.

> Die Anwendung des Ehegesetzes auf einen eingetragenen Kegelklub wäre ein Unding. Wohl aber kann nach § 1913 BGB ein Pfleger für eine jP. bestellt werden.

Das BGB regelt im Bereich der jP. des Privatrechts nur den Verein. Er ist aber gewissermaßen das *Modell* für die anderen jP. des Privatrechts, z. B. für die Aktiengesellschaft, die Gesellschaft mit beschränkter Haftung oder die Genossenschaft. Soweit in den einschlägigen Gesetzen (Aktiengesetz, GmbH-Gesetz, Genossenschaftsgesetz) eine Regelung fehlt, ist also auf die für den Verein geltende (§§ 21 ff. BGB) zurückzugreifen. Er sei deshalb kurz behandelt.

1. Der rechtsfähige Verein. Der Verein ist eine auf die Dauer angelegte freiwillige Personenvereinigung, die in ihrem Bestand vom Mitgliederwechsel unabhängig ist, eine körperschaftliche Verfassung sowie einen Gesamtnamen hat und von ihren Mitgliedern selbst verwaltet wird.

Man unterscheidet *Idealvereine* und wirtschaftliche Vereine. Erstere sind nicht auf einen wirtschaftlichen Geschäftsbetrieb ausgerichtet.

> Konsumvereine; Sportvereine; Kassenarztvereine.

Wirtschaftliche Vereine dagegen unterhalten einen Geschäftsbetrieb, der auf die Verschaffung wirtschaftlicher Vorteile abzielt.

> Funktaxizentralen; „Einkaufszentralen"; Sterbekassenvereine.

Für die Unterscheidung kommt es auf den Hauptzweck des Vereins an. Eine Nebentätigkeit mit wirtschaftlichem Einschlag ändert nichts am Charakter eines Idealvereins.

> Ein Alpenverein unterhält eine bewirtschaftete Hütte.

Idealvereine entstehen durch die Eintragung in das beim Amtsgericht geführte Vereinsregister (§ 21 BGB), wirtschaftliche Vereine durch staatliche Konzession (§ 22 BGB). Vor der Eintragung oder Konzessionierung hat die Personenvereinigung nicht die Eigenschaften einer jP. (s. unten Ziffer 2). Zuerst ist natürlich eine Vereinsgründung notwendig, denn man kann eine Personenvereinigung zur Eintragung erst dann anmelden, wenn sie sich gebildet hat. Gleiches gilt für den wirtschaftlichen Verein bzgl. des Antrags auf Konzessionierung.

Als juristische Denkfigur kann der Verein in der Rechtswirklichkeit nicht handeln. Er braucht ein *Organ,* das physisch für ihn tätig wird. Dieses Organ ist der *Vorstand,* der aus einer oder mehreren Personen besteht (§ 26 BGB). Bestellt wird der Vorstand durch Beschluß der *Mitgliederversammlung* (§ 27 Abs. 1 BGB). Diese hat auch andere Angelegenheiten des Vereins im Rahmen des § 32 BGB und der Satzung zu erledigen. Die *Satzung* ist die Verfassung des Vereins (§ 25 BGB) und enthält über das Gesetz hinaus weitere Einzelheiten über die Ausgestaltung des Vereins. Neben dem Vorstand können noch andere verfassungs(= satzungs)mäßig berufene Vertreter vorhanden sein.

> Vereinskassierer; Filialleiter.

Ihre Vertretungsmacht ist allerdings auf ihren Aufgabenbereich beschränkt (§ 30 BGB).

> Der Kassierer kann Journale für seine Buchhaltung kaufen und den Verein verpflichten. Würde er ein Lokal für einen Gesellschaftsabend mieten, läge dieses Verhalten außerhalb seines Aufgabenbereichs, der Verein würde nicht verpflichtet.

Der Vorstand vertritt dagegen den Verein uneingeschränkt und dieser *haftet* für den Schaden, den der Vorstand, ein Mitglied des Vorstands oder ein anderer verfassungsmäßig berufener Vertreter einem Dritten zufügen, sofern er/es dabei in Ausführung der ihm zustehenden Verrichtungen handelt und eine Schadensersatzpflicht besteht (§ 31 BGB).

> Fährt der Vorstand des Vereins „Alle Neune" nach Adorf, um dort mit einem Gastwirt wegen der Überlassung des Saales für eine Vereinsveranstaltung zu verhandeln, und überfährt er unterwegs aus Unachtsamkeit einen Fußgänger, so haftet der Verein für den Schaden. Der Vorstand hat nämlich „in Ausführung einer ihm zustehenden Verrichtung" gehandelt, weil es zu seinen Aufgaben gehört, Feste vorzubereiten. – Stiehlt dagegen der Vorstand während der Verhandlungen dem Wirt die Taschenuhr, so haftet der Verein nicht. Aufgabe des Vorstands war es nach der Satzung nicht, fremde Uhren zu stehlen. Er hat nicht „in Ausführung", sondern „gelegentlich" der Erfüllung seiner Pflichten gehandelt. Dafür steht er persönlich allein ein.

Soweit es sich nicht um die Organe des Vereins handelt, haftet dieser für die Tätigkeit seiner *Hilfspersonen* mit der Möglichkeit des Entlastungsbeweises (§ 831 BGB; unten Kap. 20 II 1).

> Hat der Hausmeister eines Sportvereins vor dem Vereinshaus nicht gestreut, so kann sich dieser, falls der Hausmeister sonst immer zuverlässig war, darauf berufen und die Haftung für Verletzungen eines ausgerutschten Passanten von sich abwälzen. Der Hausmeister selbst bleibt ohne Rücksicht darauf für sein Verhalten haftbar (§§ 823, 249 ff. BGB). – War dagegen bekannt, daß der Hausmeister faul und nachlässig ist, so haftet der Verein für ihn (§ 831 BGB).

Die *Abgrenzung* zwischen Organen und Hilfspersonen des Vereins liegt darin, daß das Organ den Verein infolge seiner satzungsmäßigen Stellung direkt vertritt. Was es tut, ist eine Handlung des Vereins. Dagegen kann eine Hilfsperson nur über das Medium des Organs tätig werden, weil dieses die Hilfspersonen erst einmal vertraglich an den Verein binden muß.

> Dienstvertrag mit dem Hausmeister. – Wie wichtig die Abgrenzung zwischen Organ und Hilfsperson des Vereins ist, zeigt das Beispiel mit dem Hausmeister deutlich. Es ist für den Geschädigten keineswegs gleichgültig, ob er sich an das Vereinsvermögen oder an den vielleicht in ärmlichen Verhältnissen lebenden Hausmeister halten kann.

Die *Mitgliedschaftsrechte* bestimmen sich nach der Satzung des Vereins. Sie sind nach § 38 BGB nicht übertragbar. Das ist verständlich, weil es nicht im Belieben eines einzelnen Mitglieds stehen soll, den Bestand des Vereins personenmäßig zu verändern. Die Mitgliedschaftsrechte werden begründet durch Aufnahme in den Verein, sie enden durch Tod des Mitglieds (die Mitgliedschaft ist nicht vererblich), durch seinen Ausschluß oder den freiwilligen Austritt (§ 39 BGB).

Der Verein *endet* mit der Auflösung. Diese kann die Mitgliederversammlung beschließen (§ 41 BGB), sie kann nach der Satzung bei Eintritt bestimmter Voraussetzungen erfolgen, es ist auch die Auflösung des Vereins durch die Verwaltungsbehörde möglich (§§ 43 Abs. 1, 74 Abs. 3 BGB). Fallen alle Mitglieder weg, so kann der Verein natürlich nicht weiterbestehen. Wird ihm die Rechtsfähigkeit entzogen, so haben wir einen nicht rechtsfähigen Verein vor uns.

2. Der nicht rechtsfähige Verein. Diese Personenverbindung hat *keine Rechtspersönlichkeit*. Das BGB bedenkt sie nur mit einem einzigen Paragraphen (§ 54 BGB). Nach den Vorstellungen des Wilhelminischen Zeitalters sollte die Vorschrift unkontrollierte Zusammenschlüsse zu politischen Parteien oder zu Gewerkschaften verhindern. Sie regelt nämlich die Haftung der Vereinsmitglieder nach Gesellschaftsrecht, so daß sie wegen §§ 714, 427 BGB für rechtsgeschäftliche Verbindlichkeiten ihres Vereins als Gesamtschuldner (unten Kap. 14 II 5a) zu haften hätten. Zudem wollte man erreichen, daß die Form des eingetragenen Vereins gewählt werde, dem man dann nach § 43 Abs. 3 BGB a. F. die Rechtsfähigkeit notfalls hätte entziehen können.

Hierher gehören nicht eingetragene Kegelklubs, studentische Verbindungen, Sportvereine.

Da aber die Tendenz des BGB mit dem Grundgesetz (Art. 9 Abs. 1 und Abs. 3 GG) unvereinbar ist, hat die Rechtsprechung die Haftung aus rechtsgeschäftlichen Verpflichtungen auf eine anteilsmäßige Haftung der Mitglieder mit dem Vereinsvermögen beschränkt. Daneben besteht die persönliche Haftung des Handelnden nach § 54 Satz 2 BGB in vollem Umfang.

Kauft das Mitglied M eines nicht eingetragenen Schützenvereins ein Gewehr für 500 DM für den Verein, so kann sich der Verkäufer wegen des Kaufpreises an die Mitglieder nur in Höhe des Betrages halten, den sie in die Vereinskasse eingezahlt haben. Von M dagegen kann der Waffenhändler in voller Höhe Zahlung verlangen; M schuldet ihm also 500 DM.

3. Stiftungen. Die §§ 80 bis 88 BGB regeln die rechtsfähigen Stiftungen des Privatrechts. Es handelt sich um Vermögenszusammenfassungen, die nach dem Willen des Stifters zu einem bestimmten Zweck verwaltet werden.

A stiftet 300 000 DM zum Betrieb eines städtischen Kindergartens.

Es kann sich um Familienstiftungen, kirchliche Stiftungen, örtliche Stiftungen oder um Stiftungen des öffentlichen Wohles handeln.

9. Kapitel

Rechtsobjekte (Sachen)

I. Begriff

Den Rechtssubjekten (oben Kap. 8) sind Rechtsobjekte zugeordnet, so daß Rechtsbeziehungen zwischen beiden entstehen können. Oberbegriff ist bei den Rechtsobjekten der **Gegenstand**. Der Jurist unterscheidet *körperliche* und *unkörperliche* Gegenstände. Die ersteren sind nach § 90 BGB die Sachen, letztere umfassen Forderungen und Rechte. Die Zuordnung des Rechtsobjekts bezeichnet man bei Sachen als Eigentum, bei Forderungen und Rechten als Inhaberschaft. Das Rechtssubjekt kann mit der Zuordnung über das Rechtsobjekt verfügen, d. h. die Rechtslage bzgl. des Rechtsobjekts ändern.

Das Eigentum an einem Hund kann übertragen werden, die Forderung kann man abtreten, das Recht kann einem andern zur Nutzung überlassen werden (Lizenz).

Der Allgemeine Teil des BGB befaßt sich mit den Sachen nur insoweit, als er sie in verschiedene Kategorien einteilt. Die Vorschriften über die Folgen, die sich aus der Beherrschung von Sachen durch das Rechtssubjekt ergeben,

Übertragung von Eigentum; Verpfändung einer Uhr

findet man im dritten Buch des BGB, im Sachenrecht.

II. Einteilung der Sachen

Die Sachen lassen sich unter verschiedenen Gesichtspunkten gruppieren. Die wichtigste Unterscheidung ist die in *unbewegliche* und *bewegliche* Sachen. Grundstücke sind unbewegliche Sachen, wobei zu beachten ist, daß unter „Grundstück" jener abgegrenzte Teil der Erdoberfläche zu verstehen ist, der im Grundbuch (unten Kap. 24) eingetragen ist. Bewegliche Sachen (Fahrnis) sind alle übrigen Sachen.

Im Bereich der Fahrnis kann man *vertretbare* und *unvertretbare* Sachen unterscheiden. Nach § 91 BGB sind vertretbare Sachen solche, die im Rechtsverkehr nach Maß, Zahl und Gewicht bestimmt zu werden pflegen. Es geht also nicht um die Vorstellung der Vertragsparteien, die über eine Sache ein Geschäft abschließen wollen, sondern um einen objektiven Maßstab.

50 kg Kartoffeln; 20 Sack Mehl; ein Mercedes 280 SE, Baujahr 1980.

Diese Sachen sind leicht umsetzbar und leicht ersetzbar. Nicht vertretbare Sachen sind dagegen solche, die die Verkehrsauffassung nach ihrer Individualität beurteilt.

Ein Autograph von Arno Schmidt, eine Radierung von Meckseper oder ein Gemälde von Kokoschka; das Pferd „Nike".

Die Unterscheidung ist z. B. dort von Bedeutung, wo es um die Frage geht, ob bei Untergang der zur Lieferung vorgesehenen Sache eine andere – gleichartige – beschafft werden kann oder nicht.

20 Sack Mehl sind anderweitig zu erlangen, nicht dagegen das Pferd „Nike", falls es eingeht.

Eine andere Einteilung ist die nach *verbrauchbaren* und *nicht verbrauchbaren* Sachen. Zu den ersteren gehören nach § 92 Abs. 1 BGB solche, deren bestimmungsmäßiger Gebrauch im Verbrauch liegt.

Lebensmittel, Brennmaterial.

Die Abnützung einer Sache besagt noch nichts über ihre Verbrauchbarkeit. Es handelt sich bei der Abnützung um eine unangenehme Nebenerscheinung.

Schuhe, Anzüge, Möbel.

Verbrauchbar ist auch Fahrnis, die zu einem Warenlager gehört, das veräußert werden soll (§ 92 Abs. 2 BGB).

Die Anzüge eines Kleiderhändlers sind verbrauchbare Sachen, die des Kunden nicht.

Der Sinn der Unterscheidung wird deutlich, wenn man Leihe (§§ 598 ff. BGB) und Darlehen (§§ 607 ff. BGB) vergleicht. Bei der Leihe ist die entliehene Sache selbst zurückzugeben,

> das entliehene Buch

beim Darlehen dagegen wird die Sache verbraucht und es ist eine andere Sache gleicher Art, Güte und Menge zurückzugeben.

> Die Hausfrau, die von der Nachbarin 2 Eier erbittet, nimmt ein Darlehen auf, da sie 2 andere Eier zurückgeben will. Im täglichen Sprachgebrauch spricht man hier fälschlich von „Leihe". (Auch der gegen Entgelt überlassene „Leihwagen" ist kein geliehenes Auto. Es handelt sich um Miete.)

III. Bestandteile und Zubehör

Das BGB geht von der Einzelsache, das tägliche Leben dagegen von wirtschaftlichen Überlegungen aus.

> Eine Bibliothek besteht aus lauter einzelnen Sachen (Bücher), beim Verkauf sieht man aber die Sachgesamtheit und beurteilt danach ihren Wert.

Dieser Einstellung verschließt sich das BGB nicht. Es anerkennt Bestandteile und Zubehör und gewährt damit wirtschaftlichen Erwägungen Raum.

1. Bestandteile. Das BGB gibt keine Begriffsbestimmung. Man kann sagen, daß Bestandteile einer Sache zusammen mit ihr als *eine* Sache angesehen werden.

> Der Motor im Auto, die Feder des Füllhalters, die Batterie im Radio – sie alle gehören zum Begriff „Auto", „Füllhalter", „Radio".

Die Verbindung kann eng oder locker sein. Nach § 93 BGB können *wesentliche Bestandteile* nicht Gegenstand besonderer Rechte sein. Hier ist die Bindung also eng; der wirtschaftlichen Einheit entspricht auch die rechtliche. Bei einer Trennung der Sachteile würde der eine oder der andere zerstört oder doch in seinem Wesen verändert.

> Entferne ich das linke Vorderrad eines Autos, so bleiben Rad und Karosserie unverändert. – Entferne ich die Klinge aus einem Messer, wird mindestens das Heft des Messers beschädigt, wenn nicht unbrauchbar. – Der Serienmotor eines Fahrzeugs kann ohne Schaden ausgebaut werden.

Über den Kreis des § 93 BGB hinaus kennt das BGB noch als wesentliche Bestandteile die mit Grund und Boden festverbundenen Sachen (§ 94 Abs. 1 BGB)

> in einem Maschinenhaus eingebaute Maschinen

und die zur Herstellung eines Gebäudes verwendeten Sachen (§ 94 Abs. 2 BGB).

> Aufzüge, Fenster, Türen, Heizungen.

Dagegen sind keine Bestandteile die sog. *Scheinbestandteile*, die § 95 BGB nennt.

> Ein Pächter errichtet auf dem gepachteten Land eine Werkzeughütte. – Der Mieter bringt im Bad eine elektrische Heizsonne an.
>
> . Beides kann bei Beendigung des Vertrages weg- und mitgenommen werden.

2. Zubehör. Hier handelt es sich um bewegliche Sachen, die zwar nicht Bestandteile der Hauptsache sind, die aber ihren wirtschaftlichen Zwecken dienen sollen und in einem entsprechenden räumlichen Verhältnis zu ihr stehen, jedoch darf die Beziehung nicht vorübergehender Art sein (§ 97 BGB).

Der Konzertflügel in der Stuttgarter Liederhalle. – Landwirtschaftliche Geräte, Nutzvieh (§ 98 BGB).

IV. Nutzungen, Früchte

Die Zusammenfassung von Sachen zu einer wirtschaftlichen Einheit ist nichts Bleibendes, sofern sich die Sachen vermehren und man sie nutzen kann.

Kühe kalben Kälber, Bäume tragen Früchte, Sandgruben lassen sich ausbaggern.

Das Gesetz muß daher Regelungen für diese Fälle treffen. *Früchte* von Sachen (§ 99 Abs. 1 BGB) sind die organisch aus ihnen entstandenen Erzeugnisse, Früchte eines Rechts (§ 99 Abs. 2 BGB) sind die Erträge aus der Benützung des Rechts.

Der Autor bekommt für sein Buch ein Honorar, der Komponist für sein Werk Tantiemen.

Beides fällt unter den Oberbegriff der *Nutzung* (§ 100 BGB), die den Gebrauchsvorteil schlechthin meint.

Fahren mit dem gemieteten Auto.

10. Kapitel

Das Rechtsgeschäft

I. Begriff, Arten und Form

1. Unter einem **Rechtsgeschäft** versteht man einen aus mindestens einer Willenserklärung bestehenden Sachverhalt, an den ein von der Rechtsordnung akzeptierter rechtlicher Erfolg geknüpft ist.

Willensäußerungen gibt es im täglichen Leben in mannigfachster Form.

A streitet sich mit seiner Freundin und erklärt ihr: „Ich liebe Dich nicht mehr!" – A sagt zu seinem Freund B: „Ich gehe heute in einen Western. Gehst Du mit?" Der Freund erwidert: „Einverstanden. Wir treffen uns gegen acht am Kino!"

Hier werden Willenserklärungen abgegeben, die nicht auf einen rechtlichen Erfolg abzielen. Der Freundin kann die Äußerung des A zwar schlaflose Nächte kosten, es entstehen aber ebensowenig aus ihr Rechtsfolgen, wie wenn der Freund B trotz Zusage nicht erscheinen sollte.

Maßgebend ist für das Rechtsgeschäft, daß die Willenserklärung auf einen *rechtlichen Erfolg* gerichtet ist.

Wäre A nicht nur befreundet, sondern verlobt und erklärte er seiner Dame: „Ich will nichts mehr von Dir wissen", so könnte darin ein Rücktritt vom Verlöbnis zu sehen sein, also eine einseitige Willenserklärung, die einen von der Rechtsordnung gebilligten Erfolg hat (§§ 1298 ff. BGB).

Hätte A im Einverständnis mit B bereits die Kinokarten gekauft, so müßte ihm B den Preis seiner Karte ersetzen, falls A sie nicht noch absetzen kann.

2. Was die **Arten der Rechtsgeschäfte** angeht, so lassen sich mannigfaltige Unterscheidungen treffen.

a) *Einseitige* Rechtsgeschäfte mit nur einer Willenserklärung

Kündigung, Auslobung (§ 657 BGB), Testamentserrichtung

und *zwei- oder mehrseitige,* die mindestens zwei einander entsprechende Willenserklärungen verschiedener Personen (der Parteien des Rechtsgeschäfts) enthalten. Man spricht hier von einem Vertrag.

Kauf, Miete, Leihe, Darlehen.

b) *Verpflichtungsgeschäfte* sind solche, durch die jemandem das Recht zustehen soll, von einem anderen ein Tun oder Unterlassen zu verlangen.

Gem. § 433 Abs. 1 BGB hat der Verkäufer dem Käufer das Eigentum an der verkauften Sache zu verschaffen. – A erklärt sich dem Mitmieter B gegenüber bereit, zwischen 12 und 15 Uhr nicht Klavier zu spielen.

Diese Geschäfte bringen zwar eine Verpflichtung zu etwas, sie haben aber keine direkte Veränderung der Rechtslage zur Folge. Es *soll* zwar rechtlich etwas geschehen, es *ist* aber noch nichts geschehen.

Damit, daß sich A verpflichtet hat, das Klavierspiel zu unterlassen, ist noch nicht gesagt, daß er auch tatsächlich danach handelt.

Anders bei den *Verfügungsgeschäften.* Mit der Verfügung greift man *direkt* in ein Recht übertragend, ändernd oder aufhebend ein. Die Verpflichtung ist gewissermaßen das Programm für die Verfügung.

Wenn unser Verkäufer dem Käufer das Auto übergibt (§ 929 BGB), so geht damit das Eigentum über. Es ging aber nicht schon mit dem Abschluß des Kaufvertrages über, denn § 433 Abs. 1 BGB sagt nur, der Verkäufer werde durch den Vertragsabschluß verpflichtet, das Eigentum zu übertragen. *Die Übereignung selbst liegt in der Verpflichtung eben noch nicht.*

Diese *Trennung* von Verpflichtungs- und Verfügungsgeschäft zeigt sich bei Bargeschäften des täglichen Lebens dem Laien nicht, da z. B. beim Kauf von Zigaretten der Kaufvertrag (Verpflichtungsgeschäft) mit der Übereignung der Ware (Verfügungsgeschäft) an den Käufer und des Kaufpreises an den Verkäufer zusammenfallen. – Bei der Bestellung eines Buchs bei einem auswärtigen Buchhändler wird die Trennung aber klar, da der Kaufvertrag (Verpflichtungsgeschäft) spätestens mit der Absendung der Ware zustande gekommen ist, während ihre Übereignung (Verfügungsgeschäft) erst bei der Aushändigung an den Kunden (etwa durch die Post) erfolgt.

c) Damit hängt die weitere Unterscheidung in kausale und abstrakte Rechtsgeschäfte eng zusammen.

Ein *kausales* Rechtsgeschäft ist der Rechtsgrund (lat. causa) für eine Zuwendung an einen anderen. Es sagt uns, aus welchem Grund jemand eine Leistung an einen anderen verspricht.

Wenn A dem B ein Auto verkauft, dann tut er es, um den Kaufpreis zu erhalten. Mietet M von V eine Wohnung, dann geschieht dies, damit M gegen Zahlung des Mietzinses die Wohnung erhält. Mit der Zuwendung (d. h. der bewußten Vermehrung fremden Vermögens auf eigene Kosten) an einen anderen (Auto, Mietzins) wird ein ganz bestimmter rechtlicher Zweck verfolgt (Kaufvertrag, Mietvertrag). Der typische Verkehrszweck ist die innere Rechtfertigung des Geschäfts.

Das *abstrakte* Rechtsgeschäft dagegen läßt eine causa nicht erkennen, es ist von ihr auch unabhängig.

Übereignet A dem B ein Auto (d. h. überträgt er das Eigentum), so kann das seinen Grund (causa) in einem Kaufvertrag, in einem Schenkungsvertrag oder in einem Sicherungsübereignungsvertrag haben. Man sieht es aber der Übereignung *als solcher* nicht an, welche causa hinter ihr steht, denn in jedem Falle besteht die Übereignung nur aus der Einigung über den nackten Eigentumsübergang und aus der Übergabe der Sache (§ 929 BGB; unten Kap. 22 II b). – Die Tatsache, daß D dem E einen Wechsel ausgestellt hat, sagt nichts über den Grund (die causa) dafür.

Die Folge dieser dem BGB eigentümlichen, auf Savigny (oben Kap. 5) zurückgehenden Lösung des Verfügungsgeschäfts vom Verpflichtungsgeschäft *(Abstraktionsprinzip)* ist, daß das Verfügungsgeschäft gültig sein kann, auch wenn das Kausalgeschäft nicht rechtswirksam ist.

B hat von A, der von dessen Minderjährigkeit nichts bemerkt, ein Motorrad gekauft, der Vater des B lehnt es ab, seine Genehmigung zu dem Geschäft zu erteilen (dazu unten II 4). Der Kaufvertrag ist also nicht wirksam zustande gekommen. Trotzdem ist B Eigentümer geworden (§§ 929 Satz 1, 107 BGB). Diese Vermögensverschiebung, welcher der rechtliche Grund, die causa, fehlt, kann natürlich nicht Bestand haben. Wie käme A dazu, dem B ohne Anspruch auf den Kaufpreis das Eigentum am Auto zu verschaffen?! Durch das unwirksame Geschäft ist es zu einer Güterverteilung gekommen, die dem Recht widerspricht: Nur auf der Basis eines gültigen Kaufvertrages soll der Minderjährige das Eigentum am Kaufobjekt erwerben können (§§ 433 Abs. 1 Satz 1, 929 Satz 1 BGB)! Der wirksame Eigentumserwerb trotz unwirksamen Grundgeschäfts hat die Güterverteilung aus dem Gleichgewicht gebracht. Das Gesetz muß diesen Zustand beseitigen. Es tut dies mit Hilfe der Vorschriften über die ungerechtfertigte Bereicherung (§§ 812 ff. BGB; Kap. 21).

Umgekehrt bedeutet der wirksame Abschluß eines Kaufvertrags noch nicht, daß der Käufer damit Eigentümer des Kaufobjekts wird. Der Verkäufer muß es vielmehr noch dem Käufer zu Eigentum übertragen (§§ 929 ff. BGB). Diese Übereignung muß ihrerseits wiederum rechtswirksam erfolgen.

V und K (beide volljährig) schließen einen Kaufvertrag über einen Gebrauchtwagen. V ist also nach § 433 Abs. 1 Satz 1 BGB verpflichtet, dem K das Eigentum an dem Auto zu verschaffen. Hat V das Auto gestohlen, so ist nicht er, sondern ein Dritter Eigentümer. V kann also das Eigentum am Auto dem K nicht übertragen. Auch gutgläubiger Erwerb durch K ist nicht möglich, da es sich um Diebesgut handelt (§ 935 Abs. 1 BGB; Kap. 22 II b β).

Bei der Fallbearbeitung ist folglich unbedingt darauf zu achten, daß die Prüfung der Voraussetzungen für das Vorliegen des Verpflichtungsgeschäfts strengstens von denen des Verfügungsgeschäfts getrennt wird.

Falsch wäre es, von der Unwirksamkeit des Kaufvertrages ohne weiteres auf fehlenden Eigentumserwerb zu schließen.

Das Abstraktionsprinzip mag zunächst schwer verständlich erscheinen, es wird aber nach dem Studium des Sachenrechts klar werden, daß das Prinzip es u. a. ermöglicht, mehrere Verpflichtungsgeschäfte nebeneinander abzuschließen, obwohl die Verfügung nur einmal getroffen werden kann. (Wer ein Auto nacheinander an B, C und D verkauft, kann es nur an einen von ihnen übereignen.).

d) Unterscheiden kann man auch nach *entgeltlichen* und *unentgeltlichen* Rechtsgeschäften, je nachdem, ob für die Leistung ein Entgelt erbracht wird

Kaufpreis, Miet- oder Pachtzins

oder nicht.

Leihe, unentgeltliche Verwahrung, Schenkung.

e) Zu erwähnen sind schließlich noch die *fiduziarischen Rechtsgeschäfte,* die man auch *Treuhandgeschäfte* nennt. Ihr Wesen liegt darin, daß der Treugeber dem Treuhänder eine über den eigentlichen Zweck des Geschäftes hinausgehende Rechtsstellung verschafft (nämlich die eines Eigentümers), während im Innenverhältnis (dem Verhältnis zwischen Treuhänder und Treugeber) der Treuhänder nur diejenige Stellung haben soll, die durch das Geschäft gegeben ist.

A schuldet B 1000 DM. Zur Sicherheit übereignet er B sein Auto mit der Vereinbarung, daß er (A) es leihweise weiterhin benutzen dürfe. B wird durch die Sicherungsübereignung Eigentümer des Autos, obwohl nach den internen Vereinbarungen (Innenverhältnis) eigentlich nur an eine „Verpfändung" gedacht war, weil ja B das Auto rückübereignen muß, sobald A die Schuld getilgt hat. Nach außen hin aber ist B Eigentümer wie jeder andere Eigentümer auch (§ 903 BGB).

3. Die Wahrung einer bestimmten **Form** ist für das Rechtsgeschäft grundsätzlich nicht vorgeschrieben, es genügt mündliche Abrede (Grundsatz der Formfreiheit). Ausnahmsweise verlangt das Gesetz die Einhaltung einer bestimmten Form, wenn das Geschäft wirksam sein soll. Der Grund hierfür kann im Schutz vor übereiltem Handeln, im Bedürfnis nach Beweissicherung oder rechtlicher Beratung liegen.

Schriftform bedeutet eigenhändige Namensunterschrift des Erklärenden (§§ 126, 127 BGB),

z. B. §§ 81, 416, 564a Abs. 1, 566, 766, 780, 781, 1154, 2231 Nr. 2 BGB

notarielle Beurkundung die Abfassung der Urkunde durch einen Notar unter Unterschriftsleistung vor ihm,

z. B. §§ 311–313, 873, Abs. 2, 877, 1491 Abs. 2, 1492, 1750, 1770, 2033, 2276, 2371 BGB

öffentliche Beglaubigung die schriftliche Abfassung der Erklärung und die Beglaubigung der Unterschrift (nur dieser!) durch einen Notar.

z. B. §§ 77, 371, 403, 411, 444, 1035, 1154, 1155, 1491, 1492, 1560, 2110, 2111, 2215 BGB; 12 HGB.

Der *Verstoß* gegen Formvorschriften macht das Geschäft nichtig (§ 125 Satz 1 BGB). Die Wirkungslosigkeit des Geschäfts kann aber unter bestimmten Voraussetzungen geheilt werden, so daß es gültig ist.

Der Kaufvertrag über ein Grundstück etwa bedarf der notariellen Beurkundung (§ 313 Satz 1 BGB). Ein solcher Vertrag wird aber wirksam, wenn Auflassung (§ 925 BGB) und Eintragung im Grundbuch erfolgen (§ 313 Satz 2 BGB). Vgl. auch §§ 518 Abs. 2, 766 Satz 2 BGB.

II. Die Willenserklärung

1. Wie sich aus der Definition des Rechtsgeschäfts ergibt (oben I 1), bedarf es zu seiner *Wirksamkeit* unbedingt mindestens einer Willenserklärung, die auf einen rechtlichen Erfolg gerichtet ist. Die Erklärung muß demjenigen gegenüber abgegeben werden, bei dem der rechtliche Erfolg eintreten soll.

> Sagt A zu B, er wolle C ein Angebot auf Kauf eines Buchs machen, so ist das Angebot nicht wirksam abgegeben, da B nicht C, also der richtige Adressat, ist. (Ausgenommen den Fall, B sei Stellvertreter [unten Kap. 11 4b] des C.)

Wie das Wort „Willenserklärung" sagt, genügt nicht der *Wille* allein, sondern er muß auch nach außen manifestiert werden.

> Daß ich ein Buch kaufen möchte, schafft noch keinen Kaufvertrag. Der Buchhändler ist kein Gedankenleser; ich muß meinen Willen äußern, ihn ihm gegenüber erklären.

Umgekehrt ist es unbeachtlich, daß ich das, was ich sage, gar nicht meine (§ 116 BGB). Ich bin vielmehr an das gebunden, was ich gesagt habe. („Ein Mann, ein Wort.")

> A kauft in Gegenwart seiner Freundin bei B einen Expander. Kurz danach ruft er an und erklärt, er habe das nur auf Drängen seiner Freundin getan, die dauernd seinen Körperbau kritisiere. Er denke aber nicht daran, den Expander zu benützen. – Der Verkäufer kann sich auf den Kaufvertrag berufen.

Die *Erklärung* kann sich in verschiedener Weise manifestieren. Man kann sie durch Sprechen, Schreiben oder durch Zeichen

> Nicken; Winken

abgeben. Dabei kann es vorkommen, daß die Erklärung der Erläuterung, der Auslegung bedarf. Dann ist nach § 133 BGB der „wirkliche Wille" zu erforschen, d. h. ein objektiver Wille, wie er unter den gegebenen Umständen als Äußerung eines vernünftigen Menschen allgemein erwartet wird. Entscheidend ist also der *objektive Erklärungswert*.

> A sagt B „5% Skonto" zu. Das bedeutet, daß B pünktlich die volle Summe zahlen muß, wenn er in den Genuß der Vergünstigung kommen will.

Für Verträge bestimmt § 157 BGB zusätzlich, daß sie nach Treu und Glauben mit Rücksicht auf die Verkehrssitte auszulegen sind.

> A verspricht B die Rückzahlung eines Darlehens „binnen kürzester Frist". Gemeint ist Rückzahlung mindestens innerhalb der nächsten drei Monate, ohne Kündigungsfrist (§ 609 Abs. 2 BGB).

> „Gekauft, wie besichtigt" bedeutet beim Kauf einer gebrauchten Sache den Ausschluß der Haftung für Sachmängel (§§ 459 ff. BGB), die bei ordnungsmäßiger Besichtigung erkennbar waren.

Das *Schweigen* ist nach BGB grundsätzlich keine Willenserklärung.

> A erhält unbestellt ein Buch. Er schließt dadurch, daß er es zur Seite legt und nicht weiter anrührt, keinen Kaufvertrag.

Ausnahmen regelt das Gesetz besonders. Dabei kann das Schweigen *Zustimmung* (§§ 416 Abs. 1, 496 Satz 2, 516 Abs. 2 Satz 2 BGB) oder *Ablehnung* (§§ 108 Abs. 2 Satz 2, 177 Abs. 2 Satz 2, 415 Abs. 2 Satz 2 BGB) bedeuten.

2. **Abgegeben** ist die Willenserklärung mit der **Entäußerung.** Unter Anwesenden also, sobald man gesprochen, geschrieben oder Zeichen gegeben hat, unter Abwesenden mit dem Abgang der Erklärung. Auch der versehentlich abgesandte Brief bleibt ein wirksames Angebot, wenn man nichts unternimmt, um seine Ankunft zu verhindern.

> A schickt seinen Sohn zum Briefkasten, wobei dieser versehentlich auch einen von A beiseitegelegten Brief aufgibt. Erfährt A alsbald davon, muß er den Empfänger zu benachrichtigen versuchen (§ 130 Abs. 1 Satz 2 BGB!).

Zur **rechtswirksamen Abgabe** einer Willenserklärung bedarf es der vollen Geschäftsfähigkeit.

Folglich ist die Willenserklärung eines Geschäftsunfähigen *nichtig* (§ 105 Abs. 1 BGB). Gleiches gilt für Willenserklärungen, die im Zustande der Bewußtlosigkeit oder der vorübergehenden Störung der Geistestätigkeit abgegeben worden sind (§ 104 Abs. 2 BGB).

Minderjährige können Willenserklärungen wirksam nur mit *Einwilligung* des gesetzlichen Vertreters abgeben. Einwilligung ist nach § 183 BGB die vorherige Zustimmung. Eine Ausnahme bildet eine Willenserklärung, durch die der Minderjährige lediglich einen rechtlichen Vorteil erlangt. Sie ist wirksam (§ 107 BGB).

> Der zehnjährige Karl bekommt von seinem Onkel einen Fußball geschenkt. Die Handschenkung ist wirksam, denn Karl bringt die Annahme des Antrags lediglich einen rechtlichen Vorteil, ohne daß er gleichzeitig eine rechtsgeschäftliche Verbindlichkeit eingeht. Der Eigentumserwerb ist wirksam (§ 929 Satz 1 BGB), denn auch die Erlangung von Eigentum bringt lediglich einen rechtlichen Vorteil (§ 107 BGB). – Anders ist es, wenn Karl einen Vertrag kündigt, z. B. einen Mietvertrag, denn dadurch geht er der Ansprüche als Vermieter verlustig. Deshalb verlangt § 111 Abs. 1 Satz 1 BGB die Einwilligung (§ 183 BGB) des gesetzlichen Vertreters zur Wirksamkeit der Vornahme eines einseitigen Rechtsgeschäfts (oben I 2 a).

Der rechtliche Vorteil bestimmt sich ausschließlich nach dem *Inhalt* der rechtsgeschäftlichen Erklärung, nicht nach den Rechtsfolgen oder dem wirtschaftlichen Vorteil.

3. **Wirksam** wird die Willenserklärung mit dem **Zugang** (§ 130 Abs. 1 Satz 1 BGB). „Zugehen" bedeutet unter Anwesenden die Wahrnehmung der Erklärung durch Hören, Sehen oder notfalls durch Fühlen. Unter Abwesenden bedeutet Zugang den Zeitpunkt, in welchem die Erklärung so in den Machtbereich des Empfängers gelangt, daß er unter gewöhnlichen Umständen bei Berücksichtigung der Verkehrsauffassung die Möglichkeit der Kenntnisnahme hat.

> Wem am Samstag ein Brief in den Briefkasten des Büros geworfen wird, der kann nach dem gewöhnlichen Lauf der Dinge erst am Montag Kenntnis nehmen, sofern er nicht im gleichen Hause auch wohnt und den gleichen Briefkasten benützt. – Wer den Briefträger kommen sieht und sich versteckt, um den befürchteten Kündigungsbrief nicht zu erhalten, dem ist trotzdem wirksam an diesem Tage gekündigt worden, wenn der Brief im Kasten liegt. Die bewußte Vereitelung des Zugangs steht dem erfolgten Zugang gleich.

Um wirksam zugegangen zu sein, muß die Willenserklärung grundsätzlich einem **Geschäftsfähigen** (§ 2 BGB) gegenüber abgegeben werden. Deshalb bestimmt § 131 Abs. 1 BGB, daß Willenserklärungen, die einem Geschäftsunfähigen (§ 104 BGB) gegenüber abgegeben werden, erst mit dem Zugang beim gesetzlichen Vertreter wirksam werden können. Gleiches bestimmt § 131 Abs. 2 Satz 1 BGB auch für beschränkt Geschäftsfähige (§§ 106, 114 BGB). Eine Ausnahme gibt es nur für den Fall, daß gegenüber dem beschränkt Geschäftsfähigen eine Willenserklärung abgegeben wird, die ihm lediglich einen rechtlichen Vorteil bringt (§ 131 Abs. 2 Satz 2 BGB).

> Ein Autohändler macht einem 17jährigen Schüler das Angebot, ein bestimmtes gebrauchtes Motorrad bei ihm kaufen zu können. Der Zugang eines Vertragsangebots ist lediglich ein rechtlicher Vorteil. Das Angebot wird also mit dem Zugang bei dem Schüler wirksam. Vgl. noch unten 4.

Geht spätestens mit dem Zugang der Willenserklärung auch ein *Widerruf* ein, so ist der Zugang nicht erfolgt (§ 130 Abs. 1 Satz 2 BGB).

> A bietet dem B ein Auto für 5000 DM an. Kaum ist der Brief im Kasten, reut ihn das Angebot. Er gibt sofort ein Telegramm an B auf, in welchem er erklärt, zu dem Angebot nicht mehr stehen zu wollen. Briefträger und Telegrammbote erscheinen gleichzeitig bei B.

4. Was die **Form** der Willenserklärung angeht, so ist zu beachten, daß grundsätzlich Formfreiheit herrscht. Es genügt demnach, daß die Willenserklärung überhaupt manifest wird, ohne daß bestimmte Formvorschriften einzuhalten wären, z. B. Schriftform, Beurkundung usw.

Es gibt aber Rechtsgeschäfte, die so bedeutsam sind, daß der Gesetzgeber eine Form vorschreibt. Damit will er entweder vor übereiltem Abschluß warnen

> Grundstücksverkauf am sonntäglichen Stammtisch

oder den Parteien ein Beweismittel in die Hand geben, ihnen vielleicht auch rechtliche Unterstützung durch einen Fachmann sichern.

> Öffentliche Beurkundung durch den Notar (§§ 313, 518 Abs. 1 BGB).

Wegen der Ausgestaltung im einzelnen vgl. §§ 126 bis 128 BGB und oben I 3.

5. Schließt ein Minderjähriger einen **Vertrag,** so bedarf es zur Wirksamkeit des Rechtsgeschäfts der Genehmigung (§ 184 Abs. 1 BGB) des gesetzlichen Vertreters (§ 108 Abs. 1 BGB), sofern nicht die Einwilligung vorliegt.

> Der 17jährige Karl kauft ohne Wissen seiner Eltern ein Motorrad. Die Eltern müssen den Vertrag genehmigen, wenn er wirksam sein soll.

Ist die Genehmigung nicht zu erreichen, so ist das Geschäft unwirksam. Bis dahin ist es *schwebend unwirksam.* Da der andere Teil oft alsbald Gewißheit über das Schicksal des Vertrages haben möchte, sieht das Gesetz vor, daß er den gesetzlichen Vertreter auffordern kann, sich zu erklären. Geschieht innerhalb von zwei Wochen nach dem Empfang der Aufforderung nichts, so gilt die Genehmigung als verweigert (§ 108 Abs. 2 Satz 2 BGB). Das Gesetz unterstellt also im Interesse der Rechtssicherheit eine Ablehnung, mag der gesetzliche Vertreter auch nur nachlässigerweise die Frist versäumt haben.

Einseitige Rechtsgeschäfte des Minderjährigen sind ohne Einwilligung des gesetzlichen Vertreters unwirksam (§ 111 BGB).

> Die Eltern des Schülers Franz (17) haben für ihn ein Zimmer gemietet. Eines Tages kündigt er. Die Küdigung ist unwirksam. Die Eltern wollten sich die Entscheidung über das Zimmer vorbehalten.

Eine generell erteilte Einwilligung ist in den Fällen der §§ 110, 112 und 113 BGB anzunehmen. Sie bezieht sich aber nur auf die dort genannten Geschäfte.

Ratenkäufe des Minderjährigen fallen nicht unter § 110 BGB.

III. Der Vertrag

1. Vertragsarten und Vertragstypen. Der Vertrag ist, wie schon gesagt, ein zwei- oder mehrseitiges Rechtsgeschäft, d. h. es müssen mindestens zwei Personen einander entsprechende Willenserklärungen abgeben.

A bietet B ein Auto für 4000 DM zum Kauf an. B ist einverstanden.

a) Man unterscheidet *verpflichtende* und verfügende Verträge, bei den ersteren wiederum *streng einseitige Verträge*[1], bei denen nur eine Partei Verpflichtungen übernimmt,

§§ 518, 610, 765 BGB (nachlesen!)

unvollkommen zweiseitige Verträge, bei denen auch der andere Partner verpflichtet wird, jedoch nicht im Sinne einer Gegenleistung,

§§ 598, 662, 688 BGB

und schließlich *gegenseitige Verträge*.

§§ 433, 535 BGB.

Sie sind dadurch gekennzeichnet, daß die Leistung um der Gegenleistung willen erfolgt. Die Römer hatten dafür die Formel „do, ut des" („ich gebe, *damit* du gibst").

Wenn A sein Auto verkauft, so tut er das, damit er Geld bekommt. – Wenn A sein Auto an B verleiht, tut er es nicht, damit er es zurückbekommt, sondern um B zu helfen. Die Rückgabepflicht ist notwendige Folge des Vertragsverhältnisses (unvollkommen zweiseitiger Vertrag).

Beim gegenseitigen Vertrag hängen die beiderseitigen Leistungen so voneinander ab, daß die Gültigkeit des Leistungsversprechens auch die Gültigkeit des Gegenleistungsversprechens beeinflußt.

Hat A mit B einen auf eine von vornherein jedermann unmögliche Leistung gerichteten Vertrag abgeschlossen (A soll B 5 t Mondstaub verkaufen), so ist der Vertrag nichtig (§ 306 BGB). A erhält keine Gegenleistung.

Die Abhängigkeit besteht auch insoweit, als das Ausbleiben der Leistung die Verpflichtung zur Erbringung der Gegenleistung vorübergehend oder ganz beseitigt.

Liefert A das verkaufte Auto nicht, braucht B den Kaufpreis nicht zu zahlen. Verzögert A die Lieferung, so wird B nicht etwa vorleistungspflichtig, sondern er kann den Kaufpreis bis zur Lieferung zurückbehalten.

---

1 Der einseitig verpflichtende Vertrag darf nicht mit dem einseitigen Rechtsgeschäft (oben I 2 a) verwechselt werden. Dieses allein schon ist rechtlich relevant (z. B. die Kündigung, das Testament) und entfaltet Wirkungen. Der einseitige Vertrag aber ist Vertrag, braucht also mindestens zwei Personen, nur entstehen lediglich bei einer von ihnen Verpflichtungen: Der Schenker muß die Sache hergeben.

Verträge, die eine *Verfügung*, d. h. eine unmittelbare Änderung der Rechtslage enthalten, sind z. B. die Übereignung (§§ 873, 925; 929 ff. BGB; Kap. 22 II 2) oder die Abtretung (§§ 398 ff. BGB; Kap 14 III 4).

> Während zur Verpflichtung noch eine weitere rechtlich relevante Handlung dazukommen muß, um die Änderung der Rechtslage herbeizuführen (indem z. B. der Verkäufer nach Abschluß des Kaufvertrages [§§ 145 ff. BGB] noch die Sache dem Käufer übereignen [§§ 929 ff. BGB] muß), ändert die Abtretung als Verfügung die Rechtslage unmittelbar, also sofort, d. h., es bedarf keines weiteren rechtlich relevanten Aktes mehr. Wer seine Forderung gegen einen anderen abtritt, gibt sie damit sogleich auf, sie geht ohne weiteres auf den Neugläubiger über.

b) *Vertragstypen* lassen sich unter mancherlei Gesichtspunkten zusammenstellen. Denkbar ist z. B. folgende Gruppierung:

> Veräußerungsverträge: §§ 433; 515; 516 BGB,
> Gebrauchsüberlassungsverträge: §§ 535; 581; 598; 607 BGB,
> Verträge über geschuldete Tätigkeiten: §§ 611; 631; 652; 657; 662; 677; 688; 701 BGB,
> Selbständige Verpflichtungsverträge: §§ 607; 780; 781 BGB,
> Sicherungsverträge: § 765 BGB; Schuldbeitritt; Garantievertrag (die beiden letzteren sind im BGB nicht geregelt).

2. Der Abschluß des Vertrags. Damit ein Vertrag zustande kommt, muß von einer Seite ein Anstoß ausgehen.

> Weiß A, der sein Auto verkaufen will, daß B ein Auto sucht, wird er ihn anrufen, ihm schreiben oder vielleicht durch einen Freund einen Hinweis geben lassen. Ohne eine Äußerung des A erfährt niemand von seinem Plan. – Umgekehrt könnte B, der das Auto des A kennt, diesen anrufen und ihm 5000 DM bieten. Dann kann A annehmen oder ablehnen.

Man spricht von einem Angebot oder einem Antrag. Diese Willenserklärung soll zu einer Gegenerklärung führen, die man Annahme nennt. Für beide gelten die §§ 130 ff. BGB.

a) Das *Angebot* muß mit dem Willen rechtlicher Bindung an den in Aussicht genommenen Partner, also regelmäßig an eine bestimmte Person („Wer *einem andern* ... anträgt"; § 145 BGB), gerichtet sein und den Inhalt des abzuschließenden Vertrags so vollständig wiedergeben, daß der andere Teil nur noch einverstanden zu sein braucht.

> Bietet der Autohändler A dem B „einen Wagen" zum Kauf an, so kann B damit nichts anfangen, weil er nicht weiß, welches Auto A verkaufen will. Bezeichnet dagegen A das Auto nach Typ, Baujahr und Preis, so ist das Angebot so bestimmt, daß B „Ja" sagen kann. (Der Kaufpreis ergibt sich bei einem neuen Auto nach den Listen, bei einem gebrauchten nach dem Angebot oder dem üblichen Preis, der u. U. gem. §§ 315, 316 BGB bestimmt wird.)

Das Angebot bleibt *bindend*, sofern es nicht „freibleibend" oder „ohne Obligo" abgegeben wird (§ 145 BGB). Es erlischt durch Ablehnung seitens des anderen Teils oder bei nicht rechtzeitiger Annahme durch ihn. Der Antrag ist an eine ganz bestimmte Person zu richten, von der allein er angenommen werden kann.

> Die Zeitungsanzeige, wonach man ein Auto für 5000 DM verkaufen wolle, ist kein Angebot, sondern die Aufforderung an die Allgemeinheit, ein Angebot zu machen. Schließlich will der Verkäufer ja wissen, wem er verkauft. Wäre seine Anzeige bereits ein Angebot, so müßte er an den Annehmenden grundsätzlich übereignen, auch wenn

dieser illiquid wäre. Er könnte zudem bei mehreren Interessenten nur einem von ihnen gegenüber den Vertrag erfüllen, den anderen gegenüber würde er schadensersatzpflichtig.

Trotz des Todes des Antragenden bleibt sein Angebot wirksam (§ 153 Hs. 1 BGB). Die Annahme muß dann gegenüber dem Erben des Antragenden erfolgen (§ 130 BGB).

> Bestellt A einen Photoapparat und stirbt er nach der Aufgabe der Bestellung, so geht die Erklärung wirksam zu (§ 130 Abs. 2 BGB) und kann angenommen werden. Liefert die Firma also auf Grund des Antrags, so müssen die Erben den Apparat nehmen, auch wenn sie alle bereits eine Kamera haben sollten.

Anders ist es nur bei höchstpersönlichen Bedürfnissen des Antragenden, da dann ein anderer Wille des Antragenden entgegensteht (§ 153 Hs. 2 BGB).

> Richter R bestellt bei einer auswärtigen Firma unter Angabe seiner Körpermaße eine Richterrobe. Stirbt er danach, so brauchen die Erben die Robe nicht zu nehmen. –
> Der schwerhörige S bestellt ein Hörgerät.

Nicht entscheidend ist, ob der Gegner den anderen Willen kennt. Man kann ihm aber mit § 122 Abs. 1 BGB helfen (dazu unter IV 2 d).

> Der Erbe, der die Sache nicht annimmt und zurückgibt, hat z. B. die Versandkosten zu ersetzen.

b) Die *Annahme* des Angebots steht im Belieben des in Aussicht genommenen Kontrahenten. Sie liegt in der Erklärung, das Angebot anzunehmen. Dazu genügt ein „Ja".

Die *Frist* zur Annahme regelt § 147 BGB. Unter Anwesenden ist die Annahme sofort zu erklären. Unter Abwesenden sind der Postlauf und eine gewisse Überlegungszeit zu berücksichtigen. Der Antragende kann auch eine Frist zur Annahme setzen (§ 148 BGB).

> A bietet schriftlich dem B ein Auto Marke soundso für 5000 DM zum Kauf an. Er setzt eine Frist bis 15. 10. Kommt der Brief erst am 14. 10. an und kann B nicht mehr rechtzeitig antworten, so ist das Angebot nicht angenommen. Vgl. aber § 149 BGB.

Wird das Angebot zu spät angenommen, so gilt es nach § 150 Abs. 1 BGB als *neuer Antrag*, der seinerseits wieder rechtzeitig angenommen werden kann.

> Antwortet B im vorigen Fall zu spät, hat aber A das Auto noch nicht verkauft, so wird A ein Interesse daran haben, alsbald zu antworten, um den Kauf doch noch perfekt machen zu können.

Weicht der Annehmende bei der Annahme vom Angebot ab,

> B antwortet (rechtzeitig), er wolle nur 4800 DM zahlen

so gilt dies als Ablehnung, verbunden mit einem neuen Antrag.

> Also auf Kauf zu einem Preis von 4800 DM. An A liegt es nun, ob er positiv antworten will.

Die Annahme ist (ebenso wie das Angebot) eine empfangsbedürftige Willenserklärung. Sie muß also dem Antragenden *zugehen*.

Nun gibt es aber Fälle, in denen das Angebot zwar angenommen wird, die Erklärung der Annahme aber gar nicht möglich ist oder den Umständen nach nicht erwartet wird.

A aus Frankfurt bestellt telegraphisch in Garmisch für 20 Uhr des gleichen Abends ein
Zimmer und fährt los. Er kann nicht erwarten, daß der Wirt antwortet, denn er ist nicht
mehr zu Hause; ebenso sagt sich der Wirt, daß eine Antwort den Gast nicht mehr
erreichen könnte.

Für diesen Fall genügt es, daß zwar *angenommen,* die Annahme aber dem
Antragenden gegenüber nicht erklärt wird (§ 151 Satz 1 BGB).

Hat der Wirt in Garmisch das Zimmer für A herrichten lassen, so ist damit das Angebot
angenommen. Kommt A um 20 Uhr nicht, so wird nach angemessener Wartezeit (§ 242
BGB) das Zimmer an andere Gäste vergeben werden dürfen, denn die Bindung ist nach
den Umständen zeitlich beschränkt (§ 151 Satz 2 BGB).

c) Solange Antrag (Angebot) und Annahme – für die Parteien erkennbar – nicht
vollständig übereinstimmen, ist nach der Auslegungsregel des § 154 Abs. 1 Satz 1
BGB der Vertrag nicht geschlossen. Es fehlt am Konsens. Diesen Einigungsmangel
nennt man auch *offenen Dissens.*

Es kann aber auch vorkommen, daß die Parteien aneinander vorbeireden, daß
beide glauben, man sei sich einig, in Wahrheit aber fehlt es am Konsens. Man spricht
dann von *verstecktem Dissens.* In diesem Fall soll das Vereinbarte gelten, sofern
anzunehmen ist, daß man sich ohne Rücksicht auf diesen Punkt geeinigt hätte
(§ 155 BGB). Der Unterschied zum Irrtum (unten IV 2) besteht darin, daß bei ihm
Wille und Erklärung einer Partei nicht übereinstimmen. Beim versteckten Dissens
dagegen stimmen Wille und Erklärung jeder Partei überein, die Erklärungen sind
aber dem *objektiven* Sinne nach *mehrdeutig,* so daß sie sich nicht decken.

A schickt dem B ein Buch. Er will es ihm leihen. B meint aber, es sei ein Geschenk und
stellt das Buch in seinen Bücherschrank. – Die Vereinbarung „Abnahme bis Ende Mai,
Zahlung gegen Lieferschein" ist mehrdeutig. Soll sofort oder bei Abnahme gezahlt
werden? (Versteckter Dissens).

A bietet für 560 DM an, will aber 650 DM schreiben. Nimmt B an, so stimmen die
Willenserklärungen objektiv überein: A hat 560 DM angeboten, B hat angenommen. A
kann nur anfechten (§ 119 Abs. 1 BGB).

IV. Mängel der Willenserklärung

Wie schon erwähnt, besteht die Willenserklärung aus zwei Bestandteilen: aus
dem auf eine Rechtsfolge gerichteten Willen und aus seiner äußeren Manifestation,
der Erklärung. Beide sollen übereinstimmen, es muß aber nicht so sein.

A will B schreiben, er bestelle 20 Zentner Kohle, er schreibt aber versehentlich 20
Doppelzentner. – A stellt unter dem Druck einer auf ihn gerichteten Pistole einen Scheck
aus.

Der Gesetzgeber muß eine Regelung finden, die dem Interesse des Erklärungs-
empfängers und dem des Erklärenden gerecht wird. Die Willenstheorie stellt auf den
Willen allein ab, die Erklärungstheorie

„Ein Mann, ein Wort"

nur auf die Erklärung. Das BGB vermittelt zwischen beiden.

1. Der Erklärende ist sich des Fehlens seines Rechtsfolgewillens bewußt.

a) Er erklärt zwar etwas, will das aber in seinem Innern nicht gelten lassen (§ 116

BGB): Der *geheime Vorbehalt* ist unbeachtlich. Der Erklärende ist an seine Willensäußerung gebunden.

Vgl. das Expander-Beispiel oben II 1.

Ausnahme: § 116 Satz 2 BGB. Davon weichen wiederum die §§ 16 und 28 EheG ab.

b) Er erklärt in Übereinstimmung mit dem Partner etwas, was nach dem Willen beider nicht gelten soll. Dieses *Scheingeschäft* ist nichtig (§ 117 BGB).

Falscher Kaufpreis zum Zweck der Steuerersparnis.

Jedoch ist nach § 117 Abs. 2 BGB ein verdecktes Geschäft gültig, sofern die darauf bezüglichen Vorschriften gewahrt sind.

Um sich nicht Vorwürfen seines Vaters auszusetzen, vermietet A angeblich sein Auto an B. Vereinbart ist aber, daß B nichts zahlen soll. Statt Miete liegt hier Leihe vor.

c) Er erklärt etwas im Spaß in der Hoffnung, der andere werde dies erkennen: *Scherzerklärung* (§ 118 BGB). Diese Erklärung ist nichtig.

A erscheint in der Silvesternacht leicht angesäuselt bei seinem Mieter B und erklärt mit düsterer Miene, er müsse ihm die Wohnung zum 1. 4. kündigen. B nimmt das in Unkenntnis des § 564 b BGB ernst, obwohl A glaubt, einen gelungenen Scherz zu machen. – Prof. D gibt in der Vorlesung über Wertpapierrecht dem Studenten einen Wechsel: „Kaufen Sie sich davon ein Auto!"

2. Der Erklärende weiß nicht, daß die geäußerte Erklärung von seinem Willen abweicht.

Es handelt sich hier um die sog. *Irrtumsfälle.* Die Terminologie ist nicht ganz einheitlich. Man muß bei jedem Verfasser zunächst prüfen, was er mit den gewählten Ausdrücken meint. Am besten hält man sich bei der Nomenklatur an das Gesetz (§ 119 BGB).

a) *Inhaltsirrtum (Geschäftsirrtum).* Jemand gibt eine Erklärung ab, will sie auch so abgeben, irrt sich aber über die objektive Bedeutung der Erklärung.

Der einfältige A kommt in die Stadt und sieht eine Taxe mit der Aufschrift „Frei". Er glaubt, eine Freifahrt machen zu dürfen und bestellt eine Stadtrundfahrt.
A wollte eine Stadtrundfahrt machen und hat den Taxifahrer auch entsprechend angewiesen. Wille und Erklärung stimmen überein, jedoch nur subjektiv, nicht objektiv. Denn die Aufschrift „Frei" bedeutet keine Freifahrt, sondern nur, daß der Fahrer zur Verfügung steht. Objektiv ist die Erklärung, eine Stadtrundfahrt machen zu wollen, auf eine Fahrt gegen Entgelt gerichtet (§ 133 BGB).

Wer in Köln einen „halben Hahn" bestellt, bekommt ein Käsebrot. In Wien sind Palatschinken kein Fleischgericht (Schinken), sondern eine österreichische „Mehlspeis"; „Salzburger Nockerln" können wegen des Diminutivs den Vorstellungen so manchen Gastes widersprechen.

In allen Fällen bedient sich der Erklärende eines falschen Ausdrucksmittels, weil er sich über dessen Bedeutung täuscht.

b) *Erklärungsirrtum (Irrung).* Hier meint jemand, die gewollte Erklärung abzugeben, er erklärt aber etwas anderes, ohne es zu bemerken.

A will bei B 20 Zentner Kohle bestellen, er schreibt aber 20 Doppelzentner. – Hier will A etwas schreiben, er schreibt auch, irrt sich aber in der Bezeichnung.

A will 58 Sack Mehl bestellen, vertippt sich aber und schreibt 85.

c) *Eigenschaftsirrtum*. Dem Inhaltsirrtum (§ 119 Abs. 1 Satz 1, 1. Alternative BGB) stellt das Gesetz den Irrtum über eine wesentliche Eigenschaft gleich (§ 119 Abs. 2 BGB).

A gewährt dem zahlungsunfähigen B Kredit, weil er seine wahren wirtschaftlichen Verhältnisse nicht kennt und ihn für liquid hält.

d) In allen drei Fällen wird verlangt, daß der Irrtum *erheblich* ist (§ 119 Abs. 1 2. Hs; Abs. 2 a. E. BGB). Das bedeutet, daß der Irrende nicht schon anfechten darf, weil *er* bei richtiger Kenntnis der Sachlage seine Willenserklärung nicht abgegeben hätte, sondern daß auch bei *objektiver* Betrachtung der Irrtum beachtlich erscheint, daß also ein vernünftiger Mensch bei Kenntnis der Sachlage und richtiger Würdigung des Falles die Erklärung nicht abgegeben hätte.

M und F erscheinen bei V und kaufen gegen Barzahlung einen Elektroherd. V meint, sie seien verheiratet. Als er erfährt, daß sie in wilder Ehe leben, will er als streng moralischer Mensch den Vertrag gem. § 119 Abs. 2 BGB anfechten. Er hat keinen Erfolg, denn es ist für das Geschäft gleichgültig, welchen Familienstand die Käufer haben.

Die *Anfechtung* ist eine einseitige empfangsbedürftige (§ 130 BGB) Willenserklärung, die gegenüber dem anderen Teil „unverzüglich" abzugeben ist (§ 121 Abs. 1 BGB). Den Begriff „unverzüglich" erläutert das Gesetz selbst. Er ist nicht zu verwechseln mit dem Wort „sofort" in § 859 Abs. 3 BGB.

Entdeckt A seinen Irrtum, so darf er sich überlegen, ob er anfechten will, u. U. auch einen Anwalt aufsuchen. Allerdings darf er sich dabei nicht gemütlich Zeit lassen, sondern muß ohne schuldhaftes (§ 276 BGB) Zögern handeln.

§ 121 Abs. 2 BGB enthält eine Frist von 30 Jahren, mit deren Ablauf die Anfechtung ausgeschlossen ist. Sie läuft von der Abgabe der Willenserklärung ab. Anfechtbar ist auch nach § 120 BGB die irrige Übermittlung durch einen Boten oder etwa die Post.

A bietet telegraphisch 1 Ztr. Kohle für 85 DM an. Die Post übermittelt 58 DM. A kann anfechten.

Folge der Anfechtung ist nach § 142 Abs. 1 BGB die *Nichtigkeit* des Rechtsgeschäfts. Mit der Anfechtung wird also dem Geschäft die Rechtswirksamkeit entzogen. Bis dahin ist es voll gültig. Ob angefochten wird, liegt allein beim Irrenden, der u. U. am Geschäft trotz seines Irrtums festhalten will.

A hat unter Voraussetzungen, die die Anfechtung wegen Irrtums rechtfertigen würden, ein Grundstück gekauft. Als er von seinem Irrtum erfährt, stellt er fest, daß er wegen des Steigens der Grundstückspreise ein gutes Geschäft gemacht hat.

Eine weitere Folge der Anfechtung ist die Verpflichtung des Anfechtenden, dem Gegner das *negative Interesse* zu ersetzen. Man spricht auch von *Vertrauensschaden*. Das ist derjenige Nachteil, der dem Gegner dadurch entstanden ist, daß er auf die Gültigkeit des Geschäfts vertraut hat (§ 122 Abs. 1 BGB). (Siehe aber § 122 Abs. 2 BGB!) Er ist so zu stellen, als hätte er von dem Geschäft nichts gehört, als wäre der Vertrag nicht abgeschlossen worden. Nach oben ist der Schaden gem. § 122 Abs. 1 a. E. BGB begrenzt.

A hat B einen Photoapparat für 500 DM verkauft. B hätte ihn für 550 DM weiterverkaufen können. Ficht A den Kaufvertrag erfolgreich an, so ist A so zu stellen, als wenn kein Vertrag abgeschlossen worden wäre. B hätte also nicht gewinnbringend weiterverkaufen können. Aber B hat vielleicht mit dem Interessenten korrespondiert und dadurch Auslagen gehabt. *Diese* sind ihm von A zu ersetzen.

e) Der *Motivirrtum*, d. h. die falsche Vorstellung von den Grundlagen der Willens-bildung, ist grundsätzlich unbeachtlich. Die Verkehrssicherheit fordert: „Ein Mann, ein Wort."

> A liebt Fräulein Inge. Um es für sich zu gewinnen, will er ihm ein Armband schenken. Die Dame lehnt aber ab und verlobt sich mit Karl. A kann den Kauf nicht wegen seiner falschen Vorstellungen über seine Chancen bei Inge anfechten. Das Motiv war für den Kauf unbeachtlich. (Anders, wenn A die Annahme des Geschenks als Bedingung in den Kaufvertrag aufgenommen hätte. Darüber unten Kap. 11 4a.)

3. Der Erklärende wird bei der Abgabe der Willenserklärung von außen ohne oder gegen seinen Willen beeinflußt.

Es geht hier um die Fälle der arglistigen Täuschung und der widerrechtlichen Drohung, die den Betroffenen zur Anfechtung berechtigen (§ 123 BGB).

a) *Arglistige Täuschung* bedeutet die bewußte Erregung oder Aufrechterhaltung eines Irrtums bei einem anderen. Die geschieht, um ihn zu einer Willenserklärung zu veranlassen.

> A kauft von B ein gebrauchtes Auto. Als A fragt, ob es sich um einen Unfallwagen handele, verneint B wahrheitswidrig. Hätte A gewußt, daß er ihn belog, hätte er einen niedrigeren Kaufpreis vereinbart oder nicht gekauft.

b) Die *Drohung* besteht in der Ankündigung eines Übels, wodurch der Bedrohte sich gezwungen sieht, eine Willenserklärung abzugeben.

> A unterschreibt eine Urkunde unter dem Druck einer ihm vorgehaltenen Pistole.

Die Drohung muß rechtswidrig sein. Das ist sie u. a. dann, wenn vertragsfremde Mittel zur Erreichung des Ziels (Kausalität; unten Kap. 16 V 1) verwendet werden.

> A weiß, daß B Schmuck gestohlen hat. Er verlangt von ihm einen Armreif, weil er ihn andernfalls anzeigen werde. B schenkt ihm den Reif. – Anders wäre es, wenn der Fabrikant dem ungetreuen Buchhalter drohte, Strafanzeige zu erstatten, falls die unterschlagenen Gelder nicht binnen einem Monat bezahlt sein sollten. Hier handelt es sich um ein Zwangsmittel, das zulässig ist, denn Strafanzeigen sind nicht verboten.

c) Die *Folge* eines mittels arglistiger Täuschung oder Drohung abgeschlossenen Geschäfts ist zunächst dessen Gültigkeit. Wie beim Irrtum haben es der Getäuschte oder der Bedrohte in der Hand, sich zu wehren oder das Geschäft bestehen zu lassen. Die Frist, innerhalb welcher angefochten werden muß, beträgt ein Jahr (§ 124 BGB). Die Ausschlußfrist ist wieder 30 Jahre (§ 124 Abs. 3 BGB). Der Ersatz eines Vertrauensschadens durch den Anfechtenden scheidet hier natürlich aus. Der Gegner soll nicht noch belohnt werden. Wohl aber kann der Getäuschte oder Bedrohte u. U. Schadensersatzansprüche neben der Anfechtung geltend machen (§§ 823 Abs. 2 BGB mit 240, 263 StGB; 826 BGB; dazu unten Kap. 20 I).

11. Kapitel

Der Inhalt des Vertrags

1. Den Inhalt des Vertrags bestimmen in erster Linie die von den Parteien abgegebenen **Willenserklärungen.**

> A sagt zu B: „Ich verkaufe Ihnen mein Auto für 5000 DM." B antwortet: „Gut, bringen Sie es morgen."

Meist genügen sie aber nicht, um den vollen Umfang des Vertrages festzulegen, sei es, daß gewisse Änderungen in den Verhältnissen nicht bedacht worden sind oder gar nicht zu erkennen waren, sei es daß Leichtgläubigkeit oder Unerfahrenheit die Parteien abgehalten hat, gewisse wichtige Punkte in den Vertrag aufzunehmen. Hier greift das Gesetz helfend ein, indem es durch seine Vorschriften den Vertrag *ergänzt.*

> A hat ein Zimmer von B gemietet, ohne daß über den Zeitpunkt der Mietzinszahlung gesprochen worden wäre. Als B am Ersten den Mietzins fordert, verweist ihn A, der sich inzwischen erkundigt hat, auf § 551 Abs. 1 BGB und zahlt am Letzten im nachhinein.
>
> (Das allgemein verbreitete Mietvertragsformular sieht Zahlung im voraus vor.)

Nicht immer aber genügt das Gesetz. Dann greift die *Auslegung* der Willenserklärung (§ 133 BGB) oder des ganzen Vertrages (§ 157 BGB) ein.

> Der Vater erfährt, daß sein Sohn entlassen wird, wenn er unterschlagene Beträge nicht alsbald ersetzt. Der Vater schreibt der Firma, er stehe für die Zahlung der Beträge ein. Im Wege der Auslegung wird man eine Bürgschaft annehmen (§ 766 Satz 1 BGB). – Eine selbstschuldnerische Bürgschaft (§ 773 Abs. 1 Nr. 1 BGB) wird man in dem Wortlaut nicht ohne weiteres sehen können. Wohl aber, wenn er schriebe, er übernehme die „persönliche Haftung".

2. Für gewisse **typische Nebenabreden** hat sich eine feststehende Auslegungspraxis entwickelt.

> „Ab Fabrik" bedeutet Tragung der Transportkosten durch den Empfänger; „freibleibend" bedeutet keine Bindung an das Angebot.

Auch das Gesetz enthält vereinzelt Auslegungsregeln: §§ 336 Abs. 1, 455 BGB.

Das vor dem Jahre 1900 entstandene Vertragsmodell des BGB geht davon aus, daß ein Vertrag zwischen den Partnern entsprechend ihren individuellen Bedürfnissen ausgehandelt wird. Damit weicht es erheblich von der heutigen Wirklichkeit im Rechtsleben ab. Massenproduktion und Massenkonsum führen zu einer Vielzahl von Verträgen, die sich alle gleichförmig abwickeln lassen. Die Vertragsgestaltung könnte deshalb ebenfalls schematisiert werden.

> Banken, Versicherungen, Spediteure, Vermieter (Wohnungsbaugenossenschaften).

Die Unternehmer sind bestrebt, den Geschäftsverkehr möglichst gleichförmig, einfach und reibungslos abzuwickeln. Aus diesem Bedürfnis heraus haben sich sog. **Allgemeine Geschäftsbedingungen** (= AGB) entwickelt, die dem Kunden sagen, wie sich der Vertrag mit dem Unternehmen gestaltet, wenn er mit ihm abschließen will. Das hatte für ihn den Nachteil, daß er das „Kleingedruckte" oft nicht verstand oder übersah, daß er die AGB entweder akzeptieren oder auf den Vertrag verzichten mußte. Von der Privatautonomie, wie sie dem BGB in § 305 vorschwebt, war deshalb bis zum Inkrafttreten des **AGBG** im Jahre 1977 in vielen Bereichen nicht mehr viel zu spüren. Das Gesetz stärkt nun den Grundsatz der Vertragsfreiheit zum einen durch eine Generalklausel (§ 9 AGBG), die Bestimmungen in AGB für unwirksam erklärt, wenn sie den Vertragspartner entgegen Treu und Glauben unangemessen benachteiligen, zum anderen durch einen Katalog unzulässiger Klauseln (§§ 10, 11 AGBG) in den AGB.

> Unwirksam ist z. B. die Klausel, wonach der Verkäufer einer Ware kürzere als die gesetzlichen Gewährleistungsfristen (§ 477 Abs. 1 Satz 1 BGB) in seine AGB aufnimmt (§ 11 Nr. 10 Buchst. f AGBG). (Die Vorschrift des § 477 Abs. 1 Satz 2 BGB wird aber dadurch für den *Einzelvertrag* nicht berührt.)

3. Abgesehen davon, daß ein Vertrag mangels Einigung der Parteien nicht zustande gekommen sein kann, besteht die Möglichkeit eines so schweren **Verstoßes gegen das Gesetz**, daß **Nichtigkeit** eintritt. Auch dann ist ein Vertrag nicht zustande gekommen.

Das ist der Fall, wenn ein Vertrag gegen ein gesetzliches Verbot (§ 134 BGB) oder gegen die guten Sitten (das Anstandsgefühl aller billig und gerecht denkenden Menschen) verstößt (§ 138 BGB). Ferner dann, wenn ein Geschäftsunfähiger ein Geschäft machen wollte,

> ein fünfjähriges Kind kauft ein Auto

oder wenn der Verstoß gegen gesetzliche Formvorschriften Nichtigkeit erzeugt (§§ 313, 766 BGB).

Nichtigkeit bedeutet, daß das **Geschäft rechtlich ohne Wirkung** ist.

Ist der Vertrag teilweise nichtig, so hat das trotzdem Vollnichtigkeit zur Folge (§ 139 BGB). Zulässig ist die Umdeutung eines nichtigen Rechtsgeschäfts in ein anderes gültiges (§ 140 BGB).

> Eine mündlich erklärte Bürgschaft kann als Garantieversprechen Bestand haben, ein formungültiger Wechsel als Schuldanerkenntnis (§ 781 BGB).

(Im Gegensatz zur Nichtigkeit ist das anfechtbare Rechtsgeschäft zunächst von Bestand, das schwebend unwirksame Rechtsgeschäft [s. Kap. 10 II 4] kann noch mit der Genehmigung wirksam werden.)

4. **Modifikationen des Vertrages.** Die Vielfalt des Lebens zu bewältigen, ist nicht immer einfach. Es bedarf deshalb mancher Vertragsklauseln, um den Willen der Vertragsparteien klar und deutlich zum Ausdruck zu bringen und ihren besonderen Wünschen gerecht zu werden.

> Der Beamte, der von Heidelberg nach Tübingen versetzt zu werden hofft, wird nicht einfach eine Wohnung in Tübingen mieten, von der er gar nicht weiß, ob er sie beziehen kann. Er wird vielmehr vereinbaren, daß er die Wohnung nicht zu nehmen brauche, falls aus seiner Versetzung nichts werden sollte (a). Dabei braucht er nicht selbst zu verhandeln, sondern kann sich eines Dritten (Vertreter) bedienen (b).

a) **Bedingung und Befristung.** Die *Bedingung* wird einem Rechtsgeschäft hinzugesetzt, weil nach dem Willen der Parteien die Wirksamkeit des Geschäfts von einem *zukünftigen ungewissen* Ereignis abhängen soll.

> Unser Beamter wird das Haus unter der Bedingung seiner Versetzung mieten.

Die Bedingung im Rechtssinn ist also etwas anderes als die im täglichen Leben sogenannten Vertrags„bedingungen", denn diese sind nur die näheren Bestimmungen des Vertrags.

> Lieferungs„bedingungen", Geschäfts„bedingungen".

Man kann verschiedene Arten der Bedingung unterscheiden. Die wichtigste ist die Trennung nach *aufschiebenden* und *auflösenden* Bedingungen. Im ersten Falle tritt die Rechtswirkung ein, sobald die Bedingung eintritt (§ 158 Abs. 1 BGB),

> der Beamte wird versetzt, jetzt erst tritt der Mietvertrag in Kraft

im letzteren Falle fällt sie weg, wenn die Bedingung eintritt (§ 158 Abs. 2 BGB).

> A verkauft seinen Hund an B. Dieser macht zur Bedingung, daß er den Hund zurückgeben dürfe, falls er sich nicht an B gewöhnen könne. Dann liegt ein Kaufvertrag vor, dessen Wirkung enden soll, sobald feststeht, daß der Hund sich nicht eingewöhnen kann. (Von Beweisfragen sei – wie immer – abgesehen.)

Es gibt sog. *bedingungsfeindliche Rechtsgeschäfte*. Das sind solche, die eine Bedingung nicht vertragen. So kann z. B. eine Eheschließung nicht unter einer Bedingung erfolgen, auch verträgt es sich nicht mit der Natur der Kündigung, daß sie unter einer Bedingung ausgesprochen wird, weil der Gekündigte Klarheit haben muß.

> Es wäre unerträglich, wenn dem möbliert wohnenden Studenten A gekündigt würde, *falls* der Neffe des Vermieters heiratet und das Zimmer zu beziehen wünscht. A will wissen, woran er ist. Etwas anderes ist es, wenn der Vertrag von vornherein die Klausel enthält, daß das Mietverhältnis mit der Heirat des Neffen enden solle. Dann endet es mit dem Eintritt des Ereignisses, ohne daß es einer Kündigung bedürfte. Vgl. für Wohnungen § 564a Abs. 3 BGB, ferner Kap. 18 1d.

Wer den Eintritt der Bedingung treuwidrig (§ 242 BGB) vereitelt, muß sich so behandeln lassen, als sei sie eingetreten (§ 162 BGB).

> Quält B den Hund so, daß er sich nicht eingewöhnt, wird er so behandelt, als gefalle es dem Tier bei ihm.

Für die Schwebezeit treffen die §§ 160 und 161 BGB Einzelregelungen. Sie laufen darauf hinaus, den bedingt Berechtigten gegen Zwischenverfügungen zu schützen.

> A hat sein Auto an B für den Fall übereignet, daß er in eine andere Stadt versetzt wird. Bevor das der Fall ist, veräußert er das Auto an C, weil dieser einen höheren Kaufpreis bietet. Wird A nun versetzt, so muß er gegenüber B erfüllen. Die Verfügung zugunsten des C ist unbeachtlich, sie ist unwirksam.

Die *Befristung* macht die Wirkung des Vertrags ebenfalls von einem *zukünftigen*, aber *gewissen* Ereignis abhängig.

> A mietet eine Wohnung am 1. 10. 1977 zum 1. 3. 1978. – A mietet am 1. 4. auf drei Jahre.

Hier gelten die Vorschriften über die Bedingung (§ 163 BGB).

b) Die Stellvertretung. Wollte die Rechtsordnung verlangen, daß jedermann seine Geschäfte selbst erledige, dann müßte sich der Rechtsverkehr sehr zähflüssig abspielen und schließlich zum Erliegen kommen.

> Ein Beamter müßte wegen auswärtiger Verhandlungen jeweils dienstfrei nehmen. Rechtsanwälte wären vor Gericht als Bevollmächtigte nicht denkbar.

Es liegt deshalb im Interesse jedes Rechtsgenossen, an Stelle seiner selbst einen anderen zu senden, der für ihn Geschäfte abschließen kann, die ihre Wirkung für und gegen den Entsender entfalten. In der Tat kennt die Rechtsordnung solche „Gesandten", die sie *Stellvertreter* nennt.

Handelt der Vertreter im eigenen Namen, aber im Interesse des Vertretenen, so ist für den Dritten nicht erkennbar, daß hinter ihm ein anderer als der eigentliche Interessierte steht. Dieser Vertreter ist daher selbst Partei, die Rechtswirkungen treten in seiner Person ein (mittelbarer Stellvertreter). Das BGB behandelt ihn nicht.

> Ein typisches Beispiel für die verdeckte Stellvertretung ist das Kommissionsgeschäft (§§ 383 ff. HGB). Der Kommissionär kauft oder verkauft gewerbsmäßig Waren oder Wertpapiere für Rechnung eines anderen im eigenen Namen. Er wird also selbst Vertragspartner des Verkäufers oder Käufers, ohne daß sein Auftraggeber (der Kommittent) in Erscheinung tritt. Im Innenverhältnis zwischen Kommittent und Kommissionär liegt regelmäßig ein Werkvertrag (§§ 631 ff. BGB) vor, der eine Geschäftsbesorgung nach § 675 BGB zum Gegenstand hat.

In den §§ 164 ff. BGB regelt der Gesetzgeber die *unmittelbare Stellvertretung.* Bei ihr handelt der Vertreter im Namen des Vertretenen. Die Rechtswirkungen treten für und gegen den Vertretenen ein. Dieser ist daher allein Partei. *Stellvertretung bedeutet also rechtsgeschäftliches Handeln im Namen des Vertretenen mit rechtlicher Wirkung für diesen.*

> Hat ein Beamter seinen Freund in Tübingen gebeten, dort die Verhandlungen für ihn zu führen, und sagt dieser das dem präsumtiven Vermieter, so wird er selbst zu nichts verpflichtet, sondern die Rechtswirkungen seiner Verhandlungen treten in der Person des Beamten ein.

Bei wichtigen personenrechtlichen Geschäften oder bei Verfügungen von Todes wegen ist die Vertretung dagegen ausgeschlossen, z. B. bei der Eheschließung (§ 13 EheG) oder bei der Abfassung eines Testaments (§ 2064 BGB).

Vom Stellvertreter ist der **Bote** zu unterscheiden. Er übermittelt eine fertige Willenserklärung, er ist gewissermaßen ein lebender Brief. Deshalb braucht der Bote auch nicht geschäftsfähig zu sein, es genügt bei ihm die Fähigkeit, eine Nachricht zu übermitteln (Übermittlungsbote) oder entgegenzunehmen (Empfangsbote).

> K bittet seinen Freund F, er möge für ihn bei dem Autohändler H ein gebrauchtes Auto für höchstens 5000 DM kaufen, da F Fachmann ist. F hat die Wahl im einzelnen: Stellvertreter.

> K bittet F, dem Autohändler H zu bestellen, K werde das gestern besichtigte Auto kaufen. Hier hat F keine Einflußmöglichkeit auf den Vertrag, er übermittelt eine fertige Willenserklärung des K: Bote.

Der Stellvertreter handelt rechtsgeschäftlich, aber nicht für sich selbst, sondern für einen anderen. Er braucht deshalb nicht voll geschäftsfähig zu sein, sondern es genügt beschränkte Geschäftsfähigkeit (§§ 165, 106 BGB).

> A kann Verhandlungen mit B durch einen 17jährigen führen lassen. (Anders im Prozeß: Hier verlangt § 79 ZPO, daß die Vertretung durch eine vollgeschäftsfähige Person erfolgt.)

Da er an der Stelle des Geschäftsherrn steht, sind sein Wille, sein Wissen, sein Verhalten entscheidend (§ 166 Abs. 1 BGB).

> A erscheint im Geschäft des B und kauft beim Verkäufer V ein Farbfernsehgerät. Als B

davon erfährt, ist er entsetzt, denn A ist ihm als vermögensloser Hochstapler bekannt. Da es nach § 166 Abs. 1 BGB auf das Wissen des V ankommt, wird B den Kaufvertrag anfechten können (§ 119 Abs. 2 BGB).

Eine Ausnahme besteht nur, wenn der Vertreter nach gewissen Weisungen des Geschäftsherrn gehandelt hat (§ 166 Abs. 2 BGB).

Hat V auf Anweisung des B an A verkauft, so kann sich nachher B nicht darauf berufen, daß V den A nicht gekannt habe, und deshalb anfechten.

Nicht immer ist deutlich, ob der Vertreter im Namen des Vertretenen handelt. Dann muß die Auslegung helfen.

Schreibt der Prokurist der Firma „Betonbau GmbH & Co. KG" auf einem Briefkopf der Firma an B: „Senden Sie mir 50 t Kohle", so wird eine Bestellung namens der Firma gemeint sein. Kauft er im Laden auf seinen Namen, so wird nicht sagen können, er habe für die Firma gekauft.

Hilft die Auslegung nicht weiter, ist also nicht feststellbar, ob jemand für einen anderen gehandelt hat, so wird der Handelnde selbst verpflichtet. Das besagt der etwas kompliziert gefaßte § 164 Abs. 2 BGB.

Glaubte der Prokurist, man werde im Laden wissen, daß er für die Firma auftrete, ist das aber nicht der Fall, so berechtigt ihn dieser Irrtum nicht zur Anfechtung. Es bleibt bei einer eigenen Verpflichtung des Handelnden.

Die Befugnis, wirksam für einen anderen Rechtswirkungen herbeizuführen, beruht auf der Vertretungsmacht, die ihren Grund in einem Rechtsgeschäft (gewillkürte Vertretung, Vollmacht) oder im Gesetz (gesetzliche Vertretung) haben kann.

Die *Vollmacht* ist nach der Legaldefinition des § 166 Abs. 2 BGB die durch *Rechtsgeschäft* erteilte Vertretungsmacht. Sie regelt nur das Außenverhältnis, d. h. die Beziehungen zwischen dem Vertretenen und dem Dritten, und ist abstrakt. Sie soll nur das Handeln des Vertreters gegenüber Dritten rechtfertigen. Das interne Rechtsverhältnis (das Innenverhältnis) zwischen dem Vertreter und dem Vertretenen (dem Geschäftsherrn) ist für den Bestand der Vollmacht ohne Bedeutung. Im Innenverhältnis besteht meistens ein Dienstvertrag (§§ 611 ff. BGB) oder ein Auftrag (§§ 662 ff. BGB). Erteilt wird die Vollmacht im täglichen Leben in der Regel als sog. Außenvollmacht (§ 167 Abs. 1 2. Alt. BGB), also gegenüber dem Geschäftspartner, dem man einen Vertreter sendet. Möglich ist aber auch die sog. Innenvollmacht (§ 167 Abs. 1 1. Alt. BGB).

Wenn A als Vertreter des B auftreten darf und (im Innenverhältnis) eine Sache für 1000 DM verkaufen soll, er aber nur 800 DM verlangt, ist das Geschäft mit dem Dritten wirksam, wenn die Vollmacht nach außen unbeschränkt erteilt worden war. Die interne Anweisung des B an A berührt einen nichtsahnenden Dritten nicht. Dieser kann sich also gegenüber B auf einen wirksamen Vertragsabschluß in Höhe von 800 DM berufen. B kann dem nicht den *Mißbrauch der Vollmacht* entgegenhalten. – Soll der Stellvertreter innerhalb eines bestimmten Limits handeln, empfiehlt es sich, diese Beschränkung dem Dritten mitzuteilen. *Überschreitet* der Bevollmächtigte dann die ihm gesetzte Grenze, handelt er als Vertreter ohne Vertretungsmacht und verpflichtet den „Vertretenen" grundsätzlich nicht (dazu unten zu §§ 177 ff. BGB, insbes. § 179 Abs. 3 BGB).

Man sieht deutlich die Unterscheidung zwischen Innen- und Außenverhältnis: Selbst wenn in ersterem zwischen dem Vertretenen und dem Vertreter ein Limit vereinbart worden ist, hat dieses, wenn es nach außen nicht erkennbar geworden ist, für den unbeteiligten Dritten keine Bedeutung; er kann davon ausgehen, daß der Vertreter ein Limit nicht einzuhalten braucht, denn das Innenverhältnis ist für ihn grundsätzlich uninteressant. Für das Außenverhältnis kommt es nur darauf an, daß der Vertreter *im Namen* und *in Vollmacht* des Vertretenen gehandelt hat. Das gilt aber nicht, wenn der Dritte *weiß*, daß der Vertreter nicht innerhalb der ihm im Innenverhältnis erteilten Weisungen handelt.

Die Vollmacht bedarf grundsätzlich *keiner Form*. Eine Ausnahme macht die Rechtsprechung etwa dann, wenn sie unwiderruflich erteilt wird. Dann bedarf sie der Form des abzuschließenden Geschäfts.

Wird dem V eine unwiderrufliche Vollmacht zum Erwerb eines Grundstücks erteilt, so muß die Vollmacht notariell beurkundet werden wie der Kaufvertrag (§ 313 BGB).

Die Vollmacht *erlischt* gem. § 168 BGB mit der Beendigung des ihr zugrunde liegenden Rechtsverhältnisses,

A scheidet als Fahrer aus den Diensten des B aus

durch Zeitablauf, Zweckerreichung

der Freund unseres Beamten hat die Verhandlungen wegen der Wohnung mit einem Mietvertrag erfolgreich abgeschlossen

oder Widerruf. Letzterer kann gem. § 168 Satz 3 BGB dem Vertreter oder dem Dritten erklärt werden. Gutgläubige Dritte werden aber geschützt (§§ 170, 171 Abs. 2, 172 Abs. 2, 173 BGB).

V ist Vertreter einer Brauerei. Das war den Kunden durch Brief mitgeteilt worden. Nachher wurde die Vollmacht gegenüber V widerrufen. Trotzdem zahlt der Wirt W, der davon nichts erfährt und nichts wissen konnte, an V Beträge, die der Brauerei gebühren. W zahlt mit befreiender Wirkung.

Handelt ein „Vertreter" *ohne* die erforderliche Vertretungsmacht, so wird der angeblich Vertretene nicht verpflichtet. Allerdings könnte er den Vertrag genehmigen (§ 177 Abs. 1 BGB). Einseitige Rechtsgeschäfte sind nichtig, allerdings können empfangsbedürftige Willenserklärungen wirksam sein, wenn der Dritte die behauptete Vollmacht nicht beanstandet (§ 180 BGB).

V kündigt ohne Vollmacht des Hauseigentümers dem Mieter M. Läßt es M dabei bewenden, so ist die Kündigung bei Genehmigung (§ 184 BGB) durch den Hauseigentümer wirksam (§ 177 Abs. 1 BGB). Beanstandet er unverzüglich (§ 121 Abs. 1 BGB) die fehlende Vorlage einer Vollmacht, so ist die Kündigung unwirksam (§ 180 Satz 2 BGB).

Lehnt der angeblich Vertretene die Genehmigung ab, so wird der „Vertreter" dem Dritten zur Erfüllung oder zum Schadensersatz verpflichtet (§ 179 Abs. 1 BGB). Wer den Mangel der Vollmacht fahrlässig nicht erkennt, der hat gegen den „Vertreter" keinen Anspruch (§§ 179 Abs. 3 Satz 1, 122 Abs. 2 BGB).

Merke: „Man frage nach der Vollmacht!"

§ 181 verbietet es dem Vertreter grundsätzlich, im Namen des Geschäftsherrn mit sich selbst Rechtsgeschäfte abzuschließen. Damit sollen Interessen-Kollisionen verhindert werden.

c) Die Wirksamkeit des Rechtsgeschäfts kann davon abhängen, daß Dritte ihre **Zustimmung** geben müssen. Das kann seinen Grund darin haben, daß der Dritte von dem Geschäft berührt wird oder weil mindestens einer der Handelnden nicht in vollem Umfang selbständig handeln kann.

Der Minderjährige M verkauft ein Auto. Der Vertrag ist schwebend unwirksam, wenn der gesetzliche Vertreter nicht eingewilligt hat (§ 108 BGB).

Die Zustimmung, die eine einseitige, empfangsbedürftige Willenserklärung darstellt, macht das Geschäft perfekt. Wird sie vorher erteilt, spricht man von *Einwilligung* (§ 183 BGB), folgt sie dem Abschluß des Rechtsgeschäfts, liegt eine *Genehmigung* vor (§ 184 BGB).

Die Genehmigung hat rückwirkende Kraft (§ 184 Abs. 1 BGB). Hat jedoch der Genehmigende eine Zwischenverfügung getroffen, so bleibt diese von rechtlichem Bestand (§ 184 Abs. 2 BGB), denn die Verfügung des Nichtberechtigten hat keinen Einfluß auf seine eigene Verfügungsmacht.

Der minderjährige Karl verkauft am 2. 4. ein Auto ohne Einwilligung seines gesetzlichen Vertreters. Übereignen die Eltern am 5. 4. das Auto an X, so ist dieser Vertrag wirksam. Er bleibt es, auch wenn sie den Vertrag des Karl (aus welchen Gründen immer) genehmigen sollten.

Die *Verfügungen Nichtberechtigter* über eine Sache oder ein Recht sind wirksam, wenn der Berechtigte einwilligt.

A verkauft mit Einwilligung des B dessen Auto und übereignet es dem C. Auch wenn A nicht direkter Stellvertreter ist, ist die Verfügung wirksam (§§ 929, 185 Abs. 1 BGB). C wird Eigentümer des Autos.

Fehlt die Einwilligung, so wird die Verfügung wirksam, wenn sie der Berechtigte genehmigt, der Verfügende den Gegenstand erwirbt oder vom Berechtigten beerbt wird (§ 185 Abs. 2 BGB).

A verkauft ohne Einwilligung das Auto an C und übereignet es ihm. Nachher ist B damit einverstanden. C wird jetzt rückwirkend (§ 184 Abs. 1 BGB) Eigentümer („wird wirksam"; § 185 Abs. 2 BGB).

12. Kapitel

Die Ausübung der Rechte

Die dem einzelnen gewährte Freiheit bei der Gestaltung seiner Rechtsverhältnisse darf nicht zu schrankenloser Rechtsausübung führen. Das subjektive Recht bedeutet nicht Willkür, sondern ist eine pflichtgebundene Befugnis. Daher sind Selbsthilfe, Faustrecht oder illoyale Rechtsausübung Verhaltensweisen, die den Schutz des Gesetzgebers nicht verdienen. Wer einen Anspruch durchzusetzen hat, weil sein Gegner nicht freiwillig erfüllt, muß sich staatlicher Hilfe bedienen. Wer von seinem Recht nicht innerhalb angemessener Zeit Gebrauch macht, verliert es.

I. Eigenmächtiger Rechtsschutz

War in primitiven Zeiten infolge des Fehlens oder der Schwäche der staatlichen Ordnung das Faustrecht die Regel, so steht heute der staatliche ·Rechtsschutz im Vordergrund. Nur *ausnahmsweise* darf man sich selbst zu seinem Recht verhelfen, nämlich dann, wenn die Inanspruchnahme der Behörden zu spät käme und sinnlos wäre.

Gegen rechtswidrige menschliche Angriffe hat man die Möglichkeit der *Notwehr* (§ 227 BGB), welche die Widerrechtlichkeit einer anläßlich der Verteidigung einem anderen etwa zugefügten Verletzung ausschließt (§ 227 Abs. 1 BGB). Gegen Angriffe von Tieren darf man sich wehren, auch wenn dabei das Tier getötet wird (*defensiver Notstand;* § 228 BGB). Zur Abwehr von Gefahren, die von einer neutralen Sache ausgehen, darf man den Weg des *aggressiven Notstandes* (§ 904 BGB) beschreiten.

Jemand sprengt einen Staudamm, weil bei dessen später drohendem Bruch die Wassermassen enormen Schaden anrichten würden.

Zur Durchsetzung eines Anspruchs darf man, wenn die Hilfe der Behörden zu spät käme, *Selbsthilfe* (§§ 229 ff. BGB) üben.

So darf der Gläubiger seinen nach Südamerika fliehenden Schuldner hindern, das startbereite Flugzeug zu besteigen.

II. Die Verjährung

Im Interesse des Rechtsfriedens können Ansprüche nicht ewig geltend gemacht werden. Man kann von einem sorgfältigen Gläubiger verlangen, daß er seinen Anspruch alsbald realisiert. Wer sich dabei zuviel Zeit läßt, muß mit Nachteilen rechnen.

Die Verjährung des BGB befaßt sich mit dem Verlust von Rechten durch Zeitablauf (sog. *erlöschende Verjährung*). Nur Ansprüche können verjähren, wobei nach § 194 Abs. 1 BGB unter einem Anspruch (oben Kap. 3 II 1 b) das Recht zu verstehen ist, von einem anderen ein Tun oder Unterlassen zu verlangen. Nach Ablauf der Verjährungsfrist kann der Schuldner die Leistung verweigern (§ 222 Abs. 1 BGB).

B schuldet A den Kaufpreis für ein Auto. Ist der Anspruch verjährt, braucht B nicht zu zahlen, obwohl der Anspruch nicht untergegangen ist (es besteht nur ein Leistungsverweigerungsrecht).

Voraussetzung für die Verjährung eines Anspruchs sind seine Entstehung (§ 198 Abs. 1 BGB) und die Fälligkeit. Ferner muß die Verjährungsfrist abgelaufen sein. Im Normalfall beträgt sie 30 Jahre (§ 195 BGB), eine Frist, die für Geschäfte des täglichen Lebens viel zu lang ist, da sie eine rasche Abwicklung verhindert. Deshalb hat das Gesetz in § 196 BGB einen Katalog derjenigen Ansprüche aufgestellt, die bereits zwei Jahre nach Ablauf des Jahres verjähren, in welchem sie entstanden sind (§ 201 BGB).

A kauft am 2. 5. 1976 einen Anzug bei B. Der Kaufpreisanspruch des B verjährt mit Ablauf des 31. 12. 1978. Ebenso, wenn sich eine Hausfrau eine Nähmaschine kauft.

Vier Jahre beträgt die Verjährungsfrist bei diesen Ansprüchen, wenn die Leistung für den Gewerbebetrieb des Schuldners erfolgt (§ 196 Abs. 2 BGB).

Ein Schneider kauft eine Nähmaschine: vier Jahre. (In jedem Falle ist § 201 BGB zu beachten.)

Die Verjährung ist *gehemmt,* wenn einer der Gründe der §§ 202 bis 204 BGB vorliegt. (Lesen!) Dann wird nach § 205 BGB der Zeitraum nicht in den Lauf der Verjährungsfrist eingerechnet. Die Verjährung läuft anschließend weiter.

Wird die Verjährung dagegen *unterbrochen* (§§ 208 bis 216 BGB), so beginnt nach dem Wegfall der Unterbrechung eine neue Frist sofort anschließend zu laufen (§ 217 BGB).

> A kauft am 2. 5. 1976 einen Anzug bei B. Der Kaufpreisanspruch wird am 1. 10. 1978 zwei Monate gestundet. Er verjährt erst zwei Monate später, also mit Ablauf des 28. 2. 1979 (Hemmung).

> Hat in unserem Falle A am 2. 3. 1977 auf Mahnung um Geduld gebeten, also anerkannt, so beginnt eine neue zweijährige Frist sofort zu laufen. Der Anspruch verjährt am 2. 3. 1979 (Unterbrechung). Die Mahnung als solche unterbricht die Verjährung nicht.

Die *Wirkung* der Verjährung ist ein *Leistungsverweigerungsrecht* (§ 222 Abs. 1 BGB). Das bedeutet, daß der Schuldner erklären kann, die Forderung sei verjährt (er macht die Einrede der Verjährung geltend), er bezahle nicht. Will er trotzdem zahlen, so kann er das tun. Was er in Unkenntnis der Verjährung geleistet hat, kann er nicht zurückfordern (§ 222 Abs. 2 BGB).

> Im Prozeß wird die Verjährung von Amts wegen nicht geprüft. Der Schuldner muß sich schon darauf berufen!

Im täglichen Leben wird die Berufung auf die Verjährung oft für unanständig, unmoralisch gehalten. Nur in Ausnahmefällen aber verstößt die Berufung auf die Verjährung gegen Treu und Glauben (§ 242 BGB; Kap. 14 II 5).

2. Unterabschnitt

Das Recht der Schuldverhältnisse

13. Kapitel

Grundlagen

I. Allgemeines

Als Teil des Vermögensrechts, das die wirtschftlichen Beziehungen der Rechtsgenossen untereinander regelt, hat das Schuldrecht eine immense praktische Bedeutung. Es behandelt das Werden des Rechts innerhalb des wirtschaftlichen Verkehrs.

> Durch den Abschluß eines Kaufvertrags entstehen bis dahin nicht vorhandene Rechtsbeziehungen.

Der **Eigengestaltung** der Beteiligten ist breitester Raum eingeräumt. Das Individuum ist völlig auf sich gestellter und daher freier Warenbesitzer, der nach seinem Belieben den Kontakt zu anderen Individuen aufnimmt. Jedes Individuum ist in der freien bürgerlichen Gesellschaft Herr über ein Gut, über eine Ware (wozu auch die Arbeitskraft gehört), die es auf Grund eines freien Willensentschlusses einem anderen „verkaufen" (im weitesten Sinn) kann. Das Recht ordnet nur die Mittel und Wege der Bereitstellung und Verteilung der Güter. Dabei bedient es sich der Vertragsordnung, d. h. der Austausch von Gütern und Leistungen erfolgt grundsätzlich auf Grund von Verträgen, welche die Beteiligten miteinander abschließen. Ihr Ziel ist es, eine Verpflichtung gegenüber dem anderen Vertragsteil zu begründen. Es handelt sich um *schuldrechtliche* Verträge.

> Gegensatz: familienrechtliche oder erbrechtliche Verträge. Auch der im Bereich des Sachenrechts abgeschlossene Vertrag (Auflassung eines Grundstücks; § 925 BGB) ist kein schuldrechtlicher Vertrag (wohl aber ist es der Kaufvertrag über ein Grundstück; § 313 BGB).

> (Der abstrakte Allgemeinbegriff „Vertrag" sagt zunächst nichts über Inhalt und Zweck. „Vertrag" bedeutet nur dasjenige Rechtsgeschäft, das durch die übereinstimmenden Willenserklärungen mindestens zweier Personen zustande kommt. Erst die Antwort auf die Frage, *worüber* sich die Parteien geeinigt haben, sagt uns, welcher Art der abgeschlossene Vertrag ist.)

Die **Verpflichtung** ist für den schuldrechtlichen Vertrag wesentlich. Sie bedeutet das rechtliche Band zwischen Gläubiger und Schuldner, auf Grund dessen der erstere vom letzteren eine Leistung verlangen kann (sie aber durch die Verpflichtung als solche noch nicht erlangt).

> § 433 Abs. 1 BGB zeigt das deutlich, indem er sagt: „Durch den Kaufvertrag wird der Verkäufer einer Sache verpflichtet, dem Käufer die Sache zu übergeben und das Eigentum an der Sache zu verschaffen." Der Kaufvertrag überträgt also noch nicht das Eigentum an der Sache, vielmehr wird der Verkäufer erst verpflichtet, die Sache zu übereignen. Der Verpflichtungsvertrag ist also gewissermaßen die Richtlinie dafür, was zur Ausführung des Vertrages notwendig ist – im Falle des Kaufs eben die Übereignung der Sache. Sie bezeichnet man als Verfügung, weil sie die Rechtslage direkt ändert (Eigentumsübergang). Die Verpflichtung kündigt diese Änderung erst an. (Das zeigt auch der Sprachgebrauch: Man verpflichtet sich *zu* etwas, man verfügt *über* etwas.)

Schuldverhältnisse *entstehen* aber nicht nur *aus Rechtsgeschäft,* insbes. aus Vertrag, sondern auch dann, wenn sich gewisse vom Gesetz geregelte Lebensvorgänge abspielen, die einen Eingriff in eine fremde Rechtssphäre darstellen.

> Verunglückt A als Fahrgast im Autobus des B, so wird er Ansprüche aus Vertragsverletzung geltend machen können. – Wird aber A als Fußgänger von dem Bus des B überfahren, so bestehen zwischen ihm und dem Halter oder Fahrer des Autobusses keinerlei vertragliche Beziehungen. (Er wird ja mit dem Fahrer nicht vereinbart haben, ihn umzufahren!) In diesem Fall könnte A nichts verlangen, wenn nicht das Gesetz eingriffe.

Man spricht hier von *gesetzlichen Schuldverhältnissen* im Gegensatz zu den vertraglichen Schuldverhältnissen. Ihnen ist gemeinsam, daß die Interessen der Parteien nicht auf ein gemeinsames Ziel gerichtet sind,

> beim Kauf ist beiden Parteien daran gelegen, zu einem gemeinsamen, für sie günstigen Ergebnis zu kommen, nämlich zum Erwerb eines bestimmten Gegenstandes zu einem bestimmten Preis

sondern daß sie einander widerstreitend gegenüberstehen.

> Hat A den Fußgänger B angefahren, so wird B seine Unschuld beteuern und eine möglichst hohe Schadensersatzforderung geltend machen. A dagegen wird alles bestreiten und die Alleinschuld auf B schieben, um nicht zahlen zu müssen. Mindestens aber wird er geltend machen, auch B sei am Unfall nicht ganz unschuldig. –

> C hat dem minderjährigen D ein Auto verkauft und übereignet. Die Eltern des D haben nicht zugestimmt. Der Kaufvertrag ist daher ungültig (§ 108 BGB). Dagegen ist die Übereignung an D wirksam (§ 107 BGB). Die Vermögensverschiebung zugunsten des D

ist also ohne gültige Rechtsgrundlage erfolgt. Hier muß ein Ausgleich geschaffen werden, indem D die Sache zurückzugeben hat (§ 812 BGB).

II. Begriffe

1. Das Schuldverhältnis ist ein Rechtsverhältnis des Privatrechts, auf Grund dessen der Gläubiger vom Schuldner eine Leistung verlangen kann. Diese kann auch in einem Unterlassen bestehen (§ 241 BGB). Man sieht, daß hier der Begriff des *Anspruchs* im Hintergrund steht, wie ihn § 194 BGB definiert, denn auch er besteht in einem Tun oder Unterlassen. Wir können daher sagen, das Schuldverhältnis begründe einen schuldrechtlichen Anspruch.

Wie das Wort „Vertrag" sagt auch der abstrakte Begriff des „Anspruchs" nichts über seinen Inhalt. Erst wenn wir wissen, ob das Tun etwa in einer Herausgabepflicht oder in der Pflicht, Unterhalt zahlen zu müssen, besteht, können wir sagen, welche Art von Anspruch vorliegt.

2. Die Personen des Schuldverhältnisses – Gläubiger und Schuldner – stehen von Anfang an fest, oder sie ergeben sich aus dem rechtswidrigen Verhalten der einen gegenüber der anderen Person.

Haben A und B einen Kaufvertrag geschlossen, so sind sie Parteien des Schuldverhältnisses „Kauf". A ist als Käufer Schuldner bzgl. der Kaufpreisforderung, B ist als Verkäufer Schuldner hinsichtlich der Übergabe und Übereignung der Kaufsache, während der Käufer insoweit wieder Gläubiger ist. Der Verkäufer ist dagegen Gläubiger bzgl. des Kaufpreises. – C hat D auf dem Zebrastreifen angefahren. Wurde D verletzt, so ist er Gläubiger des C wegen der Ersatzansprüche, die C zu leisten schuldet.

3. Unter „**Schuldverhältnis**" (i. e. S.) ist die einzelne Verpflichtung zu verstehen, die dem Schuldner obliegt: seine „Schuld". Ihr steht die „Forderung" des Gläubigers gegenüber. Die Begriffe „Forderung" und „Schuld" sind also zwei Seiten des einheitlichen Gebildes „Schuldverhältnis".

Allerdings verwendet das Gesetz den Begriff „Schuldverhältnis" noch in einem weiteren Sinne, nämlich nicht nur in dem der Verpflichtung zur Erfüllung der **Hauptleistung** (§ 241 BGB), sondern „Schuldverhältnis" ist auch das komplexe Gebilde „Kauf", „Miete" usw. (vgl. dazu die Überschrift des siebenten Abschnitts im zweiten Buch des BGB).

Pflichten des Verkäufers: §§ 433 Abs. 1; 434 ff. BGB.
Pflichten des Käufers: § 433 Abs. 2 BGB.
Pflichten des Vermieters: §§ 535 Satz 1; 546 BGB.
Pflichten des Mieters: §§ 535 Satz 2; 541a Abs. 1 BGB.

Aber auch das Schuldverhältnis i. e. S. erschöpft sich nicht in der Erfüllung der Hauptleistung, sondern es kann *Nebenverpflichtungen* erfassen, die nicht einmal ausdrücklich in den Vertrag aufgenommen worden zu sein brauchen, und deren Verletzung Ersatzansprüche erzeugen kann.

Hat V dem K eine Krananlage verkauft und geliefert (Hauptpflicht), so kann es zur Erfüllung des Kaufvertrages gehören, dem Käufer die Schaltpläne und alle Unterlagen zur Bedienung der Anlage auszuliefern. – Vgl. auch § 444 BGB.

4. Neben der **Leistungspflicht,** die das primäre, direkte Ziel des Schuldverhältnisses darstellt, und die dem Schuldner obliegt, bestelle ich bei Schneider Böck einen Anzug, so ist das Schuldverhältnis in erster Linie auf die Anfertigung eines passenden Anzugs gerichtet. – Miete ich eine Wohnung, so ist der Vermieter direkt aus dem Schuldverhältnis verpflichtet, die Wohnung in vertragsmäßigem Zustand zu erhalten. Ich habe gegen ihn einen direkten Anspruch aus § 536 BGB. (Der Gegensatz wäre ein Anspruch, der sich aus der Verletzung eines Schuldverhältnisses ergibt, z. B. ein Schadensersatzanspruch wegen Nichterfüllung; dazu Kap. 15 II1;)

können sich *weitere Verhaltenspflichten,* etwa Schutzpflichten, Aufklärungspflichten usw., ergeben, die mit dem Leistungserfolg direkt nichts zu tun haben, die aber dazu dienen sollen, Schäden vom Vertragspartner abzuhalten.

Läßt Böck einige Nadeln in dem tadellos sitzenden Anzug stecken und ritze ich mich an ihnen, so hat die Nachlässigkeit des Schneiders mit der Erfüllung der Leistungspflicht nichts zu tun, denn der Anzug ist ja in Ordnung. Es gehört aber nebenbei auch zu den Pflichten des Meisters, mich vor unerwünschten Nadelstichen und den daraus etwa entstehenden nachteiligen Folgen zu bewahren.

Sie können unabhängig von der Leistungspflicht ein Eigenleben führen.

Hat Böck so miserabel gearbeitet, daß ich den Anzug nicht abzunehmen brauche, so sagt das nichts darüber, ob ich nicht etwa wegen einer Verletzung durch die Nadeln Schadensersatzansprüche anmelden kann.

5. Gibt das Gesetz dem Gläubiger eine Forderung gegen den Schuldner aus dem Schuldvertrag, so ist damit noch nicht gesagt, daß der Schuldner tatsächlich erfüllt, d. h. dasjenige leistet, wozu er verpflichtet ist.

Hat K ein Auto gekauft, so hat V einen Anspruch aus § 433 Abs. 2 BGB auf Zahlung des Kaufpreises. Damit ist aber noch nicht die Leistung erbracht.

„Schuld" bedeutet daher nicht nur Verpflichtung zur Leistung, sondern auch das Einstehenmüssen für die Erfüllung, sei es in Form der Personenhaftung oder der Sachhaftung. Diese Verknüpfung von **Schuld und Haftung** wird heute nur noch durch wenige Ausnahmen durchbrochen. *Haftung* bedeutet nicht, wie früher, eine Haftung mit Leib und Leben,

das altrömische Recht kannte in den Zwölftafel-Gesetzen eine Bestimmung, wonach sich die Gläubiger in den Körper des illiquiden Schuldners (entsprechend der Höhe der Forderung) teilen durften. – Eine anschauliche Schilderung der Zustände in einem Schuldturm, in welchen zahlungsunfähige Schuldner geworfen wurden, findet man in den „Pickwickiern" von Charles Dickens (41. und 42. Kap.). – In Deutschland wurde der Schuldturm im Jahre 1869 abgeschafft;

sondern das Recht des Gläubigers, sich am *Vermögen* des Schuldners schadlos zu halten.

Schuld und Haftung sind, wie gesagt, heute eng miteinander verknüpft, so daß man grundsätzlich sagen kann, es gebe keine Schuld ohne eine Haftung, d. h. ohne die Möglichkeit der Durchsetzung des Anspruchs. Die Verwendung des Wortes „grundsätzlich" deutet aber schon auf Ausnahmen hin. Sie gibt es in der Tat in geringem Umfang: sog. Naturalobligationen oder *„unvollkommene Verbindlichkeiten".* Es handelt sich dabei z. B. um verjährte Forderungen, die zwar erfüllbar, aber nicht einklagbar sind (§ 222 BGB); ferner um Fälle, in denen nach der Vorstellung des Gesetzes überhaupt keine Verbindlichkeit entsteht, wie bei Spiel- und Wettschulden und beim Ehemäklerlohn (§§ 762 ff.; 656 BGB).

6. Keine Verbindlichkeit entsteht auch im Falle des **Gefälligkeitsverhältnisses,** d. h. dann, wenn keine rechtliche, sondern eine gesellschaftliche Abrede vorliegt.

> A vereinbart mit B, im Sommer gemeinsam nach Italien zu fahren. B kann ohne Sorge ein paar Tage später erklären, er habe keine Lust mehr, er wolle lieber nach Finnland. Hier fehlt es an einer rechtlichen Abrede, so daß A den B nicht darauf verklagen kann, mit ihm zu fahren. – Hatte jedoch auf Grund entsprechender Vereinbarungen A bereits Karten gekauft oder Zimmer bestellt, so ist B gebunden. Er braucht zwar trotzdem nicht mitzufahren, muß aber A einen evtl. entstandenen Schaden ersetzen.

Die Abgrenzung ist in der Praxis nicht ganz einfach. Einen gewissen Hinweis mag zwar die Unentgeltlichkeit geben, sie allein ist aber nicht das entscheidende Kriterium.

> Auch wenn A umsonst an einer Jagd des B teilnehmen darf, ist B nicht von jeder Sorgfaltspflicht befreit, da er A in einen von ihm kontrollierten Gefahrenbereich aufgenommen hat. Gleiches gilt für den Autofahrer, der kostenlos einen Anhalter mitnimmt.

7. Der Schuldvertrag ist gekennzeichnet durch die **Verpflichtung,** die er enthält. Damit ist aber nicht gesagt, daß jeder Vertrag des Schuldrechts ein Verpflichtungsvertrag sein müßte. Forderungsabtretung, Schulderlaß oder Schuldübernahme z. B. sind Verfügungen, d. h. mit ihnen wird eine Änderung der Rechtslage sofort herbeigeführt, nicht erst (wie bei der Verpflichtung) vorbereitet.

Wie jeder Vertrag ist auch der Schuldvertrag *auslegungsfähig* (§ 157 BGB). Das Gesetz legt in bestimmten Fällen den Sinn typischer Nebenabreden von sich aus fest: Draufgabe (§ 336 Abs. 1 BGB), Vertragsstrafe (§§ 339 ff. BGB).

14. Kapitel

Die reguläre Abwicklung des Schuldverhältnisses

I. Allgemeines

1. § 241 BGB bestimmt den **Inhalt der Leistungspflicht** als Tun oder Unterlassen. Diese allgemeine Fassung bedeutet, daß der Schuldner eben das zu leisten hat, wozu er nach dem Inhalt des jeweiligen Schuldverhältnisses (i. e. S.) verpflichtet ist.

> Hat A sein Auto an B verkauft, so besteht der Inhalt seiner Leistungspflicht in der Übergabe und der Übereignung des Autos an B. Hat er sich verpflichtet, sein Auto nicht im Hof abzustellen, so ist das der Inhalt des Schuldverhältnisses.

Die Frage, ob der Schuldner *in Person* leisten muß, ergibt sich aus dem Gesetz

> z. B. §§ 613 Satz 1; 664 Abs. 1 Satz 1 BGB

oder aus der vertraglichen Vereinbarung. Der Gläubiger darf aber auch in diesem Falle die Leistung seitens eines Dritten entgegennehmen – er muß es aber nicht tun. Im ersteren Falle tritt Erfüllung ein (unten Kap. 14 IV 2). Die Verpflichtung zu persönlicher Leistung ist aber nicht die Regel, vgl. § 267 Abs. 1 Satz 1 BGB. Der Grund liegt darin, daß der Gläubiger regelmäßig kein Interesse daran hat, daß gerade der Schuldner erfüllt,

Maßschneider, Porträtist, Operateur

sondern daß es ihm genügt, wenn er die Leistung überhaupt bekommt.

Reparatur der Wasserleitung durch einen Gehilfen des Installateurs; Ausführung eines Transports durch Leute des Spediteurs.

Vgl. noch unten II 1.

Kann die Leistung in gleichartige Teile zerlegt werden, spricht man von einer *teilbaren* Leistung.

Geld kann in Raten gezahlt, 200 Mäntel können in Etappen geliefert werden.

Ist die Befriedigung des Gläubigers jedoch nur durch eine einheitliche Leistung möglich, spricht man von *unteilbaren* Leistungen.

Hat H an die Eheleute E vermietet und zieht nach Kündigung durch H nur der Ehemann aus, so ist H nicht geholfen. Beide müssen geräumt haben, wenn der Kündigung Genüge getan sein soll.

Zum Inhalt der Leistung gehört auch, daß sie mindestens *bestimmbar* ist. Bei gänzlicher Unbestimmbarkeit liegt ein wirksam abgeschlossener Schuldvertrag nicht vor.

Verspricht A, an B „Wein" zu liefern, so fehlt es an einem Vertrag, denn man kann nicht bestimmen, was geliefert werden soll. Der Begriff „Wein" ist zu allgemein. – Hat jedoch A ein Faß Hohenhaslacher rot, Jahrgang 1976, zu liefern versprochen, kann die Leistung bestimmt werden. Gleiches gilt für eine mit „Speisekartoffeln, Ernte 1977" bezeichnete Leistung.

Wegen der Bestimmung der Leistung vgl. noch §§ 315 ff. BGB.

2. Nicht immer kommt es dem Gläubiger darauf an, gerade eine ganz bestimmte Einzelsache zu bekommen. Es genügt, daß die Sache zu dem vorgesehenen Zweck geeignet ist, ohne daß es auf die Beschaffenheit eines bestimmten einzelnen Stücks entscheidend ankommt.

Wird ein Photoapparat einer bestimmten Marke bestellt, so genügt das in aller Regel dem Käufer. Er wählt nach allgemeinen Merkmalen an Hand von Katalogen, Preislisten usw. aus.

Man spricht dann von **Gattungsschulden.** Will man dagegen eine nach individuellen Merkmalen bestimmte Sache bezeichnen, so spricht man von *Stückschulden*.

Ein Maßanzug, ein Haus, ein Gemälde, ein gebrauchter Photoapparat.

Gattungsschulden und vertretbare Sachen dürfen nicht verwechselt werden. Ob eine Stück- oder Gattungsschuld vorliegt, entscheidet die Zwecksetzung (notfalls gem. § 157 BGB festzustellen!) der Vertragspartner. Über die Frage, ob es sich um eine vertretbare Sache handelt oder nicht, entscheidet gem. § 91 BGB die Verkehrsauffassung.

Hunde einer bestimmten Rasse sind nach der Verkehrsauffassung keine vertretbaren Sachen, wohl aber können sie im Zwinger des Züchters Gegenstand einer Gattungsschuld sein, sofern beim Kauf der einzelne Hund nicht besonders bezeichnet wird.

Welches Stück der Gattung der Schuldner liefern will, liegt bei ihm. Er muß jedoch die Interessen des Gläubigers beachten und daher ein Stück von mittlerer Art und Güte wählen (§ 243 Abs. 1 BGB).

Kauft A von B „einen der von der Hündin Maja geworfenen Welpen", dann darf B nicht den minderwertigsten auswählen, er braucht andererseits nicht den schönsten zu nehmen.

Zur Frage, wie sich der Schuldner zu verhalten hat, wenn die von ihm zur Leistung vorgesehene Gattungssache vorher zugrunde geht,

K hat bei dem Autohändler V einen Personenkraftwagen der neuesten Serie zur Abholung bestellt. Bevor V den K vom Eintreffen des Fahrzeugs benachrichtigen kann, wird dieses vom Blitz getroffen und brennt aus

vgl. Kap. 15 II 3.

II. Die Art und Weise der Leistung

1. Der Gläubiger hat einen Anspruch darauf, daß der Schuldner die geschuldete Leistung voll und ganz so erfüllt, wie es dem Schuldverhältnis entspricht. Die Leistung muß also **uneingeschränkt, am richtigen Ort, zur richtigen Zeit** und in der **richtigen Art und Weise** erfolgen.

Regelmäßig erbringt der Schuldner selbst die Leistung. So muß es sogar sein, wenn er nur *persönlich* leisten kann.

Der berühmte Maler Klexel malt Herrn Reich in Öl.

Anderfalls kann er zwar persönlich leisten, er muß es aber nicht tun,

Flaschnermeister F läßt seinen Gehilfen G die Reparatur ausführen

und § 267 BGB sieht sogar vor, daß auch ein *Dritter* die Leistung erbringen darf, ohne daß der Schuldner einverstanden sein müßte.

Schuldet S dem Gläubiger G 100 DM, so kann auch der Schwiegervater des S, wenn er davon erfährt, dem G zahlen. S kann dem widersprechen, in welchem Falle G die Leistung ablehnen darf (§ 267 Abs. 2 ZPO). S wird das tun, wenn er etwa seinerseits eine Forderung gegen G hätte und gegen dessen Anspruch aufrechnen könnte.

Daß § 267 Abs. 1 S. 1 BGB rechtspolitisch unglücklich ist, versteht sich, denn dadurch kann man gegen den Willen des Schuldners seine Befreiung von der Leistung herbeiführen.

2. Ungeschmälerte Leistung bedeutet **Leistung in vollem Umfang,** nicht in Form einer Teilleistung. Letztere braucht der Gläubiger nicht anzunehmen (§ 266 BGB),

schuldet A dem G 100 DM, so braucht B eine Rate von 20 DM nicht anzunehmen. Anders wohl, wenn A 95 DM zahlen wollte (§ 242 BGB)

er kann es aber tun. („Der Spatz in der Hand ist besser, als die Taube auf dem Dach.")

Ungeschmälerte Leistung bedeutet auch, daß der Schuldner ohne Rücksicht auf andere Schuldverhältnisse zwischen ihm und dem Gläubiger seine ihm obliegende Leistung zu erbringen hat. Die einzelnen Schuldverhältnisse bestehen ohne Zusammenhang nebeneinander. Sie werden daher auch getrennt behandelt.

Der Vermieter V betreibt ein Lebensmittelgeschäft. Mieter M kauft hier Waren. Die Ansprüche aus dem Kaufvertrag haben mit denen aus dem Mietverhältnis nichts zu tun.

Prinzipiell muß also der Schuldner seiner Leistungspflicht nachkommen, auch wenn er Ansprüche gegen den Gläubiger haben sollte. Da aber Zusammengehörendes gemeinschaftlich erledigt werden soll, gibt das Gesetz dem Schuldner ein Leistungsverweigerungsrecht bzgl. seiner Verpflichtung, falls der Gläubiger einen Anspruch des Schuldners nicht erfüllt. Voraussetzung dieses **Zurückbehaltungsrechts** (§ 273 BGB) ist einmal, daß „dasselbe rechtliche Verhältnis" vorliegt (Konnexität), zum andern, daß der Schuldner einen fälligen Anspruch gegen seinen Gläubiger hat.

Der Begriff „desselben rechtlichen Verhältnisses" ist nach der Rechtsprechung weit zu fassen, jedoch genügt nicht ein bloß wirtschaftlicher Zusammenhang.

> A und B haben in der Wirtschaft „Zum Kelch" ihre Hüte wechselseitig vertauscht. A braucht den Hut des B nur herzugeben, wenn B ihm seinen Hut zurückgibt. – Anders, wenn Mieter M die Wohnung nach Beendigung des Mietverhältnisses nicht zurückgibt, weil er vom Vermieter V Ersatz für Aufwendungen auf die Wohnung verlangt. § 556 Abs. 2 BGB schließt ein Zurückbehaltungsrecht des M aus!

3. Nicht nur ungeschmälert hat die Leistung zu erfolgen, sondern auch **am richtigen Ort.**

> Hat A mit B vereinbart, das verkaufte Auto zur Wohnung des B in Stuttgart-Feuerbach zu bringen, so hilft es B nichts, wenn das Auto auf dem Stuttgarter Hauptbahnhof steht. A kann ihn nicht darauf verweisen, sich das Auto dort abzuholen. Er hat vielmehr den Vertrag noch nicht vollständig erfüllt.

Wo das ist, bestimmt sich nach § 269 Abs. 1 BGB nach dem zwischen den Parteien bestehenden *Vertrag*, (wenn keine Vereinbarung getroffen worden ist) nach den *Umständen*, insbes. nach der Natur des Schuldverhältnisses, und schließlich (wenn auch die Umstände keine Entscheidung zulassen) nach dem *Wohnsitz* (§ 7 BGB) des Schuldners, falls er ein Gewerbe betreibt, nach der Niederlassung (§ 269 Abs. 2 BGB).

> In obigem Beispiel wäre Leistungsort die Wohnung des B (Vertrag).

> Bestellt A aus Ludwigsburg bei B in Stuttgart Heizöl, so ist Leistungsort Ludwigsburg, denn aus den Umständen ergibt sich, daß B mit seinem Tankwagen das Öl bringen muß. Geht P zu Frau A als Putzfrau, so ist die Wohnung der Frau A Leistungsort. P kann ihre Dienste nur hier erbringen.

Die einseitige Bestimmung eines Leistungsortes in Rechnungen ist unbeachtlich, da sie außerhalb des Vertrages (nachträglich) geschieht.

Die Regelung des § 269 BGB zeigt, daß sich das BGB gegen die sog. *Bringschuld* entscheidet, denn wenn weder Vertrag noch Umstände zu einer Bestimmung des Leistungsorts führen, soll der Wohnsitz des Schuldners entscheidend sein. (Das übersieht mancher Gläubiger.) Es ist also nur noch zu fragen, ob der Gläubiger sich die Leistung holen muß (*Holschuld*) oder ob der Schuldner die Leistung dem Gläubiger schicken soll (*Schickschuld*). Darüber entscheiden die tatsächlichen Verhältnisse. Das Gesetz sagt nur noch in § 269 Abs. 3 BGB, daß die Übernahme der Kosten der Versendung noch nicht für eine Änderung des Leistungsortes spricht, und in § 270 Abs. 1 BGB, daß Geld auf Kosten des Schuldners an den Gläubiger zu senden ist.

> V verkauft K einen Fernsehapparat. Am Hause ist eine Antenne. Bringschuld: Das Gerät muß fachmännisch aufgestellt und angeschlossen werden. Ebenso, wenn V ein Klavier zu liefern hat oder eine Waschmaschine, die auch noch angeschlossen werden muß.

> A verkauft B sein Auto, das in der Garage des A steht: Holschuld, da im Zweifel der Wohnsitz des Schuldners, also des Verkäufers A, entscheidet.

A bestellt beim Versandhaus Z ein Buch. Dieses wird ihm auf Kosten des Z zugesandt: Schickschuld. § 269 Abs. 3 BGB!

4. Die **Zeit der Leistung** kann (ebenso wie der Leistungsort) besonders vereinbart werden, sie kann sich auch aus den Umständen ergeben. Trifft keines von beiden zu, so darf der Gläubiger die Leistung sofort verlangen, der Schuldner darf sofort leisten (§ 271 Abs. 1 BGB). Die Leistung ist also sofort erfüllbar. Ob der Schuldner erfüllen muß, hängt von der Fälligkeit ab (§ 271 Abs. 2 BGB).

> Hat B dem C ein unverzinsliches Darlehen auf zwei Monate gegeben, so darf C schon vorher zurückzahlen, B darf jedoch erst nach Ablauf von zwei Monaten Zahlung verlangen. Dann allerdings muß C zahlen. – Anders wäre es, bei einem verzinslichen Darlehen, falls C die Zahlung von Zwischenzins ablehnen sollte. Hier ergibt die Auslegung, daß C den B in den Genuß der Zinsen bringen soll.

Eine besondere Rolle spielt die Leistungszeit beim sog. *absoluten Fixgeschäft*. Hier ist die Zeit so entscheidend, daß das Geschäft seinen Sinn verliert, wenn nicht rechtzeitig erfüllt wird.

> A bestellt eine Taxe auf 12.35 Uhr, weil er zum Zug gebracht werden will. Die Taxe erscheint mit solcher Verspätung, daß der Zug nicht mehr zu erreichen ist. A kann den Fahrer ohne Entlohnung wegschicken.

5. Abgesehen von den sogenannten Kriterien einer ordnungsgemäßen Leistung, muß die Leistung nach § 242 BGB immer so erfolgen, „wie **Treu und Glauben** mit Rücksicht auf die Verkehrssitte" es erfordern.

Die in § 242 BGB verankerte Forderung zeigt, daß bei der Anwendung des Gesetzes nicht nur der Wortlaut der einzelnen Bestimmung entscheidend sein soll, sondern daß darüber hinaus die Rechtsausübung mit der Zeit zu gehen hat, daß sie nicht am Buchstaben des Gesetzes kleben darf, sondern sich nach den **sozialen Gegebenheiten** zu richten hat. Was gestern noch dem Schuldner als Leistung zugemutet werden konnte, kann morgen schon Unrecht bedeuten, obwohl sich der Gläubiger auf das Gesetz berufen könnte.

> A hat B einen Rassehund verkauft, dessen Verbreitungsgebiet in Ostasien liegt. Bevor A liefern kann, stirbt die Zucht in Deutschland aus. A müßte sich den zu liefernden Hund mit hohen Kosten aus Ostasien beschaffen. Hier ist an und für sich die Lieferung noch möglich. Loyale Gesetzesanwendung wird dem B aber verbieten, sie zu fordern.

Die Anwendung des Gesetzes ist nicht Selbstzweck. Sie findet ihre Grenze in der *Zumutbarkeit* für den Betroffenen.

> Der Schreiner hat einen wertvollen Tisch angefertigt, den er später an B verkauft. Bei der Ablieferung stellt B fest, daß ein Bein wackelt. Der Fehler ließe sich durch Leimen beheben. Das Gesetz sieht aber für diesen Fall nur die Wandelung vor (§§ 459, 462 BGB), nicht auch die Nachbesserung. Trotzdem wird man B zugestehen dürfen zu verlangen, daß der Schreiner nachbessert, also das Tischbein festleimt.

Darüber hinaus enthält § 242 BGB eine **Generalklausel,** die für alle Rechtsbereiche, also auch für das öffentliche Recht gilt: Der Schuldner hat seine **Leistung** so zu erbringen, wie Treu und Glauben mit Rücksicht auf die Verkehrssitte es erfordern. Dabei geht es nicht lediglich um die Erfüllung des Vertrages als solchen, sondern es ergeben sich Nebenpflichten, wie *Schutz- und Obhutspflichten,*

> A betreibt eine Gaststätte, pachtet aber nachher in der Nähe eine andere, die sein Sohn betreibt, der durch geschickte Werbung die Kundschaft an sich zieht, während A die

zuerst gepachtete kaum noch offenhält, so daß sich die Kundschaft verläuft. Nach dem Grundsatz von Treu und Glauben hat er die Wirtschaft im Verhältnis zum Verpächter so zu führen, daß ein späterer Pächter noch Gäste hat

Auskunfts-, Aufklärungs- und Mitwirkungspflichten,

der gekündigte Mieter hat auch ohne Vertrag die Besichtigung der Wohnung durch neue Mietinteressenten zu gestatten;

der Verkäufer einer komplizierten Maschine hat sie aufzustellen und eine genaue Anleitung zu geben

schließlich *allgemeine Schutzpflichten.*

Wer an einen Nervenarzt Praxisräume vermietet, darf im darüberliegenden Stockwerk keinen Bildhauer aufnehmen, der den ganzen Tag klopft und hämmert.

§ 242 BGB darf erst in Betracht gezogen werden, wenn alle anderen vom Gesetz zur Verfügung gestellten Mittel, um zu einer sachgerechten Lösung zu kommen, scheitern. Im Widerstreit von Rechtssicherheit und Individualgerechtigkeit ist grundsätzlich der ersteren der Vorzug zu geben[1].

III. Die Parteien des Schuldverhältnisses

1. Wie erwähnt, stehen die Parteien des Schuldverhältnisses, Gläubiger und Schuldner, von Anfang an fest. Dabei ist es nicht notwendig, daß immer nur ein Gläubiger und ein Schuldner vorhanden wären. Es können auf beiden Seiten **mehrere** Personen stehen.

A vermietet an die Eheleute B. – Die aus A, B und C bestehende Erbengemeinschaft vermietet an Eheleute.

2. Unter besonderen Umständen können **dritte** Personen in einem Schuldverhältnis eine Rolle spielen. Das ist z. B. der Fall, wenn durch Vertragsverletzungen seitens des Schuldners nicht dem Gläubiger, sondern einem Dritten ein Schaden entsteht.

D kauft als mittelbarer Stellvertreter für K eine Ware bei V. Dieser liefert nicht rechtzeitig, so daß D nicht fristgerecht an K weiterliefern kann. K entsteht ein Schaden durch Produktionsausfall. – Hier sind Vertragspartner D und V. Den Schaden hat aber nicht D, sondern der hinter ihm stehende K. Dieser aber kann aus Vertragsverletzung gegenüber V keine Ansprüche erheben. Hier ist D berechtigt, im eigenen Namen den Schaden des K geltend zu machen.

Zum andern gehören hierher die Fälle des *Vertrages zugunsten Dritter.*

Der (echte) Vertrag zugunsten Dritter (§ 328 Abs. 1 BGB) besteht darin, daß die Parteien des Schuldverhältnisses vereinbaren, ein Dritter solle unmittelbar das Recht erwerben, eine Leistung zu fordern. Es kann aber auch vereinbart sein, daß der Dritte kein eigenes Forderungsrecht erwirbt, sondern nur der Gläubiger einen Anspruch auf Leistung an den Dritten hat (unechter Vertrag zugunsten Dritter). Was im Einzelfall gelten soll, entscheidet die Auslegung.

A schließt eine Studienversicherung zugunsten seines Sohnes ab (§ 330 Abs. 1 BGB). M läßt seiner Freundin durch den Konditor eine Torte senden (unechter Kaufvertrag zugunsten Dritter).

---

1 Der Anfänger hüte sich davor, Fälle mit Hilfe des § 242 BGB lösen zu wollen! Die Anwendung dieser Vorschrift ist etwas für „ausgewachsene" Juristen.

In diesen Zusammenhang gehören auch die *Verträge mit Schutzwirkung für Dritte*. Hier handelt es sich nicht um einen Vertrag zugunsten Dritter in bezug auf eine Hauptleistung, die zu erfüllen ist, sondern es geht um die *Nebenleistungen*, deren Verletzung eine Schadensersatzpflicht nach sich ziehen könnte.

> A beauftragt den Malermeister M mit der Renovierung des Hauses. Aus dem Werkvertrag (§ 631 BGB) ergibt sich für M nicht nur die Pflicht, seine Arbeit handwerksmäßig auszuführen, sondern er darf während seiner Arbeit weder A selbst noch andere Bewohner des Hauses mit Farbe beschmutzen oder Werkzeuge (wenn auch nur aus Unachtsamkeit; § 276 Abs. 1 Satz 1 BGB) auf sie herunterfallen lassen.

Während die Hauptleistung nur gegenüber dem Vertragspartner zu erfüllen ist,

> im obigen Beispiel also gegenüber A

können die Nebenverpflichtungen (z. B. Schutz- oder Sorgfaltspflichten) auch gegenüber Dritten bestehen.

> In unserem Beispiel trifft die Sorgfaltspflicht den M auch bzgl. der Ehefrau und der Kinder des A.

Der Dritte wird also insoweit wie ein Vertragspartner behandelt.

Für seine Gehilfen haftet der Schuldner dann gem. § 278 BGB ohne die Möglichkeit des Entlastungsbeweises (vgl. dazu Kap. 15 I).

> Ohne die Lehre von den Verträgen mit Schutzwirkung zugunsten Dritter wären die Angehörigen des A auf § 831 BGB angewiesen (Kap. 20 II 1), wegen der Möglichkeit des Entlastungsbeweises (§ 831 Abs. 1 Satz 2 BGB) also schlechter gestellt als A selbst, der den § 278 BGB heranziehen könnte. – Zweifelhaft ist, wie weit der geschützte Personenkreis reicht. Man wird die Grenze dort zu ziehen haben, wo der Schuldner (hier M) nicht mehr erkennen kann, daß dem Gläubiger (hier A) an der Sicherheit des verletzten Dritten ebensoviel liegt wie an seiner eigenen.

3. Innerhalb des ganzen Schuldverhältnisses kann ein **Personenwechsel** eintreten, z. B. wenn eine Partei stirbt und beerbt wird, ferner dann, wenn vereinbarungsgemäß ein Wechsel der Parteien stattfinden soll, wie etwa beim Wohnungstausch. Von diesem Eintritt in den Vertrag ist die Abtretung zu unterscheiden.

4. Bei der **Forderungsübertragung** *(Abtretung, Zession)* geht es darum, daß die Personen des Schuldverhältnisses unverändert dieselben bleiben, daß aber die Forderung als solche einem Dritten übertragen wird.

> A schuldet B aus dem Kauf eines Autos den Kaufpreis. B kann seinen Anspruch gegen A an C abtreten. Dann geht zwar die Forderung auf C über, die übrigen Folgen des Kaufvertrags aber bleiben zwischen A und B bestehen. Beide könnten also noch anfechten, A könnte wandeln, mindern usw. (unten Kap. 17 V).

Das Wesen der Forderungsübertragung besteht darin, daß durch einen formlosen abstrakten Vertrag mit dem Altgläubiger (Zedent) dessen Forderung gegen den Schuldner (Zessus) auf den Neugläubiger (Zessionar) übergeht.

> A hat testamentarisch dem V 1000 DM als Vermächtnis ausgesetzt. Der Erbe E zahlt den Betrag an V nicht aus, sondern tritt ihm eine Forderung gegen X ab. Nachher stellt sich heraus, daß das Testament ungültig war. V hat demnach keinen Anspruch auf einen Betrag, also war die Abtretung ohne Rechtsgrund erfolgt. Trotzdem ist sie zunächst wirksam und E ist auf § 812 BGB (unten Kap. 21) zu verweisen.

Der Schuldner braucht bei der Abtretung nicht gefragt zu werden. Er kann, damit sich seine Position durch die Abtretung nicht verschlechtert, dem Neugläubiger alle

Einwendungen entgegensetzen, die er auch gegenüber dem Altgläubiger hätte (§ 404 BGB).

> Hat A gegen B eine Forderung über 500 DM, die bis 1. 10. gestundet ist, so kann B dem Neugläubiger N das entgegenhalten, falls N am 15. 8. kassieren möchte.

Daraus folgt, daß es *keinen gutgläubigen Erwerb von Forderungen* gibt.

> Hat A dem B eine Forderung abgetreten und war diese infolge Erlasses schon untergangen, so erwirbt B die Forderung nicht, auch wenn er ahnungslos ist und A vollkommen vertraut.

Weitere Vorschriften zum Schutz des Schuldners enthalten die §§ 405 bis 410 BGB.

5. Wie schon erwähnt, können sowohl auf der Gläubiger- wie auf der Schuldner-seite **mehrere Personen** stehen.

> A und B kaufen gemeinsam ein Auto von C. – Die Gesellschafter A und C nehmen bei D und E ein Darlehen auf.

In diesen Fällen fragt es sich, inwieweit sich die Teilnahme mehrerer auf den Leistungserfolg auswirkt und wie eng die Beteiligten untereinander verbunden werden.

> Zahlen in obigem Beispiel A und B nur je die Hälfte des Kaufpreises, A und C nur die Hälfte des Darlehens zurück? Oder haftet jeder auf die ganze Summe? Wie ist es, wenn A ganz zahlt und sich dann an B halten möchte?

Der praktisch wichtigste Fall ist der der **Schuldnermehrheit.** § 427 BGB gibt eine Auslegungsregel („im Zweifel") für den Fall, daß sich mehrere gemeinschaftlich zu einer teilbaren Leistung verpflichten.

> A, B und C schließen mit V einen Kaufvertrag über ein Grundstück ab. Der Kaufpreis soll 30 000 DM betragen.

Sie haften dann als *Gesamtschuldner.* Nach § 421 BGB bedeutet das, daß sich der Gläubiger an jeden Schuldner wegen der ganzen Forderung halten kann, daß er sie aber nur einmal verlangen darf.

> V kann die 30 000 DM von A, B oder von C in voller Höhe verlangen. Hat aber etwa B gezahlt, darf sich V nicht mehr an A oder C wenden (§ 422 BGB).

Diese Stellung des Gläubigers, von dem Ph. Heck sagte, er sei „gewissermaßen ein juristischer Pascha", dauert bis zur vollständigen Befriedigung (§ 421 Satz 2 BGB).

Die zwischen den Schuldnern bestehende Gemeinschaft ist in ihren Wirkungen beschränkt. Persönliche Einwendungen stehen jedem Schuldner nur hinsichtlich seiner Person zu.

> Ist A minderjährig, so kann sich nur er darauf berufen, nicht aber können B und C die Leistung im Hinblick auf die Minderjährigkeit des A ablehnen (§ 425 Abs. 1 BGB).

Für und gegen alle dagegen wirken u. a. die Befriedigung des Gläubigers (§ 422 BGB) und der Verzug des Gläubigers (§ 424 BGB).

Hat einer der Gesamtschuldner den Gläubiger befriedigt, so findet *im Innenver-hältnis* (im Verhältnis der Gesamtschuldner untereinander) eine *Ausgleichspflicht* statt. § 426 Abs. 1 BGB bestimmt, daß die Gesamtschuldner zu gleichen Teilen haften, sofern nichts anderes bestimmt ist.

Haben A, B und C wegen des Kaufpreises nichts Besonderes vereinbart, so kann A nach Zahlung der 30 000 DM von B und C je 10 000 DM verlangen. – Sollten A und B Miteigentümer zu je ¼ und C Miteigentümer zu ½ werden, so müßten A und B nur je 7500 DM, C dagegen 15 000 DM zahlen, soweit es um den internen Ausgleich geht.

Ist eine *Teilschuld* vereinbart, so haftet jeder Schuldner nur auf Leistung seines Anteils, der im Zweifel ebenso groß ist wie der der anderen Teilschuldner (§ 420 BGB).

Eine *Gesamthandschuld* liegt vor, wenn die Schuldner in einer Gesellschaft (§§ 705 ff. BGB), einer ehelichen Gütergemeinschaft (§§ 1415 ff. BGB) oder einer Erbengemeinschaft (§§ 2032 ff. BGB) zusammengeschlossen sind. Dann muß sich der Gläubiger an alle Gesamthandschuldner halten, wenn er Befriedigung aus dem Sondervermögen erlangen will.

E schuldet A 1000 DM. Er stirbt und wird von seinen drei Söhnen beerbt. Will sich A an den Nachlaß halten (weil die Söhne etwa kein Vermögen haben), so muß er, solange der Nachlaß nicht geteilt ist, gegen das Sondervermögen vorgehen, d. h. die Erbengemeinschaft, bstehend aus den drei Söhnen, verklagen (§ 2059 Abs. 2 BGB). Auf Grund des gegen die Erbengemeinschaft gerichteten Urteils kann er dann in den (noch ungeteilten) Nachlaß vollstrecken. Es genügt also nicht (wie bei Gesamtschuldnern), einen der Söhne auf die ganze Leistung zu verklagen (§ 421 BGB).

IV. Das Erlöschen des Schuldverhältnisses

Zu unterscheiden ist zwischen der Aufhebung des Schuldverhältnisses im ganzen (1.) und dem Erlöschen der Einzelverbindlichkeit (2.).

1. Die Aufhebung des Schuldverhältnisses. Sie kann mit rückwirkender Kraft oder nur für die Zukunft eintreten.

A hat bei B ein Zimmer gemietet. A kündigt auf 1. 10. Bis dahin muß der Mietzins gezahlt werden.

Der Kaufvertrag zwischen V und K wird angefochten. Er verliert rückwirkend seine Kraft (§ 142 Abs. 1 BGB). Die Kaufsache ist, falls schon geliefert, zurückzugewähren.

a) Ein Aufhebungs*vertrag* ist im Rahmen der Vertragsfreiheit möglich (§ 305 BGB).

b) *Einseitige* Aufhebungsrechte sind die *Kündigung,* eine einseitige, empfangsbedürftige Willenserklärung, die den Zweck verfolgt, das Schuldverhältnis zu beenden oder die Fälligkeit einer Forderung zu bewirken,

A kündigt das Mietverhältnis; B kündigt das unbefristet gewährte Darlehen (§ 609 Abs. 1 BGB)

ferner das *Rücktrittsrecht,* durch dessen Ausübung die Wirkung des Schuldverhältnisses rückwirkend beseitigt wird (§§ 346 ff. BGB), sodann das *Widerrufsrecht,* d. h. der Vorbehalt, eine Erklärung, die ein Rechtsverhältnis begründen soll, zurückzunehmen,

A vermietet an B zum 1. 10., behält sich aber ein Widerrufsrecht bis 15. 9. vor; gesetzliche Fälle: §§ 109 Abs. 1 Satz 1, 130 Abs. 1 Satz 2 BGB

und schließlich die *Anfechtung,* die bereits im Allgemeinen Teil behandelt worden ist (oben Kap. 10 IV 2 c).

2. Das Erlöschen der Einzelverbindlichkeit. Der natürlichste Fall des Erlöschens einer Schuld ist deren *Erfüllung* (§ 362 BGB). Ihr stellt das Gesetz sog. Erfüllungssurrogate gleich. Es handelt sich dabei um die Leistung an Erfüllungs Statt (§ 364 BGB), die Hinterlegung (§§ 372 ff. BGB), die Aufrechnung (§§ 387 ff. BGB), der Erlaßvertrag (§ 397 BGB), die Vereinigung von Forderungen und Schuld (Konfusion) sowie die Zweckerreichung. Wir behandeln nur die **Aufrechnung.**

Hat A gegen B eine Geldforderung und umgekehrt B eine derartige Forderung gegen A, so wäre es wirtschaftlich nicht gerade klug, sich gegenseitig die Beträge zu überweisen. Man wird sie im gegenseitigen Einvernehmen verrechnen, juristisch gesprochen, einen *Aufrechnungsvertrag* abschließen. Nun könnte es z. B. aber geschehen, daß A zwar das Geld fordert, selbst aber nicht zahlen kann oder will. Für diesen Fall gibt das Gesetz seinem Kontrahenten ein *einseitiges Aufrechnungsrecht*. Nur von ihm ist in den §§ 387 ff. BGB die Rede.

Das *Wesen* der Aufrechnung besteht darin, daß durch Erklärung des Schuldners eine gegen ihn gerichtete Forderung des Gläubigers erlischt, soweit dieser Forderung ein gleichartiger, voll fälliger Anspruch des Schuldners gegen eben diesen Gläubiger gegenübersteht.

Der Schuldner rechnet „mit" seiner Forderung (Aufrechnungsforderung) „gegen" die Forderung des Gläubigers (Haupt- oder Gegenforderung) auf. Es handelt sich also um *gegenseitige* Forderungen. Beide müssen *gleichartig* sein, im Hauptfall also Geldforderungen. Die Aufrechnungsforderung muß, da sie der Schuldner soll „fordern" können, *fällig* (§ 271 Abs. 1 BGB), klagbar und frei von Einreden (§ 390 BGB) sein. Die Gegenforderung muß *erfüllbar* sein (der Schuldner muß sie „bewirken" können, also leisten dürfen; § 271 Abs. 1 BGB).

> B schuldet A unverzinslich 500 DM zum 1. 11. Am 15. 5. erwirbt er gegen A eine sofort fällige Forderung von 500 DM. B kann jetzt aufrechnen. Seine Forderung (Aufrechnungsforderung) ist voll fällig, die Gegenforderung (des A gegen ihn) ist erfüllbar (§ 271 Abs. 2 BGB; vgl. oben II 4).

Die Aufrechnung kann vertraglich oder den Umständen nach *ausgeschlossen* sein.

> A schuldet B 100 DM. Als er eines Tages zufällig an einen Hunderter kommt, fragt er B, ob er ihm den Schein wechseln könne. B bejaht, nimmt das Geld und erklärt, damit sei die Schuld des A getilgt. – A hatte einen Anspruch gegen B auf Herausgabe des Wechselgeldes (§ 515 BGB). Diesem Anspruch kann B seine Forderung nicht entgegensetzen, weil nach dem Zweck des Tauschvertrages die Aufrechnung ausgeschlossen sein sollte; B war ja bereit, den Schein zu wechseln. Er durfte A nicht „hereinlegen".

Daneben gibt es gesetzliche *Aufrechnungsverbote* (§§ 393 bis 395 BGB).

Die Aufrechnung erfolgt durch einseitige, empfangsbedürftige Willenserklärung gegenüber dem anderen Teil (§ 388 BGB). Sie *wirkt* auf den Zeitpunkt zurück, zu welchem die Forderungen zum ersten Mal aufrechenbar einander gegenüberstanden (§ 389 BGB). Dieser Zeitpunkt heißt die Aufrechnungslage.

> C hat gegen D einen Kaufpreisanspruch über 300 DM seit dem 3. 1. D kann von ihm seinerseits 300 DM aus Darlehen verlangen, das am 1. 8. fällig wurde. Von diesem Zeitpunkt ab müßte C Verzugszinsen zahlen. Mahnt ihn danach D und erklärt C die Aufrechnung, so braucht er keine Verzugszinsen zu zahlen, da seine Schuld am 1. 8. nicht mehr bestand; die Aufrechnung wirkt ja zurück.

15. Kapitel

Leistungsstörungen und Leistungshindernisse

Wir haben bisher den ordentlichen Ablauf eines Schuldverhältnisses erlebt. In der Praxis sind das die unauffälligen Erscheinungen des Rechtslebens. Interessant wird es erst, wenn die normale Abwicklung durch irgendwelche Ereignisse, die in der Person des Schuldners oder der des Gläubigers liegen oder von außen kommen können, gestört wird.

Man bezeichnet diese *Beeinträchtigungen bei der Abwicklung des Schuldverhältnisses* als Leistungsstörungen und Leistungshindernisse.

> K erscheint nicht zur Anprobe beim Schneider. – V liefert das Radio nicht an K, sondern versehentlich an X. – V merkt sich einen Termin falsch vor und liefert verspätet, so daß K Nachteile erleidet. – Der Bergführer soll W auf den Gipfel geleiten, man bricht auf, es fällt aber dichter Nebel ein, der die Wanderung vereitelt.

Das BGB geht davon aus, daß der Schuldner die Leistung – eine Stückschuld! – überhaupt nicht erbringen kann (Unmöglichkeit), oder daß er verspätet leistet (Verzug), wobei er jeweils schuldhaft gehandelt haben muß (Verschuldenshaftung). Es gibt aber noch Fälle, in denen man mit diesen beiden Kategorien nicht auskommt. Rechtsprechung und Lehre haben deshalb den Begriff der sog. positiven Forderungsverletzung (auch Schlechterfüllung genannt) geprägt, der als gewohnheitsrechtliche Bildung zum festen Bestandteil des geltenden Privatrechts gehört.

I. Die Verschuldenshaftung

Grundsätzlich haftet der Schuldner, wenn er seinen Verpflichtungen aus dem Schuldverhältnis nicht nachkommt und ihm daraus ein **Vorwurf** gemacht werden kann. Ist das der Fall, so haftet er immer.

Dieser Vorwurf, der *Schuldvorwurf,* den man gegen den Schuldner bzgl. der Nichterfüllung seiner Verpflichtungen erheben kann, ist dann berechtigt, wenn er vorsätzlich oder fahrlässig gehandelt hat (§ 276 Abs. 1 Satz 1 BGB). *Vorsatz* bedeutet ein bewußtes und im Bewußtsein der Rechtswidrigkeit gewolltes Verhalten, *Fahrlässigkeit* ein Verhalten, das bei Beachtung der im Rechtsverkehr erforderlichen Sorgfalt nicht vorgekommen wäre (§ 276 Abs. 1 Satz 2 BGB).

> A schlägt B grundlos nieder und verletzt ihn (Vorsatz). – A übersieht ein Verkehrszeichen und verletzt die Vorfahrt des B. Dadurch kommt es zu einer Kollision, B erleidet Schaden (Fahrlässigkeit).

Die Verschuldensfähigkeit richtet sich nach der Deliktsfähigkeit (oben Kap. 8 II 2; §§ 276 Abs. 1 Satz 3, 827, 828 BGB).

Die Haftung für Vorsatz darf dem Schuldner im voraus nicht erlassen werden (§ 276 Abs. 2 BGB).

> Ein Spediteur versucht, sich in seinen Geschäftsbedingungen auch für die vorsätzliche Beschädigung von Frachtgut freizuzeichnen. Die Klausel wäre gem. § 134 BGB nichtig.

Die Haftung kann kraft Gesetzes auf Vorsatz und grobe Fahrlässigkeit *beschränkt* sein (vgl. etwa §§ 521, 599, 690 mit 277 BGB). Grobe Fahrlässigkeit bedeutet ein ganz krasses Abweichen von der verkehrsüblichen Sorgfalt im gegebenen Fall. So handelt, „wer das unbeachtet läßt, was jedem einleuchten mußte".

> Der Fußgänger A will trotz starken Verkehrs eine Straße überqueren und wird dabei überfahren (grobfahrlässig). – A räumt nach starkem Schneefall den Gehweg, übersieht aber eine stellenweise vorhandene dünne Eisschicht, auf der X ausrutscht, wobei er sich verletzt (leichte Fahrlässigkeit des A).

> Man beachte, daß Bestimmungen wie §§ 276 Abs. 1, 277, 521, 599 oder 690 BGB keine Anspruchsgrundlagen sind. Sei enthalten Haftungsmaßstäbe (§§ 276 Abs. 1, 521, 599, 690 BGB) oder sind Definitionsnorm (§ 277 BGB) (vgl. oben Kap. 3 II 3 b). Sie allein können einen Anspruch nicht begründen, sondern sind in Verbindung mit der im Einzelfall festgestellten Leistungsstörung zu verwenden. – Hat A das Auto des B unentgeltlich in Verwahrung genommen und ist es eines Tages infolge grober Fahrlässigkeit des A verbrannt, so ergibt sich der Ersatzanspruch des B nicht aus § 690 BGB, sondern aus der von ihm verschuldeten nachträglichen Unmöglichkeit der Rückgabe (§§ 695, 280 BGB), wobei § 690 i. V. mit § 277 BGB nur die Grenzen seiner Haftung angibt. (A müßte also bei leicht fahrlässigem Verhalten nicht haften – auch nicht aus § 823 BGB.)

Der Schuldner haftet nicht nur für sein eigenes Verschulden, sondern auch für Verletzungen des Schuldverhältnisses durch seine *Hilfspersonen* (§ 278 BGB). Dazu Kap. 16 III.

Ausnahmsweise haftet der Schuldner auch ohne Verschulden. Das sind die Fälle der sog. *Gefährdungshaftung;* sie ist im BGB im § 833 Satz 1, sonst aber außerhalb des BGB in Sondergesetzen geregelt (vgl. dazu Kap. 20 II 3; V).

Merke: Soweit nicht im Gesetz eine Haftungsbeschränkung enthalten ist oder eine besondere Schuldform gefordert wird, genügt es, wenn die Fahrlässigkeit im Sinne der Definition des § 276 Abs. 1 Satz 2 BGB gegeben ist. Auf die *grobe Fahrlässigkeit* stellt der Gesetzgeber *nur ausnahmsweise* ab, z. B. in §§ 460 Satz 2, 539 Satz 2 BGB.

II. Die Unmöglichkeit

Die erste Form der Leistungsstörung ist die Unmöglichkeit. Kann der Schuldner aus persönlichen oder sachlichen Gründen nicht leisten oder leistet er eine Sache in so schlechtem Zustand, daß sie für den Gläubiger wertlos ist, so wird die normale Abwicklung des Schuldverhältnisses gestört. Auf der Leistung zu bestehen, wäre unvernünftig. Das Gesetz muß daher klären, was zu geschehen hat, wenn die Leistung nicht mehr erbracht werden kann. Dabei ist zu unterscheiden, worauf die Unmöglichkeit der Leistung beruht.

1. a) Ist die Leistung von Anfang an (also schon beim Abschluß des Vertrages) *niemandem möglich,* so spricht man von **anfänglicher objektiver Unmöglichkeit.** Ein auf eine solche Leistung gerichteter Vertrag ist *nichtig* (§ 306 BGB). Die Unmöglichkeit ist in der Natur der Leistung selbst begründet.

> A vereinbart mit B im Jahre 1977, dieser solle ihm innerhalb eines Jahres 10 t Mondgestein verkaufen.

Hat beim Abschluß eines solchen Vertrags einer der Vertragspartner die Unmöglichkeit positiv gekannt oder hat er sie fahrlässig (§ 276 Abs. 1 Satz 2 BGB) nicht gekannt (§ 122 Abs. 2 BGB bringt die Legaldefinition der Wendung „kennen müssen"!), so haftet er dem anderen Teil auf das sog. negative Interesse (dazu Kap. 10 VI 2 d a. E.): § 307 BGB.

> V schließt mit L einen Leihvertrag nach vorhergehenden telephonischen Verhandlungen. Dabei übersieht er aus Vergeßlichkeit, daß er das Objekt gar nicht hat. L kann Ersatz seiner Unkosten verlangen.

b) Ist die Leistung von Anfang an zwar *dem Schuldner unmöglich,* könnte sie aber ein Dritter erbringen, so spricht man von **anfänglicher subjektiver Unmöglichkeit.** Sie ist im Gesetz nicht geregelt. Naturgemäß besteht Streit über die Lösung des Problems. Einig ist man sich darüber, daß das Geschäft nicht nichtig ist. Immerhin garantiert ja der Schuldner stillschweigend, daß er das, was er verspricht, auch halten kann. Er muß sich über seine Leistungsmöglichkeiten informieren. Tut er das mindestens fahrlässig nicht, haftet er für den daraus entstehenden Schaden analog §§ 280; 325; 249 ff. BGB.

> A verkauft dem B aus seiner letzten Produktion 100 Ballen Tuch, ohne sich erkundigt zu haben, ob die Produktion nicht etwa schon erschöpft sei. Ist das der Fall, so haftet er dem B für den Mehrpreis, den dieser anderweitig zahlen muß.

Darüber hinaus läßt die h. M. den Schuldner für sein Unvermögen zur Leistung sogar dann haften, wenn ihn kein Verschulden trifft.

> V schließt mit L einen Leihvertrag über ein Auto um 8 Uhr morgens. Er weiß nicht, daß das Auto um 7 Uhr von einem geschickten Dieb aus der verschlossenen Garage gestohlen worden ist. Er kann daher dem L den unentgeltlichen Gebrauch nicht mehr gestatten (§ 598 BGB). Trotzdem haftet er dem L auf Schadensersatz (§ 280 BGB analog), wenn dieser jetzt ein Auto mieten muß (§ 535 Satz 2 BGB!).

Eine Haftung soll nach h. M. nur dann nicht eintreten, wenn das Unvermögen durch höhere Gewalt herbeigeführt worden ist, also durch ein auf **Zufall** beruhendes Ereignis, dessen Eintritt auch bei Anwendung äußerster Sorgfalt nicht hat vermieden werden können. Zufall bedeutet einen Vorfall, der ohne das Verschulden (§ 276 Abs. 1 Satz 1 BGB) der Vertragspartner eintritt.

> Im obigen Beispiel ist das Auto durch Zufall nicht mehr lieferbar, da man weder dem V und erst recht nicht dem L mindestens Fahrlässigkeit (§ 276 Abs. 1 Satz 2 BGB) vorwerfen kann. Der Diebstahl beruht aber nicht auf höherer Gewalt, denn bei Anwendung der äußersten Sorgfalt hätte V eine elektrische Warnanlage oder ähnliches eingebaut. Dagegen läge höhere Gewalt vor, wenn das Auto durch einen Blitzschlag vernichtet worden wäre.

2. Ist die Leistung zunächst (nämlich beim Abschluß des Vertrages) zwar möglich, wird sie aber nachher – vor der Erfüllung – unmöglich, so spricht man von **nachträglicher Unmöglichkeit** oder von **Unmöglichwerden.** Dabei unterscheidet man nicht mehr zwischen objektivem und subjektivem Unmöglichwerden, sondern zwischen *verschuldetem* und *unverschuldetem* Unmöglichwerden. Letzteres bezeichnet man auch als Unvermögen.

Hat der Schuldner die nachträgliche Unmöglichkeit *nicht zu vertreten,* also nicht verschuldet (§ 276 Abs. 1 BGB), so haftet er nicht, er wird von der Leistung *frei* (§ 275 BGB).

> A verspricht dem B, ihm ein Buch auf bestimmte Zeit zu leihen. Vor der Übergabe bricht bei A durch leichte Fahrlässigkeit ein Brand aus. Das Buch wird vernichtet. A wird von seiner Verpflichtung frei (§ 599 BGB).

Hat er jedoch die nachträgliche Unmöglichkeit *zu vertreten,* also verschuldet, so hat er dem Gläubiger den durch die Nichterfüllung entstehenden *Schaden zu ersetzen* (§ 280 Abs. 1 BGB).

Beruht der Brand auf grober Nachlässigkeit des A und kann B das Buch nunmehr nur gegen Entgelt (Miete!) bekommen, so haftet A für diesen Schaden des B.

In jedem Falle (also ohne Rücksicht auf ein Verschulden des Schuldners hinsichtlich der nachträglichen Unmöglichkeit) hat der Schuldner das sog. *stellvertretende commodum*[1] herauszugeben (§ 281 BGB), das ist alles, was *durch* (Kausalität; Kap. 16 V 1) das Unmöglichwerden an die Stelle der unmöglich gewordenen Leistung tritt.

A hat das dem B verkaufte Auto diesem noch nicht übergeben. Nunmehr entsteht in der Garage ein Brand, ohne daß A schuldig wäre, und das Auto wird zerstört. An die Stelle des Autos tritt die Versicherungssumme, auch wenn sie höher als der Kaufpreis ist.

Der Sinn des § 281 BGB ist es, Vermögenswerte demjenigen zuzuführen, dem sie nach dem Inhalt des Schuldvertrages zustehen. Die **Beweislast** für fehlendes Verschulden am Unmöglichwerden der Leistung hat der Schuldner (§ 282 BGB).

Wegen des Unmöglichwerdens der Leistung nach Eintritt des Schuldnerverzugs vgl. § 287 Satz 2 BGB (unten III).

3. Das Gesetz stellt die Regeln über die Rechtsfolgen der Unmöglichkeit für die Stückschuld (Kap. 14 I 2) auf. Für die Gattungsschuld gilt § 279 BGB. Dieser besagt, daß der Schuldner ein anderes Stück der Gattung liefern muß, wenn das zunächst zur Lieferung an den Gläubiger ausgewählte nicht mehr geliefert werden kann.

K vereinbart mit V den Kauf eines neuen Autos einer bestimmten Marke aus der letzten Serie (Gattungsschuld). V soll das Auto dem K vor die Garage stellen, sobald er es vom Hersteller bekommt. Bevor V noch zu K fahren kann, wird das Auto bei ihm durch einen Brand zerstört. V muß sich jetzt ein anderes Auto (§ 279 BGB) der gleichen Art (§ 243 Abs. 1 BGB) beschaffen, um seine Vertragspflicht (§ 433 Abs. 1 Satz 1 BGB) erfüllen zu können.

Diese Regelung führt, wenn der Schuldner von einer Pechsträhne verfolgt wird, zu (u. U. erheblichen) wirtschaftlichen Nachteilen.

Das zweite Auto wird bei einem Verkehrsunfall total zerstört, als V es zu K fährt.

Es erhebt sich deshalb die Frage, wie lange der Schuldner aus der Gattung liefern muß, m. a. W., ob er den Gläubiger schon vor der Leistung auf ein bestimmtes, von ihm (dem Schuldner) ausgesuchtes Stück verweisen kann.

B hat einen Welpen ausgewählt, vor der Lieferung aber verendet er aus nicht feststellbaren Gründen. Kann B nun sagen, er könne nicht liefern, weil das Objekt nicht mehr vorhanden sei, oder muß er einen anderen Welpen aus dem Wurf nehmen? Genügt also die Ausscheidung oder kommt es auf die Lieferung an?

Das Gesetz sagt in § 243 Abs. 2 BGB, der Schuldner brauche nur noch die ausgewählte Sache zu liefern, wenn er „das zur Leistung einer solchen Sache seinerseits Erforderliche getan" hat. Man muß also prüfen, welche Leistungspflicht der Schuldner zu erfüllen hatte.

---

1 *commodum* (lat.) = Vorteil, Nutzen (eben die Ersatzleistung).

Sollte A den Welpen bei B *holen* und hatte B ihm geschrieben (§ 130 BGB), das Tier sei zur Abholung bereitgestellt, kommt A aber nicht und wird das Tier nun zufällig getötet, so hatte B alles zur Leistung ihm Obliegende getan (Bereitstellung des Hundes und Benachrichtigung des A), er braucht also nicht nochmals zu liefern. (Ob er den Kaufpreis trotzdem bekommen könnte, ist hier noch nicht zu erörtern!)

Hatte dagegen B den Welpen dem A zu *bringen*, so hatte er mit der Mitteilung, das Tier stehe zur Verfügung, seiner Leistungspflicht noch nicht voll genügt; verendet das Tier jetzt zufällig, so muß er A ein anderes verschaffen und bringen. Erst dann hat er die Leistungshandlung erbracht.

Worum sich der Schuldner zu bemühen hat, um das zur Leistung „seinerseits Erforderliche" zu tun, hängt mit davon ab, ob eine Hol-, Bring- oder Schickschuld vorliegt (dazu Kap. 14 II 3).

Im Eingangsbeispiel liegt eine Bringschuld vor, V muß also das Auto zu K bringen und anbieten. Dann hat er das zur Leistung „seinerseits Erforderliche" getan. – Ist vereinbart, daß V den K vom Eintreffen des Autos zu benachrichtigen hat, weil sich K das Fahrzeug selbst holen will, braucht V den K nur zu verständigen, daß das Fahrzeug abholbereit ist (Holschuld). Er hat damit das zur Leistung „seinerseits Erforderliche" getan.

Sind die Voraussetzungen des § 243 Abs. 2 BGB erfüllt, so beschränkt sich die Leistungspflicht des Schuldners auf diese Sache (**Konzentration** oder **Konkretisierung der Gattungsschuld**), d. h. er schuldet jetzt nur noch diese Sache als *Stückschuld*. Diese Regelung ist wegen § 279 BGB von größter Wichtigkeit. Nach dieser Vorschrift hat der Schuldner nämlich zu liefern, „solange der Vorrat reicht", ohne daß es darauf ankäme, ob er die Unmöglichkeit der ursprünglich vorgesehenen Leistung verschuldet hat oder nicht. Durch die Konzentration der Gattungsschuld kann er bei *zufälligem Untergang* der Sache von der Leistungspflicht frei werden, der Gläubiger erhält also nichts. Man sagt, die *Leistungsgefahr* (auch Sachgefahr) geht auf den Gläubiger über, wobei Leistungsgefahr das Risiko des Schuldners bedeutet, trotz zufälligen(!) Untergangs der Sache nochmals leisten zu müssen, solange die Konzentration der Gattungsschuld nicht eingetreten ist. Zum Begriff „Zufall" vgl. oben II 1.

A hat von B ein altes Auto und 5 Kanister Benzin gekauft. Vor der vereinbarten Lieferung durch B verbrennt alles durch Zufall. B braucht das Auto nicht mehr zu liefern, denn die Stückschuld existiert nicht mehr. Dagegen muß er 5 Kanister Benzin liefern, da die Konzentration nicht eingetreten ist und Benzin noch zu haben ist (§ 279 BGB): Bringschuld (Kap. 14 II 3).

Der Fall, daß die Gattungsschuld dem Umfang nach *begrenzt* ist,

2 Fässer Wein aus dem Weinberg des A; vier Wolfshunde aus der Zucht des B (anders, wenn die ganze Gattung verkauft wird [etwa die ganze Getreideernte vom Gut des G], da dann eine Stückschuld vorliegt)

ist im Gesetz nicht geregelt. Der Schuldner braucht nur solange zu leisten, als Stücke der Gattung noch vorhanden sind. Insoweit gibt es keine Schwierigkeiten. Wie aber, wenn der Schuldner ohne sein Verschulden mehr verkauft, als er hat?

B hat zehn Wolfshunde. Er verkauft vier an X, vier an Y und zwei an Z. Als er liefern soll, sind fünf Tiere an einer unbekannten Krankheit plötzlich eingegangen.

Hier wird man an eine anteilsmäßige Verteilung der Restmenge an die Gläubiger denken können (bestr.).

4. Beim **gegenseitigen Vertrag** trifft das Gesetz zusätzliche Regelungen für die **Gegenleistung.**

Wie wir bereits wissen (Kap. 10 III 1 a), geht es beim gegenseitigen Vertrag darum, daß die Leistungspflicht um der Erlangung der Gegenleistung willen vereinbart wird; man gibt also seine Leistung hin, *damit* man die Gegenleistung des anderen erhalte. Soweit die Unmöglichkeit bisher behandelt worden ist, befaßt sie sich mit dem Unmöglichwerden der *Leistung,* d. h. der *Sach*leistung i. w. S.: §§ 275, 280 BGB.

> Beim Kaufvertrag ist das die zu liefernde Ware (§ 433 Abs. 1 Satz 1 BGB), beim Mietvertrag die Gebrauchsüberlassung der Miet*sache* (§ 535 Satz 1 BGB), beim Pachtvertrag die Überlassung des Pacht*gegenstandes* (§ 581 Abs. 1 Satz 1 BGB), beim Dienstvertrag die Leistung der Dienste (§ 611 Abs. 1 BGB), beim Werkvertrag die Herstellung des Werks (§ 631 Abs. 1 BGB).

Die *Gegenleistung,* also das, was der Gläubiger der (Sach)leistung zu erbringen hat,

> Kaufpreis, Mietzins, Pachtzins, Vergütung

und hinsichtlich dessen er seinerseits Schuldner ist, wird in diesen Bestimmungen nicht geregelt. Insoweit gelten vielmehr die §§ 323 ff. BGB. (Über die Ausnahme des § 325 BGB sogleich unter c.)

> Im Kaufvertrag ist der Verkäufer Schuldner der (Sach)leistung. Er ist Gläubiger der Gegenleistung (Kaufpreis). Der Käufer ist Schuldner der Gegenleistung und Gläubiger hinsichtlich der (Sach)leistung.

a) Hat *keine Partei* das Unmöglichwerden zu vertreten, so wird der Schuldner frei (§ 275 BGB), der Gläubiger braucht aber seine Gegenleistung nicht zu erbringen (§ 323 Abs. 1 BGB).

> Das verkaufte, aber noch nicht übereignete (§ 929 Satz 1 BGB) Auto verbrennt zufällig vor der Übergabe. Der Verkäufer als Schuldner des Autos („der eine Teil"; § 323 Abs. 1 BGB) braucht das Auto nicht mehr zu liefern (§ 275 BGB), der Käufer als Schuldner des Kaufpreises („der andere Teil"; § 323 Abs. 1 BGB) braucht nichts zu bezahlen.

> Sollte das Auto aber gut versichert gewesen sein, kann der Käufer die Versicherungssumme verlangen (§§ 323 Abs. 2, 281 BGB) und den Kaufpreis erbringen (Verrechnung!).

> Lies dazu noch Kap. 17 IV.

b) Hat der *Gläubiger* das Unmöglichwerden zu vertreten (§ 276 Abs. 1 BGB), so wird der Schuldner frei (§ 275 BGB), behält aber den Anspruch auf die Gegenleistung (§ 324 Abs. 1 BGB).

> Während der Verhandlungen raucht der Käufer. Nachdem sich die Parteien einig geworden sind, wirft er den Stummel weg, ein Benzinkanister explodiert, das Auto fliegt in die Luft. Der Verkäufer kann nicht mehr liefern, er kann aber den Kaufpreis fordern.

Den gleichen Anspruch behält der Schuldner, wenn ihm die Leistung ohne sein Verschulden (beachte § 300 Abs. 1 BGB!) während des Annahmeverzugs des Gläubigers (§§ 293 ff. BGB) unmöglich wird (§ 324 Abs. 2 BGB). Die Preis- oder Gegenleistungsgefahr trägt demnach der Gläubiger. Einen weiteren Fall regeln die §§ 446 f. BGB (vgl. Kap. 17 III).

Während des Gläubigerverzugs des Käufers verbrennt das Kaufobjekt beim Verkäufer infolge leichter Fahrlässigkeit. Der Käufer muß zahlen (§ 433 Abs. 2 BGB).

c) Der *Schuldner* hat das Unmöglichwerden zu vertreten. Nach § 325 BGB (der auch das Schicksal der Leistung [des Schuldners] regelt und daher den § 280 BGB ausschaltet!) kann der Gläubiger

– Schadensersatz wegen Nichterfüllung fordern, § 325 Abs. 1 Satz 1 BGB,
– vom Vertrag zurücktreten, §§ 325 Abs. 1 Satz 1, 327 BGB,
– sich darauf berufen, daß er von der Gegenleistung freigeworden sei, §§ 325 Abs. 1 Satz 3, 323 Abs. 1 BGB,
– das stellvertretende commodum verlangen und seine Leistung erbringen, §§ 325 Abs. 1 Satz 3, 323 Abs. 2, 281 BGB.

Unter diesen Möglichkeiten hat er ein Wahlrecht.

III. Der Schuldnerverzug

Als zweite Form der Leistungsstörung kennt das BGB den Verzug des Schuldners. Hier tritt eine *schuldhafte Verzögerung der an und für sich noch möglichen Leistung*

A soll die reparierten Möbel am 15. 9. liefern. Er wird nicht rechtzeitig fertig und kommt erst am 20. 9.

ein, die unter der weiteren Voraussetzung der Vollfälligkeit der Leistung zu einer Schadensersatzpflicht führen kann. Die Vollfälligkeit wird durch die *Mahnung* herbeigeführt. Bis dahin ist die Forderung zwar fällig, sobald der Schuldner zu leisten hat (§ 271 Abs. 1 BGB), um die Verzugsfolgen herbeizuführen, muß der Gläubiger den Schuldner aber noch auffordern (mahnen), nun endlich zu leisten. Hat er das getan, wird die Leistung vollfällig. Leistet der Schuldner nunmehr schuldhaft (§ 276 Abs. 1 Satz 1 BGB) nicht, so kommt er in Verzug (§ 284 Abs. 1 BGB).

Einer Mahnung bedarf es unter den Voraussetzungen des § 284 Abs. 2 BGB nicht.

A soll am 15. 9. liefern. – B soll 10 Tage nach seinem Geburtstag zahlen.

Nicht aber: „Zahlbar sofort nach Lieferung." Hier wird die Leistungspflicht von einem noch unbestimmten Ereignis abhängig gemacht. Die Lieferung kann daher keinen Verzug herbeiführen. Der Gläubiger müßte noch mahnen.

§ 285 BGB bürdet die **Beweislast** für fehlendes Verschulden an der Verspätung dem Schuldner auf. Der Schuldner muß also im Prozeß notfalls beweisen, daß ihn am Verzug kein Verschulden (§ 276 Abs. 1 BGB) trifft. Der Gläubiger braucht nur die Vollfälligkeit zu beweisen. Das Verschulden des Schuldners wird vermutet. Der Grund für diese Regelung liegt darin, daß die Umstände für die Verspätung in der Sphäre des Schuldners liegen, in die der Gläubiger nicht genügend Einblick hat. Der Schuldner ist „näher am Beweis", er kann leichter nachweisen, daß ohne sein Verschulden die Leistung ausgeblieben ist.

Folge des Verzugs ist einmal eine *Schadensersatzpflicht* (§ 286 Abs. 1 BGB),

A hat die reparierten Möbel erst nach Mahnung geliefert, sie konnten von ihrem Eigentümer nicht mehr zu dem vorgesehenen günstigen Preis an X verkauft werden, A muß den entgangenen Gewinn zahlen ferner sind gem. § 288 Abs. 1 BGB *Verzugszinsen* in Höhe von mindestens 4% zu zahlen. Schließlich tritt eine Verschärfung der Haftung des Schuldners ein: § 287 BGB. Er haftet jetzt nicht nur für Vorsatz und jede Fahrlässigkeit (§ 276 Abs. 1 Satz 1 BGB), sondern auch für den sog. *gemischten Zufall*, also auch dann, wenn die *Leistung* durch Zufall *unmöglich geworden* ist, es sei denn, der Schaden wäre auch bei rechtzeitiger Lieferung eingetreten.

> A hat B eine Kuh verkauft. Er liefert nach Mahnung nicht. Die Kuh geht jetzt ein, so daß er nicht mehr leisten kann. Er ist über § 287 BGB schadensersatzpflichtig. – Wäre trotz rechtzeitiger Lieferung das Tier zugrunde gegangen, weil etwa das Anwesen des B niedergebrannt ist und die Kuh dabei ohnehin verbrannt wäre, so braucht A keine Ansprüche des B zu befürchten.

Auch hier beim Schuldnerverzug trifft das BGB wieder eine **besondere Regelung für den gegenseitigen Vertrag:** § 326 BGB. Befindet sich der Schuldner im Verzug, so kann ihm der Gläubiger eine Nachfrist *zugleich mit* der Erklärung, er werde nach vergeblichem Verstreichen der Frist die Annahme der Leistung ablehnen, setzen. Die Androhung der Ablehnung der Leistung muß deutlich erkennbar sein. – Mit dieser Regelung schützt das Gesetz noch das Interesse des Schuldners, seine Leistung trotz der Verspätung erbringen zu können. Die Fristsetzung mit Ablehnungsandrohung ist aber die „letzte Warnung" (Fikentscher).

> Es genügt nicht zu sagen: „Ich behalte mir alle Rechte vor" oder: „Ich werde die Sache meinem Anwalt übergeben".

Nach Ablauf der Frist kann der Gläubiger nur noch zurücktreten oder Schadensersatz wegen Nichterfüllung verlangen (§ 326 Abs. 1 Satz 2 BGB). Zu beachten ist, daß § 326 BGB nur eingreifen kann, wenn der Schuldner mit einer *Hauptpflicht* im Verzug ist.

> A hat den Kaufpreis nicht rechtzeitig gezahlt. – Nicht ohne weiteres dagegen, wenn er die gekaufte Sache nicht abnimmt, denn die Abnahme ist regelmäßig Nebenpflicht (unten Kap. 17 II).

§ 286 Abs. 1 BGB wird durch § 326 BGB *nicht* ausgeschlossen.

> M soll den Neubau bis 30. 9. fertigstellen. Kommt er in Verzug, so kann der Bauherr einen evtl. Mietzinsausfall von ihm verlangen.

Der Verzug *endet,* sobald der Schuldner erfüllt hat (§ 362 BGB; Kap. 14 IV 2). Maßgebend ist dabei nicht die Leistungs*handlung*, sondern der Leistungs*erfolg*.

> Der Verzug des Schuldners einer Geldforderung endet nicht mit der Erteilung des Bankauftrags, sondern mit der Gutschrift auf dem Konto des Gläubigers.

Die Verzugsfolgen können auch durch Parteivereinbarung beseitigt werden.

> A stundet dem B während des Verzugs die geschuldete Leistung.

IV. Die Schlechtleistung (positive Forderungs- oder Vertragsverletzung; Schlechterfüllung)

Wie schon gesagt, glaubten die Väter des BGB mit zwei Leistungsstörungen (Unmöglichkeit und Verzug) alle Fälle erfassen zu können, in denen der Ablauf des Schuldverhältnisses beeinträchtigt ist. Bald nach dem Inkrafttreten des Gesetzes zeigte sich aber, daß diese Annahme falsch war. Worum es geht, zeigen am besten einige Fälle:

(a) H leiht L einen Hund. Dieser ist krank und steckt andere Tiere des L an.
M mietet von V eine Maschine. Er unterläßt es, M auf eine Besonderheit bei der
Bedienung hinzuweisen, so daß M nicht den vollen Gewinn erzielen kann.

(b) K kauft eine Maschine, die V wegen Mangelhaftigkeit zurücknimmt. Inzwischen ist
aber ein Teil der Produktion des K infolge des Mangels verdorben worden.

(c) W bezieht bei B laufend Brötchen. In der Ware findet man mehrmals Küchenschaben.

Hier wird der Vertrag zwar erfüllt, es liegen weder Unmöglichkeit noch Verzug
vor, die Sache ist aber nicht einwandfrei, denn H hat dadurch Schaden erlitten, daß
der Hund andere Tiere ansteckte, M und K hatten Gewinnentgang zu verzeichnen,
W hat vielleicht einige Gäste verloren, die die Küchenschaben als „Beigabe" nicht
goutierten. Man kann Zuwiderhandlungen gegen Nebenpflichten (z. B. Anzeige-,
Aufklärungspflichten [a]), Begleitschäden (b) und Verletzung von Einzelpflichten
im Rahmen eines sich über längere Zeit erstreckenden Schuldverhältnisses (c)
erkennen. Immer handelt es sich um verschuldete (§ 276 Abs. 1 Satz 1 BGB)
Hindernisse, die bei Durchführung des Vertrags auftauchen, ohne daß die Leistung
unmöglich geworden ist oder daß sie zu spät erbracht wird, wohl aber der Gläubiger
weniger erhält als ihm zusteht (§§ 266, 269, 271, 242 BGB).

Die Folge der positiven Forderungsverletzung ist die Pflicht des Schuldners zum
Schadensersatz in analoger Anwendung der §§ 280, 286; 325, 326 mit §§ 242, 276
Abs. 1 Satz 1, 249 ff. BGB. Daneben ist auch eine Kündigung aus wichtigem Grund
denkbar (s. Fall c).

Zur Verdeutlichung dieser im Gesetz nicht geregelten gewohnheitsrechtlichen
Bildung also nochmals: Immer handelt es sich um Fälle, in denen die Leistung dem
Schuldner zwar nicht unmöglich geworden ist oder er sie nicht rechtzeitig erbracht
hat (Schuldnerverzug), in denen aber der Gläubiger aus einem *Verschulden* (§ 276
Abs. 1 Satz 1 BGB) des Schuldners nicht das erhält, was ihm vertragsgemäß zusteht,
sondern weniger; der Schuldner leistet zwar, aber „schlecht".

> Der verliehene Hund wird dem L überlassen, er wird auch rechtzeitig übergeben,
> trotzdem erfüllt H schlecht, denn er hätte ein gesundes Tier leisten oder den L darauf
> hinweisen müssen (Aufklärungspflicht!), daß das Tier krank ist.

Ob ein Fall der Schlechtleistung vorliegt, prüft man erst nach den Leistungsstörungen Unmöglichkeit und Schuldnerverzug, weil diese im Gesetz geregelt sind, die
Schlechtleistung aber eine gewohnheitsrechtliche Bildung ist.

V. Der Verzug des Gläubigers (Annahmeverzug)

Im Gegensatz zum Verzug des Schuldners, der einem anderen, dem Gläubiger,
Nachteile bringen kann, geht es beim Gläubigerverzug um Fälle, in denen sich der
Gläubiger selbst schädigt, indem er die angebotene Leistung nicht annimmt. Dabei
ist es gleichgültig, ob der Grund für seinen Verzug in einem eigenen Verschulden
liegt oder nicht. § 293 BGB stellt deshalb einzig und allein auf die Tatsache der
Nichtannahme der angebotenen Leistung, die das *Leistungshindernis* für den
Schuldner darstellt, ab.

Verzug des Gläubigers liegt vor, **wenn es allein am Verhalten des Gläubigers lag,**
daß der **leistungsbereite Schuldner** seine Leistung **nicht erbringen** kann.

Schneider S will vereinbarungsgemäß dem K um 15 Uhr einen Maßanzug bringen. K ist nicht zu Hause, er ist verreist.

Leistungsbereitschaft des Schuldners bedeutet, daß er die Leistung entsprechend dem Schuldverhältnis *angeboten* hat (§ 294 BGB).

S kommt mit dem Anzug in der Hand zu K; K hätte nur noch zuzugreifen brauchen.

Ein wörtliches Angebot genügt im Rahmen des § 295 BGB.

A und B vereinbaren, daß B das gekaufte Auto bei A holen wird. A braucht B nur noch mitzuteilen (§ 130 BGB), daß das Auto bereitsteht.

Auch das nur wörtliche Angebot entfällt, wenn die Voraussetzungen des § 296 BGB vorliegen.

A und B vereinbaren, daß B das Auto am 17. 8. holen wird.

Ein Verschulden des Gläubigers ist, wie gesagt, *nicht* erforderlich.

Kein Verzug tritt ein, wenn trotz fehlender Annahmebereitschaft des Gläubigers der Schuldner nicht hätte leisten können (§ 297 BGB),

K soll am 24. 7. zur Anprobe kommen. Er vergißt es. War der Schneider an diesem Tage verreist, kommt K nicht in Verzug

oder wenn der Gläubiger nur vorübergehend gehindert ist, die angebotene Leistung anzunehmen (§ 299 BGB).

Der Radiohändler bringt das reparierte Fernsehgerät unangemeldet zurück. Der Kunde ist gerade einkaufen gegangen. Kein Verzug. Der Händler muß nochmals kommen.

Die **Folge des Gläubigerverzugs** ist u. a. eine Haftungsbeschränkung (§ 300 Abs. 1 BGB) für den Schuldner.

Hatte der Händler H das Gerät am 15. 6. um 15 Uhr zu bringen und war der Kunde K verreist, so braucht H kein anderes Gerät zu bringen, wenn er auf dem Nachhauseweg mit seinem Fahrzeug verunglückt und das Gerät zerstört wird, sofern er am Unfall unschuldig oder ihm lediglich leichte Fahrlässigkeit vorzuwerfen ist.

Lies noch §§ 301 bis 304 BGB.

VI. Verschulden bei der Vertragsanbahnung

Ist ein Vertrag noch nicht abgeschlossen worden, bestehen aber schon *soziale Kontakte mit dem Ziel, einen Vertrag abzuschließen,* so fordern Treu und Glauben (§ 242 BGB; Kap. 14 II 5), daß keiner dem anderen schuldhaft (§ 276 Abs. 1 Satz 1 BGB) Schaden zufüge, andernfalls entsteht eine Schadensersatzpflicht[1]. Das steht zwar nicht im Gesetz, ist aber seit langem gewohnheitsrechtlich anerkannt. Man spricht hier im Anschluß an Jhering von der Haftung für *culpa in contrahendo* (= Verschulden beim Vertragsschluß). Es wird also ein vorvertraglicher Zustand ebenso behandelt, wie wenn der Vertrag bereits zustande gekommen wäre.

K erscheint im Laden des V, um ein Brot zu kaufen. Ohne Verschulden (§ 276 Abs. 1 Satz 1 BGB) bemerkt er einen auf dem Boden liegenden Putzlappen nicht, rutscht darauf aus und bricht sich ein Bein. V haftet aus § 823 BGB auf Schadensersatz (Kap. 20 I 1).

---

1 Ähnlich Fabricius, Der Rechtsfall im Privatrecht, 2. Aufl. (1972), S. 41.

Wäre V nicht im Laden, sondern ließe er sich durch einen Angestellten vertreten, könnte sich (fehlenden Organisationsmangel, für den V gem. §§ 823, 276 Abs. 1, 249 ff. BGB haften müßte, unterstellt) K an V nur aus § 831 Abs. 1 Satz 1 BGB halten. V könnte sich evtl. entlasten (§ 831 Abs. 1 Satz 2 BGB; Kap. 20 II 1), so daß dem K nur noch der Angestellte als Schuldner aus § 823 BGB zur Verfügung stünde. Behandelt man dagegen die vorvertragliche Situation analog der nach Vertragsabschluß bestehenden (von der sie sich in der Tat nur durch das Zustandekommen des Vertrags unterscheidet), so ist es zulässig, den § 278 BGB analog anzuwenden. V muß dann für seinen Angestellten gem. § 278 BGB ohne Entlastungsmöglichkeiten einstehen (Kap. 16 III). Nach Vertragsschluß müßte V wegen Schlechterfüllung (Kap. 15 IV) ebenfalls für seinen Erfüllungsgehilfen haften.

Nicht genügend ist ein lediglich sozialer Kontakt ohne das Ziel des Vertragsschlusses.

K geht in ein Kaufhaus, um sich zu wärmen, da er auf der Straße friert.

In diesen Fällen bleibt es bei den für außervertragliche Schädigungen bestehenden Vorschriften.

Zu ersetzen ist das negative Interesse (Kap. 10 IV 2 d) in Rechtsanalogie zu den §§ 122, 179, 307 BGB.

16. Kapitel

Grundlinien des Schadensersatzrechts

I. Allgemeines

Nachdem im Zusammenhang mit den Leistungsstörungen wiederholt vom Schadensersatz gesprochen worden ist, soll nun kurz dargestellt werden, worum es dabei geht.

Schadensersatz ist nicht nur bei Verletzung vertraglicher Pflichten zu leisten,

§§ 280, 325, 463 BGB usw.

das Gesetz kennt eine Schadensersatzpflicht auch im Zusammenhang mit der Verletzung allgemeiner Rechtspflichten.

A fährt B auf der Straße aus Unvorsichtigkeit an und verletzt ihn.

Es regelt *Inhalt* und *Umfang* der Schadensersatzpflicht (nicht aber deren rechtliche Grundlage!!) in den §§ 249 ff. BGB. Ausnahmen finden sich an verschiedenen Stellen des Gesetzes, z. B. in § 1298 BGB.

II. Begriffe

Schaden ist jeder Nachteil, den jemand durch ein bestimmtes Ereignis im Bereiche seiner Rechtsgüter (Person, Vermögen, Rechte) erleidet. Der Nachteil kann bei Personen oder bei Sachen eintreten, er kann das Vermögen treffen, aber auch immaterielle Werte berühren.

Bei einem Autounfall wird A schwer verletzt. Er muß im Krankenhaus liegen und verdient nichts. Seine Versicherung zahlt nicht viel, so daß er seine Rücklagen angreifen muß. Das Auto ist total zerstört. Die seelische Belastung des A ist erheblich, da er Weib und Kind hat, die hungern.

Der Nachteil, in dem der Schaden besteht, liegt in dem Unterschied zwischen der gegenwärtigen Lage des Geschädigten und derjenigen, die ohne das schädigende Ereignis jetzt vorhanden wäre.

A hätte ohne den Unfall ein intaktes Auto, er könnte weiterhin verdienen, hätte keine Schmerzen und müßte sich um seine Familie keine Sorgen machen.

Schadensersatz bedeutet den Ausgleich des erlittenen Nachteils. Er obliegt demjenigen, der den Eintritt eines zum Schadensersatz verpflichtenden Umstands (§ 249 Satz 1 BGB) herbeigeführt hat. Ob der Verpflichtete den Schaden verschuldet hat, ist nicht immer erheblich.

Vgl. §§ 823 Abs. 1 und 833 Satz 1 BGB oder 7 Abs. 1 StVG miteinander (Verschuldenshaftung einerseits, Gefährdungshaftung andererseits).

III. Wer muß Schadensersatz leisten?

1. Hat der Schuldner aus eigenem Verschulden (§ 276 Abs. 1 Satz 1 BGB; Kap. 15 I) einen Schaden verursacht (unten VI 1), so muß er dem Geschädigten Genugtuung leisten, er hat den entstandenen Schaden zu ersetzen (unten V). Vom Verschuldensprinzip weicht das Gesetz nur ausnahmsweise ab, z. B. in § 287 Satz 2 BGB beim sog. gemischten Zufall oder bei der Haftung des Tierhalters für sog. Luxustiere nach § 833 Satz 1 BGB (Kap. 20 II 3).

2. Es gibt aber Fälle, in denen sich der Schuldner zur Erfüllung seiner Verpflichtungen aus einem Schuldverhältnis der Hilfe Dritter bedient.

Der Schneidermeister läßt den bestellten Anzug durch seine Gesellen anfertigen. – Der Mieter überträgt die Ausführung der Kehrwoche einem Dienstmädchen. – Der Umzug wird mit Hilfe eines Spediteurs ausgeführt, der fünf Möbelpacker einsetzt.

Fügen diese dem Gläubiger Schaden zu, so müßte ohne entsprechende gesetzliche Bestimmung der Schuldner nur haften, wenn ihn ein Verschulden bei der Auswahl der Gehilfen träfe (Schlechterfüllung; Kap. 15 IV), denn er selbst hat ja den Schaden nicht angerichtet. Das Gesetz läßt deshalb im Rahmen des § 278 BGB den Schuldner auch dann haften, wenn nicht er, sondern sein Erfüllungsgehilfe oder sein gesetzlicher Vertreter den Gläubiger bei der Erfüllung des Schuldverhältnisses geschädigt haben.

Der Grundgedanke dieser Regelung beruht auf der Vorstellung des Gesetzgebers, daß der Schuldner nur in besonderen Fällen höchstpersönlich leisten muß (z. B. § 613 Satz 1 BGB), während er im übrigen gewissermaßen ersetzbar ist, was auch § 267 Abs. 1 Satz 1 BGB zeigt. Wenn der Schuldner also einen Gehilfen zur Erfüllung seiner Verbindlichkeiten aus dem Schuldverhältnis einsetzen darf, dann soll er das Risiko tragen und für einen Schaden so einstehen, als habe er ihn selbst schuldhaft herbeigeführt.

Die Regelung kommt ohne Belastung des Gläubigers dem Bedürfnis nach Arbeitsteilung entgegen, da der Schuldner mehr Schuldverhältnisse eingehen kann, als er selbst persönlich erfüllen könnte. Die in seinem Interesse erfolgende Einschaltung von Dritten geht aber auf seine Gefahr.

§ 278 BGB erfaßt zwei Gruppen von Hilfspersonen: den Erfüllungsgehilfen und den gesetzlichen Vertreter. Obwohl das Gesetz den Erfüllungsgehilfen an zweiter Stelle nennt, sind die Fälle, in denen der Schuldner für ihn haftet, weitaus häufiger.

a) Bei der Prüfung, ob ein Schuldner für einen **Erfüllungsgehilfen** einzustehen hat, sind folgende Voraussetzungen in der hier angegebenen Reihenfolge zu untersuchen: Der Schuldner muß gegenüber dem Gläubiger eine bestimmte *Verbindlichkeit aus einem bereits bestehenden* (rechtsgeschäftlichen [insbes. vertraglichen] oder gesetzlichen) *Schuldverhältnis* zu erfüllen haben.

> Malermeister Klexel hat das Wohnzimmer des Wochele zu tapezieren (Werkvertrag; §§ 631 ff. BGB).

Im Rahmen dieser Verbindlicheit setzt der Schuldner eine *Hilfsperson* ein, die zu ihm in rechtlicher Beziehung stehen kann, aber nicht muß. Meistens ist ersteres der Fall.

> Klexel schickt seinen Gesellen Gustav (Arbeitsvertrag; §§ 611 ff. BGB).

Der Gehilfe *verletzt* eine an und für sich dem Schuldner aus dem Schuldverhältnis gegenüber dem Gläubiger obliegende *Verhaltenspflicht*.

> Gustav läßt während der Arbeit unachtsam Tapetenkleister auf einen Schrank im Flur tropfen. Hätte Klexel das selbst getan, läge Schlechterfüllung vor.

Diese Verletzung hat einen *Schaden zur Folge.*

> Die Politur des Schranks wird beschädigt.

Die Schadenszufügung muß *rechtswidrig* sein und *schuldhaft* herbeigeführt werden.

> Natürlich darf man fremde Sachen nicht ohne Rechtfertigungsgrund (z. B. §§ 228, 904 BGB) beschädigen. Wer unachtsam ist, handelt fahrlässig (§ 276 Abs. 1 Satz 2 BGB).

Liegen diese Voraussetzungen vor, muß der Schuldner für den Erfüllungsgehilfen einstehen, ohne daß die Möglichkeit der Entlastung besteht.

> Klexel wird nicht damit gehört, daß Gustav einer seiner besten und zuverlässigsten Mitarbeiter ist.

Hätte der Schuldner selbst so wie der Gehilfe gehandelt, müßte er aus eigenem Verschulden ebenfalls haften. Da der Erfüllungsgehilfe gewissermaßen das Alter ego, das zweite Ich des Geschäftsherrn, des Schuldners, ist, werden diesem die Fehler des Erfüllungsgehilfen zugerechnet.

Merke: *Die schuldhafte Handlung des Gehilfen muß denjenigen Tatbestand erfüllen, der den Schuldner, wäre er selbst Täter, schadensersatzpflichtig machen würde.*

Der Erfüllungsgehilfe braucht nicht in einem sozialen Abhängigkeitsverhältnis zum Schuldner zu stehen oder ihm gegenüber weisungsgebunden zu sein. Es genügt, wie gesagt, eine *tatsächliche Beziehung*, auf Grund der ein Dritter mit Willen des Schuldners tätig wird.

> Auch der Freund, der das Klavier des Mieters durchs Treppenhaus befördern hilft, ist Erfüllungsgehilfe des Mieters. Beschädigt der Freund das Treppenhaus, haftet der Mieter für ihn über § 278 BGB wegen Schlechterfüllung des Mietvertrags (Verletzung einer Obhutspflicht).

Zu beachten ist, daß der Erfüllungsgehilfe den Schaden **bei der Erfüllung der Verbindlichkeit** herbeigeführt haben muß.

Merke den grundlegenden Unterschied zum Stellvertreter (§§ 164 ff. BGB): Während dieser bei der zu einer Verbindlichkeit *hinführenden Willensbildung* tätig wird, greift die Haftung für den Erfüllungsgehilfen ein, wenn es sich um die Erfüllung der *schon entstandenen Verbindlichkeit* handelt.

Hat der Gehilfe des Flaschners am Telephon als Vertreter des Meisters einen „Auftrag" angenommen, so kann er, wenn er die Ausführung der Arbeit übertragen erhält und dem Kunden Schaden zufügt, den Meister über § 278 BGB wegen Vertragsverletzung zur Schadensersatzleistung gegenüber dem Kunden verpflichten.

Bietet dagegen die Erfüllungshandlung dem Gehilfen nur die *Gelegenheit* zur Schadenszufügung, so greift § 278 BGB nicht ein. Das Wort „Erfüllung" im Begriff „Erfüllungsgehilfe" gibt einen deutlichen Hinweis auf den notwendigen *inneren* Zusammenhang zwischen dem Verhalten des Gehilfen und der dem Schuldner obliegenden Erfüllung seiner Verbindlichkeit.

Gustav stiehlt anläßlich der Tapezierarbeiten einen Armreif aus einer Schublade. Dieses Verhalten steht in keinem inneren Zusammenhang mit der Erfüllung des Werkvertrages. Die Verbindung ist rein äußerlich.

Die Haftung für den Erfüllungsgehilfen kann vertraglich ausgeschlossen werden (§ 278 Satz 2 BGB).

b) Als **gesetzliche Vertreter** kommen in Betracht die Eltern (§§ 1626 ff. BGB), der Vormund (§§ 1793 ff. BGB), der Pfleger (§§ 1909 ff. BGB), ebenso der Konkurs- und der Zwangsverwalter sowie der Testamentsvollstrecker.

c) Man beachte unbedingt, daß § 278 BGB nie eine **Anspruchsgrundlage** (Kap. 3 II 1 b) für Schadensersatzansprüche bilden kann. Er ist eine Hilfsvorschrift, die eingreift, wenn nicht der Geschäftsherr (d. h. der Schuldner der Verbindlichkeit) gehandelt hat, sondern wenn er zur Erfüllung seiner Verbindlichkeit einen Dritten als Gehilfen einsetzt oder wenn der Dritte als gesetzlicher Vertreter des Geschäftsherrn tätig wird und bei der Erfüllung dem Gläubiger ein Schaden entsteht, sofern der Gehilfe oder der gesetzliche Vertreter schuldhaft (§ 276 Abs. 1 Satz 1 BGB) handeln.

Unser Geselle Gustav, der von Maler Klexel mit der Ausführung von Malerarbeiten betraut wird, ist also Erfüllungsgehilfe. Beschädigt er mindestens fahrlässig (§ 276 Abs. 1 Satz 2 BGB) die Politur des Schranks, so haftet dafür Klexel nicht *aus*, sondern *über* § 278 BGB so, wie wenn er selbst den Schaden verursacht hätte (Schlechterfüllung des Werkvertrags).

Wegen des Verhältnisses zu § 831 BGB vgl. Kap. 20 II a. E.

IV. Wie wird Schadensersatz geleistet?

§ 249 Satz 1 BGB geht von der *Naturalrestitution* aus, d. h. es ist derjenige Zustand in natura herzustellen, der bestünde, wenn das schädigende Ereignis nicht eingetreten wäre. Das entspricht nicht der Auffassung des täglichen Lebens, das eher an Geldersatz denkt. Die Forderung nach Naturalherstellung ist nicht wörtlich zu nehmen. Vielmehr genügt die Herstellung eines gleichwertigen Zustands.

Ein gebrochener Arm kann nicht „ungebrochen" gemacht, wohl aber gut geheilt werden. Ein zerbeulter Kotflügel kann zwar ausgeklopft, eine zerbrochene Windschutzscheibe aber nur ersetzt werden.

Statt der Herstellung kann der Gläubiger *Geldersatz* verlangen (§ 249 Satz 2 BGB). Gleiches gilt, wenn die Herstellung nicht möglich oder als Entschädigung unzulänglich ist (§ 251 Abs. 1 BGB).

> Aus Fahrlässigkeit des L ist das von V entliehene Buch verbrannt. Ist kein Ersatzexemplar mehr aufzutreiben, muß sich V mit Geldersatz begnügen.

Immaterieller Schaden wird vom Gesetz nicht generell, sondern nur in den besonders dafür vorgesehenen Fällen ersetzt (§ 253 BGB). Es geht um die §§ 847 und 1300 BGB. Dazu kommt nach der vom Bundesverfassungsgericht gebilligten Rechtsprechung des Bundesgerichtshofs bei schwerer Verletzung des allgemeinen Persönlichkeitsrechts (Kap. 20 I 1) eine Geldbuße. (Es handelt sich dabei um eine verfassungskonforme Korrektur des BGB.)

V. Der Umfang des Ersatzes

Ohne Rücksicht darauf, welcher Verschuldensgrad (§ 276 Abs. 1 Satz 1 BGB) beim Schuldner vorliegt, hat er den entstandenen Schaden *voll* zu ersetzen. Es ist also soweit als möglich derjenige Zustand herzustellen, der ohne das schädigende Ereignis bestehen würde. Der Gläubiger darf jedoch keinen Vorteil haben, d. h. nicht besser stehen, als er ohne das schädigende Ereignis stünde; er soll aus seinem Schaden kein Geschäft machen. Das schließt aber nicht aus, daß der unter normalen Umständen erzielte Gewinn zu ersetzen ist (§ 252 BGB).

> Kann A nachweisen, daß er während seines Krankenhausaufenthalts fünf Abschlüsse mit einem Gewinn von 3000 DM hätte machen können, so ist der Betrag zu ersetzen.

Die *Bemessung des Schadens* erfolgt nicht nach der besonderen Bedeutung der Sache für den Gläubiger,

> Student S zerschlägt ungeschickterweise eine Vase in seiner „Bude"; die Wirtin ist empört, weil es sich um ein Geschenk der hochgeschätzten und inzwischen verstorbenen Tante Eulalia handelt; sie will 500 DM

sondern nach dem gemeinen Wert.

> Man muß also feststellen, was eine Vase von der Art der zerschlagenen üblicherweise kostet. Die Wirtin bekommt demnach u. U. nur 5 DM.

Der Geschädigte hat zu *beweisen*, daß der Inanspruchgenommene den Schaden verursacht hat, er muß auch die Höhe des Schadens beweisen. Jedoch sieht § 287 ZPO eine Schadensschätzung durch das Gericht vor, da sich der entstandene Nachteil nicht immer ohne weiteres bis auf den Pfennig ausrechnen läßt.

VI. Die Grenzen der Schadensersatzpflicht

Nicht jeder Schaden, der entstanden ist, muß von einem Dritten ersetzt werden. Die Grenze zwischen ersetzbarem und nicht ersetzbarem Schaden findet die Rechtswissenschaft in der Lehre vom adäquaten Kausalzusammenhang (1.). Daneben gibt es andere Beschränkungen der Schadensersatzpflicht (2.).

1. **Kausalzusammenhang** bedeutet, daß zwischen dem Eingriff in die fremde Rechtssphäre und dem entstandenen Schaden ein ursächlicher Zusammenhang bestehen muß. Logischerweise besteht der Zusammenhang immer dann, wenn ohne

das Ereignis der Schaden nicht eingetreten wäre. Mit diesem natürlichen Zuammen-hang kann der Jurist aber nichts anfangen.

> Hat A die Fensterscheibe des B eingeschlagen, so hat A freilich die Ursache gesetzt, ohne die der Schaden nicht eingetreten wäre. Wäre aber A nicht geboren worden, so hätte er die Scheibe nicht einschlagen können. Und hätte der Großvater des A nicht A's Vater gezeugt, dann ... usw. A könnte also letztlich auf höhere Urzeit-Primaten oder auf Adam und Eva verweisen und sie verantwortlich machen, ein Ergebnis, das B als Fopperei ansehen würde.

Im Rechtssinn besteht ein Kausalzusammenhang zwischen dem Ereignis und dem Erfolg dann, wenn ersteres generell geeignet war, den Erfolg herbeizuführen: *adäquater (angemessener) Kausalzusammenhang.* Es kommt also darauf an, ob nach allgemeiner Lebenserfahrung (auf Grund einer objektiven nachträglichen Prognose) das Ereignis geeignet ist, den konkreten Erfolg zu verursachen. Handelt es sich um eine Unterlassung,

> die Mutter nährt den Säugling nicht; der Hauseigentümer streut trotz Glatteis den Gehweg nicht

so ist zu fragen, ob der Erfolg bei zumutbarem Tätigwerden vermieden worden wäre.

> Wäre der Säugling bei ordentlicher Betreuung (§§ 1610, 1631 BGB) nicht gestorben? Wäre der Passant auf dem gestreuten Gehweg nicht ausgeglitten und gestürzt?

Die Zahl der Glieder der *Kausalkette* ist nicht wichtig. Wesentlich ist der adäquate Kausalzusammenhang zwischen ihnen.

> A schießt auf B und verletzt ihn. B muß ins Krankenhaus. Dort stirbt er an einer grassierenden Grippe. Daß man sich im Krankenhaus ansteckt, liegt nicht außerhalb jeder Lebenserfahrung. A muß für den Tod des B einstehen (§ 844 BGB!).

2. Neben diesen sich aus dem Wesen des Kausalzusammenhangs ergebenden *Schranken* der Schadensersatzpflicht gibt es gesetzliche Schranken.

Nicht selten kommt es vor, daß ein Schaden nicht allein vom Schädiger verursacht wird, sondern daß der Geschädigte, „mitgeholfen" hat.

> A geht auf dunkler Landstraße in schwarzer Kleidung auf der rechten Straßenseite. B sieht ihn aus Nachlässigkeit zu spät und überfährt ihn mit seinem Auto.

In solchem Falle wäre es unbillig, ihm den vollen Ersatz des entstandenen Schadens zuzusprechen. Sein Verhalten muß bei der Bemessung des Schadensersatzes berück-sichtigt werden.

§ 254 BGB trifft die entsprechende Regelung. Dabei wird danach unterschieden, ob „bei der Entstehung des Schadens" ein Verschulden des Geschädigten *mitwirkt* (§ 254 Abs. 1 BGB) oder ob das Verschulden des Geschädigten dem Schaden vorausgeht (§ 254 Abs. 2 Satz 1 1. Hs. BGB) oder ihm nachfolgt (§ 254 Abs. 2 Satz 1 2. Hs. BGB). Es kommt nicht darauf an, ob der Schuldner aus Vertrag, unerlaubter Handlung (§ 823 BGB) oder aus Gefährdungshaftung (etwa § 7 Abs. 1 StVG) haftet.

Mit dem „Verschulden" meint § 254 BGB nicht das Verschulden des § 276 Abs. 1 Satz 1 BGB, denn der Geschädigte, der sich selbst schädigt, hat keine Rechtspflicht, sich vor Schaden zu bewahren. Gleichwohl ist normale Verschul-densfähigkeit vorausgesetzt, so daß ein fünfjähriges Kind bei der Anwendung des § 254 BGB nicht in Frage kommt.

17. Kapitel

Der Kaufvertrag

I. Allgemeines

Der Kauf ist das wichtigste Geschäft des Wirtschaftslebens. Im Gegensatz zum Tausch dient er dem Güterumsatz nicht durch Austausch von Waren, sondern durch Leistung von Waren gegen Geld, wobei unter Waren sowohl Sachen als auch Rechte zu verstehen sind.

Als *gegenseitiger* Vertrag unterliegt er nicht nur den Sonderbestimmungen der §§ 433 ff. BGB, sondern auch den allgemeinen Vorschriften der §§ 320 ff. BGB. Er ist Verpflichtungsgeschäft, hat daher keine dingliche Wirkung.

> Mit dem Abschluß des Kaufvertrages über ein Buch wird der Verkäufer erst verpflichtet, das Eigentum zu übertragen, es geht noch nicht mit Vertragsabschluß auf den Käufer über.

Die Einhaltung einer bestimmten *Form* ist grundsätzlich nicht vorgeschrieben. Gewisse wichtige Kaufverträge müssen aber notariell beurkundet werden, so der Kauf eines Grundstücks (§ 313 BGB) und der Erbschaftskauf (§ 2371 BGB).

II. Wesen

1. Beim Kaufvertrag verpflichtet sich der **Verkäufer**, dem Käufer einen *Vermögensgegenstand* (die Leistung) gegen Zahlung von *Geld* (die Gegenleistung) zu übergeben (§ 854 BGB) und, evtl. nebst Zubehör (§ 314 BGB), zu übereignen (§§ 873, 925; 929 ff. BGB; vgl. dazu Kap. 22 II 2) oder zu übertragen (§ 398 BGB; Kap. 14 III 4). *Objekt des Kaufvertrags* ist eine Sache (§§ 433 Abs. 1 Satz 1, 90 BGB) oder ein Recht (§ 433 Abs. 1 Satz 2 BGB). Das Gesetz geht vom Stückkauf aus. Für den Gattungskauf vgl. § 480 BGB. Besonders erwähnt das Gesetz den Erbschaftskauf (§ 2371 BGB). Für den Handelskauf bringt das Handelsgesetzbuch einige Sondervorschriften (§§ 343 ff., 373 ff. HGB).

Über den Wortlaut des Gesetzes hinaus kann Objekt des Kaufvertrags alles sein, was *Vermögenswert* hat,

> ein ganzes Unternehmen, ein Landgut, der sog. goodwill eines Betriebs, Betriebsgeheimnisse

wobei zu beachten ist, daß der Kaufvertrag den Vermögenskomplex als solchen erfassen darf,

> im Vertrag genügt zur Bezeichnung des Objekts z. B. die Wendung „die Bibliothek des (Verkäufers) in seinem Hause Goethestr. 20 in Adorf"

während die Eigentumsübertragung nur bzgl. jedes einzelnen Gegenstandes (zum Begriff vgl. Kap. 9 I) möglich ist (Kap. 10 I 2 vor c).

> Jede Maschine einer Fabrik, jedes Buch einer Bibliothek muß für sich übergeben und übereignet (§§ 929 ff. BGB), jede Forderung des Verkäufers für sich abgetreten werden (§§ 398 ff. BGB).

Den Verkäufer trifft also eine *Rechtsverschaffungspflicht*. *Rechte* und Schein-rechte Dritter, die das Eigentum beeinträchtigen, hat er zu *beseitigen* (§§ 434 ff. BGB); das Kaufobjekt soll lastenfrei übertragen werden. Dennoch ist die Übernahme von Lasten nicht ausgeschlossen.

> Jemand erwirbt ein mit einer Hypothek belastetes Grundstück. Er übernimmt die Hypothek unter Herabsetzung des Kaufpreises. Hier wird § 434 BGB durch Parteiver-einbarung ausgeschaltet. – Wegen der Hypothekenübernahme vgl. noch § 416 BGB.

> V hat sein Auto dem D zur Sicherheit für ein Darlehen übereignet (Kap. 22 II 1). Verkauft er es dem K, so kann er es ihm nur übereignen, wenn er das Sicherungseigen-tum des D beseitigt. Andernfalls kann er den Kaufvertrag nicht voll erfüllen (§ 433 I 1 BGB). Wegen der Folgen vgl. §§ 440 I, 320 bis 327 BGB.

2. Die Hauptpflicht des **Käufers** besteht in der Zahlung des Kaufpreises (§ 433 Abs. 2 BGB), d. h. in der Übereignung (§ 929 BGB) der einzelnen Geldstücke oder -scheine. Die Abnahme der Sache kann Hauptpflicht sein,

> das per Schiff gelieferte Getreide ist alsbald auszuladen, da das Schiff gebraucht wird

ist meist aber Nebenpflicht. Das ist wichtig wegen der Anwendung des § 326 BGB bzgl. der Abnahme, da sich diese Bestimmung nur auf Hauptpflichten bezieht.

III. Die Haftung für Rechtsmängel

Die unter II 1 genannte Rechtsverschaffungspflicht ergibt sich aus § 433 Abs. 1 BGB: Der Verkäufer hat dem Käufer das Eigentum an der Kaufsache zu verschaffen. Dabei bedeutet Eigentum das uneingeschränkte (also nicht mit Rechten Dritter belastete) Eigentum. Außerdem hat der Verkäufer dem Käufer den Besitz zu verschaffen. Erfüllt der Verkäufer seine Rechtsverschaffungspflicht nicht, liegt also ein Rechtsmangel vor, so bleibt die Leistung des Verkäufers hinter einer vollständi-gen Erfüllung seiner Verpflichtung zurück.

> A verkauft B ein Auto, das dem C gehört. Der Kaufvertrag ist gültig. Nur kann A solange nicht erfüllen, als er nicht Eigentümer geworden ist.

> A hat sein Auto an B vermietet. Verkauft er es an C, so kann er ihm nur mittelbaren Besitz (unten Kap. 22 I 1) verschaffen, solange der Mietvertrag dauert.

Eine verkaufte Forderung ist abzutreten (§§ 398 ff. BGB), § 433 Abs. 1 Satz 2 BGB.

Darüber hinaus findet man weitere Verpflichtungen des Verkäufers in den §§ 434 bis 437 und 439 BGB. Danach hat der Verkäufer das Recht lastenfrei zu übertragen (§ 434 BGB), im Grundbuch eingetragene, aber nicht bestehende Rechte, auf seine Kosten löschen zu lassen (§ 435 BGB) u. a. m.

Beim Rechtskauf haftet der Verkäufer für den Bestand des von ihm verkauften Rechts und der von ihm verkauften Forderung (Haftung für die Verität): § 437 Abs. 1 BGB. Ohne diese Ausnahmeregelung müßte § 306 BGB angewandt werden, die Haftung des Verkäufers ergäbe sich aus § 307 BGB.

Verletzt der Verkäufer seine Rechtsverschaffungspflicht,

> er kann das Eigentum nicht übertragen; die abgetretene Forderung oder das übertra-gene Patentrecht bestehen nicht

so gibt § 440 Abs. 1 BGB dem Käufer die Rechte aus den §§ 320 bis 327 BGB. Bei beweglichen Sachen sind die Abs. 2 bis 4 des § 440 BGB zu beachten.

V hat dem D dessen Auto gestohlen. Er verkauft es dem K, der es mit Gewinn weiterverkaufen will. Zuvor jedoch erfährt er von dem Diebstahl und gibt das Auto dem D heraus. Auf Grund des wirksamen Kaufvertrags ist V verpflichtet, das Auto dem K zu übereignen (§ 433 Abs. 1 Satz 1 BGB). Das kann er nicht, denn an gestohlenen Sachen kann K kein Eigentum erwerben (§ 935 BGB; Kap. 22 II 2 b β). Es handelt sich bei V um eine anfängliche subjektive Unmöglichkeit (D könnte veräußern), also um einen Rechtsmangel. Die Rechtsfolgen ergeben sich bei beweglichen Sachen – dem Auto – aus § 440 Abs. 1 und 2 BGB. (Hier ist gewissermaßen die Weiche, über die man von den Sondervorschriften über den Kauf in den allgemeinen Teil des Schuldrechts gelangt, soweit es die Haftung für Rechtsmängel angeht.) § 440 Abs. 1 BGB verweist auf die §§ 320 bis 327 BGB. Da K gewinnbringend verkaufen wollte, wird er an § 325 Abs. 1 Satz 1 BGB denken. Diese Bestimmung paßt zwar nicht genau, weil sie sich auf die *nachträgliche* vom Schuldner zu vertretende Unmöglichkeit bezieht. Hier dagegen liegt eine anfängliche Unmöglichkeit vor. § 440 Abs. 1 BGB enthält aber eine Rechts*folgen*verweisung, so daß V selbst ohne Verschulden auf Schadensersatz in Form des entgangenen Gewinns (§ 252 BGB) haften müßte. Wegen der anfänglichen subjektiven Unmöglichkeit vgl. Kap. 15 II 1 b.

IV. Die Gefahrtragung

Wurde bei der Anwendung des § 243 Abs. 2 BGB (oben Kap. 15 II 3) gefragt, ob der Schuldner bei zufälligem Untergang der Sache nochmals liefern müsse (Leistungsgefahr),

A soll dem B ein neues Auto liefern. Bevor das geschehen kann, verbrennt es durch Zufall

so geht es hier um das Problem, ob der Käufer den Kaufpreis zahlen muß, ohne den Gegenwert zu bekommen oder zu behalten *(Preisgefahr, Gegenleistungsgefahr)*.

A kauft bei B ein Fahrrad, das er gleich mitnimmt. Er will es vereinbarungsgemäß in einer Woche bezahlen. Bis dahin soll B Eigentümer bleiben (Eigentumsvorbehalt). Auf dem Nachhauseweg wird A unverschuldet in einen Verkehrsunfall verwickelt, bei dem das Fahrrad zerstört wird. Muß er zahlen, obwohl B das Fahrrad nicht mehr in vertragsmäßigem Zustand übereignen kann?

Die Frage der Preisgefahr stellt sich nicht beim Barkauf und nicht nach Zahlung des Kaufpreises, sondern *nur, wenn die Voraussetzungen des § 323 BGB gegeben sind, wenn also keine der Parteien am Unmöglichwerden der Leistung ein Verschulden trifft, und gefragt wird, ob der Käufer zahlen muß.*

B kann A das Eigentum am Fahrrad nach dessen Zerstörung nicht mehr verschaffen (§ 433 Abs. 1 Satz 1 BGB), wird mangels Verschuldens aber nach § 275 BGB frei (unten IV). A würde nach §§ 433 Abs. 1 Satz 1, 440 Abs. 1, 323 Abs. 1 BGB von der Pflicht, den Kaufpreis zu zahlen, frei, da er am Unfall unschuldig ist.

Für diesen Fall geht die Gefahr des zufälligen (Kap. 15 II 1 b) Untergangs (das Risiko, den Kaufpreis zahlen zu müssen, ohne die Ware zu er- oder zu behalten) oder der zufälligen Verschlechterung der Kaufsache auf den Käufer über (§ 446 BGB). Wirtschaftlich gesehen, befindet er sich von der Übergabe ab in der Lage eines Eigentümers, es ist daher billig, ihm die sich in seiner Sphäre ereignenden Zufälle zuzurechnen. *Die Regelung über die Preisgefahr ist also eine Ausnahme von § 323 BGB.*

Für den Fall des **Versendungskaufs** trifft das Gesetz ergänzend zu § 446 BGB eine weitere Regelung über den Gefahrübergang (§ 447 BGB). Es handelt sich dabei um die Frage, wer die Preisgefahr trägt, wenn der Verkäufer die Sache auf Verlangen des Käufers an einen anderen Ort als den Erfüllungsort versendet und auf dem Transport die Ware zufällig (also ohne Verschulden der Vertragsparteien) untergeht.

> K aus Leonberg kauft anläßlich eines Kongresses in Göttingen eine noch im Schaufenster befindliche Vase, die ihm zugeschickt werden soll. Wohlverpackt kommt das schöne Stück auf die Bahn. Beim Auspacken stellt K entsetzt fest, daß er nur noch Scherben bekommt. Soll der Verkäufer nochmals liefern? Muß K notfalls zahlen, ohne etwas erhalten zu haben? – Da nach dem Vertrag der Verkäufer die Vase dem Käufer zusenden sollte, hat er mit der Übergabe an die Bahn alles getan, was zu tun war. Aber kann K etwas dafür, daß die Bahn offenbar unachtsam mit dem Paket umgegangen ist?

Das Gesetz stellt in § 447 BGB auf den Zeitpunkt der Übergabe an die mit dem Transport beauftragte Person (Spediteur) oder Anstalt (Post, Eisenbahn) ab, wobei wohl ein vom Verkäufer verschiedener Transporteur gemeint sein dürfte (str.). Von da ab trägt der Käufer die Preisgefahr, d. h., er muß zahlen, obwohl er u. U. gar nichts bekommt.

> Da der Verkäufer in Übereinstimmung mit K die Vase per Bahn – gut verpackt – versandt hat, trifft ihn an dem Schaden kein Verschulden, er hat auch seinen Vertrag erfüllt. Die noch fehlende Übereignung (§ 433 Abs. 1 BGB) kann daher unterbleiben (§ 275 BGB). Auch K ist an dem Unmöglichwerden der Leistung des Verkäufers (Übereignung) nicht schuldig. Trotzdem aber trägt er nach § 447 Abs. 1 BGB die Gefahr des zufälligen Unterganges. K muß also den Kaufpreis bezahlen (§ 433 Abs. 2 BGB). Dieses Ergebnis ist unbefriedigend: K hat einen Schaden, kann ihn aber gegenüber der Bahn nicht geltend machen, weil er zu ihr in keinem Vertragsverhältnis steht und sein Eigentum nicht verletzt worden ist (Eigentümer bleibt bis zur Übereignung – § 929 BGB – der Verkäufer; Kap. 22 II 2 b α), der Verkäufer könnte sich zwar gegenüber der Bahn auf Verletzung seines Eigentums berufen, da er aber den Kaufpreis erhält, hat er keinen Schaden. Damit K den Kaufpreis nicht umsonst gezahlt hat, gibt man ihm im Wege der sog. *Schadensliquidation im Drittinteresse* das Recht, vom Verkäufer Abtretung seines Anspruchs gegen die Bahn zu verlangen (§§ 398 ff. BGB). Auch kann der Verkäufer den Schaden des K der Bahn gegenüber geltend machen. (Ein gesetzliches Beispiel für diese Drittschadensliquidation bietet § 701 Abs. 1 BGB: Hat ein Gast eine geliehene Sache eingebracht, kann *er* bei Verlust den [dem Verleiher] entstandenen Schaden geltend machen.)

Das Wort „Versendungskauf" darf nicht dazu verleiten, immer dann, wenn eine Ware versandt wird, gleich an die Anwendung des § 447 BGB zu denken. Wird etwa die Ware schlecht verpackt auf den Weg gebracht und geht sie auf dem Transport deswegen verloren, so beruht dies regelmäßig auf einem Verschulden des Verkäufers. Dann kann § 447 BGB nicht angewandt werden, weil er den *zufälligen* Untergang oder die *zufällige* Verschlechterung der Sache voraussetzt. (Der Gefahrbegriff des § 447 BGB ist derselbe wie in § 446 BGB!) In diesen Fällen kann es darauf ankommen, ob der Verkäufer auf Schadensersatz haftet oder ob er nochmals eine gleichartige Sache liefern muß (§ 279 BGB!).

V. Die Haftung für Sachmängel

Im Gegensatz zum Rechtsmangel geht es hier um das Auseinanderfallen der tatsächlichen Verhältnisse mit den nach dem Vertrag vorausgesetzten. Rechtlich ist der Vertrag in Ordnung, die Sache ist aber mangelhaft.

A verkauft B eine Vase. Er hat sie ordnungsgemäß übergeben und übereignet, die Vase hat aber einen Sprung.

Unter einem Sachmangel versteht das Gesetz (§ 459 Abs. 1 BGB) einen *Fehler*, der den Wert oder die Tauglichkeit zu dem gewöhnlichen oder dem nach dem Vertrag vorausgesetzten Gebrauch aufhebt oder mindert, wobei eine unerhebliche Minderung nicht ins Gewicht fällt (§ 459 Abs. 1 Satz 2 BGB).

Der gekaufte Schrank hat schiefe Türen und läßt sich nicht schließen. – Der Schrank hat an der Rückseite eine winzige Schramme.

Zum Mangel gehören ferner alle Abweichungen der Sache von *zugesicherten Eigenschaften* (§ 459 Abs. 2 BGB).

A versichert B, der Motor des verkauften Autos habe eine Betriebsleistung von 20000 km. In Wirklichkeit sind es 120000 km.

Aber: A erklärt dem B, der zum Kauf in Aussicht genommene Anzug sei „unverwüstlich". Hier handelt es sich um reklamehafte Anpreisungen, die man nicht wörtlich nehmen darf.

Der *Umfang der Haftung* ist verschieden. Bei Zusicherung bestimmter Eigenschaften und bei arglistigem Verschweigen von Fehlern (dem die arglistige Zusicherung der Fehlerfreiheit gleichsteht) haftet der Verkäufer entweder für sein Verschulden oder im Rahmen der Zusicherung (§ 463 BGB). Bei Mangelhaftigkeit der Sache haftet er im Rahmen des § 462 BGB. Man beachte, daß das Wort „vertreten" hier nicht im technischen Sinne gemeint ist (§ 276 Abs. 1 Satz 1 BGB), sondern nur sagen will, daß die Voraussetzungen der §§ 459, 460 BGB gegeben sein müssen. Die Gewährleistung für Sachmängel ist nämlich vom Verschulden des Verkäufers unabhängig. Es handelt sich um eine Haftung dafür, daß sich die Sache in einem Zustand befindet, der keinen Mangel i. S. des § 459 BGB erkennen läßt. Da es aufs Verschulden des Verkäufers nicht ankommt, ist seine Haftung gemildert: Er bekommt entweder die Sache zurück und erstattet den Kaufpreis zurück *(Wandelung)* oder er muß eine Herabsetzung des Kaufpreises hinnehmen *(Minderung)*. Bei einem Gattungskauf kann der Käufer die Lieferung einer mangelfreien Sache verlangen (§ 480 BGB). Die Konzentration der Gattungsschuld (§ 243 Abs. 2 BGB) tritt hier nicht schon mit der Aushändigung der Sache durch den Verkäufer ein, sondern erst, wenn sich ergibt, daß die Sache mangelfrei ist. Denn bei der Gattungsschuld hat der Verkäufer erst dann das zur Leistung seinerseits Erforderliche getan, wenn er eine einwandfreie Sache liefert. Damit hat der Käufer, wenn er sich für Wandelung oder Minderung entscheidet, die Möglichkeit in der Hand, die Konkretisierung herbeizuführen.

K kauft bei V die Erzählungen von S. Lenz. Es stellt sich heraus, daß ein Bogen verheftet ist. K kann das Buch zurückgeben und ein einwandfreies verlangen. Er kann aber auch sein Geld verlangen und das Buch zurückgeben (Wandelung).

Kennt der Käufer den Mangel, so ist die Haftung ausgeschlossen (§ 460 Satz 1 BGB). Wegen grob fahrlässiger Unkenntnis des Käufers vgl. § 460 Satz 2 BGB.

Der Erfüllungsanspruch ist durch *§ 463 BGB* ausgeschlossen, weil dieser dem Käufer nur einen Anspruch auf Schadensersatz wegen Nichterfüllung gibt. Das bedeutet, daß er (a) die Sache behalten und den Minderwert verlangen oder (b) die Sache zurückgeben und Ersatz des durch die unterbliebene Ausführung des

Vertrages entstandenen Schadens verlangen kann, z. B. die Rückzahlung des Kaufpreises. Streitig ist die Beantwortung der Frage, ob der Schadensersatz nach § 463 BGB auch die sog. *Mangelfolgeschäden* umfaßt.

> A will eine Zwischendecke in einem Gebäude einkleben. Er bestellt bei B ein Klebemittel, B weiß, zu welchem Zweck es gekauft wird. Hier hat der BGH angenommen (§ 157 BGB), daß mit der Zusicherung einer Eigenschaft (Klebefestigkeit) auch die Haftung für Mängelfolgeschäden übernommen worden war. Aus der Zusicherung haftet B gem. § 463 BGB auf Schadensersatz ohne Rücksicht auf sein Verschulden (§ 276 Abs. 1 Satz 1 BGB). Folgt man dieser Auffassung nicht, so muß man mit Schlechterfüllung (Kap. 15 IV) zu helfen versuchen. Hier aber wird Verschulden gefordert!

Im Interesse des Rechtsfriedens hat das BGB kurze *Verjährungsfristen* für Sachmängel eingeführt: § 477 BGB.

> Beim Kauf einer Vase z. B. hat man folgende Verjährungsfristen zu unterscheiden:
> Erfüllungsanspruch: 30 Jahre (§ 195 BGB),
> Kaufpreisanspruch: 2 Jahre (§ 196 Abs. 1 BGB),
> Mängelgewährleistungsansprüche: 6 Monate (§ 477 BGB).

Im Falle der arglistigen Täuschung (§ 463 Satz 2 BGB) verjähren die Ansprüche nach 30 Jahren.

VI. Der Kauf unter Eigentumsvorbehalt

Dem Schutz des Verkäufers bei Überlassung des Kaufobjekts an den Käufer vor vollständiger Bezahlung des Kaufpreises dient der Eigentumsvorbehalt. Nach § 455 BGB bedeutet er (gesetzliche Auslegungsregel!), daß bei einem unbedingt abgeschlossenen Kaufvertrag die Parteien vereinbaren, der Eigentumsübergang solle aufschiebend bedingt (§ 158 Abs. 1 BGB) durch die vollständige Zahlung des Kaufpreises sein. Der Käufer erwirbt also das Eigentum erst, wenn das der Fall ist. Bis dahin hat er eine Anwartschaft, die seine Aussicht auf den Erwerb des Eigentums sichert. Seine Gläubiger können auf die Sache nicht greifen, wohl aber ist die Anwartschaft pfändbar (§ 857 ZPO; Kap. 42 B II 2).

> Der Eigentumsvorbehalt wird heute regelmäßig bei Ratenzahlungsgeschäften vereinbart.

18. Kapitel

Miete und Pacht

1. Der Mietvertrag. Die Regelung des BGB hat im Lauf der Jahre mancherlei Änderungen erfahren. Das zur Zeit geltende Mietrecht ist im großen und ganzen mieterfreundlich, wenn auch manche im Hinblick auf die vom Grundgesetz geforderte Sozialstaatlichkeit noch Wünsche haben. Da es sich beim Mietrecht im wesentlichen um nachgiebiges[1] Recht handelt, werden manche dem Mieter günsti-

---

1 Zwingendes Recht sind diejenigen Vorschriften, die der Parteivereinbarung entzogen sind, z. B. die Vorschriften über die Geschäftsfähigkeit; nachgiebiges Recht dagegen ist abdingbar, z. B. § 551 BGB.

gen Bestimmungen im Wege der Privatautonomie (Einheitsmietvertrag) beseitigt. Hier behandeln wir das Mietrecht, wie es sich aus dem Gesetz ergibt.

a) Nach § 535 BGB besteht das *Wesen* des Mietvertrags in der Überlassung der gemieteten Sache zum Gebrauch für eine bestimmte oder unbestimmte Zeit, wofür der Mieter einen Mietzins zu entrichten hat. Die schlichte Gebrauchsüberlassung macht den Unterschied zwischen Miete und Pacht aus, denn bei der Pacht zieht der Pächter auch die Früchte der Sache (§ 100 BGB).

> Mietet ein Bäcker leere Räume und richtet er sie als Bäckerei ein, ist er Mieter. Betreibt er eine bereits eingerichtete Bäckerei, ist er Pächter.

Mit der Gebrauchsüberlassung wird der Mieter unmittelbarer, der Vermieter mittelbarer Besitzer (§ 868 BGB; Kap. 22 I 1). Eingriffe in den Besitz des Mieters sind Besitzstörung (Kap. 22 I 3). Das gilt auch für den Vermieter.

> Der Vermieter hat grundsätzlich keinen Anspruch auf Zweitschlüssel, er hat in der Wohnung des Mieters ohne dessen Erlaubnis nichts verloren. Leider sind viele Mieter insoweit über ihre Rechte völlig im unklaren. So konnte es einmal passieren, daß eine Mieterin ihre Schränke nicht abschloß, weil der Vermieter es mit der Begründung, er habe keine Nachschlüssel dazu, verboten hatte.

Der Mietzins besteht regelmäßig in Geld, kann aber auch z. B. in Form von Dienstleistungen erbracht werden.

> Hausmeister mit Wohnung.

Der Mietzins ist nach dem Gesetz im nachhinein (postnumerando) zu zahlen (§ 551 BGB). Vertraglich wird fast immer Zahlung im voraus (praenumerando) vereinbart. Wenn der Mieter an der Benützung der Mietsache verhindert ist, muß er den Mietzins grundsätzlich trotzdem zahlen (§ 552 Satz 1 BGB).

b) Der *Vermieter* hat die Mietsache während der Dauer des Mietverhältnisses in einem *vertragsmäßigen Zustand* zu erhalten (§ 536 BGB). Die Gefahr des zufälligen Untergangs oder der zufälligen Verschlechterung der Mietsache trägt der Vermieter.

Ist die Mietsache *mangelhaft* (der Fehlerbegriff deckt sich mit dem beim Kauf; Kap. 17 V), so mindert sich der Mietzins kraft Gesetzes in entsprechendem Maße (§ 537 Abs. 1 BGB). Damit ist dem Mieter aber dann nicht voll geholfen, wenn ihm der Mangel einen *Schaden* zugefügt hat. Für diesen Fall sieht § 538 Abs. 1 BGB drei Möglichkeiten vor: Der Mangel (im Sinne des § 537 Abs. 1 Satz 1 BGB) war schon beim Abschluß des Vertrages vorhanden; der Mangel ist nach Vertragsabschluß infolge eines Verschuldens (§ 276 Abs. 1 Satz 1 BGB) des Vermieters entstanden; der Vermieter ist mit der Beseitigung des Mangels im (Schuldner-)Verzug (§ 284 BGB). In jedem Falle ist der Vermieter dem Mieter (auch für Folgeschäden!) schadensersatzpflichtig, wobei im ersteren Falle eine sog. Garantiehaftung gegeben ist: Der Vermieter haftet ohne Verschulden!

> M mietet von V am 2. 10. ein Auto. Ist es bereits defekt, so daß M unterwegs deswegen verunglückt, so haftet ihm V in jedem Falle auf Ersatz des Schadens. Wird das Auto erst nach Abschluß des Vertrags, bevor es M holen kann, defekt, so haftet ihm V nur, wenn ihn ein Verschulden an dem Mangel trifft.

Den Sachmängeln werden die Rechtsmängel gleichgestellt (§ 541 BGB).

> A vermietet zunächst an B, dann an C, der vor B einzieht. Wegen des Besitzrechts des C ist B am Einzug gehindert. A ist ihm schadensersatzpflichtig.

Der *Mieter* darf nur *den dem Vertrag entsprechenden Gebrauch* von der Mietsache *machen.*

Trotz vorhandener Waschküche wäscht M die Wäsche in der Badewanne. Das ist nicht erlaubt.

Verhält er sich trotz Abmahnung vertragswidrig, so kann der Vermieter auf Unterlassung klagen (§ 550 BGB).

V schreibt M, er verbiete ihm das Waschen von Wäsche in der Badewanne und verweist auf die Waschküche. Kümmert sich M nicht darum, so kann er auf Klage des V zur Unterlassung verurteilt werden. Die Vollstreckung des Urteils richtet sich nach § 890 ZPO (Beugestrafen in Geld oder Haft).

Liegt erheblicher vertragswidriger Gebrauch vor, kann der Vermieter fristlos kündigen (§ 553 BGB). Das gleiche Recht hat er bei Mietzinsrückständen (§ 554 BGB) und bei erheblichen Belästigungen durch den Mieter (§ 554a BGB).

Man beachte die Abstufung der Mittel (Abmahnung – Unterlassungklage – fristlose Kündigung)! Niemand soll mit Kanonen auf Spatzen schießen (Grundsatz der Verhältnismäßigkeit!).

Bei der Heimmiete, die eine Sonderstellung innerhalb des Mietrechts einnimmt, weil sie ein besonders enges Verhältnis zwischen Mieter und Vermieter schafft, ist gegenseitige Rücksichtnahme in erhöhtem Maße geboten (§ 242 BGB!).

Klavierspiel, Reinigung gemeinsam benützter Räume, Hausordnung.

c) Wegen seiner Ansprüche aus dem Vertrag hat der Vermieter ein gesetzliches Pfandrecht, das sog. *Vermieterpfandrecht* (§§ 559 ff. BGB). Es erstreckt sich auf die dem Mieter gehörenden, in die Wohnung eingebrachten Sachen, soweit sie pfändbar sind, und kann im Wege der Selbsthilfe ausgeübt werden.

V kann beim Auszug des M den Flügel zurückhalten, um sich wegen Mietzinsforderungen gegen M zu sichern, wenn M nicht gerade Klavierlehrer ist und daher das Instrument zur Berufsausübung braucht.

d) Das Mietverhältnis *endet* durch Zeitablauf, durch ordentliche Kündigung (§§ 564a, 565 ff. BGB) oder durch fristlose Kündigung (§§ 553 ff. BGB).

Gegenüber der ordentlichen Kündigung hat der Mieter ein *Widerspruchsrecht* (§ 556a BGB; sog. Sozialklausel), das vertraglich nicht ausgeschlossen werden darf. Der Sinn der „Sozialklausel" ist es, unangemessene Härten, die mit der Kündigung verbunden sein können, zu vermeiden.

Der Vermieter kündigt einem hochbetagten Ehepaar. Die Verwurzelung mit der bisherigen Umgebung kann die Kündigung unzumutbar erscheinen lassen.

Das Gericht kann eine Fortsetzung des Mietverhältnisses auf bestimmte oder unbestimmte Zeit anordnen (§ 556a Abs. 3 BGB).

Dem Schutz des Mieters dient auch die *Beschränkung der Kündigungsmöglichkeiten bei Wohnraum* durch den Vermieter. Wohnraum ist jeder Raum, der nach dem Vertrag zum Wohnen bestimmt ist. (Beim Begriff der „Wohnung" kommt es dagegen nicht auf die Zweckbestimmung an, sondern darauf, ob man in dem Raum oder den Räumen einen eigenen Hausstand führen kann, wobei Kochgelegenheit, Wasserzufuhr, Ausguß und Klosett vorhanden sein müssen.) Nach § 564b Abs. 1 BGB darf der Vermieter grundsätzlich nur kündigen, wenn er ein *berechtigtes Interesse* an der Beendigung des Mietverhältnisses hat.

Das gilt auch für den Arbeitgeber, der einem Arbeitnehmer eine Wohnung verschaffen will (sog. Betriebsbedarf).

Das Gesetz nennt beispielhaft („insbesondere") einige wichtige Kündigungsgründe in § 546b Abs. 2 BGB. Sie liegen u. a. vor, wenn a) der Mieter seine vertraglichen Verpflichtungen schuldhaft (§ 276 Abs. 1 Satz 1 BGB) nicht unerheblich verletzt,

> der streitsüchtige Mieter hat dauernd Zank mit seinen friedliebenden Nachbarn, die mit ihm das Mietshaus bewohnen

oder wenn b) der Vermieter die Wohnung wegen Eigenbedarfs haben möchte (§ 564b Abs. 2 BGB).

> Der Vermieter möchte seine gebrechlich gewordene Mutter in der Wohnung des Mieters unterbringen, um sie betreuen zu können.

Aber selbst dann, wenn derartige Gründe vorliegen, hat der Mieter das Widerspruchsrecht des § 556a BGB. Notfalls muß das Gericht unter Abwägung der beiderseitigen Interessen (Erlangungs- und Bestandsinteresse) entscheiden.

Die sog. *Abänderungskündigung*, d. h. die Kündigung, verbunden mit dem Angebot, einen Mietvertrag unter anderen (für den Vermieter günstigeren) Absprachen, abzuschließen,

> der Vermieter kündigt, schreibt aber zugleich, der Mieter könne bleiben, wenn er 50 DM monatlich mehr zahlen will

ist nunmehr *unzulässig*. Der Vermieter kann eine höhere Miete nur in einem besonderen Verfahren erreichen, das darauf gerichtet ist, die Zustimmung des Mieters zum höheren Mietzins zu erlangen. Diese Zustimmung wird notfalls durch das Urteil des Amtsgerichts ersetzt.

e) Nach Ablauf des Mietverhältnisses ist die gemietete Sache *zurückzugeben* (§ 556 Abs. 1 BGB). Geschieht das nicht, so ist mindestens der bisher vereinbarte Mietzins als Nutzungsentschädigung weiterzuzahlen (§ 557 BGB).

2. Die Pacht. Wie erwähnt, hat der Pächter auch das Recht, die Früchte (§ 100 BGB) aus der gepachteten Sache oder dem gepachteten Recht

> Lizenz

zu ziehen (arg. „Gegenstand" [s. o. Kap. 9 I] in § 581 BGB).

Die §§ 582 bis 597 BGB bringen einige Sondervorschriften, im übrigen gilt Mietrecht (§ 581 Abs. 2 BGB).

19. Kapitel

Sonstige Schuldverhältnisse

Neben den bisher behandelten Schuldverhältnissen enthält der siebente Abschnitt des zweiten Buchs des BGB noch weitere Schuldverhältnisse, deren Behandlung im Rahmen dieses Grundrisses unterbleiben kann. Es sei nur das Wesen einiger wichtiger Schuldverhältnisse genannt:

Leihe: Der Verleiher verpflichtet sich, dem Entleiher unentgeltlich den Gebrauch der Leihsache zu gestatten (§§ 598 ff. BGB).

A überläßt sein Auto seinem Freund B umsonst auf eine Woche zur Ausführung einer dringenden Reise.

Darlehen: Der Darlehensgeber überträgt vertretbare Sachen (§ 91 BGB) oder den Wert solcher Sachen in das Vermögen des Darlehensnehmers mit der Vereinbarung, daß dieser Sachen gleicher Art, Menge und Güte zurückgibt (§§ 607 ff. BGB).

„Leiht" Frau A ihrer Nachbarin einen Korb mit 20 Eiern, so ist zwar die Überlassung des Korbes Leihe, die der Eier aber Darlehen. S. auch Kap. 9 II a. E.

Dienstvertrag: Der Dienstpflichtige verpflichtet sich in gegenseitigem Vertrag gegenüber dem Dienstberechtigten, artmäßig bestimmte Arbeit (d. h. Arbeit als solche, ohne Rücksicht auf den Erfolg) zu verrichten, wofür er eine Vergütung irgendwelcher Art erhält (§§ 611 ff. BGB).

Die Putzfrau erscheint samstags, um der Hausfrau zu helfen. – Ein Sänger wird für ein Jahr an die Städtischen Bühnen engagiert. – Der Gipser arbeitet bei einem Gipsermeister.

Das BGB regelt diesen Vertragstypus recht stiefmütterlich. Die Gründe liegen in der historischen Entwicklung, weil das römische Recht (vgl. Kap. 5 Nr. 4) Dienst- und Werkvertrag gewissermaßen als Ableger der Miete behandelte. So mußte sich der wichtigste Bereich des Dienstvertrages, das *Arbeitsrecht,* erst nach 1900 neben dem BGB entwickeln.

Der *Arbeitsvertrag,* die Unterart des Dienstvertrages, ist durch die sozial abhängige Stellung des Arbeitnehmers in fremdem Betrieb oder Haushalt gekennzeichnet. Sein Inhalt wird wesentlich vom kollektiven Arbeitsrecht bestimmt. Dieses versucht durch Tarifverträge, Betriebsvereinbarungen und durch das Betriebsverfassungsgesetz Mindestarbeitsbedingungen festzulegen und dem wirtschaftlichen und sozialen Schutzbedürfnis der meisten Arbeitnehmer entgegenzukommen. Tarifverträge werden (schriftlich) zwischen tarifvertragsfähigen Partnern (Gewerkschaften – Arbeitgeberverbände) geschlossen. Sie binden grundsätzlich die nicht in einer Gewerkschaft organisierten Arbeitnehmer nicht, sofern nicht eine Gleichstellungsabrede vorliegt. Die wichtigste schuldrechtliche Wirkung des Tarifvertrages ist die Friedenspflicht zwischen den Tarifpartnern, d. h. die Gewerkschaft verpflichtet sich, während der Laufzeit des Tarifvertrags diesen zu achten. Daneben müssen die Verbände ihre Mitglieder zur Durchführung des Vertrages anhalten.

Das Betriebsverfassungsgesetz regelt die Beziehungen des Arbeitgebers zu den Arbeitnehmern und ihren Vertretungen bezüglich der allgemein-betrieblichen Angelegenheiten (Personalangelegenheiten, soziale Einrichtungen usw.).

Werkvertrag: Der eine Teil verpflichtet sich als Unternehmer in gegenseitigem Vertrag zur Herstellung eines bestimmten Arbeitserfolgs (Werk), wofür er vom Besteller eine Vergütung erhält (§§ 631 ff. BGB).

A bringt 3,5 m Stoff zum Schneider, damit dieser ihm einen Maßanzug anfertige. – Der Sänger gibt einen einmaligen Liederabend.

Ist das Werk *mangelhaft* hergestellt, so hat der Besteller vor der Abnahme (§ 640 BGB) den Erfüllungsanspruch. Dieser kann bedeuten, daß der Unternehmer das Werk u. U. neu herzustellen hat.

U baut einen Kachelofen, der schief ist. B kann verlangen, daß er abgerissen und neu gebaut wird.

Der Besteller kann aber auch Nachbesserung verlangen (§ 633 Abs. 2 BGB). Setzt er dazu eine Nachfrist *mit* der Erklärung, er werde nach fruchtlosem Fristablauf die Nachbesserung ablehnen, so kann er dann nur noch wandeln oder mindern (§ 634 Abs. 1 und 4 BGB). Ist der Unternehmer an dem Mangel schuld (§ 276 Abs. 1 Satz 1 BGB), so gibt § 635 BGB dem Besteller einen Anspruch auf Schadensersatz wegen Nichterfüllung. Die Haftung für Folgeschäden richtet sich nach den Grundsätzen der Schlechterfüllung (h. M.).

> Ist ein Brauereitank mit einem ungeeigneten Material ausgekleidet worden und verdirbt infolgedessen das Bier, so haftet der Mangel dem Werk nicht unmittelbar an, wenn die Arbeit als solche einwandfrei ausgeführt worden ist. Dann greift § 635 BGB nicht ein. Wohl aber liegt bei Verschulden eine Schlechterfüllung (Kap. 15 IV) vor, aus der sich Schadensersatzansprüche wegen des verdorbenen Biers ableiten lassen. Das ist wichtig wegen der Verjährung, für die bei § 635 BGB die in § 638 BGB geregelte Frist gilt, während es im Falle der Schlechterfüllung bei der allgemeinen Frist des § 195 BGB bleibt.

Werkvertrag ist nach der Rspr. des BGH auch der *Architektenvertrag*. Wegen der *Reiseveranstalter* vgl. §§ 651 a ff. BGB.

Bürgschaft: Der einseitig verpflichtende Vertrag des Bürgen mit dem Gläubiger, für die Erfüllung der Schuld durch den Schuldner einzustehen (§§ 765 ff. BGB). Beachte § 766 BGB!

> S schuldet G 500 DM. Zur Sicherung des G verbürgt sich B ihm gegenüber für die Zahlung der Schuld durch S.

Geschäftsführung ohne Auftrag: Das bewußte Handeln für einen anderen, das jemand übernimmt, ohne durch Vertrag oder sonstigen Rechtsgrund dazu berechtigt oder verpflichtet zu sein (§§ 677 ff. BGB).

> Der Hund des A läuft B zu. Dieser füttert das Tier, bis A kommt und es holt. – N streut bei plötzlich einbrechendem Frostwetter den Gehweg vor dem Haus des verreisten Nachbarn.

20. Kapitel

Die unerlaubten Handlungen

Schuldrechtliche Beziehungen ergeben sich nicht nur aus Rechtsgeschäften. Wäre es so, dann könnten Ansprüche aus Verletzungen anläßlich eines Verkehrsunfalls, aus Diebstählen, Betrügereien oder kreditschädigendem Verhalten nicht verfolgt werden. Das Gesetz muß für solche Eingriffe in eine fremde Rechtssphäre Vorsorge treffen, da sie keine Vertragsverletzungen darstellen, aus denen Ansprüche hergeleitet werden könnten.

Das BGB nimmt nicht an, daß jeder Eingriff in einen fremden Rechtsbereich eine Sanktion auslöst, sondern es geht von bestimmten genau geregelten Tatbeständen aus: 1. Haftung für eigene Unrechtshandlungen, 2. Haftung für fremde Unrechtshandlungen und für Sachen, 3. Haftung für den eigenen, gefährlichen Betrieb.

I. Die Haftung für eigene Unrechtshandlungen

1. § 823 Abs. 1 BGB schützt *einzelne Rechtsgüter*, nämlich Leben, Körper, Gesundheit, Freiheit, das Eigentum und „sonstige Rechte". Es müssen fremde Rechtsgüter („eines anderen") sein, die verletzt werden. Besonderer Erläuterung bedarf der Begriff des „sonstigen Rechts". Das BGB versteht darunter ein eigentumsähnliches Recht, das (wie das Eigentum als absolutes Recht [oben Kap. 3 II 2]) gegen jedermann wirkt und von jedermann zu respektieren ist.

> Namensrecht, Urheber- und Patentrechte, die beschränkten dinglichen Rechte (Kap. 23), das Anwartschaftsrecht des Käufers unter Eigentumsvorbehalt (Kap. 17 VI) u. a. m.

Nach h. M. gehört hierher auch das Recht zum Besitz (str.), ferner das allgemeine Persönlichkeitsrecht, welches der BGH im Hinblick auf Art. 1 und 2 GG anerkennt und bei dessen Verletzung er seit der Entscheidung BGHZ 26, 349 nach Analogie zum Schmerzensgeld (§ 847 BGB) eine billige Entschädigung in Geld gewährt.

> Im sog. Herrenreiter-Fall hatte eine Firma mit dem Bild eines bekannten Turnierreiters ohne dessen Genehmigung auf Plakaten für ihre Kräftigungsmittel geworben. Dieser sah sich in bezug auf seine sexuelle Potenz in eine demütigende und lächerliche Lage gebracht und erstritt eine Zahlung von 10 000 DM, weil nach Meinung des BGH die Firma diesen Betrag hätte zahlen müssen, wenn der Reiter seine Zustimmung zur Verbreitung des Bildes gegeben hätte.

Schließlich sei noch das von der Rspr. entwickelte Recht am eingerichteten und ausgeübten Gewerbebetrieb erwähnt, dessen Einordnung unter die sonstigen Rechte des Abs. 1 in der Rechtslehre sehr umstritten ist. Gemeint ist damit der Schutz eines Unternehmens vor Störungen durch Dritte in seiner gewerblichen Tätigkeit.

> Geschäftsbeziehungen, Warenbezeichnungen, Kundenstamm.

Es muß sich dabei um einen unmittelbaren Eingriff handeln,

> fahrlässige Zerstörung eines elektrischen Kabels durch einen Bagger bei Straßenarbeiten, so daß der Betrieb ohne Strom ist

wobei eine andere Rechtsgrundlage für eine Schadensersatzforderung fehlt.

> Es gehen also sowohl die §§ 823 Abs. 1 und 2 BGB, als auch § 824 BGB und wettbewerbsrechtliche Sondervorschriften vor.

Nicht hierher gehört das *Vermögen*, da es kein Rechtsgut im Sinne der Aufzählung des § 823 Abs. 1 BGB darstellt. Das Vermögen ist nämlich der Inbegriff verschiedenster Rechtsgüter, z. B. gehören zum Vermögen Grundstücke, Forderungen, Patentrechte. Es ist die „wertmäßige Zusammenfassung der sog. Aktiva einer Person" (Larenz). Geschützt wird es etwa durch § 826 BGB.

a) Das Wort „wer" am Beginn des § 823 Abs. 1 BGB besagt, daß derjenige, welcher als *Schadensersatzpflichtiger* in Anspruch genommen wird („Wer... verletzt, ist... verpflichtet"), *mit dem Täter identisch* sein muß. Die Verletzungshandlung wird regelmäßig in einem Tun bestehen, also in einem Aktivwerden mit Schadensfolgen im fremden Rechtsbereich,

> A schlägt die Windschutzscheibe am Auto des B ein

sie kann aber auch in einem *pflichtwidrigen Unterlassen* bestehen. Unterlassen bedeutet für den Juristen nicht bloß „nichts tun", sondern *„etwas nicht tun"*, nämlich das, wozu man *rechtlich verpflichtet* wäre. Zu prüfen ist bei der Frage, ob jemand wegen einer Unterlassung verantwortlich gemacht werden kann, a) ob er überhaupt in der Lage war, tätig zu werden,

> „Wer schläft, sündigt nicht." – Ein Nichtschwimmer kann einen Ertrinkenden nicht retten

und b) ob eine Rechtspflicht zum Tun begründet ist (Stichwort: „Garantenstellung" des Unterlassenden). Diese kann beruhen aa) auf Vertrag oder Gesetz, bb) auf vorausgegangenem Tun.

> Der Pfleger versorgt den ihm anvertrauten Kranken nicht (§ 611 BGB); die Mutter ernährt ihren Säugling nicht (§§ 1601 ff. BGB); der Dachdecker sichert während seiner Dacharbeiten den Gehweg nicht ab, so daß ein Passant von einem herabfallenden Ziegel getroffen und verletzt wird (Folge: §§ 823 Abs. 1, 276 Abs. 1 Satz 2, 249 ff. BGB).

b) Zwischen der Handlung (Tun oder pflichtwidriges Unterlassen!) und dem eingetretenen Erfolg (Schaden!) muß ein *Kausalzusammenhang* im Sinne der Ausführung in Kap. 16 VI 1 bestehen.

c) In allen diesen Fällen greift jemand in die Rechtssphäre eines anderen ein, wobei sein Verhalten *widerrechtlich* sein muß, d.h. es darf ihm kein Rechtfertigungsgrund (etwa Notwehr, Notstand, Selbsthilfe: §§ 227, 228, 229 ff. BGB, ferner die Einwilligung des Verletzten; vgl. Kap. 34 I 3 a.E.) zur Seite stehen.

> E hat F eingeschlossen, weil F ihn sonst angegriffen hätte. Tatbestandsmäßig Freiheitsberaubung, aber keine Rechtswidrigkeit, da Notwehr (§ 227 BGB).

Anders ausgedrückt: Was das Gesetz als Tatbestand eines Handlungseingriffs normiert,

> B schlägt dem C ein Auge aus, weil er sich für eine Beleidigung rächen will; D ermordet seinen Nebenbuhler E

ist rechtswidrig (widerrechtlich), wenn der Täter keinen (von ihm zu beweisenden) Rechtfertigungsgrund hat. Das Gesetz vermutet in diesen Fällen also die Widerrechtlichkeit (Rechtswidrigkeit).

d) Damit allein aber entsteht die in § 823 Abs. 1 BGB a.E. angeordnete Schadensersatzpflicht noch nicht. Der Täter muß zudem auch *schuldhaft* (d.h. vorsätzlich oder fahrlässig, § 276, Abs. 1 Satz 1 und 3 BGB) gehandelt haben. Beachte Kap. 8 II 2.

e) Nur dann, wenn alle Voraussetzungen der unerlaubten Handlung gegeben sind,

> im Falle des § 823 Abs. 1 BGB also
> – Tatbestandsmäßigkeit („wer das Leben, den Körper, die Gesundheit, die Freiheit, das Eigentum oder ein sonstiges Recht eines anderen verletzt"),
> – Kausalität zwischen Handlung (Tun oder Unterlassen!) und Erfolg („daraus"),
> – Rechtswidrigkeit („widerrechtlich"),
> – Verschulden („vorsätzlich oder fahrlässig"),

entsteht eine Verpflichtung, den Schaden zu ersetzen (§ 823 Abs. 1 BGB a.E.), und zwar im Rahmen der §§ 249 ff. BGB. Fehlt auch nur eine der Voraussetzungen, tritt eine Ersatzpflicht nicht ein.

> Student S wohnt bei Frau Bolte. Als er mit Fieber im Bett liegt, zerschlägt er eine neben

dem Bett stehende Bodenvase. Hier kann das Verschulden wegen § 827 Satz 1 BGB fehlen, so daß S die Vase nicht zu ersetzen braucht, wenn nämlich S so hohes Fieber hat, daß er für sein Verhalten nicht mehr verantwortlich ist.

A wird von B überfallen und so verletzt, daß er ins Krankenhaus eingeliefert werden muß. Dort grassiert die Grippe, A wird angesteckt und stirbt an einem Kreislaufkollaps. B kann von der Witwe des A in Anspruch genommen werden (§ 844 BGB). Daß sich jemand im Krankenhaus ein weiteres Leiden holt, gehört noch zum adäquaten Kausalzusammenhang.

Um seinen Nachbarn B zu ärgern, schleicht A in stockdunkler Nacht vor das Haus und wirft einen Stein gegen das Auto des B. Dafür trifft er aber sein eigenes, das ebenfalls da steht. Hier fehlt es an der Tatbestandsmäßigkeit, weil § 823 Abs. 1 BGB fremdes Eigentum meint.

Der Knabe Karl (6) zerschlägt im Zorn eine fremde Vase. Hier sind zwar Tatbestandsmäßigkeit, Rechtswidrigkeit und Kausalzusammenhang gegeben, es fehlt aber am Verschulden, da Karl nicht deliktsfähig ist (§ 828 Abs. 1 BGB). (Von § 829 BGB sei abgesehen.)

2. § 823 Abs. 2 BGB dehnt die Schadensersatzpflicht auf die Verletzung von **Schutzgesetzen** (oben Kap. 3 II 1) aus. Dabei handelt es sich um Gesetze, die zum Schutz bestimmter Personen oder eines bestimmten Personenkreises erlassen worden sind, nicht dagegen um Vorschriften, die dem Schutz der Allgemeinheit dienen.

Schutzgesetz: Beleidigung, Hausfriedensbruch, Nötigung, Erpressung.
Dagegen nicht der Diebstahl, da er dem Schutz der Allgemeinheit dient.

Zu beachten ist, daß der Schutz des *Vermögens* nur durch § 823 Abs. 2 BGB statuiert ist, während § 823 Abs. 1 BGB das Vermögen als solches nicht nennt.

Erpreßt A den B, so kann B Schadensersatz nur über § 823 Abs. 2 BGB in Verbindung mit § 253 StGB erhalten. § 823 Abs. 1 BGB dagegen schützt nicht gegen reinen Vermögensschaden.

3. Schadensersatzpflicht besteht auch dann, wenn jemand einen anderen **sittenwidrig vorsätzlich schädigt** (§ 826 BGB). Man beachte, daß die Schädigung sittenwidrig sein und vorsätzlich begangen worden sein muß. Der Schaden muß also bewußt zugefügt worden sein und ein derartiges Verhalten gegen das Anstandsgefühl aller billig und gerecht Denkenden verstoßen.

Jemand hat sich eine Zeugenaussage erkauft und damit ein ihm günstiges Urteil erstritten, aus dem er nun vollstreckt. Die bewußte, also vorsätzliche Vollstreckung des Urteils verstößt gegen die guten Sitten.

II. Die Haftung für fremde Unrechtshandlungen und für Sachen

1. Haftung für den Verrichtungsgehilfen (§ 831 BGB). Ebenso wie im Bereich der Vertragshaftung muß der Gesetzgeber im Bereich der unerlaubten Handlungen die Einschaltung von Hilfspersonen bedenken und rechtlich Vorsorge treffen, falls andere von solchen Leuten geschädigt werden.

Elektrikermeister E soll im Hause des H eine Reparatur ausführen. Da er keine Zeit hat, schickt er den Gehilfen G. Dieser macht sich an die Arbeit. Da ihn die hübsche Tochter des H durch ihr Miniröckchen ablenkt, läßt er eine Zange fallen, die den Fuß des H trifft und ihn verletzt. H will von E ein Schmerzensgeld (§ 847 BGB).

Wäre E selbst erschienen und hätte er sich wie G verhalten, wäre die Haftung aus §§ 823 Abs. 1, 847 BGB klar. Da aber G der Täter war, ist zu prüfen, ob sein Verhalten dem E zugerechnet werden kann.

Die Beziehung zwischen dem Geschäftsherrn und dem Verletzten ist aber in bezug auf die vom Gehilfen begangene unerlaubte Handlung nicht so eng, als daß der Geschäftsherr unbedingt haften müßte, wie es in § 278 BGB statuiert ist. Wer Vertragspartner ist, hat diesen Vertrag zu erfüllen, gleichgültig, ob er das selbst oder durch Hilfspersonen tut. Wer ein Geschäft betreibt, hat bei der Auswahl seiner Mitarbeiter oder bei der Besorgung der technischen Hilfsmittel zwar sorgfältig vorzugehen, man kann aber von ihm nicht verlangen, daß er für *alle* Schäden, die durch seine Hilfspersonen verursacht werden, einzustehen habe.

Die Haftung des Geschäftsherrn wird in § 831 Abs. 1 Satz 1 BGB auf den Fall beschränkt, daß der Gehilfe den Schaden „in Ausführung der Verrichtung einem Dritten widerrechtlich zugefügt hat". Der Gehilfe muß also *in Erledigung* der dem Geschäftsherrn übertragenen und an ihn delegierten Tätigkeit den Schaden verursacht haben. Es muß sich um eine *Weisungsgebundenheit* des Gehilfen gegenüber dem Geschäftsherrn handeln, und der Gehilfe muß „in Ausführung" einen Schaden verursacht haben, nicht bloß bei Gelegenheit der Ausführung.

> G stiehlt unterwegs dem X dessen Taschenuhr. Hier steht die Tat zwar in zeitlichem Zusammenhang mit der G erteilten Weisung, es fehlt aber der *innere Konnex* mit der von G zu erledigenden Tätigkeit. (E hat ihn ja nicht zum Stehlen fortgeschickt.)

> Soll aber G einen Wasserrohrbruch beheben, fährt er deshalb möglichst schnell an den Ort des Geschehens, und überfährt er unterwegs einen Passanten, so ist zu prüfen, ob der Geschäftsherr des G haftet.

Das Gesetz verlangt, daß der Gehilfe, wenn auch ohne sein Verschulden (§ 276 Abs. 1 Satz 1 BGB), so doch tatbestandsmäßig und rechtswidrig gegenüber einem Dritten eine unerlaubte Handlung begangen hat. Es geht davon aus, daß der Geschäftsherr bei der Auswahl und Anleitung des Gehilfen nicht sorgfältig genug gewesen ist, und daß deshalb der Schaden eingetreten ist. Im Gegensatz zu § 278 BGB, bei dem der Gehilfe schuldhaft gehandelt haben muß (also *fremdes* Verschulden dem Geschäftsherrn zugerechnet wird), geht das BGB hier von einem *vermuteten eigenen Verschulden des Geschäftsherrn* aus.

Dieses vermutete eigene Verschulden des Geschäftsherrn richtet sich also nicht nach dem Zeitpunkt der schädigenden Tat des Gehilfen, sondern es wird gewissermaßen *vorverlegt*, nämlich auf den Zeitpunkt, zu welchem der Geschäftsherr den Gehilfen ausgewählt, ihm Vorrichtungen oder Geräte beschafft oder ihn bei der Ausführung der Verrichtung angeleitet hat. Ausgenommen ist der Fall, daß der Schaden auch bei Beachtung der dabei erforderlichen Sorgfalt entstanden wäre. Das folgt aus § 831 Abs. 1 Satz 2 BGB (dazu sogleich).

> Im obigen Falle hat G jedenfalls fahrlässig gehandelt, als er sich ablenken ließ, so daß ihm die Zange entglitt. Sein Verhalten spricht zunächst einmal dafür, daß E einen untauglichen Gehilfen geschickt hat. H wird also über § 831 Abs. 1 Satz 1 BGB seinen Schmerzensgeldanspruch geltend machen.

„Dritter" ist jeder, der außerhalb der Rechtsbeziehungen zwischen dem Geschäftsherrn und dem Verrichtungsgehilfen

> hier ist es ein Arbeitsvertrag

steht. Daraus folgt, daß auch der Vertragspartner des Geschäftsherrn „Dritter" i. S. des § 831 BGB sein kann. Das ist wichtig für die Frage, ob die Folgen einer Vertragsverletzung bei Betrachtung unter dem Gesichtspunkt einer unerlaubten Handlung auch einen Anspruch auf Schmerzensgeld zur Folge haben können.

> Vertragsverletzungen geben keinen Anspruch aus § 847 BGB, denn sie sind keine unerlaubten Handlungen. Hat aber der Gehilfe des Elektromeisters anläßlich der ihm übertragenen Arbeiten den Kunden geschädigt, so kann bei Körperverletzungen nicht nur eine Haftung des Geschäftsherrn über § 278 BGB stattfinden (wenn sich der Schaden als Folge einer Vertragsverletzung, etwa einer Schlechterfüllung, darstellt), sondern auch aus § 831 Abs. 1 Satz 1 BGB folgen, was dann einen Schmerzensgeldanspruch aus § 847 BGB auslösen kann.

Da das Verschulden des Geschäftsherrn nur *vermutet*, nicht aber schlechthin unterstellt wird, hat er die Möglichkeit der *Entlastung*. Er kann im Rahmen des § 831 Abs. 1 Satz 2 BGB beweisen, daß der Schaden auch eingetreten wäre, wenn er die im Verkehr erforderliche Sorgfalt (§ 276 Abs. 1 BGB) bei der Auswahl des Gehilfen oder der sonstigen Hilfsmittel oder bei der Leitung der Ausführung angewandt hätte. Dann wird er frei, d. h. er braucht für den vom Gehilfen angerichteten Schaden nicht einzustehen.

> Der Entlastungsbeweis könnte dadurch geführt werden, daß E beweist, G sei bisher immer sehr zuverlässig gewesen und habe sich durch weibliche Reize bisher nicht aus der Fassung bringen lassen. Oder: H könnte G gestoßen haben, so daß die Zange zu Boden fiel (§ 254 Abs. 1 BGB!).

Liegt ein Verschulden des Gehilfen nicht vor, wird man davon ausgehen dürfen, daß der Schaden auch bei sorgfältiger Auswahl und Anweisung entstanden wäre.

Wie der Geschäftsherr haftet auch sein Geschäftsführer, sein Werkmeister u. dgl., der sich der Hilfe anderer bedient (§ 831 Abs. 2 BGB).

Für den Schaden haften Geschäftsherr und Gehilfe als Gesamtschuldner aus §§ 840 Abs. 1, 421 BGB. Die interne Ausgleichspflicht bestimmt sich nach § 840 Abs. 2 BGB (unten VI 5).

Kann sich der Geschäftsherr entlasten, so ist damit nichts über die Haftbarkeit des Gehilfen gesagt. Sie kann unabhängig von der des Geschäftsherrn bestehen.

> Kann sich der Geschäftsherr wegen sorgfältiger Auswahl seines Gehilfen entlasten, so kann sich der Verletzte dennoch an den Gehilfen selbst halten, wenn dieser wenigstens fahrlässig (§ 276 Abs. 1 Satz 2 BGB) eine unerlaubte Handlung gegenüber dem Geschädigten begangen hat.

Da die Entlastungsmöglichkeit des Geschäftsherrn in bestimmten Fällen als unbillig empfunden werden kann, versuchen Lehre und Praxis, mit § 278 BGB zu helfen, der einen Entlastungsbeweis nicht zuläßt. Frucht dieser Bemühungen sind die Lehre vom Vertrag mit Schutzwirkung zugunsten Dritter (Kap. 14 III) und von der Haftung für culpa in contrahendo (Kap. 15 IV).

Ergibt sich bei der juristischen Betrachtung eines Sachverhalts eine **Konkurrenz** zwischen der Haftung für den Erfüllungsgehilfen und der für den Verrichtungsgehilfen,

> der Gehilfe des Malermeisters Klexel (vgl. das Beispiel in Kap. 16 III 2 a) hat Eigentum des Kunden beschädigt. Das kann als schuldhafte Schlechterfüllung des Werkvertrags gesehen werden, für die Klexel über § 278 BGB haftet. Das Verhalten stellt sich aber

auch als rechtswidrige Eigentumsverletzung durch den Gesellen in Ausführung des Werkvertrags (d.h. der Verrichtung, zu der er bestellt ist) dar. Im ersten Falle kann sich Klexel nicht entlasten, wohl aber im zweiten (§ 831 Abs. 1 Satz 2 BGB)

so erweist sich die erstere als die für den Geschädigten wirkungsvollere, da es bei ihr keine Entlastungsmöglichkeit gibt.

2. Die Haftung des Aufsichtspflichtigen (§ 832 BGB). Wer durch Vertrag (Krankenpflegerin) oder auf Grund Gesetzes (Eltern, Vormund) die Aufsicht über einen Minderjährigen oder einen sonst der Aufsicht Bedürftigen übernommen hat, haftet für den Schaden, den eine solche Person widerrechtlich einem anderen zufügt. Wie bei § 831 BGB kommt es also auf ein tatsächliches Verschulden des Aufsichtspflichtigen nicht an, auch hier wird sein Verschulden bei der Beaufsichtigung zunächst einmal *vermutet. Er* ist es also, der den *Entlastungsbeweis* zu führen hat und der für den Schaden aufkommen muß, falls er ihm nicht gelingt.

Das bedeutet aber nicht, daß der Aufsichtspflichtige dauernd hinter dem Aufsichtsbedürftigen her sein müßte. Der auf Baustellen häufig anzutreffende Satz: „Eltern haften für ihre Kinder" ist in dieser Allgemeinheit unzutreffend. Der Aufsichtspflichtige haftet nicht für ein schädigendes Verhalten etwa des Kindes, sondern er haftet für das (allerdings unterstellte) *eigene* Verschulden an dem schädigenden Ereignis. Das schließt nicht aus, daß u.U. auch der Aufsichtsbedürftige selbst für den Schaden haftet (§§ 823 Abs. 1, 828 Abs. 2 BGB). Dann haften beide dem Geschädigten als Gesamtschuldner aus §§ 840 Abs. 1, 421 BGB. Wegen der Ausgleichspflicht im Innenverhältnis vgl. § 840 Abs. 2 BGB; dazu unten VI 5.

Anders wäre es, wenn der Vater weiß, daß sein Sohn leidenschaftlich gern Fensterscheiben einschlägt und nichts dagegen unternimmt (§§ 832 Abs. 1 Satz 1, 276 Abs. 1 Satz 1 BGB).

3. Die Haftung für den von Tieren angerichteten Schaden (§§ 833 f. BGB). Tiere sind unberechenbar. Der sanfteste Hund kann aus für uns unerklärlichen Gründen jemanden beißen, das süßeste Pony plötzlich ausschlagen. Wer ein Tier nicht nur ganz vorübergehend in seinen Machtbereich aufnimmt, also *Tierhalter* ist, muß deshalb u.U. mit einer *Haftung* für einen von dem Tier angerichteten *Schaden* rechnen, denn es wäre unbillig, ihm schlechthin die Möglichkeit zu geben, sich auf die Unberechenbarkeit tierischen Verhaltens zu berufen. Immerhin hat er ja durch die Aufnahme des Tieres einen gewissen Beitrag zur Entstehung des Schadens geleistet.

Fällt die Dogge („Luxustier") des Fabrikanten Protz einen Passanten an, so haftet Protz aus § 833 Satz 1 BGB auf Schadensersatz (*Gefährdungshaftung* ohne Entlastungsmöglichkeit). – Scheut das Zugpferd („Nutztier") des Bauern Mecke vor der roten Bluse einer Radfahrerin, geht es durch und kommt dabei ein Passant zu Schaden, so haftet Mecke aus vermuteter schuldhafter Unterlassung der gehörigen Beaufsichtigung aus § 833 Satz 2 BGB. Er kann aber den Entlastungsbeweis (vgl. auch §§ 831 Abs. 1 Satz 2 und 832 Abs. 1 Satz 2 BGB) führen.

§ 833 Satz 1 BGB gewinnt heute angesichts der vermehrten Haltung von Luxustieren, wie Hunden und Reitpferden, wieder an Bedeutung.

4. Der **Gebäudebesitzer** und ihm Gleichgestellte haften nach §§ 836 ff. BGB für denjenigen Schaden, den der Einsturz des Gebäudes oder sich ablösende Teile des Bauwerks an Personen oder Sachen verursachen.

Ein Holzladen löst sich; aus einer Brücke fallen Steine auf die Straße.

Es handelt sich hier nicht um eine Gefährdungshaftung, sondern um eine *Haftung aus vermutetem Verschulden* des Gebäudebesitzers und der ihm gleichgestellten Personen mit der Möglichkeit, den Entlastungsbeweis zu führen.

III. Die Haftung für den eigenen, gefährlichen Betrieb

Es geht hier um die Haftung für Schäden, die beim Betrieb der Eisenbahn, eines Kraftfahrzeugs, eines Kernreaktors entstehen können. Fehlt es am Verschulden, so liegen hier unerlaubte Handlungen (eben wegen des Mangels an Verschulden) nicht vor, andererseits hat die Allgemeinheit ein Interesse daran, daß sie gegen die von diesen Anlagen ausgehenden Gefahren geschützt wird und ein Verletzter Schadensersatz erhält. Man spricht hier von einer *Gefährdungshaftung*, d. h. von einer Haftung dafür, daß man einen im allgemeinen gefährlichen Betrieb einrichtet und unterhält, einen Betrieb, der zu Schädigungen Dritter führen kann, wofür man einstehen muß. Die Schadensersatzpflicht trifft den Inhaber des Betriebes, weil er den Nutzen aus ihm zieht und das Betriebsrisiko beherrschen (oder sich wenigstens dagegen versichern) kann.

Das BGB enthält, was die Gefährdungshaftung angeht, nur den § 833 Satz 1 BGB (Tierhalterhaftung). Im übrigen ist mit dem zunehmenden Fortschritt der Technik die Regelung in Einzelgesetzen erfolgt, z. B. im Haftpflichtgesetz vom 7. 6. 1871 (RGBl. I S. 207), zuletzt geändert durch Gesetz vom 15. 8. 1943 (RGBl. I S. 489 [RHG]), oder im Straßenverkehrsgesetz vom 19. 12. 1952 (BGBl. I S. 837 [StVG]). In Abweichung vom Schadensersatzrecht des BGB sind die Ersatzleistungen beschränkt.

Z. B. §§ 7a und b RHG, 12 StVG.

IV. Die Schadensersatzpflicht

Wie auch sonst, richtet sich die aus einer unerlaubten Handlung resultierende Schadensersatzpflicht nach den §§ 249 ff. BGB. In den §§ 842 bis 851 BGB findet man zusätzlich einige Sondervorschriften.

1. Durch § 842 BGB wird der zu ersetzende Vermögensschaden präzisiert, indem in den Bereich des Schadens auch die *Nachteile* einbezogen werden, die dem Verletzten für den *Erwerb oder sein Fortkommen* entstehen.

A verliert infolge eines Unfalls seine bisherige Stellung und kann eine gleich gut bezahlte nicht mehr finden.

2. Nach § 843 BGB ist dem Verletzten eine *Rente* zu zahlen, falls eine Körper- oder Gesundheitsverletzung die Aufhebung oder Minderung der Erwerbsfähigkeit zur Folge hatte oder eine Vermehrung seiner Bedürfnisse verursacht hat.

A ist bei dem Unfall um ein Bein gekommen, so daß er seinen bisherigen Beruf nicht mehr ausüben kann und weniger Geld verdient. Zudem braucht er dauernd Kräftigungsmittel.

3. Hat der Täter schuldhaft Körper, Gesundheit oder Freiheit des Verletzten beeinträchtigt, so kann dieser ein *Schmerzensgeld* verlangen (§ 847 BGB). Es handelt sich hier um den Ersatz eines immateriellen Schadens (§ 253 BGB).

Ausgeglichen werden sollen Schmerzen, Sorgen wegen des Arbeitsplatzes, Beeinträchtigung der Lebensfreude, Ängste.

Über den Wortlaut des Gesetzes hinaus gewährt die Rechtsprechung auch einen Ersatz in Geld, wenn das allgemeine Persönlichkeitsrecht (Kap. 20 I 1) verletzt worden ist.

4. *Mittelbar Geschädigte* werden durch die §§ 844 und 845 BGB geschützt.

> M ist gegenüber seiner Ehefrau F unterhaltspflichtig (§ 1360 BGB). Ermordet V den M, so kann F von ihm eine Rente verlangen (§ 844 Abs. 2 BGB). – Kinder sind gem. § 1619 BGB zur Mithilfe im Haushalt verpflichtet. Der Wegfall ihrer Dienste kann nach § 845 BGB durch eine Rente ausgeglichen werden. (Die Tätigkeit der Ehefrau im Haushalt ist *nicht* Dienstleistung, sondern Beitrag zum Unterhalt der Familie; §§ 1356, 1360 BGB!)

5. Sind *mehrere* für einen Schaden verantwortlich, so haften sie als Gesamtschuldner (§§ 840 Abs. 1, 421 BGB). Diese Konstellation kann sich ergeben, wenn mehrere *gemeinschaftlich* eine unerlaubte Handlung begehen, also bewußt und gewollt zusammenwirken (§ 830 Abs. 1 Satz 1 BGB).

> A, B und C verabreden, den D zu überfallen und zu verprügeln. Sie führen das auch aus.

Das gilt aber auch, wenn mehrere einen Schaden verursachen, *ohne daß festgestellt werden kann, welcher von ihnen den Schaden* durch seine Handlung *herbeigeführt hat* (§ 830 Abs. 1 Satz 2 BGB).

> Drei Knaben (15, 16, 17) spielen auf der Straße Fußball, wobei eine Fensterscheibe zerschlagen wird. Dann haftet, wenn sich der Täter nicht herausstellt, bei Einsichtsfähigkeit aller (§ 828 Abs. 2 Satz 1 BGB) jeder als Gesamtschuldner (§§ 823 Abs. 1, 830 Abs. 1 Satz 2, 840 Abs. 1, 828 Abs. 2 Satz 1, 276 Abs. 1 Satz 3, 249 ff. BGB).

Gleiches gilt für §§ 831 Abs. 1 Satz 1 und 832 Abs. 1 Satz 1 BGB.

> Die Eltern der drei Knaben können also neben diesen als Gesamtschuldner aus § 832 Abs. 1 Satz 1 BGB haften. Das bedeutet aber nicht, daß die Eltern „für die Kinder haften", sondern die Haftung ergibt sich aus dem vermuteten *eigenen* Verschulden der Eltern. Insoweit können sie sich entlasten (§ 832 Abs. 1 Satz 2 BGB).

Die *Ausgleichspflicht* der Gesamtschuldner regelt § 840 BGB abweichend von § 426 Abs. 1 BGB. Die Regelung der Absätze 2 und 3 läuft darauf hinaus, daß schließlich der Täter den Schaden zu bezahlen hat.

> Hat der Verrichtungsgehilfe einen Schaden schuldhaft verursacht, so kann der zahlende Geschäftsherr Regreß nehmen (§ 840 Abs. 2 BGB). Gleiches gilt – wohl mehr theoretisch – für die Eltern der Fußball spielenden Knaben.

V. Konkurrenzen

Ansprüche aus unerlaubter Handlung und Vertragsverletzung können nebeneinander bestehen. Das kann wichtig sein für die Verjährung der Ansprüche und auch wegen des Schmerzensgeldanspruchs. Ansprüche aus unerlaubter Handlung verjähren nämlich gem. § 852 BGB nach drei Jahren. Ein Schmerzensgeldanspruch entsteht nur bei unerlaubter Handlung (§ 847 BGB).

> A fährt mit dem Taxi zur Bahn. Unterwegs kommt es aus Verschulden des Taxifahrers zu einem Verkehrsunfall. A wird verletzt. Daraus können Ansprüche aus Schlechterfül-

lung des Werkvertrags und aus § 823 BGB entstehen. Er kann Schmerzensgeld nur aus dem Gesichtspunkt der unerlaubten Handlung verlangen.

Bei der Fallösung müssen daher die Ansprüche vollkommen getrennt untersucht werden.

21. Kapitel

Die ungerechtfertigte Bereicherung

Wir haben bisher gesehen, daß sich aus der Abwicklung eines rechtsgeschäftlich oder gesetzlich begründeten Schuldverhältnisses Schadensersatzansprüche ergeben können. Die Verletzung der im Rahmen des Rechtsgeschäfts übernommenen Verpflichtungen bringt einen Vermögensnachteil, der auszugleichen ist. Gleiches gilt im Rahmen einer unerlaubten Handlung (§§ 823 ff. BGB), bei welcher der Eingriff in den fremden Rechtskreis dort einen Vermögensnachteil bewirkt hat. In diesen Fällen geht der Gesetzgeber grundsätzlich vom Verschuldensprinzip aus (Kap. 15 I); Ausnahmen sind selten (Kap. 16 III am Anfang). Daneben gibt es aber Fälle, in denen objektiv, also ohne Rücksicht auf ein Verschulden, eine Unrechtslage besteht, ein Zustand, welcher der vom Recht gewollten Zuordnung der Güter nicht entspricht.

> A schuldet B 500 DM. Er zahlt dem C, den er irrtümlich für den Kassierer des B hält, den Betrag. Hier hat C eine Leistung erhalten, auf die er keinen Anspruch hat: A ist Schuldner des B, nicht des C.
>
> Die Kühe des Bauern B geraten, weil ein Fremder sich unbefugt an den Weidezäunen zu schaffen gemacht hat, auf das Weideland des Nachbarn N und grasen dieses ab. Der dem B dadurch entstandene Vorteil steht ihm nicht zu, da N nicht verpflichtet war, sein Eigentum zugunsten des B aufzugeben. (Ein Schadensersatzanspruch aus § 833 Satz 2 BGB besteht nur, wenn sich B nicht entlasten kann.)
>
> Mieter M nimmt infolge eines entschuldbaren Irrtums Kohlen vom Haufen des Mitmieters MM und heizt damit seinen Ofen. M hat auf den Vermögenszuwachs auf Kosten des MM keinen Anspruch. (Schadensersatz wäre nur gegeben, wenn § 823 Abs. 1 oder 2 BGB eingriffe.)

Diese Vermögensverschiebungen, die der Rechtsgrundlage entbehren, bringen die Zuordnung der Güter aus dem Gleichgewicht. Der Gesetzgeber darf sich damit nicht abfinden, sondern er muß das Mißverhältnis beseitigen, da niemandem ein Vermögensvorteil zufließen soll, auf den er keinen Anspruch hat. Das geschieht in den §§ 812 ff. BGB, die sich mit der ungerechtfertigten Bereicherung befassen. Da es hier um Ansprüche geht, die *vom Verschulden* desjenigen, der den Vermögensvorteil erlangt hat, *unabhängig* sind, prüft man sie erst *nach* denjenigen, die dem Benachteiligten aus den §§ 823 ff. BGB einen Schadensersatzanspruch geben. Wir behandeln sie, abweichend von der Anordnung im BGB, deshalb erst hier.

Die zentrale Bestimmung ist der **§ 812 Abs. 1 Satz 1 BGB**. Er unterscheidet zwei Gruppen der Bereicherungsansprüche: 1. Die *Leistungskondiktion,* ausgedrückt mit den Worten, „durch die Leistung eines anderen", und 2. die *Nichtleistungskondiktion,* ausgedrückt durch die Worte „in sonstiger Weise auf dessen Kosten", wobei hier wiederum die Eingriffskondiktion die wichtigste Erscheinungsform ist. Mit dem Wort „Kondiktion" hat man den pandektistischen (Kap. 5 V) Ausdruck für die Rückerstattung übernommen, der seinerseits schon im frühen römischen Recht auftaucht.

Die Zielsetzung des vorliegenden Werks verbietet eine eingehende Darstellung der schwierigen Materie. Es sei deshalb nur auf die *Grundlinien* hingewiesen. Vergegenwärtigt man sich stets, daß es sich **nicht um Schadensersatzansprüche**, sondern im großen und ganzen darum handelt, Rechtsfolgen auszugleichen, die sich aus der fehlgeschlagenen Abwicklung eines rechtsgeschäftlichen Schuldverhältnisses (Leistungskondiktion)

> V verkauft dem wegen Rauschgiftsucht entmündigten K ohne Zustimmung des gesetzlichen Vertreters (§§ 433 Abs. 1 Satz 1, 108, 6 Abs. 1 Nr. 3, 114 BGB) ein Auto. Der Vertrag ist mangels Genehmigung nichtig, die Übereignung dagegen wegen § 107 BGB wirksam. Die Vermögensverschiebung (Eigentumserwerb des K durch Leistung des V) ermangelt des rechtlichen Grundes, der causa (Kap. 10 I 2 c), sie muß daher rückgängig gemacht werden, wenn die Güterzuordnung stimmen soll

oder aus dem Eingriff in die einem anderen zugewiesenen Rechtsgüter (Eingriffskondiktion, vgl. die obigen Beispiele bzgl. der Kühe und der Kohlen) ergeben, so hat man das *leitende Prinzip* erfaßt.

I. Die Leistungskondiktion

Ihr Wesen besteht darin, daß jemand durch *Leistung* eines anderen etwas erlangt hat, was ihm rechtlich nicht zusteht (§ 812 Abs. 1 Satz 1 BGB). Leistung ist jede bewußte und zweckgerichtete Mehrung fremden Vermögens.

> A zahlt, um eine Schuld zu tilgen.

Das Fehlen des rechtfertigenden Grundes kann von Anfang an gegeben sein

> der minderjährige A kauft gegen den Willen der Eltern von B ein Fahrrad und nimmt es gleich mit; der Kaufvertrag ist mangels Genehmigung nichtig, die Übereignung aber wegen des Abstraktionsprinzips (Kap. 10 I 2 c) in Ordnung (§ 107 BGB); A muß nach § 812 Abs. 1 Satz 1 BGB das Fahrrad zurückgeben, d. h. rückübereignen (§ 929 BGB)

oder erst später eintreten.

Fehlender Rechtsgrund ist auch im Falle des § 817 BGB anzunehmen. Sein Grundgedanke ist, daß jemand aus eigenem gesetz- und sittenwidrigen Verhalten keinen Vorteil genießen soll.

II. Die Eingriffskondiktion

Hier geht es in der Hauptsache um die Bereicherung *„in sonstiger Weise auf dessen Kosten"* (§ 812 Abs. 1 Satz 1 BGB), also nicht durch „Leistung" (oben I). Gemeint sind Vermögensverschiebungen in bezug auf Rechtsgüter, die von der Rechtsordnung bestimmten Personen zugewiesen sind.

> A nimmt irrtümlich von den Kohlen des B. Damit greift er in das Eigentum des B ein und erwirbt auf dessen Kosten einen Vermögensvorteil, da er eigene Kohlen „spart".

Hierher gehören auch die Fälle des § 816 BGB, die sich mit *wirksamen Verfügungen Nichtberechtigter* befassen.

A leiht dem B ein Buch, der es an C verkauft. Erwirbt C gutgläubig das Eigentum (§ 932 BGB; unten Kap. 22 II 2c), so hat A einen Bereicherungsanspruch gegen B aus § 816 Abs. 1 Satz 1 BGB.

A leiht dem B ein Buch, dieser schenkt es dem C. C wird Eigentümer, falls er gutgläubig ist (§ 932 BGB). Gem. § 816 Abs. 1 Satz 2 BGB hat A gegen C einen Bereicherungsanspruch (§ 818 Abs. 1 BGB).

V hat sein Haus veräußert. M weiß davon nichts und zahlt den Mietzins weiter an V. Der Erwerber des Hauses kann das Geld von V verlangen (§§ 816 Abs. 2, 574 BGB).

III. Der Umfang des Bereicherungsanspruchs

Er ist auf das noch Vorhandene gerichtet. In erster Linie ist er also ein *Herausgabeanspruch* (§§ 812 Abs. 1 Satz 1, 818 Abs. 1 BGB). Ist die Herausgabe nicht mehr möglich, geht er auf *Wertersatz* (§ 818 Abs. 2 BGB). Ist der Empfänger nicht mehr bereichert, entfällt der Anspruch (§ 818 Abs. 3 BGB).

Der mittellose Künstler K erhält an seinem Geburtstag eine Kiste Sekt von unbekannter Seite. Es handelt sich um einen Irrtum des Lieferanten. Dachte K mit guten Gründen an das Geschenk eines Mäzens und vertrank er das „Geschenk" noch am gleichen Abend mit seinen Freunden, so besteht weder ein Bereicherungsanspruch (§ 818 Abs. 3 BGB), da sich K den Luxus niemals hätte leisten können, noch ein Anspruch aus unerlaubter Handlung. – Anders ist es, wenn unser Künstler das Versehen bemerkt, den Sekt aber als willkommenen Beitrag zum Geburtstag dennoch konsumiert (§§ 818 Abs. 4, 819 BGB!).

Anspruchsgegner ist der Bereicherte. Eine Ausnahme macht § 822 BGB: Hat der Bereicherte das Empfangene unentgeltlich an einen Dritten weitergegeben, ist er also nicht mehr bereichert, so kann sich der Entreicherte an den Dritten halten.

A vermacht dem B testamentarisch ein Gemälde. B nimmt es von den Erben in Empfang und schenkt es seiner Freundin F. Erweist sich das Testament als nichtig, so muß die F den Erben das Gemälde herausgeben.

3. Unterabschnitt

Das Sachenrecht

22. Kapitel

Besitz und Eigentum

Wie wir bereits gesehen haben (oben Kap. 6), kennzeichnet das Sachenrecht die **Beherrschung der Sachen durch Personen.** Das Rechtsobjekt ist also der Herrschaft des Rechtssubjekts unterworfen.

Der Hund gehört mir. – Mein jeweiliger Nachbar A darf einen über mein Grundstück führenden Weg zu seinem Haus benützen. – D hat dem E sein Auto sicherungsübereignet.

Im Schuldrecht dagegen besteht keine Zuordnung eines Objekts an ein Subjekt, sondern es geht hier um Beziehungen zwischen mindestens zwei Personen, auf Grund derer etwas geschehen soll.

> Auf Grund eines Kaufvertrages ist der Verkäufer verpflichtet, die Kaufsache dem Käufer zu übergeben und zu übereignen (§ 433 Abs. 1 BGB). Nicht aber kann jetzt der Käufer über die Person des Verkäufers verfügen.

Ist die schuldrechtliche Verpflichtung erfüllt, so endet die Beziehung zwischen den beteiligten Personen. Eine sachenrechtliche Zuordnung an ein Rechtssubjekt bleibt dagegen solange bestehen, bis die Rechtslage geändert wird.

> Hat A dem B das Buch verkauft, übereignet und übergeben, so ist er (im Normalfall) seiner Verpflichtung ledig. Das Eigentum am Buch, welches er dem Käufer übertragen hat, bleibt nun bei diesem solange, bis dieser es wiederum einem anderen überträgt.

Man hat deshalb gesagt, das Schuldrecht sei dynamisch, weil es auf der Erlangung von Sachwerten gerichtet sei und dann erlösche, das Sachenrecht sei statisch, weil es dauernden Genuß gewähre (Radbruch). Als Faustregel ist die Unterscheidung brauchbar.

Sache i. S. des Sachenrechts ist nur der *körperliche Gegenstand* (§ 90 BGB). Nicht gehören hierher die Forderung, die geistigen Güter (Urheberrechte), auch nicht das Vermögen als Ganzes.

> Das Vermögen kann Gegenstand des Sachenrechts nur in seinen einzelnen Bestandteilen sein. Will man das Eigentum an einer Bibliothek übertragen, so kann man über sie zwar einen einzigen Kaufvertrag abschließen. Die Übereignung aber erfolgt durch Übertragung des Eigentums an jedem einzelnen Band.
>
> Wer ein Landgut kauft, schließt einen Kaufvertrag über das Gut schlechthin. Die Übertragung des Eigentums am Herrenhaus, dem Vieh, den Geräten usw. richtet sich nach den für die einzelne Sache geltenden Vorschriften (Haus: §§ 873, 925 BGB; Vieh: § 929 BGB). Lies noch §§ 314 und 926 BGB!

Erfahrungsgemäß hat derjenige, der eine Sache, etwa ein Auto, „hat", auch das ausschließliche Recht an ihr: Er kann die Sache verkaufen, vermieten, wegwerfen. Diese ausschließliche Zuordnung einer Sache an eine Person, die dann die Verfügungsmacht über sie hat, nennt man *Eigentum*. Das „Haben", welches die Zuordnung nach außen hin manifestiert, heißt *Besitz*. Dieser erweist sich somit als Mittel, die rechtliche Zuordnung für die Mitwelt erkennbar zu machen, er ist *Publizitätsmittel*, also das Merkmal, welches vom „Haben" auf die rechtliche Beherrschung der Sache (auf das Eigentum) schließen läßt. Der Besitz ist gewissermaßen die Materialisierung des abstrakten Rechtsbegriffs „Eigentum". Bei Grundstücken genügt das „Haben" nicht. Hier ist entscheidend, wer als Eigentümer im *Grundbuch* (unten Kap. 24) eingetragen ist. Bei unbeweglichen Sachen dient also das Grundbuch als Publizitätsmittel, indem es Auskunft darüber gibt, wer rechtlich zum „Haben" des Grundstücks legitimiert ist.

I. Der Besitz

1. Begriff und Arten. Der Besitz, das „*Haben*" einer Sache, ist die *gefestigte tatsächliche Herrschaft über eine Sache*. Der Besitzer kann demnach auf die Sache einwirken. Ob neben der tatsächlichen Sachherrschaft noch ein Herrschaftswille erforderlich ist, darüber streitet man immer noch. Die Frage wird aber zu bejahen sein, da ich eine Sachherrschaft nur ausüben kann, wenn ich mir ihrer bewußt bin und sie ausüben will.

> Der Dieb steckt dem ahnungslosen A in der Straßenbahn Diebesgut in die Tasche. A ist nicht Besitzer. – An einem unbestellt zugesandten Buch will ich keine Sachherrschaft ausüben, ich möchte es los sein.

Je nach der Beziehung zur Sache kann man verschiedene Arten des Besitzes unterscheiden. Wir behandeln hier nur *unmittelbaren* und *mittelbaren* Besitz. Aus der Definition des § 868 BGB ergibt sich, daß der mittelbare Besitzer keine tatsächliche Sachherrschaft ausübt, daß er sie vielmehr einem andern auf Zeit überlassen hat, weshalb dieser andere unmittelbarer Besitzer und nicht Besitzdiener ist. Das geforderte *Besitzmittlungsverhältnis* kann ein Verhältnis sein, wie es zwischen Vermieter und Mieter, Verpächter und Pächter, Pfandgläubiger und Schuldner usw. besteht. Es ist gekennzeichnet durch einen Herausgabeanspruch des mittelbaren Besitzers gegenüber dem unmittelbaren Besitzer (§ 870 BGB).

> Der Dieb ist also nicht Besitzmittler des Bestohlenen, denn es fehlt an einem etwa der Miete oder der Verwahrung ähnlichen Verhältnis.

> Hat A als Hauseigentümer an B vermietet und hat dieser wiederum teilweise an C untervermietet, so ist bzgl. der Räume des C dieser unmittelbarer Besitzer, B ist erster mittelbarer, A zweiter mittelbarer Besitzer. Man spricht von mehrstufigem mittelbarem Besitz (§ 871 BGB).

Besitzer *ohne* tatsächliche Sachherrschaft sind der *Erbe* (§ 857 BGB) und der *mittelbare Besitzer* (§ 868 BGB). Die tatsächliche Sachherrschaft übt, ohne Besitzer zu sein, der *Besitzdiener* (§ 855 BGB) aus.

> Auch wenn der Erbe E in Amerika lebt, wird er mit dem Erbfall Besitzer (§ 857 BGB). – Der Vermieter einer Wohnung ist mittelbarer Besitzer, die tatsächliche Sachherrschaft hat aber der (unmittelbar besitzende) Mieter (§ 868 BGB). – Das Dienstmädchen eines hochherrschaftlichen Hauses hat zwar die tatsächliche Sachherrschaft über das Tafelsilber, Besitzer aber ist wegen seiner Weisungsbefugnis der Dienstherr (§ 855 BGB).

2. Erwerb und Verlust des Besitzes. a) Der *unmittelbare Besitz* wird *erworben* durch Erlangung der tatsächlichen Gewalt (§ 854 Abs. 1 BGB). Da die schlichte Erlangung genügt, bedarf es keiner Geschäftsfähigkeit des Besitzerwerbers.

> Das fünfjährige Kind kann Besitz am geschenkten Ball erwerben, denn es hat im Normalfall die natürliche Willensfähigkeit zu einer tatsächlichen Sachherrschaft.

Stellvertretung ist nicht möglich, da die Besitzerlangung kein Rechtsgeschäft ist.

Eine Übergabe der Sache ist nicht erforderlich, wenn sich bisheriger Besitzer und Erwerber über den Besitzübergang einig sind und der Erwerber die Gewalt über die Sache ausüben kann (§ 854 Abs. 2 BGB).

> Bauer Kaspar verkauft seinem Nachbarn Lois einen Ster Holz, den sich Lois im Walde holen soll.

Hier handelt es sich um ein Rechtsgeschäft, um einen Besitzvertrag, zu dessen Gültigkeit alle Voraussetzungen für den Abschluß eines Vertrages vorliegen müssen.

Der *mittelbare Besitz* wird erworben durch die Begründung des Besitzmittlungsverhältnisses (§ 868 BGB). Er wird übertragen durch Abtretung des Herausgabean-

spruchs, den der mittelbare Besitzer gegenüber dem unmittelbaren Besitzer hat
(§ 870 BGB).

> A verleiht sein Buch an B. Damit wird B unmittelbarer Besitzer, A wird mittelbarer
> Besitzer. – A verkauft das an B verliehene Buch an C und sagt C, er möge sich das Buch
> bei B holen. Damit wird C mittelbarer Besitzer (§ 870 BGB).

Der *Erbe* erwirbt den Besitz so, wie ihn der Erblasser besaß (§ 857 BGB).

> Hatte der Erblasser ein Buch dem X geliehen, so wird der Erbe mit dem Erbfall
> mittelbarer Besitzer, da es auch der Erblasser war. Unmittelbarer Besitzer ist der
> Entleiher.

b) Der *unmittelbare Besitz geht unter* durch den Verlust der tatsächlichen
Sachherrschaft (§ 856 Abs. 1 BGB). Geschieht das ohne den Willen des Besitzers, so
ist die Sache „abhandengekommen".

> H fährt auf Urlaub, unterwegs fällt ihm seine Brieftasche aus der Rocktasche, was er erst
> einige Tage später merkt.

Eine ihrer Natur nach nur vorübergehende Behinderung in der Ausübung der
Gewalt scheidet aber aus (§ 856 Abs. 2 BGB).

> A legt in seiner Zerstreutheit seine Uhr nicht auf den Nachttisch, sondern in die
> Tischschublade. Er kann sie nicht gleich finden. – A hat eine Jagdhütte, die im Winter
> vorübergehend eingeschneit und damit unzugänglich wird.

Der *mittelbare Besitz* geht durch die Beendigung des Besitzmittlungsverhältnisses
verloren.

> A verkauft das von B entliehene Buch an einen Dritten. – A behält das entliehene Buch,
> drückt aber seinen Namensstempel hinein. – A verliert das entliehene Buch. – B verkauft
> das Buch an A.

> In allen Fällen geht der mittelbare Besitz verloren. Ob der Besitzmittler den unmittelba-
> ren Besitz freiwillig oder unfreiwillig verliert, ist gleichgültig.

3. Der Besitzschutz. Wer besitzt, von dem wird *vermutet*, daß er *Eigentümer* der
Sache ist (§ 1006 Abs. 1 Satz 1 BGB). Da der Besitz als Publizitätsmittel dient,
bedarf er des Schutzes gegen widerrechtliche Eingriffe in die tatsächliche Herr-
schaftslage.

Zentraler Begriff ist die *„verbotene Eigenmacht"*, die § 858 Abs. 1 BGB definiert.
Dabei ist zu beachten, daß die dort erwähnte Besitzentziehung oder -störung schon
dann vorliegt, wenn widerrechtlich *ohne* den Willen des unmittelbaren Besitzers
gehandelt wird, es braucht kein Eingriff gegen den Willen des Besitzers zu sein.

> A hält sich für den Eigentümer des bei B angetroffenen Fahrrades. Nimmt er es weg,
> ohne daß B überhaupt etwas bemerkt, liegt dennoch verbotene Eigenmacht vor. Erst
> recht natürlich, wenn sich B erfolglos wehrt.

Die Widerrechtlichkeit kann durch Handeln in Notwehr (§ 227 BGB) oder
erlaubter Selbsthilfe (§ 229 BGB) *ausgeschlossen* sein. Vgl. ferner §§ 561, 581, 704,
859, 905, 910 BGB.

Die *Abwehr der verbotenen Eigenmacht* erfolgt auf verschiedene Weise: Der
Besitzer und auch der Besitzdiener (§ 860 BGB) haben nach § 859 Abs. 1 BGB
zunächst einmal ein Selbsthilferecht (Besitzwehr).

> A dringt in die Wohnung des B ein, um den Mietzins zu kassieren. B kann ihn zur
> Wohnungstür hinausdrängen.

Sodann darf der Besitzer Besitzkehr üben (§ 859 Abs. 2 bis 4 BGB). Dieses Recht zur Wiederbemächtigung der Sache ist aber zeitlich begrenzt.

> A trifft B, wie er gerade dabei ist, mit seinem (des A) Fahrrad davonzufahren. A darf B vom Rad reißen und ihm das Fahrrad wegnehmen. – Trifft aber A den B mit seinem (des A) Fahrrad nach sechs Wochen, so steht ihm das Recht zur Besitzkehr nicht zu; er muß auf Herausgabe klagen.

Darüber hinaus hat der Besitzer Anspruch auf Wiederherstellung des Besitzes bei Besitzentziehung (§ 861 BGB) oder auf Beseitigung von Störungen und Unterlassung weiterer Störungen bei Besitzstörung (§ 862 BGB). Im ersteren Fall hat der Besitzer den Besitz ganz verloren.

> A nimmt B dessen Auto weg

im letzteren hat der Besitzer zwar noch den Besitz, aber nicht mehr uneingeschränkt.

> Mieter A sägt und hämmert den ganzen Tag in seiner Wohnung, so daß der zweite Mieter B nicht mehr in Ruhe studieren kann.

Bei den *Besitzschutzklagen* aus §§ 861 und 862 BGB geht es nur um die Wiederherstellung der Besitzlage, wie sie vor dem Eingriff bestanden hat. Sie sind schneller zu entscheiden, als die Klagen aus dem Recht, da der Kläger bei ihnen nur seinen früheren oder den gestörten Besitz zu beweisen braucht, nicht aber das ihm entzogene und beeinträchtigte Recht.

> Hat die Wirtin W den Mieter M aus dem Zimmer gesperrt, weil er nach Ablauf der vereinbarten Mietdauer nicht ausgezogen ist, so kann er wegen der Entziehung seines Besitzes gem. § 861 BGB auf Einräumung des Besitzes klagen, wobei die W nicht einwenden kann, er sei nicht mehr Mieter. – Es geht eben nur um die Wiederherstellung der Besitzlage, die die W nicht eigenmächtig ändern darf. Hat M nicht rechtzeitig das Zimmer geräumt, so muß die W gegen ihn gem. § 985 BGB auf Herausgabe klagen.

Goethe formuliert dieses Prinzip bei Gelegenheit der Schilderung des Reichskammergerichts in Wetzlar treffend mit folgendem Satz: „Dem Staate liegt nur daran, daß der Besitz gewiß und sicher sei; ob man mit Recht besitze, kann ihn wenig kümmern" (Dichtung und Wahrheit, 3. Teil, 12. Buch).

II. Das Eigentum

1. Begriff und Arten. Das Eigentum ist das umfassendste dingliche Recht an einer beweglichen oder unbeweglichen Sache, das wir kennen. Nach § 903 BGB berechtigt es den Eigentümer, mit seiner Sache nach Belieben zu verfahren und andere von jeder Einwirkung auszuschließen.

> A kann sein Auto vermieten, verschenken, anzünden. Er kann jedem Dritten verbieten, das Auto an sich zu nehmen, damit zu fahren, es zu verschrotten.

Dennoch handelt es sich um *kein schrankenloses Recht*, wie schon die Einschränkung in § 903 BGB zeigt, die auf die Rechte Dritter oder das Gesetz abhebt. Hinzu kommt noch, daß Art. 14 Abs. 2 GG die Sozialpflichtigkeit des Eigentums betont und bestimmt, sein Gebrauch solle „zugleich dem Wohle der Allgemeinheit dienen" (vgl. unten Kap. 30 IV 16).

Gesetzliche Schranken sind z. B. das *Schikaneverbot* des § 226 BGB

> Ein Vater verbietet seinem Sohn das Betreten seines Grundstücks, obwohl hier die Mutter des Sohnes begraben liegt

oder die Vorschriften des *Nachbarrechts*,

> A muß einen bestimmten Abstand seiner Hecke vom Nachbargrundstück einhalten, er darf nicht jeden beliebigen Baum etwa ½ Meter von der Grenze entfernt pflanzen

ferner baurechtliche oder wasserrechtliche Vorschriften. Hierher gehören auch die Beschränkungen der §§ 904 (Angriffsnotstand) und 905 BGB.

> A darf ein Loch in einen Damm sprengen, wenn durch einen späteren Dammbruch enormer Schaden durch die dann angestauten Wassermassen entstünde (§ 904 BGB). – A kann nicht verbieten, daß eine Luftfahrtlinie hoch droben über sein Grundstück geht (§ 905 BGB).

Durch *Rechte Dritter* kann der Eigentümer in der Ausübung seines Eigentums beschränkt sein.

> A vermietet eine Wohnung in seinem Hause. Die Rechte des Mieters engen seine Befugnisse ein. – A bestellt auf seinem Grundstück eine Hypothek (unten Kap. 23 III 2). B verpfändet dem C seine Uhr.

Durch die *Enteigung* kann das Eigentum dem Eigentümer ganz oder teilweise im Rahmen des Art. 14 Abs. 3 GG entzogen werden.

Eine besondere Form des Eigentums ist das *Sicherungseigentum*, welches gesetzlich geregelt ist. Dieses durch Gewohnheitsrecht entstandene Rechtsinstitut umgeht die Vorschrift des § 1205 Abs. 1 BGB, wonach die verpfändete Sache dem Gläubiger zu übergeben ist, so daß der Schuldner dann mit der Sache nicht mehr wirtschaften kann. Braucht ein Kaufmann Kredit und will er dafür seinen Lieferwagen verpfänden, muß er ihn dem Gläubiger überlassen. Dann kann er ihn aber nicht mehr benützen. Damit könnte eine wichtige Grundlage für die Fortführung des Betriebs wegfallen. Dieses unwirtschaftliche Ergebnis vermeidet die Sicherungsübereignung: Der Kreditgeber wird nach außen hin voll Eigentümer, im Innenverhältnis aber nur solange, wie der Kredit gewährt wird. Der Schuldner behält den übereigneten Gegenstand als Besitzmittler (Mieter, Entleiher, Verwahrer) und kann ihn weiterhin benützen.

2. Erwerb und Verlust des Eigentums. Man muß zwischen dem Erwerb von unbeweglichen Sachen (Grundeigentum) und beweglichen Sachen (Fahrniseigentum) unterscheiden.

a) Erwerb und Verlust des Grundeigentums. Der rechtsgeschäftliche *Erwerb* von Grundeigentum, die wichtigste Erwerbsform, vollzieht sich nach § 873 BGB durch Einigung zwischen den Parteien und Eintragung im Grundbuch. Die Einigung hat bei Grundstücken in der Form des § 925 BGB zu geschehen. Beide Parteien müssen also gleichzeitig, was nicht „persönlich" heißt, vor dem Notar erscheinen und mündlich die *Auflassung* (so heißt die Einigung zwischen Veräußerer und Erwerber über den Übergang des Eigentums) erklären. Nach § 925 Abs. 2 BGB ist die Auflassung unter einer Bedingung oder Befristung unwirksam.

> A erklärt die Auflassung für den Fall, daß seine Ehe geschieden wird. Unwirksam!

Die *Veräußerung* (d. i. die Eigentumsübertragung – im Gegensatz zum schuldrechtlichen Verkauf; beachte § 313 BGB!) land- und forstwirtschaftlicher Grundstücke ist nach § 2 des Grundstücksverkehrsgesetzes vom 28. Juli 1961 (BGBl. I S. 1091) genehmigungspflichtig.

Die Einigung ist *abstrakt,* d.h. vom Grundgeschäft losgelöst und nur auf den nackten Eigentumsübergang gerichtet (Abstraktionsprinzip; vgl. oben Kap. 10 I 2 c).

> Der Grundstückskaufvertrag kann nichtig sein, die Auflassung aber gültig und umgekehrt.

Zur Auflassung muß noch die *Eintragung* im Grundbuch kommen (§ 20 GBO). Erst sie macht die Eigentumsübertragung perfekt.

Der *Verlust* von Grundeigentum tritt ein, wenn jemand sein Grundstück veräußert, da nunmehr der Erwerber an seine Stelle tritt, ferner bei der Aufgabe des Eigentums durch Dereliktion (§ 928 Abs. 1 BGB) und Eintragung ins Grundbuch. Möglich ist ferner noch der Ausschluß des Eigentümers in einem besonderen Aufgebotsverfahren, das mit einem Ausschlußurteil endet (§ 927 BGB).

> Der Grundstückseigentümer E ist vor 40 Jahren nach Amerika ausgewandert. A hat das Grundstück anschließend bewirtschaftet, weil ihm E erklärt hatte, es solle nun ihm gehören. Das Grundbuch enthält darüber nichts. E ist verschollen. A kann den Ausschluß des E verlangen, wenn 30 Jahre lang keine Eintragungen im Grundbuch erfolgt sind, die der Zustimmung des E bedurft hätten. Nach dem Erlaß des Urteils kann sich A als Eigentümer eintragen lassen.

b) Erwerb und Verlust von Fahrniseigentum.

α) Der *rechtsgeschäftliche Erwerb* vollzieht sich für den Normalfall durch Einigung und Übergabe (§ 929 Satz 1 BGB). Auch hier ist die *Einigung* (die bei der Übereignung von Fahrnis keinen besonderen Namen hat) abstrakt, vom Grundgeschäft losgelöst. „Einigung" i. S. des § 929 BGB besteht in der Übereinstimmung der Parteien über den *spezifisch dinglichen Rechtserfolg* in bezug auf eine *bestimmt bezeichnete Sache* (Bestimmtheitsgrundsatz) – eben den Eigentumsübergang.

> Der minderjährige Karl kauft ein Fahrrad. Der Kaufvertrag ist mangels Genehmigung des gesetzlichen Vertreters unwirksam. Die Übereignung dagegen kann wirksam vollzogen werden, da Karl insoweit nach § 107 BGB eine gültige Willenserklärung abgeben kann. Das ist die notwendige Konsequenz des Abstraktionsprinzips (Kap. 10 I 2 c), welches das Verpflichtungsgeschäft (hier den Kauf) scharf von der Verfügung (der gem. § 433 Abs. 1 Satz 1 BGB erforderlichen Übereignung; § 929 BGB) trennt. Es kann daher vorkommen, daß das Verpflichtungsgeschäft ungültig ist, während eine wirksame Verfügung vorgenommen worden ist. Dann fehlt der Verfügung die Rechtsgrundlage (Karl hat ohne rechtlichen Grund das Fahrzeug zu Eigentum erworben). Das Gesetz muß daher dafür sorgen, daß der rechtsgrundlose Erwerb rückgängig gemacht wird, da sonst durch ihn die Güterverteilungsordnung aus dem Gleichgewicht kommt. Der Gesetzgeber erreicht den Ausgleich durch die Vorschriften über die ungerechtfertigte Bereicherung (Kap. 21), die jetzt nochmals nachgelesen werden sollen.

Im Gegensatz zu § 925 Abs. 2 BGB, also zum Erwerb von unbeweglichen Sachen, kann die Einigung hier unter einer Bedingung oder Befristung erklärt werden.

> A kauft auf Raten und soll erst Eigentümer bei vollständiger Bezahlung werden.

Zur Einigung muß die *Übergabe* der Sache kommen, soll der Eigentumserwerb wirksam erfolgen. Eine Bindung an die Einigung besteht im Gegensatz zu § 873 Abs. 2 BGB nicht.

A kann mit B einen Kaufvertrag über ein Auto abschließen, sich auch über die Übereignung mit ihm einig sein, trotzdem kann er wirksam an C übereignen, solange er B nicht übergeben hat. Ob Schadensersatzansprüche des B gegenüber A entstehen, ist eine andere Frage. Das Auto bekommt B nicht.

Hat dagegen A in der Form des § 873 Abs. 2 BGB die Einräumung eines Wegerechts versprochen, so ist die Erklärung unwiderruflich. Die Eintragung kann trotz eines Widerrufs des A verlangt werden.

Wegen der Übergabe vgl. oben I 2 a.

Der Übergabe bedarf es nicht, wenn der Erwerber bereits im Besitz der Sache ist. Hier genügt die abstrakte Einigung über den Eigentumsübergang (§ 929 Satz 2 BGB).

A hat von B ein Auto gemietet. Erwirbt er das Auto zu Eigentum, so bedarf es keiner Übergabe mehr, da er es bereits in Besitz hat. Es genügt dann die Einigung, daß das Eigentum von B auf A übergehen soll.

β) Der Besitz ist, wie sich gezeigt hat, ein Indiz dafür, daß hinter dem Besitzer der Eigentümer steht, mindestens aber dafür, daß er berechtigt seinen Besitz vom Eigentümer herleitet. Es kann jedoch Situationen geben, in denen jemand für den Berechtigten gehalten wird, ohne daß er es tatsächlich ist. Der Gesetzgeber könnte für diesen Fall die tatsächlichen Verhältnisse in den Vordergrund stellen und einen Eigentumserwerb vom Nichtberechtigten ausschließen. Das war in der Tat die Lösung nach römischem Recht. Der Gesetzgeber könnte aber auch unter bestimmten Voraussetzungen den Eigentumserwerb vom Nichtberechtigten zulassen. Das war die Lösung nach germanischem Recht, und es ist die des BGB.

Voraussetzung für einen *Eigentumserwerb vom Nichtberechtigten* ist einmal der volle Wechsel des Besitzes vom Veräußerer auf den Erwerber (§ 932 Abs. 1 Satz 1 BGB). Ausnahmsweise sind Erleichterungen bzgl. der Übergabe nach §§ 932 Abs. 1 Satz 2, 932a, 933, 934 BGB vorgesehen. Sodann muß der Erwerber hinsichtlich des Eigentums des Veräußerers im guten Glauben sein, d.h. es darf ihm weder bekannt noch infolge grober Fahrlässigkeit unbekannt geblieben sein, daß er von einem Nichteigentümer erwirbt (§ 932 Abs. 2 BGB).

Wer ein Auto kauft, ohne sich auch den Kraftfahrzeugbrief aushändigen zu lassen, handelt grob fahrlässig.

Der gute Glaube wird *vermutet*, d.h. derjenige, der die Sache als sein Eigentum beansprucht, muß den bösen Glauben des Erwerbers beweisen. Immer aber muß es sich um den *guten Glauben an das Eigentum* (nicht etwa an die Geschäftsfähigkeit oder die Verfügungsbefugnis) handeln.

Erwirbt A von dem minderjährigen Eigentümer M, so hilft ihm seine Überzeugung, M sei schon volljährig, nicht.

Schließlich darf die Sache dem Eigentümer nicht gestohlen worden, verlorengegangen oder sonst abhandengekommen sein (§ 935 Abs. 1 Satz 1 BGB). Gleiches gilt für den Besitzmittler (§ 935 Abs. 1 Satz 2 BGB).

B erwirbt von X das dem A gestohlene Auto. Kein gutgläubiger Erwerb, auch wenn B ahnungslos wie ein neugeborenes Kind ist.

Der wegen Geisteskrankheit entmündigte G veräußert seine Uhr an Z. Dieser verkauft und übergibt sie dem D. Kein gutgläubiger Erwerb, weil die Uhr dem G abhandengekommen ist. Er hat sie nämlich ohne seinen rechtsgeschäftlichen Willen verloren.

G hat H sein Buch geliehen. H verkauft und übereignet es dem K. Gutgläubiger Erwerb möglich, da nicht gestohlen usw. Das Buch befand sich mit Willen des G bei H.

Das Hausmädchen M verkauft das Tafelsilber an H. Abhandengekommen, da M nicht Besitzerin (vgl. oben I 1).

Eine *Ausnahme* bildet § 935 Abs. 2 BGB. Geld, Inhaberpapiere und Sachen, die aus einer öffentlichen Versteigerung stammen, können auch dann gutgläubig erworben werden, wenn sie gestohlen worden sind usw.

Die *Folge* des gutgläubigen Erwerbs ist der *Verlust* des Eigentums beim ursprünglichen Eigentümer.

Der Grund für diese auf den ersten Blick vielleicht ungerecht erscheinende Lösung liegt darin, daß derjenige, welcher seine Sache freiwillig aus der Hand gibt, das Risiko trägt, sie zu verlieren, falls der andere das in ihn gesetzte Vertrauen enttäuscht. So z. B., wenn der Entleiher die geliehene Sache veräußert. Das germanische Recht sagte: „Wo du deinen Glauben gelassen hast, da sollst du ihn suchen." Das bedeutet, daß sich unser Verleiher nur an den Entleiher halten kann. Bei diesem hat er „seinen Glauben (d. h. sein Vertrauen) gelassen", er mag ihn dort wieder „suchen".

3. Der Schutz des Eigentums. Wie der Besitzer die Wiedereinräumung des Besitzes verlangen kann, so ist der Eigentümer berechtigt, die Sache von jedem, der sie besitzt, *herauszuverlangen* (§ 985 BGB).

Gegenüber dem Herausgabeanspruch kann sich der Besitzer auf ein Recht zum Besitz berufen, oder er kann einwenden, daß sein mittelbarer Besitzer zum Besitz berechtigt sei (§ 986 Abs. 1 Satz 1 BGB).

V hat sein Haus an M vermietet, dieser hat an U untervermietet, womit V einverstanden war. Vor Ablauf der vereinbarten Mietzeit mit M klagt V gegen U auf Räumung. U kann sich darauf berufen, daß M als mittelbarer Besitzer noch nicht auf Herausgabe verklagt werden kann.

Wäre V mit der Untervermietung nicht einverstanden gewesen, könnte er gegen U auf Rückgabe der Räume an M klagen. Will M die Räume nicht haben, kann V Herausgabe an sich selber verlangen (§ 986 Abs. 1 Satz 2 BGB).

Neben dem Herausgabeanspruch steht dem Eigentümer der *Eigentumsfreiheitsanspruch* zu, bei dem es sich um einen Anspruch auf Abwehr von Beeinträchtigungen des Eigentums, die keine Entziehung (§ 985 BGB) darstellen, handelt (§ 1004 BGB).

Dieser Anspruch steht jedem Eigentümer gegen den Störer zu, also gegen denjenigen, der das Eigentum beeinträchtigt, ohne daß es auf Verschulden ankommt.

Der Wirt A betreibt auf seinem Grundstück eine Kegelbahn, die auch nachts benützt wird. Sie stört den Nachbar N am Schlafen. – B errichtet einen Futtersilo in nächster Nähe des Wohnhauses seines Nachbarn N. Der Silo stinkt. – Durch ein Erdbeben wird eine landeseigene Brücke über den Fluß zerstört. Das Land beseitigt die Trümmer nicht, so daß sich das Wasser immer wieder staut und die Äcker des B überschwemmt.

Der beeinträchtigte Eigentümer kann *Beseitigung* der Störung und evtl. *Unterlassung* weiterer Störungen verlangen. Der Störer könnte demgegenüber einwenden, er sei zur Störung berechtigt.

Der Wirt A könnte sich auf seine Konzession berufen sowie darauf, daß er alles technisch Mögliche getan habe, um den Lärm von N abzuhalten (§§ 906 Abs. 2 BGB, 26 BImSchG).

Um den *Beweis des Eigentums* zu erleichtern, stellt § 1006 BGB die Vermutung auf, daß der gegenwärtige Besitzer der Eigentümer sei; ferner, daß der frühere Besitzer während der Dauer des Besitzes auch Eigentümer gewesen sei. Dem früheren Besitzer hilft ferner § 1007 BGB.

4. Das Eigentümer-Besitzer-Verhältnis. Neben den Ansprüchen zwischen Eigentümer und Besitzer, die sich aus einem zwischen ihnen bestehenden Schuldverhältnis ergeben können

> der Mieter unterläßt die nach § 545 BGB gebotene Anzeige und macht sich schadenser-satzpflichtig – der Vermieter verletzt seine Pflichten aus § 536 BGB

regelt das Gesetz diejenigen Ansprüche, die sich aus Beziehungen ergeben, die nicht auf einem Schuldverhältnis beruhen. Man spricht hier vom *Eigentümer-Besitzer-Verhältnis*. Dieses ist dadurch gekennzeichnet, daß – anders als in § 986 BGB! – *der Besitzer dem Eigentümer gegenüber nicht zum Besitz berechtigt ist.* Die Rechtsfolgen richten sich u. a. danach, ob der Besitzer redlich oder unredlich war. Es geht auf seiten des Eigentümers um Ansprüche auf die Nutzungen, auf Schadensersatz und Surrogate oder Wertersatz, auf seiten des Besitzers um Ersatz seiner Verwendungen und um sein Wegnahmerecht. Auf die in den §§ 987 bis 1003 BGB geregelte, zum Teil sehr schwierige Probleme aufwerfende Materie ist im Rahmen dieser Einführung nicht einzugehen.

> Wir beschränken uns auf einige Beispiele: Der zunächst als Erbe erscheinende N läßt die Möbel des Erblassers auf eine Müllkippe fahren. Später ergibt sich, daß E in Wahrheit Erbe ist. – Infolge einer falschen Eintragung im Grundbuch hält sich A für den Grundstückseigentümer. Er erntet das Feld ab. – K kauft von dem geschäftsunfähigen V eine trächtige Kuh. Als diese bei ihm im Stall steht, kalbt sie. Der Vormund des V verlangt beide Tiere von K, dieser will Ersatz für das Futter.

23. Kapitel

Die beschränkten dinglichen Rechte

Wie schon erwähnt, kann der Eigentümer in der Ausübung seines Rechts durch Gesetz oder Rechtsgeschäft beschränkt sein. Er kann dann von seinem Eigentum nicht im vollen Umfang des § 903 BGB Gebrauch machen. Die rechtsgeschäftlichen Belastungen des Eigentums sind die sog. *beschränkten dinglichen Rechte.* Es ist dabei zu beachten, daß nicht jede beliebige Einengung der Rechte des Eigentümers zulässig ist. Im Sachenrecht herrscht vielmehr ein sog. *Numerus clausus* der Sachenrechte. Das bedeutet, daß die Parteien nicht beliebige Beschränkungen des Eigentums vereinbaren können, sondern an die vom Gesetz vorgesehenen Formen gebunden sind. Bei Fahrnis handelt es sich dabei um Nießbrauch und Pfandrecht, bei Grundstücken um Erbbaurecht, Dienstbarkeiten (Grunddienstbarkeiten, beschränkte persönliche Dienstbarkeiten), Nießbrauch, dingliches Vorkaufsrecht, Reallasten, Hypotheken, Grundschulden und Rentenschulden sowie das nach dem Wohnungseigentumsgesetz vom 15. März 1951 (BGBl. I S. 175, berichtigt S. 209) bestehende Wohnungseigentum.

Sie *entstehen* regelmäßig durch Einigung und Eintragung im Grundbuch (§ 873 BGB).

Wir behandeln die wichtigsten:

I. Die Dienstbarkeiten

Sie gewähren das Recht auf *unmittelbare Nutzungen,* die aber ihrem Umfang nach *beschränkt sind.*

1. Grunddienstbarkeiten. Sie sind Grundstücksbelastungen in der Form, daß der jeweilige Eigentümer des herrschenden Grundstücks berechtigt ist, das dienende Grundstück in einer bestimmten Form zu nutzen (§ 1018 BGB). Dabei kann es sich um das Recht handeln, auf das fremde Grundstück *einzuwirken*

> der Eigentümer des Grundstücks G_1 (dienendes Grundstück) muß dulden, daß der Eigentümer des Grundstücks G_2 (herrschendes Grundstück) über G_1 fährt

oder gewisse Handlungen auf dem fremden Grundstück zu *verbieten*

> A hat das Recht, dem B zu verbieten, daß dieser auf seinem eigenen Grundstück höher als 10 m baut

oder es kann zugunsten des herrschenden Grundstücks zulässig sein, an und für sich kraft Nachbarrechts ausgeschlossene Handlungen *vorzunehmen.*

> A darf die Abgase seiner Dampfwäscherei auf das Grundstück des B leiten (nach § 906 Abs. 3 BGB verboten).

Die Grunddienstbarkeit ist also nie auf ein positives Tun des Eigentümers des dienenden Grundstücks gerichtet, sondern auf ein Dulden oder Unterlassen.

> Das schließt Nebenpflichten, die in aktivem Tun bestehen, nicht aus: A muß z. B. den Weg erhalten, damit B sein Wegerecht ausüben kann.

> Der *Unterschied zwischen beschränktem dinglichem Recht und schuldrechtlicher Verpflichtung* läßt sich am besten an einem Beispiel darstellen: Die Grundstücke G_1 (Eigentümer E) und G_2 (Eigentümer L) liegen nebeneinander. Um ohne Umweg zu einer öffentlichen Straße zu gelangen, bittet L den E, ihm die Überfahrt über das Grundstück G_1 zu gestatten. Ist E einverstanden, kann das Recht des L in doppelter Weise begründet werden: 1. Schuldrechtlich durch Abschluß eines Leihvertrages. Diesen kann E gem. § 605 BGB kündigen, zudem bindet er nur die Vertragspartner, nicht den/die jeweiligen Rechtsnachfolger, den Erbgang ausgenommen. 2. Dinglich durch Eintragung einer Grunddienstbarkeit, lastend auf dem Grundstück G_1. Dann ist gewissermaßen das Grundstück selbst verpflichtet, die Überfahrt zu dulden, d. h. jeder Eigentümer des Grundstücks G_1, nicht nur E, ist gebunden. Andererseits ist jeder Eigentümer des Grundstücks G_2, nicht nur L, berechtigt. Das Eigentum am dienenden Grundstück (G_1) ist eingeschränkt durch das sozusagen dem Grundstück G_2 zustehende Überfahrtsrecht.

2. Beschränkte persönliche Dienstbarkeiten. Bei ihnen ist die Belastung des Grundstücks insoweit eingeschränkt, als die Berechtigung an eine bestimmte *Person* geknüpft ist (§ 1091 BGB). Deshalb sind sie unübertragbar (§ 1092 Abs. 1 BGB) und unvererblich. Besonders geregelt ist das Wohnungsrecht in § 1093 BGB.

II. Der Nießbrauch

Im Gegensatz zu den bisher genannten Dienstbarkeiten gewährt er *unbeschränkte unmittelbare Nutzungen,* er ist jedoch persönlich wieder beschränkt auf die Person des Nießbrauchers, erlischt also mit seinem Tode (§ 1061 BGB). Der Nießbrauch ist nicht auf Grundstücke beschränkt, sondern kann auch an beweglichen Sachen (§ 1032 BGB) oder Vermögensmassen (§§ 1085 ff. BGB) bestellt werden. Vgl. §§ 1089 BGB; 22 Abs. 2 HGB.

III. Das Wohnungseigentum

Art. 182 EGBGB hatte ein bis zum Inkrafttreten des BGB begründetes Stock-werkseigentum bestehen lassen, neues Stockwerkseigentum konnte aber wegen § 93 BGB nicht mehr begründet werden. Die Wohnungsnot nach dem Zweiten Weltkrieg veranlaßte den Gesetzgeber, von der Konzeption des BGB abzugehen und Eigentum an Wohnungen zuzulassen. Dadurch wurde der Wohnungsbau durch Bevölkerungsschichten gefördert, die sich ein eigenes Haus nicht hätten leisten können. Der dingliche Schutz, den der Mieter nicht hat, bildete einen Anreiz für viele, *Eigentumswohnungen* zu bauen.

Das Wohnungseigentum ist *Sondereigentum* an der Wohnung und *Miteigentum* an den gemeinschaftlichen Teilen des Hauses (Treppenhaus, Bühne, Waschküche, Garten).

Das Wohnungseigentum wird *begründet* durch Vertrag der Miteigentümer des Grundstücks (§§ 3, 4 WEG) oder durch Teilung des Grundstücks durch den alleinigen Eigentümer (§ 8 WEG). Am Sondereigentum besteht freies Eigentum, am gemeinschaftlichen Eigentum das Recht jedes Miteigentümers zum Mitgebrauch und zur Mitbenützung (§ 13 WEG). Das Gemeinschaftsverhältnis ist nicht einseitig auflösbar (§ 11 WEG), jedoch können Wohnungseigentümer, die sich nicht in die Gemeinschaft einfügen und das Zusammenleben mit ihnen für die anderen unzu-mutbar machen, ausgeschlossen werden (§ 18 WEG). Gem. § 20 Abs. 2 WEG ist ein *Verwalter* zu bestellen, der umfassende Befugnisse hat (§§ 27 ff. WEG).

IV. Das Pfandrecht an beweglichen Sachen und Rechten

„Pfandrecht" bedeutet das Zugriffsrecht des Gläubigers auf eine ihm vom Schuldner zur Verfügung gestellte Sache zum Zweck der Befriedigung aus ihr, falls der Schuldner seine Schuld nicht bezahlt. Mit der Pfandbestellung erhält der Gläubiger also eine Sicherung für seine Forderung. Während bei der Bürgschaft (oben Kap. 19) der Gläubiger seine Sicherheit durch die Bürgschaftserklärung erlangt, wird sie ihm beim Pfandrecht durch die Bereitstellung einer Sache gewährt (§ 1205 BGB). Es kann ihm auch ein Recht übertragen werden (§§ 1274 ff. BGB).

> A schuldet B 100 DM aus Darlehen. Zur Sicherheit gibt er B seine goldene Uhr. Zahlt er das Darlehen nicht zurück, kann B die Uhr verwerten.

Schuldner und Verpfänder müssen nicht dieselbe Person sein, persönlicher Schuldner und dinglicher Schuldner können also auseinanderfallen.

> Hätte in obigem Beispiel der Vater des A seine Uhr verpfändet, so wäre A persönlicher Schuldner, der Vater dagegen haftete nur mit seiner Uhr.

Das Pfandrecht entsteht entweder kraft *Rechtsgeschäfts*, kraft *Gesetzes* oder als *Pfändungspfandrecht.*

> A einigt sich mit B über die Verpfändung einer Uhr und übergibt sie ihm (§ 1205 BGB; Rechtsgeschäft);
>
> A mietet bei B eine Wohnung. B hat ein Vermieterpfandrecht nach §§ 559 ff. BGB (gesetzliches Pfandrecht);

A schuldet B 100 DM. B erwirkt ein Urteil auf Zahlung und läßt durch den Gerichtsvollzieher einen Schrank pfänden (§§ 803 ff. ZPO; Pfändungspfandrecht).

Die Bedeutung des Pfandrechts ist angesichts der weiten Verbreitung der Sicherungsübereignung (vgl. oben Kap. 22 II 1) gering.

V. Die Grundpfandrechte

1. Begriff. Bezieht sich das Pfandrecht auf ein Grundstück, so spricht man von einem *Grundpfandrecht*. Der Gläubiger kann sich also für den Fall des Ausbleibens der Leistung an ein Grundstück halten, d. h. er kann die Zwangsvollstreckung betreiben. Das kann durch Zwangsversteigerung (Verwertung des Grundstücks als solches) oder Zwangsverwaltung (Verwendung der Nutzungen aus dem Grundstück zur Tilgung) geschehen.

Das Gesetz unterscheidet drei Arten der Grundpfandrechte: die Hypothek, die Grundschuld und die Rentenschuld. Das Wort „Grundpfandrecht" kennt es nicht.

A hat von der Bank X einen Kredit von 10 000 DM erhalten. Dafür bestellt er der Bank eine Hypothek. Zahlt A bei Fälligkeit nicht, so kann sich die Bank an das Grundstück halten, d. h. es versteigern lassen und sich aus dem Erlös befriedigen.

Die *wirtschaftliche Bedeutung* der Grundpfandrechte liegt demnach in der Sicherung des Gläubigers durch Zubilligung der Befugnis, das Grundstück zu verwerten. Hinzu kommt, daß ein solcher dinglich gesicherter Gläubiger (d. i. hier der durch ein Grundpfandrecht gesicherte Gläubiger) den anderen Gläubigern bei der Verteilung des Erlöses in der Zwangsversteigerung vorgeht (vgl. § 10 Nr. 4 und 5 ZVG).

Die Bank X steht also gegenüber einem Gläubiger, der lediglich ein Urteil gegen A auf Zahlung hat, besser da, weil dieser Gläubiger warten muß, ob nach Auszahlung an die dinglich gesicherte Bank etwas für ihn übrigbleibt.

2. Die Hypothek insbesondere. § 1113 Abs. 1 BGB definiert die Hypothek als das Recht, eine bestimmte Geldsumme zur Befriedigung wegen einer dem Gläubiger zustehenden Forderung aus dem Grundstück fordern zu dürfen. Die Forderung muß auf Geld gehen und kann, muß aber nicht, gegen den Grundeigentümer gerichtet sein. *Persönlicher* und *dinglicher* Schuldner müssen nicht die gleiche Person sein.

A hat von B 10 000 DM als Kredit erhalten. B hat einen Anspruch gegen A (persönlicher Schuldner) aus Darlehen auf Rückzahlung. Diese Forderung soll die Hypothek sichern, indem B bei Nichtzahlung das Grundstück des A (dinglicher Schuldner) versteigern lassen und sich aus dem Erlös befriedigen kann.

Wie oben, nur hat nicht A (als persönlicher Schuldner) die Hypothek auf seinem Grundstück bestellt, sondern sein Schwiegervater auf einem seiner Grundstücke. Hier wird die Forderung des B ebenfalls durch eine Hypothek gesichert. Jedoch ist nicht der Grundeigentümer der persönliche Schuldner, sondern ein anderer. Das Grundstück haftet also für die Schuld eines Dritten. Der Schwiegervater ist dinglicher Schuldner. Als solcher hat er nur den Zugriff auf sein Grundstück zu dulden, falls der persönliche Schuldner nicht leistet.

Zur *Entstehung* der Hypothek ist nach § 873 BGB die Einigung und die Eintragung im Grundbuch erforderlich. Die Einigung geschieht zwischen dem Gläubiger und dem Eigentümer des zu belastenden Grundstücks. Den Inhalt der Eintragung bestimmt § 1115 BGB näher.

Das BGB geht davon aus, daß über die Hypothek ein Hypothekenbrief erteilt wird (§ 1116 Abs. 1 BGB; *Briefhypothek*). Soll das nicht geschehen, so muß die Erteilung des Briefs ausgeschlossen und dies im Grundbuch eingetragen werden (§ 1116 Abs. 2 Satz 1 BGB; *Buchhypothek*). Im Zweifel ist also die Hypothek Briefhypothek. Das bedeutet, daß der Gläubiger die Hypothek erst erwirbt, wenn ihm der Brief vom Eigentümer des Grundstücks übergeben wird (§ 1117 Abs. 1 Satz 1 BGB). Den Brief hat das Grundbuchamt auszustellen (§ 60 GBO). Er enthält einen Auszug aus dem Grundbuch. Bei der Buchhypothek wird die Hypothek durch die Eintragung im Grundbuch erworben.

Ist die Hypothek entstanden, so *haftet* das *Grundstück* für die Forderung, zu deren Sicherung die Hypothek bestellt worden ist. Darüber hinaus haftet es für die gesetzlichen Zinsen, die Kosten der Kündigung der Hypothek und der Rechtsverfolgung (§ 1118 BGB). Es haftet in seinem gesamten Bestand.

> Gebäude, Erzeugnisse, Feldfrüchte, Zubehör (§ 1120 BGB).

Die Hypothek kann durch Rechtsgeschäft *übertragen* werden, indem die persönliche Forderung abgetreten wird (§ 1153 BGB). Bei der Buchhypothek müssen sich der alte und der neue Gläubiger über die Übertragung der Forderung (§ 398 BGB) und die Eintragung des Übergangs der Hypothek auf den neuen Gläubiger einig sein (§ 873 BGB), der Übergang muß im Grundbuch eingetragen werden (§ 1154 Abs. 3 BGB). Bei der Briefhypothek muß entweder die Einigung in Form einer schriftlichen beglaubigten (§ 129 BGB) Abtretungserklärung mit der Eintragung oder der Briefübergabe verbunden werden (§ 1154 Abs. 1 BGB).

Einen gutgläubigen Erwerb von Forderungen gibt es nicht (oben Kap. 14 III 4). Wohl aber kann die Hypothek *gutgläubig erworben* werden. Dann kann sich der Erwerber der Hypothek zwar an das Grundstück halten, nicht aber an den persönlichen Schuldner (§§ 1155, 1138 BGB).

> A will von B ein Darlehen. B fordert die Eintragung einer Hypothek auf dem Grundstück des A. A ist damit einverstanden. Bevor das Darlehen ausgezahlt wird, kommt es zur Eintragung. Jetzt zerschlägt sich das Kreditgeschäft. Überträgt B nun die Hypothek auf den gutgläubigen C, so erwirbt dieser keinen Anspruch gegen A (den persönlichen Schuldner), weil B keine Darlehensforderung abtreten konnte, wohl aber ist C Hypothekengläubiger geworden.

Die Hypothek *erlischt* durch Erklärung des Gläubigers, er gebe sie auf (§ 875 BGB), *und* entsprechende Löschung der Grundbucheintragung. Ferner nach § 1183 BGB, wenn der Gläubiger im Wege der Zwangsvollstreckung befriedigt wird.

3. Die Grundschuld insbesondere. Wie die Hypothek dient auch die Grundschuld (§§ 1191 ff. BGB) der Sicherung einer Forderung. Während aber die Hypothek das Schicksal der Forderung grundsätzlich teilt (§ 1153 BGB; Grundsatz der Akzessorietät), ist die Grundschuld vom Bestand einer persönlichen Forderung unabhängig: Sie setzt eine solche Forderung *nicht* voraus, sie entsteht und besteht unabhängig vom Bestand einer Forderung.

> A baut ein Haus. Um zu Geld zu kommen, bittet er die B-Bank um ein Darlehen. Diese will es nur gewähren, wenn A ihr eine Grundschuld auf seinem Grundstück bestellt. Dies geschieht. Nunmehr lehnt die Bank aus gewissen Gründen die Gewährung des Darlehens ab. Die Grundschuld ist, obwohl keine zu sichernde Darlehensforderung besteht, trotzdem wirksam begründet worden. A hat nur einen schuldrechtlichen Rückabtretungsanspruch.

Da die Grundschuld regelmäßig der Sicherung dient, kann der Gläubiger Rechte aus ihr nur geltend machen, wenn es darum geht, sich Tilgung der Forderung zu verschaffen. Leistet der Schuldner, so ist ihm die Grundschuld zurückzugewähren.

Für die Grundschuld gelten nach § 1192 BGB die Vorschriften über die Hypothek, soweit diese nicht eine Forderung voraussetzen, so z. B. nicht §§ 1138, 1153 BGB.

24. Kapitel

Das Grundbuch

Um die Eigentumsverhältnisse an Grundstücken erkennbar zu machen, bedient man sich des Grundbuchs. Aus ihm ist auch zu ersehen, welche dinglichen Rechte sonst an Grundstücken bestehen. Als *öffentliches Register* ist es jedermann zugänglich, der ein „berechtigtes" Interesse darlegt (§ 12 Abs. 1 Satz 1 GBO).

> A will mit B ins Geschäft kommen. Zu diesem Zwecke möchte er die Angaben des B über seine Vermögensverhältnisse überprüfen. Er bekommt Einsichtnahme. – A ist mit C verfeindet. Er möchte die Belastungen der Grundstücke des C feststellen, um ihn durch deren Veröffentlichung kreditunwürdig zu machen. Die Einsichtnahme ist zu versagen.

> Man beachte, daß Handelsregister, Genossenschaftsregister, Vereins- und Güterrechtsregister ebenso öffentlich sind wie die sog. Schwarze Liste, in der die Offenbarungsversicherungsschuldner eingetragen werden (§ 915 ZPO). Das bedeutet, daß im Gegensatz zum Grundbuch jedermann uneingeschränkt Einsicht nehmen kann.

Die Führung des Grundbuchs ist dem *Grundbuchamt* übertragen. Wie diese Behörde vorgeht, regelt die Grundbuchordnung vom 27. März 1887, neu gefaßt durch die VO vom 5. August 1935 (RGBl. I, S. 1073). Hier findet man das sog. formelle Grundbuchrecht. Das sog. materielle Grundbuchrecht, d. h. die materiellrechtlichen Voraussetzungen der dinglichen Rechtsänderung an Grundstücken, regeln die §§ 873 ff. BGB (vgl. z. B. Kap. 22 II 2 a).

1. Das formelle Grundbuchrecht. Eingetragen werden grundsätzlich alle Grundstücke. (Ausnahmen regelt § 3 Abs. 3 GBO. Hauptsächlich sind das die Grundstücke des Bundes, der Länder, der Gemeinden, öffentliche Wege und Gewässer.) Eingetragen werden ferner etwa Erbbaurechte, Bergwerksrechte, Fischereigerechtigkeiten, also grundstücksgleiche Rechte.

Jedes Grundstück bekommt ein besonderes Blatt, das *Grundbuchblatt* (§ 3 GBO). Dabei sind zwei Systeme zu unterscheiden: Beim Realfoliensystem wird für jedes Grundstück ein Blatt angelegt, beim Personalfoliensystem richtet man sich nach dem Eigentümer, so daß dieses Blatt alle ihm gehörenden Grundstücke enthält. Die GBO hat sich für das Realfoliensystem entschieden. In Baden-Württemberg z. B. gilt aber noch das Personalfoliensystem.

Das Grundbuchblatt nach dem *Realfoliensystem* besteht in Wahrheit aus vielen Blättern, die folgendermaßen eingeteilt sind (§ 4 GBVerf):

1. Die Aufschrift, enthaltend das Grundbuchamt, den Grundbuchbezirk, Band und Blatt des Grundbuchs.

2. Das Bestandsverzeichnis, enthaltend die Beschreibung des Grundstücks auf der Grundlage des Katasters, d. h. der im 19. Jahrhundert durch Neuvermessungen entstandenen Grundstücksverzeichnisse.
3. Die sog. drei Abteilungen:

    I. Abt.: Eigentumsverhältnisse
    II. Abt.: Lasten und Verfügungsbeschränkungen (z. B. Konkurseröffnung, Einleitung der Zwangsvollstreckung)
    III. Abt.: Hypotheken, Grundschulden und Rentenschulden.

Wer wissen will, ob das Grundstück mit Dienstbarkeiten belastet ist, sucht in der Abt. II, wer sich für Hypotheken interessiert, in der III. Abt.

Eingetragen wird grundsätzlich nur auf *Antrag*. Notwendig ist eine Eintragungsbewilligung (§ 19 GBO), die ebenfalls dem Grundbuchamt gegenüber abzugeben ist. Sie erfolgt seitens desjenigen, der von der Eintragung betroffen wird, also des wahren Berechtigten (sog. *formelles Konsensprinzip*). Diese Einwilligung ist unabhängig von der vom BGB geforderten Einigung (§ 873 BGB; sog. *materielles Konsensprinzip)*.

Wenn A dem B eine Hypothek bestellen will, so ist grundbuchrechtlich nur die Eintragungsbewilligung des A erforderlich. Gültig erwirbt B die Hypothek aber nur, wenn die Einigung zwischen A und B zustandegekommen ist.

Geht ein Antrag ein, so ist der genaue Zeitpunkt des Eingangs auf ihm zu vermerken (§ 13 Abs. 1 Satz 2 GBO). Nach dem Zeitpunkt des Eingangs richtet sich nämlich die Reihenfolge der Eintragungen (§ 17 GBO). Stehen der Eintragung Hindernisse entgegen, die beseitigt werden können, so hat das Grundbuchamt eine Zwischenverfügung zu erlassen, wobei der Rang (siehe unten 2 a) gegenüber späteren Anträgen gesichert wird (§ 18 Abs. 2 GBO). Läßt sich das Hindernis nicht beseitigen, ist der Antrag abzuweisen.

2. Das materielle Grundbuchrecht. Einigung und Eintragung wurden schon erörtert (oben Kap. 22 II 2 a). Hier ist noch zunächst vom *Rang* der eingetragenen Rechte zu sprechen.

a) Die *Reihenfolge der Eintragungen* von Belastungen des Grundstücks ist von erheblicher Bedeutung. Deshalb stellt das BGB Regeln auf, wie die Rangfolge zu behandeln ist.

Innerhalb derselben Abteilung entscheidet die Reihenfolge der eingetragenen Rechte über ihren Rang (§ 879 Abs. 1 Satz 1 BGB). Steht die Hypothek des A an zweiter, die des B an dritter Stelle, so geht die des A der des B vor.

In der Zwangsversteigerung wird daher bei der Verteilung des Erlöses zunächst A befriedigt. Bleibt ein Rest, erhält ihn B.

Der Rang von Eintragungen in verschiedenen Abteilungen richtet sich nach dem Datum der Eintragung, wobei gleiches Datum gleichen Rang bedeutet (§ 879 Abs. 1 Satz 2 BGB).

b) Im Regelfall entspricht das Grundbuch der Rechtslage in der Wirklichkeit. Man kann also davon ausgehen, daß sein *Inhalt richtig* ist. § 891 BGB stellt deshalb die Vermutung auf, daß ein eingetragenes *Recht* besteht, ein gelöschtes Recht erloschen ist. Der Gegenbeweis ist jedoch zulässig. Also kann sich der Eingetragene zunächst einmal schlicht auf den Eintrag berufen, der von der Löschung Begünstigte auf ihn hinweisen, während der Gegner das Gegenteil beweisen muß.

Mit der Vermutung allein ist jedoch oft nicht geholfen. Man muß im *rechtsge-schäftlichen* Verkehr auch darauf *vertrauen* können, daß das Grundbuch richtig ist, d. h., daß kein Gegenbeweis gegen die Richtigkeit des Grundbuchs geführt werden kann (§ 892 BGB): öffentlicher Glaube des Grundbuchs (Rechtsscheinwirkung).

> Wer im Vertrauen auf das Grundbuch (gutgläubig) von dem dort Eingetragenen das Grundstück kauft und sich übereignen läßt, wird Eigentümer. Der wahre Eigentümer kann nicht gegen ihn vorgehen (ausgenommen § 816 Abs. 1 Satz 2 BGB; Kap. 21 II).

c) Die Vermutung der Richtigkeit des Grundbuchs kann zerstört werden, wenn ein *Widerspruch* eingetragen ist. Es handelt sich hier um eine Eintragung, die besagt, daß sich jemand gegen den Inhalt des Grundbuchs in bestimmter Richtung gewandt hat, daß sein Inhalt falsch sei.

> A hat dem B für ein Darlehen von 10 000 DM eine Hypothek eintragen lassen. B zahlt den Betrag nicht aus. A kann einen Widerspruch gegen die Richtigkeit des Grundbuchs eintragen lassen, da die Hypothek für eine nicht bestehende Forderung eingetragen wurde (§ 1163 Abs. 1 Satz 1 BGB).

Hat jemand einen Anspruch auf Änderung der Eintragung im Grundbuch auf Grund eines Rechtsgeschäfts, so hat er ein Interesse daran, möglichst bald ins Grundbuch eingetragen zu werden, damit sein Recht auch tatsächlich entsteht.

> A hat an B ein Grundstück verkauft. Vor der Eintragung wird B nicht Eigentümer.

Da sich die Eintragung aber verzögern kann, hilft man dem Interessierten durch eine vorläufige Eintragung, die *Vormerkung.* Die Folge der Vormerkung ist nach § 883 Abs. 2 BGB, daß im Verhältnis zum Vorgemerkten Verfügungen des Ver-pflichteten unwirksam sind, so daß der Vorgemerkte von seinem Schuldner verlangen kann, daß sein Anspruch erfüllt werde. Der Dritte muß entsprechenden Eintragungen zustimmen (§ 888 BGB).

> A hat B sein lastenfreies Grundstück verkauft. Vor der Eintragung des B als Eigentümer bewilligt A dem C eine Grunddienstbarkeit auf dem Grundstück. Wird B eingetragen, so kann er die Beseitigung der Eintragung der Dienstbarkeit verlangen, wenn sein Anspruch auf Übereignung durch Vormerkung gesichert worden ist.

4. Unterabschnitt

Familien- und Erbrecht

25. Kapitel

Das Familienrecht

Im vierten Buch des BGB wendet sich der Gesetzgeber wieder vorwiegend personenrechtlichen Problemen zu, nachdem er zunächst im zweiten Buch die Stellung des Menschen im Wirtschaftsleben und im dritten Buch dessen Verhältnis zu den ihn umgebenden Sachen behandelt hatte. Familienrecht bedeutet heute *Eherecht, Recht der Verwandtschaft und Schwägerschaft* sowie das *Vormund-schaftsrecht.*

I. Ehe

Die einzig zulässige Form der Ehe ist die *Einehe,* die vor dem Standesbeamten (§ 11 Abs. 1 EheG) unter gleichzeitiger Anwesenheit der Ehepartner geschlossen wird (§ 13 Abs. 1 EheG).

1. Ihr kann ein **Verlöbnis** vorausgehen, ein familienrechtlicher Vertrag, der eine Bindung zwischen den Verlobten herbeiführt, aus der jedoch nicht auf Eingehung der Ehe geklagt werden kann (§ 1297 Abs. 1 BGB). Die Wirkungen des Vertrags äußern sich dann, wenn es um die Frage geht, ob der Rücktritt vom Verlöbnis vermögensrechtliche Folgen für den Zurücktretenden haben kann (§ 1289 BGB). Es sind dann nämlich die in Erwartung der Ehe gemachten Aufwendungen (z. B. die Braut hat das Hochzeitsmahl bestellt) und derjenige Schaden zu ersetzen, der durch andere im Hinblick auf die Ehe getroffene Maßnahmen entstanden ist.

> Der Bräutigam hat eine Wohnung gemietet, die er nunmehr nicht beziehen kann. Er muß während des Laufs der Kündigungsfrist Mietzins zahlen.

Gemäß § 1300 BGB hat die Braut Anspruch auf Zahlung des „Kranzgeldes". Geschenke sind regelmäßig zurückzugeben (§ 1301 BGB).

2. Im Interesse der Allgemeinheit und auch der Familie selbst müssen bestimmte **Voraussetzungen** vorliegen, damit die Eheschließung gültig ist. Die Ehepartner müssen ehemündig sein, und es dürfen keine Ehehindernisse vorliegen.

a) *Ehemündigkeit.* Eine Ehe soll nicht vor dem Eintritt der Volljährigkeit eingegangen werden. Auf Antrag kann jedoch das Vormundschaftsgericht Befreiung erteilen, wenn der Antragsteller wenigstens 16 Jahre alt und sein zukünftiger Ehegatte volljährig ist (§ 1 EheG).

b) *Eheverbote* sind Hindernisse, die der Eingehung der Ehe im Wege stehen. Hierher gehören u. a. Verwandtschaft und Schwägerschaft (§ 4 EheG), Doppelehe (§ 5 EheG). Teilweise kann das Vormundschaftsgericht eine Befreiung vom Eheverbot aussprechen (§ 4 Abs. 3 EheG). Dann ist die Ehe gültig, andernfalls ist sie nichtig (§§ 20, 21 EheG). Nichtigkeit bedeutet, daß die Ehe von Anfang an als nicht existent betrachtet wird.

3. Die **Eheschließung** vollzieht sich durch die übereinstimmende Willenserklärung der persönlich und gleichzeitig anwesenden Brautleute vor dem *Standesbeamten* (§ 11 Abs. 1 EheG). Die Erklärung kann nicht unter einer Bedingung oder Befristung erfolgen (§ 13 Abs. 2 EheG).

> Der Bräutigam erklärt, er heirate, wenn er vom Schwiegervater 500000 DM bekomme. – Die Braut will nur für ein Jahr heiraten, um sich dann endgültig entscheiden zu können.

Es sollen zwei Trauzeugen zugezogen und es soll die Eheschließung ins Familienbuch eingetragen werden (§ 14 EheG). Verstöße gegen die Bestimmungen berühren die Gültigkeit der Ehe nicht.

> Ausnahme: § 11 Abs. 2 EheG. Ist z. B. Z zwar öffentlich als Standesbeamter tätig, war seine Bestellung aber unwirksam, so wäre eine nicht eingetragene Ehe nicht vorhanden, aber die von ihm eingetragene Eheschließung hätte eine gültige Ehe zur Folge.

4. **Willensmängel** bei der Eheschließung können zur Aufhebung der Ehe führen. Hierher gehören die Fälle der *fehlenden Einwilligung* des gesetzlichen Vertreters (§ 30 EheG), der *Irrtum* über die Eheschließung

> A merkt nicht, daß er beim Standesamt ist und verheiratet wird

oder die Person des Ehegatten (§ 31 EheG),

> A wird mit der Zwillingsschwester seiner Teuren getraut, ohne es zunächst zu merken

ferner der Irrtum über eine persönliche Eigenschaft des Ehepartners (§ 32 EheG),

> die Braut leidet an Gehirnhautentzündung mit Gliederstarre und Gliederzittern (chronische Encephalitis); unbehebbare Impotenz

schließlich *arglistige Täuschung* (§ 33 EheG)

> dem Bräutigam wird vorgeschwindelt, die Gehirnhautentzündung sei geheilt

oder *Drohung* (§ 34 EheG).

> Vgl. dazu § 123 BGB (oben Kap. 10 IV 3).

Die genannten Gründe können zur Aufhebung der Ehe führen *(Aufhebungsgründe)*, wobei der Betroffene auf Aufhebung klagen muß (§ 35 EheG). Tut er das nicht, bleibt die Ehe gültig.

5. Die Ehe **endet** mit dem Tod eines der Ehegatten, ferner mit der Rechtskraft eines gerichtlichen Urteils, das die Nichtigkeit der Ehe – rückwirkend – feststellt, mit der Rechtskraft eines die Ehe – vom Zeitpunkt der Rechtskraft an – aufhebenden Urteils und mit der Rechtskraft eines Scheidungsurteils (unten 8.).

6. **Die persönlichen Wirkungen der Ehe.** Die Ehe wird auf Lebenszeit geschlossen. § 1353 Abs. 1 Satz 1 BGB hebt das noch besonders hervor. Die Ehegatten sind einander zur *ehelichen Lebensgemeinschaft* verpflichtet (§ 1353 Abs. 1 Satz 2 BGB). Während das bisherige Recht vorsah, daß die Ehefrau den Familiennamen des Mannes übernahm, ihren Mädchennamen dem aber hinzufügen durfte, bestimmen nunmehr die Ehegatten den gemeinsamen Familiennamen *(Ehenamen)* durch Erklärung gegenüber dem Standesbeamten (§ 1355 BGB). Sie können dabei entweder den Geburtsnamen des Mannes oder den der Frau wählen. Unterbleibt die Wahl, so ist Ehename der Geburtsname des Mannes (§ 1355 Abs. 2 Satz 2 BGB). Jeder Ehegatte kann dem Ehenamen seinen Geburtsnamen oder den zur Zeit der Eheschließung geführten Namen voranstellen (§ 1355 Abs. 3 BGB).

> Heiraten Franz Mohr und Luise Miller, so können sie als Ehenamen den Namen Mohr oder Miller bestimmen. Treffen sie keine Wahl heißt Luise Miller jetzt Luise Mohr. Sie darf sich aber Luise Miller-Mohr nennen. Am Namen des Franz ändert sich dann nichts.

Lies noch §§ 1616, 1617, 1618, 1720, 1740f., 1740g, 1758 BGB.

Die Ehegatten sind verpflichtet, einander durch Arbeit oder mit ihrem Vermögen angemessen zu *unterhalten* (§ 1360 Satz 1 BGB). Dieser Verpflichtung kommt auch derjenige von ihnen nach, der den Haushalt führt. Wer ihn führen soll, bestimmen die Ehegatten im gegenseitigen Einvernehmen (§ 1356 Abs. 1 BGB). Das Leitbild der Hausfrauenehe ist damit aufgegeben, jedoch nicht durch das der berufstätigen Ehefrau ersetzt worden. Sind beide Ehegatten erwerbstätig, wozu sie nach § 1365 Abs. 2 BGB berechtigt sind, so müssen sie trotzdem auf die Belange des anderen Teils und der Familie Rücksicht nehmen.

Die Berufstätigkeit der Eltern darf nicht zur Vernachlässigung der Kinder führen.

Der *angemessene Familienunterhalt* bestimmt sich nach § 1360a BGB.

Leben die Ehegatten *getrennt* (§ 1567 Abs. 1 BGB), so ist *Unterhalt* in Form einer *Geldrente* zu zahlen (§ 1361 Abs. 1 Satz 1, Abs. 4 BGB). Auf eigene Arbeit kann der nicht erwerbstätige Ehegatte nur ausnahmsweise verwiesen werden (§ 1361 Abs. 2 BGB).

Jeder Ehegatte ist berechtigt, diejenigen *Geschäfte* zu besorgen, die der *angemessenen Deckung des Lebensbedarfs* der Familie dienen (§ 1357 Abs. 1 Satz 1 BGB). Solche Geschäfte berechtigen und verpflichten auch den anderen Teil.

> Kauft der den Haushalt führende Ehemann (der sog. Hausmann) Lebensmittel im üblichen Rahmen, so haftet die Ehefrau neben ihm auf Bezahlung (§ 433 Abs. 2 BGB).

Jeder Ehegatte kann die aus § 1357 Abs. 1 BGB resultierende Befugnis des andern ausschließen. Besteht zu diesem Schritt kein ausreichender Grund, so kann der Betroffene das Vormundschaftsgericht anrufen, damit es den Ausschluß wieder aufhebe (§ 1357 Abs. 2 BGB).

Die eheliche Gemeinschaft macht es den Gläubigern eines der Ehegatten schwer zu erkennen, was dem einen oder dem anderen gehört, so daß die Zwangsvollstreckung auf Schwierigkeiten stoßen könnte.

> Es ist schon vorgekommen, daß innerhalb einer aus Mutter, Sohn und zwei Töchtern bestehenden Familie die Pfändung eines Klaviers dadurch vereitelt wurde, daß bei jeder Pfändung gegen einen der Familienangehörigen ein anderes Familienmitglied das Eigentum am Klavier behauptete. Angesichts eines um diese Zeit stattfindenden häufigen Personenwechsels bei Gericht und Gerichtsvollzieherstelle konnte dieses „Spiel" einige Zeit fortgesetzt werden. Der Schwindel flog schließlich auf.
> Ähnlich könnten Eheleute ihre Gläubiger an der Nase herumführen.

Das Gesetz stellt in § 1362 BGB zugunsten der Gläubiger *Vermutungen über die Eigentumsverhältnisse* auf. Was an beweglichen Sachen im Besitz des Schuldners oder beider Ehegatten steht, von dem wird vermutet, daß es Eigentum des Schuldners ist. Er muß das Gegenteil beweisen. Was zum persönlichen Gebrauch bestimmt ist,

> Kleider, Schuhe, Schmuck

von dem wird vermutet, daß es demjenigen gehört, zu dessen Gebrauch es bestimmt ist (§ 1362 Abs. 2 BGB).

> Von einem Damenmantel wird man annehmen, er gehöre der Ehefrau.

7. Die **vermögensrechtlichen Wirkungen** der Ehe behandelt das Ehegüterrecht (§§ 1363 ff. BGB).

Das BGB hat in Deutschland ein einheitliches Ehegüterrecht eingeführt. Es kennt einen gesetzlichen Güterstand und zwei Wahlgüterstände (§§ 1414, 1415 ff. BGB). Entscheiden sich die Ehegatten nicht für einen Wahlgüterstand, so gilt der gesetzliche Güterstand ohne weiteres (§ 1363 Abs. 1 BGB).

Gesetzlicher Güterstand ist die sog. Zugewinngemeinschaft. Die Vermögen der Ehegatten bleiben getrennte Vermögensmassen; getrennt behandelt wird auch der Vermögenserwerb während der Ehe (§ 1363 Abs. 2 Satz 1 BGB). Verfügungen über das Vermögen stehen jedem Ehegatten zu, jedoch ist die Verfügungsmacht eingeschränkt, wenn über das Vermögen im ganzen rechtsgeschäftlich verfügt werden soll (§ 1365 Abs. 1 BGB).

Endet die Ehe, so wird der *Zugewinn ausgeglichen* (§ 1363 Abs. 2 Satz 2 BGB). Das gilt aber nicht beim Tode eines Ehegatten, weil für diesen Fall die Sonderregelung des § 1371 Abs. 1 BGB eingreift: Der gesetzliche Erbteil des Überlebenden erhöht sich um ¼, wenn Kinder da sind, andernfalls um die Hälfte.

Die *Berechnung* des Zugewinns erfolgt nach § 1373 BGB durch einen Vergleich des Endvermögens jedes Ehegatten mit dem Anfangsvermögen. Übersteigt der Zugewinn des einen Ehegatten denjenigen des andern, so hat der letztere einen Anspruch auf den *Zugewinnausgleich.* Dieser besteht in einer Forderung gegen den anderen Ehegatten in Höhe der *Hälfte des Überschusses* (§ 1378 Abs. 1 BGB).

	Mann	Frau
Anfangsvermögen	60000	50000
Endvermögen	95000	57000
Zugewinn	35000	7000

Der Zugewinn des Mannes ist um 28000 DM höher als der der Frau. Die Frau bekommt 14000 DM.

8. Die häufigste Auflösung der Ehe ist neben dem Tod eines Ehegatten die **Ehescheidung.** An diesem Rechtsinstitut scheiden sich die Geister. Der Gesetzgeber muß versuchen, einen Ausgleich der verschiedensten Ansichten (die von äußerster Scheidungsfeindlichkeit bis zu größter Liberalität bei der Scheidung gehen) zu erreichen.

Das bisherige Recht kannte eine Reihe von *Scheidungsgründen,* wie z. B. Ehebruch, ehewidrige Beziehungen, Aufhebung der häuslichen Gemeinschaft. Lagen sie vor, so durfte die Ehe geschieden werden. Diese Gründe, bei denen u. U. das Verschulden eines Ehepartners eine Rolle spielte, sind nunmehr weggefallen. *Die Scheidung der Ehe kann und darf jetzt erfolgen, wenn diese* **gescheitert ist** (§ 1565 Abs. 1 Satz 1 BGB). Es gilt also das **Zerrüttungsprinzip.** Die Ehe ist gescheitert, wenn die Lebensgemeinschaft der Ehegatten nicht mehr besteht und wenn auch nicht erwartet werden kann, daß sie wiederhergestellt wird (§ 1565 Abs. 1 Satz 2 BGB). Auf die Gründe für die Beendigung der Lebensgemeinschaft kommt es nicht an, es entscheidet nur die Feststellung des Scheiterns der Ehe.

Die eheliche Lebensgemeinschaft ist aufgehoben, wenn die Ehegatten *getrennt leben.* Das ist der Fall, wenn zwischen ihnen keine häusliche Gemeinschaft mehr besteht und wenn jedenfalls einer der Ehegatten sie erkennbar nicht mehr herstellen will, weil er sie ablehnt (§ 1567 Abs. 1 Satz 1 BGB).

Um feststellen zu können, ob die Ehe gescheitert ist, müßte das Gericht in den Privatbereich der Ehegatten eindringen, wie es bisher unter der Herrschaft des Verschuldensprinzips der Fall gewesen ist. Um dies zu vermeiden (da man ohnehin nur die „Spitze des Eisberges" ermitteln kann), hilft das Gesetz dem Richter mit *Vermutungen.* Nach § 1566 Abs. 2 BGB wird das Scheitern der Ehe unwiderleglich vermutet, wenn die Ehegatten mindestens drei Jahre getrennt leben. Diese Frist kann nur im Rahmen der sog. Härteklausel des § 1568 Abs. 1 BGB auf fünf Jahre ausgedehnt werden.

Würden sich z. B. die finanziellen Verhältnisse durch die Scheidung wesentlich verschlechtern, so daß dadurch das Kindeswohl erheblich gefährdet werden würde (was von Amts wegen zu beachten ist), dann darf die Ehe trotz Scheiterns nicht geschieden werden.

Nach Ablauf der Fünfjahresfrist wird das Scheitern endgültig und ausnahmslos vermutet (§ 1568 Abs. 2 BGB).

Eine Scheidung vor Ablauf der drei Jahre seit der Trennung ist in zwei Fällen möglich: a) Die Ehegatten leben schon über ein Jahr getrennt und sind sich über die Scheidung einig (§ 1566 Abs. 1 BGB). In diesem Falle müssen sie im Scheidungsverfahren vollstreckbare Vereinbarungen über den Unterhalt der Ehegatten und der Kinder, über die Regelung der elterlichen Gewalt, die Zuteilung der Ehewohnung sowie die Verteilung des Hausrats vorlegen (§ 630 Abs. 1 ZPO). b) Sie leben noch nicht einmal ein Jahr getrennt, die Fortsetzung der Ehe ist aber dem Scheidungswilligen aus besonderen Gründen („Härte"), die in der Person des anderen Ehegatten liegen, nicht zumutbar (§ 1565 Abs. 2 BGB).

> Dauernder Ehebruch; körperliche Mißhandlungen; Trunksucht.

Die Ehescheidung erfolgt durch Gerichtsurteil. Ist dieses rechtskräftig, d. h. unanfechtbar geworden, so wird die Ehe von diesem Zeitpunkt an beendet (§ 1564 Satz 2 BGB). Mit der Auflösung der Ehe endet das gegenseitige Erbrecht und der eheliche Güterstand. Der Ehename bleibt bestehen (§ 1355 Abs. 4 Satz 1 BGB), jedoch kann jeder Ehegatte den Namen wieder annehmen, den er zur Zeit der Eheschließung trug (§ 355 Abs. 4 Satz 2 BGB).

> Hat Luise Miller den Franz Mohr geheiratet und nach der Scheidung den Namen Mohr behalten, so kann sie sich, wenn sie in ihrer späteren Ehe mit Ludwig Fürst kein Glück hatte, wieder Mohr nennen.

Der *Hausrat* und die *eheliche Wohnung* müssen notfalls durch Richterspruch geteilt oder verteilt werden (6. DVO zum EheG).

Wer die **elterliche Sorge** über die gemeinsamen Kinder hat, entscheidet das Familiengericht (Kap. 42 A II 1) im Scheidungsurteil. Die Eltern können einen gemeinsamen Vorschlag machen, andernfalls trifft das Gericht eine Regelung von sich aus (§ 1671 Abs. 2 und 3 BGB). Es kann nur ein Elternteil als Inhaber der elterlichen Sorge bestimmt werden. Dem andern steht gem. § 1634 BGB die Befugnis zum persönlichen Verkehr mit den Kindern zu, soweit es ihrem Wohl dient. Es kann also die Verkehrsbefugnis einem Elternteil auch entzogen werden. (Vgl. § 1634 Abs. 2 BGB.)

Bei der Regelung der Frage, ob nach der Scheidung ein Ehegatte dem anderen **Unterhalt** zu gewähren hat, geht das Gesetz vom *Grundsatz der Eigenverantwortlichkeit* aus (§ 1569 BGB). Ein Unterhaltsanspruch besteht demnach nur dann gegen den anderen Ehegatten, wenn der Bedürftige nicht selbst für seinen Unterhalt sorgen kann. Die dadurch begründete Mitverantwortlichkeit des früheren Ehepartners bildet die *Ausnahme*. Sie regelt sich nach den §§ 1570 bis 1576 BGB. Die Unterhaltspflicht resultiert aus dem Gedanken, daß die eheliche Solidarität Nachwirkungen hat; man sprach auch von „ehebedingter Bedürftigkeit". Das bedeutet, daß ein Unterhaltsanspruch besteht, wenn bestimmte Umstände im Zeitpunkt der Scheidung, die ihren Grund in der Ehe haben, den Bedürftigen hindern, für den Unterhalt selbst zu sorgen. Diese Gründe sind Kindererziehung bei der Scheidung (§ 1570 BGB), Alter (§ 1571 Nr. 1 BGB), Krankheit (§ 1572 Nr. 1 BGB), fehlende angemessene Erwerbstätigkeit (§ 1573 Abs. 1 BGB) und Aufnahme einer Ausbildung (§ 1575 BGB). An diese Gründe können sich bei ihrem Wegfall weitere anschließen (Anschlußunterhalt): Alter nach Kindeserziehung (§ 1571 Nr. 2 BGB), Alter trotz möglicher Erwerbstätigkeit (§ 1571 Nr. 2 BGB), Krankheit nach Beendigung der Erziehung (§ 1572 Nr. 2 BGB), Krankheit nach Beendigung der Ausbildung (§ 1572 Nr. 3 BGB), Krankheit nach ausgeübter Erwerbstätigkeit (§ 1572 Nr. 4 BGB), Wegfall der Voraussetzungen nach §§ 1570 bis 1572, 1575 BGB (1573 Abs. 3 BGB); Wegfall der Erwerbstätigkeit bei fehlender nachhaltiger Sicherung des Unterhalts durch diese (§ 1573 Abs. 4 BGB). Zudem kann eine Unterhaltspflicht aus Billigkeitsgründen gegeben sein (§ 1576 BGB). Immer ist vorausgesetzt, daß der Verpflichtete leistungsfähig ist (§ 1581 BGB). Die Ehegatten haben einander *Auskunft* über ihre Einkommens- und Vermögensverhältnisse zu geben (§ 1580 BGB).

Der Unterhalt umfaßt den gesamten Lebensbedarf im Rahmen der Lebensverhältnisse, wie sie während des Bestehens der Ehe gegeben waren (§ 1578 BGB).

> Erbt der Angestellte A eine Fabrik nach der Ehescheidung, deren Betrieb er übernimmt, so richtet sich der seiner geschiedenen Ehefrau zu leistende Unterhalt trotzdem nur nach den finanziellen Verhältnissen während des Bestandes der Ehe. Würde A jetzt wesentlich besser verdienen, nähme sie nicht daran teil.

Er ist grundsätzlich in Geld als Rente zu leisten (§ 1585 BGB). Der Anspruch erlischt mit der Wiederverheiratung oder dem Tod des Berechtigten (§ 1586 BGB).

Nach bisherigem Recht nahm ein Ehegatte an den Versorgungsanwartschaften des anderen nicht teil. Das war besonders bei der sog. Hausfrauenehe oft ein Nachteil, weil die geschiedene Frau keinen Beruf hatte und auf Leistungsfähigkeit und besonders auch Leistungswilligkeit des geschiedenen Ehemannes angewiesen war. Zudem war die Feststellung der Leistungsfähigkeit nicht immer einfach, besonders bei freiberuflich Tätigen, die sich oft ärmer machten als sie waren. Dem will das Gesetz nunmehr durch den **Versorgungsausgleich,** der jedem Ehegatten ohne Rücksicht auf den Güterstand und die Bedürftigkeit (§ 1603 Abs. 1 BGB) des Ausgleichsberechtigten zustehen soll, steuern.

Zu unterscheiden sind der Wertausgleich (der sog. öffentlich-rechtliche Versorgungsausgleich; §§ 1587a bis e BGB) und der schuldrechtliche Versorgungsausgleich (§§ 1587f bis n BGB). Letzterer findet nur subsidiär statt, wenn nämlich der öffentlich-rechtliche Versorgungsausgleich aus den in § 1587f BGB abschließend aufgezählten Fällen nicht stattfinden darf oder soll.

Zum **öffentlich-rechtlichen Versorgungsausgleich** einige Einzelheiten.

Die Vorschriften erinnern an den Zugewinnausgleich (§§ 1371ff. BGB; oben I 7). Dort sollen die gemeinsamen Lebensleistungen der Ehegatten bei Beendigung der Ehe ausgeglichen werden. Hier geht es darum, Versorgungsanwartschaften, die während der Ehezeit (§ 1587 Abs. 2 BGB) entstanden sind, auszugleichen.

> Der Mann hat Ansprüche auf eine Invalidenrente, die Frau auf eine Pension als Beamtin erworben oder umgekehrt.

Die wichtigsten Ansprüche sind die aus einem öffentlich-rechtlichen Dienstverhältnis (§ 1587 Abs. 2 Nr. 1 BGB) oder aus der gesetzlichen Rentenversicherung (§ 1587 Abs. 2 Nr. 2 BGB).

> Auch Ansprüche aus einer betrieblichen Altersversorgung, aus privaten Rentenversicherungen und einer berufsständischen Versorgung gehören hierher.

Man stellt zunächst fest, welche Versorgungsansprüche jeder Ehegatte während der Ehezeit erworben hat. (Ist das nur bei einem von ihnen der Fall, so beschränkt sich die Feststellung natürlich auf ihn.) Zu diesem Zweck muß kraft Gesetzes (§ 623 Abs. 1 ZPO; sog. Verbund von Scheidungs- und Folgesachen) das Familiengericht von Amts wegen tätig werden und die Parteien zur Abgabe der entsprechenden Erklärungen veranlassen. Die Versorgungsträger sind verpflichtet, Auskünfte zu geben.

Sodann werden, falls zwei Berechtigte vorhanden sind, die ermittelten **Versorgungswerte** einander gegenübergestellt. Wer den höheren Betrag hat, ist ausgleichspflichtig.

> Ist die Ehefrau Angestellte, der Ehemann Regierungsdirektor, so wird regelmäßig *er* zum Ausgleich herangezogen werden.

Die Bewertung wird durch eine Monatsrente ausgedrückt, die der Berechtigte erhält.

Im Prinzip werden bei der Bewertung die während der Ehezeit entstandene Anwartschaft und die sich aus der Gesamtberechtigungzeit ergebende Anwartschaft ins Verhältnis gesetzt. Der sich ergebende Betrag ist der *Ausgleichsbetrag*. Davon erhält der Berechtigte (gegebenenfalls unter Berücksichtigung des ihm selbst zustehenden Ausgleichsbetrages) die Hälfte (§ 1587 a Abs. 1 Satz 2 BGB). Die Rente wird an den Berechtigten gezahlt, sobald der Versorgungsfall bei ihm eintritt.

> Bei einem Beamten z. B. berechnet sich der Ausgleichsbetrag nach der Formel (§ 1587 a Abs. 2 Nr. 1 BGB)
>
> $$\frac{\text{Ehezeit} \times \text{fiktive Pension}}{\text{ruhegehaltsfähige Dienstzeit}} = \text{Ausgleichsbetrag.}$$
>
> Die während der Ehezeit im Haushalt tätig gewesene Frau B wird von ihrem Mann bei fünfjähriger Ehezeit und einem fiktiven Ruhegehalt von 1200 DM nach 45jähriger Dienstzeit 66,66 DM monatlich erhalten (Ausgleichsbetrag: 133,33 DM).
>
> Hat die Ehe nur 2 Jahre gedauert, hat sie Anspruch auf 26,66 DM monatlich.
>
> Man sieht, daß bei kurzen Ehen – die meisten gescheiterten Ehen eines Jahrgangs werden nach dem 3. oder 4. Jahr geschieden – Kleinstrenten zu bezahlen sein können, die praktisch wertlos sind.

Der Gesetzgeber hat weder einen Mindestbetrag der Rente noch eine Mindestdauer der Ehe für den Erwerb des Anspruchs festgelegt.

Die **Durchführung**, d. h. der Vollzug des Versorgungsausgleichs richtet sich nach § 1587 b BGB. Das Familiengericht kann (abgesehen von § 1587 a Abs. 2 Nr. 1 BGB) die Anwartschaft aus der gesetzlichen Rentenversicherung auf den begünstigten Ehegatten übertragen (§ 1587 b Abs. 1 BGB; *„Rentensplitting"*), es kann eine solche Anwartschaft begründen (§ 1587 b Abs. 2 BGB; *„Quasi-Splitting"*) und es kann schließlich, falls solche Anwartschaften nicht bestehen, dem Verpflichteten deren *Begründung durch Beitragszahlung* auferlegen (§ 1587 b Abs. 3 BGB).

> Letzteres kann durch den Abschluß eines Lebensversicherungsvertrages oder mittels einer ähnlichen Versorgungsmaßnahme geschehen.

Schließlich kann es unter den Voraussetzungen des § 1587 b Abs. 4 BGB eine *andere Regelung* treffen.

Zwischen den Ehegatten besteht eine *Auskunftspflicht* hinsichtlich der Berechnungsunterlagen (§§ 1587e, 1580 BGB).

Der Anspruch *erlischt* mit dem Tode des Berechtigten (§ 1587e Abs. 2 BGB), aber nicht mit dem des Verpflichteten (§ 1587e Abs. 4 BGB).

Vereinbarungen über den Versorgungsausgleich können im Rahmen des Scheidungsverfahrens getroffen werden. Sie bedürfen der Genehmigung durch das Familiengericht (§ 1587o BGB).

II. Verwandtschaft und Schwägerschaft

1. Verwandtschaft i. S. des BGB bedeutet Blutsverwandtschaft. Sie besteht demnach zwischen Personen, die durch Abstammung miteinander verbunden sind, wenn auch nicht in unbeschränktem Umfang.

Zu unterscheiden ist zwischen Verwandten in *gerader* und solchen in der *Seitenlinie* (§ 1589 BGB). Zur ersteren Gruppe gehören Eltern, Kinder, Enkel, zur zweiten Geschwister, Onkel, Neffen, Vettern. Der *Grad* der Verwandtschaft richtet sich nach der Zahl der sie vermittelnden Geburten (§ 1589 Satz 3 BGB). Die Geburt des Probanden selbst zählt nicht!

Es ergibt sich also folgendes Bild:

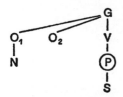

Proband P ist mit dem Vater V und dem Sohn S in gerader Linie im ersten Grad verwandt, mit seinem Großvater G im zweiten Grad. Mit den Onkeln O_1 und O_2 ist er in der Seitenlinie im 3. Grad, mit dem Cousin N im 4. Grad verwandt, denn um zu N zu gelangen, zählt man ohne P vier Geburten (V, G, O_1, N).

Schwägerschaft ist das Verhältnis eines Ehegatten zu den Verwandten des anderen Ehegatten (§ 1590 Abs. 1 Satz 1 BGB). Der Grad der Schwägerschaft richtet sich nach dem sie vermittelnden Verwandtschaftsgrad.

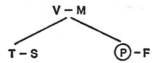

Der Proband P ist mit seiner Schwester T im zweiten Grad (Seitenlinie) verwandt. Sein Schwager S ist also mit ihm im zweiten Grad verschwägert. Umgekehrt gilt das gleiche für die Verwandtschaft zwischen der Tochter T und der Ehefrau des P.

2. Die Kenntnis der verwandtschaftlichen Verhältnisse ist wichtig für die **Unterhaltspflicht,** denn nur Verwandte in gerader Linie sind einander unterhaltspflichtig (§ 1601 BGB). (Ausnahme: Ehegattenunterhalt [oben I 6].) Eine gesetzliche Unterhaltspflicht unter Geschwistern gibt es also nicht!

Läßt der reiche A seine arme Schwester verkommen, so ist das moralisch anfechtbar, aber rechtlich uninteressant.

Voraussetzung für die Unterhaltspflicht ist (abgesehen vom Verwandtschaftsgrad) die *Bedürftigkeit* des Berechtigten (§ 1602 Abs. 1 BGB) und die *Leistungsfähigkeit* des Verpflichteten (§ 1603 Abs. 1 BGB). Dabei gilt für Eltern im Verhältnis zu ihren minderjährigen Kindern der strengere Maßstab des § 1603 Abs. 2 BGB.

Der *Umfang* der Unterhaltspflicht ergibt sich aus § 1610 Abs. 2 BGB. Die hier erwähnte Ausbildung „zu einem Beruf" bedeutet nach der Rechtsprechung des BGH eine Ausbildung, die der Begabung und den Fähigkeiten, dem Leistungswillen und den beachtenswerten Neigungen des Kindes am besten entspricht, ohne daß es insoweit auf Beruf und gesellschaftliche Stellung der Eltern ankommt, und die sich hinsichtlich ihrer Finanzierung in den Grenzen der wirtschaftlichen Leistungsfähigkeit der Eltern hält.

> Ein junger Verwaltungsinspektor, der nunmehr Rechtswissenschaft studieren will, wird nicht ohne weiteres Unterhalt von den Eltern für die Zeit des Studiums verlangen können.

Besondere Vorschriften gelten für das nichteheliche Kind (§§ 1615 a ff. BGB).

Treffen *mehrere Verpflichtete* oder *mehrere Berechtigte* zusammen, so geben die §§ 1606 ff. und 1609 ff. BGB besondere Anweisungen. Grundsatz ist die gleichmäßige Behandlung der Bedürftigen und der Vorrang des dem Grade näher verwandten vor den entfernteren Verwandten.

> Mehrere Kinder haben also gegen ihre Eltern den gleichen Unterhaltsanspruch. Vor den Großeltern haben die Eltern für die Kinder zu sorgen.

Verweigert ein leistungsfähiger Unterhaltspflichtiger die Zahlung von Unterhalt (§§ 1610, 1612 BGB), so kann ihn der Berechtigte verklagen. Soweit der Staat im Wege der Sozialhilfeleistungen eingesprungen ist, kann er sich im Wege des Regresses an den Unterhaltspflichtigen halten. Die Verletzung der Unterhaltspflicht ist zudem strafbar (§ 170 b StGB).

3. Die **Abstammung,** die für die Frage der Verwandtschaft so erheblich ist, kann ehelich oder nichtehelich sein.

Eheliche Abstammung besteht, wenn ein Kind innerhalb einer gültig eingegangenen Ehe geboren wird oder spätestens bis zum 302. Tage nach Auflösung der Ehe geboren wird, und wenn der Ehemann der Ehefrau innerhalb der gesetzlichen Empfängniszeit (§ 1592 BGB) beigewohnt hat (§ 1591 Abs. 1 BGB). Die Beiwohnung wird *vermutet* (§ 1591 Abs. 2 BGB). Der Mann muß also beweisen, daß er der Ehefrau nicht beigewohnt hat. Er kann die Vermutung der ehelichen Abstammung auch dadurch ausräumen, daß er nachweist, das Kind könne offenbar unmöglich von ihm empfangen worden sein.

> Das Kind aus der Ehe zweier weißer Ehegatten ist ein Neger. – Der Mann kommt einen Monat vor der Geburt von einer einjährigen Expeditionsreise aus Südamerika zurück.

Auf die Nichtehelichkeit des Kindes kann man sich erst berufen, wenn sie gerichtlich festgestellt worden ist (§ 1593 BGB). Vorher hat es alle Rechte des ehelichen Kindes.

Das eheliche Kind erhält den *Namen* des Vaters (§ 1616 BGB). Es steht unter *elterlicher Sorge* beider Elternteile (§§ 1626 ff. BGB).

Das *nichteheliche Kind* stammt von einer ledigen, geschiedenen oder verwitweten Mutter (sofern es nicht innerhalb der Frist des § 1591 BGB geboren worden ist). Bei ihm bedarf es der *Feststellung der Vaterschaft*, da es eine dem § 1591 Abs. 1 BGB entsprechende Vermutung naturgemäß nicht gibt. Dies geschieht durch Anerkenntnis des Erzeugers oder durch gerichtliche Feststellung in Urteilsform (§ 1600a BGB). Das Kind erhält den Familiennamen der Mutter (§ 1617 Abs. 1 BGB) und steht unter ihrer elterlichen Sorge (§ 1705 BGB). Zur Vornahme gewisser Geschäfte erhält es einen Pfleger (§ 1706 BGB), der gewöhnlich das Jugendamt ist.

4. Ein künstliches Eltern-Kind-Verhältnis entsteht durch die **Annahme als Kind,** die **Adoption** (§§ 1741 ff. BGB). Sie erfolgt durch Dekret des Vormundschaftsgerichts (§ 1752 BGB) und bezieht sich regelmäßig auf *Minderjährige. Voraussetzung* ist immer, daß durch sie ein richtiges *Eltern-Kind-Verhältnis* entsteht. Deshalb muß das Vormundschaftsgericht diese entscheidende Frage besonders sorgfältig prüfen. Dabei hilft § 1744 BGB, der verlangt, daß die Annahme erst ausgesprochen werden soll, wenn das Kind eine angemessene Zeit beim Adoptierenden in Pflege gewesen ist. Außerdem haben das Jugendamt und die Adoptionsvermittlungsstelle das Gericht zu unterstützen, indem sie Ermittlungen anstellen. Das Gericht muß auch die weiteren Erfordernisse prüfen (vgl. z. B. §§ 1743, 1744 BGB), wozu auch die Einwilligung insbes. des Kindes und seiner leiblichen Eltern gehört (§§ 1746 ff. BGB).

Die *Folge* der Adoption ist u. a. die Erlangung der Rechtsstellung eines ehelichen Kindes durch den minderjährigen Adoptierten gegenüber dem Adoptierenden (§ 1754 BGB). Das adoptierte Kind wird *voll* in die Familie des Adoptierenden aufgenommen, es erhält dessen Familiennamen als Geburtsnamen (§ 1757 BGB), teilt dessen Wohnsitz (§ 7 BGB) und wird unterhalts- und erbberechtigt *(Volladoption)*. Die Beziehungen zu den leiblichen Verwandten erlöschen mit Ausnahme von bereits bestehenden Ansprüchen aus Renten, Waisengeld u. ähnl. (§ 1755 Abs. 1 BGB).

Der Annehmende erhält die volle elterliche Sorge über den adoptierten Minderjährigen. Unterhalts- und erbberechtigt wird er wie bei leiblicher Verwandtschaft.

Weniger einschneidend sind die Wirkungen der Adoption *Volljähriger* (§ 1770 BGB).

III. Vormundschaft und Pflegschaft

Beide Institutionen dienen dem Schutz der Personen, die ihre Angelegenheiten nicht selbst erledigen können. Dabei bezieht sich die *Vormundschaft* auf Minderjährige und Entmündigte, die Pflegschaft auf geschäftsfähige, aber sonst behinderte Personen.

Grundsätzlich ist der Vormund zur Übernahme seines Amtes verpflichtet, wenn er vom Vormundschaftsgericht bestellt wird (§ 1785 BGB). Ausnahmen regelt § 1786 BGB.

Für die *Pflegschaft* gelten die Vorschriften über die Vormundschaft analog (§ 1915 Abs. 1 BGB). Sie umfaßt die Fälle der §§ 1909 bis 1914 BGB.

26. Kapitel

Das Erbrecht

I. Allgemeines

Das Erbrecht befaßt sich mit der Rechtsnachfolge in das Vermögen eines Verstorbenen *(Erbfolge)*. Es ist im fünften Buch des BGB geregelt. Für bäuerliche Höfe besteht eine in den einzelnen Bundesländern verschiedene Regelung (Anerbenrecht).

Die Erbfolge tritt ein, sobald eine natürliche Person stirbt. Dann geht der Nachlaß, die Erbschaft, d. h. ihr Vermögen, das sie hinterläßt, als Ganzes auf andere Personen (die Erben) über (§ 1922 Abs. 1 BGB). Nur wenn eine natürliche Person stirbt (Erblasser – mit Betonung auf der ersten Silbe!), tritt eine Erbfolge ein. Für juristische Personen gelten andere Regeln (Liquidation, Auflösung).

Erbe kann nur werden, wer rechtsfähig ist und den Tod des Erblassers erlebt (§ 1923 Abs. 1 BGB). Da von der Rechtsfähigkeit des Erben auszugehen ist, kann auch eine juristische Person erben. Um die Leibesfrucht zu sichern, bestimmt § 1923 Abs. 2 BGB, daß derjenige, der beim Erbfall gezeugt, aber noch nicht geboren ist, als vor dem Erbfall geboren behandelt wird.

> A hat kürzlich geheiratet. Ein Kind ist unterwegs. Verunglückt A tödlich und wird das Kind lebend geboren, so wird es so behandelt, als habe es beim Tod des Vaters schon gelebt. Bis dahin wird ein Pfleger für die Leibesfrucht (§ 1912 BGB) tätig.

Wer im Einzelfall Erbe wird, bestimmen das Gesetz (gesetzliche Erbfolge) oder der Erblasser durch Testament oder Erbvertrag (gewillkürte Erbfolge).

Der *Übergang des Vermögens* auf den Erben vollzieht sich nach § 1922 Abs. 1 BGB automatisch, d. h. ohne Zutun des Erben. Er wird Eigentümer des Nachlasses und Besitzer (§ 857 BGB). Da man aber niemanden zu seinem Glück zwingen kann, besteht für den Erben das Recht, die Erbschaft auszuschlagen (§ 1942 BGB), besonders dann, wenn die Erbschaft nur Lasten brächte (z. B. bei überschuldetem Nachlaß), von einem Glücksfall also keine Rede sein könnte. Der Erwerb des Nachlasses ist also auflösend bedingt durch die Ausschlagung.

Das Vermögen geht nicht nur kraft Gesetzes, sondern auch als Ganzes über (§ 1922 Abs. 1 BGB), d. h. also mit allen Aktiven und (leider) auch allen Passiven. Dabei sind aber höchstpersönliche Rechte

Nießbrauch

ausgeschlossen.

II. Die gesetzliche Erbfolge

Die in den §§ 1922 bis 1941 BGB geregelte gesetzliche Erbfolge tritt ein, wenn der Erblasser über seinen Nachlaß nicht verfügt hat oder wenn der eingesetzte Erbe die Erbschaft nicht annehmen will. Im Grundsatz erben die Blutsverwandten. Neben ihnen allerdings auch der Ehegatte, das Adoptivkind und der Fiskus.

Das BGB geht von folgenden *Grundsätzen* aus:

- Die **Verwandten** der näheren Ordnung schließen die der entfernteren Ordnung aus (§ 1930 BGB).

    Kinder kommen vor den Eltern, diese vor den Großeltern.

- Innerhalb der ersten drei Ordnungen sind die Erben nach Stämmen berufen, später gilt Gradesnähe.

    Im einzelnen bedeutet das folgendes:

1. Ordnung (oder 1. Parentel) sind diejenigen Personen, die vom gemeinsamen Erblasser (parens) abstammen (§§ 1924; 1589 BGB). Fällt ein Abkömmling weg, weil er vorverstorben ist, so treten seine Abkömmlinge an seine Stelle.

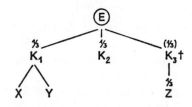

E ist unter Hinterlassung zweier Kinder und eines Enkels Z eines vorverstorbenen Kindes gestorben. Es erhalten die Kinder und der Enkel je ⅓. Die Kinder (X, Y) der lebenden Abkömmlinge K_1 und K_2 bekommen nichts. Hätte der vorverstorbene Sohn (K_3) zwei Kinder, die leben, bekämen sie je ⅙.

2. Ordnung (§ 1925 BGB). Ihr gehören die Eltern des Erblassers und deren Abkömmlinge an. Leben beide Eltern, bekommen sie alles. Lebt ein Elternteil nicht, fällt sein Anteil an seine Abkömmlinge wie in § 1924 BGB. Lebt nur noch ein Elternteil, bekommt er alles.

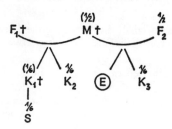

M hatte aus erster Ehe mit F_1 zwei Kinder K_1 und K_2. Nach dem Tod seiner Frau heiratete er wieder (die F_2). Aus dieser Ehe (es sei Gütertrennung vereinbart) stammt ein Kind K_3 und der Erblasser E. K_1 ist vorverstorben und hinterläßt einen Sohn S. Auch M ist gestorben.

3. Ordnung (§ 1926 BGB). Zu ihr gehören die Großeltern des Erblassers und deren Abkömmlinge. Voraussetzung für ihr Erbrecht ist, wie auch sonst, daß vorgehende Erben, also hier solche der ersten und zweiten Ordnung, fehlen (§ 1930 BGB).

Leben zur Zeit des Erbfalles alle Großeltern, so erben sie allein und zu gleichen Teilen, d. h. sie erhalten je ein Viertel. Lebt von einem Großelternpaar ein Teil nicht mehr, so treten dessen Abkömmlinge an seine Stelle (dazu § 1926 Abs. 5 BGB). Sind sie nicht vorhanden, so erbt der andere Großelternteil allein. Lebt er nicht mehr, treten seine Abkömmlinge an seine Stelle (§ 1926 Abs. 3 Satz 2 BGB). Tritt im Bereich eines Großelternpaares keine Erbfolge ein (weil beide Großeltern ohne Abkömmlinge gestorben sind), so geht das Erbteil auf die anderen Großeltern oder deren Abkömmlinge über (§ 1926 Abs. 4 BGB).

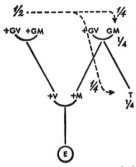

Hinterläßt der Erblasser E lediglich eine Großmutter mütterlicherseits und deren Tochter (seine Tante), so geht die den Großeltern väterlicherseits zustehende Hälfte des Nachlasses auf die Großmutter und die Tochter als Nachfolgerin des vorverstorbenen Großvaters (§§ 1926 Abs. 5, 1924 Abs. 1 BGB) über. Beide erben also je zur Hälfte.

Wegen der *vierten* und der *folgenden* Ordnungen vgl. §§ 1928 ff. BGB!

Das gesetzliche Erbrecht des **Ehegatten** hängt vom Güterstand ab. Nach § 1931 BGB gilt hier u. a.:

Neben Erben der *ersten Ordnung* bekommt der Ehegatte ein Viertel (§ 1931 Abs. 1 BGB).

> Hinterläßt A eine Frau und drei Kinder, so bekommt die Frau ¼, die Kinder erhalten je ¼.

Besteht der gesetzliche Güterstand der Zugewinngemeinschaft, so bleibt § 1371 BGB unberührt (§ 1931 Abs. 3 BGB), d. h. der Überlebende erhält neben dem Viertel aus § 1931 Abs. 1 Satz 1 BGB noch ein weiteres Viertel aus § 1371 Abs. 1 BGB.

> Im vorigen Fall bekommt die Witwe also ½, jedes Kind nur ⅙.

Neben den Erben der *zweiten Ordnung* bekommt der überlebende Ehegatte die Hälfte (§ 1931 Abs. 1 Satz 1 BGB), beim gesetzlichen Güterstand ¼ mehr, d. h. drei Viertel.

> Hat A seine Ehefrau und Eltern hinterlassen, so erhält die Witwe ½, die Eltern bekommen je ¼. Beim gesetzlichen Güterstand bekommt die Frau ¾, die Eltern erhalten je ⅛.

Neben *Großeltern* des Erblassers erhält der überlebende Ehegatte die Hälfte (§ 1931 Abs. 1 Satz 1 BGB). Sind auch Abkömmlinge der Großeltern vorhanden, so schließt er diese aus (§ 1931 Abs. 1 Satz 2 BGB), und er erbt, wenn weder Erben der ersten oder zweiten Ordnung noch Großeltern vorhanden sind, die ganze Erbschaft (§ 1931 Abs. 2 BGB).

> Hinterläßt E neben der Großmutter und der Tante (vgl. das Beispiel bei der 3. Ordnung) noch eine Ehefrau und hat er im gesetzlichen Güterstand gelebt, so erhält die Ehefrau nach § 1931 Abs. 1 Satz 1 BGB die Hälfte des Nachlasses. Dazu kommt nach §§ 1931 Abs. 3, 1371 Abs. 1 BGB ein weiteres Viertel, das sind also zunächst drei Viertel. Das restliche Viertel geht nach § 1926 Abs. 1 BGB an die dritte Ordnung, es würden also die Großeltern je ¹⁄₁₆ erben. Da die Großeltern väterlicherseits nicht leben, gehen ihre Teile (²⁄₁₆), an die Großeltern mütterlicherseits. Die noch lebende Großmutter erhält zu ihrem ¹⁄₁₆ aus § 1926 Abs. 1 BGB ein weiteres ¹⁄₁₆ wegen § 1926 Abs. 4 BGB, also ⅛. Das Achtel (= ²⁄₁₆) des verstorbenen Großvaters erhält entgegen § 1926 Abs. 5 BGB nicht die Tante, sondern wegen § 1931 Abs. 1 Satz 2 BGB der überlebende Ehegatte des E, so daß ihm insgesamt ⅞ zufallen.

Das **nichteheliche Kind** ist zwar mit dem Vater verwandt, es steht aber nicht in der gleichen festen Beziehung zu dessen Familie wie seine ehelichen Kinder. Im

Grundsatz nimmt es zwar an seinem Nachlaß teil wie ein eheliches Kind oder der überlebende Ehegatte. Während aber diese Personen Miterben (unten IV) werden, hat das nichteheliche Kind gegen sie den sog. *Erbersatzanspruch*, d. h. einen *schuldrechtlichen* Anspruch auf eine Geldleistung in Höhe des Wertes des auf es an und für sich entfallenden Erbteils (§ 1934a BGB).

> E, dessen Ehefrau vorverstorben ist, stirbt unter Hinterlassung zweier ehelicher Kinder K_1 und K_2 sowie eines nichtehelichen Sohnes N. K_1 und K_2 erben je zur Hälfte (§ 1924 Abs. 1 BGB). Der nichteheliche Sohn N würde neben ihnen als eheliches Kind ebenfalls erben, und zwar erhielte jedes Kind ein Drittel. Sein Erbersatzanspruch beträgt daher ein Drittel vom Wert des Nachlasses. Insoweit ist N Nachlaßgläubiger von K_1 und K_2.

Steht das nichteheliche Kind nicht neben ehelichen Abkömmlingen oder dem überlebenden Ehegatten, so erbt es allein (§ 1924 Abs. 1 BGB).

> E, dessen Ehefrau vorverstorben ist, hinterläßt keine Kinder aus der Ehe. Es leben noch seine Eltern. Der nichteheliche Sohn N erbt als Alleinerbe alles. die Eltern sind ausgeschlossen (§§ 1930, 1925 Abs. 1 BGB).

Da nichteheliche Kinder selten in der väterlichen Familie einen Rückhalt haben, ist von ihr beim Eintritt ins Berufsleben kaum eine Unterstützung zu erwarten. Um eine Starthilfe zu geben, eröffnet das Gesetz dem Kind die Möglichkeit, seine Ansprüche beim Tode des Vaters gewissermaßen vorzuziehen: Es kann vom Vater, sofern es das 21. Lebensjahr vollendet und noch nicht 27 Jahre alt geworden ist, den sog. *vorzeitigen Erbausgleich* verlangen (§ 1934d BGB). Dann entfällt beim Tode des Vaters der Erbersatzanspruch.

III. Die gewillkürte Erbfolge

Der Erblasser kann die gesetzliche Erbfolge dadurch ausschalten, daß er eine Verfügung über seinen Nachlaß trifft. Das kann durch *Testament* geschehen (einseitiges Rechtsgeschäft) oder durch *Erbvertrag*. Beides fällt unter den Oberbegriff der Verfügung von Todes wegen. Sie enthält in aller Regel eine Erbeinsetzung auf den Nachlaß im ganzen oder auf einen Bruchteil. Daneben kann sie andere Anordnungen des Erblassers enthalten, wie etwa Vermächtnisse, Enterbungen.

> A setzt E zum Erben ein, enterbt S und vermacht G seine goldene Uhr.

1. Das Testament. Um ein Testament errichten zu können, muß man mindestens 16 Jahre alt sein (§ 2229 Abs. 1 BGB), auch dann kann man das Testament nur durch mündliche Erklärung oder Übergabe einer offenen Schrift errichten (§ 2233 Abs. 1 BGB). Das eigenhändige Testament (§ 2247 BGB) ist dem Minderjährigen also noch verwehrt. Dem Volljährigen stehen dagegen alle Testamentsformen (§§ 2231, 2247 BGB) offen.

Der Erblasser ist an sein Testament *nicht gebunden*, er kann es jederzeit ändern. Dieser Widerruf kann durch Vernichtung des Testaments oder dessen Veränderung erfolgen (§ 2255 BGB), der Erblasser kann ferner ein neues Testament schreiben (§ 2254 BGB). Auch die Rücknahme des Testaments aus der amtlichen Verwahrung gilt als Widerruf (§ 2256 BGB). Es liegt auf der Hand, daß Schwierigkeiten entstehen können, wenn der Widerruf nicht vollständig ist, etwa dann, wenn zwei Testamente einander widersprechen. Eine Auslegungsregel gibt § 2258 BGB.

Nach dem Tod des Erblassers wird das Testament *eröffnet* (§§ 2260 ff. BGB), die Beteiligten werden benachrichtigt. Nach Kenntnisnahme des Inhalts können sie sich entschließen, ob sie die Erbschaft annehmen wollen oder ob das Testament etwa angefochten werden soll (§§ 2078 ff. BGB). Man beachte, daß im Gegensatz zum Allgemeinen Teil hier auch der Motivirrtum (Irrtum im Beweggrund) beachtlich ist (§ 2078 Abs. 2 BGB). Der Grund liegt darin, daß die Motive für den Geschäftspartner uninteressant sind, während hier in einem verhältnismäßig intimen Bereich sehr wohl auf die Motive des Erblassers Rücksicht genommen werden darf, da die Rechtssicherheit in wesentlich geringerem Maße berührt wird.

2. Der Erbvertrag. Während das Testament den Erblasser nicht bindet, ist eine Verfügung über den Nachlaß im Wege des Erbvertrages für den Erblasser ebenso *bindend* wie jeder andere Vertrag. Die Bedeutung des Erbvertrages kommt in der Formvorschrift des § 2276 BGB zum Ausdruck, die deutlich Warnfunktion hat. Auch § 2274 BGB dient dem Schutz des Erblassers vor übereilten Entschlüssen.

IV. Die rechtliche Stellung des Erben

Es steht dem Erben völlig frei, ob er den Nachlaß annehmen will oder nicht. Hat er einmal *angenommen*, was auch durch schlüssige Handlung geschehen kann,

> E zieht in das Haus seines verstorbenen Vaters ein

so kann er die Erbschaft nicht mehr *ausschlagen* (§ 1943 BGB).

Der Erbe muß also zunächst prüfen, ob er annehmen soll. Dazu hat er sechs Wochen von der Kenntnis der Berufung ab Zeit (§ 1944 BGB).

Auf Antrag wird dem Erben als Ausweis ein *Erbschein* ausgestellt (§§ 2353 bis 2370 BGB).

Sind mehrere Erben (= Miterben) vorhanden, so bilden sie eine *Erbengemeinschaft* (oben Kap. 14 III 5 a). Ziel der Gemeinschaft ist die Auseinandersetzung des Nachlasses, d. h. die Verteilung unter die Erben. Damit landwirtschaftliche Grundstücke nicht zerschlagen werden, trifft das Grundstücksverkehrsgesetz in §§ 13 ff. Sonderregelungen.

Hat der Erbe die Erbschaft angenommen, so *haftet* er für die *Nachlaßverbindlichkeiten* grundsätzlich unbeschränkt (§ 1968 Abs. 1 BGB). Unter gewissen Voraussetzungen besteht aber eine beschränkte Erbenhaftung, d. h. eine auf den Nachlaß beschränkte Haftung. Der Erbe haftet dann nicht mit seinem eigenen Vermögen, was bei der unbeschränkten Erbenhaftung der Fall wäre, sondern nur mit dem Ererbten.

> Die Beschränkung kann u. a. durch Nachlaßverwaltung oder Nachlaßkonkurs (§§ 1975 ff. BGB) herbeigeführt werden (§§ 1990 ff. BGB).

V. Das Pflichtteilsrecht

Um den nächsten Erben wenigstens einen Teil des Nachlasses zu sichern, falls der Erblasser testamentarisch die gesetzlichen Erben ausschließt, gibt das Gesetz diesen Erben einen Pflichtteilsanspruch in Höhe des *halben gesetzlichen Erbteils*. Der

Personenkreis ist beschränkt auf die Abkömmlinge, die Ehefrau und die Eltern des Erblassers. Voraussetzung ist, daß sie den Erbfall *erleben* (§ 2303 BGB).

A setzt seine Haushälterin H zur Erbin ein und übergeht u. a. den Sohn S. Hätte S als gesetzlicher Erbe z. B. ½ zu bekommen, so beträgt sein Pflichtteil ¼ des Nachlasses.

Der Pflichtteilsanspruch ist ein *schuldrechtlicher* Anspruch gegen den oder die Erben.

Dritter Abschnitt

Einblick ins Handels- und Gesellschaftsrecht

27. Kapitel

Handelsrecht

1. Allgemeines

Während sich das bürgerliche Recht an jeden Rechtsgenossen wendet, ist das Handelsrecht derjenige Teil des Privatrechts, der das *Sonderrecht der Kaufleute* enthält. Es ist im wesentlichen dadurch gekennzeichnet, daß es nicht vom rechtsunkundigen Bürger ausgeht, sondern vom Kaufmann als einem nicht nur geschäftstüchtigen, sondern auch rechtlich wenigstens einigermaßen versierten Bürger. Die Folge dieser Einstellung zum Kaufmann sind einige Regelungen, die vom bürgerlichen Recht abweichen, indem sie ihn strenger behandeln. Während z. B. der „normale" Bürger ein Bürgschaftsversprechen formgültig nur schriftlich abgeben kann (§ 766 BGB), genügt nach Handelsrecht für eine solche Erklärung des Kaufmanns das formlose Versprechen (§ 350 HGB), auch hat der Kaufmann als Bürge nicht die Einrede der Vorausklage (§§ 771 BGB, 349 HGB), und er zahlt Zinsen in Höhe von 5% (§ 352 HGB) ab Fälligkeit (§ 353 HGB), während der Bürger ohne besondere Vereinbarung nur 4% Zinsen (§ 246 BGB) erst ab Verzug (§ 288 Abs. 1 Satz 1 BGB) oder ab Rechtshängigkeit (§ 291 BGB) zahlen muß.

II. Der Kaufmann

Kaufmann ist, wer ein **Handelsgewerbe** betreibt (§ 1 Abs. 1 HGB). Unter einem Gewerbe versteht man eine selbständige, auf Dauer gerichtete und planmäßig ausgeübte Tätigkeit, deren Zweck es ist, Gewinne zu erzielen. Die freien Berufe sind ausgenommen.

> Kaufmann ist also der Radiohändler, der Metzger, der Schreiner, der Grundstücksmakler, *nicht* dagegen der Arzt, der Architekt, der Rechtsanwalt.

Damit ein Handelsgewerbe vorliegt, muß die *gewerbliche Tätigkeit im Bereich des Handels,* d. h. des *Güterumsatzes,* stattfinden. Welcher Bereich das ist, sagt § 1 Abs. 2 HGB, der eine Reihe von Tätigkeiten aufzählt, welche als Handelsgewerbe anzusehen sind. Man nennt sie **Grundhandelsgewerbe.** Wer sie betreibt, ist kraft Gesetzes Kaufmann (sog. **Mußkaufmann**), auch wenn er nicht im Handelsregister (unten III 2) eingetragen ist. Allerdings gibt es hier Fälle, in denen man schon vom Gefühl her Bedenken hat, von einem Kaufmann zu sprechen. Der Friseur, der nebenher Rasierapparate oder Seifen verkauft, mag bei großzügiger Betrachtung noch als Kaufmann angesehen werden, der Mann mit dem Bauchladen, der Schnürsenkel an der Haustür absetzen möchte, verdient dagegen den Namen „Kaufmann" kaum. Dennoch sind beide Kaufleute i. S. des § 1 Abs. 2 Nr. 1 HGB, wenn auch nicht Vollkaufleute, sondern sog. **Minderkaufleute** (§ 4 HGB). Das Gesetz stellt also für die Begründung der Kaufmannseigenschaft kasuistisch auf eine bestimmte Tätigkeit ab, wodurch eine gewisse Unbeweglichkeit entsteht.

Deshalb bestimmt es daneben in § 2 HGB, daß Kaufmann auch derjenige ist, dessen Handelsgewerbe nach Art und Umfang einen in kaufmännischer Weise eingerichteten Geschäftsbetrieb erfordert, d. h. insbes. eine Buchhaltung. Hier ist zum Erwerb der Kaufmannseigenschaft notwendig, daß der Betrieb im Handelsregister eingetragen wird (§ 2 Satz 1 HGB). Der Unternehmer ist, wenn die Voraussetzungen gegeben sind, verpflichtet, sich eintragen zu lassen (sog. **Sollkaufmann**). Die Eintragung kann durch Zwangsmaßnahmen des Registergerichts erzwungen werden.

Größere Restaurants, Hotels, land- und forstwirtschaftliche Betriebe fallen nicht unter die §§ 1 und 2 HGB. Da jedoch ein Land- oder Forstwirt nebenher ein Unternehmen betreiben kann, das einen in kaufmännischer Weise eingerichteten Geschäftsbetrieb erfordert.

> Molkerei, Brennerei, Brauerei, Mühle

gibt ihm das Gesetz in § 3 Abs. 2 HGB die Möglichkeit, durch eine auf seinen *Antrag* erfolgende Eintragung im Handelsregister (unten III 2) die Kaufmannseigenschaft zu erwerben (sog. **Kannkaufmann**).

Kaufmann sind *kraft Gesetzes* (§ 6 Abs. 1 HGB) die offene Handelsgesellschaft (§ 105 Abs. 1 HGB), die Kommanditgesellschaft (§ 161 Abs. 2 HGB), die Aktiengesellschaft (§ 3 AktG), die Gesellschaft mit beschränkter Haftung (§ 13 Abs. 3 GmbHG) und die Genossenschaft (§ 17 Abs. 2 GenG). Man nennt sie **Formkaufleute.**

Zuletzt ist der **Scheinkaufmann** zu nennen, d. h. derjenige, der, ohne Kaufmann zu sein, im Rechtsverkehr so auftritt, als sei er Kaufmann. Er muß sich zum Schutz gutgläubiger Dritter als Kaufmann behandeln lassen, so daß z. B. ein mündlich gegebenes Bürgschaftsversprechen wirksam ist (§ 350 HGB).

III. Handelsfirma und Handelsregister

1. Die **Firma** ist der **Handelsname des Kaufmanns** (§ 17 Abs. 1 HGB). Das bedeutet also, daß nicht das Unternehmen die Firma ist, wie man im Sprachgebrauch des täglichen Lebens oft sagt, sondern daß der Kaufmann neben seinem bürgerlichen Namen noch den der Firma führt.

> Hat Karl Schütz den Betrieb seines Onkels altershalber übernommen und führte der Onkel die Firma Otto Schütz, so kann Karl diese Firma fortführen (§ 22 Abs. 1 HGB). Dann heißt Karl natürlich weiterhin Karl Schütz. Als Kaufmann führt er den Handelsnamen Otto Schütz.

Die Firma führen nur **Vollkaufleute,** also nicht auch der Minderkaufmann.

> Unser oben genannter Friseur, der Seifen verkauft, ist Minderkaufmann, darf also keine Firma führen.

Im Interesse der Öffentlichkeit muß die Firma *wahr* sein (§ 18 Abs. 2 HGB), d. h. sie muß den Träger der Firma und ihren rechtlichen Charakter erkennen lassen. § 18 Abs. 1 HGB verlangt deshalb, daß der Einzelkaufmann mindestens einen ausgeschriebenen Vornamen neben dem Familiennamen führen muß. Handelt es sich um eine OHG oder KG, so muß wenigstens ein persönlich haftender Gesellschafter mit einem auf die Gesellschaft hindeutenden Zusatz genannt werden (§ 19 Abs. 1 und 2 HGB).

> Karl Maier & Otto Müller; Maier & Co.; Franz Krause KG.

Täuschende Zusätze sind verboten (§ 18 Abs. 2 Satz 1 HGB).

> Der Möbelhändler Mayer in einer Kleinstadt darf nicht mit „Fa. Karl Mayer, Möbelzentrale Süd" firmieren, da das Wort „Süd" auf eine Region größeren Ausmaßes hindeutet.

Im Interesse des Rechtsverkehrs liegt es auch, daß eine *Verwechslungsgefahr* bzgl. verschiedener Firmen *vermieden* wird. Existiert am Ort bereits eine Firma mit bestimmter Bezeichnung, so muß sich jede neue Firma von ihr deutlich unterscheiden (§ 30 Abs. 1 HGB).

> „Kaufstätten für alle" – „Kaufhaus für alle"; „Rhein-Chemie" – „REI-Chemie".

Der Schutz der Öffentlichkeit ist aber nicht allzu groß, weil sich die Vorschrift nur auf Firmen innerhalb einer politischen Gemeinde bezieht (§ 30 Abs. 4 HGB).

Dem Grundsatz der *Firmenöffentlichkeit* entspricht es, daß die Firma ins Handelsregister einzutragen ist. Dazu vgl. § 29 ff. HGB.

2. Das **Handelsregister** ist ein *öffentliches Register,* das beim Amtsgericht als Registergericht geführt wird. In dieses Verzeichnis sind die im Handelsverkehr erheblichen Tatsachen einzutragen.

> Firma des Kaufmanns (§ 29 HGB); Erteilung der Prokura (§ 53).

Neben diesen eintragungspflichtigen Tatsachen gibt es eintragungsfähige Tatsachen, d. h. solche, die auf Antrag einzutragen sind, nicht von Amts wegen. Vgl. z. B. § 25 Abs. 2 HGB.

Im Gegensatz zum Grundbuch (vgl. § 892 BGB; Kap. 24 2) schützt das Handelsregister nicht den guten Glauben an die Richtigkeit der Eintragungen im Register, sondern der Dritte kann sich im wesentlichen nur darauf verlassen, daß etwas, was *nicht eingetragen* ist, *nicht existiert,*

> die Erteilung einer Prokura ist nicht eingetragen

oder daß das, was *eingetragen* ist, sich *nicht geändert* hat (§ 15 HGB).

> Ist eine Prokura eingetragen, wird ihr Fortbestand zugunsten des gutgläubigen Dritten unterstellt, auch wenn sie erloschen, aber noch nicht gelöscht ist.

IV. Die Hilfspersonen des Kaufmanns

Zu den Hilfspersonen des Kaufmanns im weiteren Sinne gehören diejenigen, deren sich der Kaufmann zur Erledigung seiner Geschäfte im Rahmen des Handelsgewerbes bedient, da er naturgemäß nicht immer alles selbst machen kann oder will. Der Umfang der Befugnisse dieser Personen ist verschieden.

Der **Prokurist** hat die *umfassendste Vertretungsmacht.* Er darf nach § 49 Abs. 1 HGB alle Rechtsgeschäfte vornehmen, die der Betrieb *eines* Handelsgeschäfts mit sich bringt, also nicht nur die desjenigen, in welchem er beschäftigt ist.

Der Prokurist der Bank Gold & Silber darf diese in das Warenhaus Ramsch & Murks verwandeln.

Eine Einschränkung bringt § 49 Abs. 2 HGB für Grundstücksgeschäfte. Interne Beschränkungen seitens des Kaufmanns sind Dritten gegenüber unwirksam (§ 50 Abs. 1 HGB), sie wirken also nur im Innenverhältnis.

Der **Handlungsbevollmächtigte** hat im Vergleich zum Prokuristen geringere Befugnisse. § 54 HGB unterscheidet drei Arten der Handlungsvollmacht: Die *Generalvollmacht,* welche zur Erledigung aller Rechtsgeschäfte berechtigt, die der Betrieb des Handelsgeschäfts mit sich bringt, in dem der Handlungsbevollmächtigte angestellt ist (*„derartiges* Handelsgeschäft"),

> der Handlungsbevollmächtigte in einem Kleiderhaus darf keinen Flügel für die Ausstellungsräume kaufen

die *Artvollmacht,* welche zur Abwicklung von Rechtsgeschäften bestimmter Art berechtigt

> Ankauf oder Verkauf; Abwicklung von Reklamationen; Einstellung von Personal

und die *Einzelvollmacht*

> Kaufvertrag über eine Registrierkasse.

Beachte § 56 HGB!

Hilfsperson im engeren Sinne ist der **Handlungsgehilfe** (§ 59 Abs. 1 HGB). Er leistet in einem Handelsgewerbe kaufmännische Dienste gegen Entgelt als Angestellter.

> Buchhalter; Verkäufer.

Dadurch unterscheidet er sich vom **Volontär,** der kostenlos arbeitet (§ 82 a HGB).

V. Handelsgeschäfte

1. **Begriffe.** Nach § 343 Abs. 1 HGB sind Handelsgeschäfte *diejenigen Geschäfte eines Kaufmanns, die zum Betrieb seines Handelsgewerbes gehören.* Das Wort „Geschäft" meint hier jedes irgendwie geartete rechtsgeschäftliche Verhalten, also auch einseitige Willenserklärungen

> Kündigung

oder geschäftsähnliche Handlungen.

> Mahnungen.

Hat der Handelnde nicht die Kaufmannseigenschaft, so liegt kein Handelsgeschäft vor. Demzufolge gibt es *einseitige Handelsgeschäfte*

> der Arzt A kauft bei dem Schreibmaschinenhändler eine Schreibmaschine

und *zweiseitige* Handelsgeschäfte.

> Der Schreibmaschinenhändler kauft bei der Fabrik eine Schreibmaschine.

Das Handelsgeschäft kommt wie jedes andere Geschäft zustande, so daß hier die allgemeinen Regeln des BGB über Vertragsabschlüsse gelten, §§ 145 ff. BGB.

Jedoch ist im Bereich des Handelsrechts darauf zu achten, daß dem *Schweigen* höhere Bedeutung beigemessen wird als im BGB. Zwar haben wir gesehen (oben Kap. 10 II 1), daß das Schweigen grundsätzlich weder Zustimmung noch Ablehnung bedeutet. Im Handelsrecht ist aber § 362 HGB zu beachten. Wenn nämlich ein Kaufmann ein Gewerbe betreibt, das mit der Besorgung von Geschäften für andere verbunden ist, d. h. daß er in irgendeiner Form innerhalb der wirtschaftlichen Interessensphäre eines anderen tätig wird,

> Makler, Kommissionär, Spediteur

so bedeutet das Schweigen auf einen Antrag, der in den Rahmen des Geschäfts fällt, die Annahme des Antrags, sofern er mit dem Antragenden in Geschäftsbeziehungen steht (§ 362 Abs. 1 Satz 1 HGB).

> Kunsthändler A läßt alle Sendungen von dem Spediteur S befördern. Als er wieder einen Auftrag gibt, rührt sich S nicht. Dadurch entgeht A ein Geschäft. Das Schweigen des S ist Annahme wegen § 362 Abs. 1 Satz 1 HGB. Das Untätigbleiben kann Schadensersatzansprüche (§ 286 BGB! Schlechterfüllung) nach sich ziehen.

Will der Kaufmann das Angebot nicht annehmen, muß er unverzüglich (§ 121 Abs. 1 Satz 1 BGB) ablehnen.

§ 362 Abs. 1 Satz 1 HGB gilt nicht für Warenkaufleute (§ 1 Abs. 2 Nr. 1 HGB).

Unter Kaufleuten spielt auch noch das Schweigen auf ein *kaufmännisches Bestätigungsschreiben* eine Rolle. Sind nämlich Vertragsverhandlungen dem Bestätigungsschreiben vorausgegangen und bestätigt ein Teil unmittelbar nach diesen etwas Falsches, ohne bewußt vom Vereinbarten abzuweichen, so gilt das Mitgeteilte, wenn nicht der andere Teil unverzüglich (§ 121 Abs. 1 Satz 1 HGB) widerspricht. Dabei ist ein nach einer Woche ausgesprochener Widerspruch nach der Rspr. des BGH regelmäßig verspätet.

Abweichend vom BGB ist der *gutgläubige Erwerb* des Eigentums vom *Nichtberechtigten* geregelt. Dazu bestimmt *§ 366 Abs. 1 HGB,* daß sich der gute Glaube (über § 932 BGB hinaus!) *auch* auf die *Verfügungsbefugnis* des Veräußerers beziehen darf. Das wird dann bedeutsam, wenn die Einwilligung des Eigentümers (§ 185 BGB) zur Veräußerung fehlt.

Auf andere Abweichungen vom BGB ist bereits oben unter I. hingewiesen worden.

2. Ein **Handelskauf**, der nach § 381 Abs. 1 HGB auch den Kauf von Waren oder Wertpapieren umfaßt, liegt vor, wenn mindestens ein Teil Kaufmann ist. Hier sei besonders auf die Regelung der *Mängelgewährleistung* hingewiesen.

Handelt es sich bei beiden Vertragspartnern um Kaufleute (wobei sie auch Minderkaufleute sein dürfen), also um ein beiderseitiges Handelsgeschäft, so besteht im Gegensatz zu § 477 BGB eine *unverzügliche* (§ 121 Abs. 1 Satz 1 BGB) *Rügepflicht,* wenn die Sache nicht in Ordnung ist. Das bedeutet, daß der Käufer die übersandte Ware alsbald zu prüfen und notfalls zu rügen hat, wenn er nicht riskieren will, die Ware behalten zu müssen.

> Fabrikant F hat von Fabrikant G Schrauben mit bestimmten Ausmaßen bestellt. Bei Empfang der Ware muß er unverzüglich Stichproben machen. Tut er dies erst nach einigen Wochen, weil er sie erst jetzt braucht, und stellt er fest, daß die Maße nicht stimmen, wird er die Schrauben behalten müssen. (Nach § 477 Abs. 1 BGB hätte er 6 Monate Zeit.)

Diese in § 377 HGB statuierte Rügepflicht dehnt *§ 378 HGB* sogar auf eine *Falschlieferung* aus, sofern nicht die Lieferung so ganz offensichtlich von der Bestellung abweicht, daß eine Genehmigung auszuschließen ist.

> A bestellt Baumwollblusen und erhält Blusen, die nur zum Teil Baumwolle enthalten. Er muß unverzüglich rügen.

> A bestellt Kühlschränke und erhält Fernsehapparate. Keine Rügepflicht. Ebenso wenn ein Landwirt im Januar Sommerweizen bestellt und Winterweizen erhält.

3. **Sonstige Handelsgeschäfte.** Im Anschluß an den Handelskauf behandelt das HGB noch weitere Handelsgeschäfte, die hier nur aufgezählt werden können. Es handelt sich um das *Kommissionsgeschäft* (§§ 383 bis 406 HGB), das *Speditionsgeschäft* (§§ 407 bis 415 HGB), das *Lagergeschäft* (§§ 416 bis 424 HGB), das *Frachtgeschäft* (§§ 425 bis 452 HGB) und *die Beförderung von Gütern und Personen auf den öffentlichen Eisenbahnen* (§§ 453 bis 460 HGB).

Den *Seehandel* regelt das 4. Buch des HGB.

28. Kapitel

Gesellschaftsrecht

I. Allgemeines

Die Normen des Privatrechts denken in erster Linie an eine Einzelperson, die auf Grund ihres subjektiven Rechts ihre Rechtsbeziehungen gestaltet. Die soziale Wirklichkeit zeigt aber, daß diese Tendenz nicht genügen kann, denn nicht selten wollen mehrere Personen gemeinsam wirtschaftlich tätig sein.

> Klecks und Pinsel haben soeben die Malermeisterprüfung bestanden und wollen sich selbständig machen. Jedem für sich gelingt das nicht, weil sie nicht genügend Mittel haben. Stellt aber Klecks einen gewissen Geldbetrag, Pinsel Malerwerkzeug und jeder seine Arbeitskraft zur Verfügung, so kann die Arbeit beginnen.

In diesen Fällen muß die Rechtsordnung klären, welche Rechte etwa die Beteiligten untereinander

> Klecks will Material einkaufen, Pinsel meint, das vorhandene reiche noch

oder Dritte ihnen gegenüber haben, wenn z. B. Waren gekauft werden.

> Klecks hat Material gekauft. Der Verkäufer will, als die Rechnung nicht bezahlt wird, wissen, ob er sich nur an Klecks oder vielleicht auch an Pinsel halten kann (§ 433 Abs. 2 BGB).

Eine Personenmehrheit kann nach den Vorstellungen des Gesetzgebers so auftreten, daß jedes Glied zur *gesamten Hand* haftet (s. oben Kap. 14 III 5). Es ist auch denkbar, die Personenmehrheit mit *Rechtspersönlichkeit* auszustatten, wie es bei der juristischen Person (oben Kap. 8 III) geschieht. Beide Fälle werden im Gesellschaftsrecht akut, d. h. in jenem Teil des Privatrechts, der sich mit Personenzusammenschlüssen zur Erreichung gemeinsamer Zwecke mittels Rechtsgeschäfts befaßt. Die Personalgesellschaften (Gesellschaft des BGB, OHG, KG) beruhen auf dem Gesamthandsprinzip, die Kapitalgesellschaften (AG, GmbH) sind juristische Personen.

II. Die Gesellschaft des bürgerlichen Rechts (= BGB-Gesellschaft)

1. § 705 BGB charakterisiert die BGB-Gesellschaft als eine Vereinigung von Personen (Gesellschafter) zur Erreichung eines gemeinsamen Zwecks, zu dessen Förderung die Gesellschafter Beiträge leisten.

Der **Gesellschaftsvertrag** bedarf keiner besonderen Form, es sei denn, die Einbringung eines Beitrags sei formbedürftig.

> Wichtigster Fall: Ein Gesellschafter verspricht, ein Grundstück einzubringen.

Dann gilt für den ganzen Vertrag die entsprechende Form.

> In obigem Beispiel ist also notarielle Beurkundung des Vertrags erforderlich (§ 313 BGB).

2. Die **Pflichten der Gesellschafter** bestehen zum einen in der Leistung der *Beiträge*. Diese sind im Zweifel nach § 706 Abs. 1 BGB gleich. Eine andere Art der Beitragsleistung muß also besonders vereinbart werden. Die Beitragspflicht kann nicht ohne den Willen aller Gesellschafter erhöht werden (§ 707 BGB); eine Nachschußpflicht müßte vertraglich begründet worden sein.

Die Gesellschafter sind ferner zur *Geschäftsführung* verpflichtet, da die BGB-Gesellschaft keine juristische Person ist, also nicht durch Organe handeln kann. Dabei haben sie diejenige Sorgfalt anzuwenden, die sie in eigenen Angelegenheiten anzuwenden pflegen (§ 708 mit § 277 BGB).

Alle Gesellschafter haben im Innenverhältnis eine *allgemeine Treuepflicht,* d. h., sie müssen die Interessen der Gesellschaft wahren und dürfen diese nicht schädigen. Den Haftungsmaßstab bestimmt § 708 BGB, der nachgiebiges Recht enthält. Verstöße gegen die Treuepflicht sind Schlechterfüllung (oben Kap. 15 IV) und machen schadensersatzpflichtig.

3. Die **Rechte der Gesellschafter** bestehen zum einen in dem Recht auf Mitwirkung bei der Erreichung des gemeinschaftlichen Zieles, also bei der Geschäftsführung, zum andern an der Beteiligung am Gewinn.

a) Die *Geschäftsführung* steht im Grundsatz den Gesellschaftern gemeinschaftlich zu, sie sind also alle an der Willensbildung beteiligt, und sie entscheiden einstimmig (§ 709 BGB). Abweichungen können sich aus dem Gesellschaftsvertrag ergeben, da die Geschäftsführung das Innenverhältnis der Gesellschafter betrifft. Davon streng zu trennen ist

b) die *Vertretungsmacht,* d. h. die Möglichkeit, Rechte und Pflichten mit Wirkung für alle Gesellschafter durch Rechtsgeschäfte mit Dritten zu begründen. Sie betrifft das Außenverhältnis der Gesellschafter. Falls im Gesellschaftsvertrag nichts anderes bestimmt ist, deckt sich die Geschäftsführung mit der Vertretungsmacht (§ 714 BGB). Es besteht wegen § 709 BGB *Gesamt*vertretungsmacht, so daß die Gesellschaft aus Rechtsgeschäften mit Dritten nur verpflichtet wird, wenn alle Gesellschafter das Rechtsgeschäft abgeschlossen haben. Das schließt nicht aus, daß der Handelnde namens der anderen Gesellschafter auftritt (§ 164 ff. BGB) oder diese sein Handeln genehmigen.

4. Das Vermögen der Gesellschaft bildet ein vom Vermögen der Gesellschafter zu trennendes **Sondervermögen.** Für Gesellschafts*schulden* haften die Gesellschafter wegen § 427 BGB als Gesamtschuldner (§ 421 BGB), und zwar nicht nur mit

dem Gesellschaftsvermögen, sondern auch mit ihrem Privatvermögen. Wer in das Gesellschaftsvermögen vollstrecken will, braucht ein Urteil gegen alle Gesellschafter (§ 736 ZPO).

Gesellschaftsschulden können sich auch aus unerlaubter Handlung eines Gesellschafters ergeben. In diesen Fällen gilt § 831 BGB, nicht aber der § 31 BGB! Eine Deliktsfähigkeit der Gesellschaft als solcher gibt es nicht.

5. Die Gesellschaft **endet** u. a. durch Zeitablauf,

> es wird vereinbart, daß die Gesellschaft auf 5 Jahre bestehen soll

durch Zweckerreichung (§ 726 BGB),

> mehrere Personen haben sich mit ihren Autos zusammengetan, um eine Ferienreise nach Spanien zu unternehmen

durch den Tod eines Gesellschafters (§ 727), sofern die Gesellschaft nicht mit den übrigen Gesellschaftern oder den Erben des Verstorbenen fortgesetzt werden soll, durch Beschluß der Gesellschafter oder durch Vereinigung aller Anteile in einer Hand, denn eine *Einmanngesellschaft* gibt es bei der BGB-Gesellschaft nicht.

Schließlich ist noch die Kündigung zu nennen, die in den §§ 723 ff. BGB geregelt ist.

6. Nach Auflösung der Gesellschaft besteht sie als **Abwicklungsgesellschaft** weiter. Die Auseinandersetzung *(Liquidation)* des Gesellschaftsvermögens soll dem einzelnen Gesellschafter die ihm zustehenden Werte verschaffen. Geregelt ist sie im einzelnen in den §§ 730 ff. BGB.

III. Die offene Handelsgesellschaft (= OHG)

Die OHG geht von der BGB-Gesellschaft aus (§ 105 Abs. 2 BGB). Ihr Wesen besteht darin, daß die OHG ein Handelsgewerbe (oben Kap. 27 II) betreiben und eine gemeinsame Firma haben muß.

> Fritz Gabel und Franz Messer
> Fritz Gabel & Co.
> Fritz Gabel OHG

Gegenüber den Gläubigern haftet jeder Gesellschafter uneingeschränkt (§ 105 Abs. 1 HGB).

Die OHG wird **errichtet** durch den Abschluß eines Gesellschaftsvertrags. Wann sie *entsteht,* richtet sich nach dem von ihr betriebenen Handelsgewerbe. Fällt dieses unter § 1 HGB, so entsteht die OHG mit der Aufnahme der Geschäfte (§ 123 HGB), fällt es unter die §§ 2 und 3 HGB, so ist die Eintragung im Handelsregister entscheidend.

Jeder Gesellschafter ist zur **Geschäftsführung** allein berechtigt (§ 114 Abs. 1 HGB). Nur für außerordentliche Geschäfte bedarf es eines Gesellschafterbeschlusses (§ 116 Abs. 1 und 2 HGB). Diese Beschlußfassung hat grundsätzlich einstimmig zu geschehen (§ 119 Abs. 1 HGB), beachte aber § 119 Abs. 2 HGB.

Zur Vornahme gewöhnlicher Geschäfte bedarf ein geschäftsführender Gesellschafter nicht der Einwilligung der übrigen Geschäftsführenden. Diese haben aber ein **Widerspruchsrecht** (§ 115 Abs. 1 HGB). Es ist nach bestem Wissen im Interesse der Gesellschaft auszuüben.

Wegen der *Treuepflicht* der Gesellschafter vgl. oben II 2.

Über seinen Gesellschafts*anteil* kann der einzelne Gesellschafter *verfügen*, wenn es der Vertrag zuläßt oder wenn die anderen Gesellschafter einverstanden sind. Der Anteil ist im Wege der Zwangsvollstreckung pfändbar.

Die **Vertretung** der OHG steht jedem Gesellschafter einzeln zu (§ 125 Abs. 1 HGB). Der Gesellschaftsvertrag kann aber Gesamtvertretung vorsehen (§ 125 Abs. 2 HGB). Die OHG kann gem. § 124 HGB unter ihrer Firma klagen und verklagt werden. Die Zwangsvollstreckung in das Gesellschaftsvermögen erfordert einen gegen die OHG gerichteten Titel. Dadurch wird das Vermögen der Gesellschaft von dem Privatvermögen der Gesellschafter getrennt. Diese haften dennoch auch mit dem Privatvermögen für Gesellschaftsschulden (§ 128 HGB).

Die *Auflösungsgründe* sind denen bei der BGB-Gesellschaft ähnlich (§ 131 HGB). Wegen der Kündigung vgl. § 132 HGB.

IV. Die Kommanditgesellschaft (= KG)

Die KG ist eine Abart der OHG, deshalb verweist § 161 Abs. 2 HGB auf die §§ 105 ff. HGB und bringt einige Sonderregelungen. Der wesentliche Unterschied zur OHG ist der, daß die Gesellschafter nicht einheitlich haften. Uneingeschränkt haftet der *Komplementär,* der persönlich haftende Gesellschafter. Die *Kommanditisten* haften nur mit ihrer Einlage, nicht mit ihrem Privatvermögen, und auch für die Einlage nur solange, als sie sie nicht geleistet haben (§ 171 HGB). Ist das geschehen, so verliert sie der Kommanditist allenfalls, aber die Gläubiger können gegen ihn direkt nicht etwa im Wege dcr Klage vorgehen. Diese Beschränkung seiner Haftung hat den Ausschluß von der Vertretung der KG zur Folge (§ 170 HGB).

V. Die Aktiengesellschaft (= AG)

Die AG ist unabhängig von dem von ihr betriebenen Unternehmensgegenstand immer Handelsgesellschaft (§ 3 AktG) und Kaufmann (§ 6 HGB). Als *juristische Person* ist sie körperschaftlich organisiert und geeignet, größere Kapitalmassen zu vereinigen und unabhängig von den Aktionären zu verwalten. Der einzelne Gesellschafter hat nur wenige Rechte. Deshalb ist es erforderlich, durch eine genaue und zwingende Regelung des Rechts der AG das Publikum vor Nachteilen zu schützen, was insbes. bei der Gründung von AGen zum Ausdruck kommt.

Zunächst müssen sich die Gründer über eine *Satzung* einigen, deren Mindestinhalt man § 23 Abs. 3 und 4 AktG entnehmen kann. Ist die Satzung geschaffen, müssen sich die Gründer zur *Zahlung der Einlagen verpflichten*. Damit ist die AG **errichtet** (§ 29 AktG). Wer jetzt für sie handelt, wird persönlich verpflichtet, u. U. als Gesamtschuldner (§ 421 BGB) mit anderen, die ebenfalls für die AG tätig geworden sind. Dann werden die *Organe* der AG bestimmt, da die juristische Person nur durch ihre Organe handeln kann. Es werden also die Mitglieder des Aufsichtsrats und der erste Vorstand gewählt (§ 30 AktG). Schließlich wird die AG *zur Eintragung* ins Handelsregister *angemeldet*. Mit der *Eintragung* ist die AG als jP **entstanden** (§ 41 AktG).

Zu den **Organen** gehören neben dem *Vorstand* (der als gesetzlicher Vertreter der AG die Geschäftsführung hat; §§ 76 bis 78 AktG) und dem *Aufsichtsrat* (der den Vorstand überwacht, den Vorstand bestellt und abberuft; §§ 84 ff. AktG) die *Mitgliederversammlung,* d. h. die Gesamtheit der Aktionäre, die ihre Rechte in der Hauptversammlung ausübt (§ 118 AktG.)

Das *Grundkapital* der AG beträgt mindestens 100 000 DM. Es wird in Bruchteile zerlegt, die Aktien, die einen Nennwert von mindestens 50 DM haben müssen. Damit soll eine möglichst breite Streuung der Aktien unter die Bevölkerung erreicht werden. Meistens werden die Aktien als Inhaberpapiere ausgestellt, so daß sie leicht übertragbar sind. Der Aktionär erhält das Recht, am Gewinn der AG teilzunehmen. Der anteilige Reingewinn heißt die Dividende. Eine persönliche Haftung des Aktionärs wird nicht begründet.

Das **Ende** der AG tritt u. a. ein, wenn die Hauptversammlung dies beschließt oder durch Konkurseröffnung (Kap. 42 B VI).

VI. Die Gesellschaft mit beschränkter Haftung (= GmbH)

Auch sie ist kraft Gesetzes Handelsgesellschaft und Vollkaufmann (§§ 13 Abs. 3 GmbHG, 9 HGB). Ihre praktische Bedeutung ist groß, weil das Risiko der Beteiligten beim Betrieb etwa von Forschungsunternehmen oder spekulativen Geschäftsformen gering ist. Die Gesellschafter haften nämlich nicht mit ihrem Privatvermögen, sondern nur mit ihrer *Einlage,* die zu einem *Stammkapital* von 50 000 DM führen muß (§ 5 GmbHG). Die Mindesteinlage sind 500 DM. Der Gesellschaftsvertrag muß in notarieller Form abgeschlossen werden, er ist von allen Gesellschaftern zu unterzeichnen (§ 2 GmbHG). Es müssen mindestens 2 *Gründer* vorhanden sein. Durch Vereinigung aller Geschäftsanteile in einer Hand kann die GmbH später zur *Einmanngesellschaft* werden.

Die *Vertretung* der GmbH obliegt einem oder mehreren *Geschäftsführern.* Für die innere Willensbildung der GmbH ist die *Gesellschafterversammlung* zuständig (§§ 45 ff. GmbHG).

VII. Die Genossenschaft

Sie verdanken ihre Entstehung dem Bestreben, Landwirten und Kleingewerbetreibenden wegen ihrer schlechten Marktstellung und ihres Mangels an Betriebskapital und ihrer schlechten Zahlungsfähigkeit zu helfen. Das Genossenschaftswesen ist mit den Namen *Raiffeisen* (für den landwirtschaftlichen Bereich) und *Schultze-Delitzsch* (für den gewerblichen Bereich) eng verbunden. Die Genossenschaft ist gekennzeichnet durch freie und wechselnde Mitgliederzahl sowie durch die stark personelle Bindung der einzelnen Genossen untereinander zum Zweck der Förderung ihres Erwerbs. Die Genossenschaft ist kraft Gesetzes Handelsgesellschaft (§ 17 GenG) und Vollkaufmann (§ 6 HGB). Ihr Wirkungsbereich kann der beispielhaften Aufzählung in § 1 GenG entnommen werden.

Konsumvereine, Kreditvereine, Genossenschaftsbanken.

Zur Gründung der Genossenschaft sind 7 Gründer notwendig (§ 4 GenG). Die Entstehung ist an die Eintragung ins Genossenschaftsregister gebunden

(§ 13 GenG). *Organe* sind der *Vorstand* (mindestens 2 Mitglieder), der *Aufsichtsrat* und die *Generalversammlung* (§ 43 ff. GenG). Dem Vorstand obliegt die Vertretung der Genossenschaft ebenso wie die Geschäftsführung.

Bei der Genossenschaft mit *unbeschränkter Haftung* haben die Genossen ohne Beschränkung der Genossenschaft (nicht deren Gläubigern) fehlende Beträge nachzuschießen, falls das Kapital zur Deckung der Verbindlichkeiten nicht ausreicht. Bei der Genossenschaft mit *beschränkter Haftung* (eGmbH) dagegen brauchen sie nur einen bestimmten Betrag (§ 2 GenG) zu zahlen.

Die *Mitgliedschaft* wird *begründet* durch eine unbedingte schriftliche Beitragserklärung (§ 15 GenG) und die Eintragung in die Liste der Genossen beim Amtsgericht als Registergericht. Wegen des *Endes* der Mitgliedschaft vgl. §§ 68 ff. GenG.

Vierter Abschnitt

Grundlinien des öffentlichen Rechts

1. Unterabschnitt

Das Verfassungsrecht der Bundesrepublik Deutschland

29. Kapitel

Allgemeines

I. Der Begriff „Verfassung"

Wenn sich Menschen zur Erreichung eines bestimmten Zweckes auf Dauer zusammenschließen, so kommen sie in der Regel nicht ohne eine feste *Grundordnung* aus.

> Wird ein Sportverein gegründet, so beschließen die Gründungsmitglieder zunächst eine „Satzung". In ihr treffen sie Regelungen grundsätzlicher Art. So wird der Zweck des Zusammenschlusses fixiert (Förderung und Betreiben einer bestimmten Sportart), es werden die Organe festgelegt, durch die der Verein handlungsfähig wird (Vorstand, Ausschuß, Mitgliederversammlung), es wird bestimmt, wie die geschäftsführenden Organe berufen werden (Wahlmodus), es wird etwas über Rechte und Pflichten der Mitglieder gesagt usw.

Diese Grundordnungen beschränken sich auf das Wesentlichste. Sie stellen einen Rahmen dar und überlassen es den Vereinigungen, weitere erforderliche Regelungen zu treffen. Dabei dürfen allerdings die von der Grundordnung aufgestellten Prinzipien nicht verletzt werden.

Auch der Staat braucht, um existent und handlungsfähig zu sein, eine Grundordnung. Sie ist und sie war in jedem Staatswesen vorhanden, ohne daß sie in einer Urkunde verbrieft sein müßte.

> Die Grundordnung des absoluten Staates z. B. bestand darin, daß der Monarch unumschränkt herrschen konnte; er regierte zwar mit Vorschriften, war jedoch selbst keinem Gesetz unterworfen; auch seine eigene Stellung bedurfte keiner rechtlichen Regelung; sie beruhte auf seiner Machtfülle und diese wiederum auf der tatsächlichen politischen Kräfteverteilung im damaligen Staat.

So gesehen kann man die Grundordnung eines jeden Staates als *„Verfassung"* bezeichnen. Unter diesem Begriff wird dann aber nur der *politische Ordnungszustand* oder die „gesamtpolitische Gestalt" eines Staates verstanden. Verwendet man ihn in diesem Sinne, dann – und nur dann – ist es gerechtfertigt, von der „Verfassung" des antiken Rom, von der „Verfassung" des mittelalterlichen Ständestaates usw. zu sprechen.

Wenn wir heute von der **Verfassung** reden, so meinen wir etwas ganz anderes. Wir gehen von dem Verfassungsbegriff aus, wie ihn die Französische Revolution geprägt hat. Damals war die Vorstellung entstanden, daß die Verfassung in einem Dokument niedergeschrieben, daß sie eine Aufgabenverteilung zwischen den staatlichen Gewalten enthalten, daß sie die Menschen- und Persönlichkeitsrechte des Bürgers sichern und der Staatsmacht insgesamt Schranken setzen müsse.

Im modernen Staatsdenken wird **unter der „Verfassung" folgendes verstanden:** Sie ist das oberste Gesetz, von dem alle anderen Rechtsvorschriften abgeleitet werden. Sie sagt, wie die Gesetze zustande kommen und wie sie auszuführen sind. Sie legt durch garantierte Grundrechte Grenzen fest, die die Gesetzgebung nicht überschreiten darf. Sie verteilt die Hauptaufgaben des Staates – Gesetzgebung, Verwaltung und Rechtsprechung. Sie stattet den Staat mit Organen aus, die für ihn handeln, und weist ihnen ihre Zuständigkeiten zu. All diese von der Verfassung getroffenen Entscheidungen sind von prinzipieller Bedeutung. Der *„einfachen"* Gesetzgebung werden im vorgegebenen Rahmen die *„zweitrangigen"* Regelungen überlassen, die infolge des Wandels der Verhältnisse immer wieder zu ändern oder anzupassen sind.

II. Die Entstehung des Grundgesetzes

Nachdem die Außenministerkonferenzen der vier Besatzungsmächte, die 1947 in Moskau und London mit dem Ziele der Errichtung einer einheitlichen deutschen Verwaltung stattgefunden hatten, gescheitert waren, einigten sich die Westmächte unter Beteiligung der Benelux-Staaten in den Londoner „Sechs-Mächte-Konferenzen" im Februar/März und April/Juni 1948, in Westdeutschland ein staatsrechtliches Provisorium zu schaffen. In dieser Vereinbarung sah die Sowjetunion einen Bruch des Potsdamer Abkommens und zog ihren Vertreter aus dem Kontrollrat zurück. Seit dem Zusammenbruch 1945 hatte der Kontrollrat, dem die vier Siegermächte angehörten, die oberste Regierungsgewalt in Deutschland ausgeübt. Jetzt war er praktisch funktionsunfähig geworden.

Die Ergebnisse der Londoner „Sechs-Mächte-Konferenzen" wurden in den drei sog. *Frankfurter Dokumenten* niedergelegt. In ihnen wurden die Ministerpräsidenten der damaligen elf westdeutschen Länder beauftragt, spätestens bis zum 1. September 1948 eine verfassunggebende Versammlung in ihren Ländern einzuberufen, die eine Verfassung mit föderativer Staatsform erarbeiten sollte. Zunächst erhoben die Ministerpräsidenten Einwendungen; sie wollten, um die Einheit Gesamtdeutschlands nicht zu gefährden, lediglich ein „Organisationsstatut für Westdeutschland", nicht aber eine Verfassung entwerfen. Schließlich nahmen sie den Auftrag, ein **„Grundgesetz"** für einen westdeutschen Bundesstaat vorzubereiten, an und vereinbarten den Erlaß eines gemeinsamen Wahlgesetzes für die Bildung eines **„Parlamentarischen Rats",** das im August 1948 in allen elf Ländern in Kraft trat.

Der von den elf Landtagen gewählte Parlamentarische Rat, der aus 65 Mitgliedern und fünf Vertretern Berlins mit beratender Stimme bestand, trat am 1. September 1948 in Bonn zusammen. Zuvor schon hatten die Ministerpräsidenten der Länder von einem Sachverständigenausschuß einen Verfassungsentwurf ausarbeiten lassen. Dieser sog. **Herrenchiemseer Verfassungsentwurf** war die Grundlage der Beratungen des Parlamentarischen Rates. Wiederholt nahmen die Westmächte Einfluß auf die Beratungen in Bonn. Am 8. Mai 1949 wurde das Grundgesetz vom Parlamentarischen Rat mit 53 gegen 12 Stimmen angenommen. Da die Alliierten die

Zustimmung durch zwei Drittel der Länder vorgeschrieben hatten, mußte in den folgenden Wochen über das Grundgesetz in den elf Landtagen abgestimmt werden. In 10 Ländern wurde es angenommen; lediglich Bayern lehnte es ab, bejahte jedoch seine Zugehörigkeit zur Bundesrepublik. Die Forderung der Alliierten war somit erfüllt. Am 23. Mai 1949 wurde das Grundgesetz im Bundesgesetzblatt verkündet. Am 24. Mai 1949 trat es für die Bundesrepublik Deutschland in Kraft.

Damit war die **Bundesrepublik Deutschland** mit ihrer Verfassung entstanden.

30. Kapitel

Die wichtigsten staatsrechtlichen Eigenschaften der Bundesrepublik Deutschland

Das Grundgesetz enthält in Art. 20 die obersten Verfassungsgrundsätze für unseren Staat. Die Bestimmung lautet:

> „(1) Die Bundesrepublik Deutschland ist ein demokratischer und sozialer Bundesstaat.
>
> (2) Alle Staatsgewalt geht vom Volke aus. Sie wird vom Volke in Wahlen und Abstimmungen und durch besondere Organe der Gesetzgebung, der vollziehenden Gewalt und der Rechtsprechung ausgeübt.
>
> (3) Die Gesetzgebung ist an die verfassungsmäßige Ordnung, die vollziehende Gewalt und die Rechtsprechung sind an Gesetz und Recht gebunden.
>
> (4) Gegen jeden, der es unternimmt, diese Ordnung zu beseitigen, haben alle Deutschen das Recht zum Widerstand, wenn andere Abhilfe nicht möglich ist."

Was diese Aussagen der Verfassung bedeuten, bedarf näherer Erläuterung.

I. Die Bundesrepublik Deutschland ist eine Republik

Bereits Aristoteles (384–322 v. Chr.) hat die **Staatsformen** typisiert. Er ist von drei gesunden Herrschaftsformen ausgegangen, nämlich von der *Monarchie,* der *Aristokratie* und der *Demokratie,* und hat ihnen jeweils ihre Umkehrungen ins Negative gegenübergestellt: der Königsherrschaft die Tyrannis, der Herrschaft der Aristokratie die Herrschaft einer korrupten Clique und der Demokratie die gesetzlose Pöbelherrschaft.

Seit Machiavelli (1469–1527) unterscheidet man überlicherweise – wenn auch ungenau – nur noch die Staatsform der **Monarchie** und die Staatsform der **Republik**. Dabei ist die Monarchie durch folgende Merkmale bestimmt: Das Staatsoberhaupt (der Monarch) hat sein Amt auf Grund Erbfolge oder einer familienrechtlichen Beziehung inne; er behält dieses Amt auf Lebenszeit. Demgegenüber ist das Staatsoberhaupt einer Republik auf Zeit gewählt.

Die Entscheidung des Grundgesetzes für die Republik bedeutet eine *strikte Absage an das monarchische Prinzip.*

Diese Absage gilt jeder Form der Monarchie. In der Bundesrepublik Deutschland wäre es daher auch ausgeschlossen, die parlamentarisch-demokratische Monarchie, wie sie z. B. Großbritannien hat, einzuführen.

II. Die Bundesrepublik Deutschland ist ein Bundesstaat

Unter einem Bundesstaat versteht man die Verbindung mehrerer Staaten in der Weise, daß sowohl die an der Verbindung beteiligten Staaten (**Gliedstaaten**) als auch die Verbindung selbst (**Zentralstaat**) Staaten sind oder bleiben.

Die einzelnen Länder der Bundesrepublik Deutschland sind Staaten.

Das Bundesgebiet umfaßt 10 Länder (in Klammern ist die jeweilige Hauptstadt genannt):

Baden-Württemberg	(Stuttgart)
Bayern	(München)
Bremen	
Hamburg	
Hessen	(Wiesbaden)
Niedersachsen	(Hannover)
Nordrhein-Westfalen	(Düsseldorf)
Rheinland-Pfalz	(Mainz)
Saarland	(Saarbrücken)
Schleswig-Holstein	(Kiel)

Nach Art. 23 GG gehört auch **West-Berlin** zum Bundesgebiet. Die volle Eingliederung dieses Stadtstaates wurde aber durch Vorbehalt der Besatzungsmächte vorläufig aufgeschoben. Berlin hat deshalb rechtlich nicht die Eigenschaft eines elften Bundeslandes. Tatsächlich bestehen jedoch sehr enge Bindungen zwischen dem Bund und West-Berlin, die sich insbesondere daran zeigen, daß Vertreter West-Berlins beratend, d. h. ohne Stimmrecht, dem Bundestag und dem Bundesrat angehören, daß viele Bundesgesetze – die wegen des besatzungsrechtlichen Vorbehalts nicht unmittelbar in Berlin gelten – vom Berliner Abgeordnetenhaus als Landesgesetze übernommen werden, daß die Bundesregierung einen Bevollmächtigten in Berlin hat usw.

Auch die Bundesrepublik Deutschland, die aus dem Zusammenschluß der genannten Länder besteht, ist ein Staat.

Die Glieder des Bundesstaates sind mit eigener – wenn auch gegenständlich beschränkter –, nicht vom Bund abgeleiteter, sondern von ihm anerkannter Staatshoheitsmacht ausgestattet.

Die Länder haben sich – eben weil sie selber Staaten sind – auch *eigene Verfassungen* gegeben.

Z. B. Verfassung der Freien und Hansestadt Hamburg vom 28. Mai 1952, Verfassung für das Land Nordrhein-Westfalen vom 28. Juni 1950, Verfassung des Landes Baden-Württemberg vom 11. November 1953.

Der besonderen Struktur der Bundesrepublik als Bundesstaat trägt das Grundgesetz in verschiedenen Vorschriften Rechnung. Folgende Beispiele für das *integrierte Zusammenwirken von Bund und Ländern* sollen erwähnt werden:

1. Zuständigkeitsvermutung zugunsten der Länder. Art. 30 GG bestimmt: „Die Ausübung der staatlichen Befugnisse und die Erfüllung der staatlichen Aufgaben ist Sache der Länder, soweit dieses Grundgesetz keine andere Regelung trifft oder zuläßt."

Es handelt sich hier um eine **Generalklausel für die Zuständigkeitsverteilung zwischen Bund und Ländern** und zugleich um eine Vermutung des Inhalts, daß die Länder zuständig sind, sofern nicht ausdrücklich etwas anderes bestimmt ist.

Wie wir gleich sehen werden, hat das Grundgesetz die wichtigen Bereiche staatlicher

Tätigkeit durch spezielle Zuständigkeitsnormen geregelt, so daß für die Anwendung der Generalklausel kein nennenswerter Raum übrig bleibt.

2. Zuständigkeit für die Gesetzgebung. Spezielle Regelungen über die Zuständigkeit zur Gesetzgebung (**Gesetzgebungskompetenz**) enthalten die Art. 70 bis 75 GG. Dabei wird unterschieden zwischen der **ausschließlichen Gesetzgebung des Bundes**, der **konkurrierenden Gesetzgebung von Bund und Ländern** sowie der **Rahmengesetzgebung des Bundes**. Neuerdings ist noch die „**Grundsatzgesetzgebung**" hinzugekommen.

Im Bereiche der **ausschließlichen Gesetzgebung** des Bundes haben die Länder grundsätzlich keine Befugnis, Gesetze zu erlassen (Art. 71 GG). Welche Gegenstände der ausschließlichen Gesetzgebung des Bundes vorbehalten sind, bestimmt Art. 73 GG.

Es gehören hierher: Auswärtige Angelegenheiten (die Länder können also keine Außenpolitik betreiben und keine Gesandtschaften unterhalten), das Währungs-, Geld- und Münzwesen, die Bundeseisenbahn und der Luftverkehr, das Post- und Fernmeldewesen u. v. a.

Im Bereiche der **konkurrierenden Gesetzgebung** haben die Länder Gesetzgebungsbefugnisse, soweit der Bund keine Regelung trifft (Art. 72 GG).

Der Bund hat es also in der Hand, Gesetze zu erlassen. Ergreift er die Initiative, so können die Länder nicht mehr gesetzgeberisch tätig werden. Tut der Bund dagegen nichts, so kann das Land die fragliche Materie durch ein Landesgesetz regeln.

Allerdings ist der Bund bei der Wahrnehmung der Befugnisse aus der konkurrierenden Gesetzgebung nicht völlig frei. Nach Art. 72 Abs. 2 GG muß vielmehr ein *Bedürfnis* nach bundesgesetzlicher Regelung bestehen.

Das Grundgesetz sieht ein solches Bedürfnis dann als gegeben an, wenn eine Angelegenheit durch die Gesetzgebung einzelner Länder nicht *wirksam* geregelt werden kann, wenn die Regelung einer Angelegenheit durch ein Landesgesetz die Interessen anderer Länder oder der Gesamtheit beeinträchtigen könnte oder wenn es um die Wahrung der Rechts- oder Wirtschaftseinheit geht.

Die Gegenstände, die dem Bereiche der konkurrierenden Gesetzgebung angehören, sind in Art. 74 GG aufgezählt (vgl. auch Art. 74 a GG).

Es handelt sich u. a. um das bürgerliche Recht, das Strafrecht, die Gerichtsverfassung, das gerichtliche Verfahren, das Arbeitsrecht einschließlich der Betriebsverfassung, das Personenstandswesen, die öffentliche Fürsorge.

Die Länder konnten z. B. das Wahlalter für die Landtagswahlen von 21 auf 18 Jahre herabsetzen; sie können dagegen nicht das Alter, das für den Eintritt der Volljährigkeit maßgebend ist, ändern.

Ebenfalls unter den einschränkenden Voraussetzungen des Art. 72 GG hat der Bund für einige bestimmte Gegenstände das Recht, **Rahmenvorschriften** zu erlassen (Art. 75 GG).

Hierher gehören u. a. die Rechtsverhältnisse der im öffentlichen Dienste der Länder stehenden Personen (der Bund hat insoweit seine Gesetzgebungsbefugnis durch Erlaß des Beamtenrechtsrahmengesetzes ausgeübt), die allgemeinen Grundsätze des Hochschulwesens, die Bodenverteilung, die Raumordnung, das Melde- und Ausweiswesen.

Eine Zuständigkeit des Bundes zur sog. **Grundsatzgesetzgebung** im Bereiche des Haushaltsrechts, der Haushaltswirtschaft und der mittelfristigen Finanzplanung (vgl. Art. 109 Abs. 3 GG) sowie der „Gemeinschaftsaufgaben" (vgl. Art. 91a Abs. 2 GG) ist durch Grundgesetzänderung im Jahre 1969 hinzugekommen.

Die Durchsicht der Regelungen über die Gesetzgebungszuständigkeit von Bund und Ländern ergibt, daß eine **„ausschließliche Gesetzgebungsbefugnis der Länder"** nur in ganz wenigen Bereichen vorhanden ist.

> Ausschließlich die Länder können z. B. auf den Gebieten des Gemeinderechts und des Schulwesens Gesetze erlassen. Auch das Polizeirecht gehört weitgehend in die ausschließliche Gesetzgebungskompetenz der Länder.

3. Die Verwaltungszuständigkeit. Auf dem bundesstaatlichen Prinzip beruht insbesondere auch die **Verteilung der Verwaltungszuständigkeiten** zwischen Bund und Ländern. Hier ergeben sich zahlreiche Alternativen, die im folgenden dargestellt werden sollen. Insgesamt erscheint die vom Grundgesetz getroffene Regelung der Zuständigkeitsverteilung im Bereiche der Verwaltung recht kompliziert. Das System, das sich bewährt hat, beruht auf dem Gedanken, daß die Funktionen von Zentralstaat (Bund) und Gliedstaaten (Länder) in ein Verhältnis gebracht werden müssen, das ein *ausgewogenes Kräftespiel* gewährleistet.

> Wir haben gesehen, daß das Schwergewicht der Gesetzgebungsbefugnisse beim Bund liegt; wir werden feststellen, daß demgegenüber die Verwaltung, d. h. in erster Linie die Durchführung von Gesetzen, grundsätzlich Sache der Länder ist. Man kann hier von einer *„vertikalen Gewaltentrennung"* im Bundesstaat sprechen.

a) Die Länder führen die Bundesgesetze als eigene Angelegenheit aus

Nach Art. 83 GG führen die Länder die Bundesgesetze als **eigene Angelegenheit** aus, soweit das Grundgesetz nichts anderes bestimmt oder zuläßt. Der Schwerpunkt der Länderautonomie liegt also auf dem Gebiet der Verwaltung: Der Bund erläßt zwar das Gesetz, seine Durchführung jedoch ist Sache der Länder.

> Der Straßenverkehr wird z. B. bundesgesetzlich geregelt. Die Überwchung des Straßenverkehrs, die Aufstellung von Verkehrszeichen usw. erfolgt durch die Länder.

Bei der Gesetzesausführung haben die Länder *die alleinige Organisationsgewalt* und zugleich *die Personalhoheit.*

> Entdeckt z. B. der Bundesverkehrsminister anläßlich einer Dienstreise einen Verkehrspolizisten, der – was zweckmäßig wäre – den dichten Verkehr an einer Kreuzung regeln sollte, sich aber zunächst am Straßenrand aufhält, so kann ihm der Bundesminister keine Weisung geben. Nur der zuständige Landesminister könnte eingreifen oder gegebenenfalls ein Disziplinarverfahren gegen den Polizisten einleiten.

Der Bund hat grundsätzlich nur die Aufsicht darüber, daß die Länder die Bundesgesetze „gesetzmäßig" ausführen (**Rechtsaufsicht**). Der Bund hat demgegenüber kein Recht, den Ländern aus Zweckmäßigkeitsgründen eine andere Art der Gesetzesdurchführung vorzuschreiben; er kann weder auf die Personalauslese noch auf die Einrichtung der Behörden oder das Verfahren der Länder Einfluß nehmen, es sei denn, ein Bundesgesetz erlaube dies ausnahmsweise ausdrücklich (Art. 84 GG).

> Ob ein Land bei der Durchführung eines Bundesgesetzes das Recht verletzt hat, entscheidet der Bundesrat. Gegen seine Entscheidung kann das Bundesverfassungsgericht angerufen werden. Bestätigt das Bundesverfassungsgericht, daß das Land das Recht verletzt hat und verhielte sich das Land noch immer nicht gesetzmäßig, so bliebe als letzter Ausweg die Anwendung des *„Bundeszwanges"* (vgl. Art. 37 GG).

b) Die Länder führen die Bundesgesetze auf Weisung des Bundes aus (Auftragsverwaltung)

Die **Auftragsverwaltung** stellt einen Ausnahmefall von der grundsätzlichen Verwaltungszuständigkeit der Länder dar. Sie ist nur in wenigen Fällen zulässig, die das Grundgesetz ausdrücklich nennt.

So werden z. B. Autobahnen, Bundesstraßen (Art. 90 Abs. 2 GG), Steuern, die dem Bund ganz oder teilweise zufließen (Art. 108 Abs. 3 GG), von den Ländern im Auftrag des Bundes verwaltet.

Anders als bei der Verwaltung nach Art. 83 GG erstreckt sich die Bundesaufsicht bei der Auftragsverwaltung nicht nur auf die Rechtmäßigkeit, sondern auch auf die **Zweckmäßigkeit** der Gesetzesvollziehung. Das Land kann demnach angewiesen werden, bei der Durchführung eines Gesetzes so zu verfahren, wie es der Bund für zweckmäßig hält; das Land muß seine Zweckmäßigkeitsüberlegungen zurückstellen (**Fachaufsicht**; vgl. Art. 85 GG).

c) Der Bund führt die Bundesgesetze selbst durch

Ausnahmsweise, d. h. wenn es das Grundgesetz ausdrücklich vorsieht, kann und darf der **Bund seine Gesetze selbst vollziehen.** Dabei sind zwei organisatorische Möglichkeiten zu unterscheiden:

aa) Der Bund führt die Bundesgesetze durch eigene Behörden aus. In bestimmten, vom Grundgesetz festgelegten Bereichen verfügt der Bund über *eigene Verwaltungsbehörden.* Insoweit steht ihm die ausschließliche Organisations- und Personalgewalt zu. Die Länder haben keinen Einfluß auf die bundeseigene Verwaltung (vgl. Art. 86 GG).

Zur bundeseigenen Verwaltung gehören nach Art. 87 Abs. 1 GG u. a. der Auswärtige Dienst (alle Vertretungen des Bundes im Ausland – Botschaften, Gesandtschaften usw. – sind Bundesbehörden; der Bund richtet sie ein und besetzt sie mit Personal), die Bundeseisenbahnen (Bundesbahndirektionen, Betriebsämter, Bahnhöfe sind Bundesbehörden), die Bundespost (Oberpostdirektionen, Fernmeldeämter, Postämter sind Bundesbehörden; die Bediensteten eines Postamts sind Bundesbeamte, Angestellte des Bundes usw.).

bb) Der Bund führt die Bundesgesetze durch öffentlich-rechtliche Köperschaften oder Anstalten aus. Wiederum in bestimmten Bereichen erlaubt es das Grundgesetz, daß der Bund seine Gesetze zwar selbst ausführen, sich jedoch keiner eigenen Behörden bedienen kann. In diesen Fällen – wir sprechen von *mittelbarer Staatsverwaltung* – sind die Verwaltungsträger öffentlich-rechtliche Körperschaften oder Anstalten, also Selbstverwaltungseinrichtungen, die mit hoheitlicher Gewalt ausgestattet sind und unter staatlicher Aufsicht stehen (vgl. Art. 86 GG).

Hierher gehören z. B. die Sozialversicherungsträger, die Bundesanstalt für Arbeit oder die Bundesanstalt für den Güterfernverkehr.

d) Die Länder führen ihre eigenen Gesetze durch

Auf Grund des bereits erwähnten Art. 30 GG führen die Länder ihre eigenen Gesetze selbst durch. Auch hier sind zwei Organisationsformen zu beobachten:

aa) Die Länder führen ihre Gesetze durch eigene Behörden aus

Die Länder haben z. B. im Schulwesen eigene Gesetze. Diese führen sie mit Landesbehörden (Schulämter, Oberschulämter) durch.

bb) Die Länder führen ihre Gesetze durch öffentlich-rechtliche Körperschaften oder Anstalten aus

Die Länder bedienen sich bei der Durchführung ihrer Gesetze bestimmter Selbstverwaltungseinrichtungen (z. B. der Gemeinden, der Landkreise).

Aus unseren bisherigen Überlegungen ergibt sich, daß sich die **Träger der öffentlichen Verwaltung** in zwei große Gruppen einteilen lassen:

(1) Träger der **ursprünglichen** hoheitlichen Gewalt sind in der Bundesrepublik Deutschland nur der Bund und die Länder.

(2) Träger der sog. **abgeleiteten** hoheitlichen Gewalt sind die öffentlich-rechtlichen Körperschaften und Anstalten. Als Selbstverwaltungseinrichtungen leiten sie ihre Funktionen von einem Träger ursprünglicher Gewalt, also dem Bund oder den Ländern, ab und erfüllen in dem ihnen überlassenen Wirkungskreis öffentliche Aufgaben.

Von besonderer Bedeutung ist in diesem Zusammenhang die **kommunale Selbstverwaltung**, die durch Art. 28 Abs. 2 GG gewährleistet ist. Danach haben z. B. die Gemeinden das Recht zur selbständigen Wahrnehmung aller Angelegenheiten der örtlichen Gemeinschaft, soweit Gesetze die Erledigung bestimmter Aufgaben keinem anderen Verwaltungsträger zugewiesen haben. Man spricht deshalb von der *Vermutung für die Allzuständigkeit der Gemeinde im örtlichen Wirkungskreis.* Das Selbstverwaltungsrecht der Gemeinden umfaßt insbesondere folgende Fähigkeiten und Befugnisse: Die Gemeinden verwalten durch eigene Organe (Gemeinderat, Bürgermeister) und durch eigene Beamte und Angestellte; den Gemeinden steht in ihrem Aufgabenkreis grundsätzlich die Befugnis zur selbständigen „Gesetzgebung" (Satzungsrecht) zu; die Gemeinden haben weitgehende Finanzhoheit (sie können im Rahmen der Gesetze eigene Steuern erheben und sind in ihren Einnahmen- und Ausgabendispositionen, soweit sie ihre rechtlichen Verpflichtungen wahren, frei); die Aufsicht des Staates über die Gemeinden beschränkt sich grundsätzlich auf eine Rechtsaufsicht, d. h. der Staat überwacht lediglich, ob die Gemeinden die Grenzen ihrer Selbstverwaltung einhalten, er kann dagegen eine Gemeinde nicht anweisen, aus Zweckmäßigkeitsgründen eine andere Maßnahme zu treffen.

Das Bundesverfassungsgericht hat die Bedeutung der kommunalen Selbstverwaltung in unserer Zeit wie folgt hervorgehoben:

„Kommunale Selbstverwaltung – wie sie heute verstanden wird – bedeutet ihrem Wesen und ihrer Intention nach Aktivierung der Beteiligten für ihre eigenen Angelegenheiten, die die in der örtlichen Gemeinschaft lebendigen Kräfte des Volkes zur eigenverantwortlichen Erfüllung öffentlicher Aufgaben der engeren Heimat zusammenschließt mit dem Ziel, das Wohl der Einwohner zu fördern und die geschichtliche und heimatliche Eigenart zu wahren."

Zum Umfang dieses Selbstverwaltungsrechts hat das Bundesverfassungsgericht in einer späteren Entscheidung folgendes ausgeführt:

„Art. 28 Abs. 2 GG gewährleistet den Gemeinden und Gemeindeverbänden das Recht der Selbstverwaltung. Den Gemeinden ist ein grundsätzlich alle örtlichen Angelegenheiten umfassender Aufgabenbereich sowie die Befugnis zur eigenverantwortlichen Führung der Geschäfte in diesem Bereich zuerkannt. Den Gemeindeverbänden wird die Eigenverantwortlichkeit im Rahmen des ihnen gesetzlich eingeräumten Aufgabenbe-

reichs garantiert... Die Garantie der kommunalen Selbstverwaltung und Eigenverantwortlichkeit ist indessen nicht absolut. ‚Moderne Selbstverwaltung beruht nicht auf
Immunitätsprivilegien im Stile mittelalterlicher Städtefreiheit‘ (Köttgen). Sie ist der
gesetzlichen Einwirkung zugänglich."

Ähnliches kann zur Selbstverwaltung der Landkreise gesagt werden. Bei ihnen gilt
allerdings nicht die Vermutung der Allzuständigkeit, da ihnen grundsätzlich nur
diejenigen Aufgaben überlassen sind, zu deren Bewältigung die Verwaltungskraft
der einzelnen Gemeinden nicht ausreicht.

Daneben kann sich der Staat, wie wir sahen, zur Erfüllung seiner Aufgaben der
Selbstverwaltungseinrichtungen bedienen. Tut er dies, so beauftragt er durch
materielle Rechtsvorschrift z. B. die Gemeinde oder den Landkreis mit der Wahrnehmung staatlicher Funktionen in ihrem Bereich. Insoweit unterliegen die Selbstverwaltungseinrichtungen der fachlichen Leitung durch den Staat (*Fachaufsicht*),
d. h. der Staat (Bund oder Land) weist durch seine Behörden (z. B. durch das
Innenministerium) die Gemeinde an, die Aufgabe entsprechend den Zweckmäßig-
keitserwägungen des Staates zu erledigen.

> Das Landratsamt z. B. hat eine deutlich erkennbare *Doppelfunktion:* Es ist einerseits
> Träger der Selbstverwaltung und insoweit nur der Rechtsaufsicht des Staates unter-
> stellt; andererseits ist es zugleich untere staatliche Verwaltungsbehörde, damit beauf-
> tragt, staatliche Aufgaben zu erledigen (z. B. Bauwesen, Paßangelegenheiten, Kraftfahr-
> zeugzulassung usw.) und für diesen Bereich der Fachaufsicht mit Zweckmäßigkeitskon-
> trolle des Staates unterworfen (Weisungsrecht des Innenministeriums oder des Regie-
> rungspräsidiums).

4. Die Rechtspflegezuständigkeit. Auch die **Rechtspflegefunktionen** sind in der
Bundesrepublik Deutschland auf Bund und Länder verteilt. Nach Art. 92 GG wird
die rechtsprechende Gewalt durch das **Bundesverfassungsgericht,** durch die im
Grundgesetz vorgesehenen **Bundesgerichte** und durch die **Gerichte der Länder**
ausgeübt.

Neben dem Bundesverfassungsgericht, das seinen Sitz in Karlsruhe hat, bestehen
die obersten Gerichtshöfe des Bundes, die wir bereits kennengelernt haben (vgl.
oben Kap. 2 III b), das Bundespatentgericht in München, das Bundesdisziplinargericht in Frankfurt sowie die Truppendienstgerichte. Während für diese Gerichte der
Bund verantwortlich ist, obliegt die Organisations- und Personalhoheit für alle
anderen Gerichte den Ländern. Bei den **Ländergerichten** ist folgende Unterscheidung zu treffen:

a) **Verfassungsgerichtsbarkeit.** Mit Ausnahme von Berlin und Schleswig-Holstein verfügt jedes Bundesland über einen eigenen Verfassungsgerichtshof (Staatsge-
richtshof), dem die Kontrolle über die Einhaltung der Landesverfassung aufgegeben
ist.

b) **Ordentliche Gerichtsbarkeit.** Die ordentliche Gerichtsbarkeit ist **vierstufig**
aufgebaut. Die drei ersten Stufen – Amtsgerichte, Landgerichte und Oberlandesgerichte – gehören in den Verantwortungsbereich der Länder. Die vierte Stufe – der
Bundesgerichtshof – ist Sache des Bundes.

c) **Verwaltungsgerichtsbarkeit.** Die Verwaltungsgerichtsbarkeit ist in **drei
Instanzen** gegliedert. Verwaltungsgerichte und Oberverwaltungsgerichte (Verwal-
tungsgerichtshöfe) werden von den Ländern betreut; das Bundesverwaltungsgericht, bei dem der Rechtszug mündet, gehört zur Zuständigkeit des Bundes.

d) **Finanzgerichtsbarkeit.** In der Finanzgerichtsbarkeit sind nur **zwei Instanzen** vorgesehen. Die Länder haben die Organisations- und Personalhoheit für die Finanzgerichte, der Bund ist für den Bundesfinanzhof verantwortlich.

e) **Arbeitsgerichtsbarkeit.** Die Arbeitsgerichtsbarkeit ist **dreistufig** aufgebaut. Innerhalb der Länderzuständigkeit liegen die Arbeitsgerichte und die Landesarbeitsgerichte. Mit dem Bundesarbeitsgericht schließt der Instanzenzug ab.

f) **Sozialgerichtsbarkeit.** Die Gliederung der Sozialgerichtsbarkeit ist ebenfalls **dreistufig.** Die beiden ersten Instanzen – Sozialgerichte und Landessozialgerichte – fallen in die Verantwortlichkeit der Länder. Der Bund ist für das Bundessozialgericht zuständig.

g) **Dienst- und Ehrengerichtsbarkeit.** Weil Richter, Beamte und Soldaten in einem besonderen Gewalt- und Treueverhältnis zum Staat stehen, werden Pflichtwidrigkeiten, die sie begehen, auf besondere Weise geahndet: Unbeschadet der strafrechtlichen Sanktionen bei kriminellen Handlungen können Pflichtwidrigkeiten (Dienstvergehen) Disziplinarmaßnahmen (z. B. Erteilung eines Verweises, Entfernung aus dem Dienst) zur Folge haben. Man spricht hier von Dienststrafen, obwohl es sich um keine „Strafen" im Sinne der Strafrechtspflege handelt. Besondere Dienstgerichte prüfen die Rechtmäßigkeit von disziplinären Maßnahmen nach oder verhängen sie.

Für Bundesbeamte ist das *Bundesdisziplinargericht* und – in zweiter Instanz – das *Bundesverwaltungsgericht* (Disziplinarsenate) zuständig. Für die Landesbeamten haben die Länder eine eigene *Dienstgerichtsbarkeit* aufgebaut.

Im Hinblick auf den besonderen verfassungsrechtlichen Status der Richter hat das Deutsche Richtergesetz die Errichtung von *Richterdienstgerichten* vorgeschrieben und die Richter damit aus der allgemeinen Dienstgerichtsbarkeit herausgenommen. In den Ländern bestehen Dienstgerichte und Dienstgerichtshöfe; das Dienstgericht des Bundes ist oberste Instanz.

Die *Wehrdienstgerichtsbarkeit* ist ausschließlich Sache des Bundes. Dienstvergehen von Soldaten werden in erster Instanz von den *Truppendienstgerichten,* in zweiter und letzter Instanz vom *Bundesverwaltungsgericht* (Wehrdienstsenate) behandelt.

Für Berufe, die gegenüber dem einzelnen Bürger eine besonders hohe Verantwortung tragen (z. B. Ärzte, Zahnärzte, Apotheker, Rechtsanwälte und Steuerberater), besteht ein sog. *Standesrecht.* Verstöße gegen dieses „Berufsrecht" werden von *Ehrengerichten* des Bundes und der Länder mit bestimmten Maßregeln geahndet.

5. Die Finanzordnung in Bund und Ländern. Im Verhältnis von Bund und Ländern spielt – wie überall – die Verteilung des Geldes eine wichtige Rolle. Für das Finanzwesen des Zentralstaates wie der Gliedstaaten ist es von grundlegender Bedeutung, wem die staatlichen Einnahmen (Steuern, Monopolabgaben, Zölle usw.) zufließen sollen, denn Bund und Länder tragen die Ausgaben, die sich aus der Wahrnehmung ihrer Aufgaben ergeben, grundsätzlich gesondert (Art. 104 a Abs. 1 GG). Das Grundgesetz enthält in Art. 106 und 107 komplizierte Verteilungs- und Ausgleichsregeln, die durch zahlreiche Gesetze ergänzt worden sind. Diese Vorschriften führen laufend zu Spannungen im Bund-Länder-Verhältnis. Insbesondere die Länder weisen immer wieder darauf hin, daß sie bei der Verteilung der Steuereinnahmen besser gestellt werden müssen, wenn sie ihren Aufgaben weiterhin gerecht werden sollen. Andererseits bezieht sich auch der Bund auf die ständig steigenden Anforderungen, die an ihn gestellt werden und zu erheblichen Mehrbelastungen seines Haushalts führen.

> Dem Bund stehen z. B. die Erträge aus Finanzmonopolen, die Zölle, einzelne Verbrauchsteuern, die Straßengüterverkehrsteuer, die Kapitalverkehrsteuern, die Versicherungsteuer, die Wechselsteuer und die Ergänzungsabgabe zur Einkommensteuer und zur Körperschaftsteuer zu.

> Den Ländern fließen die Einnahmen aus der Vermögensteuer, der Erbschaftsteuer, der Kraftfahrzeugsteuer usw. zu.

> Das Aufkommen der Einkommensteuer, der Körperschaftsteuer und der Umsatzsteuer steht dem Bund und den Ländern gemeinsam zu (Gemeinschaftsteuern); am Aufkommen der Einkommensteuer erhalten allerdings die Gemeinden einen Anteil, der von den Ländern an ihre Gemeinden auf der Grundlage der Einkommensteuerleistungen ihrer Einwohner weiterzuleiten ist.

> Das Aufkommen der Realsteuern steht den Gemeinden zu. Von dem Länderanteil am Gesamtaufkommen der Gemeinschaftsteuern fließt den Gemeinden und Gemeindeverbänden insgesamt ein von der Landesgesetzgebung zu bestimmender Hundertsatz zu. Im übrigen bestimmt die Landesgesetzgebung, ob und inwieweit das Aufkommen der Landessteuern den Gemeinden oder Gemeindeverbänden zufließt.

Ein wichtiges Instrument bei der Verteilung der staatlichen Einnahmen zwischen Bund und Ländern stellt der sog. **Finanzausgleich** dar, der in zwei Richtungen vorgenommen werden kann: einmal im Verhältnis Bund-Länder (= *vertikaler Finanzausgleich)*, zum anderen zwischen finanzstarken und finanzschwachen Ländern (= *horizontaler Finanzausgleich).*

Es läßt sich nicht verschweigen, daß gerade im Finanzwesen ernste Gefahren für das bundesstaatliche Prinzip liegen. Eine stärkere Beteiligung des Bundes bei Aufgaben, deren Erledigung ursprünglich allein Sache der Länder war, führte nämlich dazu, daß sich der Bund seinerseits ein Mitspracherecht einräumen ließ. Vor diesem Hintergrund ist das 1969 in das Grundgesetz eingefügte Institut der „Gemeinschaftsaufgaben" (Art. 91 a GG) zu sehen. Dadurch, daß die Länder eine finanzielle Beteiligung des Bundes an den Kosten für den Hochschulbau oder für Maßnahmen zur Verbesserung der regionalen Wirtschaftsstruktur verlangten, trugen sie zu ihrer eigenen „Entmachtung" bei.

6. Die besondere Bedeutung des Bundesstaatsprinzips. Mit dem Begriff „*Föderalismus"* (von lat. foedus = Bündnis, Abmachung auf der Basis gegenseitigen Vertrauens) bezeichnet man eine Staatsordnung, die in der Einheit des ganzen Staates eine Vielheit selbständiger Einzelstaaten bestehen läßt.

> Wenn sich 10 Einzelstaaten zu einem Bundesstaat zusammenschließen, so bestehen 11 Staaten (der Zentralstaat und die 10 Gliedstaaten).
> „*Einheit in der Vielheit; Vielheit in der Einheit."*

Wir haben gezeigt, wie sich das föderative Prinzip in der Bundesrepublik Deutschland darstellt und fragen nun, worin der eigentliche Sinn dieses Prinzips liegt. Ursprünglich entstanden Bundesstaaten immer dann, wenn sich Einzelstaaten zu einem Zentralstaat zusammenschließen wollten, ohne ihre eigene Staatlichkeit aufzugeben.

> So geschah es z. B. 1871 bei der Gründung des Deutschen Kaiserreiches. Die Einzelstaaten der damaligen Zeit waren historisch gewachsene Staatswesen mit jeweils eigener Geschichte, eigenem Stammesbewußtsein und eigener Kultur.

Von dieser „föderativen" Ausgangslage sind auch im Grundgesetz noch Ansätze erkennbar. Für eine Neugliederung des Bundesgebiets schreibt z. B. Art. 29 Abs. 1 GG vor: „Das Bundesgebiet kann neu gegliedert werden, um zu gewährleisten, daß die Länder nach Größe und Leistungsfähigkeit die ihnen obliegenden Aufgaben wirksam erfüllen können. Dabei sind die landsmannschaftliche Verbundenheit, die geschichtlichen und kulturellen Zusammenhänge, die wirtschaftliche Zweckmäßigkeit sowie die Erfodernisse der Raumordnung und der Landesplanung zu berücksichtigen."

Bei aller Achtung der Besonderheiten innerhalb der einzelnen Bundesländer muß man aber feststellen, daß die weitaus überwiegende Mehrzahl der Bundesländer keine lange zurückreichende geschichtliche Tradition hat. Nur Bayern und die beiden Hansestädte Hamburg und Bremen haben etwas mit den geschichtlichen deutschen Einzelstaaten gemein. Die heutigen deutschen Länder sind ganz überwiegend neueren Ursprungs. Sie sind von den Besatzungsmächten errichtet worden, teils in Anlehnung an frühere deutsche Einzelstaaten, teils völlig neu aus ehemaligen preußischen Provinzen und Teilen anderer deutscher Länder. Die Entscheidung des Grundgesetzes für den Bundesstaat hat demnach vorwiegend andere Gründe.

Ganz am Anfang unserer Betrachtung haben wir bereits gesehen, daß der Grundsatz der Gewaltentrennung ein wesentlicher Bestandteil des Rechtsstaats ist (vgl. oben Kap. 2 I 2). Dieses *Gewaltenteilungsprinzip,* das zur Vermeidung von Machtballungen in einer Hand die gesetzgebende, vollziehende und rechtsprechende Gewalt jeweils besonderen staatlichen Organen zuordnet, erleidet in der *parlamentarischen Demokratie* vor allem dadurch eine Einschränkung, daß sowohl im Bund als auch in den Ländern der Regierungschef (Bundeskanzler – Ministerpräsident) vom Parlament gewählt wird. Daraus ergibt sich, daß die Regierung von der Billigung der Mehrheit des Parlaments abhängig ist. Eine saubere Trennung von Parlament (gesetzgebende Gewalt) und Regierung (vollziehende Gewalt) ist damit unmöglich: Die Regierung ist nicht unabhängig vom Parlament, sondern stellt vielmehr die Führungsgruppe der Regierungsparteien oder der Regierungspartei im Parlament dar.

In den USA, wo kein parlamentarisches Regierungssystem, sondern eine sog. *Präsidialdemokratie* besteht, ist dies anders. Der amerikanische Präsident (er ist nach dem Sprachgebrauch des Grundgesetzes Bundespräsident und Bundeskanzler in einer Person) wird nicht vom Parlament, sondern vom Volk gewählt und ist für die Dauer seiner Amtszeit – anders als der Bundeskanzler – grundsätzlich nicht entlaßbar.

Ist demgemäß das klassische Gewaltenteilungsprinzip durch die parlamentarische Demokratie durchbrochen, so bietet der föderative Staatsaufbau eine neue Form der Gewaltenteilung: Die Verteilung der Staatsmacht auf Bund und Länder, insbesondere die Beteiligung des Bundesrats an der Gesetzgebung, dient dem Zweck, einer einseitigen Machtanhäufung entgegenzuwirken.

Die bundesstaatliche Struktur ermöglicht es ferner, daß eine Minderheitspartei im Bund dort, wo sie angesichts der regional unterschiedlichen Verhältnisse über eine Mehrheit in den Ländern verfügt, in diesen Ländern Regierungspartei werden kann. Dadurch ist es möglich, daß die Regierung im Bund und in einem Land von verschiedenen politischen Parteien (vgl. zur Stellung und zur Aufgabe der Parteien Art. 21 GG) getragen wird. Dies dient dazu, die Gegensätze zwischen Regierungs- und Oppositionsparteien zu mindern: Das föderative Prinzip eröffnet der Opposition im Bund den Weg, in einzelnen Ländern zur Regierungsverantwortung und damit zu eigenen Leistungen zu kommen.

Die Beachtung des föderativen Prinzips ist eine Pflicht des Bundes gegenüber den

Ländern. Daneben steht – insbesondere für die Länder – eine ungeschriebene **Pflicht zur Bundestreue,** d. h. zu einem „bundesfreundlichen Verhalten".

> Z. B. muß das Land bei einem Gesetzgebungsvorhaben darauf Rücksicht nehmen, ob und in welchem Umfang das beabsichtigte Gesetz über die Landesgrenze, also über seinen Geltungsbereich, hinauswirkt. Ein Landesbesoldungsgesetz etwa kann Ausstrahlungskraft auf ein anderes Land oder den Bund haben, weil die Besserstellung der Beamten in einem Land den Bund oder die Länder faktisch dazu nötigen wird, das entstandene „Besoldungsgefälle" auszugleichen.

> Das Bundesverfassungsgericht hat die Pflicht zur Bundestreue in verschiedenen Beispielen konkretisiert:

> „Das bundesstaatliche Prinzip begründet seinem Wesen nach nicht nur Rechte, sondern auch Pflichten. Eine dieser Pflichten besteht darin, daß die finanzstärkeren Länder den schwächeren Ländern in gewissen Grenzen Hilfe zu leisten haben... Bei der Entscheidung über die Gewährung von Weihnachtszuwendungen an öffentliche Bedienstete haben die Länder Bundestreue zu wahren und deshalb auf das gesamte Finanzgefüge von Bund und Ländern Rücksicht zu nehmen... Bleiben die Auswirkungen einer gesetzlichen Regelung nicht auf den Raum des Landes begrenzt, so muß der Landesgesetzgeber Rücksicht auf die Interessen des Bundes und der übrigen Länder nehmen.... Unter Umständen kann schließlich ein Land mit Rücksicht auf seine Pflicht zur Bundestreue verpflichtet sein, im Wege der Kommunalaufsicht gegen Gemeinden einzuschreiten, die durch ihre Maßnahmen in eine ausschließliche Bundeskompetenz eingreifen...".

III. Die Bundesrepublik Deutschland ist eine Demokratie

Häufig wird mit dem Begriff „Demokratie" die unrealistische Vorstellung von der „Herrschaft des Volkes" verbunden. Schon aus organisatorischen Gründen ist das Volk nicht in der Lage, sich selbst zu regieren; es kann die jeweils gebotenen Einzelentscheidungen insbesondere nicht schnell genug treffen.

> Nicht einmal eine kleine Gemeinde mit wenigen hundert Einwohnern wäre in der Lage, die Tag für Tag neu und verschiedenartig anfallenden Probleme, die meist einer sofortigen Entscheidung bedürfen, durch die Gesamtbevölkerung lösen zu lassen.

Der Begriff „Demokratie", wie ihn das Grundgesetz verwendet, bedeutet, daß das Volk der ursprüngliche **Träger der Staatsgewalt** ist; von ihm *geht* alle Staatsgewalt *aus* (Art. 20 Abs. 2 Satz 1 GG). Von dieser Trägerschaft oder Quelle der Staatsgewalt ist ihre **Ausübung** zu unterscheiden.

1. Die Bundesrepublik Deutschland ist eine repräsentative Demokratie. Die Beteiligung des Volkes an der Ausübung der Staatsgewalt kann grundsätzlich in zwei Formen erfolgen: Entweder nimmt die Bevölkerung direkt durch „Volksabstimmungen" an der Gesetzgebung des Staates und an seiner Regierungstätigkeit teil (**unmittelbare Demokratie**) oder es läßt sich durch periodisch gewählte Vertrauensleute (Abgeordnete) vertreten (**mittelbare** oder **repräsentative Demokratie**).

> Bei der unmittelbaren Demokratie erfolgt die Ausübung der Herrschaft durch das unmittelbar zur Entscheidung gesetzgeberischer oder politischer Fragen versammelte Volk; es gibt hier keine gewählten Abgeordneten, die das Volk bei der politischen Willensbildung repräsentieren (= vertreten).

> Reste dieser ältesten Form der Demokratie finden sich noch in einzelnen Kantonen der Schweiz. So treten z. B. in den Kantonen Unterwalden, Appenzell und Glarus die sog.

Landsgemeinden zusammen, die die Vereinigung der stimmfähigen Bürger bilden. Das als Landsgemeinde versammelte Volk beschließt unmittelbar über die Annahme oder Ablehnung von Gesetzen und wählt die Regierung.

Es leuchtet aber ein, daß in einem Massenstaat die unmittelbare Demokratie außerordentlich schwerfällig ist: Die Volksabstimmung erfordert langfristige organisatorische Vorbereitung.

Das Grundgesetz hat sich für die repräsentative Demokratie entschieden. Nur ganz ausnahmsweise, nämlich bei der Neugliederung des Bundesgebiets, sieht es in Gestalt von Volksentscheiden, Volksbegehren und Volksbefragungen (sog. *plebiszitäre Einrichtungen*) ein unmittelbares aktives Handeln der Gesamtbevölkerung vor (Art. 29 GG; vgl. auch Art. 118 GG).

Ein Beispiel für die unmittelbare Beteiligung des Volkes an einer staatlichen Maßnahme bietet die Bildung des Landes Baden-Württemberg.

Das Grundgesetz schließt allerdings nicht aus, daß die Verfassungen der Länder und die Gemeindeordnungen der unmittelbaren Demokratie einen weiteren Wirkungsbereich lassen.

In der Verfassung des Landes Baden-Württemberg z. B. ist vorgesehen, daß der Landtag unter bestimmten Voraussetzungen durch Volksabstimmung aufgelöst werden kann.

a) Die Ausübung der Staatsgewalt vom Volke in Wahlen. Das wesentliche Kennzeichen der repräsentativen Demokratie ist die periodisch wiederkehrende **Wahl der Volksvertretung.** Sie wird in Art. 38 Abs. 1 GG für den Bundestag festgelegt. Danach werden die Abgeordneten des Deutschen Bundestages in allgemeiner, unmittelbarer, freier, gleicher und geheimer Wahl gewählt.

Wahlberechtigungen für das Volk sind unter den gleichen Wahlrechtsgrundsätzen in den Landesverfassungen für die Wahlen der Landtagsabgeordneten (Volksvertretungen der Länder) vorgesehen. Auch die Wahlen für die Gemeindevertretung (Gemeinderat) usw. erfolgen nach diesen Grundsätzen.

Die in Art. 38 Abs. 1 GG enthaltenen **Wahlrechtsgrundsätze** bedeuten im einzelnen folgendes:

aa) Die Wahl muß **allgemein** sein, d. h. das Stimmrecht muß grundsätzlich allen Staatsbürgern zustehen. Allerdings sind gewisse Einschränkungen (z. B. Mindestalter, Mindestaufenthalt im Geltungsbereich des Grundgesetzes u. dgl.) zulässig. Nach Art. 38 Abs. 2 GG ist wahlberechtigt, wer das 18. Lebensjahr vollendet hat (**aktives Wahlrecht**); als Bundestagsabgeordneter wählbar ist, wer volljährig (jetzt ebenfalls 18 Jahre alt) ist (**passives Wahlrecht**).

bb) Die Wahl muß **unmittelbar** sein, d. h. das System der „Wahlmänner", die – wie etwa in den Vereinigten Staaten von Amerika – vom Volke gewählt, ihrerseits erst den Abgeordneten wählen, ist verboten.

cc) Die Wahl muß **frei** sein, d. h. von keiner Seite darf Druck auf die Wahlberechtigten ausgeübt werden. Stellt sich nach der Wahl heraus, daß eine unzulässige Beeinflussung von Wählern vorlag, so kann dies zur Anfechtung der Wahl und zu ihrer Unwirksamkeit führen.

Besonders bei Kommunalwahlen kommt es immer wieder zu Wahlanfechtungen, die nicht selten Erfolg haben, so daß eine nochmalige Wahl durchgeführt werden muß.

dd) Die Wahl muß **gleich** sein, d. h. jede Stimme, mag sie von einem Nobelpreisträger oder von einem geistig Unterentwickelten stammen, zählt gleich.

ee) Die Wahl muß **geheim** sein, d. h. es muß gewährleistet sein, daß niemand vom anderen gegen dessen Willen erfährt, wie jener gewählt hat.

Der Geheimhaltung der persönlichen Wahlentscheidung dient die Bereitstellung von nicht einsehbaren Wahlkabinen im Wahllokal.

b) Die Ausübung der Staatsgewalt durch besondere Organe der Gesetzgebung, der vollziehenden Gewalt und der Rechtsprechung. In der repräsentativen Demokratie handelt der Staat *durch besondere Organe* (vgl. Art. 20 Abs. 2 Satz 2 GG). Organe in diesem Sinne sind alle staatlichen Einrichtungen, z. B. die Verwaltungsbehörden, die Gerichte.

Von besonderer Bedeutung sind die **Verfassungsorgane.** Das Grundgesetz kennt folgende **Bundesorgane:**

aa) Der **Bundestag** ist das höchste Bundesorgan. Er wird vom Volke auf vier Jahre gewählt (Art. 39 Abs. 1 Satz 1 GG). Seine Wahlperiode (Legislaturperiode) endet mit dem Zusammentritt eines neuen Bundestags (Art. 39 Abs. 1 Satz 2 GG). Eine vorzeitige Auflösung ist nur in zwei Fällen vorgesehen: einmal, wenn es nicht zur Wahl des Bundeskanzlers kommt (Art. 63 Abs. 4 Satz 3 GG), zum anderen, wenn der Vertrauensantrag des Bundeskanzlers vom Parlament abgelehnt wird (Art. 68 GG). Die Neuwahl des Bundestags findet frühestens 45, spätestens 47 Monate nach Beginn der Wahlperiode statt (Art. 39 Abs. 1 Satz 3 GG). Im Falle einer Auflösung des Bundestags findet die Neuwahl innerhalb von 60 Tagen statt (Art. 39 Abs. 1 Satz 4 GG). Der Bundestag tritt spätestens am dreißigsten Tag nach der Wahl zusammen (Art. 39 Abs. 2 GG).

Der Bundestag hat insbesondere folgende **Aufgaben und Befugnisse:**
– Der Bundestag ist das **gesetzgebende Organ** des Bundes (vgl. unten Kap. 31);
– der Bundestag **wählt den Bundeskanzler** (Art. 63 Abs. 1 GG);
– der Bundestag übt die **parlamentarische Kontrolle über die Regierung** aus (vgl. unten 2);
– die Mitglieder des Bundestags **gehören der Bundesversammlung** an, durch die der Bundespräsident gewählt wird (Art. 54 Abs. 3 GG);
– der Bundestag **wählt die Hälfte der Mitglieder des Bundesverfassungsgerichts** (Art. 94 Abs. 1 Satz 2 GG);
– der Bundestag kann den **Bundespräsidenten** wegen vorsätzlicher Verletzung des Grundgesetzes oder eines anderen Bundesgesetzes vor dem Bundesverfassungsgericht **anklagen** (Art. 61 Abs. 1 GG);
– der Bundestag **wählt den Bundestagspräsidenten** (Art. 40 Abs. 1 Satz 1 GG).

bb) Der **Bundesrat** ist das **föderative Bundesorgan.** Durch ihn wirken die Länder bei der Gesetzgebung und Verwaltung des Bundes mit (Art. 50 GG).

Die Vertretung der Interessen der Gliedstaaten beim Zentralstaat im Rahmen der bundesstaatlichen Struktur kann auf zwei Arten geegelt werden: Durch ein *Senats-* oder durch ein *Bundesratssystem.*

Das Senatssystem, das wir z. B. in den USA vorfinden, ist wie folgt gekennzeichnet: Jeder Bundesstaat entsendet ohne Rücksicht auf Einwohnerzahl und Fläche die gleiche Zahl von Abgeordneten (Senatoren). Diese werden grundsätzlich unmittelbar von der Bevölkerung des entsendenden Gliedstaats gewählt.

Beim Bundesratssystem entsendet der Gliedstaat Mitglieder seiner Regierung zur Interessenvertretung gegenüber dem Zentralstaat in den Bundesrat; die Zahl der Stimmen, die der einzelne Gliedstaat hat, bemißt sich nach der Einwohnerzahl; der Stimmenzahl entsprechend kann der Gliedstaat Mitglieder seiner Regierung in den Bundesrat entsenden.

Sehen die verfassungsrechtlichen Bestimmungen vor, daß ein Gesetz nur zustandekommt, wenn neben dem Zentralparlament (Bundestag, Congress in den USA) auch das Organ der Ländervertretung (Bundesrat oder Senat) zustimmt, so handelt es sich um ein *echtes Zweikammersystem:* Jedes Gesetz muß von beiden Kammern verabschiedet werden. Diese Regelung besteht z. B. in den USA. Das Grundgesetz hat sich für eine modifizierte Lösung entschieden: Der Bundesrat hat nur bei den zustimmungsbedürftigen Gesetzen eine absolute Möglichkeit, das Zustandekommen eines vom Bundestag beschlossenen Gesetzes zu verhindern; bei nicht zustimmungsbedürftigen Gesetzen kann der Bundesrat zwar Einspruch einlegen, diesen kann der Bundestag jedoch durch erneute Abstimmung über das Gesetz entkräften (vgl. unten Kap. 31). Deshalb, weil auf diese Weise auch Gesetze zustandekommen können, denen der Bundesrat nicht zugestimmt hat, kann in der Bundesrepublik Deutschland nicht von einem echten Zweikammersystem gesprochen werden.

Der Bundesrat besteht aus Mitgliedern der Regierungen der Länder, die sie bestellen und abberufen (Art. 51 Abs. 1 Satz 1 GG). Die Mitglieder des Bundesrats werden also nicht gewählt. Jedes Land hat mindestens drei Stimmen, Länder mit mehr als zwei Millionen Einwohner haben vier, Länder mit mehr als sechs Millionen Einwohner fünf Stimmen (Art. 51 Abs. 2 GG).

Daraus ergibt sich folgende konkrete Stimmenverteilung im Bundesrat: Die Länder Baden-Württemberg, Bayern, Niedersachsen, Nordrhein-Westfalen verfügen über je fünf Stimmen; die Länder Hessen, Rheinland-Pfalz, Schleswig-Holstein haben je vier Stimmen; die Länder Bremen, Hamburg, Saarland sind mit je drei Stimmen vertreten. Insgesamt hat der Bundesrat sonach 41 Stimmen. Hinzu kommen 4 Stimmen Berlins, die allerdings nicht durchweg volles Stimmrecht haben.

Jedes Land kann so viele Mitglieder in den Bundesrat entsenden, wie es Stimmen hat; die Stimmen des einzelnen Landes müssen jedoch *einheitlich* abgegeben werden. Die Mitglieder des Bundesrats stimmen – im Unterschied zu den Bundestagsabgeordneten – nicht auf Grund freier Entschließung, sondern nach den *Weisungen* ihrer Landesregierung ab.

Regelmäßig entsenden die Landesregierungen ihre Regierungschefs (Ministerpräsidenten, Präsidenten des Senats [Bremen und Hamburg], Regierender Bürgermeister [Berlin]) sowie – entsprechend ihrer Stimmenzahl – weitere Kabinettsmitglieder (Minister, Senatoren) in den Bundesrat.

Weil die Stimmen eines Landes nur einheitlich abgegeben werden können, müssen sich die Landesregierungen, in denen Mitglieder verschiedener Parteien vertreten sind (Koalitionsregierungen), auf eine Linie einigen.

Nicht erforderlich ist, daß alle Mitglieder oder ihre Vertreter die Stimmen ihres Landes einzeln abgeben. Es genügt die Anwesenheit nur eines einzigen Bundesratsmitglieds des betreffend Landes; von ihm können alle Stimmen seines Landes abgegeben werden.

Der Bundesrat hat insbesondere folgende **Aufgaben und Befugnisse:**
– der Bundesrat ist mit starkem Gewicht an der **Gesetzgebung des Bundes beteiligt** (vgl. unten Kap. 31);
– der **Bundespräsident wird durch den Präsidenten des Bundesrats,** der seinerseits vom Bundesrat gewählt wird, **vertreten** (Art. 57 GG);

- der Bundesrat **wählt die Hälfte der Mitglieder des Bundesverfassungsgerichts** (Art. 94 Abs. 1 Satz 2 GG);
- die **Zustimmung des Bundesrats ist beim Erlaß allgemeiner Verwaltungsvorschriften** durch die Bundesregierung erforderlich (vgl. Art. 84 Abs. 2, 85 Abs. 2 Satz 1, 108 Abs. 7 GG);
- stellt die Bundesregierung bei der Ausführung von Bundesgesetzen als eigene Angelegenheit der Länder Mängel fest, die nicht beseitigt werden, so **beschließt der Bundesrat, ob das Land das Recht verletzt hat** (Art. 84 Abs. 4 Satz 1 GG);
- der Bundesrat muß **zur Durchführung des Bundeszwanges seine Zustimmung** geben (Art. 37 Abs. 1 GG).

cc) Der **Bundespräsident** ist das **Staatsoberhaupt der Bundesrepublik Deutschland.** Er wird von der Bundesversammlung, die aus den Mitgliedern des Bundestags und einer gleichen Anzahl von Mitgliedern, die von den Volksvertretungen der Länder gewählt werden, besteht (Art. 54 Abs. 3 GG), auf die Amtsdauer von fünf Jahren gewählt; eine einmalige Wiederwahl ist anschließend zulässig (Art. 54 Abs. 1 und 2 GG).

Der Bundespräsident hat insbesondere folgende **Aufgaben und Befugnisse:**
- Der Bundespräsident **vertritt den Bund völkerrechtlich;** er schließt im Namen des Bundes Verträge mit auswärtigen Staaten und er beglaubigt und empfängt die Gesandten (Art. 59 Abs. 1 GG);
- der Bundespräsident **fertigt die Gesetze aus** (vgl. unten Kap. 31);
- der Bundespräsident ist unter bestimmten Voraussetzungen befugt, den **Gesetzgebungsnotstand zu erklären** (Art. 81 Abs. 1 GG);
- der Bundespräsident **ernennt und entläßt den Bundeskanzler;** er ist dabei allerdings in seiner Entscheidung nicht frei (vgl. Art. 63 und 67 GG); ferner **ernennt** der Bundespräsident die vom Bundeskanzler vorgeschlagenen **Bundesminister** (Art. 64 GG);
- der Bundespräsident **ernennt und entläßt die Bundesrichter, die Bundesbeamten sowie die Offiziere und Unteroffiziere,** soweit er diese Befugnisse nicht auf andere Stellen übertragen hat (Art. 60 Abs. 1 und 3 GG; vgl. die Sondervorschrift über die Berufung der Bundesrichter in Art. 95 Abs. 2 GG);
- dem Bundespräsidenten steht im Einzelfalle ein **Begnadigungsrecht** bei Entscheidungen, die erstinstanzlich von Bundesgerichten ergingen, zu; er kann auch diese Befugnis auf andere Behörden übertragen (Art. 60 Abs. 2 und 3 GG).

dd) Die **vollziehende Gewalt im Bunde** liegt in Händen der **Bundesregierung.** Sie besteht aus dem Bundeskanzler und aus den Bundesministern (Art. 62 GG).

Der **Bundeskanzler** wird auf Vorschlag des Bundespräsidenten vom Bundestag gewählt (Art. 63 Abs. 1 GG). Um gewählt zu sein, muß der Vorgeschlagene die Stimmen der Mehrheit der Mitglieder des Bundestags auf sich vereinigen; es genügt also nicht, daß er die Mehrheit der abgegebenen Stimmen bekommt (Art. 63 Abs. 2 GG). Wird der vom Bundespräsident Vorgeschlagene nicht gewählt, so kann der Bundestag ohne weiteren Vorschlag des Bundespräsidenten einen anderen zum Bundeskanzler wählen (Art. 63 Abs. 3 GG). Dies müßte innerhalb von 14 Tagen nach dem ersten Wahlgang geschehen. Kommt eine Wahl in der genannten Frist nicht zustande, so findet unverzüglich ein neuer Wahlgang statt, in dem gewählt ist, wer die meisten Stimmen (relative Mehrheit) hat (Art. 63 Abs. 4 Sätze 1 und 2 GG).

Die **Bundesminister** werden nicht gewählt, sondern auf Vorschlag des Bundeskanzlers vom Bundespräsidenten ernannt (Art. 64 GG).

Die Bundesregierung hat insbesondere folgende **Aufgaben und Befugnisse:**
– die Bundesregierung hat das **Recht der Gesetzesinitiative** (vgl. unten Kap. 31);
– die Bundesregierung kann unter bestimmten Voraussetzungen **Rechtsverordnungen** erlassen (vgl. oben Kap. 2 I 2).
– die Bundesregierung **übt die oberste staatsleitende Tätigkeit aus;** die *Richtlinien der Politik* bestimmt dabei der Bundeskanzler (Richtlinienkompetenz, vgl. Art. 65 GG);

2. Die Bundesrepublik Deutschland ist eine parlamentarische Demokratie. Von einer parlamentarischen Demokratie sprechen wir dann, wenn die Regierung vom Vertrauen des Parlaments abhängig ist. Das Parlament übt eine ständige Kontrolle über die Regierung aus.

> Das Parlament ist also nicht nur darauf beschränkt, gesetzgebend tätig zu sein; es nimmt in bestimmten Formen unmittelbaren Einfluß auf die Regierung.

Welche konkrete Ausformung dieses parlamentarische System im Grundgesetz erfahren hat, soll hier – unter teilweiser Wiederholung des bereits Gesagten – zusammenfassend dargestellt werden:

a) Am nachhaltigsten erweist sich der Einfluß des Parlaments – im Zusammenwirken mit dem Bundesrat– auf die Regierung durch die ihm zustehende Kompetenz zur **Gesetzgebung** (vgl. unten Kap. 31). Die von der Volksvertretung beschlossenen Gesetze binden die Regierung. Umgekehrt bedarf die Regierung, wenn sie ein Gesetz für notwendig hält und einen entsprechenden Entwurf im Bundestag einbringt, der erforderlichen Mehrheit der Abgeordneten.

b) Von großer Bedeutung ist in diesem Zusammenhang auch, daß der Bundestag für die **Feststellung der Haushaltspläne** zuständig ist (Art. 110 GG). Auf diese Weise hat es das Parlament in der Hand, die Ausgabefreudigkeit der Regierung zu bremsen, das Gewicht der Regierungsabsichten zu verlagern (z. B. die Akzente von der Verteidigungs- auf die Sozialpolitik zu verschieben) und über die Finanzen alle Aktivitäten des Staates mitzulenken.

> Grundsätzlich kann die Regierung keinen Pfennig ausgeben, der nicht vom Parlament bewilligt worden ist.

c) Auch die außenpolitischen Bestrebungen der Regierung sind der Kontrolle des Parlaments unterworfen, weil Verträge mit auswärtigen Staaten grundsätzlich der Zustimmung durch den Bundestag bedürfen (Art. 59 Abs. 2 GG).

d) Auf die personelle Zusammensetzung der Regierung nimmt der Bundestag entscheidenden Einfluß, da er den **Bundeskanzler** auf Vorschlag des Bundespräsidenten **wählt** (vgl. oben 1 b dd).

e) Der Bundestag und seine Ausschüsse können die Anwesenheit jedes Mitglieds der Bundesregierung verlangen (Art. 43 GG). Ferner kann der Bundestag Untersuchungsausschüsse einsetzen (Art. 44 GG). Er darf Anträge stellen mit dem Ziele, die Bundesregierung zu einem bestimmten Handeln zu veranlassen. Er kann die Regierung in verschiedenen Formen (Große, Kleine und Mündliche Anfragen) um Auskünfte ersuchen.

Trotz dieser umfangreichen Einfluß- und Kontrollmöglichkeiten, die das Parlament gegenüber der Regierung besitzt, soll es im Interesse einer stabilen Staatsführung nicht so weit kommen, daß das Handeln der Regierung schlechthin gelähmt wird. Das Grundgesetz hat daher die Kontrollfunktionen des Parlaments zwar gesichert, es hat aber gleichzeitig Vorkehrungen getroffen, damit die Regierung und ihre Leistungskraft erhalten bleiben:

Sieht sich das Parlament außerstande, mit *dieser* Regierung weiterzuarbeiten, so steht ihm das **Mißtrauensvotum** zu Gebote. Diese Mißtrauenserklärung ist jedoch eingeschränkt. Sie kann nur gegenüber dem Bundeskanzler ausgesprochen werden, allerdings mit der Folge, daß zugleich mit dem Bundeskanzler die gesamte Bundesregierung fällt, und sie kann überhaupt nur dadurch ausgesprochen werden, daß der Bundestag mit der Mehrheit seiner Mitglieder einen Nachfolger des zu stürzenden Bundeskanzlers wählt und den Bundespräsidenten ersucht, den amtierenden Bundeskanzler zu entlassen (Art. 67 GG). Die Geschichte, insbesondere der Weimarer Zeit, hatte gelehrt, daß sich Mehrheiten zum Sturze einer Regierung finden lassen, daß dann aber Mehrheiten für die Bildung einer neuen Regierung nur schwer gefunden werden können. Damit auf solche Weise kein regierungsloser Zustand eintritt, der für den Staat außerordentlich gefährlich und schädlich sein kann, hat das Grundgesetz das sog. **konstruktive Mißtrauensvotum** eingeführt. Dies bedeutet: Nur wenn sich das Parlament auf einen neuen Bundeskanzler geeinigt hat, ist der Sturz der amtierenden Regierung möglich.

Lehnt der Bundestag den Antrag des Bundeskanzlers, ihm das Vertrauen auszusprechen, ab, ohne einen neuen Bundeskanzler zu wählen, so kann der Bundespräsident den Bundestag auflösen (Art. 68 GG).

Stellt der Bundestag den Staatshaushaltsplan nicht rechtzeitig fest, so wäre die Regierung dadurch aktionsunfähig gemacht, daß sie die zur Erfüllung ihrer Aufgaben erforderlichen Finanzmittel (z. B. zur Erfüllung laufender Verpflichtungen, für Sozialleistungen, für Bauvorhaben, für die Besoldung der Beamten usw.) nicht zur Verfügung hätte. Um dieses schädliche Ergebnis zu vermeiden, wird der Regierung in einem solchen Falle unter bestimmten Voraussetzungen ein sog. **Notetatrecht** eingeräumt (Art. 111 GG).

Diese Ausgestaltung des parlamentarisch-demokratischen Systems der Bundesrepublik Deutschland gewährleistet eine starke Einflußnahme der Volksvertretung auf die Regierung. Dabei wird die Möglichkeit, die Regierungsfunktionen selbständig ausüben zu können, nicht über Gebühr beschnitten.

IV. Die Bundesrepublik Deutschland ist ein Rechtsstaat

Insbesondere die bösen Erfahrungen der Jahre 1933 bis 1945 bewirkten, daß der Idee der Rechtsstaatlichkeit bei der Errichtung der Bundesrepublik Deutschland und bei ihrem Ausbau eine überragende verfassungspolitische Bedeutung beigemessen wurde.

Der **Begriff** „Rechtsstaat" ist mehrschichtig. Man kann ihn sowohl von einem formalen als auch von einem materiellen Standort her definieren.

Rein **formal** gesehen bedeutet Rechtsstaatlichkeit, daß jedes staatliche Handeln auf der Grundlage einer Verfassungsnorm oder der Vorschrift eines Gesetzes beruhen muß. Man spricht hier vom sog. *Gesetzesstaat*.

Materiell betrachtet bedeutet Rechtsstaatlichkeit, daß der Staat seine Handlungen einem übergeordneten Streben nach größtmöglicher Gerechtigkeit unterordnet. Man kann insoweit von einem *Gerechtigkeitsstaat* sprechen.

Das Grundgesetz verbindet – wie wir im folgenden sehen werden – diese beiden Betrachtungsweisen.

1. Die Bindung aller Staatsgewalt an die Grundrechte. Um zu verhindern, daß noch einmal Gesetze *beliebigen* Inhalts erlassen werden können, die – wie im Dritten Reich – unter dem Deckmantel ordnungsmäßigen Zustandekommens im angeblichen Interesse des Staatswohls die Menschenwürde, das Persönlichkeitsrecht, die Freiheit des einzelnen usw. mißachten (vgl. oben Kap. 2 IV), bestimmt das Grundgesetz in Art. 1 Abs. 3, daß die Grundrechte als unmittelbar geltendes Recht Gesetzgebung, vollziehende Gewalt und Rechtsprechung *binden.*

Diese unmittelbare Geltung der im Grundrechtskatalog aufgeführten Freiheitsrechte wird durch ein besonderes Verfahren, die **Verfassungsbeschwerde,** gesichert.

Nach § 90 Abs. 1 BVGG in Verbindung mit **Art. 93 Abs. 1 Nr. 4 a GG** kann sich jedermann mit der Behauptung an das Bundesverfassungsgericht wenden, er sei durch die öffentliche Gewalt in einem seiner Grundrechte (Art. 1 bis 19 GG), in dem in Art. 20 Abs. 4 GG enthaltenen Recht oder in einem grundrechtsähnlichen Recht (Art. 33, 38, 101, 103 und 104 GG) verletzt worden.

A kann z. B. Verfassungsbeschwerde mit der Begründung erheben, eine bestimmte, gegen ihn gerichtete Maßnahme der Verwaltung verletze zu seinem Nachteil den Gleichheitssatz. Er muß dabei aber dartun, daß er den Rechtsweg – z. B. in der Verwaltungsgerichtsbarkeit vom Verwaltungsgericht über das Oberverwaltungsgericht (Verwaltungsgerichtshof) bis zum Bundesverwaltungsgericht – bereits erfolglos ausgeschöpft habe (§ 90 Abs. 2 BVGG). Hätte A eine Möglichkeit, ein Rechtsmittel zum nächsthöheren Gericht einlegen zu können, ungenutzt gelassen, so wäre seine Verfassungsbeschwerde grundsätzlich unzulässig.

A muß auch ausdrücklich darlegen, welches Grundrecht verletzt sein soll, und durch welche Handlung oder Unterlassung der Verwaltungsbehörde er sich verletzt fühlt (§ 92 BVGG).

2. Der Vorrang der Verfassung. Nach Art. 20 Abs. 3 GG ist die Gesetzgebung an die verfassungsmäßige Ordnung gebunden. Das Grundgesetz selbst kann nur durch ein Gesetz geändert werden, das der Zustimmung von zwei Dritteln der Mitglieder des Bundestags und zwei Dritteln der Stimmen des Bundesrats bedarf (Art. 79 Abs. 1 und 2 GG). In bestimmten Bereichen ist eine Grundgesetzänderung *ganz ausgeschlossen.*

Art. 79 Abs. 3 GG bestimmt: „Eine Änderung dieses Grundgesetzes, durch welche die Gliederung des Bundes in Länder, die grundsätzliche Mitwirkung der Länder bei der Gesetzgebung oder die in den Artikeln 1 und 20 niedergelegten Grundsätze berührt werden, ist unzulässig."

Über die Pflicht des Gesetzgebers, sich an die von der Verfassung festgelegten Schranken zu halten, wacht das Bundesverfassungsgericht. Dabei ist folgendes zu beachten:

a) Es spricht eine *Vermutung* dafür, daß ein ordnungsgemäß zustande gekommenes Gesetz mit dem Grundgesetz vereinbar ist (**Rechtsstaatsprinzip im formellen Sinne**).

b) Diese Vermutung ist jedoch *widerlegbar,* indem dargetan wird, daß das förmliche Gesetz die von der Verfassung gesetzten Schranken der Gerechtigkeit, also insbesondere die Grundrechtsschranken, verletzt hat (**Rechtsstaatsprinzip im materiellen Sinne**). Endgültig widerlegt wird die Vermutung der Verfassungsmäßigkeit eines Gesetzes nur durch das Bundesverfassungsgericht. Dies führt zu einer sehr wichtigen Folgerung: Ist der Richter, der in einem konkreten Verfahren ein Gesetz zur Anwendung bringen soll, davon überzeugt, daß dieses Gesetz bzw. die einschlägige Bestimmung verfassungswidrig ist, so kann er, da er ja seinerseits an das Gesetz gebunden ist, die Anwendung des Rechtssatzes nicht einfach verweigern. In einem derartigen Falle hat er vielmehr das Verfahren auszusetzen und die Sache dem Bundesverfassungsgericht vorzulegen. Im Rahmen der **Normenkontrolle** (Art. 100 GG) entscheidet das Bundesverfassungsgericht über die Vereinbarkeit oder Nichtvereinbarkeit des beanstandeten Rechtssatzes mit dem Grundgesetz.

3. Vorrang und Vorbehalt des Gesetzes. Nach Art. 20 Abs. 3 GG hat das Gesetz **Vorrang** vor allen anderen staatlichen Akten. Diese Überlegenheit kommt ihm deshalb zu, weil das Gesetz kraft demokratischer Legitimation und in der demokratischen Form einer politischen Willensbildung zustande gekommen ist.

> Wer sich auf ein Gesetz berufen kann, braucht sich nicht entgegenhalten zu lassen, es gebe eine anderslautende Rechtsverordnung, Satzung oder Einzelanordnung. Das Gesetz hat – läßt man die Verfassung hier unberücksichtigt – den höchsten Rang; an ihm werden andere staatliche Akte gemessen.

> Der Begriff „Vorrang des Gesetzes" ist allerdings insofern zu eng, als er andere Rechtsquellen und staatliche Akte nicht zu erfassen scheint. Korrekter wäre es in der Tat, von einem Vorrang der jeweils höherrangigen Rechtsquelle zu sprechen. Die Verfassung hat demnach Vorrang vor dem Gesetz, das Gesetz hat wiederum Vorrang vor einer Rechtsverordnung oder Satzung, die Rechtsverordnung hat Vorrang vor dem Verwaltungsakt usw. (vgl. oben Kap. 3 III).

> Erläßt z. B. ein Bundesminister im Rahmen des Art. 80 GG eine Rechtsverordnung, so ist er selbst an diese Verordnung gebunden: Er darf im Rahmen der Entscheidung eines Einzelfalles nicht von seiner eigenen Verordnung abweichen, denn der Verwaltungsakt (s. unten Kap. 39) steht im Rang unter der Verordnung. Dem Minister bleibt nur die Möglichkeit, eine Änderungsverordnung zu erlassen, die dann aber wiederum abstrakt und generell gilt.

Der **Vorbehalt** des Gesetzes ergibt sich zwar nicht unmittelbar aus dem Grundgesetz; er folgt jedoch mittelbar daraus, daß in Art. 20 Abs. 3 GG die Exekutive dem *Gesetz* unterworfen wird. Vorbehalt des Gesetzes bedeutet: Staatliche Maßnahmen, die in die Rechts- und Freiheitssphäre des Bürgers eingreifen, ihn belasten und ihn in seinem Handlungsspielraum einengen, bedürfen einer gesetzlichen Grundlage.

> Eine einprägsame Definition des Begriffes „Vorbehalt des Gesetzes" bietet Art. 58 der Verfassung des Landes Baden-Württemberg. Dort heißt es: „Niemand kann zu einer Handlung, Unterlassung oder Duldung gezwungen werden, wenn nicht ein Gesetz oder eine auf Gesetz beruhende Bestimmung es verlangt oder zuläßt".

> Nur auf Grund von vorhandenen Steuergesetzen kann das Finanzamt einen Steuerbescheid erlassen.

Der Vorbehalt des Gesetzes wurde unter der Geltung des Grundgesetzes immer weiter ausgedehnt. Dies hängt eng mit dem bereits beim Vorrang des Gesetzes angesprochenen Anspruch des Bürgers auf demokratische Legitimation staatlichen Handelns, aber auch mit seinem sog. Rechtssicherheitsinteresse zusammen.

In zunehmendem Maße ergibt sich daraus eine Tendenz, den Vorbehalt des Gesetzes auch auf die *leistende* Verwaltungstätigkeit (z. B. bei Subventionierungen, bei der Förderung von Studenten usw.) zu erstrecken. Wer unter welchen Umständen Geld bekommt, ist für den Bürger von erheblichem Interesse.

§ 31 des Sozialgesetzbuches bestimmt daher: „Rechte und Pflichten in den Sozialleistungsbereichen dieses Gesetzbuchs dürfen nur begründet, festgestellt, geändert oder aufgehoben werden, soweit ein Gesetz es vorschreibt oder zuläßt".

4. Weitere Bestandteile des Rechtsstaatsbegriffes. Zu den bereits dargestellten Inhalten des Rechtsstaats, wie ihn das Grundgesetz versteht, kommen einige weitere Gewährleistungen hinzu, die das Bild der Bundesrepublik Deutschland als Rechtsstaat abrunden. Von ihnen seien folgende genannt:

a) Zum Inbegriff des Rechtsstaates gehört das *Prinzip der Gewaltentrennung,* das wir bereits kennengelernt haben (vgl. oben Kap. 2 I 2 und dieses Kapitel oben II 6). Dabei ist es unschädlich, daß das Grundgesetz gewisse Überschneidungen der Gewalten in ihren Grenzbereichen erlaubt.

Das Recht der Regierung oder einzelner Ministerien, durch Rechtsverordnungen materielles Recht zu schaffen; die Möglichkeit des Bundesverfassungsgerichts, in bestimmten Fällen richterliche Entscheidungen zu fällen, die Gesetzeskraft haben usw.

Wesentlich ist nur – und hieran hält sich die Verfassungsordnung des Grundgesetzes –, daß keine Staatsgewalt in den *Kernbereich* einer anderen Staatsgewalt übergreift.

Deshalb werden an die Befugnis der Exekutive, Rechtsverordnungen zu erlassen, verhältnismäßig enge Voraussetzungen geknüpft.

b) Zum Rechtsstaatsbegriff gehört ferner die Gewährleistung des *gerichtlichen Rechtsschutzes.*

Art. 19 Abs. 4 GG bestimmt: „Wird jemand durch die öffentliche Gewalt in seinen Rechten verletzt, so steht ihm der Rechtsweg offen. Soweit eine andere Zuständigkeit nicht begründet ist, ist der ordentliche Rechtsweg gegeben." Die Bedeutung dieses Verfassungsartikels, der im Grundrechtsteil steht und ein Grundrecht gewährt, ist überragend: Art. 19 Abs. 4 GG garantiert einen **lückenlosen Rechtsschutz.**

Es gibt keine Rechtsverletzung durch die öffentliche Gewalt mehr, die nicht vor den Gerichten geltend gemacht werden könnte.

c) Weitere Elemente der Rechtsstaatlichkeit sind: Die *Unabhängigkeit der Richter* (vgl. oben Kap. 4 I), das *Verbot von Ausnahmegerichten* (Art. 101 Abs. 1 Satz 1 GG), die *Gewährleistung des „gesetzlichen Richters"* (Art. 101 Abs. 1 Satz 2 GG), der *Grundsatz des rechtlichen Gehörs* (Art. 103 Abs. 1 GG), das Gebot, daß eine Tat nur bestraft werden kann, wenn die *Strafbarkeit gesetzlich bestimmt* war, *bevor die Tat begangen wurde* (Art. 103 Abs. 2 GG), das *Verbot der Doppelbestrafung* wegen der gleichen Tat (Art. 103 Abs. 3 GG), die *Rechtsgarantien bei Freiheitsentzug* (Art. 104 GG), der *Ausgleich von Schäden,* die durch bestimmte Handlungen der *öffentlichen Gewalt* eingetreten sind (Art. 34 GG) usw.

V. Die Bundesrepublik Deutschland ist ein Sozialstaat

Mit dem **Bekenntnis zur Sozialstaatlichkeit** stellt sich die Bundesrepublik Deutschland eine Aufgabe, die die modernen wirtschaftlichen und sozialen Gegebenheiten in die Verfassungs- und Rechtswirklichkeit einbezieht. Die sozialen Tatsachen liegen nicht mehr außerhalb der verfassungs- und staatsrechtlichen Betrachtung, sie sind vielmehr einbezogen in das Grundgesetz und sollen mit rechtsstaatlichen Mitteln im Sinne einer **sozialen Gerechtigkeit** geändert werden.

Das gesamte Recht erhält auf diese Weise eine soziale Tendenz. Diese wirkt sich in doppelter Richtung aus:

1. Die Sozialpflichtigkeit des Staats gegenüber den Bürgern. Das Sozialstaatsprinzip stellt den Staat vor neue und zusätzliche Aufgaben. Ihm dürfen soziale Unterschiede nicht mehr gleichgültig sein. Durch Leistungen, aber auch durch Umgestaltung des Bestehenden, muß er im wirtschaftlichen Bereich eine menschenwürdige Existenz ermöglichen. Dabei geht es nicht nur darum, im Wege der Fürsorgeunterstützung, der Wohlfahrtspflege und anderer sozialer Leistungen das für das menschliche Einzelleben erforderliche „Existenzminimum" zu garantieren; dem Sozialstaatsprinzip wird vielmehr auf die Dauer nur dadurch entsprochen, daß das teilweise unerträgliche Gefälle, das zwischen der Gruppe wirtschaftlich stark Begünstigter und der Gruppe der sozial Schwachen besteht, angemessen ausgeglichen wird.

Hier sind zu erwähnen: Die Progression der Steuern bei steigendem Einkommen; Maßnahmen zur Vermögensbildung in der Hand der Arbeitnehmer usw.

Ob allerdings solche Regelungen zur Durchsetzung des Sozialstaatsprinzips ausreichen, wird von starken Gruppen bestritten.

2. Die Sozialpflichtigkeit der Bürger untereinander. Das Sozialstaatsprinzip bringt aber auch Pflichten für den einzelnen Bürger gegenüber seinem Mitmenschen. Diese Art der sozialen Bindung ist z. B. mit dem Satz „Eigentum verpflichtet" in Art. 14 Abs. 2 Satz 1 GG sehr plastisch ausgedrückt worden.

Obwohl das Eigentum das umfassendste Herrschaftsrecht des einzelnen ist, ist es doch zugleich ein pflichtgebundenes, sozial verhaftetes Recht. Dies zeigt sich insbesondere beim Grundeigentum. Nicht jede Beschränkung stellt eine entschädigungspflichtige Enteignung dar, vielmehr ist das Eigentum sozialen Bindungen unterworfen, die sich – entschädigungslos – aus seinem Inhalt ergeben. Allgemein zu nennen sind in diesem Zusammenhang diejenigen Eigentumsbeschränkungen, die sich – ohne entschädigungspflichtige Enteignung zu sein – auf Grund des öffentlichen Bau- und Bauplanungsrechts, auf Grund der Raumordnungs- und Landesplanung, auf Grund des Naturschutzes, des Denkmalschutzes, des Verkehrsrechts oder auf Grund von agrarpolitischen Entscheidungen ergeben. In allen diesen Fällen wird das Eigentum nicht entzogen (sonst Enteignung mit Entschädigung), sondern es werden inhaltliche Schranken für seine Nutzbarkeit konkretisiert.

Einzelbeispiele: Werden durch Bauleitpläne die Nutzungs- und Verwertungsmöglichkeiten eines Grundstücks beschränkt, so ist das Eigentum nicht in seinem „Wesensgehalt" angetastet, sondern nur die Sozialgebundenheit konkretisiert; sogar vorübergehende Bausperren, die im Interesse der Erschließung eines Baugebiets verhängt werden, müssen von dem Betroffenen entschädigungslos hingenommen werden; die Eintragung einer schönen Baumgruppe in die Liste der Naturdenkmäler, die den Eigentümer zwingt, Veränderungen an dem Baumbestand zu unterlassen, führt nicht zur Entschädigung, sondern konkretisiert den allgemeinen Satz „Eigentum verpflichtet"; ein Grundstückstausch kann im Wege der Flurbereinigung erzwungen werden usw.

31. Kapitel

Das Gesetzgebungsverfahren im Bund

Beim Zustandekommen eines Bundesgesetzes sind drei Hauptstufen zu unterscheiden: Die Gesetzesvorlage an den Bundestag, die Beschlußfassung des Bundestags unter Mitwirkung des Bundesrats und die Ausfertigung mit Verkündung des beschlossenen Gesetzes.

1. Die Gesetzesvorlage. Unter einer Gesetzesvorlage wird der Entwurf von Vorschriften verstanden, die das gesetzgebende Organ (hier der Bundestag) beschließen und damit zum Gesetz machen soll.

> Der Entwurf eines Gesetzes kann, wenn es sich um eine schwierige Materie handelt, jahrelanger Arbeit bedürfen. Es müssen Erhebungen durchgeführt werden; die möglichen Auswirkungen des Gesetzes sind unter rechtlichen, wirtschaftlichen, sozialen, finanziellen und sonstigen Gesichtspunkten zu prüfen; in den meisten Fällen muß den betroffenen Verbänden, Vereinigungen und Interessenvertretungen Gelegenheit zur Stellungnahme geboten werden usw.

Das Recht, eine Gesetzesvorlage beim Bundestag einzubringen (**Gesetzesinitiative**) haben nach Art. 76 Abs. 1 GG die Bundesregierung, eine Gruppe von Mitgliedern des Bundestags (die nach der Geschäftsordnung mindestens Fraktionsstärke haben, d. h. grundsätzlich 5% der Gesamtzahl der Bundestagsabgeordneten umfassen muß) und der Bundesrat.

Die meisten Gesetzesvorlagen kommen von der Regierung, denn sie verfügt mit den Ministerien über einen wohlorganisierten Stab von Fachleuten und Hilfskräften. Häufig werden Gesetzesinitiativen auch aus der Mitte des Bundestags selbst ergriffen; dabei spielt die Tatsache eine Rolle, daß die Opposition bestrebt sein muß, den Regierungsvorlagen eigene Alternativen entgegenzusetzen. Klein ist dagegen der Anteil der Initiativentwürfe des Bundesrats.

> In den sieben Bundestags-Legislaturperioden von 1949 bis 1976 wurden von der Regierung 2937 (= 60,7%), von Bundestagsabgeordneten 1701 (= 35,1%) und vom Bundesrat 204 (= 4,2%) Gesetzesvorlagen eingebracht.

Die Bundesregierung darf nun allerdings ihre Vorlagen nicht unmittelbar dem Bundestag zuleiten, sondern muß sie nach Art. 76 Abs. 2 GG zuerst dem Bundesrat mitteilen. Der Bundesrat ist berechtigt, innerhalb einer Frist von sechs Wochen zu dem Regierungsentwurf Stellung zu nehmen. Man bezeichnet diese Beteiligung des Bundesrats als den *„Ersten Durchgang"*. Die Bundesregierung ist an die Stellungnahme des Bundesrats nicht gebunden.

> Die Bedeutung des „Ersten Durchgangs" liegt vor allem darin, daß die Länder ihre Verwaltungserfahrung (Art. 83 GG!) von Anfang an in das Gesetzgebungsverfahren einbringen können. Der Bundestag erfährt auf diese Weise, wie sich ein beabsichtigtes Gesetz aus der Sicht der für den späteren Vollzug verantwortlichen Länder darstellt.

> Die Äußerung des Bundesrats hat also den Zweck, sowohl die Bundesregierung als auch den Bundestag auf etwaige Bedenken der Ländervertretung aufmerksam zu machen.

Auch der Bundesrat kann seine Gesetzesvorlagen nicht unmittelbar dem Parlament vorlegen. Er muß sie nach Art. 76 Abs. 3 GG zunächst der Bundesregierung zuleiten, die sie mit ihrer Stellungnahme innerhalb von drei Monaten dem Bundestag weiterzureichen hat.

Auch dieses Verfahren dient der Information über möglicherweise kontroverse Auffassungen.

2. Vom Gesetzesbeschluß zur Ausfertigungsreife. Liegt der Gesetzentwurf eines Initiativberechtigten dem Bundestag vor, so muß der Bundestag darüber beschließen, ob die Vorlage ein Gesetz werden soll (Art. 77 Abs. 1 GG). Das Parlament ist dabei weder an den Entwurf noch an Stellungnahmen des Bundesrats oder der Bundesregierung gebunden.

Nach der Geschäftsordnung des Bundestags erfolgt die Beschlußfassung über ein Gesetz grundsätzlich in drei Beratungen *(Lesungen)*. In der „Ersten Lesung" werden nur die Grundsätze der Vorlage besprochen; eine Abstimmung findet noch nicht statt. Am Schluß dieser ersten Beratung kann der Gesetzentwurf – was regelmäßig geschieht – einem Ausschuß überwiesen werden. Ausschüsse sind Organe des Bundestags, deren Mitgliederzahl vom Bundestag festgesetzt worden ist und die als Sachverständigengremien den Gesetzentwurf im einzelnen prüfen und dem Plenum des Bundestags bestimmte Beschlüsse empfehlen müssen. Nach Abschluß der Ausschußberatungen kommt es im Plenum des Bundestags zur „Zweiten Lesung" des Gesetzentwurfs. Dabei wird über jede einzelne Bestimmung des Entwurfs beraten und abgestimmt. Änderungsanträge können eingebracht werden. Ebenso ist eine Zurückverweisung an den Ausschuß möglich. In einer „Dritten Lesung" erfolgt die Schlußabstimmung über die Annahme oder Ablehnung des Gesetzentwurfs.

Mit der Schlußabstimmung des Bundestags ist das Gesetz in der Fassung beschlossen, die der ursprüngliche Entwurf im Laufe seiner parlamentarischen Behandlung bis zur Dritten Lesung erhalten hatte. Gewöhnlich genügt zur Beschlußfassung die einfache Mehrheit, d. h. die Mehrheit der abgegebenen Stimmen (Art. 42 Abs. 2 GG). Wenn durch ein Gesetz das Grundgesetz geändert werden soll (verfassungsänderndes Gesetz) bedarf es der Zustimmung von zwei Dritteln der Mitglieder des Bundestags (Art. 79 Abs. 2 GG).

Hat ein Gesetzentwurf – gegebenenfalls mit den inzwischen erfolgten Änderungen – die erforderliche Mehrheit im Bundestag gefunden, so ist das Gesetz zwar **beschlossen,** jedoch noch nicht **zustande gekommen.** Jetzt nämlich beginnt die eigentliche Mitwirkung der Länder am Gesetzgebungsverfahren durch den Bundesrat. Die bundesstaatliche Ordnung (vgl. oben Kap. 30 II) wird hier noch einmal besonders deutlich. Nach Art. 77 Abs. 1 GG hat der Bundestagspräsident das vom Parlament beschlossene Gesetz unverzüglich dem Bundesrat zuzuleiten.

Für das weitere Schicksal des beschlossenen Gesetzes kommt es darauf an, ob das Gesetz nur mit Zustimmung des Bundesrats (**zustimmungsbedürftige Gesetze**) oder ob es auch gegen den Willen des Bundesrats (**nicht zustimmungsbedürftige Gesetze**) zustande kommen kann.

Gesetze, die der Zustimmung des Bundesrats bedürfen, sind nach dem Grundgesetz die Ausnahme. Es handelt sich dabei grundsätzlich um solche Gesetze, die die Beziehungen zwischen Bund und Ländern in irgendeiner Weise betreffen und für deren Zustandekommen das Grundgesetz ausdrücklich die Zustimmung durch den Bundesrat fordert; z. B. bei verfassungsändernden Gesetzen (Art. 79 Abs. 2 GG), Gesetze über Änderungen des Gebietsbestandes der Länder (Art. 29 Abs. 7 GG), Gesetze, die in die Verwaltungszuständigkeit der Länder eingreifen (Art. 84 Absätze 1 und 5, Art. 85, Art. 87 Abs. 3 GG), Gesetze zur näheren Bestimmung von Gemeinschaftsaufgaben (Art. 91a Abs. 2 GG), Finanzgesetze, die die Länder betreffen (Art. 105 Abs. 3, Art. 107 Abs. 1, Art. 109 Abs. 3 GG).

Handelt es sich um ein vom Bundestag beschlossenes Gesetz, das **nicht der Zustimmung** durch den Bundesrat bedarf, so ist für das weitere Verfahren folgendes von Bedeutung: Billigt der Bundesrat das beschlossene Gesetz nicht oder hält er einzelne Änderungen für geboten, so kann er verlangen, daß der **Vermittlungsausschuß** einberufen wird (Art. 77 Abs. 2 GG).

> Der Vermittlungsausschuß besteht aus 11 Mitgliedern des Bundesrats und aus 11 Mitgliedern des Bundestags. Wie sein Name sagt, hat er die Aufgabe, bei Meinungsverschiedenheiten der am Gesetzgebungsverfahren beteiligten Organe zu „vermitteln". Er beschäftigt sich also mit den strittigen Punkten eines beschlossenen Gesetzes, über die sich Bundestag und Bundesrat nicht einigen können.

Seine Empfehlungen (z. B. Änderungen des beschlossenen Gesetzes) unterbreitet der Vermittlungsausschuß zunächst dem Bundestag. Beharrt dieser auf dem gefaßten Beschluß und lehnt er den Vermittlungsvorschlag ab, so kann der Bundesrat nach Art. 77 Abs. 3 GG innerhalb zweier Wochen **Einspruch** gegen den Gesetzesbeschluß einlegen. Da es sich nicht um ein zustimmungsbedürftiges Gesetz handelt, bringt dieser Einspruch den Gesetzesbeschluß nicht zu Fall. Er zwingt jedoch den Bundestag zu einer erneuten Beratung. Unter Beachtung bestimmter Mehrheitsverhältnisse kann der Bundestag den Einspruch des Bundesrats durch Beschluß zurückweisen (Art. 77 Abs. 4 GG). Damit ist das nicht zustimmungsbedürftige Gesetz auch gegen den Willen des Bundesrats zustande gekommen und kann ausgefertigt und verkündet werden.

Bedarf demgegenüber ein Gesetz der **Zustimmung des Bundesrats,** so ergibt sich nach Art. 78 und 77 Abs. 2 Satz 4 GG folgendes Verfahren: Bestehen Meinungsverschiedenheiten und stimmt der Bundesrat deshalb dem Gesetz nicht zu, so kann – in diesem Falle auch vom Bundestag und der Bundesregierung – die Einberufung des Vermittlungsausschusses verlangt werden. Kommt es auch auf der Grundlage der vermittelnden Empfehlungen dieses Ausschusses zu keiner Einigung und versagt der Bundesrat hierauf dem Gesetz durch Beschluß endgültig seine Zustimmung, so kann das Gesetz nicht zustande kommen. Man spricht von einem „*absoluten Veto*" des Bundesrats.

> In den Legislaturperioden I bis VII (1949 bis 1976) wurde der Vermittlungsausschuß insgesamt 404mal angerufen. Die Anrufung erfolgte durch die Bundesregierung in 25 Fällen, durch den Bundestag in 9 Fällen und durch den Bundesrat in 370 Fällen.

Zusammenfassend kann folgendes festgestellt werden:

Ein vom Bundestag beschlossenes Gesetz, das der Zustimmung des Bundesrats bedarf, kommt nach Art. 78 GG nur zustande, wenn der Bundesrat förmlich zustimmt.

Ein vom Bundestag beschlossenes Gesetz, das der Zustimmung des Bundesrats nicht bedarf, kommt nach Art. 78 GG zustande
– wenn der Bundesrat die Einberufung des Vermittlungsausschusses nicht verlangt, sich also mit dem Gesetz abfindet,
– oder wenn der Bundesrat auf Grund der Kompromißformel, die der Vermittlungsausschuß gefunden hat, keinen Einspruch gegen das Gesetz einlegt,
– oder wenn der vom Bundesrat eingelegte Einspruch mit der erforderlichen Mehrheit vom Bundestag zurückgewiesen wird.

Die Einschaltung des Bundesrats nach dem Gesetzesbeschluß des Bundestags nennt man den „*Zweiten Durchgang*".

3. Ausfertigung und Verkündung des Gesetzes. Das vom Bundestag rechtswirksam beschlossene und unter Wahrung der verfassungsmäßigen Rechte des Bundesrats zustande gekommene Gesetz muß, damit es Allgemeinverbindlichkeit erlangen kann, vom Bundespräsidenten **ausgefertigt** und schließlich **verkündet** werden.

Nach dem Grundgesetz werden die Bundesgesetze durch den Bundespräsidenten unterschrieben = ausgefertigt.

Ihre Verkündung erfolgt durch Abdruck und Veröffentlichung im Bundesgesetzblatt (vgl. Art. 82 Abs. 1 GG).

Die Vorschrift, daß Gesetze verkündet werden müssen, verhindert den Erlaß „geheimer Gesetze" (Schubladengesetze). Jedermann kann sich in vollem Umfang darüber Gewißheit verschaffen, welche Gesetze vorhanden sind.

Ein Gesetz, das nicht ordnungsgemäß verkündet würde, wäre rechtsunwirksam.

Von der Verkündung ist die *Kenntnisnahme* des Betroffenen streng auseinanderzuhalten; ist das Gesetz in der vorgeschriebenen Form verkündet worden, so hängt seine Wirksamkeit und Anwendbarkeit nicht davon ab, ob es der einzelne kennt. Niemand kann sich also – etwa vor Gericht – mit Erfolg darauf berufen, das Gesetzblatt nicht gelesen zu haben (vgl. in diesem Zusammenhang das Rechtssprichwort: „Unkenntnis schützt nicht vor Strafe!"). Oder positiv ausgedrückt: Jeder kann sich zur Wahrnehmung seiner Rechte auf das Gesetz berufen, sei es gegenüber dem Gericht, sei es vor Verwaltungsbehörden oder sei es gegenüber bestimmten Personen.

Das Grundgesetz gibt keine Auskunft darüber, innerhalb welcher Frist der Bundespräsident die Ausfertigung vorzunehmen hat, und ob er sie überhaupt verweigern kann, wenn er schwerwiegende Bedenken gegen die Verfassungsmäßigkeit des Gesetzes hat. Diese Fragen sind umstritten.

Ein interessantes Beispiel bietet die Behandlung des Gesetzes gegen den Betriebs- und Belegschaftshandel, das am 9. November 1960 vom Bundestag verabschiedet worden war. Der Bundespräsident gelangte zu der Auffassung, daß das ordnungsmäßig zustande gekommene Gesetz gegen Art. 12 GG (Grundrecht der Berufsfreiheit) verstoße und zögerte mit seiner Unterschrift (Ausfertigung). In einem Schreiben an den Bundestagspräsidenten erläuterte er im Jahre 1961 seine Bedenken. Sodann ersuchte der Bundespräsident den Bundeskanzler, beim Bundestag um eine Überprüfung des Gesetzes zu bitten. Für eine solche nachträgliche Prüfung fehlen jedoch die entsprechenden Verfahrensvorschriften. Am 28. Mai 1962 wandte sich der Bundespräsident erneut schriftlich an den Bundestagspräsidenten. In diesem Schreiben bestand er auf seinem Recht, ein ihm zur Unterschrift vorliegendes Gesetz auf seine Verfassungsmäßigkeit überprüfen zu können. Der Bundestagspräsident wies diesen Prüfungsanspruch in seinem Antwortschreiben zurück.

32. Kapitel

Die Grundrechte

Der erste Abschnitt des Grundgesetzes ist den Grundrechten gewidmet. Aus dieser bevorzugten Stellung an der Spitze der Verfassung wird ihre überragende Bedeutung bereits rein äußerlich erkennbar. Die Grundrechte bilden das Fundament aller Beziehungen zwischen einzelnem und Staat in unserer Rechtsordnung.

I. Menschen- und Bürgerrechte

Bei der Einteilung der verfassungsrechtlichen Gewährleistungen an den einzelnen werden traditionell **Menschen- und Bürgerrechte** unterschieden. Auch der Grundrechtskatalog läßt sich danach gliedern.

Grundrechte, die nicht nur einem bestimmten Personenkreis, sondern *allen Menschen* zustehen, werden **Menschenrechte** genannt.

> Mit verschiedenen Formulierungen bringt das Grundgesetz zum Ausdruck, daß ein bestimmtes Grundrecht Menschenrechtsqualifikation hat. Z. B. *„Jeder* hat das Recht auf die freie Entfaltung seiner Persönlichkeit..." (Art. 2 Abs. 1 GG), *„Jeder* hat das Recht auf Leben und körperliche Unversehrtheit" (Art. 2 Abs. 2 GG), *„Alle* Menschen sind vor dem Gesetz gleich" (Art. 3 Abs. 1 GG), *„Niemand* darf wegen seines Geschlechts ... benachteiligt oder bevorzugt werden" (Art. 3 Abs. 3 GG).

Als **Bürgerrechte** werden demgegenüber diejenigen Grundrechte bezeichnet, die *allen Deutschen* (i. S. von Art. 116 GG), also nur einem bestimmten Personenkreis, zustehen.

> „Alle *Deutschen* genießen Freizügigkeit im ganzen Bundesgebiet" (Art. 11 Abs. 1 GG). Weitere Beispiele in Art. 8, 9 und 12 GG.

II. Die Rangordnung der Grundrechte im Grundgesetz

In Art. 1 Abs. 1 GG wird der **sittliche Wert der Menschenwürde als oberstes Rechtsgut** anerkannt (vgl. oben Kap. 2 IV). Wenn der Eingangsartikel unserer Verfassung sagt „Die Würde des Menschen ist unantastbar", so ist damit zugleich die höchstrangige Norm des objektiven Rechts formuliert. Die Achtung vor dem Menschen als Person und der Schutz der Menschlichkeit sind die tragenden Säulen unserer Verfassungsordnung. Von der Würde des Menschen geht der Grundrechtskatalog aus: Art. 1 Abs. 1 GG ist der Grundstein eines **Wertsystems,** das in den einzelnen Grundrechtsgewährungen schrittweise konkretisiert wird.

> Aus der bedingungslosen Anerkennung des menschlichen Eigenwerts als oberstes Prinzip ergeben sich wichtige Folgerungen: Geisteskrankheit hebt die Eigenschaft als Mensch und damit die menschliche Würde ebensowenig auf wie schwerste körperliche Mißbildung; „lebensunwertes" Leben gibt es daher nicht; die „Liquidierung" etwa eines hochgradig und unheilbar geisteskranken Menschen wäre grobes Unrecht. Jede Maßnahme, die den Menschen auf die Ebene einer Sache herabwürdigt, ihn „manipuliert", verstößt gegen Art. 1 GG (z. B. Folterung, Sklaverei, Entpersönlichung etwa im Wege der Durchleuchtung der Intimsphäre).

> Auch der Verbrecher oder Asoziale verliert durch die von ihm gewählte Selbsterniedrigung seine Menschenwürde nicht (die Bestrafung darf deshalb niemals „grausam" sein; der Strafprozeß muß in Formen ablaufen, die die Menschenwürde des Angeklagten nicht verletzen usw.). Das Grundgebot, die Menschenwürde zu achten, kann auch nicht dadurch ausgeschlossen werden, daß sich jemand in einer bestimmten Situation mit seiner „menschenunwürdigen" Behandlung einverstanden erklärt (Verzicht auf die Menschenwürde ist nicht möglich).

In Art. 1 Abs. 2 GG wird also der Gesamtanspruch auf Achtung der Menschenwürde formuliert und zum obersten Prinzip erhoben. Dieser Grundgedanke wird in Art. 1 Abs. 2 GG fortgeführt.

Die Bestimmung lautet: „Das Deutsche Volk bekennt sich darum zu unverletzlichen und unveräußerlichen Menschenrechten als Grundlage jeder menschlichen Gemeinschaft, des Friedens und der Gerechtigkeit in der Welt."

Art. 1 Abs. 2 GG besagt insbesondere, daß das Mittel zur rechtlichen Verwirklichung der Menschenwürde die Gewährung von unverletzlichen und unveräußerlichen **Menschenrechten** ist. Der ursprüngliche Gesamtanspruch des Art. 1 Abs. 1 GG wird demzufolge formal in *einzelne* Grundrechte aufgelöst und damit rechtstechnisch faßbar gemacht.

Eine weitere Konkretisierung dessen, was in Art. 1 Abs. 1 GG zur Ausgangsbasis gemacht wurde, bringt Art. 1 Abs. 3 GG.

Dieser Absatz hat folgenden Wortlaut: „Die nachfolgenden Grundrechte binden Gesetzgebung, vollziehende Gewalt und Rechtsprechung als unmittelbar geltendes Recht."

Damit ist zweierlei klargestellt: Zum einen sind die Grundrechte als unmittelbar geltendes Recht in den Rang echter Berechtigungen des einzelnen, d. h. in den Rang **subjektiver Rechte** (vgl. oben Kap. 3 II 1) erhoben; zum anderen ist der „**Anspruchsgegner**" bezeichnet, nämlich die gesamte Staatsgewalt.

Wir erinnern uns in diesem Zusammenhang an die Möglichkeit jedes einzelnen, Grundrechtsverletzungen sogar mit einer besonderen **Verfassungsbeschwerde** vor dem Bundesverfassungsgericht geltend zu machen (vgl. oben Kap. 30 IV 1).

Umstritten ist, ob die Grundrechte unmittelbar in Privatrechtsverhältnisse hineinwirken (sog. **Drittwirkung der Grundrechte**). Beispiel: Ein Wirt weigert sich, einen Gast zu bedienen, weil dieser einer bestimmten religiösen Sekte angehört. Die überwiegende Meinung verneint die unmittelbare Bindung Dritter, d. h. nicht staatlicher Stellen, anerkennt aber einen Einfluß der Grundrechte in Privatrechtsverhältnisse, der in besonders gelagerten Fällen über die Generalklauseln des bürgerlichen Rechts („Treu und Glauben", Verbot sittenwidriger Rechtsgeschäfte usw.) wirksam werden kann. Im Beispielsfalle wird davon auszugehen sein, daß die privatrechtliche Vertragsfreiheit auch über den Grundsatz von Treu und Glauben nicht durch den allgemeinen Gleichheitssatz eingeschränkt ist.

In Art. 2 und 3 GG wird der Anspruch auf Achtung der Menschenwürde, der in Art. 1 Abs. 2 GG zunächst formal in Einzelrechte aufgelöst worden war, *inhaltlich* in die Hauptrechte auf Freiheit (Art. 2 Abs. 1 GG) und auf Gleichheit (Art. 3 Abs. 1 GG) gegliedert.

In den folgenden Grundrechtssätzen werden wiederum diese Hauptrechte in Einzelfreiheits- und Einzelgleichheitsrechte aufgespalten.

So steht z. B. die Gewährleistung der Freizügigkeit (Art. 11 Abs. 1 GG), der Glaubens-, Gewissens- und Bekenntnisfreiheit (Art. 4 GG) in engem Zusammenhang mit dem Hauptfreiheitsrecht auf ungehinderte Persönlichkeitsentfaltung.

An das Hauptgleichheitsrecht knüpft z. B. das in Art. 6 Abs. 5 GG enthaltene Gebot an, die Gesetzgebung müsse Regelungen schaffen, die den nichtehelichen Kindern die gleichen Lebenschancen gewährleisten wie den ehelichen.

Dadurch, daß Art. 2 Abs. 1 und Art. 3 Abs. 1 GG als sog. **Auffangnormen** immer dann eingreifen, wenn eine freiheitsentziehende oder gleichheitsbeeinträchtigende Maßnahme vorliegt, die die Würde des Menschen mißachtet, die aber nicht durch ein spezielles Grundrecht erfaßt werden kann, entsteht ein **lückenloser Grund-**

rechtsschutz. Ihm korrespondiert der in Art. 19 Abs. 4 GG mit Grundrechtscharak-
ter ausgestattete **lückenlose Gerichtsschutz** (vgl. oben Kap. 30 IV 4 b).

Ausgehend von der Unantastbarkeit der Menschenwürde ergibt sich somit ein
großartiges System der Wertordnung im Grundrechtskatalog.

III. Schranken der Grundrechte

1. Schranken, die den Grundrechten selbst innewohnen. Das Hauptfreiheitsrecht des Art. 2 Abs. 1 GG ist mit folgenden Worten ausgedrückt: „Jeder hat das
Recht auf die freie Entfaltung seiner Persönlichkeit, …". Jeder kann für sich also den
Schutz seiner Entfaltungsfreiheit beanspruchen. Dabei ergibt sich ein Problem, das
wir bereits in anderem Zusammenhang gesehen haben (vgl. oben Kap. 3 II 3): Dem
Freiheitsanspruch des einen kann der Freiheitsanspruch des anderen entgegenstehen. Damit es in solchen Fällen nicht zum Konflikt kommt, müssen Grundsätze
gelten, die die Entfaltungsfreiheit ordnen und damit zugleich beschränken.

> A veranstaltet ein Gartenfest; bis in die frühen Morgenstunden wird zu lauter
> Schallplattenmusik getanzt, gesungen und gelacht. Sein Nachbar B kann infolge des
> Lärms nicht schlafen und ruft schließlich die Polizei. Sowohl A als auch B berufen sich
> auf ihr Recht zur freien Entfaltung der Persönlichkeit.

Damit die Freiheitsrechte, die jedem zustehen, aufeinander abgestimmt werden
können, schränkt Art. 2 Abs. 1 GG seine Freiheitsgewährung notwendigerweise
sofort ein. Die Verfassungsbestimmung hat nämlich folgenden vollständigen Wortlaut: „Jeder hat das Recht auf die freie Entfaltung seiner Persönlichkeit, *soweit* er
nicht die Rechte anderer verletzt und nicht gegen die verfassungsmäßige Ordnung
oder das Sittengesetz verstößt."

> In unserem Beispielsfalle hat B ein – sogar als Ordnungswidrigkeit abgesichertes –
> Recht auf ungestörte Nachtruhe. Dem lebenslustigen A wird dadurch aber nicht
> verboten, einen Tanzabend zu veranstalten, ihm wird im Interesse der Rechte des B nur
> aufgegeben, dies etwa im geschlossenen Raum zu tun.

> Eine ähnliche Situation liegt vor, wenn z. B. die Einhaltung der „Zimmerlautstärke"
> beim Empfang von Fernseh- und Rundfunksendungen verlangt wird.

Die „**Rechte anderer**", die „**verfassungsmäßige Ordnung**" und das „**Sittengesetz**"
sind – ohne daß dies ausdrücklich wiederholt wird – **Schranken, die der Ausübung
aller anderen Grundrechte gesetzt sind.** Weil sie den Grundrechten zur Vermeidung
von Konfliktsfällen denknotwendig innewohnen, spricht man von „**immanenten
Grundrechtsschranken**".

2. Schranken, die den Grundrechten durch Gesetze gezogen werden können.
Verschiedene Grundrechte sind dadurch einengbar, daß die Verfassung ausdrücklich einen **Gesetzesvorbehalt** vorgesehen hat, durch den die Gesetzgebung ermächtigt wird, in das Grundrecht einzugreifen.

> Art. 2 Abs. 2 GG bestimmt: „Jeder hat das Recht auf Leben und körperliche Unver-
> sehrtheit. Die Freiheit der Person ist unverletzlich. In diese Rechte darf nur auf Grund
> eines Gesetzes eingegriffen werden."

> Das Grundrecht auf Leben ist z. B. dadurch eingeschränkt, daß das Gesetz unter
> bestimmten Voraussetzungen ein Notwehrrecht gewährt.

> Die Freiheit der Person ist z. B. durch das Wehrpflichtgesetz eingeschränkt.

Der erlaubte gesetzliche Eingriff in Grundrechte ist seinerseits aber stark einge-engt. Die wichtigste Schranke für die Gesetzgebung ergibt sich aus Art. 19 Abs. 2 GG, wonach in keinem Falle ein Grundrecht in seinem **Wesensgehalt** angetastet werden darf. Das bedeutet: Vorausgesetzt, daß das Grundrecht einen Eingriffsvorbehalt für die Gesetzgebung enthält, kann durch Gesetz der Inhalt des Grundrechts beschränkt werden. Unter keinen Umständen darf dabei eine „Aus-höhlung" des Grundrechts eintreten: Es darf weder unverhältnismäßig beschnitten noch gar faktisch ganz außer Kraft gesetzt werden. Art. 19 Abs. 2 GG garantiert, daß Grundrechte nicht nur „auf dem Papier stehen". Verboten sind nach Art. 19 Abs. 1 Satz 1 GG ferner einschränkende **Individualgesetze**, d. h. solche Gesetze, die das Grundrecht nur bezogen auf einen Einzelfall mindern. Der Rechtsklarheit und damit der formellen Sicherung der Grundrechte dient die Vorschrift des Art. 19 Abs. 1 Satz 2 GG, wonach das Gesetz, das zulässigerweise in ein Grundrecht eingreift, dieses Grundrecht unter Angabe des Artikels nennen muß.

Als Beispiel zitieren wir § 51 des Wehrpflichtgesetzes: „Die Grundrechte der körperli-chen Unversehrtheit (Artikel 2 Abs. 2 Satz 1 des Grundgesetzes), der Freiheit der Person (Artikel 2 Abs. 2 Satz 2 des Grundgesetzes), der Freizügigkeit (Artikel 11 Abs. 1 des Grundgesetzes) und der Unverletzlichkeit der Wohnung (Artikel 13 des Grundgesetzes) werden nach Maßgabe dieses Gesetzes eingeschränkt."

IV. Überblick über die einzelnen Grundrechte

1. Das Hauptfreiheitsrecht der Persönlichkeitsentfaltung: Art. 2 Abs. 1 GG. Wie wir bereits sahen, gewährleistet Art. 2 Abs. 1 GG das Recht der freien Entfaltung der Persönlichkeit in den Grenzen, die die Rechte anderer, die verfassungsmäßige Ordnung und das Sittengesetz ziehen. Es ist das *„Hauptfreiheitsrecht"*, das zwar im Verhältnis zu den speziellen Freiheitsrechten im Grundrechtskatalog zurücktritt, aber überall dort seine Bedeutung als subjektives Recht behält, wo Erscheinungsfor-men der Freiheit nicht speziell genannt sind.

Die Freiheit kann in so vielen Erscheinungsformen vorkommen, daß es gar nicht möglich wäre, eine lückenlose Aufzählung der Einzelfreiheiten vorzunehmen. Unter diesem Gesichtspunkt wird die überragende Bedeutung des Art. 2 Abs. 1 GG deutlich: Steht eine „Spezialfreiheit" in Frage, für die kein besonderer Grundrechtsartikel paßt, so ist auf das Grundrecht der freien Persönlichkeitsentfaltung zurückzugreifen. Dadurch entsteht ein lückenloser Grundrechtsschutz der menschlichen Freiheit.

2. Das Recht auf Leben, körperliche Unversehrtheit und Bewegungsfreiheit der Person: Art. 2 Abs. 2 GG. In Art. 2 Abs. 2 GG ist ein erstes „Spezialfreiheitsrecht", nämlich das Recht der körperlichen Integrität des Menschen, gewährleistet.

Geschützt ist das Leben und die körperliche Unversehrtheit aller Menschen.

Im Notwehrrecht gilt der Grundsatz der Verhältnismäßigkeit: Man darf einen Men-schen nicht töten, wenn zur Abwendung einer drohenden Gefahr eine geringere Abwehrmaßnahme ausreicht (es muß also grundsätzlich Leben gegen Leben stehen).

Das Recht zum Schußwaffengebrauch der Polizei ist in den Polizeigesetzen an ganz strenge Voraussetzungen geknüpft.

Die Prügelstrafe des Schülers durch den Lehrer, des Lehrlings durch den Meister usw. ist ein Verstoß gegen Art. 2 Abs. 2 GG.

Geschützt ist ferner die „Freiheit der Person". Darunter ist die Bewegungsfreiheit im technisch-räumlichen Sinne zu verstehen. Die Bedeutung dieses Grundrechts ist durch die noch speziellere Regelung des Art. 104 GG praktisch nicht sehr groß. Nach Art. 104 GG kann die Freiheit der Person nur auf Grund eines förmlichen Gesetzes und nur unter Beachtung der darin vorgeschriebenen Formen beschränkt werden. Die Entscheidung über die Freiheitsentziehung ist dem Richter vorbehalten (Art. 104 Abs. 2 Satz 1 GG). Sofern eine Freiheitsentziehung nicht auf richterlicher Anordnung beruht, muß die Entscheidung des Richters unverzüglich herbeigeführt werden (Art. 104 Abs. 2 Satz 2 GG).

> Auch für die Einweisung eines Geisteskranken in eine Heil- oder Pflegeanstalt z. B. ist ein richterlicher Beschluß erforderlich.

> Nach der Strafprozeßordnung hat die Polizei das Recht u. a. einen auf frischer Tat betroffenen oder verfolgten Täter einer strafbaren Handlung vorläufig festzunehmen (§ 127 StPO). Spätestens am Tage nach der Festnahme muß die Polizei den Verdächtigen dem Richter vorführen, der – unter Wahrung des Grundsatzes des rechtlichen Gehörs – darüber zu entscheiden hat, ob Haftbefehl ergehen soll oder nicht (Art. 104 Abs. 3 GG, § 128 StPO).

3. Der Gleichheitssatz: Art. 3 GG. Die Gleichheit vor dem Gesetz ist heute in einem Rechtsstaat eine selbstverständliche Forderung. Gleichheit ist dabei die *relative Gerechtigkeitsgleichheit,* die wir bereits besprochen haben (vgl. oben Kap. 1) und die *„jedem das Seine"* gibt. Das Grundrecht des Art. 3 Abs. 1 GG verbietet es, Gleiches ungleich und Ungleiches gleich zu behandeln.

> In ständiger Rechtsprechung sieht das Bundesverfassungsgericht demnach den Gleichheitssatz als verletzt an, „wenn sich ein vernünftiger, sich aus der Natur der Sache ergebender oder sonstwie sachlich einleuchtender Grund für die gesetzliche Differenzierung oder Gleichbehandlung nicht finden läßt, wenn also die Bestimmung als willkürlich bezeichnet werden muß".

Nicht „Gleichmacherei", sondern *„Gleichwertigkeit"* ist das Ziel des Grundgesetzes. Damit wird jede Art staatlicher Willkür verboten.

> Im Gegensatz zur Gerechtigkeitsgleichheit des Art. 3 GG gibt es in einem Falle auch eine mathematische Gleichheit im Recht, nämlich bei der Wahlrechtsgleichheit. Hier zählt jede Stimme absolut gleich.

Im praktischen Leben wird immer wieder verkannt, daß es *„keine Gleichheit im Unrecht"* gibt.

> Wer auf einer Straße die zulässige Höchstgeschwindigkeit überschritten hat und dafür zur Rechenschaft gezogen wird, kann sich nicht darauf berufen, gegen andere Autofahrer, die an der gleichen Stelle ebenso schnell gefahren seien, habe die Polizei nichts unternommen.

Nach Art. 3 Abs. 2 GG sind Männer und Frauen gleichberechtigt. In dieser Verfassungsbestimmung erfährt der allgemeine Gleichheitssatz eine spezielle Bedeutung. Die Grundsätze, die wir bereits festgestellt haben, gelten aber auch hier.

> Auch die Gleichberechtigung kann nicht über die natürlichen Unterschiede der Geschlechter hinwegsehen (z. B. Privilegierung der berufstätigen Frau bei Schwangerschaft und Geburt).

Einige besonders wichtige Willkürtatbestände, die eigentlich schon im Hauptgleichheitsrecht des Art. 3 Abs. 1 GG enthalten sind, erwähnt Art. 3 Abs. 3 GG besonders: „Niemand darf wegen seines Geschlechtes, seiner Abstammung, seiner Rasse, seiner Sprache, seiner Heimat und Herkunft, seines Glaubens, seiner religiösen oder politischen Anschauungen benachteiligt oder bevorzugt werden."

Nach den unmenschlichen Differenzierungen unter der nationalsozialistischen Gewaltherrschaft hat das Grundgesetz ein Verbot ausdrücklich aufgenommen.

4. Die Freiheit des Glaubens, des Gewissens und des weltanschaulichen Bekenntnisses: Art. 4 GG. Unter den speziellen Freiheitsrechten nimmt die Gewährleistung der „geistigen Freiheit" einen wichtigen Rang ein. Art. 4 Abs. 1 GG schützt das subjektive Verhältnis des einzelnen zum Transzendenten, d. h. zu Gott und zum Sittengesetz; Art. 4 Abs. 2 GG gewährleistet das Recht, die Religion, d. h. ihre Kulthandlungen, auszuüben. Schranken sind nur durch die Rechte anderer, die verfassungsmäßige Ordnung und das Sittengesetz gezogen.

Eine Sekte, deren Kulthandlungen sadistischer Natur sind, kann sich also nicht auf Art. 4 GG berufen.

Durch Art. 4 Abs. 3 GG wird das Recht gewährleistet, aus Gewissensgründen den Kriegsdienst mit der Waffe zu verweigern.

Die näheren Regelungen für Kriegsdienstverweigerer hat das Wehrpflichtgesetz gebracht (vgl. §§ 25 ff. des Wehrpflichtgesetzes).

5. Das Recht auf freie Meinungsäußerung und freie Meinungsbildung: Art. 5 GG. Die Meinungsfreiheit ist eine elementare Form der Geistesfreiheit. Sie ist das Kernstück geistiger und politischer Betätigung und umschließt das Ziel, andere von der eigenen Meinung überzeugen zu können.

Der Staat darf dem Bürger, mag seine Meinungsäußerung im Einzelfall noch so unbequem sein, keinen „Maulkorb" umbinden. Jeder darf z. B. die Regierung kritisieren.

Der Meinungsfreiheit einerseits entspricht die Meinungsbildungsfreiheit *(Informationsfreiheit)* andererseits. Jeder darf sich aus allgemein zugänglichen Quellen ungehindert unterrichten.

Im Dritten Reich war das Abhören ausländischer Rundfunksender mit hohen Strafen bedroht.

6. Die Pressefreiheit: Art. 5 Abs. 1 Sätze 2 und 3 GG. Der Meinungsäußerungs- und Informationsfreiheit korrespondiert die Pressefreiheit. Sie ist vom Grundgesetz in dreifacher Richtung geschützt. Garantiert werden die freie Gründung von Presseunternehmen, die freie Zulassung von Redakteuren und Journalisten (keine Personalzensur!) und die freie Berichterstattung sowie Tatsachenbewertung. Dies gilt auch für die Rundfunkanstalten.

Allerdings können Rundfunkanstalten nur im Rahmen des technisch-physikalisch Möglichen gegründet werden, weil die Zahl der zur Verfügung stehenden Wellenlängen beschränkt ist.

Keinen Verstoß gegen die Gründungsfreiheit bedeutet ferner die Tatsache, daß nicht jedermann nach Belieben einen eigenen Sender betreiben kann. Es gibt weder eine unbeschränkte Empfangsfreiheit (Betriebsgenehmigung mit Gebührenpflicht) noch eine unbeschränkte Sendefreiheit (Verleihung der Sendegenehmigung). Sind jedoch die Voraussetzungen, die in besonderen Rechtsvorschriften gefordert werden, erfüllt, so *muß* die Genehmigung erteilt werden.

Art. 5 Abs. 1 Satz 3 GG enthält ein ausdrückliches Verbot, Presse und Rundfunk zu zensieren, d. h. die Veröffentlichung oder das Programm von einer staatlichen Prüfung und „Freigabe" abhängig zu machen.

> Keine Zensur stellt die Freiwillige Selbstkontrolle der Filmwirtschaft dar, weil sie nicht durch eine staatliche Stelle erfolgt.

7. Die Freiheit von Kunst und Wissenschaft: Art. 5 Abs. 3 GG. Die Kunstfreiheit garantiert den Schutz vor jeglicher Kontrolle und Zensur durch den Staat.

> Offensichtlich verfassungswidrig wäre z. B. die im Dritten Reich vorgenommene staatliche Diffamierung einer bestimmten Kunstrichtung als „entartet".

Die Freiheit der Wissenschaft ist in zwei Richtungen geschützt: Einmal bei der Erarbeitung und Vorbereitung wissenschaftlicher Erkenntnisse (= *Freiheit der Forschung*), zum anderen bei der Übermittlung von wissenschaftlichem Fachwissen (= *Freiheit der Lehre*).

> Die wissenschaftliche Betätigung darf also weder in der Methode noch im Ergebnis einer Zweckbestimmung unterworfen werden.

8. Der Schutz von Familie und Ehe: Art. 6 GG. In Art. 6 Abs. 1 GG werden Ehe und Familie als Keimzellen jeder menschlichen Gemeinschaft unter den besonderen Grundrechtsschutz gestellt. Das Recht auf Eingehung einer Ehe wird garantiert.

> Das führt so weit, daß grundsätzlich auch Strafgefangene während der Strafverbüßung eine Ehe schließen können. Eine andere Frage ist es, daß der Freiheitsentzug das Zusammenleben der Ehegatten nicht gestattet.

Das Elternrecht des Art. 6 Abs. 2 GG folgt unmittelbar aus dem allgemeinen Schutz der Familie in Art. 6 Abs. 1 GG. Unter Elternrecht versteht man das Recht auf Pflege und geistige Erziehung der Kinder. Nur auf Grund eines Gesetzes und unter besonderen Voraussetzungen dürfen Kinder von ihren Eltern getrennt werden (Art. 6 Abs. 3 GG).

> Vorschriften über die Trennung des Kindes von der elterlichen Familie bei Gefährdung des Kindeswohls finden sich im BGB:
>
> § 1666 Abs. 1 BGB lautet: „Wird das körperliche, geistige oder seelische Wohl des Kindes durch mißbräuchliche Ausübung der elterlichen Sorge, durch Vernachlässigung des Kindes, durch unverschuldetes Versagen der Eltern oder durch das Verhalten eines Dritten gefährdet, so hat das Vormundschaftsgericht, wenn die Eltern nicht gewillt oder nicht in der Lage sind, die Gefahr abzuwenden, die zur Abwendung der Gefahr erforderlichen Maßnahmen zu treffen. Das Gericht kann auch Maßnahmen mit Wirkung gegen einen Dritten treffen."
>
> § 1666a Abs. 1 BGB hat folgenden Wortlaut: „Maßnahmen, mit denen eine Trennung des Kindes von der elterlichen Familie verbunden ist, sind nur zulässig, wenn der Gefahr nicht auf andere Weise, auch nicht durch öffentliche Hilfen, begegnet werden kann."

Nach Art. 6 Abs. 5 GG ist die Gesetzgebung verpflichtet, Regelungen zu treffen, die dem nichtehelichen Kind die gleichen Ausgangschancen gewähren wie dem ehelichen.

> Durch das Gesetz über die rechtliche Stellung der nichtehelichen Kinder vom 19. August 1969 (BGBl. I S. 1243) ist dieser Verfassungsauftrag weitgehend erfüllt worden.

9. Das Schulwesen: Art. 7 GG. Art 7 GG geht über die Eigenschaft eines Grundrechts hinaus. Er enthält Grundsätze für die bekenntnismäßige Gestaltung des Schulwesens, vorwiegend aber schulisches Organisationsrecht.

10. Die Versammlungsfreiheit: Art. 8 GG. Das Grundrecht der Versammlungsfreiheit ist als Spezialfall der allgemeinen Meinungsfreiheit zu verstehen. Auch hier sind zwei Schutzrichtungen zu unterscheiden: Gewährleistet wird das Recht, eine Versammlung zu veranstalten sowie das Recht, an einer Versammlung teilzunehmen. Allerdings gilt die Versammlungsfreiheit nur für friedliche und waffenlose Versammlungen.

Nach Art. 8 Abs. 2 GG besteht für Versammlungen unter freiem Himmel ein genereller Gesetzesvorbehalt, weil hier die Gefahrenvermutung größer ist als bei Versammlungen in geschlossenen Räumen.

Vgl. das Gesetz über Versammlungen und Aufzüge (Versammlungsgesetz) in der Fassung der Bekanntmachung vom 15. November 1978 (BGBl. I S. 1790).

11. Die Vereinigungsfreiheit: Art. 9 GG. Nach Art. 9 Abs. 1 GG haben alle Deutschen das Recht, Vereine und Gesellschaften zu bilden. Auch dieses Grundrecht hat seine Wurzel im allgemeinen Recht auf freie Meinungsäußerung.

Unter Art. 9 Abs. 1 GG fallen alle Arten von Vereinigungen (z. B. Sportvereine, Musikvereine, Handelsgesellschaften, Konsumvereine).

Für die politischen Parteien ist in Art. 21 GG eine spezielle Regelung getroffen worden.

Von besonderer Bedeutung ist die in Art. 9 Abs. 3 GG gewährleistete arbeitsrechtliche Vereinigungsfreiheit *(Koalitionsfreiheit)*.

Arbeitgeber- und Arbeitnehmerverbände.

Durch Art. 9 Abs. 3 GG werden auch die Mittel des Arbeitskampfes (Streik, Aussperrung) verfassungsmäßig geschützt.

12. Der Schutz des Brief-, Post- und Fernmeldegeheimnisses: Art. 10 GG. Das Grundrecht dient dem Schutz der Intimsphäre des einzelnen. Nach Art. 10 Abs. 2 GG kann es durch Gesetz beschränkt werden.

13. Das Recht auf Freizügigkeit: Art. 11 GG. Nach Art. 11 Abs. 1 GG genießen alle Deutschen Freizügigkeit. Dies bedeutet, daß jeder Deutsche das Recht hat, sich an jedem Ort des Bundesgebietes ungehindert vorübergehend oder dauernd (Wohnsitzgründung) niederzulassen, und daß er zu diesem Zweck auch jederzeit vom Ausland einreisen kann.

14. Das Recht auf freie Berufswahl und Berufsausübung: Art. 12 GG. Art. 12 Abs. 1 Satz 1 GG gewährleistet allen Deutschen das Recht, *den Beruf, den Arbeitsplatz* und *die Ausbildungsstätte frei zu* **wählen**.

Der Staat darf keine zwangsweise Berufslenkung vornehmen; er kann nur Empfehlungen geben (z. B. Berufsberatungsstellen).

Nach Art. 12 Abs. 1 Satz 2 GG kann die Berufs**ausübung** durch Gesetz geregelt werden. Dabei muß der Gesetzgeber nach dem Grundsatz der Verhältnismäßigkeit diejenige Form des Eingriffs wählen, die das Grundrecht am wenigsten beschränkt. Das Bundesverfassungsgericht hat hiervon ausgehend eine *„Dreistufentheorie"* entwickelt, die, zusammengefaßt, folgenden Inhalt hat:

Stufe 1: Regelungen, die die reine Berufsausübung betreffen. Sie sind ohne weiteres gerechtfertigt, wenn sie den Belangen des Gemeinwohls vernünftig und sachgerecht entsprechen und auf Grund eines Gesetzes erfolgen.

Anordnungen über Sauberkeit in Lebensmittelläden, über Feuerschutz in Kinos oder Theatern usw.

Stufe 2: Regelungen, die die Berufsausübung von subjektiven Zulassungsvoraussetzungen abhängig machen. Sie sind zulässig, soweit das Allgemeinwohl fordern kann, daß sie derjenige, der den Beruf ausüben will, erfüllt. Als subjektive Zulassungsvoraussetzungen kommen z. B. in Betracht: Abschluß einer bestimmten Ausbildung, nachgewiesene Kenntnisse und Fertigkeiten, persönliche Charaktereigenschaften usw.

Ein Arzt muß z. B. das medizinische Studium erfolgreich absolviert haben.

Stufe 3: Regelungen, die die Berufsausübung von objektiven Zulassungsvoraussetzungen abhängig machen. Objektive Zulassungsvoraussetzungen sind solche, die der Einflußnahme, den Entschlüssen und Möglichkeiten des Anwärters völlig entzogen sind.

Eine objektive Zulassungsvoraussetzung ist z. B. das „Bedürfnis". Unter dem Begriff „Bedürfnisprüfung" wird die Prüfung der Frage verstanden, ob für die Zulassung eines weiteren Berufsanwärters ein Bedürfnis vorhanden ist oder nicht.

Solche objektiven Bedingungen für die Berufszulassung dürfen nur aufgestellt werden, wenn sie nachweisbar zur Abwehr schwerer Gefahren für das Allgemeinwohl unverzichtbar erscheinen.

Das Bundesverfassungsgericht hat dies z. B. verneint für die früheren Beschränkungen der Niederlassungsfreiheit der Apotheker.

Bejaht wurde die Zulässigkeit der Bedürfnisprüfung bei der Genehmigung neuer Omnibusbetriebe für den Linienverkehr; hier wurde das reibungslose Funktionieren des Verkehrs, insbesondere der Bestand und die Leistungsfähigkeit der Deutschen Bundesbahn, besonders hoch bewertet.

Durch Art. 12 Abs. 2 GG ist grundsätzlich der staatliche Zwang zur Vornahme bestimmter Arbeiten verboten. Zwangsarbeit ist nur bei einer gerichtlich angeordneten Freiheitsentziehung zulässig (Art. 12 Abs. 3 GG).

15. Unverletzlichkeit der Wohnung: Art. 13 GG. Auch dieses Grundrecht dient dem Schutze der Intimsphäre. Durchsuchungen dürfen nur unter bestimmten Voraussetzungen durch den Richter angeordnet werden (vgl. dazu §§ 102 ff. StPO).

16. Garantie des Eigentums und Erbrechts: Art. 14 GG. Art. 14 GG gewährt einen Grundrechtsschutz für Eigentum und Erbrecht. Garantiert wird das Eigentum allerdings nicht als schrankenloses Herrschaftsrecht. Die Verfassung hat vielmehr eine Wertentscheidung im Sinne der **Sozialpflichtigkeit** des Eigentums getroffen: „Eigentum verpflichtet. Sein Gebrauch soll zugleich dem Wohle der Allgemeinheit dienen" (Art. 14 Abs. 2 GG). Die Festlegung des konkreten Pflichtengehalts erfolgt durch die Gesetze, die „Inhalt und Schranken" des Eigentums bestimmen (Art. 14 Abs. 1 Satz 2 GG). Soweit das Eigentum und seine Ausübung gewissen Sozialpflichten unterworfen wird, ist das Eigentumsrecht nur beschränkt oder eingeengt, nicht jedoch in seiner Substanz aufgehoben. Diese Einschränkungen muß der Betroffene hinnehmen, ohne daß er dafür Entschädigung verlangen kann (vgl. oben Kap. 30 V 2).

In besonderen Fällen fordert das allgemeine Wohl aber sogar den vollen Entzug des Eigentums oder eine derart starke Einengung des Eigentumsrechts, daß es praktisch vom Eigentümer überhaupt nicht mehr ausgeübt werden kann. Diese Fälle werden als „**Enteignung**" bezeichnet. Art. 14 Abs. 3 GG gestattet die Enteignung ausnahmsweise und unter folgenden strengen Voraussetzungen:

a) Stets muß die Enteignung dem **Wohl der Allgemeinheit** dienen (Art. 14 Abs. 3 Satz 1 GG).

> Dem Wohl der Allgemeinheit dient z. B. die Schließung von Baulücken in erschlossenen Wohngebieten. Eine Enteignung zum Zwecke der Bebauung des Grundstücks ist daher zulässig (vgl. § 85 Abs. 1 Nr. 2 BBauG).

b) Die Enteignung ist im Hinblick auf die Eigentumsgarantie des Art. 14 Abs. 1 GG das „letzte Mittel", d. h. sie ist zum Wohle der Allgemeinheit erst zulässig, wenn sie **unvermeidlich** geworden ist, weil alle anderen Möglichkeiten, den mit der Enteignung verfolgten Zweck zu erreichen (z. B. freiwilliger Verkauf durch den Eigentümer), erfolglos blieben.

> Vgl. § 87 Abs. 1 BBauG.

c) Die Enteignung darf nur **durch Gesetz oder auf Grund eines Gesetzes** erfolgen (Art. 14 Abs. 3 Satz 2 GG).

> Regelmäßig erfolgt die Enteignung *auf Grund* eines Gesetzes durch Enteignungsverfügung einer Behörde, die von den Verwaltungsgerichten überprüft werden kann.
>
> Vgl. § 85 BBauG, § 87 FlurBG, § 10 Landbeschaffungsgesetz.

d) Das Gesetz, durch das enteignet wird oder auf Grund dessen enteignet werden darf, **muß zugleich Art und Ausmaß der Entschädigung regeln** (Art. 14 Abs. 3 Satz 2 GG; sog. **Junktim-Klausel**).

Damit wird verhindert, daß die Entschädigungsfrage offen bleibt oder unabsehbar lange Zeit unbeantwortet gelassen wird.

> Vgl. §§ 93 ff. BBauG, § 89 FlurBG, §§ 17 ff. Landbeschaffungsgesetz.
>
> Die Entschädigung kann ihrer *Art* nach in Geld, in Grundstücken oder in anderen Rechten gewährt werden (vgl. z. B. §§ 99, 100 und 101 BBauG).
>
> Nach Art. 14 Abs. 3 Satz 3 GG hat das Gesetz den *Umfang* der Entschädigung „unter gerechter Abwägung der Interessen der Allgemeinheit und der Beteiligten zu bestimmen". Der von der Enteignung Betroffene soll demnach grundsätzlich den wirklichen Ausgleich seines Verlustes erhalten.
>
> Wegen der Höhe der Entschädigung sind im Streitfalle die ordentlichen Gerichte (erstinstanzlich die Landgerichte) zuständig (Art. 14 Abs. 3 Satz 4 GG)[1].

---

1 Zu beachten ist, daß der Enteignungsbegriff in Art. 14 Abs. 3 GG „erweitert" ist. Er bezieht sich nicht nur auf das Eigentum im Sinne des § 903 BGB, sondern auf **alle privaten Vermögensrechte.**

Auf rechtmäßige Eingriffe des Staates in die **körperliche Unversehrtheit** ist dagegen Art. 14 Abs. 3 GG nicht anwendbar. Hier wird dem Gedanken, daß Sonderopfer des einzelnen, die er im Interesse der Allgemeinheit erbringt, entschädigt werden sollen, durch ein besonders – gewohnheitsrechtlich anerkanntes – Rechtsinstitut, den „**Aufopferungsanspruch**", Rechnung getragen. Hier sind z. B. die Schäden einzuordnen, die im Einzelfall durch Erfüllung gesetzlich vorgeschriebener Impfpflichten an Körper und Gesundheit eintreten (infolge der Pockenschutzimpfung, die im Interesse der Allgemeinheit vorbeugend gegen den Ausbruch einer Seuche gesetzlich vorgeschrieben ist, erleidet ein Impfling einen Gesundheitsschaden, der von niemandem zu vertreten ist).

17. Das Petitionsrecht: Art. 17 GG. Nach Art. 17 GG hat jedermann das Recht, sich schriftlich mit Bitten oder Beschwerden an die zuständigen Stellen und an die Volksvertretung zu wenden. Der Adressat, bei dem eine derartige Eingabe eingereicht wird (Bundestag, Landtag, Ministerium, sonstige Behörde), ist verpflichtet, die Petition sachlich zu prüfen.

> Eine Behörde darf also keine Eingabe „in den Papierkorb werfen". Sie muß sie prüfen und in der Sache beantworten. Dies gilt nicht bei anonymen, beleidigenden, wiederholten oder offensichtlich querulatorischen Petitionen.

2. Unterabschnitt

Strafrecht und Recht der Ordnungswidrigkeiten

33. Kapitel

Das Strafgesetzbuch: Einteilung, Entstehung und Reform

Das Strafgesetzbuch bildet das Kernstück und die Hauptquelle des Strafrechts. Es ist in einen Allgemeinen und in einen Besonderen Teil gegliedert. Während im Allgemeinen Teil – ähnlich wie im BGB – diejenigen Bestimmungen, die für *alle* Straftaten von Bedeutung sein können, gleichsam „vor die Klammer" gezogen sind, werden im Besonderen Teil die einzelnen Straftaten typisiert und mit einer bestimmten Strafdrohung versehen.

> Im Allgemeinen Teil finden wir z. B. die verfügbaren Strafarten (Freiheitsstrafe, Geldstrafe), die Maßregeln der Besserung und Sicherung (z. B. Unterbringung in einem psychiatrischen Krankenhaus, Unterbringung in einer Entziehungsanstalt, Unterbringung in einer sozialtherapeutischen Anstalt, Unterbringung in der Sicherungsverwahrung, Führungsaufsicht, Entziehung der Fahrerlaubnis), Grundsätze der Strafzumessung (Berücksichtigung der Beweggründe und Ziele des Täters, der Gesinnung, die aus der Tat spricht, des Vorlebens des Täters usw.), Regelungen der Strafaussetzung zur Bewährung, Formen der Teilnahme an einer Straftat (Mittäterschaft, Anstiftung, Beihilfe), Regelungen über Notwehr und Notstand, über die Schuld (Schuldunfähigkeit wegen seelischer Störungen, verminderte Schuldfähigkeit), über Verfolgungs- und Vollstreckungsverjährung.
>
> Im Besonderen Teil[1] werden die einzelnen Straftaten in abstrakter Form beschrieben und die Strafdrohung rahmenmäßig festgelegt. Z. B. § 223 Abs. 1 StGB: „Wer einen anderen körperlich mißhandelt oder an der Gesundheit beschädigt, wird mit Freiheitsstrafe bis zu drei Jahren oder mit Geldstrafe bestraft."

Außerhalb des Strafgesetzbuches gibt es allerdings noch eine große Zahl von Gesetzen mit strafrechtlichem Inhalt. Diese Rechtsvorschriften bezeichnet man mit dem Sammelbegriff *„Nebenstrafrecht"*. Dabei ist zu beachten, daß die Regelungen des Allgemeinen Teils des Strafgesetzbuches grundsätzlich auch im Nebenstrafrecht gelten.

---

1 Zur Orientierung mögen zunächst die Abschnittsüberschriften im Besonderen Teil des Strafgesetzbuches nachgelesen werden.

Nebenstrafrechtliche Vorschriften enthalten z. B. das Straßenverkehrsgesetz (§§ 21 bis 22 a), das Wehrstrafgesetz, das Tierschutzgesetz, das Wirtschaftsstrafgesetz 1954 in der Fassung vom 3. Juni 1975 (BGBl. I S. 1313).

Das Strafgesetzbuch stammt aus dem Jahre 1871. Es beruht sehr wesentlich auf dem Preußischen Strafgesetzbuch von 1851, das seinerseits wieder durch den französischen Code pénal von 1810 beeinflußt ist. Seine geistigen und gesellschaftlichen Wurzeln reichen also weit in die Vergangenheit zurück. Daraus erklärt es sich, daß die gewandelten Auffassungen vom Sinn des Strafens und von der Rolle des Menschen im Strafrecht schon bald nach der Entstehung des Strafgesetzbuches seine Modernisierung forderten. Zahlreiche Änderungen, Ergänzungen und Teilreformen während der ersten Hälfte des 20. Jahrhunderts konnten gleichwohl nicht verhindern, daß vieles von dem inzwischen überholten Zeitgeist, der das Strafgesetzbuch von 1871 geprägt hatte, im Kern erhalten blieb. Freilich fehlte es nicht an Versuchen, das Gesetz grundlegend zu reformieren, wobei insbesondere auch die neu gewonnenen naturwissenschaftlichen Erkenntnisse über den Menschen, sein geistiges und körperliches Wesen, Berücksichtigung beim Strafen finden sollten. Aber angesichts des Umfangs eines solchen Vorhabens, das zudem immer wieder von umstürzenden äußeren Ereignissen gestört wurde (Weltkriege, Wirtschaftskrisen usw.), konnte es kaum ausbleiben, daß die Last der Reform auf mehrere Generationen verteilt werden mußte. Unserer Gegenwart blieb es vorbehalten, die „Jahrhundertaufgabe" zu bewältigen.

Kaum ein anderer Rechtsstoff greift so unmittelbar und so folgenschwer in das individuelle Leben eines Menschen ein wie das Strafrecht. Und selten prallen im Recht die Interessengegensätze so hart aufeinander wie beim staatlichen Strafen: Die Allgemeinheit fordert und erwartet den bestmöglichen Schutz vor dem Verbrechen; der Straftäter seinerseits kann eine gerechte Bestrafung, eine menschenwürdige Behandlung und – wo dies möglich ist – eine Wiedereingliederung in die Gesellschaft verlangen, ohne befürchten zu müssen, daß er infolge der verhängten Strafe auf Lebenszeit gebrandmarkt ist. Nachdem das Grundgesetz die Würde des Menschen als obersten Wert der Rechtsordnung anerkannt, das Bild vom Menschen als Person neu geprägt und dem sozialen Gedanken einen hervorragenden Platz in unserer Staatsform eingeräumt hatte, war die grundlegende Überarbeitung des Strafgesetzbuches vollends zur unaufschiebbaren Angelegenheit geworden.

Von einer besonderen Kommission wurden die Vorarbeiten zur „Großen Strafrechtsreform" anfangs der fünfziger Jahre energisch in Angriff genommen. Nach mühevollen Untersuchungen, Prüfungen und Diskussionen, an denen die Öffentlichkeit starken Anteil genommen hatte, konnte 1962 dem Bundestag ein Gesetzentwurf für ein neues Strafrecht vorgelegt werden. Diesem offiziellen Gesetzentwurf trat der sog. Alternativentwurf gegenüber, der von 18 deutschen Strafrechtslehrern erarbeitet worden war. Ein Sonderausschuß des Bundestags für die Strafrechtsreform bemühte sich in den folgenden Jahren, eine Synthese der beiden teilweise stark kontroversen Entwürfe herzustellen.

Auf Grund dieser Arbeiten erging zunächst das **Erste Strafrechtsreformgesetz,** das teils am 1. September 1969, teils am 1. April 1970 in Kraft trat. Als erster Abschnitt der Gesamtreform hat es vor allem in den Bereichen Neuregelungen gebracht, die vordringlich modernisiert werden mußten. In diesem Zusammenhang sind insbesondere folgende wichtigen Änderungen im Strafrecht erwähnenswert:

- An die Stelle der bisherigen Zuchthaus-, Gefängnis- und Haftstrafen trat eine einheitliche **Freiheitsstrafe,** die entweder von zeitiger Dauer oder, wo es der besondere Straftatbestand vorsieht (z. B. bei Mord, § 211 StGB), von lebenslanger Dauer ist (§ 38 StGB).

    Von besonderer kriminalpolitischer und sozialstaatlicher Bedeutung ist der Wegfall der Zuchthausstrafe. Sie vor allem zeichnete bisher den Gefangenen mit dem kaum mehr auslöschbaren Makel des „Zuchthäuslers" und beeinträchtigte damit seine Resozialisierung, d. h. seine Wiedereingliederung in die Gesellschaft und in die Arbeitswelt, außerordentlich schwer.

- Die **kurzzeitigen Freiheitsstrafen** wurden weitgehend durch Geldstrafen ersetzt. Nach § 47 StGB werden Freiheitsstrafen unter 6 Monaten jetzt nur noch ausnahmsweise verhängt.

    Diese Regelung trägt dem Gedanken Rechnung, daß kurzzeitige Freiheitsstrafen einerseits nicht ausreichen, um erzieherisch wirken zu können, andererseits die Gefahr der „kriminellen Ansteckung" während des Vollzugs bergen.

- Aus ähnlichen Überlegungen wurde der Anwendungsbereich der **Strafaussetzung zur Bewährung** erheblich erweitert. Während bisher eine Strafaussetzung nur bei Freiheitsstrafen bis höchstens 9 Monate möglich war, ist die Grenze nunmehr bei einem Jahr, ausnahmsweise sogar bei zwei Jahren (§ 56 StGB). Im übrigen ist auch der Ermessensspielraum des Richters, wann er Strafaussetzung gewähren will und wann nicht, stark eingeschränkt worden.

    Der Strafaussetzung zur Bewährung liegt der Gedanke zugrunde, daß dem Täter unter einem gewissen Druck, die Freiheitsstrafe doch noch verbüßen zu müssen, Gelegenheit zur ordentlichen Führung und damit eben zur „Bewährung" gegeben wird. Auch das ist eine Hilfe für die Rückkehr zur geordneten Lebensführung.

- Auch im **Besonderen Teil des Strafgesetzbuchs** hat das Erste Strafrechtsreformgesetz nennenswerte Verbesserungen gebracht. Im Vordergrund stehen *Änderungen im Sexualstrafrecht.* Entsprechend den gewandelten Anschauungen der Allgemeinheit kann es nicht mehr Aufgabe des Staates sein, die Sittlichkeit als solche zu schützen: Der Strafrichter soll nicht „Tugendwächter" sein. Eine sexuelle Handlung, mag sie unter religiösen, ethischen oder weltanschaulichen Maßstäben unsittlich oder unmoralisch sein, verdient demnach nur Strafe, wenn sie so gefährlich und sozialwidrig ist, daß der Schutz der Allgemeinheit Vorrang vor der freien Persönlichkeitsentfaltung haben muß.

    Unter diesen Gesichtspunkten ist die Strafbarkeit der sog. einfachen Homosexualität beseitigt worden. Die Gefahrengrenze ist allerdings überschritten, wenn gleichgeschlechtliche Handlungen mit minderjährigen Männern, mit Abhängigen (z. B. mit Untergebenen) oder gewerbsmäßig vorgenommen werden; in diesen Fällen bleibt es bei der Strafbarkeit.

    Aufgehoben wurde ferner die Strafbarkeit der Sodomie, d. h. der Unzucht mit Tieren, denn auch hier liegt lediglich eine sittliche Selbsterniedrigung, aber keine Gefahr für die Allgemeinheit vor.

    Beseitigt wurde die Strafbarkeit des Ehebruchs. Schon nach früherem Recht setzte die Strafverfolgung wegen Ehebruchs einen Strafantrag des schuldlos geschiedenen Ehepartners voraus. Es hat sich gezeigt, daß dieser Antrag – wenn überhaupt – in der Regel aus Rachegefühlen oder zur Durchsetzung materieller Unterhaltsforderungen gestellt wurde. Ein gerechtes Strafrecht kann aber weder der Rache noch der Bereicherung Vorschub leisten.

Auch in manchen anderen Bereichen des Besonderen Teils des Strafgesetzbuches wurden Vorschriften „entstaubt" und den modernen Gegebenheiten angepaßt.

> So wurde z. B. § 268 StGB eingefügt, der unter Berücksichtigung der fortschreitenden Technisierung und Automatisierung die Fälschung technischer Aufzeichnungen (z. B. von Computern erstellte Belege, Gebührenabrechnungen) mit Strafe bedroht.

Das **Zweite Strafrechtsreformgesetz** vom 4. Juli 1969 trat gemeinsam mit dem *Einführungsgesetz zum Strafgesetzbuch* vom 2. März 1974 am 1. Januar 1975 in Kraft. Diese beiden Gesetze bilden ein Kernstück des neuen Strafrechts. Das Zweite Strafrechtsreformgesetz ersetzte den bisherigen Allgemeinen Teil des Strafgesetzbuches durch eine vollständige Neukodifikation, wobei auch die Paragraphenfolge umgestaltet wurde.

Das reformierte Recht des Allgemeinen Teils wurzelt auch dort, wo es kriminalpolitische Fortschritte bringt und wo es die bisherige Strafrechtsdogmatik weiterentwickelt, im bisherigen Recht. Die überlieferten, primären Strafrechtsfiguren (z. B. Handlung und Unterlassung, Tatbestandsmäßigkeit, Rechtswidrigkeit und Rechtfertigungsgründe, Schuld und Schuldausschließungsgründe, Täterschaft und Teilnahme, Vollendung und Versuch) sind im wesentlichen unverändert erhalten geblieben.

Die kriminalpolitisch bedeutsamen Neuerungen liegen schwerpunktmäßig auf dem Gebiete der Rechtsfolgen der Straftat (vgl. unten Kap. 35).

Zuvor schon waren einzelne Materien aus dem Besonderen Teil des Strafgesetzbuches zusammenhängend reformiert worden:

Das **Dritte Strafrechtsreformgesetz** vom 20. Mai 1970, das bereits am 22. Mai 1970 in Kraft getreten ist, gestaltete das sog. Demonstrationsstrafrecht neu, also Vorschriften, die den Widerstand gegen die Staatsgewalt (§§ 111 ff. StGB) und den Landfriedensbruch (§ 125 f. StGB) betreffen.

Die Erneuerung des Sexualstrafrechts war der Schwerpunkt des **Vierten Strafrechtsreformgesetzes** vom 23. November 1973, das am 28. November 1973 in Kraft getreten ist. Die schon mit dem Ersten Strafrechtsreformgesetz in diesem Bereich eingeleitete Neuordnung fand damit ihren Abschluß.

> Wie auf kaum einem anderen Gebiet treffen bei den Sexualdelikten die Sozialordnungsfaktoren Sitte, Religion, Moral und Recht zusammen (vgl. Kap. 1). Deshalb war auch die Reform der „Straftaten gegen die sexuelle Selbstbestimmung" (§§ 174 ff. StGB) teilweise äußerst umstritten. Schwerpunkte der Auseinandersetzung waren die Regelungen des § 184 StGB (Verbreitung pornographischer Schriften) und der §§ 180 ff. StGB (Kuppelei und Zuhälterei).

Ebenfalls heftig umkämpft war das **Fünfte Strafrechtsreformgesetz** vom 18. Juni 1974, durch das die strafrechtlichen Folgen der Abtreibung (§§ 218 ff. StGB) neu geregelt wurden. In der Diskussion standen vor allem die „Fristenlösung" (Straflosigkeit des Schwangerschaftsabbruchs innerhalb 12 Wochen seit der Empfängnis ohne jede Einschränkung) und die „Indikationslösung" (Straflosigkeit des Schwangerschaftsabbruchs nur bei Vorliegen bestimmter notstandsähnlicher Sachverhalte) mit verschiedenen Modifikationen. Im Gesetzgebungsverfahren fiel die Entscheidung schließlich zugunsten der „Fristenlösung" (§ 218a StGB). In den hierauf eingeleiteten Normenkontrollverfahren entschied das Bundesverfassungsgericht durch Urteil vom 25. Februar 1975, daß § 218a StGB in der Fassung des Fünften Strafrechtsreformgesetzes mit dem Grundgesetz unvereinbar und daher nichtig ist.

Der Gesetzgeber war somit erneut aufgerufen, die strafrechtlichen Folgen des Schwangerschaftsabbruchs zu regeln.

Durch das *15. Strafrechtsänderungsgesetz* vom 18. Mai 1976 kam die Gesetzgebung zum strafrechtlichen Verbot des Schwangerschaftsabbruchs und den Möglichkeiten seiner Straflosigkeit zum Abschluß. Im Unterschied zu der für verfassungswidrig erklärten sog. Fristenregelung des Fünften Strafrechtsreformgesetzes führt die Neuregelung des Schwangerschaftsabbruchs zu einer – allerdings sehr weiten – Indikationslösung.

> Am grundsätzlichen Verbot des Schwangerschaftsabbruchs hält das Gesetz also fest; für bestimmte Konfliktsfälle läßt es Ausnahmen zu. § 218a StGB beschreibt im einzelnen die Voraussetzungen (Indikationen), unter denen ein Schwangerschaftsabbruch „nicht nach § 218 strafbar" ist.

Mit dem Fünften Strafrechtsreformgesetz wurde die Reformgesetzgebung – jedenfalls vorläufig – abgeschlossen. Die Bundesrepublik Deutschland verfügt jetzt im ganzen gesehen über ein Strafrecht, das sich einerseits auf das wirklich sozialschädliche Handeln beschränkt und andererseits ein humanes, aber trotzdem in seiner Schutzfunktion wirksames Rechtsfolgensystem anstrebt. Damit entspricht das reformierte Strafgesetzbuch grundsätzlich den Anforderungen unserer Zeit, unserer Wertvorstellung und unserer wissenschaftlichen Erkenntnisse.

Obwohl somit die großen Reformanliegen erfüllt sind, gehen die „kleineren" Arbeiten am Strafgesetzbuch weiter.

Das *16. Strafrechtsänderungsgesetz* vom 16. Juli 1979 änderte § 78 StGB und beseitigte die Verjährung für Mord.

> Die Vorschriften der §§ 78 ff. StGB, wonach die Ahndung der Straftat nach Ablauf bestimmter Fristen ausgeschlossen und damit eine Strafverfolgung unzulässig wird, beruhen auf der Überlegung, daß das Strafbedürfnis im Verlaufe der Jahre immer schwächer wird und schließlich entfällt. Die Dauer der Verjährungsfrist richtet sich nach der Strafdrohung (§ 78 Abs. 3 StGB): Ist lebenslange Freiheitsstrafe angedroht, so beträgt die Verjährungsfrist 30 Jahre; sie verringert sich auf 20 Jahre bei Taten, die im Höchstmaß mit Freiheitsstrafe von mehr als 10 Jahren bedroht sind, auf 10 Jahre bei Taten, die im Höchstmaß mit Freiheitsstrafe von mehr als 5 bis zu 10 Jahren bedroht sind, auf 5 Jahre bei Taten, die im Höchstmaß mit Freiheitsstrafe von mehr als 1 Jahr bis 5 Jahren bedroht sind und schließlich auf 3 Jahre bei den übrigen Taten.
>
> Nachdem bereits das 9. Strafrechtsänderungsgesetz vom 4. August 1969 die Verjährung für Völkermord (§ 220a StGB) ausgeschlossen hatte, beseitigte nunmehr das 16. Strafrechtsänderungsgesetz die Verfolgungsverjährung auch für den Mord (§ 211 StGB).
>
> Der Ausschluß der Verjährung beruht auf der Erwägung, daß bei diesen besonders schweren Verbrechen das Strafbedürfnis nie entfallen kann.

Durch das *17. Strafrechtsänderungsgesetz* vom 21. Dezember 1979 wurden die Tatbestände der „Verletzung des Dienstgeheimnisses und einer besonderen Geheimhaltungspflicht" neu formuliert und in § 353b StGB zusammengefaßt.

> Die Vorschrift schützt Geheimnisse, also Kenntnisse, die auf einen bestimmten Personenkreis beschränkt sind, sowie geheime Gegenstände und Nachrichten.
>
> Ein Beamter hat z. B. eine Verschwiegenheitspflicht über die ihm bei seiner amtlichen Tätigkeit zur Kenntnis gelangten Angelegenheiten (§ 39 BRRG, § 61 BBG). Offenbart er unbefugt dieses Wissen, so macht er sich nach § 353b StBG strafbar.

Das *18. Strafrechtsänderungsgesetz* vom 28. März 1980 dient der Bekämpfung der Umweltkriminalität mit den Mitteln des Strafrechts.

Ein neuer Abschnitt „Straftaten gegen die Umwelt" wurde in das Strafgesetzbuch eingefügt. Er enthält z. B. folgende Straftatbestände: Verunreinigung eines Gewässers (§ 324 StGB), Luftverunreinigung und Lärm (§ 325 StGB), umweltgefährdende Abfallbeseitigung (§ 326 StGB), unerlaubtes Betreiben von Anlagen (§ 327 StGB), unerlaubter Umgang mit Kernbrennstoffen (§ 328 StGB), Gefährdung schutzbedürftiger Gebiete (§ 329 StGB).

Nach dem Entwurf eines *19. Strafrechtsänderungsgesetzes* soll eine Regelung getroffen werden, wonach das Gericht die Vollstreckung einer lebenslangen Freiheitsstrafe nach Ablauf einer mindestens 15-jährigen Verbüßungsdauer zur Bewährung aussetzen kann.

In seiner Entscheidung vom 21. Juni 1977 hatte das Bundesverfassungsgericht die lebenslange Freiheitsstrafe zwar für verfassungsgemäß erklärt, jedoch einschränkend festgestellt, daß es zu den Voraussetzungen eines menschenwürdigen Strafvollzugs gehöre, dem zu lebenslanger Freiheitsstrafe Verurteilten eine Chance zur Wiedererlangung der Freiheit vor seinem Tode zu belassen. Die Hoffnung auf Begnadigung reiche nicht aus; vielmehr geböten „sowohl das Prinzip der Rechtssicherheit als auch die Forderung nach materieller Gerechtigkeit, daß die Voraussetzungen, unter denen die lebenslange Freiheitsstrafe ausgesetzt werden kann, und das dabei anzuwendende Verfahren gesetzlich geregelt werden".

Diesen Auftrag, den das Bundesverfassungsgericht dem Gesetzgeber erteilt hat, will das 19. Strafrechtsänderungsgesetz, das wohl in der nächsten Bundestags-Legislaturperiode verabschiedet wird, erfüllen.

34. Kapitel

Die Straftat

I. Das Wesen der Straftat

Strafbar ist ein bestimmtes menschliches Verhalten, wenn es den in einem Strafgesetz **abstrakt beschriebenen Tatbestand erfüllt,** wenn es **rechtswidrig ist** und wenn es **schuldhaft ist.** Dieser Obersatz bedarf näherer Erläuterung.

1. Handeln und Unterlassen. Das Strafrecht knüpft an ein bestimmtes **menschliches Verhalten** an. Dieses Verhalten kann sowohl aus einem aktiven Tun als auch aus einem Unterlassen bestehen. Je nachdem sprechen wir im Strafrecht von der Handlung oder von der Unterlassung.

Eine Mutter kann z. B. ihrem Kind ein tödliches Gift einflößen (aktives Tun = Handlung); sie kann es aber auch verhungern lassen, indem sie ihm keine Mahlzeiten gibt (Unterlassen).

Für beide Verhaltensformen ergeben sich im Strafrecht unterschiedliche Gesichtspunkte, die beachtet werden müssen.

a) **Die Handlung.** Unter dem Begriff Handlung versteht das Strafgesetz ein positives Tun, das durch einen Entschluß hervorgerufen worden ist. Die Handlung äußert sich also in einer vom Willen ausgelösten Körperbewegung. Damit ergibt sich eine Abgrenzung: Bewegungen, die nicht vom Willen gesteuert sind und reflexartig erfolgen, sind keine Handlungen im strafrechtlichen Sinne.

> Wer z. B. von einem Krampf geschüttelt wird, „handelt" nicht.

> Umgekehrt folgt daraus aber, daß Kinder oder Geisteskranke durchaus handeln können, denn ihre Bewegungen werden – mögen sie noch so sinnlos erscheinen – grundsätzlich vom Willen getragen: Sie reagieren bewußt, wenn auch oft unverständlich. Eine ganz andere Frage ist es, ob diese Handlungen zu einer Bestrafung führen können; sie wird erst bei der Prüfung der Schuldfrage entschieden.

b) Das Unterlassen. Unmittelbar strafrechtliche Bedeutung ergibt sich für das Unterlassen dort, wo das Gesetz ausdrücklich die Nichtvornahme bestimmter Handlungen unter Strafe stellt. Man spricht hier von **echten Unterlassungsdelikten.** Ein besonders wichtiges Beispiel enthält § 323 c StGB, der unter bestimmten Voraussetzungen die unterlassene Hilfeleistung mit Strafe bedroht.

> Ohne jedes Verschulden überfährt A mit seinem Auto den betrunkenen B, der unvorhersehbar in die Fahrbahn gelaufen ist. B bleibt schwerverletzt auf der Straße liegen. Um keine Scherereien zu bekommen, fährt A weiter. Nach § 323 c StGB war A zum aktiven Tun, d. h. zur Hilfeleistung verpflichtet (die Frage des unerlaubten Entfernens vom Unfallort – früher als „Verkehrsunfallflucht" bezeichnet –, § 142 StGB, soll hier ausgeklammert bleiben).

Aber auch in den Fällen, in denen das Gesetz die Strafdrohung an ein positives Tun bindet, kann das Unterlassen im Einzelfall und unter bestimmten Voraussetzungen der Handlung gleichgestellt und damit strafbar werden (vgl. unten 2). Man bezeichnet diese Fälle als **unechte Unterlassungsdelikte.**

2. Die Tatbestandsmäßigkeit. Ein menschliches Verhalten kann nur dann strafrechtliche Bedeutung erlangen, wenn es **tatbestandsmäßig** ist.

Mit dem Begriff *„Tatbestand"* wird die abstrakte Beschreibung eines menschlichen Verhaltens bezeichnet, das als strafwürdiges Unrecht zur Straftat erklärt und mit einer bestimmten Strafdrohung versehen worden ist.

> Vgl. z. B. § 242 Abs. 1 StGB (Tatbestand des Diebstahls): „Wer eine fremde bewegliche Sache einem anderen in der Absicht wegnimmt, dieselbe sich rechtswidrig zuzueignen, wird mit Freiheitsstrafe bis zu fünf Jahren oder mit Geldstrafe bestraft."

Die Tatbestände in ihrer Gesamtheit erfüllen eine wichtige rechtsstaatliche Garantiefunktion: Nach Art. 103 Abs. 2 GG und § 1 StGB kann eine Tat nur dann bestraft werden, wenn die Strafbarkeit gesetzlich bestimmt war, *bevor* die Tat begangen wurde. In dieser Verfassungsbestimmung erkennen wir die Wurzel des Analogieverbots im Strafrecht (vgl. oben Kap. 4 II a. E.).

> Wird z. B. infolge einer technischen Erfindung ein neuartiges Verhalten möglich, das als strafwürdiges Unrecht erscheint, aber von den bestehenden Strafbestimmungen nicht erfaßt ist, so muß die Gesetzgebung die „Lücke" schließen. Diejenigen, die die Tat begangen haben, bevor das entsprechende Strafgesetz in Kraft getreten ist, können nicht zur Rechenschaft gezogen werden.

> Nach § 248 b StGB wird bestraft, wer ein Kraftfahrzeug oder ein Fahrrad gegen den Willen des Berechtigten in Gebrauch nimmt. Diese Bestimmung war notwendig geworden, weil die Gebrauchsanmaßung vom Tatbestand des Diebstahls nicht erfaßt wird (der Dieb handelt mit Zueignungsabsicht, d. h. er will die gestohlene Sache behalten; der Täter des § 248 b StGB will das Kraftfahrzeug oder Fahrrad nur vorübergehend „benutzen").

A besitzt ein Buch, das B gerne lesen möchte. Bei einem Besuch in der Wohnung des A nimmt B das Buch heimlich weg; er will es zu Hause lesen und danach dem A wieder zurückgeben. Nach einer Woche stellt B das Buch in den Bücherschrank des A zurück. Diese Tat ist *nicht* strafbar. Nur der unbefugte Gebrauch von Kraftfahrzeugen und Fahrrädern ist vom Tatbestand des § 248 b StGB erfaßt. Wegen des Analogieverbots kann diese Strafvorschrift nicht sinngemäß auf die unbefugte Benutzung anderer Sachen, z. B. eines Buches, angewendet werden.

Die Tatbestände bieten dem Bürger die Sicherheit, daß er von vornherein überblicken kann, ob ein beabsichtigtes Verhalten zu strafrechtlichen Konsequenzen führt.

Die einzelnen gesetzlichen Tatbestände legen die Merkmale abschließend fest, die ein Verhalten haben muß, damit es nach der konkreten Vorschrift strafbar ist.

A zeigt einem Besucher B seine Briefmarkensammlung. Als A das Zimmer verläßt, um eine Flasche Wein aus dem Keller zu holen, entnimmt B dem Album eine wertvolle Marke, die ihm noch fehlt. Er will mit ihr seine eigene Sammlung vervollständigen.

Bei der strafrechtlichen Beurteilung, ob Diebstahl vorliegt, wird dieser Sachverhalt in den Tatbestand des § 242 StGB (s. o.) eingeordnet (subsumiert). Ergibt sich volle Übereinstimmung zwischen den abstrakten Merkmalen des gesetzlichen Tatbestands und dem Lebensvorgang, so liegt (vollendeter) Diebstahl vor. Das Verhalten des B ist im Sinne von § 242 StGB tatbestandsmäßig.

Man prüft also wie folgt:

(1) Handelt es sich um eine Sache? Ja, die Briefmarke ist ein körperlicher Gegenstand (der Sachbegriff ergibt sich aus dem bürgerlichen Recht, vgl. § 90 BGB).

(2) Ist die Sache beweglich? Ja, die Briefmarke ist weder Grundstück noch Grundstücksbestandteil.

(3) Ist die Sache für B „fremd"? Ja, sie gehört dem A (der Eigentumsbegriff ergibt sich aus dem bürgerlichen Recht).

(4) Hat B die Sache „weggenommen"? Ja, Wegnahme bedeutet Bruch fremden Gewahrsams und Begründung neuen, regelmäßig eigenen Gewahrsams; Gewahrsam wiederum bedeutet die tatsächliche Sachherrschaft. A hatte die tatsächliche Sachherrschaft, die auch nicht dadurch beseitigt wurde, daß er das Zimmer verließ (natürliche Betrachtungsweise!); B hat diesen Gewahrsam des A durch Einstecken der Marke gebrochen und zugleich eigene tatsächliche Sachherrschaft begründet.[1]

(5) Hat B die Sache in Zueignungsabsicht weggenommen? Ja, er wollte die Briefmarke für sich behalten.

Ergebnis: B hat tatbestandsmäßig i. S. von § 242 StGB gehandelt. (Ausführlicher zum Tatbestand des Diebstahls s. u. Kap. 36 II 1.)

Da das Gesetz in den einzelnen Tatbeständen das strafbare Verhalten verschieden beschreibt, müssen wir folgende Besonderheiten beachten:

a) Wird im Tatbestand ein bestimmtes positives Tun, also eine Handlung beschrieben, so sprechen wir von **Begehungsdelikten.**

Z. B. Diebstahl (§ 242 StGB), Unterschlagung (§ 246 StGB), Betrug (§ 263 StGB), Notzucht (§ 177 StGB).

---

1 Gewahrsam ist nicht gleich Besitz im Sinne des BGB. Der Besitzdiener hat z. B. keinen Besitz, wohl aber Gewahrsam; der Besitz ist vererblich (§ 857 BGB), der Gewahrsam nicht (s. o. Kap. 22 I 1 und u. Kap. 36 II 1).

Diese Begehungsdelikte lassen sich nach folgenden Gesichtspunkten unterteilen:

aa) Wird im Tatbestand nur eine Handlung beschrieben, ohne daß es auf den Eintritt eines „Erfolges" ankommt, so liegt ein sog. **schlichtes Tätigkeitsdelikt** vor.

> Z. B. Meineid. § 154 Abs. 1 StGB bestimmt: „Wer vor Gericht oder vor einer anderen zur Abnahme von Eiden zuständigen Stelle falsch schwört, wird mit Freiheitsstrafe nicht unter einem Jahr bestraft."
>
> Für die Tatbestandsmäßigkeit des Meineids kommt es nicht darauf an, ob auf Grund der beschworenen Falschaussage ein falsches Urteil ergeht.

bb) Verlangt der gesetzliche Tatbestand über ein bestimmtes positives Tun hinaus den Eintritt eines Erfolges, so wird die Straftat als **Erfolgsdelikt** bezeichnet.

> Voraussetzungen dafür, daß der Tatbestand des Totschlags (§ 212 StGB) erfüllt ist, sind eine Handlung des Täters *und* der Eintritt des Todes beim Opfer.
>
> Weiter Beispiele: Körperverletzung (§§ 223 ff. StGB), Sachbeschädigung (§§ 303 ff. StGB).

In einigen Fällen sieht der gesetzliche Tatbestand bereits die Gefahr, die eine Handlung für Menschen oder Sachen auslöst, als Erfolg an. Man bezeichnet diese Straftaten als „**konkrete Gefährdungsdelikte**".

> Z. B. Gefährdung des Straßenverkehrs (§ 315 c StGB).

Bei den Erfolgsdelikten muß zwischen der Handlung und dem eingetretenen Erfolg ein **ursächlicher Zusammenhang** bestehen. Damit sind wir bei dem wichtigen Problem der **Kausalität** im Strafrecht. Nach der herrschenden Bedingungstheorie (*Äquivalenztheorie*) ist eine Handlung dann Ursache des Erfolgs, wenn sie nicht „hinweggedacht" werden kann, ohne daß der Erfolg entfiele.

> Da alle Bedingungen für den Erfolgseintritt als gleichwertig (äquivalent) behandelt werden müssen, spielt es grundsätzlich keine Rolle, ob die konkrete Handlung *eine* von mehreren mehr oder weniger wirksamen Bedingungen des Erfolges gesetzt hat.
>
> Beispiele: A hat ein unheilbares Leiden, an dem er bald sterben wird. Im Krankenhaus wird ihm versehentlich an Stelle des verordneten Herzstärkungsmittels ein Gift verabreicht, an dem er sofort stirbt. Die Handlung (Eingeben des Gifts) hat den ohnehin sicheren Erfolg (Tod) beschleunigt. Es liegt ein ursächlicher Zusammenhang vor.
>
> Ein Jäger hängt, als er in einer Wirtschaft einkehrt, sein geladenes Gewehr an einen Kleiderständer. Ein Gast will die Waffe besichtigen. Ohne Wissen des Jägers nimmt er sie vom Haken. Dabei löst sich ein Schuß, der die Bedienung tötet. Die Handlung des Jägers (offenes Aufhängen eines geladenen Gewehrs) ist gleichwertig mitursächlich für den Erfolg (Tod der Bedienung).
>
> A verletzt im Verlaufe eines Streites den B mit einem leichten Messerstich. Weil B Bluter ist, stirbt er. Die Handlung (Verletzung) ist gleichwertig mitursächlich für den Erfolg (Tod des B).

Die Beispiele zeigen, daß sich bei Anwendung der Bedingungstheorie Ursachenzusammenhänge ergeben, die die strafrechtliche Haftung für einen Erfolg ganz erheblich ausweiten. Unerträgliche Konsequenzen werden allerdings dadurch vermieden, daß die Strafbarkeit nur dann eintritt, wenn ein Verschulden nachgewiesen wird (vgl. unten 4).

Ein weiteres Problem stellt sich, wenn die Tatbestandsbeschreibung von der Herbeiführung eines Erfolges spricht, dieser Erfolg jedoch nicht durch aktives Tun, sondern durch Unterlassen verursacht wird. Wir wissen bereits, daß es sich um

„unechte Unterlassungsdelikte" handelt. Die Gleichstellung desjenigen, der den Erfolg nicht hindert, mit dem, der ihn aktiv herbeiführt, ist nicht generell möglich. Es müssen vielmehr bestimmte *Sondervoraussetzungen* erfüllt sein (§ 13 StGB):

Der Unterlassende muß, damit sein passives Verhalten tatbestandsmäßig ist, eine **Rechtspflicht zur Erfolgsverhinderung** haben; er muß für das bedrohte Rechtsgut *„Garant"* sein. Eine solche Garantenstellung wird insbesondere begründet durch Gesetz, durch vertragliche oder tatsächliche Übernahme einer Schutz- und Beistandspflicht, durch besonderes Vertrauensverhältnis oder durch vorangegangenes Verhalten.

Nach § 1626 Abs. 1 BGB haben die Eltern das Recht und die Pflicht, für das minderjährige Kind zu sorgen. Unterläßt es die Mutter, ihrem Säugling Nahrung zu geben, weil ihr das Kind lästig ist, so erfüllt sie den Tatbestand des Totschlags durch Unterlassen (ihre Garantenstellung beruht auf der gesetzlichen Unterhaltsverpflichtung).

Ein Blinder engagierte eine Pflegerin. Weil sie sich mit ihrem Freund treffen will, läßt sie den Blinden längere Zeit allein. Als sich dieser etwas zum Essen holen will, stürzt er und bricht sich ein Bein. Die Pflegerin hat durch Unterlassen den Tatbestand der Körperverletzung erfüllt. (Die Rechtspflicht, den Blinden zu betreuen und zu versorgen, beruht auf Vertrag.)

A, B und C beteiligen sich an einer gefährlichen Expedition auf den Himalaja. Sie haben damit stillschweigend eine gegenseitige Beistandspflicht übernommen.

D vertraut dem E und gewährt ihm wunschgemäß einen größeren Kredit. Die finanziellen Verhältnisse des E sind so schlecht, daß er nicht damit rechnet, das Darlehen ordnungsgemäß zurückzahlen zu können. Er verschweigt dies. Durch Unterlassen hat E den Tatbestand des Betrugs erfüllt. Die Rechtspflicht, den D aufzuklären, ergibt sich aus dem besonderen Vertrauensverhältnis, das zwischen den Partnern eines Kreditgeschäfts besteht.

Die verantwortliche Angestellte eines Supermarkts verschließt, nachdem die Geschäftszeit beendet ist, pflichtgemäß sämtliche Türen. Später bemerkt sie, daß sich noch ein Kunde in den Räumen befindet. Weil sie eine Verabredung hat, kümmert sie sich nicht weiter um die Angelegenheit, sondern geht fort. Die Angestellte hat durch Unterlassen den Tatbestand der Freiheitsberaubung erfüllt. Ihre Rechtspflicht, den Eingeschlossenen zu befreien, beruht auf vorangegangenem Verhalten (Abschließen der Türen).

Ein Wirt verabreicht einem Gast erhebliche Mengen Alkohol. Nachdem der Gast betrunken ist, torkelt er zu seinem Auto und will wegfahren. Der Wirt unternimmt nichts. Der Betrunkene fährt einen Fußgänger an, der erheblich verletzt wird. Der Wirt hatte aus vorangegangenem Verhalten (Verabreichung des Alkohols) die Rechtspflicht, den betrunkenen Gast am Autofahren zu hindern.

Liegt eine derart begründete Rechtspflicht zum Tätigwerden vor, dann wird derjenige, der den Eintritt des Erfolges nicht verhindert, demjenigen gleichgestellt, der ihn durch aktives Tun herbeiführt (§ 13 Abs. 1 StGB). Da das Unterlassen der Erfolgsabwendung mitunter weniger schwer wiegt als die aktive Herbeiführung des gleichen Erfolgs, kann das Gericht die Strafe mildern (§ 13 Abs. 2 StGB).

b) Wird im Tatbestand ein bestimmtes passives Verhalten, also ein Unterlassen, beschrieben, so handelt es sich, wie bereits gesagt, um ein **echtes Unterlassungsdelikt.**

Nach § 138 StGB begeht derjenige eine Straftat, der es unterläßt, der Behörde oder dem Betroffenen von einem bestimmten bevorstehenden schweren Delikt (z. B. Hochverrat, Landesverrat, Geldfälschung, Mord, Totschlag, Raub, Brandstiftung), dessen Planung er erfahren hat, rechtzeitig Anzeige zu machen.

33. Die Rechtswidrigkeit. Regelmäßig ergibt sich die Rechtswidrigkeit daraus, daß das Tun oder Unterlassen tatbestandsmäßig ist, d.h. einen Straftatbestand erfüllt, in dem gerade *dieses* Verhalten als Verstoß gegen die Rechtsordnung mit strafwürdigem Gewicht angesehen wird.

Ausnahmsweise entfällt die Rechtswidrigkeit eines tatbestandsmäßigen Verhaltens aber dann, wenn ein sog. **Rechtfertigungsgrund** vorliegt.

> Die Prüfung, ob ein bestimmtes Verhalten strafbar ist, beschränkt sich im Bereiche der Rechtswidrigkeit also grundsätzlich auf die Frage: „Liegt ein Rechtfertigungsgrund vor?"

Rechtfertigungsgründe sind nicht nur im Strafgesetzbuch geregelt; sie können auch dem Bürgerlichen Gesetzbuch und dem Gewohnheitsrecht entnommen werden.

> Was in einem Teilbereich der gesamten Rechtsordnung als „rechtmäßig" gilt, kann in einem anderen Teilbereich nicht „rechtswidrig" sein.

Der wichtigste Rechtfertigungsgrund ist in § 32 StGB geregelt: die **Notwehr.** Nach der Legaldefinition (§ 32 Abs. 2 StGB) ist Notwehr „die Verteidigung, die erforderlich ist, um einen gegenwärtigen rechtswidrigen Angriff von sich oder einem anderen abzuwenden". Dem Notwehrrecht liegt der Gedanke zugrunde, daß der rechtswidrig handelnde Angreifer keinen Strafrechtsschutz beanspruchen darf, wenn er im Rahmen der erforderlichen Abwehr zu Schaden kommt.

> Der starke A verprügelt den schwächlichen B. Für A ist die Sache damit erledigt. B geht jedoch wutentbrannt nach Hause, um sich ein Messer zu holen. Nach einigem Suchen trifft er den A, der mittlerweile auf einer Parkbank sitzt und Zeitung liest. B sticht mit dem Messer auf den A ein und verletzt ihn schwer. B kann sich nicht auf Notwehr berufen: Der Angriff des A war längst abgeschlossen, also nicht „gegenwärtig"; auch handelte B nicht, um sich zu verteidigen, sondern um Rache zu nehmen.

> Dem C wurden wiederholt Äpfel von einem seiner Bäume gestohlen. Mit einem Gewehr legt er sich deshalb auf die Lauer. Als der Dieb D erscheint und auf den Baum klettert, erschießt ihn C. C kann sich nicht auf Notwehr berufen: Diese Verteidigung war nicht „erforderlich", um den Angriff des D abzuwehren; die Tötung steht außer jedem Verhältnis zum drohenden Schaden.

Rechtfertigungsgründe enthalten auch die §§ **228 und 904 BGB** (vgl. oben Kap. 12 I 1). Nach diesen Bestimmungen kann bei Gefahrensituationen der Eingriff in Sachen gerechtfertigt sein. Da der Anwendungsbereich der genannten Rechtfertigungsgründe auf Sachen beschränkt ist, aber auch bei anderen Rechtsgütern ein Konflikt eintreten kann, hat sich gewohnheitsrechtlich der Rechtfertigungsgrund des **übergesetzlichen Notstands** entwickelt. Durch das Zweite Strafrechtsreformgesetz wurde dieser bisher ungeschriebene Rechtfertigungsgrund in den Allgemeinen Teil des Strafgesetzbuches aufgenommen (§ 34 StGB); er wird jetzt als **„rechtfertigender Notstand"** bezeichnet.

> § 34 StGB hat folgenden Wortlaut: „Wer in einer gegenwärtigen, nicht anders abwendbaren Gefahr für Leben, Leib, Freiheit, Ehre, Eigentum oder ein anderes Rechtsgut eine Tat begeht, um die Gefahr von sich oder einem anderen abzuwenden, handelt nicht rechtswidrig, wenn bei Abwägung der widerstreitenden Interessen, namentlich der betroffenen Rechtsgüter und des Grades der ihnen drohenden Gefahren, das geschützte Interesse das beeinträchtigte wesentlich überwiegt. Dies gilt jedoch nur, soweit die Tat ein angemessenes Mittel ist, die Gefahr abzuwenden".

Ein Notstand nach § 34 StGB kann demnach vorliegen, wenn mehrere Güter oder mehrere Rechtspflichten so aufeinanderstoßen, daß nur *ein* Gut, und zwar nur durch Opferung der übrigen Güter erhalten oder daß nur *eine* Pflicht und zwar nur durch Versäumen der übrigen Pflichten erfüllt werden kann.

Die widerstreitenden Interessen müssen gegeneinander abgewogen werden, wobei der Wert der betroffenen Rechtsgüter und der Grad der ihnen drohenden Gefahren wichtige Kriterien bilden. Nur wenn diese Abwägung einen deutlichen „Rechtswertunterschied" zugunsten des Interesses ergibt, für dessen Erhaltung der Täter eintritt, kann seine „gefahrabwendende" Tat gerechtfertigt sein.

Ein Arzt fährt mit überhöhter Geschwindigkeit und in verbotener Richtung durch eine Einbahnstraße, um so schnell wie möglich zu einem Patienten zu kommen, der einen Herzanfall erlitten hat und nur durch sofortige Behandlung gerettet werden kann. Das Wertverhältnis spricht eindeutig zugunsten der Erhaltung eines Menschenlebens. Die Verkehrsverstöße des Arztes sind durch § 34 StGB gerechtfertigt.

Bei der Annahme einer Rechtfertigung kraft Notstands ist äußerste Vorsicht und Zurückhaltung am Platze. Stets muß es sich um eine erhebliche Gefahr für das bedrohte Rechtsgut handeln und stets muß die Rettungshandlung eine vergleichsweise wesentlich geringfügigere Schädigung verursachen. Diese Interessenabwägung wird dort geradezu unmöglich, wo nur höchste Güter in der ausweglosen Konfliktsituation sind.

Steht Leben gegen Leben, so scheidet das Überwiegen eines Interesses aus; dies auch dann, wenn durch die Opferung eines Menschen mehrere andere gerettet werden könnten.

Wer unter der nationalsozialistischen Gewaltherrschaft an der Ermordung von Menschen teilgenommen hat, ist auch dann nicht gerechtfertigt, wenn er dies nur getan hat, um das Vertrauen der Gewalthaber zu erringen, und wenn es ihm auf Grund der errungenen Vertrauensstellung gelungen ist, viele andere Menschenleben vor der Vernichtung zu retten.

Als weiterer wichtiger Rechtfertigungsgrund kommt die **Einwilligung** des Verletzten in Betracht. Sie muß vor der Tat und noch im Zeitpunkt der Tat vorliegen.

Eine erst nachträglich erklärte Zustimmung des Verletzten ist unerheblich.

Bedeutsame Fälle rechtfertigender Einwilligung sind z. B. die aktive Teilnahme an gefährlichen Sportveranstaltungen (Boxkämpfe) oder der Krankenhausaufenthalt zum Zwecke einer Operation.

Der Einwilligende muß auf das geschützte Rechtsgut verzichten können.

In § 226 a StGB ist bestimmt, daß derjenige, der eine Körperverletzung mit Einwilligung des Verletzten vornimmt, nur dann rechtswidrig handelt, wenn die Tat trotz der Einwilligung gegen die guten Sitten verstößt. Ein solcher Verstoß gegen die guten Sitten würde z. B. vorliegen, wenn A dem B mit dessen Einwilligung eine Hand abschlüge. Obwohl § 226 a StGB auf die Körperverletzungstatbestände zugeschnitten ist, entnimmt man der Vorschrift einen allgemeingültigen Rechtssatz, der für alle Einwilligungen gilt.

Einen Unterfall der rechtfertigenden Einwilligung bildet die sog. *mutmaßliche Einwilligung.* Sie ist das strafrechtliche Gegenstück der zivilrechtlichen Geschäftsführung ohne Auftrag. Voraussetzung ist, daß die Handlung im Interesse des Betroffenen liegt und dieser vermutlich einwilligen würde, an der rechtzeitigen, d. h. im voraus abzugebenden Zustimmung aber verhindert ist.

A stellt fest, daß im Hause seines auf Urlaubsreise befindlichen Nachbarn B ein Wasserleitungsrohr geplatzt ist. Er öffnet gewaltsam die verschlossene Haustür, um den Haupthahn abzustellen. Der Hausfriedensbruch nach § 123 StGB ist durch mutmaßliche Einwilligung gerechtfertigt.

Von der Einwilligung ist das *Einverständnis* zu unterscheiden. Im Gegensatz zur rechtfertigenden Einwilligung schließt das Einverständnis bereits die Tatbestandsmäßigkeit aus.

In einzelnen Tatbeständen begründet erst die fehlende Zustimmung die Strafbarkeit. Z. B. § 237 StGB (Entführung einer Frau gegen ihren Willen), § 248 b StGB (unbefugter Gebrauch eines Fahrzeugs).

4. Die Schuld. Letzte Voraussetzung für die Strafbarkeit eines tatbestandsmäßigen und rechtswidrigen Tuns oder Unterlassens ist ein Verschulden des Täters. *Ohne Schuld gibt es keine Strafe.* Schuld bedeutet Vorwerfbarkeit der Tat.

a) **Die Schuldfähigkeit.** Wenn wir dem Straftäter einen Vorwurf aus seinem Verhalten machen, meinen wir damit, daß er, als er den Entschluß zu diesem Tun oder Unterlassen faßte, eine persönliche und freie Entscheidung *gegen* die Rechtsordnung traf. Wir gehen – ebenso wie das Strafgesetz – vom Regelfall aus, daß der Täter in der Lage war, kraft seines Verstandes zwischen einem rechtmäßigen und rechtswidrigen Verhalten zu wählen.

Es gibt aber auch Menschen, die aus besonderen Gründen unfähig sind, die Gebote des Rechts zu erkennen und ihre Willensentschließungen und Handlungen von ihnen bestimmen zu lassen. Ihnen kann vernünftigerweise kein Vorwurf gemacht werden; sie sind *nicht schuldfähig.*

Schuldunfähig im strafrechtlichen Sinne sind Kinder, die bei Begehung der Tat noch nicht 14 Jahre alt sind (§ 19 StGB).

Die Schuldunfähigkeit des Kindes wird gesetzlich vermutet. Diese Vermutung ist unwiderlegbar. Begeht ein Kind – gleichgültig welche Reife es hat – rechtswidrige Handlungen, so kommen mangels Schuldfähigkeit keine strafrechtlichen Sanktionen in Betracht. Allenfalls kann der Vormundschaftsrichter Maßnahmen nach dem Gesetz für Jugendwohlfahrt treffen.

Schuldunfähig ist ferner, wer bei Begehung der Tat wegen einer krankhaften seelischen Störung, wegen einer tiefgreifenden Bewußtseinsstörung oder wegen Schwachsinns oder einer anderen seelischen Abartigkeit unfähig ist, das Unrecht der Tat einzusehen oder nach dieser Einsicht zu handeln (§ 20 StGB).

Das Strafrecht geht davon aus, daß der psychisch unauffällige Mensch schuldfähig ist. Bestimmte „biologische" Ausnahmezustände (krankhafte seelische Störung, tiefgreifende Bewußtseinsstörung, Schwachsinn, schwere andere seelische Abartigkeiten, etwa Psychopathien, Neurosen oder Triebstörungen) können die „psychische" Verfassung eines Menschen so beeinträchtigen, daß er entweder nicht im Stande ist, das Unrecht seiner Tat einzusehen, oder daß er zwar diese Einsichtsfähigkeit hat, aber sein Verhalten nicht entsprechend steuern kann.

Wer sich allerdings bewußt in einen die Schuldunfähigkeit ausschließenden Zustand versetzt und in diesem Zustand eine Straftat begeht, ist verantwortlich. Z. B.: Ein Schrankenwärter betrinkt sich und unterläßt es dann, die Schranken rechtzeitig zu schließen. – A betrinkt sich, um sich Mut zu machen, den B zu verprügeln, was er sich in nüchternem Zustand nicht getraut hätte. Diese Strafrechtsfigur wird als *„actio libera in causa"* bezeichnet: Der Täter versetzt sich in einen Zustand der Schuldunfähigkeit oder

der verminderten Schuldfähigkeit (s. u.), obwohl er voraussah oder hätte voraussehen können, daß er in diesem Zustand eine bestimmte Straftat begehen werde.

Von der Schuldunfähigkeit nach § 20 StGB muß die *verminderte Schuldfähigkeit* nach § 21 StGB scharf unterschieden werden. Die verminderte Schuldfähigkeit schließt Schuld und Strafe des Täters nicht aus; der Richter *kann* aber die Strafe mildern *(Frage der Strafzumessung)*.

Verminderte Schuldfähigkeit liegt vor, wenn entweder die Einsichtsfähigkeit oder die Steuerungsfähigkeit des Täters aus einem der in § 20 StGB genannten biologischen Gründen bei Begehung der Tat erheblich vermindert ist.

b) Die Schuldformen. Die innere Einstellung des (schuldfähigen) Täters zu seinem Rechtsbruch kann von unterschiedlichem Unrechtsgehalt sein. Dieser Tatsache trägt das Gesetz durch verschiedene „**Schuldformen**" Rechnung.

Das geltende Recht kennt zwei Grundformen der Schuld: **Vorsatz** und **Fahrlässigkeit** (§ 15 StGB).

Die Regelform des Verschuldens im Strafgesetzbuch ist der **Vorsatz**. Vorsätzlich handelt, wer den Tatbestand einer strafbaren Handlung mit Wissen und Wollen verwirklicht.

A will den B umbringen. Er lauert ihm auf und erschießt ihn. A hat vorsätzlich getötet.

C fährt mit seinem Auto auf der Landstraße. Er sieht und erkennt ein Überholverbotsschild. Obwohl er weiß, daß er nun nicht mehr überholen darf, setzt er sich bewußt über das Verbot hinweg. C handelt vorsätzlich.

Der Vorsatz muß in der Regel sämtliche Tatbestandsmerkmale umfassen. „Wer bei Begehung der Tat einen Umstand nicht kennt, der zum gesetzlichen Tatbestand gehört, handelt nicht vorsätzlich. Die Strafbarkeit wegen fahrlässiger Begehung bleibt unberührt"; § 16 Abs. 1 StGB. Man bezeichnet diesen Fall als **Tatbestandsirrtum.** Der Tatbestandsirrtum schließt den Vorsatz aus (ist die Tat auch bei fahrlässiger Begehungsweise mit Strafe bedroht, so kann u. U. insoweit eine Bestrafung erfolgen, s. u.).

Tatbestandsirrtum liegt nach § 16 Abs. 2 StGB auch vor, wenn der Täter bei Begehung der Tat irrig Umstände annimmt, welche den Tatbestand eines milderen Gesetzes verwirklichen würden; er kann dann wegen vorsätzlicher Begehung nur nach dem milderen Gesetz bestraft werden.

Nach § 176 Abs. 1 StGB wird bestraft, wer sexuelle Handlungen (vgl. zu diesem Begriff § 184 c StGB) an einer Person unter 14 Jahren vornimmt oder an sich von dem Kind vornehmen läßt. A hatte an der 13jährigen B, die er für 15jährig hielt, sexuelle Handlungen vorgenommen. Er kann nicht nach § 176 Abs. 1 StGB bestraft werden (§ 16 Abs. 1 StGB).

A hat sich in unserem Beispiel nicht mit der Vornahme sexueller Handlungen begnügt, sondern den Beischlaf mit dem Kind vollzogen. Nach § 176 Abs. 3 Nr. 1 StGB kann es sich dabei um einen besonders schweren Fall des sexuellen Mißbrauchs von Kindern handeln, der mit Freiheitsstrafe von einem Jahr bis zu zehn Jahren bedroht ist. A hielt die B aber irrtümlich für 15jährig. Nach § 182 StGB wird mit Freiheitsstrafe bis zu einem Jahr oder mit Geldstrafe bestraft, wer ein Mädchen unter 16 Jahren dazu verführt, mit ihm den Beischlaf zu vollziehen. Nach § 16 Abs. 2 StGB kann A nur nach dem milderen Gesetz, also nach § 182 StGB, bestraft werden.

C sitzt auf dem Anstand. Wie jeden Abend zuvor erwartet er, daß ein Rehbock nach Einbruch der Dämmerung an einer bestimmten Stelle aus dem Wald tritt. Heute will er ihn erlegen. Als sich ein Schatten zeigt, schießt er sofort. Er trifft aber den Spaziergänger D und tötet ihn. Infolge des Irrtums scheidet vorsätzliche Tötung aus (§ 16 Abs. 1 StGB); möglich bleibt aber eine Bestrafung wegen fahrlässiger Tötung (§ 222 StGB), wenn C bei Beobachtung der erforderlichen Sorgfalt hätte erkennen können, daß anstelle des erwarteten Tieres ein Mensch aus dem Wald kommt.

Vom Tatbestandsirrtum ist der **Verbotsirrtum** zu unterscheiden, bei dem der Täter vorsätzlich handelt, ihm aber die *Einsicht, Unrecht zu tun,* fehlt. Diese Rechtsfigur war von Lehre und Rechtsprechung entwickelt worden; das Zweite Strafrechtsreformgesetz hat sie nun ausdrücklich in das Strafgesetzbuch aufgenommen (§ 17 StGB).

§ 17 StGB hat folgenden Wortlaut: „Fehlt dem Täter bei Begehung der Tat die Einsicht, Unrecht zu tun, so handelt er ohne Schuld, wenn er diesen Irrtum nicht vermeiden konnte. Konnte der Täter den Irrtum vermeiden, so kann die Strafe nach § 49 Abs. 1 gemildert werden".

Handelt der Täter mit Wissen und Wollen aller Tatbestandsmerkmale, d. h. vorsätzlich, glaubt er aber irrtümlich, sein Tun sei nicht „unrechtmäßig", nicht „verboten", so liegt kein Irrtum vor, der den Vorsatz ausschließt. Es handelt sich vielmehr um einen Verbotsirrtum. Je nach dem Maße seiner Vermeidbarkeit vermindert der Verbotsirrtum die Schuld. Wie bei der verminderten Schuldfähigkeit (§ 21 StGB), *kann* eine mildere Bestrafung erfolgen.

Z. B.: Die ledige A ist im dritten Monat schwanger. Wegen der von ihr befürchteten Unannehmlichkeiten bei der Geburt eines nichtehelichen Kindes treibt sie die Leibesfrucht ab. Sie geht dabei davon aus, daß die im Zuge der Reform des Abtreibungsparagraphen (§ 218 StGB) diskutierte „Freigabe" der Schwangerschaftsunterbrechung innerhalb der ersten drei Monate nach Empfängnis geltendes Recht geworden sei und die Leibesfrucht innerhalb der ersten drei Schwangerschaftsmonate vom Recht nicht mehr geschützt werde. Dies ist aber nicht der Fall. Die A kennt alle Tatbestandsmerkmale (bestehende Schwangerschaft, Abtötung ihrer Leibesfrucht), glaubt aber irrig, ihr Handeln sei rechtmäßig und erlaubt. Für die Frage nach dem Verschulden der A – und damit für die Höhe der Strafe – ist entscheidend, ob und inwieweit bei pflichtgemäßer Gewissensanspannung der A für sie der Verbotsirrtum **vermeidbar** war. Da sie die Möglichkeit gehabt hat, sich bei einem Rechtsanwalt über das geltende Recht zu informieren, hätte sie den Irrtum ohne besondere Schwierigkeiten vermeiden können. Sie ist deshalb mit der Strafmilderungsmöglichkeit über § 17 Satz 2 StGB wegen Abtreibung zu bestrafen.

Der Gerichtsvollzieher G will aus einem gegen A gerichteten Titel in dessen Wohnung Sachen pfänden. Als er sich dem Schreibtisch des A nähert, verstellt ihm dieser den Weg und greift ihn schließlich tätlich an. G erinnert sich an § 758 Abs. 3 ZPO. Dort heißt es, daß der Gerichtsvollzieher, wenn er Widerstand findet, zur Anwendung von Gewalt befugt ist (Rechtfertigungsgrund!). Demgemäß schiebt er den schwächeren A gewaltsam auf die Seite und öffnet den Schreibtisch. – G hat allerdings nicht bedacht, daß er nach § 759 ZPO wegen des Widerstands des A nur in Gegenwart von Zeugen pfänden darf (wesentliche Förmlichkeit!). Er könnte mithin den A genötigt haben (§ 240 StGB), seinen Widerstand gegen die Vollstreckungshandlung aufzugeben. Ihm könnte aber das Unrechtsbewußtsein fehlen, weil er an § 759 ZPO nicht dachte und daher glaubte, Gewalt anwenden zu dürfen. Es handelt sich um einen Irrtum über den Umfang eines anerkannten Rechtfertigungsgrunds (§ 758 Abs. 3 ZPO). Dieser Verbotsirrtum war jedoch für G vermeidbar. Seine Strafe wegen Nötigung kann jedoch nach § 17 Satz 2 in Verbindung mit § 49 Abs. 1 StGB gemildert werden.

Nur wenn sich (ausnahmsweise) herausstellt, daß ein Verbotsirrtum für den Täter *unvermeidbar* war, liegt ein schuldloses Handeln vor, das nicht bestraft werden kann.

Ausnahmsweise, d. h. wenn es das Strafgesetz ausdrücklich bestimmt, kann auch eine **fahrlässig** begangene, tatbestandsmäßige und rechtswidrige Tat zur Bestrafung führen. Fahrlässigkeit ist die zweite Regelschuldform des geltenden Strafrechts. Fahrlässig handelt, wer die Sorgfalt außer acht läßt, zu der er nach den äußeren Umständen und seinen persönlichen Fähigkeiten[1] verpflichtet und in der Lage ist und deshalb entweder den Eintritt eines Erfolges nicht voraussieht oder ihn zwar voraussieht, jedoch an seinen Nichteintritt glaubt.

A fährt mit seinem Auto auf regennasser Straße zu schnell. Als er plötzlich bremsen muß, gerät er ins Schleudern; dabei kommt er von der Fahrbahn ab und überfährt auf dem Bürgersteig einen Fußgänger. A wollte den Fußgänger, der an den Folgen des Unfalls starb, nicht töten; vorsätzliche Tötung scheidet daher aus. A hätte aber voraussehen müssen und können, daß seine Fahrweise zum Tode eines Menschen führen kann. Es liegt fahrlässige Tötung vor (§ 222 StGB).

Schließlich gibt es eine Reihe von Tatbeständen, in denen beide Schuldformen, Vorsatz und Fahrlässigkeit, kombiniert werden. Man bezeichnet diese Straftaten als **erfolgsqualifizierte Delikte.** Sie haben folgende Besonderheit: Der Täter verwirklicht – in der Regel – vorsätzlich ein Grunddelikt, z. B. Körperverletzung; ungewollt vom Täter tritt aber nicht nur der einfache Erfolg, z. B. Gesundheitsbeschädigung, sondern ein schwererer Erfolg, z. B. Tod des Opfers, ein. Das Gesetz knüpft in zahlreichen Fällen an eine solche besondere Folge der Tat eine höhere Strafe.

§ 226 Abs. 1 StGB bestimmt z. B.: „Ist durch die Körperverletzung der Tod des Verletzten verursacht worden, so ist auf Freiheitsstrafe nicht unter drei Jahren zu erkennen."

Der Täter handelt vorsätzlich in bezug auf die Körperverletzung; töten will er nicht. Hat der Täter jedoch erkennen können, daß seine Verletzungshandlung möglicherweise zum Tode führen kann, so muß er strafrechtlich für diese besondere Folge seiner Tat einstehen; ihm fällt für die eingetretene schwerere Folge seines Verhaltens Fahrlässigkeit zur Last (§ 18 StGB).

c) **Schuldausschließungsgründe.** Hat der schuldfähige Täter vorsätzlich oder fahrlässig gehandelt, so ist ihm gleichwohl dann kein Schuldvorwurf zu machen, wenn er sich auf einen besonderen **Entschuldigungsgrund** berufen kann. Im Unterschied zu den Rechtfertigungsgründen bewirken die Schuldausschließungsgründe nicht, daß die Tat von der Rechtsordnung nicht mehr mißbilligt, d. h., daß sie als rechtmäßig angesehen wird. Der Ausschluß der Schuld führt vielmehr nur dazu, daß dem Täter im konkreten Fall ein rechtswidriges Verhalten *nicht vorwerfbar* ist.

Zu den anerkannten Schuldausschließungsgründen gehören: Der entschuldigende **Notstand** (§ 35 StGB) und die **Notwehrüberschreitung** (§ 33 StGB).

Mit vorgehaltener Pistole zwingt der Gangster A den Beamten B, einen Reisepaß zu fälschen (entschuldigender Notstand für B; § 35 StGB).

C und D bilden eine Seilschaft in einer Felswand. C stürzt ab und hängt im Seil. D versucht den C hochzuziehen. Dabei verliert D immer mehr Boden unter den Füßen. Es kann nur noch Sekunden dauern, bis auch D in die Tiefe gerissen wird. Um wenigstens sich selbst zu retten, schneidet D im letzten Augenblick das Seil durch. C bricht beim Aufschlag das Genick. D ist durch Notstand nach § 35 StGB entschuldigt. (Ein *rechtfertigender* Notstand liegt nicht vor, weil keine Güterabwägung stattfinden kann.)

---

1 Anders als in § 276 Abs. 1 BGB.

E wird von F rechtswidrig angegriffen. In Panik schlägt E so lange auf den Gegner ein, bis F tot liegen bleibt. E ist bei seiner Verteidigung über das erforderliche Maß hinausgegangen. Weil er aus Furcht gehandelt hat, ist die Notwehrüberschreitung nach § 33 StGB entschuldigt.

Nach § 35 Abs. 1 StGB entschuldigt der Notstand, wenn er in einer nicht anders als durch die tatbestandsmäßig-rechtswidrige Handlung abwendbaren gegenwärtigen Gefahr für Leben, Leib oder Freiheit des Täters, eines Angehörigen (vgl. § 11 Abs. 1 Nr. 1 StGB) oder einer ihm nahestehenden Person besteht, und wenn der Täter handelt, um die Gefahr abzuwenden. Auch die irrtümliche Annahme einer in Wirklichkeit nicht bestehenden Notstandssituation entschuldigt den Täter, sofern sein Irrtum unvermeidbar war; war der Irrtum vermeidbar, so entfällt die Schuld nicht, die Strafe ist (!) jedoch nach § 49 Abs. 1 StGB zu mildern (§ 35 Abs. 2 StGB).

Trotz bestehender Notstandssituation greift § 35 StGB ausnahmsweise nicht ein,
– wenn der Täter die Gefahr selbst verursacht hat (z. B.: A veranstaltet eine Segelbootsfahrt, obwohl er das Schiff noch nicht mit den erforderlichen Rettungsmitteln ausgestattet hat; wenn das Schiff kentert, darf er nicht den einzigen Rettungsring an sich reißen und seine Mitfahrer ertrinken lassen);
– wenn der Täter in einem besonderen Rechtsverhältnis steht und ihm kraft dessen die Hinnahme der Gefahr zugemutet werden kann (z. B.: Soldaten, Polizisten, Feuerwehrmänner, Seeleute, Bergführer).

II. Die Einteilung der Straftaten durch das Gesetz

Nach der abstrakten Schwere der begangenen Handlung werden in § 12 StGB die Straftaten in zwei Gruppen eingeteilt: Verbrechen und Vergehen.

Verbrechen sind rechtswidrige Taten, die im Mindestmaß mit Freiheitsstrafe von einem Jahr oder darüber bedroht sind (§ 12 Abs. 1 StGB).

Z. B.: Mord (§ 211 StGB: Lebenslange Freiheitsstrafe), Totschlag (§ 212 StGB: Freiheitsstrafe nicht unter fünf Jahren), Raub (§ 249 StGB: Freiheitsstrafe nicht unter einem Jahr).

Vergehen sind rechtswidrige Taten, die im Mindestmaß mit einer geringeren Freiheitsstrafe oder die mit Geldstrafe bedroht sind (§ 12 Abs. 2 StGB).

Z. B.: Diebstahl (§ 242 StGB: Freiheitsstrafe bis zu fünf Jahren oder Geldstrafe – Mindestmaß der Freiheitsstrafe also einen Monat, vgl. § 38 Abs. 2 StGB), Sachbeschädigung (§ 303 StGB: Freiheitsstrafe bis zu zwei Jahren oder Geldstrafe).

Diese Zweiteilung drückt den grundsätzlichen Schweregrad einer Straftat aus. Sowohl im Strafrecht als auch im Strafprozeßrecht erfahren Verbrechen und Vergehen eine abgestufte Behandlung.

Beispiele im Strafrecht: Der Versuch (s. u.) ist bei Verbrechen stets, bei Vergehen nur dann strafbar, wenn dies das Gesetz ausdrücklich bestimmt (§ 23 Abs. 1 StGB); wer wegen eines Verbrechens zu Freiheitsstrafe von mindestens einem Jahr verurteilt wird, verliert für die Dauer von fünf Jahren die Fähigkeit, öffentliche Ämter zu bekleiden und Rechte aus öffentlichen Wahlen zu erlangen (§ 45 Abs. 1 StGB); wer einen anderen mit der Begehung eines Verbrechens bedroht, wird mit Freiheitsstrafe bis zu einem Jahr oder mit Geldstrafe bestraft (§ 241 StGB).

Beispiele im Strafprozeßrecht: Die Mitwirkung eines Verteidigers ist notwendig, wenn dem Beschuldigten ein Verbrechen zur Last gelegt wird (§ 140 Abs. 1 Nr. 2 StPO); bei

Vergehen kann wegen Geringfügigkeit von der Verfolgung abgesehen werden (§ 153 StPO); bei Vergehen kann das Verfahren nach Erfüllung bestimmter Auflagen und Weisungen eingestellt werden (§ 153 a StPO); bei Vergehen kann die Strafe durch schriftlichen Strafbefehl des Strafrichters ohne Hauptverhandlung festgesetzt werden (§ 407 Abs. 1 StPO).

III. Der Versuch

In unseren bisherigen Überlegungen sind wir davon ausgegangen, daß die Strafbarkeit einer Handlung die Erfüllung sämtlicher Tatbestandsmerkmale voraussetzt, d. h., daß die Straftat **vollendet** ist (vgl. oben I 2). Nun sind aber auch Fälle denkbar, in denen der Täter den festen Vorsatz hat, eine bestimmte Straftat zu begehen, mit ihrer Ausführung beginnt, dann aber aus irgendwelchen Gründen daran gehindert wird, die Tat zu vollenden.

A beschließt, aus dem Tresor eines Juweliers Schmuck zu stehlen. Seinem Plan entsprechend zertrümmert er eines nachts eine Fensterscheibe an dem Gebäude und steigt in das Innere des Hauses ein. Dort begibt er sich in den Raum, in dem der Tresor steht. Mit einem von ihm mitgeführten Schweißbrenner will er ihn „knacken". Nachdem er zwei Stunden „gearbeitet" hat, muß er einsehen, daß der Stahl des Tresors zu dick ist. Ohne das ersehnte Diebesgut zieht A ab.

Die Rechtsordnung sieht auch in der letztlich erfolglosen Betätigung eines verbrecherischen Willens die strafwürdige Auflehnung gegen das Recht und bedroht deshalb auch die **versuchte** Tat mit Strafe.

§ 22 StGB bestimmt den Versuchsbegriff wie folgt: „Eine Straftat versucht, wer nach seiner Vorstellung von der Tat zur Verwirklichung des Tatbestandes unmittelbar ansetzt."

Aus den Worten „nach seiner Vorstellung" ergibt sich, daß es einen fahrlässigen Versuch nicht geben kann.

Der Versuch ist zu unterscheiden von der – straflosen – *Vorbereitungshandlung*. Die Abgrenzung, die sich an den in § 22 StGB gebrauchten Wörtern „zur Verwirklichung des Tatbestandes unmittelbar ansetzt" zu orientieren hat, bereitet mitunter Schwierigkeiten. In unserem Ausgangsbeispiel ist das Versuchsstadium bereits mit dem Zertrümmern der Fensterscheibe erreicht worden. Straflose Vorbereitungshandlung läge dagegen vor, wenn A lediglich erforscht hätte, wo sich das Juweliergeschäft befindet und wie es gesichert ist, um dann zu einem späteren Zeitpunkt einzubrechen.

Ausnahmsweise stellt das Gesetz aber auch bestimmte Vorbereitungshandlungen unter Strafe, z. B. Versuch der Beteiligung (§ 30 StGB), Vorbereitung eines hochverräterischen Unternehmens (§ 83 StGB), Vorbereitung der landesverräterischen Fälschung (§ 100a Abs. 2 StGB), Vorbereitung der Fälschung von Geld und Wertzeichen (§ 149 StGB) oder Vorbereitung der Verschleppung (§ 234a Abs. 3 StGB).

Allerdings *kann* die versuchte Straftat milder bestraft werden, als das vollendete Delikt (§ 23 Abs. 2 StGB); die Strafmilderung erfolgt nach § 49 Abs. 1 StGB.

Weil die Strafwürdigkeit des Versuchs in der inneren Fehlhaltung des Täters zum Recht und zu den geschützten Rechtsgütern begründet ist, kommt es nicht darauf an, ob durch den Beginn der Verbrechensausführung eine wirkliche Gefahr entstanden ist oder nicht. Deshalb wird auch der sog. **untaugliche Versuch** bestraft.

A will B erschießen. Er beschafft sich eine Pistole mit Munition. Als er auf B abdrückt, stellt sich heraus, daß er die Pistole mit Platzpatronen geladen hat. (Versuchter Totschlag mit untauglichem Mittel.)

Die C glaubt schwanger zu sein. Ihr Freund D, dem das gar nicht paßt, mischt ihr ein Abtreibungsmittel in den Kaffee. Später stellt sich heraus, daß die C überhaupt nicht schwanger war. (Versuchte Abtreibung am untauglichen Objekt.)

Umgekehrt honoriert es die Rechtsordnung aber auch, wenn der Täter freiwillig vom Versuch zurücktritt, d. h. wenn er freiwillig die weitere Ausführung der Tat aufgibt oder deren Vollendung verhindert; er bleibt dann straffrei (§ 24 Abs. 1 StGB).

Zu unterscheiden sind der unbeendete und der beendete Versuch.

Unbeendet ist der Versuch, wenn der Täter noch nicht alles getan hat, was nach seiner Vorstellung den Erfolg herbeiführen soll. In diesem Fall wird der Täter wegen Versuchs nicht bestraft, wenn er freiwillig die weitere Ausführung der Tat aufgegeben, d. h. die begonnene Handlung abgebrochen hat. In unserem Ausgangsfall hat A die weitere Ausführung seiner Tat zwar aufgegeben, aber er hat dies nur unfreiwillig getan, weil er einsehen mußte, daß er den Tresor nicht öffnen kann. Nehmen wir an, unser Schmuckdieb habe, noch bevor er die Widerstandskraft des Tresors erkannte, Gewissensbisse bekommen und sei dann weggegangen. Wegen freiwilligen Rücktritts würde er straflos bleiben (allerdings könnte eine Bestrafung wegen vollendeter Sachbeschädigung und wegen Hausfriedensbruchs in Betracht kommen).

Beendet ist der Versuch, wenn der Täter alles getan hat, was nach seiner Vorstellung den Erfolg herbeiführen soll. Um Straflosigkeit zu erlangen, muß der Täter die Vollendung freiwillig verhindern. Z. B.: B hat den C in Tötungsabsicht verletzt; als B sein blutendes Opfer sieht, reut ihn sein Verhalten, und er bringt den Verletzten alsbald in ein Krankenhaus, wo C gerettet werden kann (B würde nicht wegen versuchten Totschlags, sondern wegen Körperverletzung bestraft werden).

IV. Die Teilnahme

Während § 23 StGB den Tatbestand in *zeitlicher* Richtung ausweitet (strafbar ist hier schon ein Verhalten, das noch gar nicht zur Vollendung gelangt ist), dehnen die §§ 25 ff. StGB die Tatbestände des Besonderen Teils in *personeller* Hinsicht aus.

In unseren bisherigen Überlegungen hat nur der Fall eine Rolle gespielt, daß ein Täter den Tatbestand ganz allein verwirklicht oder zu verwirklichen versucht (**Alleintäterschaft**, § 25 Abs. 1, 1. Alternative StGB). Demgegenüber tragen die §§ 25 ff. StGB der Tatsache Rechnung, daß **mehrere Täter** an ein und derselben Tat beteiligt gewesen sein können (**Teilnahme im weiteren Sinne**). Dabei ist zwischen der Täterschaft mehrerer (**Mittäterschaft**) und der Teilnahme an *fremder* Täterschaft (**Teilnahme im engeren Sinne = Anstiftung und Beihilfe**) zu unterscheiden.

1. Die Mittäterschaft: § 25 Abs. 2 StGB. Nach § 25 Abs. 2 StGB wird jeder als Täter bestraft, wenn mehrere eine strafbare Handlung gemeinschaftlich, d. h. in bewußtem und gewolltem Zusammenwirken, begehen und jeder von ihnen die Tat als eigene will (*Tätervorsatz* im Unterschied zum *Anstifter- oder Gehilfenwillen*).

Die Mittäterschaft setzt nicht voraus, daß jeder der gemeinschaftlich Handelnden den Tatbestand voll verwirklicht. Dies kann zwar der Fall sein.

A und B verprügeln gemeinsam den C; jeder der Mittäter A und B erfüllt voll den Tatbestand der Körperverletzung.

Mittäterschaft liegt aber auch dann vor, wenn die zusammenwirkenden Täter *arbeitsteilig* vorgehen, also jeder von ihnen mosaikartig einen Tatbestandsteil verwirklicht oder eine Bedingung zum Gelingen der Tat erfüllt.

> A, B und C beschließen, den D zu ermorden. Sie teilen sich die „Arbeit" folgendermaßen auf: A beschafft eine Pistole, B erschießt den D und C steht Schmiere, während B seinen Tatbeitrag liefert.

Wesentlich ist, daß alle Mittäter die Tat **als eigene wollen,** d. h., daß sie Täterwillen haben.

> Auf das Gewicht ihres Tatbeitrags kommt es nicht an. Deshalb kann auch derjenige Mittäter sein, der bei der Ausübung des Verbrechens überhaupt nicht am Tatort ist.

Nach herrschender Lehre und Gerichtspraxis fällt die Entscheidung darüber, ob Mittäterschaft vorliegt oder nicht, im *subjektiven* Bereich: Bei Täterwillen handelt es sich um Mittäterschaft; beim Willen, lediglich eine *fremde* Tat zu unterstützen, liegt Beihilfe vor (vgl. unten 3).

Von der Mittäterschaft ist die sog. **mittelbare Täterschaft** zu trennen. Sie ist von Rechtswissenschaft und Rechtsprechung entwickelt worden und findet sich seit dem Zweiten Strafrechtsreformgesetz ohne nähere Kennzeichnung in § 25 Abs. 1, 2. Alternative StGB („Als Täter wird bestraft, wer die Straftat ... durch einen anderen begeht"). Auch bei der mittelbaren Täterschaft sind mehrere – regelmäßig zwei – Personen an der Tat beteiligt. Ihre Beziehungen untereinander sind jedoch besonderer Art: Der mittelbare Täter bedient sich zur Erreichung seines verbrecherischen Ziels eines anderen Menschen als *Werkzeug.*

> Der mittelbare Täter, der sich eines Menschen als Werkzeug bedient, ist genauso zu behandeln wie ein Täter, der sich eines mechanischen Hilfsmittels bedient (z. B. eines Prügels, eines Messers, einer Pistole).

> A möchte den B umbringen. Er scheut sich aber davor, den B mit dem Messer zu erstechen; eine Schußwaffe steht ihm nicht zur Verfügung. Er wendet sich deshalb an den Wahnsinnigen C, dem er vormacht, B stehe mit dem Teufel im Bunde und müsse zur Verhütung von großem Unheil umgebracht werden. C erwürgt bei nächster Gelegenheit den B. A ist mittelbarer Täter und wegen Mordes oder Totschlags zu bestrafen; C ist schuldunfähiges Werkzeug und daher nicht strafbar (er kann allerdings in einer Anstalt untergebracht werden).

> Wäre C nicht geisteskrank und würde ihn A mit dem Versprechen einer Belohnung zur Tötung des B verleiten, so läge Anstiftung vor. Auch im Falle der mittelbaren Täterschaft ist daher die subjektive Einstellung des Täters ausschlaggebend: Er muß die Tat als *eigene* wollen; zu ihrer Ausführung bedient er sich eines menschlichen Werkzeugs. (Bei der Anstiftung verleitet der Anstiftende zu *fremdem* Entschluß, eine Straftat zu begehen.)

2. Die Anstiftung: § 26 StGB. Als Anstifter wird nach § 26 StGB derjenige bestraft, der einen anderen vorsätzlich zu einer von diesem begangenen Straftat bestimmt (überredet, verleitet), die Tat aber nicht als eigene will. Der Anstifter wird gleich einem Täter bestraft.

> A weiß, daß B mit C verfeindet ist und möchte, daß B den C umbringt. Er überredet B dazu, die Tat auszuführen. B erschlägt den C. A ist Anstifter, B ist Täter.

3. Die Behilfe: § 27 Abs. 1 StGB. Als Gehilfe wird bestraft, wer vorsätzlich einem anderen zu dessen vorsätzlich begangener rechtswidriger Tat Hilfe geleistet hat. Die Hilfeleistung kann durch Rat (sog. psychische Beihilfe) oder Tat erfolgen. Die Strafe für den Gehilfen richtet sich nach der Strafdrohung für den Täter; sie ist (!) nach § 49 Abs. 1 StGB zu mildern (§ 27 Abs. 2 StGB).

> Kehren wir nochmals zum Ausgangsbeispiel zurück: A beschafft dem B ein Gewehr, damit dieser den D erschießen kann. Während der Tatausführung steht C Schmiere. A und C wollen lediglich ihren Freund B unterstützen, Tätervorsatz haben sie nicht. Sie sind Gehilfen des B.

35. Kapitel

Die Rechtsfolgen der Straftat

Im Strafgesetzbuch werden zwei Hauptgruppen der Deliktsfolgen unterschieden: Die *Strafen* knüpfen an die Schuld des Täters an (§ 46 StGB); die *Maßregeln der Besserung und Sicherung* sollen den Täter unabhängig von seiner Schuld bessern oder vor ihm schützen, sie sind daher auch bei Schuldunfähigen möglich (vgl. §§ 63, 64 und 69 StGB). Im Hinblick auf diese grundlegende Differenzierung spricht man von der „Zweispurigkeit der Strafrechtsfolgen".

I. Die Strafen, ihre Bemessung und ihre Nebenfolgen

1. Die Freiheitsstrafe. Nach der Beseitigung der unterschiedlichen Arten von Freiheitsstrafen (Zuchthaus, Gefängnis, Einschließung und Haft) durch das Erste Strafrechtsreformgesetz kennt das Strafgesetzbuch jetzt nur noch die einheitliche Freiheitsstrafe *(Einheitsstrafe)*.

> Außerhalb des Strafgesetzbuches kommen allerdings auch heute noch andere Arten der Freiheitsstrafe vor, z. B. die Jugendstrafe nach § 17 JGG oder der Strafarrest nach § 9 WStG.

Die Freiheitsstrafe ist entweder zeitig (Höchstmaß 15 Jahre, Mindestmaß 1 Monat) oder lebenslang; wenn das Gesetz nicht lebenslange Freiheitsstrafe androht, ist die Freiheitsstrafe stets zeitig.

> Lebenslange Freiheitsstrafe ist absolut, d. h. als einzige Strafmöglichkeit nur bei Mord (§ 211 StGB) und bei Völkermord (§ 220a Abs. 1 Nr. 1 StGB) angedroht. In mehreren Fällen droht sie das Gesetz neben zeitiger Freiheitsstrafe an (vgl. §§ 80, 81 Abs. 1, 212 Abs. 2, 307, 312, 316a Abs. 1 Satz 2, 316c Abs. 2 StGB).

2. Die Geldstrafe. Entsprechend den Zielen der Strafrechtsreform hat sie an Bedeutung sehr stark gewonnen und dadurch den Anwendungsbereich der Freiheitsstrafe eingeschränkt.

> Geldstrafe kommt in Betracht
>
> — wenn sie in Tatbeständen des Besonderen Teils des Strafgesetzbuches angedroht ist (z. B. §§ 242, 246, 257, 259, 263, 266 StGB),
>
> — wenn zwar der besondere Tatbestand keine Geldstrafe vorsieht, der konkrete Fall aber nur die Ahndung mit einer Freiheitsstrafe unter 6 Monaten erlauben würde und die Verhängung dieser kurzfristigen Freiheitsstrafe nicht ausnahmsweise geboten wäre (§ 47 Abs. 2 StGB),

– kumulativ neben einer Freiheitsstrafe, wenn sich der Täter durch die Tat bereichert oder zu bereichern versucht hat (§ 41 StGB).

Der erweiterte Anwendungsbereich der Geldstrafe setzte voraus, sie so zu gestalten, daß ihre Strafwirkung dem Schuldgehalt der Tat angepaßt werden kann. Seit dem Inkrafttreten des Zweiten Strafrechtsreformgesetzes wird die Geldstrafe deshalb nicht mehr als Geldbetrag, sondern als eine Summe von Tagessätzen verhängt *(Tagessatzsystem)*. Sie wird dabei in zwei Akten festgesetzt: Zunächst wird nach allgemeinen Strafzumessungsregeln die *Anzahl der Tagessätze* (mindestens 5 und, wenn das Gesetz nichts anderes bestimmt, höchstens 360 Tagessätze) ermittelt (§ 40 Abs. 1 StGB = 1. Akt); dann wird die *Höhe des einzelnen Tagessatzes* anhand der persönlichen und wirtschaftlichen Verhältnisse des Täters unter besonderer Berücksichtigung seines durchschnittlichen täglichen Nettoeinkommens festgelegt, wobei der Richter einen Spielraum von 2 DM bis 10 000 DM pro Tagessatz hat (§ 40 Abs. 2 StGB = 2. Akt).

> Dazu folgendes Beispiel: Wegen Diebstahls eines Autos, werden gegen einen bisher nicht vorbestraften 23 Jahre alten Täter 120 Tagessätze verhängt. Angenommen, der Täter wäre ledig und würde gut verdienen, so könnte das Gericht den einzelnen Tagessatz auf 50 DM festsetzen (er müßte demnach 6000 DM Strafe zahlen). Angenommen, der Täter wäre verheiratet, hätte drei Kinder zu versorgen und hätte keinen entsprechend guten Verdienst, so könnte das Gericht den Tagessatz auf 10 DM ansetzen (er müßte dann 1200 DM bezahlen).

> Das Beispiel zeigt, daß durch die gleiche Anzahl der Unrechts- und Tagessätze der Schuldgehalt der Tat gleich bewertet wird, daß aber die unterschiedliche Höhe des Tagessatzes die sozialen Unterschiede der Täter ausgleicht.

3. Das Fahrverbot. Nach § 44 StGB wird das Fahrverbot als *Nebenstrafe* neben Freiheitsstrafe oder Geldstrafe wegen einer Straftat, die jemand bei oder im Zusammenhang mit dem Führen eines Kraftfahrzeugs oder unter Verletzung der Pflichten eines Kraftfahrzeugführers begangen hat, verhängt. Es handelt sich um die einzige Nebenstrafe im geltenden Recht.

> Fahrverbot bedeutet, daß das Gericht dem Täter für eine bestimmte Frist (mindestens einen Monat, höchstens drei Monate) das Führen von Kraftfahrzeugen untersagt.

> Das Fahrverbot soll einen „Denkzettel" darstellen und unterscheidet sich deshalb von der wesentlich einschneidenderen Entziehung der Fahrerlaubnis.

4. Die Bemessung der Strafe. Zur Strafzumessung gehört die gesamte richterliche Tätigkeit beim Festlegen der schuldangemessenen Rechtsfolgen einer Straftat, also

– die Ermittlung der Strafart, d. h. die Entscheidung, ob Freiheitsstrafe oder Geldstrafe verhängt werden soll (vgl. auch hier wieder § 47 StGB),
– die Feststellung des Strafrahmens (einschließlich der Nebenstrafe und der Nebenfolgen),
– die Bestimmung der konkreten Strafhöhe.

Grundsätze der Strafzumessung enthält § 46 StGB. Die Schuld des Täters steht als Grundlage für die Zumessung der Strafe im Vordergrund (§ 46 Abs. 1 Satz 1 StGB). Hiervon ausgehend können auch individualpräventive (Resozialisierung) und generalpräventive (Verteidigung der Rechtsordnung) Gesichtspunkte berücksichtigt werden. § 46 Abs. 2 StGB nennt eine Reihe von Faktoren, die bei der Strafzumessung zu berücksichtigen sind.

Das Strafgesetzbuch definiert den *Zweck der Strafe* nicht, jedoch lassen sich insbesondere aus § 46 StGB in Verbindung mit §§ 47, 56 StGB gewisse Schlüsse ziehen:

Ziel der Strafe ist es primär, der Begehung von Straftaten entgegenzuwirken; dadurch sollen die Rechtsgüter des einzelnen und der Allgemeinheit geschützt werden (*General-prävention;* vgl. die Formulierung „Verteidigung der Rechtsordnung" in §§ 47 Abs. 1, 56 Abs. 3 StGB). Dadurch, daß der Täter die angedrohte Strafe nach dem Maße seiner Schuld empfängt, werden andere, die ähnliche Taten begehen möchten, *abge-schreckt.* Zugleich wird auf den Täter eingewirkt, daß er Schwierigkeiten, die er im Zusammenleben mit seiner Umwelt hat und die möglicherweise zu dem Rechtsbruch führten, abbauen kann (*Individualprävention;* vgl. § 46 Abs. 1 Satz 2 StGB und die Formulierung „Resozialisierung des Täters" in § 67 a Absätze 1 und 3 StGB). Schließlich soll die verhängte Strafe auch dazu dienen, daß der Täter seine Schuld begleichen, dafür sühnen kann (*Schuld-Sühne-Prinzip).*

Im Zusammenhang mit der Strafbemessung ist einerseits auf die Strafschärfung bei Rückfall (§ 48 StGB) andererseits auf die besonderen gesetzlichen Milderungsgründe (§ 49 StGB) hinzuweisen.

5. Die Verschonung vor der Strafvollstreckung und vor Strafe

a) Die Strafaussetzung zur Bewährung (§§ 56 ff. StGB). Die Strafrechtsreform hat das Institut der Strafaussetzung zur Bewährung wesentlich ausgebaut, um vor allem dem „Gelegenheitstäter" entgegenzukommen und ihn in Freiheit, gegebenenfalls unterstützt von der Bewährungshilfe, zu einem geordneten Leben ohne Straftaten zurückzuführen.

Das Gericht *muß* nach § 56 Abs. 1 StGB die Vollstreckung der Strafe zur Bewährung aussetzen, wenn die Freiheitsstrafe nicht mehr als 1 Jahr beträgt und wenn zu erwarten ist, daß der Verurteilte sich schon die Verurteilung zur Warnung dienen lassen und künftig auch ohne die Einwirkung des Strafvollzugs keine Straftaten mehr begehen wird *(sog. günstige Sozialprognose).*

Das Gericht *kann* nach § 56 Abs. 2 StGB die Vollstreckung der Strafe zur Bewährung aussetzen, wenn die Freiheitsstrafe nicht mehr als 2 Jahre beträgt und zusätzlich zur günstigen Sozialprognose besondere Umstände in der Tat und in der Persönlichkeit des Verurteilten vorliegen.

Das Gericht bestimmt die Bewährungszeit (mindestens 2 Jahre, höchstens 5 Jahre), § 56 a StGB, es kann Auflagen (§ 56 b StGB) oder Weisungen (§ 56 c StGB) erteilen und den Verurteilten der Aufsicht und Leitung eines Bewährungshelfers unterstellen (§ 56 d StGB).

Nach Ablauf der Bewährungszeit wird die Strafe erlassen (§ 56 g StGB), es sei denn, das Gericht mußte die Strafaussetzung widerrufen (§ 56 f StGB).

b) Die Aussetzung des Strafrestes (§ 57 StGB). Im Rahmen des Resozialisierungsziels wird die Vollstreckung des Rests einer zeitigen Freiheitsstrafe zur Bewährung ausgesetzt, wenn zwei Drittel der verhängten Strafe, mindestens aber 2 Monate, verbüßt sind, wenn über den Verurteilten eine günstige Sozialprognose erstellt werden kann und wenn dieser einwilligt.

c) Die Verwarnung mit Strafvorbehalt (§§ 59 ff. StGB). Der Ausspruch des Gerichts beschränkt sich darauf, daß sich der Angeklagte einer bestimmten Straftat schuldig gemacht hat. Neben diesem Schuldspruch erfolgt eine Verwarnung. Gleichzeitig bestimmt das Gericht die Strafe, behält sich aber deren Verhängung vor.

Die Verwarnung mit Strafvorbehalt setzt voraus, daß der Täter eine Geldstrafe (!) von höchstens 180 Tagessätzen verwirkt hat, daß er über eine günstige Sozialprognose verfügt, daß besondere Umstände in der Tat und in der Persönlichkeit des Täters die Strafverschonung angezeigt erscheinen lassen und daß die Verteidigung der Rechtsordnung die Verurteilung zu Strafe nicht gebietet.

Die vorbehaltene Strafverhängung wird nur dann ausgesprochen, wenn der Täter während einer mit der Verwarnung zu bestimmenden Bewährungszeit (mindestens ein Jahr, höchstens 3 Jahre) versagt hat (vgl. §§ 59a und 59b StGB).

d) **Absehen von Strafe (§ 60 StGB).** Ebenso wie die Verwarnung mit Strafvorbehalt ist auch das Absehen von Strafe ein Schuldspruch ohne Strafausspruch. Der Strafverzicht ist bei § 60 StGB endgültig.

Das Gericht sieht von Strafe ab, wenn der Tätr bereits durch die Folgen seiner Tat selbst genügend bestraft erscheint und wenn er keine Freiheitsstrafe von mehr als einem Jahr verwirkt hat.

> Z. B.: Durch die Tat hat der Täter das Augenlicht verloren oder eine Querschnittslähmung erlitten (Verkehrsunfall).

6. Die Nebenfolgen der Straftat. Als Nebenfolgen der Straftat nennt das Gesetz den Verlust der Amtsfähigkeit, der Wählbarkeit und des Stimmrechts (§ 45 StGB) und die öffentliche Bekanntgabe der Verurteilung durch den Verletzten in den Fällen der falschen Verdächtigung (§ 165 StGB) und der öffentlichen Beleidigung (§ 200 StGB).

> Die Bekanntmachungsbefugnis wird auf Antrag des Verletzten vom Gericht angeordnet.

II. Die Maßregeln der Besserung und Sicherung

Das Gesetz unterscheidet zwischen freiheitsentziehenden Maßregeln und solchen ohne Freiheitsentzug. Für alle Maßregeln der Besserung und Sicherung gilt der *Grundsatz der Verhältnismäßigkeit* (§ 62 StGB).

1. Die freiheitsentziehenden Maßregeln. Als Maßregeln, die zu einem Freiheitsentzug führen, sieht das Gesetz vor:

– die *Unterbringung in einem psychiatrischen Krankenhaus* (§ 63 StGB),

> Zweck: Sicherung der Allgemeinheit und Heilung des Täters;
>
> Voraussetzung: Rechtswidrige Tat im Zustand der Schuldunfähigkeit oder der verminderten Schuldfähigkeit und Gefährlichkeit des Täters für die Allgemeinheit,

– die *Unterbringung in einer Entziehungsanstalt* (§ 64 StGB),

> Zweck: Resozialisierung des Rauschtäters;
>
> Voraussetzung: Hang des Täters, Alkohol oder andere Rauschmittel im Übermaß zu sich zu nehmen, begangene Rauschtat oder begangene Straftat, die auf den Hang des Täters zurückgeht (z. B. Einbruch in eine Apotheke, um Morphium zu stehlen) und Verurteilung oder Freispruch wegen erwiesener oder nicht auszuschließender Schuldunfähigkeit,

– die *Unterbringung in einer sozialtherapeutischen Anstalt* (§ 65 StGB),

> Zweck: Resozialisierung des Täters;

Voraussetzung: Rückfalltäter mit schwerer Persönlichkeitsstörung (§ 65 Abs. 1 Nr. 1 StGB), sexuelle Triebtäter (§ 65 Abs. 1 Nr. 2 StGB), Frühkriminelle, deren Entwicklung zum Hangtäter geht (§ 65 Abs. 2 StGB), Schuldunfähige oder vermindert Schuldfähige, wenn sozialtherapeutische Maßnahmen besser geeignet sind als die Behandlung in einem psychiatrischen Krankenhaus (§ 65 Abs. 3 StGB in Verbindung mit § 63 Abs. 2 StGB),

– die *Unterbringung in der Sicherungsverwahrung* (§ 66 StGB).

Zweck: Sicherung der Allgemeinheit;

Voraussetzung: Rückfalltäter mit Gefährlichkeitsprognose (§ 66 Abs. 1 StGB) oder Serientäter mit Gefährlichkeitsprognose (§ 66 Abs. 2 StGB).

Die freiheitsentziehenden Maßregeln (ausgenommen die Sicherungsverwahrung) werden grundsätzlich vor einer gleichzeitig verhängten Freiheitsstrafe vollzogen (§ 67 Abs. 1 StGB); umgekehrt verfährt das Gericht jedoch, wenn dadurch der Zweck der Maßregel leichter erreicht wird (§ 67 Abs. 2 StGB). Um im Interesse der Resozialisierung des Täters eine große Flexibilität zu erreichen, kann das Gericht auch nachträglich die Reihenfolge der Vollstreckung von Maßregel und Strafe jederzeit, gegebenenfalls wiederholt, ändern (§ 67 Abs. 3 StGB). Wird die Maßregel vor der Strafe vollzogen, so wird die Zeit des Maßregelvollzugs auf die Strafe angerechnet (§ 67 Abs. 4 StGB; sog. *Vikariierungssystem*); das Gericht kann den durch die Anrechnung nicht verbrauchten Strafrest zur Bewährung aussetzen (§ 67 Abs. 5 Satz 1 StGB). Wird die Strafe vor der Maßregel vollstreckt (bei Sicherungsverwahrung immer!), so prüft das Gericht vor dem Ende des Strafvollzugs, ob der Vollzug der Maßregel noch erforderlich ist; ist das nicht der Fall, so setzt es die Vollstreckung der Unterbringung zur Bewährung aus; es tritt dann die Führungsaufsicht ein (§ 67 c Abs. 1 StGB).

2. Die Führungsaufsicht (§§ 68 ff. StGB). Die Führungsaufsicht wird vom Gericht angeordnet, wenn

– der Täter unter den Voraussetzungen des § 48 StGB (Rückfall) eine zeitige Freiheitsstrafe verwirkt hat und eine ungünstige Sozialprognose aufweist,

– der Täter wegen einer Straftat, bei der das Gesetz Führungsaufsicht ausdrücklich vorsieht (z. B. § 181 b StGB), eine zeitige Freiheitsstrafe von mindestens 6 Monaten verwirkt hat und eine ungünstige Sozialprognose vorliegt.

Die Führungsaufsicht dauert mindestens 2 und höchstens 5 Jahre (§ 68 c StGB). Der Verurteilte untersteht einer Aufsichtsstelle und erhält einen Bewährungshelfer (§ 68 a Abs. 1 StGB).

3. Die Entziehung der Fahrerlaubnis (§§ 69 ff. StGB). Diese Maßregel dient dazu, ungeeignete Kraftfahrzeugführer aus dem Straßenverkehr auszuschalten und dadurch die Allgemeinheit zu sichern.

Für den Eignungsmangel stellt § 69 Abs. 2 StGB Regelbeispiele auf. Danach ist der Täter regelmäßig ungeeignet zum Führen eines Kraftfahrzeugs, wenn er eine Gefährdung des Straßenverkehrs (§ 315 c StGB), eine Trunkenheitsfahrt (§ 316 StGB), unerlaubtes Entfernen vom Unfallort (§ 142 StGB) oder eine Rauschtat (§ 323 a StGB) beim Führen eines Kraftfahrzeugs begangen hat.

Die Sperre, innerhalb der dem Verurteilten keine neue Fahrerlaubnis erteilt werden darf, beträgt mindestens 6 Monate, höchstens 5 Jahre; die Sperre kann aber für immer angeordnet werden, wenn zu erwarten ist, daß die gesetzliche Höchstfrist zur Abwehr der von dem Täter drohenden Gefahr nicht ausreicht (§ 69a Abs. 1 StGB).

Die Fahrerlaubnis erlischt mit der Rechtskraft des Urteils; ein von einer deutschen Behörde erteilter Führerschein wird im Urteil eingezogen (§ 69 Abs. 3 StGB).

4. Das Berufsverbot (§§ 70 ff. StGB). Die Maßregel dient dem Schutz der Allgemeinheit vor Personen, die ihren Beruf zu kriminellen Zwecken mißbrauchen.

Das Berufsverbot kann für die Dauer von einem Jahr bis 5 Jahre verhängt werden, wenn jemand wegen einer rechtswidrigen Tat, die er unter Mißbrauch seines Berufs oder Gewerbes oder unter grober Verletzung der mit ihnen verbundenen Pflichten begangen hat, verurteilt oder wegen erwiesener oder nicht auszuschließender Schuldunfähigkeit freigesprochen worden ist und die Gesamtwürdigung des Täters und der Tat erkennen läßt, daß er bei weiterer Berufsausübung erhebliche rechtswidrige Taten der bezeichneten Art begehen wird (§ 70 Abs. 1 StGB).

36. Kapitel

Ausschnitte aus dem „Besonderen Teil" des Strafgesetzbuchs

Der „Besondere Teil" des Strafgesetzbuchs, beginnend mit § 80 StGB, befaßt sich mit *einzelnen Straftaten* und mit ihrer *Bestrafung*.

Die Vielfalt menschlicher Konfliktsituationen und Verwirrungen spiegelt sich in der Fülle der Straftatbestände wider und gleichzeitig hat das Bedürfnis der staatlichen Gemeinschaft nach einer festen Ordnung, nach Schutz und Sicherheit (vgl. oben Kap. 1) in diesen Strafnormen die wohl deutlichste Ausprägung erfahren.

Der Straftäter verletzt oder stört die Ordnung im Zusammenleben der Menschen; er vernichtet oder bedroht besonders schutzwürdige Güter des einzelnen und der Gemeinschaft. Mit den Straftatbeständen wird ein bestimmtes, rechtsbrechendes Verhalten zum „kriminellen Unrecht" erklärt und der Rechtsbrecher unter Strafdrohung gestellt.

Es finden sich Strafbestimmungen zum Schutze von Leib, Leben und Gesundheit (§§ 211 ff., 223 ff. StGB), zum Schutze der Freiheit (§§ 239, 240 StGB), der Ehre (§§ 185 ff. StGB) sowie der sexuellen Selbstbestimmung (§§ 174 ff. StGB), ferner zum Schutze der Eigentums- und Vermögensordnung (z. B. gegen Diebstahl in § 242 StGB, gegen Unterschlagung in § 246 StGB, gegen Raub und Erpressung in §§ 249 ff. StGB, gegen Hehlerei in § 259 StGB, gegen Betrug und Untreue in §§ 263, 266 StGB oder gegen Sachbeschädigung in §§ 303 ff. StGB).

Aber nicht nur die besonders wichtigen Rechtsgüter des einzelnen werden strafrechtlich geschützt, vielmehr wird auch der Schutz der Gemeinschaft als solcher vom Strafgesetz gewährleistet. Wir finden Strafbestimmungen gegen gemeingefährliche Straftaten (z. B. gegen Brandstiftung in §§ 306 ff. StGB, gegen die Herbeiführung einer Überschwemmung in § 312 StGB, gegen Straßenverkehrsgefährdung in § 315 c StGB, gegen Trunkenheit im Verkehr in § 316 StGB, gegen räuberische Angriffe auf Kraftfahrer in § 316 a StGB usw.); wir finden Strafbestimmungen zum Schutze der Rechtspflege (z. B. vor uneidlicher Falschaussage, Meineid und falscher Versicherung an Eides Statt in §§ 153 ff. StGB, vor Begünstigung und Strafvereitelung in §§ 257 ff. StGB, vor falscher Anschuldigung in §§ 164, 165 StGB usw.); wir finden Strafvorschriften zum Schutze des Rechtsverkehrs (z. B. vor Urkundenfälschung in §§ 267 ff. StGB, vor Geld- und

Wertzeichenfälschung in §§ 146 ff. StGB usw.); wir finden auch Strafbestimmungen zum Schutze des Staates (z. B. vor Friedensverrat in §§ 80, 80 a StGB, vor Hochverrat in §§ 81 ff. StGB, vor Gefährdung des demokratischen Rechtsstaates in §§ 84 ff. StGB, vor Landesverrat und Gefährdung der äußeren Sicherheit in §§ 93 ff. StGB); wir finden Strafbestimmungen zum Schutze der öffentlichen Ordnung (z. B. vor Haus- und Landfriedensbruch in §§ 123 ff. StGB, vor Bildung krimineller oder terroristischer Vereinigungen in §§ 129, 129 a StGB, vor Amtsanmaßung in § 132 StGB usw.); wir finden Strafnormen zum Schutze der Ehe und Familie (z. B. vor Verletzung der Unterhaltspflicht in § 170 b StGB, vor Doppelehe in § 171 StGB usw.); wir finden schließlich auch Strafvorschriften zum Schutze des Vertrauens der Allgemeinheit in die Sauberkeit der Amtsführung von Beamten (z. B. vor Bestechlichkeit und Bestechung in §§ 331 ff. StGB, vor Rechtsbeugung in § 336 StGB, vor Verfolgung Unschuldiger in § 344, vor Gebührenüberhebung in §§ 352, 353 StGB usw.).

Diese Aufzählung kann nur einen groben Überblick darüber vermitteln, was alles „tatbestandsmäßiges Handeln" in strafrechtlichem Sinne sein kann; sie ist bei weitem nicht vollständig und soll nur beispielhaft den weiten Bogen markieren, den das Strafrecht über die menschlichen Lebensverhältnisse spannt.

In den folgenden Abschnitten sollen einige besonders wichtige Strafvorschriften in ihren Grundelementen erläutert werden.

I. Tötungs- und Körperverletzungsdelikte

1. Der Totschlag (§ 212 StGB). Die Ausgangsform der Tötungsdelikte bildet der Totschlag nach § 212 StGB. „Totschläger" ist nach diesem Tatbestand, wer einen Menschen vorsätzlich tötet, ohne Mörder zu sein.

Im Verlaufe einer Schlägerei versetzt A dem B mit einem Messer einen Stich; B stirbt daran; A wollte den B umbringen. Es liegt Totschlag nach § 212 StGB vor.

Der Totschlag kann mit beliebigen Mitteln begangen werden, Gewaltanwendung ist nicht erforderlich.

Die Tötung kann z. B. mittels Gift oder durch einen Stromstoß bewirkt werden.

Der Totschlag ist mit Freiheitsstrafe nicht unter fünf Jahren, in besonders schweren Fällen mit lebenslanger Freiheitsstrafe bedroht.

§ 213 StGB regelt den minder schweren Fall des Totschlags, z. B. wenn der Täter zum Zorn gereizt worden ist. Der Strafrahmen reicht hier von sechs Monaten (!) bis zu fünf Jahren.

Sonderdelikte zum Totschlag enthalten § 216 StGB (Tötung auf Verlangen) und § 217 StGB (Kindestötung, d. h. Tötung eines nichtehelichen Kindes in oder gleich nach der Geburt durch die Mutter).

2. Der Mord (§ 211 StGB). Mord ist die besonders verwerfliche vorsätzliche Tötung eines Menschen. Nach § 211 StGB wird die Tötung zum Mord durch

a) **niedrige Beweggründe des Täters,**

das Gesetz nennt ausdrücklich Mordlust, Tötung zur Befriedigung des Geschlechtstriebs und Habgier; sonstige Beweggründe sind niedrig, wenn sie nach allgemeiner sittlicher Wertung auf tiefster Stufe stehen und verachtenswert sind (z. B. Tötung der Ehefrau, um mit der Geliebten eine neue Ehe eingehen zu können, unter Umständen auch Eifersucht),

b) die besondere Art der Tötungshandlung,

abschließend nennt § 211 StGB folgende Begehungsweisen für die Tötung

- *heimtückisch*, d. h. unter Ausnutzung der Arg- und Wehrlosigkeit des Opfers;

- *grausam*, d. h. unter Zufügung besonders schmerzhafter körperlicher oder schwerer seelischer Qualen;

- *mit gemeingefährlichen Mitteln* (z. B. wenn der Täter mit Sprengstoff töten will, den er an einem parkenden Auto anbringt und damit eine unbestimmte Anzahl von Personen – Mitfahrer, sonstige Verkehrsteilnehmer, Straßenpassanten usw. – gefährdet);

c) das besondere Ziel,

auch hier nennt das Gesetz die in Betracht kommenden Ziele abschließend

- Tötung zur *Ermöglichung einer Straftat* (z. B. Tötung eines Wachtmannes, um einen Einbruch begehen zu können);

- Tötung zur *Verdeckung einer Straftat* (z. B. Tötung eines Polizisten, um nach einer Straftat unerkannt zu entkommen).

Der Mörder wird mit lebenslanger Freiheitsstrafe bestraft. Die *Strafe ist absolut*, d. h. es gibt weder einen Strafzumessungsrahmen noch eine Strafmilderungsmöglichkeit.

Der Begriff „Selbstmord" ist irreführend: Der Suizid ist nach deutschem Strafrecht nicht tatbestandsmäßig und zwar weder nach § 211 noch nach § 212 StGB. (Dies ist wichtig für die Frage der Strafbarkeit des Teilnehmers an der Selbsttötung oder für die Frage der Strafbarkeit einer versuchten Selbsttötung!)

3. Die fahrlässige Tötung (§ 222 StGB). Die fahrlässige Tötung ist mit Freiheitsstrafe bis zu fünf Jahren oder mit Geldstrafe bedroht.

Der Tatbestand der fahrlässigen Tötung ist insbesondere bei Unfällen im Straßenverkehr von großer praktischer Bedeutung.

Zum Begriff der Fahrlässigkeit s. o. Kap. 34 I 4 b.

4. Die Körperverletzung (§§ 223 ff. StGB). Die in § 223 StGB normierte „einfache Körperverletzung" begeht, wer einen anderen Menschen vorsätzlich mißhandelt oder ihn an seiner Gesundheit beschädigt.

Mißhandeln bedeutet eine Störung des körperlichen Wohlempfindens

die Zufügung von Schmerzen ist dabei nicht erforderlich, es genügt die Erregung von Ekel (z. B. durch Anspucken) oder anderer schwerwiegender Unlustgefühle,

oder der körperlichen Unversehrtheit

z. B. wenn einem Mädchen ein wesentlicher Teil des Zopfes abgeschnitten wird.

Die *Gesundheitsbeschädigung* setzt voraus, daß ein krankhafter Zustand hervorgerufen oder gesteigert wird.

Schläge und andere körperliche Angriffe, die zu Wunden, Prellungen usw. führen.

Bei den Körperverletzungsdelikten spielt die Frage der **Rechtswidrigkeit** eine große Rolle. Der Ausschluß der Rechtswidrigkeit kommt insbesondere in folgenden Fällen in Betracht:

a) Bei *ärztlichen Eingriffen* durch Einwilligung des Patienten, der allerdings vom Arzt über Befund, Art und Folgen des Eingriffs aufgeklärt werden muß.

b) Bei maßvollen *Züchtigungen des Kindes* durch die Eltern kraft eines (gewohnheitsrechtlich) anerkannten Züchtigungsrechts.

Lehrer, Ausbilder usw. haben kein Züchtigungsrecht.

c) Bei *Sportverletzungen* wiederum durch Einwilligung.

Wer aktiv an einem Fußballspiel teilnimmt, muß mit den der Sportart anhaftenden typischen Verletzungen rechnen. Dies gilt erst recht für den Boxer oder Ringer.

In § 230 StGB wird die *fahrlässige Körperverletzung* mit Strafe bedroht.

Infolge der vielen Unfälle im Straßenverkehr hat auch diese Strafbestimmung sehr große praktische Bedeutung.

§ 223 a StGB (gefährliche Körperverletzung) enthält einen wegen der erhöhten Gefährlichkeit der Tathandlung qualifizierten Fall.

Von *„qualifizierten"* Straftaten wird dann gesprochen, wenn zum Grundtatbestand ein zusätzliches Tatbestandsmerkmal hinzukommt und eine strengere Strafdrohung besteht.

Im Falle des § 223 a StGB ist die Körperverletzung mittels einer Waffe, insbesondere eines Messers oder eines anderen gefährlichen Werkzeugs, oder mittels eines hinterlistigen Überfalls oder von mehreren gemeinschaftlich oder mittels einer das Leben gefährdenden Behandlung begangen worden.

Erschwerte Fälle der Körperverletzung enthalten im Hinblick auf den eingetretenen Erfolg die §§ 224 und 226 StGB.

Bei der „schweren Körperverletzung" nach § 224 StGB hat der Verletzte z. B. ein wichtiges Körperglied, das Sehvermögen auf einem oder auf beiden Augen, das Gehör, die Sprache, die Zeugungsfähigkeit usw. verloren.

Bei der „beabsichtigten schweren Körperverletzung" nach § 226 StGB war der Eintritt der in § 224 StGB genannten schweren Folgen beabsichtigt.

II. Diebstahl und Unterschlagung

Diebstahl und Unterschlagung richten sich gegen das *Eigentum*. Die Tatbestände, mit denen Diebstahl und Unterschlagung umschrieben und mit Strafe bedroht werden, dienen deshalb dem Schutz des Eigentums.

1. Der Diebstahl (§ 242 StGB). Gegenstand des Diebstahls ist eine fremde, bewegliche Sache, die im Gewahrsam eines anderen steht.

Sachen sind körperliche Gegenstände (vgl. § 90 BGB). *Beweglich* sind alle Sachen, die nicht Grundstücke sind. *Fremd* ist die Sache, wenn sie im Eigentum eines Dritten steht (maßgebend ist die Eigentumsordnung des bürgerlichen Rechts).

Die **Tathandlung** in § 242 StGB besteht in der *Wegnahme* einer fremden, beweglichen Sache. Diese „Wegnahme" wird definiert als Bruch fremden und Begründung neuen Gewahrsams. Deshalb kommt es entscheidend auf die „Gewahrsamsverhältnisse" am Gegenstand des Diebstahls an.

Unter *„Gewahrsam"* ist die von einem Herrschaftswillen getragene Sachherrschaft über den Gegenstand zu verstehen, wobei – im Unterschied zum zivilrechtlichen „Besitz" – nicht das rechtliche, sondern das tatsächliche Herrschaftsverhältnis ausschlaggebend ist.

Nach § 857 BGB geht im Erbfalle der Besitz automatisch auf den Erben über; der Gewahrsam als „tatsächliche Sachherrschaft" wird vom Erben dagegen erst erlangt, wenn er nach Kenntnis vom Erbfall die Sache in seinen Herrschaftsbereich überführt.

Der Wohnungsinhaber hat z. B. Gewahrsam an allen Gegenständen, die sich in der Wohnung befinden; trotz räumlicher Trennung hat der Autofahrer Gewahrsam an dem geparkten Fahrzeug.

Der Gewahrsam geht jedoch verloren, wenn eine Sache außerhalb des eigenen Machtbereichs verloren oder vergessen wird.

Nicht selten steht eine Sache in „Mitgewahrsam".

Bei Kraftfahrzeugen, die in einem Parkhaus oder auf einem bewachten Parkplatz abgestellt werden, besteht Mitgewahrsam von Fahrer und Parkwächter.

In den Fällen des Mitgewahrsams ist zwischen *„gleichrangigem"* und *„mehrstufigem"* Mitgewahrsam zu unterscheiden. Bei „gleichrangigem" Mitgewahrsam kann jeder Mitgewahrsamsinhaber gegen den anderen einen Gewahrsamsbruch und mithin Diebstahl begehen.

Gleichrangiger Mitgewahrsam besteht z. B. bei Ehegatten an gemeinsam benutzten Einrichtungsgegenständen der ehelichen Wohnung.

Bei „mehrstufigem" Mitgewahrsam kann derjenige, der nur den untergeordneten Mitgewahrsam hat, den übergeordneten Gewahrsam brechen und dadurch einen Diebstahl begehen.

Während einer Reise der Wohnungsinhaber wird der Hausangestellten die Wohnung anvertraut. Sie hat in dieser Zeit untergeordneten Mitgewahrsam; trotz Ortsabwesenheit haben demgegenüber die Wohnungsinhaber nach der Verkehrsauffassung übergeordneten Mitgewahrsam. Nimmt die Angestellte etwas aus der Wohnung mit, so bricht sie den übergeordneten Mitgewahrsam der Wohnungsinhaber und begeht einen Diebstahl.

Sobald der neue, regelmäßig tätereigene Gewahrsam begründet ist, ist der Diebstahl vollendet.

A nimmt in einer Buchhandlung ein Taschenbuch aus dem Regal und steckt es in seine Manteltasche. Mit dem Einstecken hat A neuen Gewahrsam begründet und damit den Diebstahl vollendet.

Diebstahl setzt subjektiv beim Täter *Vorsatz* voraus; fahrlässigen Diebstahl gibt es nicht! Neben dem Vorsatz verlangt § 242 StGB als weiteres subjektives Unrechtselement die *Absicht der rechtswidrigen Zueignung.*

Freilich kann diese Zueignungsabsicht nicht als Eigentumserwerbs-Absicht verstanden werden, denn der Dieb kann durch seine Tathandlung selbstverständlich kein Eigentum erwerben. Die Zueignungsabsicht bedeutet vielmehr, daß es dem Täter darauf ankommt, sich eine eigentümerähnliche Position zu verschaffen, wobei der wahre Eigentümer ausgeschlossen wird.

A nimmt dem B heimlich dessen Sparbuch weg, um davon 200 DM abzuheben. Das Sparbuch will er nicht behalten, sondern es später wiederum unbemerkt zurücklegen. Obwohl dem A bezüglich des Diebstahlsobjekts (Sparbuch) die Zueignungsabsicht fehlt, liegt sie hinsichtlich des in der Sache verkörperten Wertes (Sparguthaben) vor. Nach h. M. ist die Zueignungsabsicht gegeben, wenn der Täter sich entweder die Sache selbst *oder* den in ihr verkörperten Sachwert unter Ausschluß des Eigentümers in sein Vermögen einverleiben will.

Die Zueignungsabsicht fehlt, wenn der Täter eine fremde, bewegliche Sache lediglich vorübergehend benutzen möchte (sog. Gebrauchsanmaßung). Vgl. oben Kap. 34 I.

Für *besonders schwere Fälle* des Diebstahls sieht § 243 StGB einen verschärften Strafrahmen vor. Zugleich enthält die Vorschrift sog. Regelbeispiele für besonders schwere Fälle.

Liegen die Voraussetzungen eines „Regelbeispiels" vor, so besteht nach § 243 StGB die widerlegbare Vermutung, daß ein besonders schwerer Fall des Diebstahls gegeben ist, der zu erhöhter Strafe führt.

Solche Regelbeispiele sind u. a.: Diebstahl mittels Einbruchs, Einsteigens oder der Verwendung von Nachschlüsseln; Diebstahl einer durch besondere Schutzvorrichtungen gesicherten Sache; gewerbsmäßiger Diebstahl; Diebstahl aus einer Kirche usw.

Qualifizierte Diebstahlstatbestände enthält § 244 StGB (Diebstahl mit Waffen, Bandendiebstahl).

Im Unterschied zu den Regelbeispielen des § 243 StGB kann in § 244 StGB der „schwere Fall" nicht im Wege der widerlegbaren Vermutung ausgeschlossen und bei „leichterer" Begehungsweise auf den Strafrahmen des Grunddelikts in § 242 StGB zurückgegriffen werden. Man spricht deshalb in § 244 StGB von echten Qualifikationstatbeständen.

Ist durch den Diebstahl ein Angehöriger verletzt oder lebt der Verletzte mit dem Täter in häuslicher Gemeinschaft, so wird die Tat nur auf Antrag des Verletzten verfolgt (§ 247 StGB); das gleiche gilt grundsätzlich auch beim Diebstahl geringwertiger Sachen (§ 248 a StGB).

In allen anderen Fällen handelt es sich beim Diebstahl um ein Offizialdelikt, d. h. um eine Straftat, die von Amts wegen verfolgt wird und zwar auch gegen den Willen des Verletzten (= Bestohlenen).

2. Die Unterschlagung (§ 246 StGB). Tatobjekt ist auch hier eine fremde, bewegliche Sache. Im Gegensatz zu § 242 StGB darf diese Sache nicht im Gewahrsam eines anderen stehen, sondern sie befindet sich im Gewahrsam des Täters.

Die **Tathandlung** besteht in der rechtswidrigen *Zueignung* d. h. darin, daß der Täter die Sache oder den in ihr verkörperten Sachwert unter Ausschluß des Eigentümers seinem Vermögen einverleibt. Der Wille, die Sache als „eigene" zu behalten oder zu verwerten, muß durch eine nach außen erkennbare Zueignungshandlung betätigt werden.

A hat von B ein Buch geliehen; er beschließt, es dem Eigentümer nicht mehr zurückzugeben, sondern a) es für sich zu behalten und stellt es in seinen Bücherschrank oder b) es zu Geld zu machen und verkauft es an den C.

In beiden Sachverhaltsvarianten scheidet Diebstahl aus (A bricht keinen fremden Gewahrsam, er hat vielmehr eigenen Gewahrsam an dem Buch). Die nach außen erkennbare Zueignungshandlung liegt einmal im Einstellen des Buches in die eigenen Bestände, zum anderen in dem Kaufvertrag mit C.

Weitere Zueignungshandlungen können sein: Verbrauch einer Sache, Schenkung der Sache an einen Dritten, Sicherungsübereignung, Ableugnen des Besitzes, Verweigerung der Herausgabe an den Verleiher usw.

Der Gewahrsam braucht nicht schon bestehen, *bevor* die Zueignungshandlung ausgeführt wird; es genügt, wenn Gewahrsamserlangung und Zueignung zeitlich zusammenfallen.

Dies ist wichtig, damit die sog. *Fundunterschlagung* von § 246 StGB erfaßt werden kann. Der Täter, der einen wertvollen Ring findet und ihn, um unentdeckt zu bleiben, vorsichtig einsteckt, erlangt den Gewahrsam im Augenblick der Zueignung. Dies reicht aus, um ihn nach § 246 StGB wegen Unterschlagung bestrafen zu können.

Subjektiv setzt § 246 StGB Vorsatz des Täters voraus.

Ist die unterschlagene Sache dem Täter *„anvertraut"* worden, d. h. ist sie ihm im Vertrauen darauf überlassen worden, er werde nur im Sinne des Anvertrauenden mit ihr verfahren, so tritt nach § 246 StGB eine Strafschärfung ein.

Anvertraut ist eine Sache regelmäßig, wenn sie im Wege der Leihe, der Miete, der Pacht oder durch Kauf unter Eigentumsvorbehalt in den Gewahrsam des Täters gelangt ist.

Dieser erschwerte Fall der Unterschlagung wird als „Veruntreuung" bezeichnet. (Dieser Begriff darf aber keinesfalls mit dem Tatbestand der „Untreue" des § 266 StGB verwechselt werden!) §§ 247 und 248 a StGB gelten auch für die Unterschlagung.

III. Betrug

Betrug nach § 263 StGB ist eine durch Täuschung in Bereicherungsabsicht verursachte Vermögensschädigung eines anderen. Geschütztes Rechtsgut ist also das **Vermögen als ganzes.**

Die komplizierte Fassung des § 263 StGB läßt sich in vier objektive Tatbestandsmerkmale und zwei subjektive Tatbestandselemente gliedern.

1. Der objektive Tatbestand. Er enthält vier Tatbestandsmerkmale, nämlich

(1.) Täuschungshandlung,
(2.) Irrtumserregung,
(3.) Vermögensverfügung (ein in § 263 StGB nicht ausdrücklich geschriebenes Merkmal) und
(4.) Vermögensschaden.

Zwischen diesen Tatbestandsmerkmalen muß ein fortlaufender Kausalzusammenhang bestehen.

Dies bedeutet: *Durch* die Täuschungshandlung muß ein Irrtum erregt worden sein; *dieser* muß zu einer Vermögensverfügung des Getäuschten geführt haben und *infolge* der Vermögensverfügung muß ein Vermögensschaden entstanden sein.

a) Die Täuschungshandlung. Nach dem Wortlaut des Gesetzes besteht die Täuschungshandlung in der Vorspiegelung falscher oder in der Entstellung oder Unterdrückung wahrer Tatsachen. Getäuscht werden muß also über *Tatsachen*, d. h. über konkrete vergangene oder gegenwärtige Vorgänge und Zustände sowohl der Außenwelt als auch des menschlichen Innenlebens.

A gibt dem Verkäufer einen ungedeckten Scheck (die fehlende Deckung ist eine „äußere", objektiv feststellbare Tatsache); B bestellt in der Gastwirtschaft ein Viertel Wein, wobei er sich vornimmt, ohne zu zahlen, heimlich zu verschwinden (die fehlende Zahlungswilligkeit ist eine „innere" Tatsache).

Den Gegensatz zu den Tatsachen bilden die *Werturteile*.

Die Täuschung kann ausdrücklich oder durch schlüssiges Verhalten sowie durch Unterlassen erfolgen.

> Fordert A mit der unwahren Behauptung, er habe eine bestimmte Dienstleistung erbracht, von seinem Auftraggeber Bezahlung, so liegt eine ausdrückliche Täuschung vor.

> Nach der Verkehrsauffassung enthält eine Bestellung des Gastes in der Wirtschaft unausgesprochen, also schlüssig, die Erklärung, er könne und wolle die Zeche bezahlen.

> Täuschung durch Unterlassen ist möglich, wenn eine Rechtspflicht zur Aufklärung besteht. Der Empfänger von Fürsorgeunterstützung ist z. B. kraft Gesetzes verpflichtet, eine durch Erbfall eingetretene Verbesserung seiner Vermögensverhältnisse zu offenbaren.

b) Die Irrtumserregung. Durch die Täuschungshandlung muß beim Getäuschten ein Irrtum erregt oder unterhalten werden. Gewissermaßen als Spiegelbild der Täuschung bedeutet der Irrtum eine falsche Vorstellung über eine Tatsache.

> Der Auftraggeber glaubt dem A, daß die behauptete Dienstleistung erbracht und der Anspruch auf Bezahlung entstanden sei.

c) Die Vermögensverfügung. Durch den Irrtum muß der Getäuschte zu einer Vermögensverfügung veranlaßt werden. Unter „Vermögensverfügung" ist jedes Handeln, Dulden oder Unterlassen zu verstehen, das unmittelbar eine Vermögensminderung herbeiführt.

> Begrifflich ist die „Vermögensverfügung" im Sinne des § 263 StGB streng von der rechtsgeschäftlichen Verfügung zu unterscheiden. Im bürgerlichen Recht werden nur solche Rechtsgeschäfte als Verfügungen bezeichnet, die unmittelbar darauf gerichtet sind, ein bestehendes Recht zu übertragen, aufzuheben, zu verändern oder zu belasten (z. B. Übereignung, Abtretung, Erlaß, dingliche Belastungen usw.). Der Verfügungsbegriff in § 263 StGB ist sehr viel weiter. Er umfaßt z. B. auch den Abschluß eines schuldrechtlichen Verpflichtungsgeschäfts (Kaufvertrag, Darlehen usw.) oder das schlichte Unterlassen der Geltendmachung einer Forderung.

Die vom Getäuschten vorgenommene Vermögensverfügung kann das eigene oder aber auch fremdes Vermögen betreffen: Getäuschter und Geschädigter brauchen also nicht identisch zu sein (wohl aber müssen Getäuschter und Verfügender identisch sein!).

> Weil Getäuschter und Geschädigter nicht identisch zu sein brauchen, ergibt sich die Möglichkeit des sog. *Prozeßbetrugs:*

> A schuldet dem B 500,– DM aus Kauf. Da A nicht bezahlt, erhebt B gegen ihn Klage vor dem Amtsgericht. In der mündlichen Verhandlung vor dem Richter bestreitet A bewußt wahrheitswidrig den Abschluß des Kaufvertrags. B, der keine Zeugen hat, kann sein Recht nicht beweisen, so daß der Richter schließlich die Klage abweist. In diesem Falle wird der Richter durch Täuschung in einen Irrtum versetzt; er verfügt als Getäuschter im Wege des klageabweisenden Urteils über das für ihn fremde Vermögen des B.

d) Der Vermögensschaden. Die Vermögensverfügung muß zu einer Vermögensbeschädigung (Vermögensminderung) beim Verfügenden selbst oder bei einem Dritten führen. „Vermögen" ist die Gesamtheit der einer Person zustehenden Güter oder wirtschaftlichen Werte (sog. *wirtschaftlicher Vermögensbegriff*). Da es nicht darauf ankommt, ob die Vermögenswerte dem Betroffenen rechtlich zustehen, sondern allein die wirtschaftliche Zuordnung maßgebend ist, gibt es grundsätzlich kein „schutzunwürdiges" Vermögen im Rahmen des § 263 StGB.

Wer z. B. einem Dieb die gestohlene Ware abschwindelt, begeht Betrug.

Zur Beantwortung der Frage, ob infolge der Vermögensverfügung ein Vermögensschaden eingetreten ist, muß die (wirtschaftliche) Vermögenslage vor der Vermögensverfügung mit der (wirtschaftlichen) Vermögenslage nach dieser Verfügung verglichen werden.

Häufig stehen sich Ware und Geld oder Arbeitsleistung und Geld gegenüber. In seinem Vermögen geschädigt ist z. B. wer eine minderwertige Ware zu teuer bezahlt oder wer für seine Ware Falschgeld erhält.

Eine Vermögensbeschädigung setzt aber nicht stets eine rechnerisch nachweisbare Vermögensminderung voraus, es genügt z. B. auch eine **Vermögensgefährdung,** wenn darin – wirtschaftlich betrachtet – eine Verschlechterung der Vermögenslage zu sehen ist.

In diesen Fällen ist zwar noch kein tatsächlicher Verlust von Vermögenswerten („effektiver Schaden") eingetreten, die Gefährdung vermögenswerter Positionen ist jedoch bereits konkret.

Eine Vermögensgefährdung liegt z. B. vor, wenn der Gläubiger eine ihm zustehende Forderung nicht geltend macht, weil er von ihr infolge einer Täuschung nichts weiß, und diese Forderung bei sofortiger Geltendmachung realisierbar gewesen wäre.

2. Der subjektive Tatbestand. Er muß zwei Elemente umfassen, nämlich

(1.) Vorsatz und
(2.) die Absicht, sich oder einem Dritten einen rechtswidrigen Vermögensvorteil zu verschaffen.

a) Vorsatz. § 263 StGB erfordert Vorsatz hinsichtlich aller objektiven Tatbestandsmerkmale, also in bezug auf die Täuschungshandlung, die Irrtumserregung, die Vermögensverfügung und den Vermögensschaden.

Eine fahrlässig falsch aufgestellte Behauptung führt daher nicht zum Betrug.

b) Bereicherungsabsicht. Dem Täter muß es auf die Erlangung eines Vermögensvorteils für sich oder einen Dritten ankommen.

Der „Vermögensvorteil" ist das Gegenstück des „Vermögensschadens". Daraus ergibt sich das Erfordernis der *Stoffgleichheit* zwischen Vermögensvorteil und Vermögensschaden. Daran würde es fehlen, wenn der Täter z. B. in der Absicht handelt, von einem Dritten für die Tat belohnt zu werden. Der Täter muß vielmehr den Vorteil in der Weise vom Geschädigten anstreben, daß der Vorteil die Kehrseite des Schadens ist.

Der erstrebte Vermögensvorteil muß *rechtswidrig* sein.

Hat der Täter auf die angestrebte Bereicherung einen fälligen Anspruch, so ist sie nicht rechtswidrig, so daß ein Betrug ausscheidet.

Z. B.: A hat gegen B einen fälligen Anspruch. Er führt deshalb einen Zivilprozeß. Weil er sich in Beweisschwierigkeiten befindet, täuscht A mit unwahren Behauptungen den Richter, um dem gefährdeten Klagebegehren zum Erfolg zu verhelfen.

Besondere Fälle des Betrugs sind der Subventionsbetrug (§ 264 StGB), der Versicherungsbetrug (§ 265 StGB), der Automatenmißbrauch und das Erschleichen von Leistungen (§ 265 a StGB), der Kreditbetrug (§ 265 b StGB) und die Gebührenüberhebung (§ 352 StGB).

IV. Urkundendelikte

Geschütztes Rechtsgut ist bei den Urkundendelikten nach §§ 267 ff. StGB die **Sicherheit und Zuverlässigkeit des Rechtsverkehrs mit Urkunden als Beweismitteln.**

1. Der Urkundenbegriff. Urkunde im strafrechtlichen Sinne ist jede verkörperte Gedankenerklärung, die geeignet und bestimmt ist, im Rechtsverkehr Beweis zu erbringen und die ihren Aussteller erkennen läßt.

a) Perpetuierungsfunktion. Die feste Verbindung der einer Urkunde zugrunde liegenden Gedankenerklärung mit einer körperlichen Sache ist für die sog. Perpetuierungsfunktion der Urkunde maßgebend.

Dadurch unterscheidet sich die Urkunde im strafrechtlichen Sinne von der mündlichen Gedankenäußerung.

Da aber die Verkörperung der Erklärung ausreicht, sind nicht nur Schriftstücke Urkunden. Freilich wird die schriftliche Erklärung die häufigste und gebräuchlichste Form der Urkunde sein.

Auch die mit einem körperlichen Gegenstand fest verbundenen *Beweiszeichen* fallen daher unter den strafrechtlichen Urkundenbegriff, obwohl sie keine Schriftstücke darstellen (z. B. Fabriknummer am Fahrgestell eines Autos, amtliches Kraftfahrzeugkennzeichen, TÜV-Plakette am Nummernschild, Signatur des Künstlers auf Gemälden, Plomben an Stromzählern usw.).

b) Beweisfunktion. Die Urkunde setzt begrifflich ferner voraus, daß sie geeignet und bestimmt ist, eine außerhalb ihrer selbst liegende Tatsache im Rechtsverkehr zu beweisen.

Bei den sog. *Absichtsurkunden* ist die Beweisbestimmung von vornherein gegeben. Sie wurden bei ihrer Ausstellung zur Beweisführung im Rechtsverkehr bestimmt (z. B. Protokolle, Verträge usw.). Die für den Urkundenbegriff nötige Beweisbestimmung kann aber auch erst später oder durch einen anderen als den Aussteller getroffen werden; man spricht dann von sog. *Zufallsurkunden* (z. B. ein Privatbrief, der plötzlich zu Beweiszwecken in einem Strafverfahren oder in einem Zivilprozeß wichtig wird).

c) Personale Garantiefunktion. Letzte Voraussetzung der strafrechtlichen Urkunde ist, daß sie den *Aussteller,* d. h. den Urheber der Gedankenerklärung, erkennen läßt.

Regelmäßig wird der Aussteller durch Unterschrift, Handzeichen, Stempelaufdruck, Briefkopf usw. erkennbar. Es genügt jedoch, wenn sich der Aussteller aus dem Inhalt der Urkunde allgemein oder wenigstens für die Beteiligten entnehmen läßt.

Anonyme Schreiben haben daher keine Urkundenqualität.

2. Die Urkundenfälschung (§ 267 StGB). Eine Urkundenfälschung begeht, wer entweder eine unechte Urkunde herstellt oder eine echte Urkunde verfälscht oder von einer unechten oder verfälschten Urkunde Gebrauch macht.

a) Herstellen einer unechten Urkunde. Eine Urkunde ist **unecht,** wenn sie nicht von dem stammt, der als ihr Aussteller bezeichnet ist; **echt** ist die Urkunde hingegen, wenn sie von demjenigen herrührt, der sich aus ihr als Urheber der verkörperten Gedankenerklärung ergibt.

Bei Schriftstücken erfolgt das Herstellen einer unechten Urkunde in der Regel dadurch, daß mit falschem Namen unterschrieben wird. A schuldet dem B 500,– DM; um der

Rückzahlungspflicht zu entgehen stellt er eine Quittung über den Empfang der 500,– DM her, die er mit der fingierten Unterschrift des B versieht.

Wichtig: Beim Herstellen einer unechten Urkunde geht es um eine Täuschung über die Identität der Person des Ausstellers *(Identitätstäuschung)*. Auf die inhaltliche Wahrheit der Urkunde kommt es nicht an; die *„schriftliche Lüge"* wird in § 267 StGB nicht geschützt. Inhaltlich unwahre Angaben in echten Urkunden sind nur bei öffentlichen Urkunden strafbar (vgl. §§ 271, 348 StGB).

b) **Verfälschen einer echten Urkunde.** Bei dieser zweiten Handlungsalternative des § 267 StGB liegt eine echte Urkunde, also eine Urkunde vor, die von dem stammt, der sich aus ihr als Aussteller ergibt. Nachträglich wird der Inhalt dieser Urkunde so verändert, daß ihr neuer Erklärungsinhalt sich nicht mehr mit dem früheren Erklärungsinhalt deckt. Der neue Inhalt rührt also nicht mehr vom ursprünglichen Aussteller, sondern vom Fälscher her.

A hat dem B ein Darlehen von 1000,– DM gewährt. Hierüber hat B dem A einen Schuldschein ausgestellt. A ändert diesen Schuldschein später in der Weise ab, daß er den Schuldbetrag um eine Null erweitert, so daß der Schuldschein nunmehr über 10 000,– DM lautet.

Auch die sog. *unbefugte Eigenänderung* einer Urkunde fällt unter die 2. Handlungsalternative des § 267 StGB. Unbefugt ist die Eigenänderung, wenn sie zu einem Zeitpunkt erfolgt, zu dem ein Dritter einen Anspruch auf unversehrten Bestand der Urkunde erlangt hat: Der Schuldner verschafft sich vom Gläubiger nochmals den von ihm ausgestellten Schuldschein und radiert eine Null vom Schuldbetrag weg.

c) **Gebrauchmachen von einer unechten oder verfälschten Urkunde.** Von der Urkunde ist Gebrauch gemacht, wenn sie dem zu Täuschenden in einer Weise zugänglich gemacht wird, daß dieser die Möglichkeit zur Kenntnisnahme hat.

Der gefälschte Führerschein wird bei einer Kontrolle vorgezeigt.

d) **Die subjektive Tatseite des § 267 StGB.** Der Täter muß bei allen Begehungsformen vorsätzlich handeln. Die Handlungen müssen ferner zur Täuschung im Rechtsverkehr erfolgen.

3. Weitere Urkundendelikte.

a) **Die Falschbeurkundung im Amt (§ 348 StGB).** Mit Strafe bedroht wird hier das Herstellen einer echten aber inhaltlich unwahren öffentlichen Urkunde durch einen Amtsträger.

Ein Postbeamter vergißt die förmliche Zustellung eines Schriftstücks. Er holt das Versäumnis am folgenden Tag nach, trägt jedoch in die Zustellungsurkunde wahrheitswidrig den Vortag als Zustellungsdatum ein.

b) **Die mittelbare Falschbeurkundung (§ 271 StGB).** Auch mit dieser Bestimmung soll der Rechtsverkehr vor inhaltlich unwahren öffentlichen Urkunden geschützt werden. Der Tatbestand greift ein, wenn sich der Täter eines gutgläubigen Amtsträgers zur Bewirkung einer unrichtigen Beurkundung mit Beweiswert für und gegen jedermann bedient (Fall der mittelbaren Täterschaft).

c) **Die Urkundenunterdrückung (§ 274 StGB).** Mit diesem Tatbestand wird ein Bestandsschutz für Urkunden gewährleistet. Die Tathandlung besteht im Vernichten, Beschädigen oder Unterdrücken einer Urkunde, die dem Täter nicht oder nicht ausschließlich gehört.

„Gehören" im Sinne dieser Vorschrift bedeutet nicht die eigentumsmäßige Zuordnung, sondern besagt, daß die Urkunde nicht bereits mit einem Beweisbenutzungsrecht Dritter behaftet sein darf.

Z. B.: Der Erbe A findet ein Testament, das ihn schlechter stellt als die gesetzliche Erbfolge. Er verbrennt das Testament. Abgesehen davon, daß den A nach § 2259 BGB eine Ablieferungspflicht trifft, ist für die vom Erbfall betroffenen sonstigen Personen ein Beweisbenutzungsrecht an dem Testament entstanden, so daß es dem A nicht ausschließlich „gehört".

Der subjektive Tatbestand erfordert Vorsatz und die Absicht, einem anderen Nachteil zuzufügen.

d) Zu nennen sind schließlich folgende Urkundendelikte: Fälschung technischer Aufzeichnungen (§ 268 StGB), Fälschung von Gesundheitszeugnissen (§ 277 StGB), Ausstellen und Gebrauch unrichtiger Gesundheitszeugnisse (§§ 278, 279 StGB) und Mißbrauch von Ausweispapieren (§ 281 StGB).

37. Kapitel

Grundzüge des Rechts der Ordnungswidrigkeiten

I. Allgemeines

Nicht auf alle Verstöße gegen staatliche Gebote oder Verbote muß mit einer Strafdrohung (Freiheitsstrafe oder Geldstrafe) reagiert werden. Bei vielen Zuwiderhandlungen gegen Rechtsnormen hält der Gesetzgeber eine Ahndung von vornherein für entbehrlich. Zahlreich sind aber auch jene Fälle, die einen „Mittelweg" nahelegen: Es erscheint zwar erforderlich, dem Rechtsbrecher ein Übel anzudrohen und den Rechtsbruch zu ahnden, die Kriminalstrafe ist jedoch unverhältnismäßig hart. Hier bietet das Rechtsinstitut der **Ordnungswidrigkeit** eine sachgerechte Lösung.

Der Gesetzgeber erklärt in Fällen dieser Art ein bestimmtes Tun oder Unterlassen für „ordnungswidrig" und bedroht es mit einer **Geldbuße**.

Ordnungswidrigkeiten und Geldbußen begegnen dem Bürger im Rechtsalltag sehr viel häufiger als Straftaten und Strafen.

Die meisten Verstöße gegen Gebote und Verbote des Straßenverkehrsrechts sind als Ordnungswidrigkeiten (und zwar als sog. Verkehrsordnungswidrigkeiten) ausgewiesen und werden mit einer Geldbuße geahndet (vgl. § 24 StVG und § 49 StVO). In dem bundeseinheitlich geltenden „Bußgeldkatalog für Straßenverkehrsordnungswidrigkeiten" wurden für die einzelnen Zuwiderhandlungen gegen Regelungen der StVO und der StVZO Bußgeldbeträge festgelegt. Dabei handelt es sich allerdings nur um „Regelsätze".

Für die gefährlichsten Verhaltensweisen im Straßenverkehr bietet das Rechtsinstitut der Ordnungswidrigkeit nicht mehr die sachgerechte Ahndung: Hier liegt „kriminelles Unrecht" vor (vgl. die Tatbestände der Straßenverkehrsgefährdung in § 315c StGB und der Trunkenheitsfahrt in § 316 StGB).

Das Bemühen, kriminelles Unrecht vom *„Ordnungs-"* oder *„Verwaltungsunrecht"* abzugrenzen, beruht auf der Erkenntnis, daß das Strafrecht nur die Verletzung solcher Rechtsnormen erfassen soll, die den Schutz der Grundlagen unserer Gesellschaftsordnung und besonders wichtiger Rechtsgüter gewährleisten müssen. Nur bei Angriffen in diesem besonders schutzbedürftigen Bereich liegt „kriminelles" Unrecht vor, das mit „Strafe" geahndet werden muß.

> Mit der Verhängung einer Kriminalstrafe wird zugleich ein sozialethisches Unwerturteil über die Tat abgegeben. Darin liegt der sog. Strafmakel, der signalisiert, daß der Täter sittliche Pflichten gegenüber der Gemeinschaft verletzt hat.

Unrecht, das zwar auch durch Zuwiderhandlung gegen staatliche Gebote oder Verbote begangen wird, das aber nur gegen wertneutrale Ordnungsregeln (s. o. Kap. 2) gerichtet und damit ethisch nicht vorwerfbar ist, bedarf keiner strafrechtlichen Sanktionen. Hier genügt es, wenn der Gesetzesverstoß als Ordnungswidrigkeit eingestuft, mit einer Geldbuße geahndet und dadurch nicht mit dem Strafmakel versehen wird.

> § 3 StVO enthält z. B. Gebote und Verbote bezüglich der Gelschwindigkeit im Straßenverkehr. Eine Verletzung dieser Regeln hat keinen kriminellen Gehalt; sie wird als Ordnungswidrigkeit geahndet (vgl. § 49 Abs. 1 Nr. 3 StVO in Verbindung mit § 24 StVG).

Entscheidend ist also, daß mit der *Strafe ein sittliches Unwerturteil* über die Tat gefällt wird, während die Ordnungswidrigkeit – wie der Name sagt – als Verstoß gegen Ordnungsrecht und damit frei von sittlichem Unwert als „Verwaltungsunrecht" betrachtet wird.

> Unerheblich ist demgegenüber, daß sich Geld*strafe* und Geld*buße* aus der Sicht des Betroffenen kaum unterscheiden: Ebenso wie die Geldstrafe bewirkt die Geldbuße eine Vermögensminderung und ebenso wie die Geldstrafe soll und wird auch die Geldbuße schmerzhaft sein. Dabei ist sogar zu beachten, daß die Geldbuße höher sein kann als eine Geldstrafe. – Dies ändert jedoch nichts daran, daß die Ordnungswidrigkeit die „leichtere" Form staatlicher „Übelszufügung" ist: Ihr fehlt das sittliche Unwertsurteil!

Die moderne Entwicklung des Ordnungswidrigkeitenrechts begann in der Bundesrepublik Deutschland mit dem Wirtschaftsstrafgesetz 1949 und führte 1952 zu einer ersten umfassenden Rahmenregelung für Ordnungswidrigkeiten. Neu geregelt wurde das Ordnungswidrigkeitenrecht durch das **Gesetz über Ordnungswidrigkeiten (OWiG)** vom 24. Mai 1968 (BGBl. I S. 481), das nach zahlreichen Änderungen am 2. Januar 1975 neu bekanntgemacht wurde (BGBl. I S. 80) und in dieser Fassung – von einigen weiteren Änderungen abgesehen – heute gilt.

Das Gesetz über Ordnungswidrigkeiten enthält die **Kern- und Rahmenvorschriften** für alle Ordnungswidrigkeiten, die es nach Bundes- oder Landesrecht gibt.

Das Recht der Ordnungswidrigkeiten trägt zu einer recht weiten *„Entkriminalisierung"* bei.

> So wurden z. B. durch das Einführungsgesetz zum Strafgesetzbuch (EGStGB) vom 2. März 1974 die bisher im Strafgesetzbuch enthaltenen Übertretungstatbestände ausgesondert, zum geringen Teil in Vergehen hochgestuft (vgl. § 248 a StGB für den Fall des früheren „Mundraubs"), weit überwiegend aber in Ordnungswidrigkeiten umgewandelt (vgl. Art. 13 EGStGB und §§ 116 ff. OWiG). Die Tendenz geht in Richtung eines weiteren Abbaus des Kriminalunrechts zum Ordnungsunrecht vor allem in den Grenzbereichen des Wirtschaftsstrafrechts.

II. Ordnungswidrigkeit und Straftat

Die **Ordnungswidrigkeit** wird in § 1 Abs. 1 OWiG wie folgt **definiert:** „Eine Ordnungswidrigkeit ist eine rechtswidrige und vorwerfbare Handlung, die den Tatbestand eines Gesetzes verwirklicht, das die Ahndung mit einer Geldbuße zuläßt". Die Merkmale der Ordnungswidrigkeit, nämlich Tatbestandsmäßigkeit, Rechtswidrigkeit und Vorwerfbarkeit, decken sich mit jenen der Straftat.

> Das OWiG vermeidet allerdings den im Strafrecht verwendeten Begriff der „Schuld" und spricht statt dessen von der „Vorwerfbarkeit". Der Sache nach handelt es sich um dasselbe, nämlich um die Verantwortlichkeit des Täters, um sein subjektives „Einstehenmüssen" für tatbestandsmäßiges Unrecht. Der strafrechtliche Begriff „Schuld" wurde vermieden, weil in ihm das Element der sozialethischen Mißbilligung, welches der Ordnungswidrigkeit fehlt, mit angesprochen sein könnte.

Die Unterscheidung von Ordnungswidrigkeit und Straftat ergibt sich nach der gesetzlichen Definition in § 1 OWiG lediglich anhand der angedrohten Rechtsfolge. Bedroht das Gesetz eine tatbestandsmäßige, rechtswidrige und schuldhafte (vorwerfbare) Handlung mit Freiheitsstrafe oder mit Geldstrafe, so handelt es sich um einen Straftatbestand; bedroht das Gesetz eine tatbestandsmäßige, rechtswidrige und vorwerfbare (schuldhafte) Handlung dagegen mit Geldbuße, so liegt eine Ordnungswidrigkeit vor.

> Das Gesetz begnügt sich also mit einer rein *formalen Begriffsbestimmung:* Durch die Art der Rechtsfolge ist die Straftat einerseits und die Ordnungswidrigkeit andererseits abgegrenzt. Die materielle Unterscheidung von Straftat und Ordnungswidrigkeit (s. o. I) ergibt sich nur mittelbar aus dem Gesetz.

Der Gesetzgeber entscheidet demzufolge durch die Wahl der Rechtsfolge (Strafe oder Geldbuße), ob er begangenes Unrecht als Straftat oder als Ordnungswidrigkeit klassifizieren will. Er hat es grundsätzlich in der Hand, welches Gewicht er dem tatbestandsmäßigen Unrecht beilegt.

> Dabei ist er allerdings nicht ganz frei. Verstöße gegen Rechtsnormen, die Grundwerte des einzelnen und der Gemeinschaft schützen, tragen das sittliche Unwerturteil „auf der Stirn". Es wäre deshalb von vornherein ausgeschlossen, z. B. Tötungsdelikte zur Ordnungswidrigkeit umzustufen. Man spricht hier vom *„Kernbereich des Strafrechts".* Er steht dem Gesetzgeber nicht zur Disposition.

Trotz ihrer Wesensverschiedenheit haben Strafrecht und Ordnungswidrigkeitenrecht vieles gemeinsam. Das beginnt damit, daß einerseits eine Tat nur bestraft werden kann, wenn die Strafbarkeit gesetzlich bestimmt war, bevor die Tat begangen wurde (§ 1 StGB) und daß andererseits eine Handlung nur dann als Ordnungswidrigkeit geahndet werden kann, wenn die Möglichkeit der Ahndung gesetzlich bestimmt war, bevor die Handlung begangen wurde (§ 3 OWiG). Der Bürger soll in jedem Falle voraussehen können, welche Konsequenzen sein Verhalten haben wird. Der Grundsatz „nulla poena sine lege", der nach Art. 103 Abs. 2 GG Verfassungsrang hat, wird damit konsequent auf das Ordnungswidrigkeitenrecht (als „Strafrecht" i. w. S.) erstreckt.

> Beispiel: Nach § 4 Abs. 1 des Gesetzes über die Beseitigung von Abfällen (Abfallbeseitigungsgesetz – AbfG) in der Fassung der Bekanntmachung vom 5. Januar 1977 (BGBl. I S. 41) dürfen Abfälle „nur in den dafür zugelassenen Anlagen oder Einrichtungen (Abfallbeseitigungsanlagen) behandelt, gelagert und abgelagert werden".

Eine Zuwiderhandlung gegen diese Bestimmung kann als Ordnungswidrigkeit nur geahndet (und als Straftat nur bestraft) werden, wenn dies im Gesetz vor der Zuwiderhandlung festgelegt worden ist.

Eine derartige Festlegung und zwar im Sinne einer Ordnungswidrigkeit trifft § 18 Abs. 1 Nr. 1 AbfG. Es heißt dort: „Ordnungswidrig handelt, wer vorsätzlich oder fahrlässig ... entgegen § 4 Abs. 1 Abfälle außerhalb einer dafür zugelassenen Abfallbeseitigungsanlage behandelt, lagert oder ablagert ...".

§ 18 Abs. 2 AbfG regelt die Rechtsfolge und bestimmt: „Die Ordnungswidrigkeit kann mit einer Geldbuße bis hunderttausend Deutsche Mark geahndet werden".

Gemeinsamkeiten zwischen Straftat und Ordnungswidrigkeit ergeben sich aber auch bei den übrigen Grundvoraussetzungen (Handlung, Tatbestandsmäßigkeit, Rechtswidrigkeit und Rechtfertigungsgründe, Schuld [Vorwerfbarkeit] und Entschuldigungsgründe). Viele strafrechtliche Institutionen und Regelungen begegnen uns im Ersten Teil des Gesetzes über Ordnungswidrigkeiten wieder.

Z. B. Begehen durch Unterlassen (§ 13 StGB, § 8 OWiG), vorsätzliches und fahrlässiges Handeln (§ 15 StGB, § 10 OWiG), Notwehr und Notwehrüberschreitung (§§ 32 f. StGB, § 15 OWiG), rechtfertigender Notstand (§ 34 StGB, § 16 OWiG), Tatbestands- und Verbotsirrtum (§§ 16 f. StGB, § 11 OWiG), Tateinheit und Tatmehrheit (§§ 52 f. StGB, §§ 19 f. OWiG) usw.

Dies darf aber nicht darüber hinwegtäuschen, daß die scheinbar gleichartigen Regelungen im OWiG im einzelnen nicht selten vom allgemeinen Strafrecht abweichen.

Für die Teilnahme im weiteren Sinne (Mittäterschaft, Anstiftung, Beihilfe) geht § 14 OWiG in Abweichung von §§ 25 ff. StGB (s. o. Kap. 34 IV) einen eigenen Weg. Die Vorschrift legt den Begriff des *Einheitstäters* zugrunde. Für ihn kommt es nicht mehr darauf an, in welcher Form (Mittäterschaft, Anstiftung oder Beihilfe) sich die Beteiligung an der Ordnungswidrigkeit vollzieht. Hat der Täter die Voraussetzungen der „Beteiligung" erfüllt, so handelt er ordnungswidrig, d. h. sein Verhalten wird wegen Begehung der in Frage stehenden Ordnungswidrigkeit geahndet; eine Differenzierung nach der Art der Beteiligung erfolgt nicht. Mit der Einführung des „Einheitstäters" sollte die Rechtsanwendung vereinfacht werden.

Im Strafrecht ist der Versuch bei Verbrechen stets, bei Vergehen nur dann strafbar, wenn dies das Gesetz ausdrücklich bestimmt (§ 23 Abs. 1 StGB; s. o. Kap. 34 II am Ende). – Nach § 13 Abs. 2 OWiG ist der Versuch einer Ordnungswidrigkeit *stets* nur ahndbar, wenn das Gesetz dies ausdrücklich vorsieht.

Für die Verjährung der Verfolgung von Ordnungswidrigkeiten gelten – je nach der Höhe der Bußgelddrohung – Fristen von sechs Monaten bis zu drei Jahren (§ 31 OWiG). Der Grund für diese gegenüber dem Strafrecht kürzeren Verjährungsfristen liegt darin, daß der Unrechtsgehalt der Ordnungswidrigkeit geringer ist als derjenige der Straftat.

III. Die Rechtsfolge

Die Androhung einer Geldbuße kennzeichnet nach § 1 Abs. 1 OWiG die Ordnungswidrigkeit (s. o. II). Die Geldbuße ist zugleich die Rechtsfolge, die ein ordnungswidriges Verhalten nach sich zieht. Nach § 17 Abs. 1 OWiG beträgt die Geldbuße mindestens fünf Deutsche Mark und, wenn das Gesetz nichts anderes bestimmt, höchstens tausend Deutsche Mark.

Ein Beispiel für eine abweichende gesetzliche Regelung wurde bereits genannt (s. o. II), danach ist die ordnungswidrige Ablagerung und Behandlung von Abfällen nach § 18 Abs. 2 AbfG mit einer Geldbuße bis hunderttausend Deutsche Mark bedroht.

In § 156 BBauG wird eine differenzierte Regelung vorgesehen: Bei bestimmten Ordnungswidrigkeiten nach dem BBauG verbleibt es bei der allgemeinen Geldbußdrohung bis zu tausend Deutsche Mark, eine andere Gruppe von Ordnungswidrigkeiten wird mit Geldbuße bis zu 20 000 DM und eine dritte Gruppe sogar bis zu 50 000 DM bedroht.

Die Geldbuße soll den wirtschaftlichen Vorteil, den der Täter aus der Ordnungswidrigkeit gezogen hat, übersteigen. Deshalb kann das gesetzliche Höchstmaß überschritten werden, wenn es dazu nicht ausreicht (§ 17 Abs. 4 OWiG).

IV. Das Bußgeldverfahren

Das Bußgeldverfahren ist im zweiten Teil des Gesetzes über Ordnungswidrigkeiten (§§ 35 bis 110) geregelt.

Zuständig für die Verfolgung und Ahndung einer Ordnungswidrigkeit ist zunächst und grundsätzlich die Verwaltungsbehörde (§ 35 OWiG). Welche dies im Einzelfall ist, richtet sich in erster Linie nach der ausdrücklichen gesetzlichen Zuständigkeitsbestimmung und – wenn eine solche fehlt – nach der fachlichen Zuordnung der konkreten Materie (vgl. § 36 OWiG).

Ausnahmsweise ist die Staatsanwaltschaft für die Verfolgung und das Gericht für die Ahndung einer Ordnungswidrigkeit zuständig, nämlich

1. wenn Staatsanwaltschaft oder Gericht in einem Strafverfahren ohnehin mit der Sache befaßt sind (§§ 40, 82 OWiG),

2. wenn die Staatsanwaltschaft die Verfolgung der Ordnungswidrigkeit übernimmt, was sie dann kann, wenn sie eine Straftat verfolgt, die mit der Ordnungswidrigkeit zusammenhängt (§§ 42 ff. OWiG).

Im Unterschied zur Strafverfolgung, wo grundsätzlich eine Pflicht für Staatsanwaltschaft und Polizei zur Verfolgung von Amts wegen besteht (Legalitätsprinzip, s. u. Kap. 43 III 3), ist es der Verwaltungsbehörde im Bußgeldverfahren gestattet, nach pflichtgemäßem Ermessen von der Verfolgung einer Ordnungswidrigkeit abzusehen: Es gilt das *Opportunitätsprinzip* (§ 47 OWiG).

Hält die Verwaltungsbehörde die Verfolgung für geboten, ist die Ordnungswidrigkeit jedoch *geringfügig*, so kommt – zur raschen und unkomplizierten Erledigung der Angelegenheit – das **Verwarnungsverfahren** (§§ 56 ff. OWiG) in Betracht. In diesen Fällen kann die Verwaltungsbehörde den Betroffenen *verwarnen* und zwar mit oder ohne **Verwarnungsgeld**. Nach § 57 Abs. 2 OWiG kann diese Verwarnung auch von hierzu ermächtigten Polizeibeamten erteilt werden.

Verkehrsordnungswidrigkeiten werden auf diese Weise häufig an Ort und Stelle (Radarkontrolle!) durch Verwarnung mit Verwarnungsgeld von den Beamten der Verkehrspolizei geahndet.

Das Verwarnungsgeld beträgt, soweit gesetzlich nichts anderes bestimmt ist, mindestens zwei, höchstens 20 DM (§ 56 Abs. 1 OWiG).

Eine von diesem Grundrahmen abweichende gesetzliche Bestimmung enthält § 27 Abs. 1 StVG, wonach bei Verkehrsordnungswidrigkeiten nach § 24 StVG ein Verwarnungsgeld bis zu 40 DM verhängt werden kann.

Die Verwarnung darf – nach Belehrung des Betroffenen über sein Weigerungs-recht – nur mit seinem Einverständnis ausgesprochen werden. Weigert sich der Betroffene, das Verwarnungsgeld zu zahlen, so wird die Ordnungswidrigkeit im Bußgeldverfahren verfolgt.

Anstelle des Verwarnungsgeldes droht dem Betroffenen – wenn die Voraussetzungen der Ordnungswidrigkeit vorliegen – ein Bußgeldbescheid.

Ist der Betroffene mit der Verwarnung einverstanden und entrichtet er das Verwarnungsgeld, so ist die Verwarnung wirksam, d. h. die Tat kann nicht mehr verfolgt werden (vgl. § 56 Abs. 4 OWiG): Die Sache ist erledigt!

In den Fällen, in denen die Verwaltungsbehörde eine Verfolgung für geboten hält, die Ordnungswidrigkeit aber so viel Gewicht hat, daß eine Erledigung im Verwar-nungsverfahren unzureichend wäre, wird nach Abschluß der Ermittlungen von der Verwaltungsbehörde ein **Bußgeldbescheid** festgesetzt (§§ 65 f. OWiG). Gegen ihn kann der Betroffene innerhalb einer Woche nach Zustellung bei der Verwaltungsbe-hörde, die den Bußgeldbescheid erlassen hat, schriftlich oder zu Protokoll **Einspruch** einlegen (§ 67 OWiG). Es entscheidet, sofern keine abweichende Zuständigkeitsre-gelung durch Rechtsverordnung getroffen ist, das Amtsgericht, in dessen Bezirk die Verwaltungsbehörde, deren Bescheid angefochten wird, ihren Sitz hat.

Das gerichtliche Verfahren nach Einspruch gegen den Bußgeldbescheid orientiert sich an den Vorschriften der Strafprozeßordnung, die nach zulässigem Einspruch gegen einen Strafbefehl gelten (§ 71 OWiG).

Gegen das amtsgerichtliche Urteil ist lediglich die **Rechtsbeschwerde** zum Ober-landesgericht zulässig und auch diese nur unter engen Voraussetzungen (§ 79 OWiG).

3. Unterabschnitt

Einblick in das Verwaltungsrecht

38. Kapitel

Allgemeines

Angesichts der ständig zunehmenden Fülle und Vielfalt des Verwaltungsrechts-stoffes würde eine auch nur annähernd geschlossene Darstellung des Rechts der öffentlichen Verwaltung den Rahmen dieses Buches bei weitem sprengen. Wir müssen uns deshalb darauf beschränken, den Leser mit einigen wenigen, aber typischen Besonderheiten des Allgemeinen Verwaltungsrechts bekanntzumachen.

I. Die Haupteinteilung des Verwaltungsrechts

Auch das Verwaltungsrecht kann in einen *Allgemeinen* und in einen *Besonderen Teil* gegliedert werden. Anders aber als im bürgerlichen Recht und im Strafrecht fehlt im Verwaltungsrecht ein „Gesetzbuch", das die wichtigsten allgemeinen und besonderen Regeln für die öffentliche Verwaltung systematisch zusammenfaßt.

Zum Allgemeinen Teil des Verwaltungsrechts werden z. B. gerechnet: Die Lehre vom Ermessen (s. u. III 3), die Lehre vom Verwaltungsakt (s. u. Kap. 39), die Lehre von den subjektiv-öffentlichen Rechten (s. o. Kap. 3 II 4), Regelungen über den öffentlich-rechtlichen Vertrag, über die Verjährung und Verwirkung, über das Verwaltungsverfahren (s. u. II), über den Rechtsschutz gegen Maßnahmen der Verwaltung u. v. a.

Gemeinsam ist diesen Regeln, daß sie für alle Bereiche der Verwaltung gelten, daß ς also im Beamtenrecht ebenso Anwendung finden wie im Baurecht, Gewerberech. Gemeinderecht, Wasserrecht, Polizeirecht usw.

Im Unterschied zum Allgemeinen Teil des Bürgerlichen Gesetzbuches sowie zum Allgemeinen Teil des Strafgesetzbuches wurde das, was wir als den „Allgemeinen Teil des Verwaltungsrechts" bezeichnen, nicht zusammenhängend und systematisch „kodifiziert", d. h. in Gesetzesform gefaßt. Die allgemeinen Regeln des Verwaltungsrechts sind überwiegend ungeschriebenes Gewohnheitsrecht: Die von der Verwaltungspraxis, der Verwaltungsrechtsprechung und der Verwaltungsrechtswissenschaft entwickelten Grundsätze, welche die Lücken im geschriebenen Recht ausfüllen sollen, werden seit langer Zeit gleichmäßig und aus „Rechtsüberzeugung" geübt (s. o. Kap. 2 II).

Dies gilt vor allem für die *materiellen* Regelungen des Allgemeinen Verwaltungsrechts; die zum *Verfahrensrecht* gehörenden Bestimmungen sind dagegen in stärkerem Maße in Gesetzen verankert.

Allerdings haben inzwischen die Verwaltungsverfahrensgesetze von Bund und Ländern (s. u. II) eine Reihe wichtiger, bisher gewohnheitsrechtlich geltender materieller Regelungen des Allgemeinen Verwaltungsrechts in Gesetzesform gefaßt (z. B. Bestimmungen über das Ermessen, über den Verwaltungsakt oder über den öffentlich-rechtlichen Vertrag). Gleichwohl wäre es verfehlt, in den Verwaltungsverfahrensgesetzen eine Kodifizierung des Allgemeinen Verwaltungsrechts zu sehen: Die Verwaltungsverfahrensgesetze regeln keineswegs alles, was zum Allgemeinen Verwaltungsrecht gehört und dort, wo die Verwaltungsverfahrensgesetze nicht anwendbar sind, muß ohnehin auf die schon bisher gewohnheitsrechtlich geltenden Regelungen des Allgemeinen Verwaltungsrechts zurückgegriffen werden.

Anders als der „Allgemeine Teil des Verwaltungsrechts" ist das „Besondere Verwaltungsrecht" weit überwiegend gesetzlich geregelt. Allerdings handelt es sich um weitverstreute Einzelgesetze, die die vielfältigen Verwaltungsrechtsgebiete jeweils gesondert behandeln.

Z. B. Beamtenrecht, Gemeinderecht, Baurecht, Sozialhilferecht, Wasserhaushaltsrecht, Paßrecht, Polizeirecht u. v. a.

II. Die Verwaltungsverfahrensgesetze

Mit dem **Verwaltungsverfahrensgesetz (VwVfG)** *des Bundes* vom 25. Mai 1976 (BGBl. I S. 1253), das mit seinen wesentlichen Teilen am 1. Januar 1977 in Kraft getreten ist, wurde das Verfahren der Verwaltungsbehörden zum ersten Male einheitlich kodifiziert.

Das Verwaltungsverfahren darf nicht mit dem Verwaltungsprozeß verwechselt werden: Das Verwaltungsverfahren liegt in der Hand der Verwaltungsbehörden und zielt auf den Erlaß eines Verwaltungsakts (s. u. Kap. 39); der Verwaltungsprozeß liegt in der Hand der Verwaltungsgerichte und dient der Entscheidung eines verwaltungsgerichtlichen Rechtsstreits zwischen einem Bürger und der Verwaltungsbehörde durch ein unabhängiges Gericht.

Das Verwaltungsverfahrensgesetz des Bundes gilt nach seinem § 1 Abs. 1 Nr. 1 für die öffentlich-rechtliche Verwaltungstätigkeit der Behörden des Bundes, der bundesunmittelbaren Körperschaften, Anstalten und Stiftungen des öffentlichen Rechts. Die weiteren, komplizierten Regelungen über die Geltung des Verwaltungsverfahrensgesetzes des Bundes für die öffentlich-rechtliche Verwaltungstätigkeit in den Ländern können als weitgehend überholt vernachlässigt werden. Nach § 1 Abs. 3 VwVfG gilt das Verwaltungsverfahrensgesetz des Bundes für die Ausführung von Bundesrecht durch die Länder nicht, soweit die öffentlich-rechtliche Tätigkeit der Behörden landesrechtlich durch ein Verwaltungsverfahrensgesetz geregelt ist.

> Durch *Erlaß eigener Verwaltungsverfahrensgesetze* können die *Länder* somit die Geltung des Verwaltungsverfahrensgesetzes des Bundes ausschließen.

> Von dieser Möglichkeit haben die Länder fast durchweg Gebrauch gemacht: Z. B. Verwaltungsverfahrensgesetz für Baden-Württemberg (Landesverwaltungsverfahrensgesetz – LVwVfG) vom 21. Juni 1977 (Ges. Bl. S. 227), Hessisches Verwaltungsverfahrensgesetz (HVwVfG) vom 1. Dezember 1976 (GVBl. S. 454), Verwaltungsverfahrensgesetz für das Land Nordrhein-Westfalen (VwVfG. NW.) vom 21. Dezember 1976 (GV. NW. S. 438) oder Landesgesetz über das Verwaltungsverfahren in Rheinland-Pfalz (Landesverwaltungsverfahrensgesetz – LVwVfG –) vom 23. Dezember 1976 (GVBl. S. 308).

Diese Landesverwaltungsverfahrensgesetze haben Vorrang: Das Verwaltungsverfahrensgesetz des Bundes *tritt* hinter ihnen *zurück*!

> Um zu verhindern, daß Landesverwaltungsverfahrensgesetze erlassen oder beibehalten werden, die mit dem Verwaltungsverfahrensgesetz des Bundes nicht übereinstimmen, haben sich die Innenminister und -senatoren der Länder im Rahmen ihrer Konferenz am 20. Februar 1976 geeinigt, daß nach Erlaß des Verwaltungsverfahrensgesetzes des Bundes in den Ländern „Landesverwaltungsverfahrensgesetze inhaltsgleich erlassen werden müssen".

Wir können davon ausgehen, daß die Verwaltungsverfahrensgesetze der Länder mit dem Verwaltungsverfahrensgesetz des Bundes im wesentlichen übereinstimmen.

> Gewisse wenige Abweichungen sind durch die unterschiedliche Verwaltungsorganisation bedingt.

> Eine ganze Reihe von Landesverwaltungsverfahrengesetzen (z. B. von Baden-Württemberg, Bayern, Hamburg, Hessen, Nordrhein-Westfalen und Saarland) stimmen sogar überwiegend wörtlich in den einzelnen Regelungen mit dem Bundesgesetz überein. Andere Länder (z. B. Berlin, Niedersachsen und Rheinland-Pfalz) haben das Verwaltungsverfahrensgesetz des Bundes pauschal als Landesrecht übernommen.

Mit Rücksicht auf diese breite Übereinstimmung des Verwaltungsverfahrensgesetzes des Bundes mit den einzelnen Landesverwaltungsverfahrensgesetzen können wir, um unsere Darstellung zu vereinfachen, ausschließlich vom Verwaltungsverfahrensgesetz des Bundes ausgehen; wir zitieren also nur die Vorschriften des Verwaltungsverfahrensgesetzes des Bundes, obgleich für das Verwaltungshandeln der Landesbehörden die jeweils entsprechende Bestimmung aus dem Landesverwaltungsverfahrensgesetz herangezogen werden müßte.

Das Verwaltungsverfahrensgesetz enthält Regelungen über die Verfahrensgrundsätze (§§ 9 bis 30 VwVfG), wobei in § 9 VwVfG das Verwaltungsverfahren definiert wird.

> „Das Verwaltungsverfahren im Sinne dieses Gesetzes ist die nach außen wirkende Tätigkeit der Behörden, die auf die Prüfung der Voraussetzungen, die Vorbereitung und

den Erlaß eines Verwaltungsaktes oder auf den Abschluß eines öffentlich-rechtlichen Vertrages gerichtet ist; es schließt den Erlaß des Verwaltungsaktes oder den Abschluß des öffentlich-rechtlichen Vertrages ein."

Ferner enthält das Gesetz Regelungen über Fristen, Termine und die Wiedereinsetzung in den vorigen Stand (§§ 31 und 32 VwVfG). Vorschriften über die „Amtliche Beglaubigung" (§§ 33 und 34 VwVfG) runden den Gesetzesteil mit allgemeinen Vorschriften ab.

Die Lehre über den Verwaltungsakt, sein Zustandekommen, seine Bestandskraft und seine Aufhebung, ist in einem eigenen Teil des Gesetzes (§§ 35 bis 53 VwVfG) zusammengefaßt.

Ein weiterer Teil des Gesetzes ist dem öffentlich-rechtlichen Vertrag gewidmet (§§ 54 bis 62 VwVfG).

Als besondere Verfahrensarten werden das „förmliche Verwaltungsverfahren" (§§ 63 bis 71 VwVfG) und das „Planfeststellungsverfahren" (§§ 72 bis 78 VwVfG) geregelt.

Schließlich enthält das Gesetz Bestimmungen über das Rechtsbehelfsverfahren (§§ 79 und 80 VwVfG) sowie über die ehrenamtliche Tätigkeit im Verwaltungsverfahren (§§ 81 bis 87 VwVfG) und über Ausschüsse (§§ 88 bis 93 VwVfG).

Dieser sehr kursorische Überblick mag genügen, um das Verwaltungsverfahrensgesetz in den groben Strukturen vorzustellen. Seine Bedeutung liegt einerseits in der Zusammenfassung von bisher entweder zerstreuten Gesetzesbestimmungen oder gewohnheitsrechtlich geltenden Vorschriften, andererseits aber auch darin, daß die Kodifizierung des Verwaltungsverfahrensrechts für den Bürger eine weitere rechtsstaatliche Festigung seiner Position gegenüber der Verwaltung mit sich bringt.

III. Die öffentliche Verwaltung und ihre Arten

Die ersten Schwierigkeiten ergeben sich bereits, wenn man den Begriff der „öffentlichen Verwaltung" zu definieren versucht. Wir haben die Verwaltung bereits bei der Betrachtung des Grundgesetzes kennengelernt (s. o. Kap. 30 II 3) und erinnern uns daran, daß sie neben der Gesetzgebung und Rechtsprechung eine der drei getrennten Staatsgewalten ist. Wir könnten also folgern, daß alle staatlichen Tätigkeiten, die nicht den Bereichen der Gesetzgebung oder der Rechtsprechung zuzuordnen sind, Verwaltung sein müssen. Mit dieser negativen Umschreibung gewinnen wir allerdings nicht viel. Dem Wesen der öffentlichen Verwaltung näher bringt uns eine plastische Formulierung von Professor Werner Weber; sie lautet: „Der moderne Sozialstaat ist eine große Apparatur von Behörden, Dienststellen und öffentlichen Körperschaften, von Anstalten und Einrichtungen; er ist Verwaltungsstaat, dessen Aufgabe darin besteht, dem Zusammenleben einer dichten Bevölkerung auf beengtem Lebensraum die Ordnung zu sichern, dem Volke die unerläßlichen wirtschaftlichen und kulturellen Existenzvoraussetzungen darzubieten und durch ausgleichendes Wirken ... jedem ein menschenwürdiges Dasein zu gewährleisten." Öffentliche Verwaltung bedeutet also nicht nur Gesetzesvollziehung. Sie hat vielmehr – im Rahmen der Gesetze – initiativ zu wirken und das soziale, wirtschaftliche und kulturelle Leben durch ihre Tätigkeit zeitgemäß zu gestalten, zu fördern, wo es sein muß, zu lenken und zu sichern.

Aus dieser mannigfaltigen Aufgabenstellung und aus den unterschiedlichen Zielrichtungen der Verwaltung ergeben sich verschiedene Arten des Verwaltungshandelns:

1. Fiskalische und hoheitliche Verwaltung. Der Staat, seine Behörden und Einrichtungen können sich für Zwecke der öffentlichen Verwaltung *privatrechtlicher* Rechtsformen bedienen.

Die Gemeinde X kauft von A ein Grundstück, auf dem sie ein Hallenbad errichten will. Es handelt sich um einen Grundstückskaufvertrag, auf den ausnahmslos die einschlägigen Vorschriften des BGB Anwendung finden.

Man spricht hier von **fiskalischer Verwaltung.**

Mit dem Begriff „Fiskus" (lat. Korb, Geldkorb) bezeichnet man traditionell den Staat als Träger von Vermögen und Vermögensrechten und damit zugleich als Träger privatrechtlicher Rechte und Pflichten.

Im Bereiche der fiskalischen Verwaltung ist der Verwaltungsträger grundsätzlich in vollem Umfange einem privaten Rechtssubjekt gleichgeordnet.

Kommt es wegen des Grundstückskaufs zwischen A und der Gemeinde X zu einer Rechtsstreitigkeit, so ist das ordentliche Gericht zuständig.

Bedient sich demgegenüber der Träger der öffentlichen Verwaltung bei der Durchführung seiner Aufgaben der ihm zustehenden hoheitlichen Befugnisse, so liegt **hoheitliche Verwaltung** vor. Sie wiederum kann in zwei Formen ausgeübt werden:

Die Verwaltung kann mit bindenden Anordnungen im Rahmen der Gesetze in die Rechtssphäre des gewaltunterworfenen Bürgers, insbesondere in seine Freiheitsrechte oder in sein Eigentum „eingreifen". Man bezeichnet diese Art der Verwaltung als **Eingriffsverwaltung.**

Eine Straße soll begradigt werden. Die neue Trasse führt über das Grundstück des A. Dieser ist nicht bereit, das Grundstück an den Staat zu verkaufen. Die zuständige Verwaltungsbehörde erläßt eine Enteignungsverfügung.

B hat ohne Baugenehmigung und im Widerspruch zu öffentlich-rechtlichen Vorschriften ein Wochenendhaus errichtet. Die Baubehörde erläßt eine Abbruchsanordnung. Kommt B der Anordnung nicht nach, so stehen der Verwaltung Zwangsrechte (z. B. Ersatzvornahme) zur Verfügung.

Die Verwaltung kann aber auch ohne Inanspruchnahme von Zwangsmitteln tätig werden, um das Wohl der Allgemeinheit zu fördern und insbesondere die sozialen, wirtschaftlichen und kulturellen Belange der Bürger zu pflegen. Man spricht hier von **schlichter Hoheitsverwaltung** oder von **Leistungsverwaltung.** Die Verwaltung ist insoweit Instrument der „Daseinsvorsorge".

Die Verwaltung hat z. B. die vielfältigen Hilfsleistungen nach dem Bundessozialhilfegesetz zu erbringen (Hilfe zum Lebensunterhalt, Ausbildungshilfe, vorbeugende Gesundheitshilfe, Krankenhilfe, Tuberkulosehilfe, Altenhilfe).
Maßnahmen der Kulturpflege.
Arbeitsvermittlung und Arbeitslosenunterstützung usw.

Auch im Bereiche der Leistungsverwaltung ist nicht jeder Zwang von vornherein ausgeschlossen.

Die Verwaltung stellt z. B. eine moderne Kanalisation mit Kläranlage für den Bürger zur Verfügung. Damit diese Leistung ihren Zweck voll erfüllen kann, wird ein Anschlußzwang verhängt. (Jeder *muß* sein Gebäudegrundstück an die öffentliche Abwasserleitung anschließen.)

2. Die vollziehende und die gestaltende Verwaltung. Hat die Gesetzgebung ein Gesetz beschlossen, so obliegt seine Durchführung und Vollziehung der Verwaltung. Sie wird als **vollziehende** Verwaltung tätig.

Damit ist aber die Aufgabe der öffentlichen Verwaltung keineswegs erschöpft. Die Verwaltung hat vielmehr auch einen *„freien"* Raum, in dem sie ohne äußeren Anstoß kraft eigener Initiative tätig werden kann. Man kann hier von der **gestaltenden** Verwaltung sprechen.

Die Gestaltungsmöglichkeiten der Verwaltung spielen insbesondere im Kommunalrecht eine erhebliche Rolle. Im Rahmen ihrer Finanzkraft kann z. B. eine Gemeinde in eigener Initiative entscheiden, ob sie zum allgemeinen Wohl ein Schwimmbad, eine Festhalle, ein Heimatmuseum, eine Gemäldegalerie, ein Leichenhaus usw. bereitstellen will.

3. Die freie und die gebundene Verwaltung. Auch dann, wenn es sich um gesetzesvollziehende Verwaltung handelt, gibt es unterschiedliche Erscheinungsformen des Verwaltungshandelns.

Die Verwaltung ist **frei**, wenn das Gesetz die bei Vorliegen eines bestimmten Tatbestandes zu treffende Maßnahme ausschließlich von der eigenen Entschließung der Behörde abhängig macht. Die Verwaltungsbehörde kann in diesen Fällen grundsätzlich in eigener Verantwortung wählen, ob und wie sie tätig werden will. Die der Verwaltung durch Gesetz eingeräumte Freiheit, ihr Handeln selbst bestimmen zu können, nennen wir **Ermessen.** Es handelt sich um einen klassischen Begriff des Verwaltungsrechts.

Dieses Ermessen wird vom Gesetz entweder ausdrücklich oder mit Formulierungen wie „die Verwaltungsbehörde kann", „darf", „ist berechtigt" usw. eingeräumt.

In § 3 des baden-württembergischen Polizeigesetzes haben wir ein Beispiel für die ausdrückliche Gewährung des Ermessens. Die Vorschrift lautet: „Die Polizei hat innerhalb der durch das Recht gesetzten Schranken zur Wahrnehmung ihrer Aufgaben diejenigen Maßnahmen zu treffen, die ihr nach pflichtmäßigem Ermessen erforderlich erscheinen."

Der Begriff des Ermessens wird im Verwaltungsverfahrensgesetz nicht bestimmt; seine Definition wird vielmehr vorausgesetzt. Allerdings werden in § 40 VwVfG die Grenzen des Ermessens aufgezeigt.

Die Vorschrift lautet: „Ist die Behörde ermächtigt, nach ihrem Ermessen zu handeln, hat sie ihr Ermessen entsprechend dem Zweck der Ermächtigung auszuüben und die gesetzlichen Grenzen des Ermessens einzuhalten."

Daraus folgt, daß auch dort, wo die Verwaltung nach ihrem Ermessen tätig werden kann, kein Freiraum geschaffen ist, der es erlaubt, nach „Belieben" oder gar „willkürlich" zu entscheiden. Stets ist das Ermessen pflichtgebunden. Diese Bindung meint § 40 VwVfG, wenn er die Verwaltungsbehörde verpflichtet, ihr Ermessen entsprechend dem Zweck der Ermächtigung auszuüben.

Trifft die Behörde eine Ermessensentscheidung, so unterliegt diese der *richterlichen Nachprüfung grundsätzlich nur in zwei Richtungen:*

– Das Verwaltungsgericht kann prüfen, ob die Behörde überhaupt *berechtigt war*, nach eigenem Ermessen zu handeln.

Es besteht eine deutliche Tendenz der Verwaltungsgerichte, die Fälle, in denen die Verwaltung nach eigenem Ermessen handeln darf, immer mehr einzuschränken. Deshalb ist insbesondere bei den „Kann-“ und „Soll“-Vorschriften Vorsicht geboten; sie räumen der Verwaltung zwar in der Regel ein Ermessen ein, doch kommt es immer wieder vor, daß die Gerichte eine solche Bestimmung in eine „Muß“-Vorschrift umdeuten. Das heißt dann, daß die Verwaltungsbehörde bei Vorliegen bestimmter Voraussetzungen keine Wahlmöglichkeit für ihr Handeln hat, sondern die spezielle Maßnahme treffen muß.

– Das Verwaltungsgericht kann ferner prüfen, ob die Behörde einen *Ermessensfehler* gemacht hat.

Die Ermessensfehler lassen sich wie folgt einteilen:

a) **Ermessensüberschreitung.** Die Behörde trifft bei Ausübung eines ihr eingeräumten Ermessens eine Maßnahme, die sie nach der gesetzlichen Ermächtigung überhaupt nicht hätte treffen dürfen.

Z. B.: Innerhalb der Gemeinde S. führt die Polizei eine Radarkontrolle durch. Der Kraftfahrer A fährt statt der vorgeschriebenen Höchstgeschwindigkeit von 50 km/h mit 58 km/h. Der Polizeibeamte ist der Ansicht, daß es sich um eine „geringfügige“ Ordnungswidrigkeit handelt. Er fordert ein Verwarnungsgeld in Höhe von 80,– DM. Hier liegt eine Ermessensüberschreitung vor. Zwar räumt § 56 OWiG ein Ermessen ein, das nach § 57 OWiG von Beamten des Außen- und Polizeidienstes ausgeübt werden darf. Jedoch sieht § 27 Abs. 1 StVG als Rechtsfolge lediglich ein Verwarnungsgeld bis zu 40,– DM vor.

b) **Ermessensunterschreitung (Ermessensmangel).** Ein Ermessensfehler liegt ferner auch vor, wenn die Behörde das ihr eingeräumte Ermessen nicht oder nicht in vollem Umfang ausübt.

Eine Behörde nimmt rechtsirrig an, bei der zu treffenden Maßnahme gebunden zu sein, d. h. so und nicht anders handeln zu *müssen*. Sie unterläßt es deshalb, ihr Ermessen walten zu lassen. In Wirklichkeit hatte sie aber einen Ermessensspielraum. Dieser Nichtgebrauch des Ermessens (Ermessens*unterschreitung*) ist fehlerhaft. Das bedeutet also: Wenn Ermessen eingeräumt ist, *müssen* Ermessenserwägungen angestellt werden.

c) **Ermessensmißbrauch.** Dieser Ermessensfehler liegt vor, wenn die Verwaltung gegen den Zweck der gesetzlichen Ermächtigung handelt oder bei ihrer Ermessenausübung gegen den Gleichheitsgrundsatz verstößt.

Die Verwaltungsentscheidung beruht auf sachfremden Erwägungen. Z. B.: Eine Genehmigung wird versagt, weil der zuständige Beamte mit dem Antragsteller verfeindet ist.

Vergleichbare Sachverhalte dürfen nicht ohne besonderen Grund unterschiedlich entschieden werden. *Merke aber:* Der Gleichheitsgrundsatz gilt nicht im Unrecht. Niemand kann sich auf ein rechtswidriges Verhalten der Behörde in dem Sinne berufen, daß nun auch ihm gegenüber in gleicher Weise rechtswidrig verfahren werden müßte!

Nicht nachprüfbar ist jedoch, ob gerade die von der Behörde getroffene Maßnahme *zweckmäßig* war oder ob eine andere, von der Behörde nicht gewählte Alternative zu einer befriedigenderen Lösung geführt hätte. Niemand, auch nicht das Gericht, darf sein Ermessen an die Stelle des Ermessens der zuständigen Verwaltungsbehörde setzen. Steht der Verwaltung ein Ermessensspielraum zu und macht sie von ihrem Ermessen ohne die genannten groben Fehler Gebrauch, so ist die von ihr getroffene Maßnahme – auch wenn sie völlig unzweckmäßig sein sollte –

rechtmäßig und der gerichtlichen Kontrolle entzogen.

Die Verwaltung ist demgegenüber **gebunden**, wenn das Gesetz vorschreibt, daß eine bestimmte Maßnahme zu treffen ist, sofern die im gesetzlichen Tatbestand beschriebenen Voraussetzungen erfüllt sind.

> Nach § 55 GewO bedarf derjenige, der außerhalb der Räume seiner gewerblichen Niederlassung ohne vorhergehende Bestellung Waren feilbieten will, einer Reisegewerbekarte. Sie ist ihm nach § 57 GewO zu versagen, wenn er z. B. entmündigt ist. Stellt die Verwaltungsbehörde bei einem entsprechenden Antragsverfahren fest, daß der Antragsteller entmündigt ist, so hat sie keine Wahlmöglichkeit für ihr Handeln: Sie muß den Antrag ablehnen.

Nicht immer ist eine derart klare Bindung der Verwaltung aus dem Gesetz zu erkennen. Häufig verwendet der gesetzliche Tatbestand sog. **unbestimmte Rechtsbegriffe,** die der *konkreten Ausfüllung* bedürfen.

> Der Begriff „Entmündigung" in unserem letzten Beispiel ist eindeutig bestimmt.
>
> Unbestimmt sind jedoch die oft in verwaltungsgesetzlichen Tatbeständen vorkommenden Begriffe „Eignung", „Zuverlässigkeit", „öffentliches Interesse" usw.
>
> Nach § 35 GewO ist die Ausübung eines Gewerbes ganz oder teilweise zu untersagen, wenn Tatsachen vorliegen, welche die Unzuverlässigkeit des Gewerbetreibenden in bezug auf dieses Gewerbe dartun.
>
> Hier muß die Verwaltungsbehörde zunächst feststellen, was „Unzuverlässigkeit" bedeutet, sie muß ferner feststellen, welche tatsächlichen Umstände vorliegen, die die Wertung „unzuverlässig" erlauben (z. B. Straftaten, Trunksucht).

Die wertende Ausfüllung der unbestimmten Rechtsbegriffe muß nicht notwendig zu einem eindeutigen Ergebnis führen. Im Unterschied zu den Wahlmöglichkeiten, die wir bei der Ermessensausübung haben, handelt es sich aber hier nicht um einen *„Handlungsspielraum"* für die Behörde, sondern um einen *„Beurteilungsspielraum".*

> Bei der Entscheidung der Frage, ob die Gewerbeausübung zu versagen ist, hat die Behörde keine Handlungswahl. Ihr Handeln ergibt sich vielmehr zwangsläufig daraus, wie sie die ihr bekannten Tatsachen in bezug auf den Begriff „Unzuverlässigkeit" *beurteilt.*

Das gebundene Verwaltungshandeln einschließlich der Auslegung und Ausfüllung unbestimmter Rechtsbegriffe unterliegt der *vollen verwaltungsgerichtlichen Nachprüfung.*

39. Kapitel

Der Verwaltungsakt

Die typische Erscheinungsform des Handelns der Gesetzgebung ist der Gesetzesbeschluß. Das charakteristische Mittel, dessen sich die Rechtsprechung bei Ausübung ihrer Aufgaben bedient, ist das Urteil. Auch das hoheitliche Verwaltungshandeln findet in einer bestimmten Regelform seinen Ausdruck: Es ist der **Verwaltungsakt.**

I. Der Begriff

Der Begriff des Verwaltungsakts wurde von der Verwaltungslehre und von der Rechtsprechung entwickelt. Die modernen Gesetze, in denen Teil- oder Sondergebiete des Verwaltungsrechts geregelt werden, setzen ihn voraus.

In § 157 BBauG ist z. B. bestimmt: „*Verwaltungsakte* nach dem Vierten und Fünften Teil sowie nach den §§ 18, 21 Abs. 3, §§ 28, 28a, 39 bis 44c, 122a und 122b, 126 Abs. 2, § 151 Abs. 2 oder § 153 Abs. 3 Satz 2 können nur durch Antrag auf gerichtliche Entscheidung angefochten werden…"

Auch die Verwaltungsgerichtsordnung erwähnt den Begriff „*Verwaltungsakt*" in zahlreichen Bestimmungen (z. B. §§ 42, 43, 52, 59, 68ff., 113 VwGO).

Durch das Verwaltungsverfahrensgesetz wurde neuerdings der Begriff des Verwaltungsakts erstmals gesetzlich definiert. § 35 Satz 1 VwVfG lautet: „**Verwaltungsakt ist jede Verfügung, Entscheidung oder andere hoheitliche Maßnahme, die eine Behörde zur Regelung eines Einzelfalls auf dem Gebiet des öffentlichen Rechts trifft und die auf unmittelbare Rechtswirkung nach außen gerichtet ist.**"

Das Gesetz hat damit die schon bisher gewohnheitsrechtlich geltende Definition des Begriffs „Verwaltungsakt" übernommen.

In der Praxis wird der Begriff Verwaltungsakt selten verwendet. Die Behörden bedienen sich statt dessen üblicherweise anderer Bezeichnungen für ihre Entscheidung, z. B. Bescheid, Verfügung, Verbot, Gebot, Erlaubnis, Anordnung. Unabhängig von der im konkreten Falle gewählten Bezeichnung liegt stets ein Verwaltungsakt vor, wenn die in der obengenannten Definition aufgestellten Voraussetzungen erfüllt sind.

Nicht erforderlich ist eine bestimmte Form für den Verwaltungsakt (z. B. Schriftform). So können auch rein tatsächliche Handlungen Verwaltungsakte sein (z. B. wenn ein Polizist einen Kraftfahrer anhält, seine Papiere verlangt, ihn ins „Röhrchen" blasen läßt, ihn zur Entnahme einer Blutprobe mitnimmt).

Die Frage, ob eine bestimmte behördliche Anordnung einen Verwaltungsakt darstellt oder nicht, ist für den Betroffenen von entscheidender Bedeutung, denn von ihr hängt der *gerichtliche Rechtsschutz* ab. Nach § 42 VwGO ist die Anfechtungsklage vor den Verwaltungsgerichten nur gegen Verwaltungsakte, die Verpflichtungsklage nur gegen abgelehnte oder unterlassene Verwaltungsakte möglich. Aus diesem Grunde ist es im Verwaltungsrecht von entscheidender Bedeutung, daß zunächst festgestellt wird, ob ein Verwaltungsakt vorliegt. Wir müssen uns deshalb mit der oben gegebenen Begriffsdefinition des Verwaltungsakts noch etwas näher beschäftigen.

Maßnahmen, die eine Verwaltungsbehörde im Bereiche *nichthoheitlichen Handelns* (also bei fiskalischer Betätigung) trifft, sind von vornherein keine Verwaltungsakte.

Die Gemeinde X kauft von A ein Grundstück. Später erklärt sie, sie fechte den Kaufvertrag wegen Irrtums an. Die Anfechtungserklärung ist rein privatrechtlicher Natur und daher kein Verwaltungsakt.

Nur wenn die Behörde **in Ausübung hoheitlicher Gewalt** („hoheitliche Maßnahme") handelt, liegen also Verwaltungsakte vor. Unerheblich ist es demgegenüber, welche Stärke der Hoheitsgrad hat, ob es sich um Eingriffsverwaltung oder um Leistungsverwaltung (schlichte Hoheitsverwaltung) handelt. Verwaltungsakte sind demzufolge auch Maßnahmen, durch die über die Bewilligung oder die Ablehnung öffentlich-rechtlicher Leistungen entschieden wird.

> Der Bescheid, mit dem eine Fürsorgeunterstützung gewährt oder versagt werden soll, ist ein Verwaltungsakt.

> Die in der Definition des § 35 Satz 1 VwVfG enthaltenen Beispiele für hoheitliche Maßnahmen („Verfügung", „Entscheidung") sind nur erläuternder Art; sie haben keine selbständige Bedeutung.

Ein Verwaltungsakt muß ferner eine **rechtliche Regelung,** d. h. eine Rechtswirkung herbeiführen.

> Nimmt z. B. eine Behörde in einem Gutachten gegenüber einer anderen Behörde Stellung, so wird nichts geregelt, denn hier fehlt die unmittelbare Rechtswirkung. Auch die unverbindliche Auskunft, die ein Beamter erteilt, ist daher keine „Regelung" und mithin kein Verwaltungsakt.

> **Gnadenakte** stehen außerhalb der Rechtsordnung („Gnade vor Recht") und unterliegen grundsätzlich keiner rechtlichen Bindung. Deshalb sind auch sie keine Verwaltungsakte.

> Auch tatsächliche Verrichtungen einer Behörde, z. B. der Bau einer Straße, haben keine unmittelbare rechtliche Wirkung. Sie sind keine Verwaltungsakte. Anders ist dies aber, wenn in der tatsächlichen Verrichtung zugleich das rechtliche Gebot enthalten ist, einen bestimmten Eingriff zu dulden (z. B. Festnahmen, Durchsuchungen).

Schließlich setzt der Verwaltungsakt voraus, daß ein **Einzelfall** rechtlich geregelt werden soll. Im Gegensatz zum Gesetz und zur Rechtsverordnung ist der Verwaltungsakt nicht in abstrakter Form für eine Vielzahl gleichartiger Fälle gefaßt, sondern dient ganz *konkret* der Regelung eines *bestimmten* Sachverhalts.

> Keine Verwaltungsakte sind daher Rechtsnormen jeder Art (Merkmal: *Generelle und abstrakte Regelung*). **Merkmal des Verwaltungsakts: Spezielle und konkrete Regelung!**

> Die Baugenehmigung wird für die Errichtung eines bestimmten Gebäudes nach einem individuellen Bauplan erteilt.

> Die Gemeinde zieht einen Bürger zur Entrichtung bestimmter Anliegerkosten heran. A erhält nach bestandener Prüfung den Führerschein der Klasse 3.
> Ein bestimmtes Grundstück wird enteignet.

Keine begriffliche Voraussetzung des Verwaltungsakts ist es aber, daß er sich stets an eine bestimmte Einzelperson richtet. Eine behördliche Verfügung kann auch dann einen Verwaltungsakt darstellen, wenn sie sich zur Regelung eines speziellen Falles an eine zwar unbestimmte, jedoch bestimmbare Mehrheit von Personen richtet. Wir sprechen dann von einer sog. **Allgemeinverfügung.**

> In § 35 Satz 2 VwVfG wird die Allgemeinverfügung folgendermaßen definiert: „Allgemeinverfügung ist ein Verwaltungsakt, der sich an einen nach allgemeinen Merkmalen bestimmten oder bestimmbaren Personenkreis richtet oder die öffentlich-rechtliche Eigenschaft einer Sache oder ihrer Benutzung durch die Allgemeinheit betrifft."

> A kommt von einer Weltreise zurück. Nach einigen Tagen erkrankt er an Pocken. Zur Vermeidung einer Epidemie fordert die Gesundheitsbehörde alle Personen, die mit A seit dessen Rückkehr unmittelbaren Kontakt hatten, auf, sich unverzüglich einer amtsärztlichen Untersuchung zu unterziehen. Es handelt sich um eine Einzelfallregelung. Der Kreis der Adressaten der Allgemeinverfügung ist zunächst unbestimmt, aber bestimmbar.

> Bei der Rechtsnorm wäre der Personenkreis völlig offen, denn er kann sich während der

Geltungsdauer des Gesetzes immer wieder ändern. Bei der Allgemeinverfügung steht der Personenkreis, der betroffen ist, bei ihrem Erlaß theoretisch eindeutig fest.

Die Begriffsbestimmung der Allgemeinverfügung in § 35 Satz 2 VwVfG bezieht auch die sog. dinglichen Verwaltungsakte ein. Das sind solche Verwaltungsakte, die sich nicht unmittelbar an eine Person richten, sondern sich auf eine Sache beziehen (z. B. Widmung eines Weges).

Verkehrszeichen sind nach der heute h. M. Allgemeinverfügungen, die sich ständig wiederholen und die sich an die jeweils vor dem Verkehrszeichen befindlichen und daher bestimmbaren Verkehrsteilnehmer richten.

Der Verwaltungsakt setzt schließlich voraus, daß die Maßnahme der Behörde **„auf unmittelbare Rechtswirkung nach außen gerichtet ist"**. Dies bedeutet, daß die Maßnahme dem Betroffenen mit Wissen und Willen der Behörde bekanntgegeben sein muß.

Durch die Worte „nach außen" sollen die verwaltungsinternen Weisungen (z. B. Weisungen des Regierungspräsidiums an das Landratsamt) aus dem Begriff des Verwaltungsakts ausgeklammert werden.

Aus dem Gewaltentrennungsprinzip ergibt sich, daß die Akte der Gerichtsbehörden **in Ausübung rechtsprechender Gewalt** *keine* Verwaltungsakte sein können.

Kein Verwaltungsakt ist z. B. der Beschluß des Gerichts, in dem die Entmündigung des A angeordnet wird.

Als Verwaltungsakte scheiden die Gerichtsentscheidungen schon deshalb aus, weil sie nicht von **Verwaltungsbehörden** ergehen.

Soweit **Justizbehörden** Anordnungen, Verfügungen und sonstige Maßnahmen zur Regelung einzelner Angelegenheiten treffen, bei denen es nicht um die unmittelbare Ausübung von Rechtsprechungsfunktionen geht, handelt es sich um sog. **Justizverwaltungsakte**. Für sie gelten Besonderheiten. (Sie sind z. B. auf ihre Rechtmäßigkeit von den ordentlichen Gerichten nachzuprüfen.) Vgl. im einzelnen §§ 23 ff. EGGVG sowie § 2 Abs. 3 Nr. 1 VwVfG.

Justizverwaltungsakte sind z. B. die Maßnahmen des Strafvollzugs (Ladung zum Strafantritt), Entscheidungen über die Gewährung von Akteneinsicht an Dritte.

II. Die Arten der Verwaltungsakte

Die Verwaltungsakte lassen sich insbesondere nach ihrem Inhalt, nach ihrer Wirkung gegenüber dem Betroffenen und nach der Art ihres Zustandekommens unterteilen.

1. Die Einteilung der Verwaltungsakte nach ihrem Inhalt.

a) **Befehlende Verwaltungsakte.** Die befehlenden Verwaltungsakte enthalten ein *Verbot* oder ein *Gebot*.

Sie kommen insbesondere im Polizeirecht vor.

b) **Gestaltende Verwaltungsakte.** Die gestaltenden Verwaltungsakte haben die *Begründung, Änderung* oder *Aufhebung* eines *öffentlich-rechtlichen Rechtsverhältnisses* zum Inhalt.

Begründung oder Widerruf des Beamtenverhältnisses, Erteilung einer Genehmigung oder Erlaubnis.

c) **Feststellende Verwaltungsakte.** Die feststellenden Verwaltungsakte sind solche, die einen bereits abgeschlossenen Sachverhalt oder ein bereits begründetes Rechtsverhältnis mit *rechtlicher Wirkung verbindlich feststellen.*

Feststellung der Gemeinnützigkeit eines Vereins mit der Folge, daß Spenden steuerrechtlich privilegiert werden (der Feststellungsbescheid macht den Verein nicht „gemeinnützig"; er ist es bereits kraft seiner Zweckbestimmung; steuerrechtliche Wirkungen treten aber erst ein, wenn die Gemeinnützigkeit amtlich „bescheinigt" ist).

Weitere Beispiele: Anerkennung der Flüchtlingseigenschaft, Feststellung des Wahlrechts, Feststellung des Besoldungsdienstalters bei Beamten.

2. Die Einteilung der Verwaltungsakte nach ihrer Wirkung gegenüber dem Betroffenen

a) **Belastende oder verpflichtende Verwaltungsakte.** Sie sind typisch für die *Eingriffsverwaltung.* Dem Betroffenen werden Belastungen auferlegt. Er wird je nachdem zu einem Tun, Unterlassen oder Dulden verpflichtet. Belastende Verwaltungsakte greifen z. B. in die Freiheitsrechte des einzelnen oder in seine Eigentümerposition ein. Sie dürfen grundsätzlich nur dann ergehen, wenn sie auf eine gesetzliche Grundlage gestützt werden können.

Vorladung zur Pockenschutzimpfung oder zur Röntgenreihenuntersuchung; belastende polizeiliche Anordnungen; Enteignung usw.

b) **Begünstigende oder berechtigende Verwaltungsakte.** Sie gewähren eine *Berechtigung* (subjektives öffentliches Recht). § 48 Abs. 1 Satz 2 VwVfG enthält die Legaldefinition des begünstigenden Verwaltungsakts: Begünstigend ist danach ein Verwaltungsakt, der ein Recht oder einen rechtlich erheblichen Vorteil begründet oder bestätigt hat.

Baugenehmigung, gewerberechtliche Genehmigung, Aufenthalts- und Arbeitsgenehmigungen für Gastarbeiter, Asylanten usw.

Viele Verwaltungsakte sind *zugleich* begünstigender und belastender Natur.

A erhält einen Führerschein der Klasse 3 (Begünstigung); ihm wird aber zugleich aufgegeben, daß er nur mit Fernbrille Auto fahren darf (Belastung).

B erhält eine Baugenehmigung (Begünstigung); ihm wird aber zugleich die Auflage gemacht, eine bestimmte Änderung in seinem Bauplan durchzuführen (Belastung).

Auch ist der Fall möglich, daß ein und derselbe Verwaltungsakt eine Person begünstigt, eine andere belastet: A will mit seinem Bauvorhaben den Mindestabstand zu seinem Nachbarn B nicht einhalten. Die Behörde genehmigt den Bau und erteilt „Dispens" von der Mindestabstandsregelung. A wird begünstigt, B wird belastet.

3. Die Einteilung der Verwaltungsakte nach ihrem Zustandekommen

a) **Einseitige Verwaltungsakte.** Sie gehen einseitig von der erlassenden Behörde aus, ohne daß es einer irgendwie gearteten Mitwirkung des Betroffenen bedarf.

Hauptbeispiele: Polizeiverfügungen.

b) **Mitwirkungsbedürftige oder mehrseitige Verwaltungsakte.** Manche Verwaltungsakte setzen zu ihrer Rechtmäßigkeit die Mitwirkung des Betroffenen voraus. Diese Mitwirkung besteht meistens darin, daß der Bürger einen Antrag an die Behörde richtet, ohne den sie nicht tätig werden könnte.

Antrag auf Einbürgerung, Antrag auf Erteilung eines Waffenscheins.
Ohne Zustimmung des Betroffenen kann er z. B. nicht zum Beamten ernannt werden usw.

III. Form und Inhalt des Verwaltungsakts

1. Form. Nach § 37 Abs. 2 VwVfG kann ein Verwaltungsakt schriftlich, mündlich oder in anderer Form erlassen werden. Ein mündlicher Verwaltungsakt ist schriftlich zu bestätigen, wenn hieran ein berechtigtes Interesse besteht und der Betroffene dies unverzüglich verlangt.

Die Zeichen, die ein Polizeibeamter zur Regelung des Straßenverkehrs nach § 36 StVO gibt, sind Verwaltungsakte, die weder schriftlich noch mündlich, sondern „in anderer Form" erlassen werden.

Regelmäßig ergehen die Verwaltungsakte schriftlich.

Nach § 37 Abs. 3 VwVfG muß ein schriftlicher Verwaltungsakt die erlassende Behörde erkennen lassen und die Unterschrift des Behördenleiters, seines Vertreters oder seines Beauftragten enthalten. Bei schriftlichen Verwaltungsakten, die mit Hilfe automatischer Einrichtungen erlassen werden,

z. B. Steuerbescheide, die mittels einer Anlage der elektronischen Datenverarbeitung erlassen werden

können Unterschrift und Namenswiedergabe fehlen; auch dürfen zur Inhaltsangabe Schlüsselzeichen verwendet werden, wenn derjenige, für den der Verwaltungsakt bestimmt ist oder der von ihm betroffen wird, auf Grund der dazu gegebenen Erläuterungen den Inhalt des Verwaltungsakts eindeutig erkennen kann (§ 37 Abs. 4 VwVfG).

2. Bestimmtheit des Verwaltungsakts. Nach § 37 Abs. 1 VwVfG muß ein Verwaltungsakt inhaltlich hinreichend bestimmt sein, d. h. er muß dem Adressaten eindeutige Angaben darüber machen, was dieser tun soll, was ihm gewährt wird oder was die Behörde festgestellt hat. Unbestimmte Verwaltungsakte sind rechtswidrig.

Ein Verwaltungsakt, der einem Gewerbebetrieb aufgibt, „er habe Maßnahmen zu treffen, die eine Lärmbelästigung der Anwohner ausschließen", ist unbestimmt und daher rechtswidrig. Es müßte konkret gesagt werden, welche Lärmschutzmaßnahmen von dem Betrieb gefordert werden.

3. Begründung des Verwaltungsakts. Nach § 39 Abs. 1 Satz 1 VwVfG ist ein schriftlicher oder schriftlich bestätigter Verwaltungsakt schriftlich zu begründen. Dabei müssen die wesentlichen tatsächlichen und rechtlichen Gründe mitgeteilt werden, die die Behörde zu ihrer Entscheidung bewogen haben. § 39 Abs. 2 VwVfG zählt Fälle auf, in denen von einer Begründung abgesehen werden kann.

Z. B. wenn die Behörde einem Antrag entspricht oder einer Erklärung folgt und der Verwaltungsakt nicht in die Rechte eines anderen eingreift.

IV. Der fehlerhafte Verwaltungsakt

Die Verwaltung ist – wie wir wiederholt gesehen haben – an Gesetz und Recht gebunden (Art. 20 Abs. 3 GG). Die Verwaltungsakte müssen daher in Einklang mit der Rechtsordnung ergehen, sie müssen *rechtmäßig* sein. Nicht immer ist es jedoch leicht, den Sinn eines Gesetzes voll zu erkennen und eine gesetzliche Bestimmung richtig anzuwenden. Da die Verwaltung von Menschen ausgeübt wird, können sich

Irrtümer einschleichen; mitunter kann es sogar zu Machtmißbräuchen der Verwaltungsträger kommen. All das sind Fehlerquellen beim Verwaltungshandeln, die zu Beeinträchtigungen des Bürgers führen können.

Bevor wir uns den verschiedenen Formen der Fehlerhaftigkeit eines Verwaltungsakts zuwenden, müssen wir den Fall ausklammern, daß überhaupt kein Verwaltungsakt vorliegt.

> Mit einem solchen *„Nichtakt"* haben wir es zu tun, wenn eine Maßnahme, die scheinbar in das Gewand des Verwaltungsakts gekleidet ist, nicht von einer Verwaltungsbehörde stammt.

> Der Hauptmann von Koepenick hat z. B., als er die Stadtkasse beschlagnahmte, keinen Verwaltungsakt erlassen.

Von einem *fehlerhaften Verwaltungsakt* sprechen wir dann, wenn zwar ein Verwaltungsakt vorliegt, dieser aber mit Fehlern behaftet ist, die seine Rechtsgültigkeit in Frage stellen.

Da diese Fehler von unterschiedlichem Gewicht sein können, pflegt man die fehlerhaften Verwaltungsakte in nichtige und vernichtbare (anfechtbare) Verwaltungsakte einzuteilen.

1. Der nichtige Verwaltungsakt. Der nichtige Verwaltungsakt kann keine Rechtsfolgen bewirken. Er ist ein „Nullum", das von niemandem beachtet zu werden braucht. Jedermann kann sich auf die Nichtigkeit berufen. Die Gerichte aller Gerichtszweige müssen die Nichtigkeit des Verwaltungsakts von Amts wegen berücksichtigen. Da aber auch der nichtige Verwaltungsakt förmlich in die Welt gesetzt wurde, kann der Betroffene ein Interesse daran haben, daß ein Verwaltungsgericht wiederum förmlich die Nichtigkeit feststellt und eine entsprechende Feststellungsklage möglich ist (§ 43 VwGO). Die Feststellung selbst hat aber nur deklaratorische Bedeutung.

Das Grunderfordernis für die staatliche Ordnung ist die Rechtssicherheit. Deshalb spricht die **Vermutung für die Gültigkeit eines Verwaltungsakts.**

> Dies bedeutet, daß man sich grundsätzlich auf die Gültigkeit eines Verwaltungsakts verlassen kann.

Nur in ganz besonderen Ausnahmefällen ist von vornherein die Nichtigkeit eines Verwaltungsakts anzunehmen. Nichtig ist der Verwaltungsakt nur dann, wenn die ihm anhaftenden Fehler so *schwer* und nach außen so *offenkundig* sind, daß für die Vermutung seiner Rechtsgültigkeit kein Raum ist. Dementsprechend bestimmt § 44 Abs. 1 VwVfG: „Ein Verwaltungsakt ist nichtig, soweit er an einem besonders schwerwiegenden Fehler leidet und dies bei verständiger Würdigung aller in Betracht kommenden Umstände offenkundig ist."

> Ein Verwaltungsakt ist z. B. dann nichtig, wenn das Gesetz an ein bestimmtes Verwaltungshandeln die Nichtigkeitsfolge knüpft: Nach § 11 Abs. 2 Nr. 2 BBG ist die Beamtenernennung nichtig, wenn der Ernannte im Zeitpunkt der Ernennung entmündigt war.

> Ein Verwaltungsakt ist ferner dann nichtig, wenn er von einer sachlich absolut unzuständigen Behörde erlassen wird, z. B. wenn das Finanzamt eine Polizeiverfügung erläßt.

> Es handelt sich im Rahmen des § 44 Abs. 1 VwVfG um sog. *relative* Nichtigkeitsgründe. Die Nichtigkeit hängt nämlich im Einzelfall davon ab, ob es sich um einen „besonders schwerwiegenden Fehler" handelt und ob dies „offenkundig" ist.

§ 44 Abs. 2 VwVfG legt demgegenüber sog. *absolute* Nichtigkeitsgründe fest. Liegen sie vor, so kommt es auf die Schwere des Fehlers und die Offenkundigkeit nicht an: Der Verwaltungsakt ist in diesen Fällen stets nichtig.

Absolute Nichtigkeit liegt danach in folgenden sechs Fällen vor:

1. Nichtig ist ein Verwaltungsakt, der schriftlich erlassen worden ist, der aber die erlassende Behörde nicht erkennen läßt.
2. Nichtig ist ein Verwaltungsakt, der nach einer Rechtsvorschrift nur durch die Aushändigung einer Urkunde erlassen werden kann, aber dieser Form nicht genügt. Die Ernennung zum Beamten setzt z. B. die Aushändigung der Ernennungsurkunde voraus; eine Beamtenernennung ohne Urkunde wäre nichtig.
3. Nichtig ist ein Verwaltungsakt, den eine Behörde außerhalb ihrer durch § 3 Abs. 1 Nr. 1 VwVfG begründeten Zuständigkeit erlassen hat, ohne dazu ermächtigt zu sein.
4. Nichtig ist ein Verwaltungsakt, den aus tatsächlichen Gründen niemand ausführen kann. Es handelt sich um den Fall einer objektiven Unmöglichkeit.
5. Nichtig ist ein Verwaltungsakt, der die Begehung einer rechtswidrigen Tat verlangt, die einen Straf- oder Bußgeldtatbestand verwirklicht.
6. Nichtig ist schließlich ein Verwaltungsakt, der gegen die guten Sitten verstößt. Vgl. § 138 BGB.

§ 44 Abs. 3 VwVfG enthält eine Aufzählung solcher Fälle, in denen bestimmte Fehler auch bei besonderer Schwere und Offenkundigkeit, also trotz Vorliegens der Voraussetzungen des § 44 Abs. 1 VwVfG *nicht* zur Nichtigkeit des Verwaltungsakts führen.

Die Nichtigkeit wird in diesen Fällen also kraft Gesetzes „ausgeschlossen".

2. Der vernichtbare (anfechtbare) Verwaltungsakt. Wir haben gesehen, daß ein rechtswidriger Verwaltungsakt nur ganz ausnahmsweise und in seltenen Fällen nichtig ist. Die Masse der fehlerhaften Verwaltungsakte sind mit minderschweren Mängeln behaftet, so daß sie aus Gründen der Rechtssicherheit zunächst die Vermutung ihrer Gültigkeit für sich haben.

Ein Verwaltungsakt ist auf Grund fehlerhafter Gesetzesauslegung ergangen; die Behörde hat ihr Ermessen überschritten oder einen Ermessensspielraum angenommen, obwohl sie gebunden war; sie hat „unbestimmte Rechtsbegriffe" fehlerhaft konkretisiert; sie hat den Verwaltungsakt auf ein Gesetz gestützt, das inzwischen nicht mehr gilt; sie hat Verfahrensvorschriften nicht eingehalten usw.

Alle diese Fehler machen den Verwaltungsakt zwar rechtswidrig, sie bewirken jedoch nicht seine Nichtigkeit. Der fehlerhafte Verwaltungsakt ist zunächst voll wirksam.

Merke: Der nichtige Verwaltungsakt ist ungültig; der vernichtbare Verwaltungsakt ist (zunächst) gültig!

Unter welchen Voraussetzungen ein Verwaltungsakt rechtswidrig (anfechtbar) ist, regelt das Verwaltungsverfahrensgesetz nicht.

Es ist Sache des Betroffenen, die Aufhebung eines rechtswidrigen Verwaltungsakts zu verlangen. Dieses Begehren nennt man **„Anfechtung"**[1]. Zur Geltendmachung der Anfechtung ist befugt, wer sich in seinen Rechten beeinträchtigt fühlt. Die

---

1 Anfechtung bedeutet Erhebung des Widerspruchs bei der Behörde oder der Anfechtungsklage beim Verwaltungsgericht. Der Begriff darf nicht mit der Anfechtung im Sinne des BGB verwechselt werden; er hat damit überhaupt nichts zu tun.

Anfechtung kann aber nur innerhalb bestimmter Fristen erfolgen. Werden sie versäumt, so geht die Anfechtungsmöglichkeit verloren; der Verwaltungsakt bleibt – obwohl er fehlerhaft ist – auf Dauer wirksam, es sei denn, die *Behörde* würde ihn, wozu sie grundsätzlich berechtigt ist, von sich aus aufheben.

V. Bestandskraft und Aufhebung von Verwaltungsakten

1. Bestandskraft von Verwaltungsakten. Verwaltungsakte werden, wenn die Rechtsmittel (Widerspruch, Klage) verbraucht oder die Rechtsmittelfristen abgelaufen sind, für den betroffenen Bürger grundsätzlich *endgültig verbindlich*, d.h. der Betroffene kann den „unanfechtbar" gewordenen Verwaltungsakt nicht mehr angreifen.

Dies gilt auch für den rechtswidrigen Verwaltungsakt.

Im Unterschied zur (materiellen) Rechtskraft eines Gerichtsurteils, die bewirkt, daß auch das erkennende Gericht an die rechtskräftig gewordene Entscheidung gebunden ist und sie nicht mehr aufheben oder abändern kann, ist die Verwaltungsbehörde ihrerseits in bestimmten Grenzen befugt, einen unanfechtbar gewordenen Verwaltungsakt aufzuheben oder abzuändern.

Aus diesem Grunde spricht man nicht von der „Rechtskraft" des unanfechtbar gewordenen Verwaltungsakts, sondern von dessen „Bestandskraft".

2. Aufhebung von Verwaltungsakten. Das Verwaltungsverfahrensgesetz unterscheidet in den §§ 48 bis 50 Rücknahme und Widerruf. Dabei wird unter Rücknahme die Aufhebung eines rechtswidrigen Verwaltungsakts und unter Widerruf die Aufhebung eines rechtmäßigen Verwaltungsakts jeweils durch die Behörde, die den Verwaltungsakt erlassen hat, verstanden. Innerhalb dieser Unterscheidung richtet sich die Aufhebbarkeit der Verwaltungsakte danach, ob sie begünstigend oder belastend („nicht begünstigend") sind.

a) **Rücknahme eines rechtswidrigen Verwaltungsakts**

aa) Rechtswidrige **belastende** Verwaltungsakte kann die Behörde jederzeit mit Wirkung für die Zukunft oder für die Vergangenheit zurücknehmen (§ 48 Abs. 1 Satz 1 VwVfG).

bb) Bei rechtswidrigen **begünstigenden** Verwaltungsakten ist die besondere Interessenlage des Betroffenen zu berücksichtigen: Der Bürger wird häufig im Vertrauen auf die Bestandskraft des begünstigenden Verwaltungsakts Dispositionen über sein Vermögen oder andere Maßnahmen getroffen haben. Die Möglichkeit einer Rücknahme des Verwaltungsakts muß deshalb im Hinblick auf den Vertrauensschutz des Bürgers sinnvoll eingeschränkt werden. Dies versucht das Verwaltungsverfahrensgesetz, indem es eine weitere Unterscheidung trifft:

aaa) Hat der rechtswidrige Verwaltungsakt eine *Geldleistung oder eine teilbare Sachleistung* gewährt, so darf dieser begünstigende Verwaltungsakt nicht zurückgenommen werden, soweit der Begünstigte auf den Bestand des Verwaltungsakts vertraut hat und sein Vertrauen unter Abwägung mit dem öffentlichen Interesse an einer Rücknahme schutzwürdig ist (§ 48 Abs. 2 VwVfG).

A hat durch Bescheid der zuständigen Behörde als Hilfe zum Lebensunterhalt Geldleistungen erhalten. Später stellt sich heraus, daß A nicht hilfsbedürftig im Sinne von

§§ 11 ff. BSHG, der begünstigende Bescheid also rechtswidrig war. Bei der Frage, ob der Verwaltungsakt zurückgenommen werden kann, kommt es darauf an, ob und inwieweit A Vertrauensschutz genießt.

bbb) Rechtswidrige begünstigende Verwaltungsakte, die weder Geldleistung noch teilbare Sachleistung gewährt haben,

z. B. Genehmigungen, Freistellung vom Wehrdienst

können stets und ohne Einschränkung zurückgenommen werden.

§ 48 VwVfG berücksichtigt also nur den Vermögensschutz, nicht aber allgemein das Vertrauen in den Bestand eines Verwaltungsakts.

b) Widerruf eines rechtmäßigen Verwaltungsakts

aa) Einen von ihr erlassenen **rechtmäßigen belastenden** Verwaltungsakt kann die Behörde grundsätzlich jederzeit – also auch nachdem er unanfechtbar geworden ist –, aber nur mit Wirkung für die Zukunft widerrufen (§ 49 Abs. 1 VwVfG).

bb) Im Gegensatz zur Rücknahme spielt es für die Frage, ob ein **rechtmäßiger begünstigender** Verwaltungsakt widerrufen werden kann, keine Rolle, welche Begünstigung gewährt worden ist. Es kommt also nicht darauf an, ob der Verwaltungsakt Geld- oder teilbare Sachleistungen gewährt oder nicht.

Ein begünstigender Verwaltungsakt kann nur dann für die Zukunft widerrufen werden, wenn einer der in § 49 Abs. 2 VwVfG genannten Fälle vorliegt.

Z. B. wenn der Widerruf durch Rechtsvorschrift zugelassen oder im Verwaltungsakt vorbehalten ist; wenn mit dem Verwaltungsakt eine Auflage verbunden ist und der Begünstigte diese nicht oder nicht innerhalb einer ihm gesetzten Frist erfüllt hat; um schwere Nachteile für das Gemeinwohl zu verhüten oder zu beseitigen.

Unter bestimmten Voraussetzungen entsteht im Falle des Widerrufs eines rechtmäßigen begünstigenden Verwaltungsakts für den Betroffenen ein Anspruch auf Entschädigung für die Vermögensnachteile, die er durch den Widerruf erleidet (§ 49 Abs. 5 VwVfG).

40. Kapitel

Die juristische Person des öffentlichen Rechts und das öffentliche Sachenrecht

I. Die juristische Person des öffentlichen Rechts

Ebenso wie im Privatrecht wird auch im öffentlichen Recht zwischen natürlichen und juristischen Personen unterschieden. Während jedoch die natürlichen und juristischen Personen des Privatrechts – von wesensmäßig bedingten Unterschieden abgesehen – Träger gleichartiger Rechte und Pflichten sein können, nimmt die **juristische Person des öffentlichen Rechts** gegenüber der natürlichen Person eine ganz besondere Stellung ein: sie ist **Hoheitsträger**, kann Rechtssätze erlassen (vgl. oben Kap. 2 I 3) und ist Teil der mittelbaren Staatsverwaltung (vgl. Kap. 30 II 3 c und d).

Unter dem Begriff „juristische Person des öffentlichen Rechts" versteht man rechtlich organisierte Personen- oder Sachgemeinschaften, die **durch staatlichen Hoheitsakt** (Gesetz, Anerkennung usw.) **begründet** wurden, mit **Rechtsfähigkeit,** d. h. mit der Fähigkeit, Träger von Rechten und Pflichten zu sein, **ausgestattet** sind und **staatliche Aufgaben mit hoheitlichen Mitteln** und **unter staatlicher Aufsicht** wahrnehmen.

Die juristischen Personen des öffentlichen Rechts handeln durch *Organe*, die entweder natürliche Personen oder Behörden sein können.

Im einzelnen sind folgende juristische Personen des öffentlichen Rechts zu unterscheiden:

1. Körperschaften. Sie sind *mitgliedschaftlich* organisierte Verbände einer Vielzahl von Personen (natürliche und/oder juristische), die überwiegend öffentliche Interessen, aber auch Interessen ihrer Mitglieder, wahrnehmen.

Man unterscheidet im einzelnen:

Gebietskörperschaften, d.h. Körperschaften, deren Mitglieder die Einwohner eines bestimmten Gebietes sind, z. B. Gemeinden, Gemeindeverbände, Landkreise.

Personenkörperschaften, d.h. Körperschaften, deren Mitglieder bestimmte gemeinsame persönliche Merkmale haben, z. B. Rechtsanwaltskammern, Ärzte- und Apothekerkammern, Industrie- und Handelskammern, Handwerkskammern, Zweckverbände.

Mischtypen von Gebiets- und Personenkörperschaften, bei denen sich die Mitgliedschaft sowohl nach bezirksmäßigen, wie auch nach persönlichen Merkmalen bestimmt, z. B. Jagdgenossenschaften.

2. (Selbständige) Anstalten. Sie haben keine Mitglieder, sondern *Benutzer* und stellen selbst eine Zusammenfassung persönlicher und sächlicher Mittel („Verwaltungsapparat") dar. Gegenüber ihren Benutzern verfügen die Anstalten über eine öffentlich-rechtliche Herrschaftsmacht (Anstaltsgewalt), die sich in der „Benutzungsordnung" äußert; ihr ist der Benutzer unterworfen.

Z. B. Rundfunkanstalten, Bundesanstalt für den Güterfernverkehr.

Neben den rechtsfähigen selbständigen Anstalten gibt es auch *nichtselbständige* nichtrechtsfähige Anstalten, z. B. Schulen, staatliche oder kommunale Krankenhäuser. Weil sie nicht rechtsfähig sind, handelt es sich bei ihnen nicht um juristische Personen des öffentlichen Rechts.

3. Stiftungen des öffentlichen Rechts. Sie haben weder Mitglieder noch Benutzer. Die Stiftung besteht aus einer rechtlich verselbständigten Vermögensmasse, aus der – entsprechend dem Stiftungszweck – Beträge zur Förderung öffentlicher oder privater Einrichtungen, aber auch zur Unterstützung bestimmmter Vorhaben einzelner vergeben werden.

II. Das öffentliche Sachenrecht

1. Der Begriff „öffentliche Sache". Öffentliche Sachen sind Sachen, deren Gebrauch zum Gemeinwohl bestimmt ist (**Gemeingebrauch**) oder die den eigenen Belangen und Bedürfnissen der Verwaltung dienen (**Verwaltungsgebrauch**) und die öffentlichen Rechtsvorschriften unterliegen. Die zivilrechtlichen Bestimmungen (§§ 90 ff. BGB) sind auf sie nicht uneingeschränkt anwendbar.

Sachen im Gemeingebrauch sind solche Sachen, die von der Allgemeinheit ohne besondere Erlaubnis benützt werden dürfen, z. B. Straßen, Plätze, Gewässer.

Sachen im Verwaltungsgebrauch sind solche Sachen, die den Geschäftsbetrieb der Verwaltung ermöglichen und damit die Verwaltung in die Lage versetzen, ihre Aufgaben zu erfüllen, z. B. Verwaltungsgebäude, Büroeinrichtungen der Verwaltung, Fuhrpark, Feuerlöschgeräte.

2. Die Widmung. Eine Sache wird zur öffentlichen Sache durch *(rechtliche)* **Widmung** und *(tatsächliche)* **Indienststellung.**

Die Widmung ist ein Hoheitsakt, der den öffentlichen Zweck festlegt, dem die Sache dienen soll. Sie kann insbesondere erfolgen durch

a) Gesetz, Rechtsverordnung oder Satzung (z. B. sind Gewässer I. Ordnung, d. h. solche, die wasserwirtschaftlich besonders wichtig sind, durch Gesetz öffentliche Sachen geworden);

b) Gewohnheitsrecht (z. B. Meeresstrand);

c) Verwaltungsakt in Gestalt der Allgemeinverfügung nach § 35 Satz 2 VwVfG (z. B. öffentliche Gebäude, oft auch Straßen).

Die Indienststellung ist die rein tatsächliche Freigabe zur Zweckerfüllung.

Übergabe eines neuen Straßenabschnitts „an den Verkehr".

Durch einen umgekehrten Vorgang, die *Entwidmung* (im Straßenrecht: Einziehung) verliert die Sache ihre Eigenschaft als „öffentliche".

3. Die Rechtsverhältnisse an öffentlichen Sachen. Regelmäßig bestehen an einer öffentlichen Sache verschiedene privatrechtliche und öffentlich-rechtliche Rechtsverhältnisse. Grundsätzlich sind zu unterscheiden:

a) Das Eigentum. Öffentliche Sachen unterliegen ausnahmslos den Eigentumsregeln des Privatrechts. Das bedeutet, daß ein Eigentümer vorhanden ist. Häufig wird dies ein Träger öffentlicher Verwaltung (z. B. eine Gemeinde), kann aber auch eine Privatperson sein. Das Eigentum ist allerdings durch die besondere öffentlich-rechtliche Zweckbindung der öffentlichen Sache eingeschränkt.

Häufig kann der Eigentümer über die öffentliche Sache keine Verfügung treffen.

b) Die öffentlich-rechtliche Sachherrschaft. Sie steht der Behörde zu, die die hoheitliche Gewalt über die öffentliche Sache hat, die also z. B. darüber entscheiden kann, ob sie eine Entwidmung aussprechen soll. Sie hat darüber zu wachen, daß die Bau- und Unterhaltspflichtigen (unten c) sowie die Benutzer ihre Verpflichtungen erfüllen.

Straßenaufsichtsbehörde.

c) Bau- und Unterhaltpflicht. Träger der Bau- und Unterhaltpflicht für eine öffentliche Sache kann entweder der öffentliche Sachherr selbst, eine andere Behörde oder eine Privatperson (z. B. als Eigentümer) sein. Diese Pflicht ist eine besondere öffentlich-rechtliche Verbindlichkeit, die deshalb erforderlich ist, weil der Eigentümer privatrechtlich nicht verpflichtet wäre, seine Sache in gebrauchsfähigem Zustand zu erhalten.

Besondere Bedeutung hat die Unterhaltpflicht im Straßenrecht. Sie wird dort als Straßenbaulast bezeichnet und bedeutet, daß ihr Träger durch Bau, Ausbau, Unterhaltung usw. alles tun muß, um die Straße entsprechend den Bedürfnissen des Verkehrs tauglich zu machen und zu halten.

4. Die Benutzung öffentlicher Sachen

a) Die Benutzung von Sachen im Verwaltungsgebrauch wird von der Verwaltung intern, häufig durch Verwaltungsanordnungen, geregelt.

b) Bei öffentlichen Sachen, die im **Gemeingebrauch** stehen, ist es jedermann erlaubt, diese Sachen im Rahmen des mit der Widmung verfolgten Zwecks grundsätzlich unentgeltlich zu benutzen.

Eine Straße kann z. B. benutzt werden, um auf ihr mit dem Auto, dem Motorrad, dem Fahrrad usw. zu fahren.

Der Gemeingebrauch kann durch inhaltlich beschränkte Widmung eingeengt sein, so z. B. wenn ein Weg nur als Radweg oder als Reitweg gewidmet ist.

Nicht mehr zum Gemeingebrauch an einer Straße gehört z. B. die Aufstellung eines Zeitungskiosks, die Durchführung bestimmter artistischer Veranstaltungen. Hierzu bedürfte es einer besonderen Erlaubnis.

Weil die Straßenanlieger ein wichtiges tatsächliches und wirtschaftliches Interesse an der Benutzung der Straße haben, steht ihnen ein über den Gemeingebrauch hinausgehender **„Anliegergebrauch"** unentgeltlich und erlaubnisfrei zu (früher verwandte man den Begriff „gesteigerter Gemeingebrauch").

Der Anliegergebrauch gewährt ein subjektiv-öffentliches Recht auf Erhaltung des Zugangs von und zur Straße. Er ermöglicht einem Geschäftsmann das Aufstellen von Fahrradständern für die Kundschaft.

c) Der Gebrauch einer öffentlichen Sache, der über den Gemeingebrauch hinausgeht, bedarf – vom Sonderfall des Anliegergebrauchs abgesehen – einer besonderen, meist gebührenpflichtigen Gebrauchserlaubnis. Er wird als **„Sondernutzung"** bezeichnet.

Z. B. wenn ein Café während des Sommers Tische und Stühle auf den Bürgersteig stellen möchte.

41. Kapitel

Besonderes Verwaltungsrecht: Das Polizeirecht

I. Die Aufgabe der Polizei (Polizeibegriff im materiellen Sinne)

1. Die Aufgabe der Polizei in ihrer geschichtlichen Entwicklung. Der Begriff „Polizei" (griech. politeia = Staatsverwaltung, Staatsverfassung) wird seit dem Mittelalter verwendet. Er bezeichnete damals die gesamte Tätigkeit des Staates, seiner Regierung und Verwaltung.

Im 17. Jahrhundert begann man, unter den Staatsfunktionen zu differenzieren: Polizei war die gesamte Innenverwaltung; als weitere Aufgabenbereiche des Staates standen ihr die „auswärtigen Angelegenheiten", das „Heerwesen", die „Justiz" und die „Finanzen" zur Seite.

Noch heute spricht man deshalb von den fünf *„klassischen Ministerien"*. Seit dem 19. Jahrhundert traten – bedingt durch die sich mehrenden staatlichen Aufgaben und infolge der Notwendigkeit einer Arbeitsteilung – weitere Fachministerien („Ressorts") hinzu (z. B. Kultus, Wirtschaft, Arbeit).

Als „innere Staatsverwaltung" beschränkte sich die Polizei im Zeitalter des Absolutismus (17. und 18. Jahrhundert) nicht auf Maßnahmen der Gefahrenabwehr und der Störungsbeseitigung, sondern setzte die ihr zur Verfügung stehenden Machtmittel auch und insbesondere zur *Förderung der „Wohlfahrt"* ein. Unter Berufung auf das Gemeinwohl konnte sie auf allen Lebensbereichen mit schrankenlosem Zwang in die Rechte des einzelnen eingreifen.

Diesen „Wohlfahrtsstaat" nennt man auch *„Polizeistaat"*.

Soweit dieser Begriff auf einen modernen Staat angewendet wird, soll zum Ausdruck gebracht werden, daß seine Sicherheits-(Polizei-)organe keiner Kontrolle durch ein Parlament oder durch unabhängige Gerichte unterworfen sind.

Als Reaktion auf den absoluten Polizeistaat forderte das Zeitalter der Aufklärung (18. und 19. Jahrhundert) eine Beschränkung der Polizeiaufgabe auf die *„Gefahrenabwehr"*.

In § 10 II 17 des preußischen Allgemeinen Landrechts von 1793 wurde diese Aufgabenbegrenzung erstmals gesetzlich vorgenommen: „Die nötigen Anstalten zur Erhaltung der öffentlichen Ruhe, Sicherheit und Ordnung und zur Abwendung der dem Publiko oder einzelnen Mitgliedern desselben bevorstehenden Gefahr zu treffen, ist das Amt der Polizey".

Der Sache nach ist dieser Begriff der Polizeiaufgabe seither in ganz Deutschland geltendes Recht geworden.

Seine berühmteste Ausformung erhielt er im preußischen Polizeiverwaltungsgesetz vom 1. Juni 1931, dessen § 14 Abs. 1 folgenden Wortlaut hat:

„Die Polizeibehörden haben im Rahmen der geltenden Gesetze die nach pflichtmäßigem Ermessen notwendigen Maßnahmen zu treffen, um von der Allgemeinheit oder dem einzelnen Gefahren abzuwenden, durch welche die öffentliche Sicherheit und Ordnung bedroht wird."

2. Die Aufgabe der Polizei heute. Der demokratische und soziale Rechtsstaat gewährleistet die Freiheitsrechte des einzelnen; er bemüht sich, seinen Bürgern ein menschenwürdiges Dasein zu ermöglichen und trifft dafür Vorsorge. Weder das eine – Freiheitsgarantie – noch das andere – Daseinsvorsorge – wäre ihm möglich, wenn er den menschlichen Unzulänglichkeiten und den aus ihnen erwachsenden Konfliktsituationen schutzlos gegenüber stünde. Diesen Schutz sichert er sich durch die Polizei. Die Polizei trägt damit ganz wesentlich dazu bei, daß der einzelne Bürger in Freiheit und sozialer Sicherheit seine Persönlichkeit entfalten kann.

Sogar das Strafgesetzbuch wäre wertlos, wenn der Straftäter unermittelt bliebe.

Somit ist die Polizei einer der Garanten unserer freiheitlichen und rechtsstaatlichen Gesellschaftsordnung.

Dies sollte man bedenken, wenn über Entscheidungen der Polizei, die sie häufig in höchster Eile zu treffen hat, Meinungsverschiedenheiten entstehen, die nicht selten in unsachlicher Kritik enden.

§ 14 Abs. 1 des preußischen Polizeiverwaltungsgesetzes hatte die polizeiliche Aufgabe in Form einer allgemeinen Ermächtigung *(Generalklausel)* umschrieben.

Sie wurde nach 1945 dem Sinne nach übereinstimmend von fast allen Polizeigesetzen der Länder übernommen.

Die Polizei ist grundsätzlich Ländersache.

Ausnahmen: Zur ausschließlichen Gesetzgebungskompetenz des Bundes gehören die Zusammenarbeit des Bundes und der Länder in der Kriminalpolizei und in Angelegenheiten des Verfassungsschutzes, die Einrichtung eines Bundeskriminalpolizeiamtes sowie die internationale Verbrechensbekämpfung (Art. 73 Nr. 10 GG). Durch Bundesgesetze wurden eingerichtet: Bundesgrenzschutz (Art. 87 Abs. 1 Satz 2 GG) und Bundeskriminalamt. Weitere polizeiliche Befugnisse des Bundes im Falle des Ausnahmezustandes ergeben sich aus Art. 91 Abs. 2 GG. Bestimmte Polizeieinrichtungen stehen dem Bund kraft Sachzusammenhangs zu (z. B. die Bahnpolizei; vgl. dazu Art. 73 Nr. 6 GG).

Voraussetzung für das Eingreifen der Polizei ist nach jener Generalermächtigung, daß eine Gefahr für die Allgemeinheit oder den einzelnen vorhanden ist, durch die die öffentliche Sicherheit oder die öffentliche Ordnung bedroht wird. Die Aufgabe der Polizei besteht demzufolge in der **Gefahrenabwehr:** Störungen der öffentlichen Sicherheit und Ordnung muß vorgebeugt werden *(Präventiv-Aufgabe)*, bei bereits eingetretenen Beeinträchtigungen sind öffentliche Sicherheit und Ordnung wiederherzustellen *(Repressiv-Aufgabe)*.

„Öffentliche Sicherheit" bedeutet den Bestand der Rechtsordnung.

Verstöße gegen gesetzliche Verbote oder Gebote stellen Angriffe gegen die „öffentliche Sicherheit" dar.

Der Begriff der *„öffentlichen Ordnung"* ist umfassender. Er bezeichnet die Ordnung des Gemeinwesens und des gesellschftlichen Zusammenlebens, die den herrschenden ethischen und sozialen Anschauungen entspricht.

Störungen von religiösen Feiern durch Lärm beeinträchtigen die öffentliche Ordnung.

Obdachlosigkeit ist ordnungswidrig, weil ein Gemeinwesen nicht hinnehmen kann, daß ein Bürger ohne Unterkunft ist.

Droht von einem baufälligen Gebäude Einsturzgefahr, so ist dies ein Zustand, der nicht der Ordnung entspricht.

Aber: Bloße Belästigungen oder Geschmacklosigkeiten stellen keine Verletzung der öffentlichen Ordnung dar.

Die Generalermächtigung ist an die rechtsstaatlichen Grundsätze gebunden. Bei Eingriffen in die Freiheitssphäre des einzelnen (Festnahme, Vorführung, Sicherstellung von Gegenständen usw.) sind rechtsstaatliche Prinzipien zu beachten. Andererseits gehört es nicht zur Freiheit des einzelnen, die öffentliche Sicherheit und Ordnung zu stören (vgl. Art. 2 Abs. 1 GG).

II. Die Polizeiinstitutionen (Polizeibegriff im formellen Sinne)

Institutionen der Polizei sind die **Polizeibehörden** und der **Polizeivollzugsdienst.**

Grundsätzlich gilt: Polizeibehörden ordnen an, der Polizeivollzugsdienst vollzieht diese Anordnungen.

Z. B. die zuständige Verwaltungsbehörde (als Polizeibehörde, weil es sich um eine polizeiliche Aufgabe handelt) weist den Ausländer A aus; der Polizeivollzugsdienst schiebt den A tatsächlich ab.

1. Die Polizeibehörden. Polizeiliche Aufgaben werden vor allem von den Behörden der allgemeinen inneren Verwaltung, aber auch von besonderen Verwaltungsbehörden wahrgenommen. Je nachdem kann daher zwischen allgemeinen und besonderen Polizeibehörden unterschieden werden. Allgemeine Polizeibehörden sind

– die obersten und oberen Landespolizeibehörden,

> z. B. das Innenministerium oder die Regierungspräsidien, soweit sie polizeiliche Aufgaben erfüllen;

– Kreispolizeibehörden = untere Verwaltungsbehörden,

> z. B. das Landratsamt im Ausländer- und Meldewesen;

– Ortspolizeibehörden = Bürgermeister

> z. B. alle polizeilichen Aufgaben innerhalb einer Gemeinde, soweit keine andere Institution zuständig ist.

Besondere Polizeibehörden sind solche Behörden, denen durch Gesetz spezielle Polizeiaufgaben übertragen sind.

> Z. B. Gesundheitsämter (Bekämpfung übertragbarer Krankheiten, zwangsweise Behandlung von Geschlechtskranken), Gewerbeaufsichtsämter, Bergbehörden (Sicherheit des Bergbaus), Eichbehörden (Überwachung der Meß- und Gewichtsvorschriften).

2. Der Polizeivollzugsdienst. Hierher gehören die Landeskriminalämter, die Bereitschaftspolizei, die Landespolizeien (uniformierte Polizei = Schutzpolizei; nicht uniformierte Polizei = Kriminalpolizei) sowie die Wasserschutzpolizei.

> Sowohl die Organisation der Polizeibehörden als auch die Gliederung des Polizeivollzugsdienstes weisen in den einzelnen Ländern Unterschiede auf.

III. Die Polizeimittel

1. Die Polizeiverordnung. Polizeiverordnungen sind polizeiliche Gebote oder Verbote, die für eine unbestimmte Anzahl von Fällen an eine unbestimmte Anzahl von Personen gerichtet sind. *Polizeiverordnungen sind Rechtsverordnungen.* Sie unterscheiden sich von den allgemeinen Rechtsverordnungen (oben Kap. 2 I 2) insoweit, als sie nicht nur von obersten Landesorganen, sondern von *jeder* Polizeibehörde erlassen werden können.

> Der Bürgermeister als Ortspolizeibehörde kann Polizeiverordnungen erlassen usw.

2. Polizeiverfügungen. Sie sind Verwaltungsakte, die an eine bestimmte Person oder einen bestimmten Personenkreis ergehen und ein Gebot, ein Verbot oder die Versagung einer polizeilichen Erlaubnis zum Inhalt haben. Polizeiverfügungen sind nur gültig, wenn sie

– im Rahmen der Polizeiaufgabe (oben I) ergehen,
– der Abwehr einer konkreten Gefahr dienen,
– inhaltlich bestimmt sind,

> der Betroffene muß eindeutig erkennen können, was die Polizei von ihm fordert,

– dem Grundsatz der „Verhältnismäßigkeit" entsprechen.

Das von der Polizei gewählte Mittel und der erstrebte Zweck müssen in einem vernünftigen Verhältnis stehen; eine feuerpolizeiliche Auflage, die höhere Kosten verursachen würde, als der Wert des zu schützenden Gebäudes beträgt, wäre unverhältnismäßig.

Grundsatz: Man darf nicht mit Kanonen auf Spatzen schießen.

Polizeiverfügungen können mündlich, schriftlich oder durch Zeichen erlassen werden.

Der Verkehrspolizist hält den Kraftfahrer A an.

IV. Das Opportunitätsprinzip

Grundsätzlich kann die Polizei bei drohender Rechtsverletzung oder bei der Beseitigung rechts- oder ordnungswidriger Zustände nach ihrem eigenen pflichtmäßigen Ermessen entscheiden, *ob* sie und gegebenenfalls *wie* sie einschreiten will (**Opportunitätsprinzip**).

Ausnahmsweise ist die Polizei aber zum Tätigwerden verpflichtet *(Legalitätsprinzip)*, nämlich dann, wenn es sich um die Strafverfolgung handelt (§ 163 Abs. 1 StPO).

Nach allgemeiner Auffassung ist die Polizei trotz des Opportunitätsprinzips zum Eingreifen verpflichtet, wenn eine unmittelbare, schwere und mit anderen als polizeilichen Mitteln nicht abwendbare Gefahr droht; in solchen Ausnahmesituationen hat der bedrohte Bürger einen Anspruch auf Polizeischutz.

Das polizeiliche Ermessen muß pflichtgemäß, d. h. auf Grund von sachlichen Erwägungen, ausgeübt werden (vgl. oben Kap. 38 III 3).

V. Die polizeipflichtigen Personen

Als polizeipflichtige Personen werden diejenigen bezeichnet, an die sich die Polizei mit ihren Mitteln (Polizeiverordnung und Polizeiverfügung) wenden kann. In erster Linie hält sich die Polizei an den „**Störer**". Störer – ein wichtiger polizeirechtlicher Begriff – ist derjenige, der durch sein Verhalten oder durch den Zustand einer Sache, für die er verantwortlich ist, eine Gefahr geschaffen hat. Im einzelnen gilt:

1. Der Handlungsstörer. Wer durch positives Tun oder durch Unterlassen eine Gefahr verursacht hat, ist Handlungsstörer. Dabei kommt es nicht darauf an, ob die Gefahrenlage schuldhaft oder nicht schuldhaft hervorgerufen worden ist. Es gilt das *Verursachungsprinzip*.

Auch dritte Personen können für den Handlungsstörer polizeipflichtig sein, z. B. Eltern für ihre Kinder, der Dienstherr für Verrichtungsgehilfen.

2. Der Zustandsstörer. Wer Sachen, über die er die tatsächliche Gewalt ausübt, nicht in gefahrlosem Zustand hält, ist Zustandsstörer. Auch hier kommt es nicht auf Verschulden an.

Ein baufälliges Haus muß abgestützt werden; decken Bauarbeiter einen von ihnen auf dem Grundstück des A ausgehobenen Graben nicht ab, so ist A als Zustandsstörer polizeipflichtig.

3. Polizeiliche Maßnahmen gegenüber Nichtstörern. Ausnahmsweise können auch „*Nichtstörer*", d. h. Personen, die an der Gefahrenverursachung unbeteiligt waren, polizeipflichtig sein. Unter folgenden Voraussetzungen kann die Polizei gegen Unbeteiligte vorgehen:

– Es muß sich um eine konkrete, unmittelbar drohende Gefahr handeln (z. B. im Brandfalle),
– Maßnahmen gegen den Störer sind entweder überhaupt nicht möglich oder für die Gefahrenabwehr nicht genügend,
– die eigenen Kräfte der Polizei reichen zur Gefahrenabwehr nicht aus.

Wenn diese Voraussetzungen vorliegen, handelt es sich um einen sog. **polizeilichen Notstand,** der das Vorgehen der Polizei gegen Unbeteiligte rechtfertigt.

> Bei einem Eisenbahnunglück kann z. B. die Polizei Privatkraftfahrzeuge anhalten und sie zum Transport der Verletzten ins Krankenhaus benützen.

Der Nichtstörer, der durch einen polizeilichen Eingriff einen Vermögensschaden erleidet, erhält eine angemessene Entschädigung in Geld.

VI. Der Polizeizwang

Die Polizei ist zur Durchsetzung polizeilicher Maßnahmen, die den Betroffenen verpflichten, eine Handlung vorzunehmen, zu dulden oder zu unterlassen, grundsätzlich befugt, Zwangsmittel anzuwenden.

> Unter dem Begriff Polizeizwang ist nicht jede Polizeimaßnahme, die gegen den Willen des Betroffenen ergriffen wird, zu verstehen (z. B. Festnahmen, Beschlagnahmen, Durchsuchungen), sondern die Zwangsvollzugsmaßnahmen zur Durchsetzung von Polizeiverordnungen und -verfügungen.

Im einzelnen handelt es sich dabei um folgende Zwangsmittel:

1. Die Ersatzvornahme. Weigert sich der Polizeipflichtige, eine von ihm zu Recht geforderte Handlung vorzunehmen und kann diese Handlung von jedem anderen auf gleiche Weise vorgenommen werden *(vertretbare Handlung),* so ist die Polizei befugt, die Handlung auf Kosten des Polizeipflichtigen von einem Dritten vornehmen zu lassen.

> A ist Eigentümer eines baufälligen Hauses, von dem Einsturzgefahr und damit Gefahr für Straßenpassanten ausgeht. Durch Polizeiverfügung wird ihm aufgegeben, das Haus ordnungsgemäß abzustützen. Kommt A dieser Pflicht nicht nach, so kann die Polizei den Bauunternehmer B beauftragen, die entsprechenden Maßnahmen durchzuführen. Der Vertrag zwischen Polizei und B ist rein privatrechtlicher Art. Die dem Staat durch Bezahlung des B entstehenden Kosten werden durch Verwaltungsakt festgesetzt und von A notfalls im Wege der Verwaltungsvollstreckung beigetrieben.

Die Ersatzvornahme ist unter Fristsetzung und Mitteilung der voraussichtlich entstehenden Kosten vorher dem Polizeipflichtigen anzudrohen. Diese Androhung ist ein Verwaltungsakt, gegen den sich der Polizeipflichtige wehren kann.

2. Das Zwangsgeld. Kann eine Handlung nur von dem Polizeipflichtigen selbst vorgenommen werden *(unvertretbare Handlung)* oder ist bei vertretbaren Handlungen die Ersatzvornahme nicht tunlich, so kann die Polizei ein Zwangsgeld festsetzen. Durch das Zwangsgeld soll der Polizeipflichtige angehalten werden, die von ihm verlangte Handlung vorzunehmen.

Zwangsgeld ist keine Strafe, sondern ein Mittel, den widerstrebenden Willen des Verpflichteten zu „beugen".

Jemand weigert sich z. B. seiner gesetzlichen Impfpflicht nachzukommen (unvertretbare Handlung).

Zur Androhung des Zwangsgeldes gilt das gleiche, wie bei der Androhung der Ersatzvornahme.

3. Die Zwangshaft. Bei Uneinbringlichkeit des Zwangsgeldes kann unter bestimmten Voraussetzungen das Verwaltungsgericht auf Antrag der Polizeibehörde die Zwangshaft anordnen. Nach dem Grundsatz der Verhältnismäßigkeit der Mittel kommt sie nur selten in Betracht.

4. Der unmittelbare Zwang. Unter unmittelbarem Zwang versteht man jede direkte Einwirkung auf Personen oder Sachen durch

— körperliche Gewalt,

Boxen, Anwendung von Polizeigriffen usw.

— Hilfsmittel der körperlichen Gewalt,

Pferde, Hunde, Wasserwerfer, Tränengas, Fesseln usw.

— Waffengebrauch.

Hiebwaffen, Schußwaffen usw.

In allen diesen Fällen ist die Beachtung des Grundsatzes der Verhältnismäßigkeit von großer Bedeutung. Die Polizeigesetze der Länder enthalten insbesondere Vorschriften darüber, in welchen Fällen der Schußwaffengebrauch gegen Personen zulässig ist.

Die Anwendung unmittelbaren Zwanges obliegt den Beamten des Polizeivollzugsdienstes.

4. Unterabschnitt

Das Prozeßrecht

42. Kapitel

Grundzüge des Zivilprozesses

A. Das Erkenntnisverfahren

I. Allgemeines

Wenn jemand gegen einen anderen einen privatrechtlichen Anspruch (§ 194 Abs. 1 BGB) hat, so ist damit noch nicht gesagt, daß dieser auch erfüllt wird.

Der gekündigte Mieter zieht nicht aus, obwohl die Kündigungsfrist abgelaufen ist. – Der Kunde zahlt trotz Mahnung nicht. – Der Vater leistet dem Kind keinen Unterhalt.

Man könnte daran denken, daß der Gläubiger nun einfach hingeht und sich sein Recht selbst holt.

> Der Vermieter wirft den gekündigten Mieter hinaus. – Der Handwerker nimmt sich eigenmächtig aus der Wohnung des Kunden eine Sache im Wert der Forderung (Werklohn).

Die Zeiten der Selbsthilfe sind aber bis auf wenige Ausnahmen (oben Kap. 1 und 12) vorbei. In einem geordneten Gemeinwesen dürfen nicht Willkür und Faustrecht herrschen, sondern die Gemeinschaft, der Staat, muß einen Weg bereithalten, den der Berechtigte, der Gläubiger des Anspruchs, beschreiten kann, falls der Verpflichtete, sein Schuldner, nicht erfüllt: sie gewährt *Rechtsschutz* und eröffnet einen *Rechtsweg*. Im Prozeßrecht heißt der Gläubiger, der seinen Anspruch geltend macht, der Kläger, sein Gegner (der Schuldner) ist der Beklagte.

Der Rechtsweg gestattet a) in einem sog. *Erkenntnisverfahren* (Rechtsstreit) die urteilsmäßige Feststellung des Anspruchs und b) in der *Zwangsvollstreckung* (unten B) die zwangsweise Durchsetzung des Anspruchs, falls sich der Schuldner trotz Verurteilung nicht zur Erfüllung des Anspruchs bequemt.

> Unser Vermieter muß also (als Kläger) auf Räumung klagen und kann nach Erlangung eines Urteils den Mieter (den Beklagten), falls er nicht auszieht, durch den Gerichtsvollzieher aus der Wohnung setzen lassen. (Ob die Verwaltungsbehörde als Obdachlosenpolizei diesen Mieter auf gewisse Zeit in die Wohnung wieder einweist, steht auf einem anderen Blatt.)

Daneben gibt es noch *vorläufige Verfahren* zur Sicherung von Ansprüchen, wie den Arrest und die Einstweilige Verfügung.

Immer muß der Anstoß zu einem Rechtsstreit vom Kläger ausgehen. Die Zivilgerichte schreiten nicht von Amts wegen ein.

Das Verfahren setzt sich aus einer Reihe von Einzelakten zusammen, die teils von den Parteien des Prozesses, teils vom Gericht ausgehen.

Rechtsquelle ist die ZPO vom 30. Januar 1877, die am 1. Oktober 1879 in Kraft getreten und seither mehrfach geändert worden ist.

II. Die Zuständigkeiten

Um feststellen zu können, welches ordentliche Gericht im Einzelfall in Anspruch genommen werden darf, sind Zuständigkeitsregelungen aufgestellt worden. Ist eine Zuständigkeit gegeben, so ist das Gericht berechtigt, aber auch verpflichtet, die Gerichtsbarkeit auszuüben.

> Ein Beklagter schrieb einmal auf eine Klage an das Gericht, er gehe davon aus, daß der Richter wegen „dieser Lappalie" nicht verhandeln und „den Prozeß ablehnen" werde. Das Gericht konnte ihm darin nicht folgen, denn eine Einstellung des Verfahrens (wie im Strafprozeß) gibt es im Zivilrechtsstreit, von dem hier ja ausschließlich die Rede ist, nicht!

Zu unterscheiden sind im wesentlichen die sachliche und die örtliche Zuständigkeit. Daneben gibt es noch allgemeine und ausschließliche Zuständigkeiten.

1. Die **sachliche Zuständigkeit** regelt die Frage, vor welches Gericht erster Instanz eine Sache kommt. Dabei ist grundsätzlich vom *Streitwert* auszugehen (§ 2

ZPO). Streitwert ist der Wert des geltend gemachten prozessualen Anspruchs. Bei Forderungen entspricht er dem eingeklagten Betrag,

> bei 1000 DM Forderung ist der Streitwert also 1000 DM

im übrigen ist das Interesse an der Entscheidung, ausgedrückt in Geld, maßgebend, wobei das Gesetz gewisse Regeln über die Festsetzung des Streitwerts, die grundsätzlich im Ermessen des Gerichts steht (§ 3 ZPO), aufstellt (§§ 4 bis 9 ZPO).

> Klagt jemand auf Herausgabe eines Ringes, so wird der Wert des Ringes den Betrag des Streitwertes darstellen. – Klagt jemand auf Unterlassung einer ehrenrührigen Behauptung, so wird das Interesse an der Unterlassung „kapitalisiert". (Als eine Kosmetik-Firma das Bild einer Schlagersängerin unberechtigterweise für Reklamesendungen verwendete und die Künstlerin auf Schadensersatz klagte, war der Streitwert ca. 10 000 DM.)

Bei Streitigkeiten bis zu einem Streitwert von 3000 DM sind grundsätzlich die *Amtsgerichte,* bei einem höheren Streitwert die *Landgerichte* zuständig (§§ 23 Nr. 1; 71 Abs. 1 GVG). Davon gibt es Ausnahmen: Mietstreitigkeiten z. B. gehören ausschließlich (also vom Streitwert unabhängig) vor das Amtsgericht, ebenso Ehescheidungen.

Eine besondere Abteilung des Amtsgerichts bildet das *Familiengericht.* Es wurde geschaffen, um alle Angelegenheiten, die im Zusammenhang mit der Ehescheidung zu regeln sind, in die Hand des gleichen Richters zu legen. Zu den Familiensachen gehören *Ehesachen,* d.h. Scheidungs-, Aufhebungs- und Nichtigkeitsklagen, sowie die sog. *Folgesachen,* nämlich Verfahren über die Regelung der elterlichen Sorge über ein eheliches Kind, Verfahren zur Regelung der Verkehrsbefugnis, die Teilung des Hausrats und der Ehewohnung, den Unterhalt zwischen geschiedenen Ehegatten und den Versorgungsausgleich (Kap. 25 I 8), ferner Unterhaltsprozesse zwischen Eltern und ehelichen Kindern (Kap. 25 II 2) sowie z. T. Streitigkeiten wegen des Zugewinnausgleichs (§ 23b Abs. 1 GVG). Im Rahmen des Scheidungsverfahrens gilt Anwaltszwang (unten IV). Dieser wird auf die Folgesachen ausgedehnt, wenn ein Ehegatte deren Entscheidung während des Scheidungsprozesses verlangt (§ 623 ZPO).

Beim Amtsgericht entscheidet ein Berufsrichter, beim Landgericht herrscht das sog. Kammersystem, d.h. es entscheiden grundsätzlich drei Berufsrichter. Gem. § 348 ZPO kann jedoch die Kammer ohne mündliche Verhandlung entscheiden, daß die Sache einem Einzelrichter zugeteilt wird, wenn nicht besondere Schwierigkeiten tatsächlicher oder rechtlicher Art bestehen oder die Sache grundsätzliche Bedeutung hat.[1]

Eine Übersicht über den Instanzenzug bringt der Anhang III.

2. Die **örtliche Zuständigkeit** befaßt sich mit der Zuweisung einer Sache an ein Gericht innerhalb des Gerichtsbezirks im Rahmen der sachlichen Zuständigkeit (oben II 1).

> Im Landgerichtsbezirk X (in dem die Stadt A liegt) seien zehn Amtsgerichte. Es ist zu regeln, welchem dieser Amtsgerichte ein vor das Amtsgericht gehörender Prozeß aus der Stadt A zuzuweisen ist.

---

1 Eine Besonderheit des Landgerichts sind die Kammern für Handelssachen. Es handelt sich um einen aus einem Berufsrichter und zwei ehrenamtlichen Richtern bestehenden Spruchkörper, der im wesentlichen Streitigkeiten zwischen Kaufleuten i.S. des HGB zu entscheiden hat.

Dabei ist zu unterscheiden zwischen dem allgemeinen Gerichtsstand (so nennt man die örtliche Zuständigkeit) und besonderen Gerichtsständen.

Der *allgemeine Gerichtsstand* (§ 12 ZPO) richtet sich nach dem Wohnsitz des Beklagten.

> Wenn A aus Stuttgart gegen B in Hamburg eine Forderung hat, ist Hamburg örtlich zuständig, auch wenn es für A unbequem wäre.

Bei Firmen ist deren Sitz, bei Klagen gegen den Fiskus der Sitz der Behörde maßgebend (§§ 17, 18 ZPO).

Daneben gibt es noch sog. *Wahlgerichtsstände,* d.h. Gerichtsstände, die der Kläger *neben dem allgemeinen Gerichtsstand* wählen kann (§§ 20, 21, 29, 32 ZPO).

> Hat A aus Stuttgart in München einen Verkehrsunfall mit Schadensfolgen verschuldet, so kann er in Stuttgart (§ 13 ZPO) oder in München (§ 32 ZPO) verklagt werden. Wohnt der Verletzte in München, wird er letzteres wählen. Er braucht dann nicht zur Verhandlung nach Stuttgart zu reisen, sondern kann den Anwalt seines Vertrauens am Ort wählen.

Gerichtsstands*vereinbarungen* sind im wesentlichen nur zwischen Vollkaufleuten gültig (§§ 29 Abs. 2, 38 ZPO).

III. Die Organe der Zivilrechtspflege

1. Der Richter. Die rechtsprechende Gewalt ist gem. Art. 92 GG den Richtern übertragen. Sie sind durch das Richtergesetz gegenüber den Beamten in ein besonderes Richterverhältnis gestellt (§§ 8 ff. DRiG). Die Ernennung erfolgt auf Lebenszeit. Da nur ein persönlich und sachlich unabhängiger Richter frei von sachfremden Einflüssen und Interessen entscheiden kann, sind die Richter nur dem Gesetz unterworfen (§ 25 DRiG), unversetzbar und unabsetzbar. Wegen weiterer Einzelheiten vgl. oben Kap. 4 I.

2. Der Rechtspfleger. Das Reichsgesetz zur Entlastung der Gerichte vom 11. 3. 1921 (die sog. kleine Justizreform) übertrug gewisse richterliche Geschäfte (z. B. Mahnverfahren, Grundbuchsachen) vom Richter auf Beamte des gehobenen Justizdienstes. Das Bedürfnis nach weiterer Entlastung der Richter führte schließlich zum Erlaß des Rechtspflegergesetzes vom 5. 11. 1969 (geändert durch das Gesetz vom 27. 6. 1970). Die Haupttätigkeit des Rechtspflegers liegt damit jetzt in den Bereichen Mahnverfahren (unten A V 5), Zwangsvollstreckung (unten B II 2) und in der sog. freiwilligen Gerichtsbarkeit (z. B. Vormundschaftswesen).

Auch der Rechtspfleger ist bei der Ausübung richterlicher Tätigkeit nur dem Gesetz unterworfen (§ 9 RPflG), also sachlich unabhängig, d. h. nicht weisungsgebunden in bezug auf seine Entscheidung. Persönliche Unabhängigkeit besteht dagegen, da er nicht Richter ist, nicht.

> Der Rechtspfleger kann also von seinem Dienstvorgesetzten nicht angewiesen werden, einen bestimmten Mahnbescheid zu erlassen oder den Erlaß eines Vollstreckungsbescheids abzulehnen. Er ist aber (als Beamter) versetzbar.

3. Der Urkundsbeamte der Geschäftsstelle. Nach § 153 GVG hat jedes Gericht eine Geschäftsstelle mit der erforderlichen Zahl von Urkundsbeamten einzurichten. Diese verwalten die Prozeßakten, sie führen in den Sitzungen des Gerichts Protokoll, veranlassen Zustellungen und Ladungen u. a. m.

4. Die Gerichtsvollzieher. Hervorgegangen aus dem Gerichtsboten (Büttel) ist er heute Zustellungs- und Vollstreckungsorgan (§ 154 GVG), letzteres allerdings beschränkt auf die Mobiliarpfändung (unten B I). Für seine Tätigkeit erhält er eine Gebühr. Er ist Amtsperson und verpflichtet, die Aufträge der Gläubiger auszuführen, wobei er sich an die für das ganze Bundesgebiet geltende Geschäftsanweisung für Gerichtsvollzieher zu halten hat.

5. Der Rechtsanwalt. Er ist kein Beamter, sondern unabhängiges Organ der Rechtspflege, das nach förmlicher Zulassung durch die Landesjustizverwaltung freiberuflich tätig ist. Der Rechtsanwalt muß die Befähigung zum Richteramt haben, also Volljurist sein. Als Organ der Rechtspflege untersteht er – ebenso wie die Partei – der Wahrheitspflicht im Prozeß (§ 138 ZPO; unten A V 1c), als Parteivertreter ist er ihr Rechtsberater, er hat ihre Interessen zu vertreten, und er macht sich strafbar, wenn er diese Pflicht verletzt (§ 356 StGB). Der Anwalt steht also im Spannungsfeld zwischen Wahrheitspflicht und Parteiverrat.

Eine Pflicht zur Annahme eines Mandats besteht nicht, jedoch muß die Ablehnung unverzüglich erklärt werden. Das Verhältnis zum Mandanten beruht auf Privatrecht (Geschäftsbesorgungsvertrag; § 675 BGB).

Standesvertretung des Anwalts ist die Anwaltskammer des jeweiligen Oberlandesgerichtsbezirks. Sie wacht über seine Tätigkeit und kann ihn wegen Pflichtverletzungen ehrengerichtlich belangen.

IV. Die Parteien des Rechtsstreits

Partei ist derjenige, von dem *(Kläger)* oder gegen den *(Beklagter)* beim Gericht Rechtsschutz verlangt wird. Jeder Prozeß hat also zwei Parteien: den Kläger und den Beklagten.

Wie im bürgerlichen Recht, so ist auch im Rechtsstreit nicht jeder, der einen Anspruch hat, in der Lage, ihn selbst durchzusetzen. Ging es dort um die Begriffe Rechtsfähigkeit und Handlungsfähigkeit, so spricht man hier von Parteifähigkeit und Prozeßfähigkeit.

Parteifähig ist, wer rechtsfähig ist (§ 50 Abs. 1 ZPO). Es sind also alle Menschen und alle juristischen Personen parteifähig, d.h. sie können klagen und verklagt werden.

Prozeßfähig ist nach § 52 Abs. 1 ZPO, wer sich durch Verträge verpflichten kann, also jeder, der geschäftsfähig i.S. des BGB ist (§ 51 ZPO).

> Prozeßunfähig sind demnach Kinder unter 7 Jahren, ebenso Minderjährige und ihnen Gleichgestellte.

Eine beschränkte Prozeßfähigkeit liegt in den Fällen der §§ 112, 113 BGB (oben Kap. 8 II 1) vor.

Prozeßunfähige handeln durch ihren gesetzlichen Vertreter.

Aber auch die prozeßfähige Partei kann nicht alle Prozesse selbst führen. Vom Landgericht an aufwärts und zum Teil vor dem Familiengericht (oben II 1) besteht nämlich *Anwaltszwang* (§ 78 ZPO), d.h. die Partei muß sich im Prozeß durch einen Anwalt vertreten lassen. Tut sie das nicht, so ist sie rechtlich für das Gericht nicht vorhanden. Nur vor dem Amtsgericht – ausgenommen Familiensachen – kann jeder ohne anwaltliche Hilfe seine Sache ausfechten (*Parteiprozeß*). Diese Regelung bedeutet einen Schutz für die Partei, die regelmäßig ohne rechtliche Vorkenntnisse ihren Prozeß führen muß. Besteht Anwaltszwang, so wird die Partei fachmännisch beraten; u. U. kommt es erst gar nicht zum Prozeß.

A, der seiner Sache sicher ist, will gegen B auf Zahlung von 4000 DM klagen. Dazu braucht er einen Anwalt. Rät ihm dieser dringend ab, so spart A die Kosten eines verlorenen Prozesses, die hier bei ca. 1500 DM liegen würden. Er hat nur den Anwalt für seine Beratung zu bezahlen (hier höchstens 200 DM).

Der Anwaltszwang erfüllt also eine ähnliche Funktion wie die Schriftform des § 313 BGB, die ja u. a. auch die fachmännische Beratung sichern soll.

V. Das Verfahren

1. Von der Geltendmachung des Anspruchs bei Gericht an bis zur Entscheidung und deren Rechtskraft ist es oft ein weiter Weg. Wie man ihn gestaltet, ist zu allen Zeiten und bei allen Völkern verschieden gewesen. Es bilden sich gewisse **Prozeßmaximen** heraus, die für die Gestaltung des Verfahrens im einzelnen entscheidend sind.

a) Das wichtigste Gestaltungsprinzip der ZPO ist die *Verhandlungsmaxime*. Sie bedeutet, daß die Parteien die für die Entscheidung notwendigen Tatsachen dem Gericht *vorzutragen* und notfalls zu *beweisen* haben. An diese Tatsachen ist der Richter gebunden, sofern sie nicht offenkundig sind.

Offenkundig ist, was sich an Hand von Karten, Plänen, Kursbüchern, Kalendern feststellen läßt. Nicht dagegen das, was der Richter zufällig aus privater Kenntnis weiß. Er wäre sonst zugleich Zeuge.

Das Gericht muß aber zur Aufklärung des Sachverhalts Fragen stellen und Hinweise geben (§ 139 ZPO), die sich freilich nicht als Rechtsbedeutung einer Partei darstellen dürfen.

Erklärt der Beklagte im Jahre 1979 im Prozeß, die Arbeiten des Klägers seien schon 1972 ausgeführt worden und das sei „alles schon so lange her", so wird der Richter fragen dürfen, ob er sich auf Verjährung der Werklohnforderung berufen wolle. Fällt diese Äußerung aber nicht, so ist die Frage, ob sich die Partei auf Verjährung berufen wolle, besser zu vermeiden, damit nicht der Verdacht der Parteilichkeit des Richters entsteht.

An die Beurteilung der festgestellten Tatsachen durch die Parteien oder an ihre Rechtsauffassungen ist das Gericht *nicht* gebunden.

Auch wenn der Kläger meint, durch die Angaben der von ihm benannten Zeugen seien seine Behauptungen erwiesen, kann das Gericht zu einer gegenteiligen Beweiswürdigung kommen und die Klage abweisen.

Auch wenn der Kläger einen Vertrag als Miete klassifiziert, kann das Gericht eine Wohnungsleihe annehmen.

Den Gegensatz zur Verhandlungsmaxime bildet der *Untersuchungsgrundsatz,* der im Zivilprozeß die Ausnahme bildet. Er bedeutet, daß das Gericht von Amts wegen die Tatsachensammlung vornehmen und Beweisaufnahmen durchführen muß.

Ehescheidungsstreitigkeiten (§§ 617, 622 Abs. 1 ZPO), Vaterschaftsprozesse (§ 640 Abs. 1 ZPO), Entmündigungsverfahren (§§ 653, 655 ZPO).

b) Die *Dispositionsmaxime* besagt, daß die Parteien Herr des Prozesses sind und über seinen Gegenstand bestimmen (§ 308 ZPO). Was vom Gegner nicht bestritten wird, ist als unbestrittene Tatsache im Prozeß zu verwerten.

c) Die *Wahrheitspflicht.*
Eine Partei braucht zwar nicht mehr vorzutragen, als die Verhandlungsmaxime erfordert, sie darf aber auch nicht lügen. Die Sanktion des § 138 ZPO ist allerdings schwach. Versuchter oder vollendeter Prozeßbetrug durch Lügen ist kaum nachzuweisen.

d) Der *Grundsatz des beiderseitigen Gehörs.*
Der Richter darf nicht einseitig auf Grund der Angaben einer Partei entscheiden, sondern er muß auch den Gegner dazu hören. Jede Partei hat ein Recht auf eine Gegenäußerung. Allerdings darf dieses Recht nicht mißbraucht werden. Deshalb soll jede Partei das, was zur Sache gehört, konzentriert vorbringen; verspätetes Vorbringen kann unter bestimmten Voraussetzungen zurückgewiesen werden (§§ 272a, 279 ZPO).

e) Die *Prinzipien der Mündlichkeit, Öffentlichkeit, Unmittelbarkeit* und *Einheitlichkeit* der mündlichen Verhandlung.

Der Zivilprozeß soll kein Geheimverfahren sein. Vielmehr hat das erkennende Gericht in grundsätzlich öffentlicher Verhandlung

Ausnahmen z. B. Familien- und Kindschaftssachen nach Maßgabe des § 170 GVG

in einem Zuge Verhandlungen und Beweisaufnahme durchzuführen und anschließend seine Entscheidung zu verkünden.

2. Der Gang des Verfahrens. „Wo kein Kläger, da kein Richter." Dieses alte deutsche Rechtssprichwort gilt auch heute noch. Es muß also zunächst jemand das Zivilgericht um Rechtsschutz *angehen*, bevor es tätig wird. Im Normalfall spielt sich folgendes ab:

Jemand hat einen Schuldner, der nicht daran denkt, eine Forderung zu tilgen. Der Gläubiger geht zum Anwalt, der vielleicht noch einmal mahnt. Hilft das nichts, so wird der Anwalt eine *Klage* einreichen. Diese muß einen bestimmten Inhalt haben (§ 253 ZPO), nämlich Klagegegenstand,

Leistung (100 DM; Herausgabe)
Gestaltung (Ehescheidung)
Feststellung (Zukunftsschaden nach Verkehrsunfall)

Klagegrund

alle Tatsachen, welche den Anspruch zu begründen geeignet sind, z. B. Vertrag über den Kauf eines Autos zum Preis von 3000 DM

und Klageantrag

„Der Beklagte hat an den Kläger 500 DM nebst 4% Zinsen seit dem 4. 8. 1976 zu zahlen."

„Der Beklagte hat an den Kläger den Personenkraftwagen Marke....., polizeiliches Kennzeichen.., herauszugeben."

Mit der Einreichung der Klageschrift ist die Zahlung eines *Gerichtskostenvorschusses* zu verbinden, ohne den das Gericht grundsätzlich nicht tätig wird. Die Höhe des Vorschusses entnimmt man einer Gebührentabelle, die sich am Streitwert orientiert. Man sollte sich also auch Gedanken darüber machen, was einem die Sache wert ist und was ein verlorener Prozeß kostet. Notfalls frage man einen Rechtsanwalt.

Geht eine Klageschrift beim Gericht ein, so wird eine Akte angelegt und die Geschäftsstelle (oben III 3) trägt den Fall ins Prozeßregister ein. Sie prüft dann, ob der Gerichtskostenvorschuß, den sie notfalls von sich aus angefordert hat, bezahlt worden ist.

Trifft das zu, so legt sie die Akte dem zuständigen Richter (beim Landgericht dem Vorsitzenden der Kammer, beim Amtsgericht dem Referatsrichter) vor. Da das Gericht gem. § 272 Abs. 1 ZPO verpflichtet ist, den „Rechtsstreit in der Regel in einem umfassend vorbereiteten Termin zur mündlichen Verhandlung (Haupttermin) zu erledigen", muß der Richter nach dem Studium der Akte entscheiden, wie er der Forderung des Gesetzes bestmöglich nachkommt. Er hat zwei Möglichkeiten (§ 272 Abs. 2 ZPO): Zum einen kann er einen frühen ersten Termin zur mündlichen Verhandlung bestimmen (§ 275 ZPO), zum andern kann er das schriftliche Vorverfahren anordnen (§ 276 ZPO) und erst später Termin bestimmen. Welche Möglichkeit er wählt, hängt vom Einzelfall ab.

Zum *frühen ersten Termin* sind die Parteien zu laden (§ 274 Abs. 1 ZPO), zugleich erhält der Beklagte eine Abschrift der Klageschrift. Die Zustellung erfolgt förmlich (§§ 166 ff. ZPO). Sie hat zur Folge, daß die mit dem Eingang bei Gericht anhängig gewordene Sache numehr *rechtshängig* ist (§§ 253 Abs. 1, 261 Abs. 1 ZPO). Die Klage ist jetzt *erhoben*.

Die Klageerhebung ist wichtig z. B. für die Pflicht zur Zahlung von Prozeßzinsen (§ 291 BGB) oder für die Frage, ob die Sache nochmals bei einem anderen Gericht rechtshängig gemacht werden kann.

> A hat B wegen eines Verkehrsunfalls bei dem Gericht der unerlaubten Handlung verklagt (§ 32 ZPO). Da er merkt, daß das Gericht nicht zu seinen Gunsten entscheiden wird, fragt er, ob er die Sache gleich nochmals bei dem Gericht des Wohnsitzes des B zur Verhandlung bringen könne. Man muß ihn enttäuschen: § 263 Abs. 2 Nr. 1 ZPO gibt dem Gegner die Einrede der Rechtshängigkeit.

Die Frist zur Äußerung auf die Klage, die *Einlassungsfrist*, beträgt mindestens 2 Wochen (§ 274 Abs. 3 ZPO). Vorher darf ein Termin nicht bestimmt werden, es sei denn, das Gericht kürzt auf Antrag Ladungs- und Einlassungsfrist ab (§ 226 ZPO), so etwa bei einem Antrag auf Erlaß einer einstweiligen Verfügung (dazu unten B V 2 b). Das Gericht kann dem Beklagten auch eine Frist zur Beantwortung der Klage setzen (§ 275 Abs. 1 Satz 1 ZPO) und es ist berechtigt, zum Termin Zeugen zu laden. Da das Verfahren zügig abgewickelt werden soll, ist es dem Gericht gestattet, sogar schon vor dem Termin auf Grund eines Beweisbeschlusses in begrenztem Umfang Beweise einzuziehen. (§ 358a ZPO).

Wählt der Richter das *schriftliche Vorverfahren*, so bestimmt er zunächst keinen Termin. Er setzt dem Beklagten unter Zustellung der Klageschrift und der Aufforderung, sich zu äußern, ob er sich verteidigen will und welchen Anwalt er beauftragt, sowie der Belehrung über die Folgen passiven Verhaltens eine Frist zur Beantwortung der Klage (§ 276 Abs. 1 und 2 ZPO), die mindestens 2 Wochen beträgt. Der Kläger wird von der Entschließung des Gerichts unterrichtet, so daß er sich nicht zu wundern braucht, wenn er zunächst auf seine Klage nichts von einem Termin hört. Äußert sich der Beklagte nicht fristgerecht, so kann auf einen Antrag des Klägers, den er schon in der Klageschrift stellen darf, das Gericht ein Versäumnisurteil erlassen, ohne daß mündlich verhandelt worden ist (§ 331 Abs. 3 ZPO). Entsprechendes gilt für den Fall des schriftlichen Anerkenntnisses (§ 307 Abs. 2 ZPO). Erklärt sich der Beklagte auf die Klage, so trifft das Gericht alle Maßnahmen, die ihm erforderlich erscheinen, damit in einem einzigen Termin, dem Haupttermin, die Sache zu Ende gebracht werden kann. Auch hier kann das Gericht eine Beweisaufnahme schon vor diesem Termin durchführen.

Der *Haupttermin* beginnt mit dem Aufruf der Sache. Erscheint eine Partei nicht, ergeht auf Antrag der anderen *Versäumnisurteil* gegen den Ausgebliebenen. Dagegen ist der Einspruch zulässig (§§ 338 ff. ZPO).

Sind beide Parteien vertreten, so stellen sie ihre Anträge (§§ 137 Abs. 1, 297 Abs. 1 Satz 1 ZPO) und das Gericht führt in den Sach- und Streitstand ein (§ 278 Abs. 1 ZPO). Bei Anerkenntnis des eingeklagten Anspruchs seitens des Beklagten ergeht ein *Anerkenntnisurteil*. Denkbar ist auch, daß die Parteien, worauf das Gericht stets hinwirken soll, einen *Prozeßvergleich* schließen, sich also gütlich einigen.

Hat aber das Gericht vergeblich versucht, die Sache gütlich zu bereinigen und treten auch die anderen genannten Fälle nicht ein, so wird klargestellt, über welche Punkte Uneinigkeit besteht. Handelt es sich um Rechtsfragen, entscheidet das Gericht auf Grund seiner Rechtskenntnisse. Besteht in tatsächlicher Hinsicht Streit, so muß das Gericht den Sachverhalt klären, da es erst danach die rechtliche Würdigung vornehmen kann. Diese Klärung erfolgt durch eine sich anschließende Beweisaufnahme (§ 278 Abs. 2 Satz 1 ZPO). Dabei ist es Aufgabe derjenigen Partei, deren Sachvortrag den Anspruch rechtfertigen oder ihn zu Fall bringen könnte, die behaupteten Tatsachen, soweit sie bestritten werden, zu beweisen.

> Hat der Kläger vom Beklagten Mietzins verlangt und bestreitet der Beklagte, gemietet zu haben (er behauptet etwa Leihe), so muß der Kläger den Abschluß eines Mietvertrages beweisen.
>
> Verlangt der Kläger Bezahlung des Kaufpreises und behauptet der Beklagte, er habe bereits bezahlt, so gibt er den Abschluß des Vertrages zu, macht aber Erfüllung geltend. Diese muß er beweisen (Vorlage einer Quittung; Zeugen).
>
> Räumt im vorigen Beispiel der Käufer ein, den Kaufpreis zu schulden, weil er kein Geld habe, so bedarf es keiner Beweisaufnahme, denn die Schuld ist unstreitig. Das Gericht kann sofort entscheiden.

Würde der vorgebrachte Sachverhalt den geltend gemachten Anspruch nicht decken,

> A verlangt von B, der bestellte Waren zu spät geliefert hat, so daß A sie nicht gewinnbringend weiterverkaufen konnte, 5 Fässer Bier als Schadensersatz

so müßte die Klage mangels Schlüssigkeit abgewiesen werden.

Der Beweis einer Tatsache ist dann erbracht, wenn der Richter innerlich von der Wahrheit voll überzeugt ist. Ist eine vorgebrachte Tatsache vom Gegner nicht bestritten worden, ist sie „unstreitig". Es bedarf dann keines Beweises, sondern sie kann der Entscheidung als wahr zugrunde gelegt werden.

> A fordert von B die Rückzahlung eines Darlehens. B bestreitet den Empfang des Geldes nicht, behauptet aber, das Darlehen sei zur Rückzahlung noch nicht fällig. A braucht hier nicht zu beweisen, daß er ein Darlehen gewährt hat. Es geht nur um die Frage der Fälligkeit (vgl. dazu § 609 BGB).

„Beweisen" bedeutet: Gründe für oder gegen die Wahrheit einer Behauptung beibringen. Das geschieht durch die Berufung auf mündliche Mitteilungen (Zeugen, Parteivernehmung), Urkunden oder sinnliche Wahrnehmungen (Augenschein), also durch den Beweisantritt. Die Verwertung der Beweismittel nennt man *Beweisaufnahme* oder *Beweiseinzug.* In der *Würdigung* der Beweise ist das Gericht frei, d. h. das Gericht entscheidet unter Berücksichtigung des gesamten Inhalts der Verhandlungen und des Ergebnisses der Beweisaufnahme nach freier Überzeugung darüber, ob es eine tatsächliche Behauptung für wahr hält oder nicht (§ 286 ZPO). Soll es über Schadensentstehung oder Schadenshöhe entscheiden, darf es schätzen (§ 287 ZPO).

Für den Ausgang so manchen Prozesses ist die Frage der *Beweislast* wichtig. Im Zivilprozeß herrscht der Grundsatz, daß derjenige, der Tatsachen behauptet (und Rechte daraus herleitet), sie auch beweisen muß. Gelingt der Beweis nicht, so geht die Partei, die den Beweis führen muß, ihres Rechts verlustig.

> A hat B ein Darlehen gegeben. Als er das Geld zurückverlangt, bestreitet B, irgendwann etwas erhalten zu haben. A muß daher beweisen, daß er B ein Darlehen gewährt hat. Mißlingt ihm das, ist er „beweisfällig", seine Klage wird abgewiesen, obwohl er tatsächlich das Geld dem B als Darlehen gegeben haben mag. Recht haben bedeutet also noch nicht, daß man recht bekommt.

Die ZPO kennt fünf Beweismittel: Augenschein (§§ 371 ff. ZPO), Zeugen (§§ 373 ff. ZPO), Sachverständige (§§ 402 ff. ZPO), Urkunden (§§ 415 ff. ZPO) und Parteivernehmung (§§ 445 ff. ZPO).

Das wichtigste Beweismittel ist der *Zeugenbeweis.* Zeugen sind Personen, welche dem Gericht aus eigener Wahrnehmung über entscheidungserhebliche Geschehensabläufe oder Tatsachen berichten sollen. Die Unzulänglichkeit des Menschen bringt es mit sich, daß der Zeugenbeweis bei aller Wichtigkeit das unzuverlässigste Beweismittel ist. Nicht nur wird häufig gegen die Pflicht verstoßen, nur eigene Wahrnehmungen zu schildern,

> in einem Verfahren gegen einen Autofahrer schilderte dessen Ehefrau ausführlich den Unfallhergang, bis sich herausstellte, daß sie ihn nicht erlebt, sondern zu Hause am Herd gestanden hatte. Auf den Vorbehalt, daß sie doch gar nicht den Unfall beobachtet haben könne, antwortet sie in aller Unschuld: „Aber mein Mann hat es mir doch so erzählt"

sondern die Zeugen verarbeiten sehr oft Rückschlüsse so, daß sie sie (mit voller innerer Überzeugung) als Wahrnehmung hinstellen. Daß dies die Arbeit des Gerichts erheblich erschwert, bedarf keiner Betonung.

Unter den Voraussetzungen der §§ 383 und 384 ZPO kann der Zeuge die Aussage verweigern. Im übrigen kann er zur Aussage gezwungen werden (§§ 385, 387, 390 ZPO).

Der *Sachverständige* ist eine Hilfsperson des Gerichts, die dieses durch besondere Sachkunde bei der Rechtsfindung unterstützen soll.

> Nicht jeder Richter kann gleichzeitig noch Mediziner, Graphologe, Psychiater, Techniker, Maler, Installateur und dgl. sein. Er braucht die Hilfe der Fachleute auf diesen Gebieten, um sich seine Meinung bilden zu können.

Augenschein ist die unmittelbare sinnliche Wahrnehmung des Gerichts über die Beschaffenheit einer Sache. Dabei beschränkt sie sich nicht auf den Gesichtssinn, sondern auch die anderen Sinnesorgane können eingesetzt werden.

Von einer Unfallstelle kann man durch den Gesichtssinn Kenntnis nehmen; ob ein Silo stinkt, entscheidet der Geruchsinn; Lärmbelästigungen lassen sich nur mittels des Gehörsinns feststellen.

Der *Urkundenbeweis* geschieht durch Vorlegung von Urkunden.

Die *Parteivernehmung* ist ein zur Aushilfe dienendes Beweismittel. Es kommt nämlich nur dann zur Anwendung, wenn keine andere Möglichkeit der Beweisführung besteht. Vernommen wird grundsätzlich der Gegner des Beweisführers (§ 445 ZPO).

Hat A dem B ein Darlehen gegeben und lehnt B die Leistung ab, weil er ein Darlehen angeblich nicht erhalten habe, so wird A, wenn er ihn verklagt, einen etwa vorhandenen Schuldschein vorlegen. Hat er keinen, so wird er sich auf Zeugen berufen, die bei der Darlehenshingabe vielleicht anwesend waren. Fehlen auch sie, so kann er beantragen, daß das Gericht seinen Gegner B über die Gewährung des Darlehens als Partei vernimmt; das kann auch eidlich geschehen.

Nach der Beweisaufnahme hat das Gericht in mündlicher Verhandlung den Sach- und Streitstand mit den Parteien erneut zu erörtern (§ 278 Abs. 2 Satz 2 ZPO). Bevor der Haupttermin endet, muß es, falls erforderlich, noch auf rechtliche Gesichtspunkte, die von den Parteien übersehen worden sind, hinweisen (§ 278 Abs. 3 ZPO). Ist die Entscheidungsreife eingetreten (§ 300 Abs. 1 ZPO), so wird sofort ein *Urteil* verkündet oder das Gericht bestimmt einen besonderen Verkündungstermin (§ 310 Abs. 1 ZPO).

Das Urteil kann der Klage stattgeben, d. h. dem Kläger das zusprechen, was er verlangt, oder die Klage abweisen, d. h. den Anspruch versagen. Es ist auch möglich, der Klage nur zum Teil stattzugeben und sie im übrigen abzuweisen.

Hat A bewiesen, dem B ein Darlehen von 500 DM gegeben zu haben, das zur Rückzahlung fällig ist, so wird das Gericht den B zur Zahlung von 500 DM verurteilen. – Ergibt sich aber, daß A dem B nur 300 DM kreditiert hat, so wird das Gericht in Höhe von 300 DM verurteilen, im übrigen aber die Klage abweisen.

Das Urteil enthält grundsätzlich auch eine Entscheidung über die *Kosten* des Rechtsstreits (Gerichts- und Anwaltskosten nebst Auslagen). Gemäß § 91 ZPO trägt derjenige die Kosten, der im Rechtsstreit unterliegt.

Ist B in vollem Umfang verurteilt worden, so trägt er alle Kosten. – Ist er nur in Höhe von 300 DM verurteilt, die Klage im übrigen aber abgewiesen worden, so wird das Gericht die Kosten im Verhältnis 2:3 verteilen, A wird also $\frac{2}{5}$, B wird $\frac{3}{5}$ zu tragen haben (§ 92 Abs. 1 ZPO).

Damit ist der Prozeß aber nicht zu Ende, denn der Unterlegene kann ein Rechtsmittel einlegen. Dann wird das Urteil vom übergeordneten Gericht nachgeprüft.

3. Die gerichtlichen Entscheidungen. Die Äußerungen des Gerichts haben verschiedenes Gewicht. So wird z. B. eine Terminsbestimmung durch den Vorsitzenden nicht in der feierlichen Form des Urteils ergehen. Man wählt dafür die gewissermaßen schwächste Willensäußerung des Gerichts, die *Verfügung*. Ein Beweisbeschluß dagegen, mit dem eine Beweisaufnahme angeordnet wird, ist schon etwas Bedeutenderes. Er ergeht, wie schon der Name sagt, in der Form eines *Beschlusses*. Die wichtigste Äußerung des Gerichts ist das *Urteil*, das oft einschneidende Bedeutung hat.

Sobald die Sache entscheidungsreif ist, wenn also das Gericht (evtl. nach durchgeführter Beweisaufnahme) zu der Überzeugung kommt, den Streit abschließen zu können, muß es urteilen (§ 300 ZPO). Das Urteil wird mit der Verkündung in öffentlicher Sitzung wirksam, es ist jetzt unabänderlich.

Die *Wirkungen* des Urteils sind verschiedenartig. Einmal kann nunmehr aus ihm vollstreckt werden, wenn es dem Gegner zugestellt worden ist, d. h. man kann den Anspruch im Wege der Zwangsvollstreckung verfolgen, wenn der Beklagte nicht freiwillig erfüllt (dazu unter B). Zum andern stellt es zwischen den Parteien die Rechtslage fest, bei Gestaltungsurteilen, z. B. Scheidungsurteilen, auch mit Wirkung gegenüber jedem Dritten,

> ein geschiedener Mann ist nicht allein gegenüber seiner früheren Ehefrau geschieden, sondern die Scheidung der Ehe wirkt gegenüber jedermann

und es bindet auch in späteren Prozessen, falls die gleiche Sache nochmals aufzurollen versucht werden sollte (Einrede der rechtskräftig entschiedenen Sache).

Endgültige Wirkungen entfaltet das Urteil erst nach *Rechtskraft.* Vorher ist es zwar regelmäßig vorläufig vollstreckbar.

> Gestaltungsurteile, etwa Scheidungsurteile, kann man natürlich nicht vorläufig vollstrecken, hier heißt es „entweder – oder", man ist also geschieden oder nicht, ein vorläufiges Geschiedensein gibt es nicht.

jedoch setzt sich der Gläubiger Schadensersatzansprüchen des Schuldners aus, wenn das Urteil, etwa auf Berufung, aufgehoben würde (§ 717 ZPO) und er schon die Zwangsvollstreckung betrieben haben sollte.

4. Das amtsgerichtliche Verfahren.[1] Die ZPO behandelt zunächst nur das Verfahren vor dem Landgericht (§§ 253 bis 494 ZPO). Das amtsgerichtliche Verfahren stimmt mit diesem im wesentlichen so überein, daß nur wenige Paragraphen eine Modifizierung des landgerichtlichen Verfahrens enthalten (§§ 495 bis 510c ZPO). Hervorzuheben ist, daß beim Amtsgericht mit Ausnahme des Familiengerichts (oben II 1) kein Anwaltszwang besteht.

Es entscheidet immer nur ein einziger Richter.

Zum Amtsgericht gehört auch das *Mahnverfahren,* das in den Händen des Rechtspflegers (oben III 2) liegt (§§ 688 ff. ZPO).

Es geht hier überwiegend um Geldforderungen, die nicht von einer Gegenforderung abhängen, wobei es auf die Höhe der Forderung nicht ankommt. Auf Antrag des Gläubigers, der im Verfahren „Antragsteller" heißt, wird ein *Mahnbescheid* erlassen, gegen den der Schuldner (der „Antragsgegner") nach dessen Zustellung Widerspruch erheben kann. Auf Antrag einer Partei leitet die Geschäftsstelle durch Abgabe des Verfahrens an das Gericht des allgemeinen Gerichtsstandes des Schuldners (oben II 2) das Mahnverfahren ins ordentliche Verfahren vor dem Amtsgericht über. Von jetzt an wird also die Sache so behandelt, als ob Klage erhoben worden wäre. Bleibt der Widerspruch aus, so ergeht auf Antrag des Gläubigers ein *Vollstreckungsbescheid,* der einem Versäumnisurteil gleichsteht (§ 700 ZPO). Dagegen hat der Schuldner die Möglichkeit des Einspruchs binnen

---

1 Vgl. dazu Anhang II

zwei Wochen nach Zustellung. Für diesen Fall wird so verhandelt, wie wenn es kein Mahnverfahren gegeben hätte.

5. Die Rechtsmittel. Richter sind Menschen, die irren können. Ein Verurteilter will den, wenn auch richtigen, ihm aber ungünstigen Spruch oft nicht als unabwendbaren Schicksalsschlag betrachten. Der Gesetzgeber muß deshalb Wege bieten, auf denen sich eine Entscheidung überprüfen und evtl. abändern läßt. Dazu dienen die Rechtsmittel: *Berufung, Revision* und *Beschwerde*. Das Verfahren nennt man das Rechtsmittelverfahren.

Die Folge der Einlegung eines Rechtsmittels ist grundsätzlich ein Devolutiveffekt, d. h. die Sache gelangt an die höhere Instanz, und ein Suspensiveffekt, d. h. die Rechtskraft der Entscheidung wird bis zur Entscheidung der Rechtsmittelinstanz hinausgeschoben.

Voraussetzung für die Einlegung eines Rechtsmittels ist eine *Beschwer*. Das bedeutet, daß die Partei zunächst mit ihrem Rechtsschutzbegehren ganz oder teilweise nicht durchgedrungen ist.

> A klagt 500 DM ein und wird mit der Klage abgewiesen oder es werden ihm nur 200 DM zugesprochen. Im ersteren Falle ist er mit 500 DM, im letzteren mit 300 DM beschwert. Nicht beschwert wäre er, wenn ihm die begehrten 500 DM voll zugesprochen würden.

Allerdings ist nicht bei jeder, auch noch so geringen Beschwer ein Rechtsmittel zulässig. Im Interesse des Rechtsfriedens hat der Gesetzgeber gewisse Mindestbeträge angesetzt, die erreicht sein müssen, wenn ein Rechtsmittel statthaft sein soll (§§ 511 a Abs. 1; 546 Abs. 1, 567 Abs. 2 ZPO).

> Wird A in einem Urteil lediglich mit 150 DM abgewiesen, so ist kein Rechtsmittel gegeben.

Der Umfang der Nachprüfung ist in zweifacher Hinsicht möglich: Entweder prüft das Rechtsmittelgericht die Entscheidung in tatsächlicher und rechtlicher Hinsicht, wobei u. U. neue Beweismittel verwendet werden können *(Berufungsprinzip)* oder man läßt nur eine Prüfung in rechtlicher Hinsicht zu und nimmt die festgestellten Tatsachen als gegeben hin *(Revisionsprinzip)*. Die ZPO kennt beide Prinzipien, nämlich das erstere bei der Berufung, das letztere bei der Revision. In jedem Falle muß die beschwerte Partei einen Schriftsatz bei der Instanz einreichen, an die man sich wendet.

> Also keine Berufungsschrift beim Amtsgericht, keine Revision beim Landgericht.

Es besteht immer *Anwaltszwang*. Um möglichst bald Klarheit zu schaffen, ob das ergangene Urteil Bestand haben wird, ist die Einlegung der Berufung und der Revision an gewisse *Fristen* gebunden: §§ 516, 552 ZPO. Auch die Begründung des Rechtsmittels muß innerhalb bestimmter Fristen erfolgen: §§ 519 Abs. 2, 554 Abs. 1 ZPO. Fristversäumnis hat die Unzulässigkeit des Rechtsmittels zur Folge.

Eine Abänderung des Urteils zuungunsten des Rechtsmittelklägers darf nicht erfolgen (§§ 536, 559 ZPO).

> Hat A auf Zahlung von 2000 DM geklagt und nur 1000 DM bekommen, so darf ihm das Berufungsgericht auf sein Rechtsmittel hin nicht weitere 500 DM absprechen. Diese Änderung könnte nur eintreten, wenn sein Gegner Berufung eingelegt hätte.

Gegen Entscheidungen, die nicht Urteile sind, ist das Rechtsmittel der

Beschwerde gegeben (§ 567 ff. ZPO), sofern die Beschwerdesumme 100 DM übersteigt. Man unterscheidet die an keine Frist gebundene *einfache Beschwerde,* wobei die angefochtene Entscheidung von dem entscheidenden Gericht abgeändert werden kann, und die fristgebundene (§ 577 Abs. 2 ZPO) *sofortige Beschwerde,* welche nur eine Änderung durch die Beschwerdeinstanz zuläßt.

> Ist A das beantragte Armenrecht versagt worden, so kann auf seine Beschwerde das entscheidende Gericht abhelfen. – Ist A eine beantragte Verlängerung der Räumungsfrist (§ 721 Abs. 3 ZPO) abgelehnt worden, so hilft nur die sofortige Beschwerde.

Besonderheiten gelten für Familiensachen (oben II 1), auf die hier nur hingewiesen werden kann.

B. Die Zwangsvollstreckung

I. Einleitung

Ein rechtskräftig festgestellter Anspruch bedeutet noch nicht die Erfüllung. Nicht selten ignoriert der Schuldner das Urteil, weil er es für falsch hält, den Gläubiger ärgern will oder einfach nicht erfüllen kann.

Da die Vollstreckung eines Urteils im Wege der Selbsthilfe verboten ist, muß der Staat Mittel bereitstellen, um die zwangsweise Durchsetzung des regelmäßig urteilsmäßig festgestellten Anspruchs zu ermöglichen: *Zwangsvollstreckung.*

> Die Zwangsvollstreckung kann auch aus Vollstreckungsbescheiden oder vollstreckbaren Urkunden (§ 794 ZPO) betrieben werden.

Sie erfolgt nie von Amts wegen, sondern immer auf *Antrag* des Gläubigers.

> Im Erkenntnisverfahren spricht man von Kläger und Beklagtem, im Vollstreckungsverfahren von Gläubiger und Schuldner.

Anwaltszwang besteht hier nicht.

Die *Art der Zwangsvollstreckung* hängt von dem zu verfolgenden Anspruch ab. Eine Übersicht diene als erste Information:

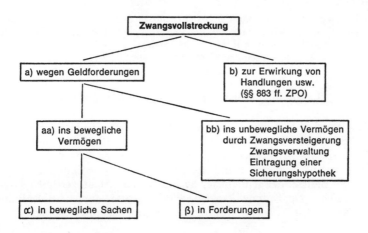

Je nach Art der Zwangsvollstreckung ist das *Vollstreckungsorgan* verschieden. Die Pfändung beweglicher Sachen obliegt dem Gerichtsvollzieher, im übrigen ist das Amtsgericht Vollstreckungsgericht (§ 764 Abs. 1 ZPO), in dessen Bezirk die Vollstreckungsmaßnahme stattfinden soll (§ 764 Abs. 2 ZPO).

> Hat der Gerichtsvollzieher Sachen des A gepfändet und sie ins Pfandlokal gebracht, so hindert ein Wegzug des A in einen anderen Gerichtsbezirk den Fortgang des Verfahrens nicht, da die Sachen zurückgeblieben sind. – Zöge A unter Mitnahme der Sachen (§ 808 Abs. 2 ZPO) in einen anderen Gerichtsbezirk, würden sich die Zuständigkeiten ändern. § 263 Abs. 2 Nr. 2 ZPO gilt hier nicht.

Voraussetzung jeder Zwangsvollstreckung ist das Vorliegen eines *Titels,* der mit der *Vollstreckungsklausel* versehen (§ 725 ZPO) und *zugestellt* worden ist.

Gegen ein den gesetzlichen Vorschriften widersprechendes Verhalten der Vollstreckungsorgane hat der Betroffene die *Erinnerung* (§ 766 ZPO). Erweist sich, daß Einwendungen gegen den Titel berechtigt wären,

> der Gläubiger hat gestundet, trotzdem schickt er vorzeitig den Gerichtsvollzieher – der Gläubiger betreibt eine Lohnpfändung, obwohl der Schuldner schon bezahlt hat

so hat der Schuldner die *Vollstreckungsabwehrklage* des § 767 ZPO. Greift die Pfändung in bestimmte fremde Rechte ein,

> der Gerichtsvollzieher pfändet einen Radioapparat, der unter Eigentumsvorbehalt auf Raten gekauft ist, ohne daß voll bezahlt wäre

so hat der betroffene Dritte die *Drittwiderspruchsklage* des § 771 ZPO.

> Der Eigentümer des Apparats kann also gegen den pfändenden Gläubiger auf „Freigabe" klagen.

Eine *Generalklausel,* um den Schuldner in der Zwangsvollstreckung zu schützen, enthält § 765 a ZPO. Allerdings sind die Voraussetzungen so streng, daß die Bestimmung selten mit Erfolg für den Schuldner angewandt werden kann.

> Der Schuldner kann am 1. 6. umziehen. Am 15. 5. kommt der Gerichtsvollzieher, um zu räumen. Der Schuldner müßte innerhalb von zwei Wochen zweimal umziehen. Hier wird ein Aufschub zu gewähren sein.

Eine Möglichkeit, die Vollstreckung durch *Ratenzahlungen* abzuwenden, bietet § 813 a ZPO.

> A schuldet B 500 DM. Pfändet der Gerichtsvollzieher eine Couch, so kann A innerhalb von zwei Wochen nach der Pfändung beim Amtsgericht beantragen, daß er die Schuld in Raten von 50 DM monatlich abtragen dürfe. Stehen B keine wesentlichen Gegengründe zur Seite, so wird A mit seinem Antrag Erfolg haben.

II. Die Zwangsvollstreckung wegen Geldforderungen

1. Die Zwangsvollstreckung ins bewegliche Vermögen. Gemäß § 808 ZPO hat der *Gerichtsvollzieher* bewegliche Sachen (oben Kap. 9 II), die er beim Schuldner vorfindet, in Besitz zu nehmen. Das geschieht dadurch, daß er die Sachen ins Pfandlokal bringt, oder ein Pfandsiegel aufklebt (der berühmte „Kuckuck"). Unmittelbarer Besitzer der gepfändeten Sachen wird der Staat, vertreten durch den Gerichtsvollzieher. Der Beamte braucht sich um Eigentumsfragen bei der Pfändung nicht zu kümmern, es sei denn, das fremde Eigentum sei offenkundig.

A weist dem Gerichtsvollzieher an Hand des Vertrags und der Einzahlungsbelege nach, daß ein Eigentumsvorbehalt an dem Fernseher noch besteht. – Anders, wenn A lediglich erklärt, der Fernseher gehöre seinem Freund, er habe ihn entliehen.

Es genügt, daß der Schuldner den *Gewahrsam* an der Sache hat, d. h. die tatsächliche Gewalt über sie.

Der Begriff „Gewahrsam" bedeutet nicht den Besitz i. S. der §§ 854 ff. BGB (oben Kap. 22 I). Gewahrsam ist vielmehr das rein tatsächliche Haben der Sache. Der Besitz des Erben (§ 857 BGB) ist nicht Gewahrsam. Der Besitzdiener kann Gewahrsam haben, wenn die Sache zur Zeit der Pfändung der unmittelbaren tatsächlichen Einwirkung des Herrn völlig entzogen ist.

Der *Umfang* der Pfändung richtet sich nach dem Anspruch des Gläubigers. Der Gerichtsvollzieher darf nur so viel pfänden, wie zur Befriedigung des Gläubigers erforderlich ist (§ 803 Abs. 1 Satz 2 ZPO; Verbot der „Überpfändung").

Hat der Schuldner 50 DM zu zahlen, so darf der Gerichtsvollzieher nicht den neuen Farbfernseher pfänden, wenn noch ein Kofferradio dasteht.

Die Pfändung von Sachen, die sich offensichtlich nicht versilbern lassen, ist verboten (§ 803 Abs. 2 ZPO). Unpfändbar sind ferner die in § 811 ZPO als sog. *Kompetenz* aufgezählten Sachen, z. B. Kleidungsstücke, Wäsche, Betten, soweit sie der Schuldner zu einer seiner Berufstätigkeit und dem Grad seiner Verschuldung angemessenen, bescheidenen Lebens- und Haushaltsführung braucht; die zur Fortsetzung der Erwerbstätigkeit des Schuldners erforderlichen Geräte; Familienpapiere; Trauringe.

Ein Schuldner mit fünfköpfiger Familie muß fünf Betten behalten dürfen, nicht braucht ihm aber darüber hinaus eine Polstergarnitur belassen zu werden. – Bügelmaschinen sind nach der Rechtsprechung der Gerichte grundsätzlich noch pfändbar, ebenso Fernsehapparate.

Zahlt der Schuldner beim Erscheinen des Gerichtsvollziehers oder nach Pfändung nicht, erreicht er auch keine Gewährung von Ratenzahlungen gem. § 813 a ZPO, so wird an dem vom Gerichtsvollzieher bestimmten Tag versteigert.

Die Folge der Pfändung ist die *Verstrickung*. Das bedeutet, daß durch einen hoheitlichen Akt des Vollstreckungsorgans die Sache der Verfügungsmacht des Schuldners entzogen und zur Verfügung des Gläubigers zwecks Verwertung gehalten wird. Wer die Pfandmarke entfernt, sich die Sache zurückholt oder sie zerstört, macht sich strafbar (§ 137 StGB).

2. Die Zwangsvollstreckung in Forderungen und andere Vermögensrechte (§§ 828 ff. ZPO).

a) Hier ist Vollstreckungsorgan das *Amtsgericht* des Wohnsitzes des Schuldners. Die Pfändung wird erwirkt durch Erlaß eines *Pfändungs- und Überweisungsbeschlusses*. Mit ihm wird die vom Gläubiger behauptete (die „angebliche") *Forderung* des Schuldners gegen einen Dritten (Drittschuldner) gepfändet und dem Gläubiger zur Einziehung überwiesen.

Der Malergeselle G (Schuldner) schuldet A (Gläubiger) 500 DM. A kann den Anspruch des G gegen seinen Meister M (Drittschuldner) auf Zahlung von Arbeitslohn pfänden lassen.

Mit der Zustellung des Pfändungs- und Überweisungsbeschlusses ist die Pfändung bewirkt (§ 829 ZPO). Der Drittschuldner darf nicht mehr an den Schuldner leisten, der Schuldner hat sich jeder Verfügung über die Forderung zu enthalten.

M als Drittschuldner (denn er schuldet G Arbeitslohn) darf also an G nicht mehr auszahlen, G darf die Forderung bei M nicht einziehen, er darf sie nicht erlassen oder stunden.

Der Gläubiger ist jetzt berechtigt, vom Drittschuldner Zahlung zu verlangen. Lehnt dieser ab, so kann ihn der Gläubiger verklagen.

Da A durch die Überweisung zur Einziehung gewissermaßen an die Stelle des G tritt, müßte er in unserem Falle gegen den die Zahlung ablehnenden M beim Arbeitsgericht klagen, da auch G, wenn M ihn nicht zahlte, zu diesem Gericht gehen müßte.

Pfändbar sind nur *übertragbare* Forderungen. Eine weitere Beschränkung der Pfändbarkeit bringen die §§ 850 ff. ZPO für die Lohnpfändung. Auch hier darf der Schuldner nicht bis aufs Hemd gepfändet werden, er muß vielmehr seinen notdürftigen Lebensunterhalt fristen können *(Existenzminimum)*. Eine Herabsetzung der gesetzlich festgelegten Mindestbeträge bringt § 850 d ZPO für Unterhaltsansprüche.

b) § 857 ZPO bestimmt, daß sich die *Pfändung von sonstigen Vermögensrechten*

Anteilsrechte an Gesellschaften, am Nachlaß;
Anwartschaftsrechte auf das Eigentum an beweglichen Sachen (Eigentumsvorbehalt!);
Urheber-, Patent- und Verlagsrechte

nach den Vorschriften über die Forderungspfändung richtet.

III. Die Zwangsvollstreckung in das unbewegliche Vermögen

Hier geht es um die Zwangsvollstreckung in Grundstücke, Erbbaurechte, Heimstätten, Jagd- und Fischereirechte und dgl.

Bei Liegenschaften umfaßt die Zwangsvollstreckung auch die Gegenstände, auf die sich die Hypothek erstreckt (§§ 20 Abs. 2 ZVG; 1120 BGB). Sie werden aber erst durch die Beschlagnahme anläßlich der Zwangsvollstreckung einbezogen, bis dahin sind sie pfändbar, sofern sie nicht Zubehör sind (§ 865 Abs. 2 ZPO).

§ 866 ZPO sieht drei Formen der Zwangsvollstreckung vor: Die *Zwangsversteigerung,* bei der das Grundstück an den Meistbietenden versteigert wird, die *Zwangsverwaltung,* bei der ein Zwangsverwalter die Schuld aus den Erträgnissen des Grundstücks tilgt, und die Eintragung einer *Sicherungshypothek* (Mindestbetrag 500 DM; § 866 Abs. 3 ZPO). Unter diesen drei Möglichkeiten hat der Gläubiger die Wahl.

IV. Die Zwangsvollstreckung wegen anderer Ansprüche (§§ 883 ff. ZPO)

Es geht hier um Ansprüche auf *Herausgabe* von Sachen

A hat B ein Pferd verkauft, A liefert aber nicht. Hat B einen Herausgabetitel erwirkt und findet der Gerichtsvollzieher das Pferd nicht, so muß A die Versicherung nach § 883 ZPO abgeben oder Wohnungen und Schiffen.

> Hier wird die Zwangsräumung vom Gerichtsvollzieher durchgeführt.

Ferner kann es um Ansprüche auf *Vornahme von Handlungen* gehen.

> A soll einen Baum entfernen, der an der Grenze steht. Tut er es nicht, kann der Gläubiger beantragen, daß er ermächtigt wird, die (vertretbare) Handlung selbst auf Kosten des A vornehmen zu lassen (§ 887 ZPO). – A soll ein Zeugnis ausstellen, lehnt es aber ab. Wird er verurteilt, so kann der Gläubiger beantragen, daß er zur Vornahme dieser (unvertretbaren) Handlung durch Beugestrafen in Geld oder Haft (§ 888 ZPO) angehalten werde.

Schließlich kann es sich um Ansprüche auf *Unterlassung eines bestimmten Verhaltens* handeln.

> Hält A im Garten einen exotischen Papagei, der morgens um vier Uhr zu pfeifen beginnt, so kann der Nachbar auf Unterlassung klagen. Wird A verurteilt, hält er sich aber nicht daran, so kann der Nachbar Beugestrafen nach § 890 ZPO verlangen. Dabei ist auf seiten des Schuldners schuldhaftes (§ 276 Abs. 1 Satz 1 BGB) Verhalten vorausgesetzt.

V. Die Sicherung der Zwangsvollstreckung

1. Offenbarungsversicherung[1] und Haft. Hat der Gläubiger mit den bisherigen Zwangsvollstreckungsmaßnahmen keinen oder nur teilweise Erfolg gehabt,

> der Schuldner ist unpfändbar; er verdient zwar, aber dem Gläubiger gehen drei andere mit hohen Forderungen vor

so wird er sich bemühen, andere Vermögenswerte zu erfassen, die etwa vorhanden sein könnten.

> Der Schuldner könnte geerbt haben, ohne daß es publik geworden ist oder auf andere Art zu Vermögen gekommen sein oder solches verborgen halten.

Unter den Voraussetzungen des § 807 ZPO kann der Gläubiger verlangen, daß der Schuldner ein *Vermögensverzeichnis* ausfüllt und dessen *Richtigkeit an Eides Statt versichert.*

> Hier einige Fragen aus diesem Verzeichnis:
> Bargeld; Wertpapiere; Schmuck; Kunstgegenstände; Fahrzeuge; Bauten auf fremden Grundstücken.
> Welche Sachen haben Sie auf Abzahlung unter Eigentumsvorbehalt gekauft? Bei wem? Zu welchem Preis? Was sind Sie noch schuldig?
> Welche Sachen haben Sie freiwillig verpfändet oder zur Sicherheit übereignet?
> Arbeitsverdienst, Arbeitgeber; Versorgungsbezüge, Unterhaltsansprüche; Renten; Sparkassenguthaben.
> Lebensversicherungen, Sterbekassen; Ansprüche aus Miete, Pacht.
> Wer schuldet Ihnen sonst noch etwas?

Der Schuldner wird auf Antrag zu einem *Termin* geladen, in welchem er die Versicherung abgeben soll. Bleibt er aus, so ergeht *Haftbefehl* (§ 901 ZPO). Er kann

---

1 Das Gesetz spricht (§§ 899 ff. ZPO) nunmehr an Stelle von „Offenbarungseid" von „Eidesstattlicher Versicherung". Da es aber verschiedene Versicherungen an Eides Statt gibt (vgl. § 294 ZPO), läßt man allgemein an die Stelle des Wortes „Offenbarungseid" die „Offenbarungsversicherung" treten, da dieser Ausdruck nicht so farblos wie „Eidesstattliche Versicherung" ist.

dann auf Antrag des Gläubigers vom Gerichtsvollzieher dem Gericht vorgeführt werden. Gibt er die Versicherung nicht ab, kann er bis zu 6 Monaten in Haft genommen werden. Hat er bis dahin immer noch keine Versicherung abgegeben, wird er so behandelt, als habe er versichert (§ 914 Abs. 1 Satz 2 ZPO), d. h. er wird in das *Schuldnerverzeichnis,* die sog. Schwarze Liste, eingetragen, in die jedermann auf Antrag Einsicht nehmen kann (§ 914 Abs. 3 ZPO). Wer in das Schuldnerverzeichnis aufgenommen worden ist, braucht die Versicherung innerhalb von drei Jahren nicht mehr abzugeben, es sei denn, die Voraussetzungen des § 903 ZPO lägen vor.

> Der Malergehilfe G hat am 12. 2. 1977 die Offenbarungsversicherung abgegeben. Er wechselt am 10. 10. 1977 seinen Arbeitsplatz, so daß sein Gläubiger nicht mehr den Lohn pfänden kann. Da er nicht herausbekommt, wo G nunmehr arbeitet, kann er ein neues Verfahren gem. § 903 ZPO beantragen. G muß dann eine neue Versicherung abgeben und den neuen Arbeitsplatz angeben.

Auf Antrag des Schuldners ist die *Eintragung* im Schuldnerverzeichnis zu *löschen,* d. h. unleserlich zu machen, wenn er nachweist, daß er den Gläubiger befriedigt hat oder seit der Eintragung drei Jahre verstrichen sind (§ 915 Abs. 2 ZPO). Auch kann die Löschung beantragt werden, wenn der Vollstreckungstitel, auf Grund dessen die Versicherung abgegeben worden war, aufgehoben wird. Von Amts wegen erfolgt die Löschung nach Ablauf von fünf Jahren seit der Eintragung (§ 17 Nr. 5 AktO).

2. Arrest und Einstweilige Verfügung. Nicht selten hat der Gläubiger zur Durchsetzung seines Anspruchs noch keinen gerichtlichen Titel, er bedarf aber des Schutzes, weil sein Anspruch sonst nicht mehr verfolgt werden könnte.

> Der Gläubiger merkt, daß sein ausländischer Schuldner in die Heimat reisen will, ohne seine Schuld zu bezahlen. – Der Schuldner ist dabei, sein Vermögen zu verschleudern. – Der Vermieter stellt dem Mieter aus irgendwelchen Gründen das Wasser ab. – Jemand betreibt reißerische Reklame anläßlich einer einmaligen Vorführung im X-Kino.

Für diese Fälle sieht das Gesetz *vorläufige Maßnahmen* des Gerichts vor, wobei unterschieden wird, ob der zu sichernde Anspruch auf Geld oder eine Individualleistung gerichtet ist.

a) *Der Arrest* (§ 916ff. ZPO) soll der *Sicherung* der Zwangsvollstreckung wegen Ansprüchen dienen, die Geldforderungen darstellen oder in eine Geldforderung übergehen können.

> A hat dem B eine Sache zurückzugeben. Besteht die Gefahr, daß auch der Ersatzanspruch des B nicht verwirklicht werden könnte, so kann B insoweit einen Arrest beantragen.

Da die Zwangsvollstreckung gesichert werden soll,

> was nicht mehr möglich ist, wenn der Schuldner mit Sack und Pack ins Ausland geht oder wenn er seine Habe verschleudert

muß man Vermögensgegenstände sicherstellen. Das bezweckt der *dingliche Arrest.* Wird der Arrestbefehl erlassen, so kann der Gerichtsvollzieher dem Schuldner gehörende Sachen pfänden, wie wenn bereits ein Titel vorläge, es kann auch ein Pfändungsbeschluß erlassen werden, wenn es um Forderungen geht. Allerdings enthält dieser Beschluß keine Überweisung (oben B II 2), da es ja nur um die Sicherung geht. Möglich ist auch ein *persönlicher Arrest,* bei dem der Schuldner durch die Haft daran gehindert werden soll, Vermögensstücke beiseite zu schaffen. Nach § 918 ZPO ist dieser persönliche Arrest nur hilfsweise zulässig, falls der dingliche nicht ausreicht.

Die Vollziehung des Arrestbefehls ist an eine *Frist* von einem Monat nach Zustellung an den Gegner gebunden (§ 929 Abs. 2 ZPO). Auch darin kommt zum Ausdruck, daß es sich um eine vorläufige Maßnahme handelt, die schnell vollzogen werden soll.

Zuständig ist das Gericht der Hauptsache, wobei die allgemeinen Zuständigkeitsvoraussetzungen gelten,

> für einen Arrestbefehl mit Forderungspfändung in Höhe von 3500 DM das Landgericht

im übrigen ist das Amtsgericht, in dessen Bezirk sich die mit dem Arrest zu belegende Sache befindet (§ 919 ZPO), zuständig.

> Steht das zu pfändende Auto in Leonberg, so ist ohne Rücksicht auf den Streitwert das Amtsgericht Leonberg zuständig.

Über das Arrestgesuch kann ohne mündliche Verhandlung durch Beschluß entschieden werden. Wird verhandelt – was kaum der Fall ist, weil das den Schuldner warnt –, so ergeht ein Urteil (§ 922 Abs. 1 ZPO). Gegen den den Arrest anordnenden Beschluß hat der Schuldner den *Widerspruch* (§ 924 ZPO). In diesem Falle ist immer mündlich zu verhandeln und durch Urteil zu entscheiden (§ 925 Abs. 1 ZPO), ob der Arrest bestätigt, aufgehoben oder abgeändert wird (§ 925 Abs. 2 ZPO).

Da es sich um eine vorläufige Maßnahme handelt und der Schuldner ein Interesse daran haben kann zu erfahren, was rechtens ist, gibt ihm § 926 ZPO die Möglichkeit, beim Gericht eine Anordnung dahingehend zu beantragen, daß binnen einer zu bestimmenden Frist Klage zu erheben ist.

b) *Die Einstweilige Verfügung* (§§ 935 ff. ZPO).

Sie ist auf Sicherung einer Leistung, die nicht Geldleistung ist, oder auf die Sicherung des Rechtsfriedens gerichtet (§ 940 ZPO).

> Beseitigung einer Wegsperre; Unterlassung ehrenrühriger Behauptungen; Herausgabe eines Autos an einen Dritten (Sequester).

Immer muß es sich um vorläufige Maßnahmen handeln, ein endgültiger Zustand darf grundsätzlich nicht geschaffen werden.

Bei Unterhaltsansprüchen allerdings hat die Rechtsprechung eine Ausnahme zugelassen. Befindet sich ein Unterhaltsberechtigter in einer besonderen Notlage, kann durch Einstweilige Verfügung eine Zahlungspflicht des Unterhaltsverpflichteten angeordnet werden. Von dieser Möglichkeit ist allerdings sparsamer Gebrauch zu machen. Es sind auch die Interessen des Schuldners zu bedenken, der im Hauptverfahren vielleicht gar nicht zu Unterhaltsleistungen verurteilt wird.

Die Zuständigkeitsvoraussetzungen sind die gewöhnlichen.

> Bei einem Streitwert bis 3000 DM ist das Amtsgericht, sonst das Landgericht zuständig.

Eine Ausnahme bildet § 942 ZPO. In *dringenden Fällen* ist das Amtsgericht zuständig, in dessen Bezirk sich der Streitgegenstand befindet. In diesem Fall ist aber eine Fristsetzung ähnlich wie in § 926 ZPO vorgesehen (§ 942

Abs. 1 ZPO), damit das Gericht der Hauptsache die Rechtmäßigkeit der Einstweiligen Verfügung prüfen kann.

Das Amtsgericht ist hier dem Gericht der Hauptsache nur wegen der Eilbedürftigkeit vorgeschaltet. Das Gericht der Hauptsache soll aber selbst prüfen, ob es die Maßnahme bestätigen will. –

Hat A beim Amtsgericht eine Einstweilige Verfügung auf Herausgabe eines neuwertigen Autos an den Gerichtsvollzieher erwirkt, so wird ihm im Beschluß die Frist nach § 942 Abs. 1 ZPO gesetzt. Versäumt er sie, so kann der Gegner die Aufhebung der Einstweiligen Verfügung beantragen (§ 942 Abs. 3 ZPO).

Im Gegensatz zum Arrestverfahren ist hier grundsätzlich erst nach mündlicher Verhandlung zu entscheiden. Nur in dringenden Fällen entscheidet das Gericht durch Beschluß (§ 937 Abs. 2 ZPO).

Diese Regelung ist ein Zeichen für die Menschenkenntnis der Väter der ZPO: Erfahrungsgemäß wird gerade hier – neben Unterhaltsstreitigkeiten – am meisten gelogen. Deshalb ist die mündliche Verhandlung vorzuziehen, da man hier die Parteien unmittelbar vor sich hat. Entscheidet man ohne mündliche Verhandlungen, liegen dem Gericht nur die Schriftsätze und Versicherungen an Eides Statt vor, die man mit ganz besonderer Vorsicht betrachten muß, wenn sie von der Partei selbst kommen. Sie sind im Grunde genommen kein Beweis, sondern nicht mehr als besonders eindringliche Parteibehauptungen!

Von den Einstweiligen Verfügungen sind die *einstweiligen Anordnungen* zu unterscheiden. Sie ergehen nicht außerhalb eines Hauptverfahrens, wie die Einstweilige Verfügung, sondern können innerhalb eines schwebenden Rechtsstreits zur einstweiligen Regelung bestimmter Fragen erlassen werden. So kann z. B. das Amtsgericht – Familiengericht – während eines Ehescheidungsverfahrens die elterliche Gewalt über ein gemeinschaftliches Kind, dessen Unterhaltsansprüche gegenüber den Eltern oder das Getrenntleben der Ehegatten einstweilen regeln (§§ 620 ff. ZPO). Im Vaterschaftsprozeß kann das Amtsgericht eine einstweilige Anordnung über den dem Kind zu zahlenden Unterhalt treffen (§ 641 d ZPO).

VI. (Exkurs) Konkurs und Vergleich

Während in der Zwangsvollstreckung der Grundsatz der Prävention herrscht, so daß es passieren kann, daß der zuerst pfändende Gläubiger voll befriedigt wird, während später kommende Gläubiger leer ausgehen, während hier also das Sprichwort „Wer zuerst kommt, mahlt zuerst" gilt,

A hat fünf Gläubiger, aber wenig Lohn. Kann der Gläubiger G_1 durch eine Lohnpfändung den ganzen pfändungsfreien Betrag erhalten, so gehen die Gläubiger G_2 bis G_5 solange leer aus, bis G_1 befriedigt ist; dann kommt G_2 an die Reihe

soll bei Vermögensverfall des Schuldners eine Gleichbehandlung der Gläubiger stattfinden. Das wird durch das *Konkursverfahren,* ein staatlich geordnetes Vollstreckungsverfahren mit anteilsmäßiger Befriedigung aller Gläubiger, erreicht.

Zu diesem Zweck wird dem Gemeinschuldner mit der Konkurseröffnung die Befugnis zur Verwaltung und Verfügung entzogen und sie wird einem Konkursverwalter übertragen, der der Aufsicht des Konkursgerichts und der Gläubigerversammlung untersteht. Dieser stellt das verteilbare Vermögen fest und verteilt es an die Gläubiger, die vorher in einem sog. Prüfungstermin festgestellt worden sind. Ihre

Feststellung hat zur Folge, daß die Gläubiger nach Aufhebung des Konkurses auf Grund dieser Feststellung vollstrecken können. Als Vollstreckungstitel dient dabei der entsprechende Auszug aus der Konkurstabelle, die im Prüfungstermin vollendet wird.

Um den Konkurs abzuwenden, hat der Schuldner die Möglichkeit, einen *Vergleichsvorschlag* zu machen. Dieser muß den Gläubigern mindestens 35% ihrer Forderung sichern. Ein Vergleichsverwalter erledigt die Abwicklung. Auf diese Weise können vertrauenswürdige Schuldner ihr Vermögen retten, das sie sonst im Konkurs verlören.

43. Kapitel
Grundzüge des Strafverfahrens

A. Der Strafprozeß

I. Die Strafgerichtsbarkeit

Die Strafrechtspflege gehört zur ordentlichen Gerichtsbarkeit. Alle ordentlichen Gerichte, also die Amtsgerichte, Landgerichte, Oberlandesgerichte und der Bundesgerichtshof, haben Rechtsprechungsfunktionen in Strafsachen. Als besondere Spruchkörper kommen hinzu: Beim Amtsgericht das *Schöffengericht* und das *erweiterte Schöffengericht*, beim Landgericht das *Schwurgericht*. Die Regeln über die sachliche Zuständigkeit (vor welches Gericht gehört eine bestimmte Strafsache in erster Instanz?), von denen der Rechtsmittelzug abhängt, ergeben sich aus dem Gerichtsverfassungsgesetz. Sie sind sehr kompliziert.

Für unseren Überblick soll eine geraffte Darstellung genügen (vgl. auch Anhang IV).

1. Erstinstanzliche Zuständigkeiten. Das **Amtsgericht** ist bei Straftaten der „leichteren und mittleren Kriminalität" zuständig. Seine Strafgewalt (= Höchststrafe, die das Amtsgericht verhängen darf) reicht bis höchstens drei Jahre Freiheitsstrafe. Als **Strafrichter** entscheidet der Richter beim Amtsgericht allein bei Vergehen, wenn sie im Wege der Privatklage verfolgt werden, wenn die Tat mit keiner höheren Freiheitsstrafe als sechs Monate bedroht ist oder wenn die Staatsanwaltschaft Anklage vor dem Strafrichter erhebt und keine höhere Strafe als Freiheitsstrafe von einem Jahr zu erwarten ist (§ 25 GVG).

Bei den übrigen Vergehen und bei Verbrechen entscheidet, soweit seine Strafgewalt ausreicht, das **Schöffengericht** (1 Berufsrichter, 2 Schöffen) oder in besonders umfangreichen Fällen das „**erweiterte Schöffengericht**" (2 Berufsrichter, 2 Schöffen). Vgl. § 24 GVG.

Beim **Landgericht** verhandelt und entscheidet die „**Große Strafkammer**" (3 Berufsrichter, 2 Schöffen) in Fällen der schweren Kriminalität (Verbrechen), soweit nicht die Zuständigkeit des Amtsgerichts oder des Oberlandesgerichts gegeben ist. Sie ist auch zuständig für alle Straftaten, bei denen eine höhere Strafe als drei Jahre Freiheitsstrafe oder die Unterbringung in einem psychiatrischen Krankenhaus, allein oder neben einer Strafe, oder in der Sicherungsverwahrung zu erwarten ist oder bei denen die Staatsanwaltschaft wegen der besonderen Bedeutung des Falles Anklage beim Landgericht erhebt (§ 74 Abs. 1 GVG). In den ihm vom Gesetz ausdrücklich zugewiesenen Fällen schwerster Kriminalität (z. B. Mord, Totschlag, sexuelle Nötigung mit Todesfolge usw.) verhandelt und entscheidet eine Große Strafkammer als **Schwurgericht** (3 Berufsrichter, 2 Schöffen). Vgl. § 74 Abs. 2 GVG.

Die **Strafsenate beim Oberlandesgericht** (5 Berufsrichter) sind erstinstanzlich zuständig für bestimmte Verbrechen, die sich gegen die staatliche Grundordnung richten (Hochverrat, Landesverrat, Straftaten gegen Verfassungsorgane usw.). Vgl. § 120 GVG.

> Der Bundesgerichtshof hat seit dem Ersten Strafrechtsreformgesetz keine erstinstanzliche Zuständigkeit mehr.

2. Der Rechtsmittelzug. Gegen Urteile des **Amtsrichters** (Strafrichters) sind grundsätzlich folgende Rechtsmittel gegeben:

– Berufung an das Landgericht: Es verhandelt und entscheidet die **„Kleine Strafkammer"** (1 Berufsrichter, 2 Schöffen).
– Gegen das Berufungsurteil der Kleinen Strafkammer beim Landgericht ist sodann die Revision zum **Oberlandesgericht** möglich.

Gegen Urteile des **Schöffengerichts** (und des erweiterten Schöffengerichts) sind folgende Rechtsmittel statthaft:

– Berufung an das Landgericht: Es verhandelt und entscheidet die **„Große Strafkammer"**.
– Gegen das Berufungsurteil der Großen Strafkammer beim Landgericht ist sodann die Revision zum **Oberlandesgericht** möglich.

Gegen erstinstanzliche Urteile des **Landgerichts** (Große Strafkammer und Schwurgericht) ist nur das Rechtsmittel der Revision, grundsätzlich zum **Bundesgerichtshof** (5 Berufsrichter), statthaft.

Gegen erstinstanzliche Urteile des **Oberlandesgerichts** ist ebenfalls nur die Revision zum **Bundesgerichtshof** möglich.

II. Die Beteiligten am Strafverfahren

1. Die Berufsrichter. Vgl. oben Kap. 42 A III 1.

2. Die Schöffen. Sie sind „ehrenamtliche Richter", stehen nicht in einem öffentlich-rechtlichen Dienstverhältnis zum Staat und bedürfen keiner juristischen Ausbildung (Laienrichter).

> Schöffen werden beim Schöffengericht und bei den Strafkammern des Landgerichts (einschließlich des Schwurgerichts) tätig. „Geschworene" gibt es in der deutschen Strafrechtspflege seit 1. Januar 1975 nicht mehr. Zur Einheitsbezeichnung „Schöffe" vgl. § 45 a DRiG.

Während der Hauptverhandlung üben die Schöffen ihr Richteramt als Beisitzer (der Vorsitzende des Gerichts ist stets ein Berufsrichter) in vollem Umfange und mit gleichem Stimmrecht und Stimmgewicht wie die Berufsrichter aus. Sie bilden das demokratische Element in der Strafrechtspflege: Der Staatsbürger kann an der Rechtsprechung in Strafsachen teilnehmen. Ebenso wie die Berufsrichter sind die

Schöffen an das Gesetz gebunden; nötigenfalls sind sie bei der Beratung vom Berufsrichter auf die Gesetzeslage hinzuweisen.

Die Auswahl der Schöffen erfolgt über Vorschlagslisten der Gemeinden durch einen besonders berufenen Ausschuß (vgl. §§ 36 ff. GVG).
Das Ehrenamt kann grundsätzlich nicht abgelehnt werden.

3. Die Staatsanwaltschaft. Wie der Richter und der Rechtsanwalt ist auch der Staatsanwalt *Organ der Rechtspflege.* Er ist Beamter und kraft dieser Eigenschaft – im Unterschied zum Richter – weder sachlich noch persönlich unabhängig, sondern den Weisungen seiner vorgesetzten Stellen (Oberstaatsanwalt, Generalstaatsanwalt, Landesjustizminister) unterworfen. Gleichwohl ist sein Standort in unmittelbarer Nähe des Richters (vgl. z. B. § 122 DRiG).

Die Staatsanwaltschaft wahrt das Interesse des Staates und der Gesellschaft an einer ebenso energischen wie gerechten Strafverfolgung. Vornehmster Grundsatz für die staatsanwaltschaftliche Tätigkeit ist es, daß die entlastenden Umstände genauso gewissenhaft ermittelt werden müssen, wie die belastenden (§ 160 Abs. 2 StPO).

Die weitverbreitete Klischeevorstellung vom Staatsanwalt, dessen einziges Streben dahin gehe, einen Verdächtigen unter allen Umständen der Bestrafung zuzuführen, ist falsch. Der Staatsanwalt ist vielmehr zu einer objektiven Sachbehandlung, zur Erforschung der Wahrheit und zum Dienst an der Gerechtigkeit verpflichtet. Man darf deshalb den Staatsanwalt auch keinesfalls als „Gegner" des Verteidigers betrachten. Oft kommt es vor – und darin ist keine „Niederlage" der Staatsanwaltschaft zu sehen –, daß der Staatsanwalt von sich aus in der Strafverhandlung Freispruch beantragt, ja, daß er ihn kraft seiner Verpflichtung zur Objektivität beantragen *muß.* Die Rolle des Staatsanwalts im anglo-amerikanischen Recht ist demgegenüber eine ganz andere. Man muß sich davor hüten, die Vorstellung vom „schneidigen Staatsanwalt", der im ständigen Kampf mit dem Verteidiger liegt, so wie sie uns aus amerikanischen und englischen Filmen geläufig ist, auf unsere Rechtsordnung zu übertragen.

Durch das *Erste Gesetz zur Reform des Strafverfahrensrechts vom 9. Dezember 1974,* das am 1. Januar 1975 in Kraft getreten ist, wurde die Stellung des Staatsanwalts wesentlich gestärkt: Es besteht jetzt eine gesetzliche Verpflichtung für Zeugen und Sachverständige zum Erscheinen und zur wahrheitsgemäßen Aussage vor dem Staatsanwalt (§ 161 a StPO); auch der Beschuldigte ist zum Erscheinen vor dem Staatsanwalt nunmehr gesetzlich verpflichtet (§ 163 a Abs. 3 StPO). Bestimmte, bisher dem Richter vorbehaltene Tätigkeiten wurden dem Staatsanwalt übertragen (vgl. §§ 87, 100, 110, 135 und 159 StPO).

Am gesamten Strafverfahren ist die Staatsanwaltschaft maßgeblich beteiligt:
– Sie nimmt Strafanzeigen entgegen;
– sie führt die Ermittlungen grundsätzlich in eigener Verantwortung;
– sie erhebt die Anklage oder stellt, wenn sich kein hinreichender Tatverdacht gegen den Beschuldigten ergeben hat, das Ermittlungsverfahren ein;
– sie vertritt die Anklage vor Gericht, hilft dem Gericht, die Wahrheit zu finden und die richtige Entscheidung zu treffen; dazu stellt sie sachdienliche Anträge (Beweisanträge, Antrag auf Verurteilung oder Freispruch usw.);
– sie entschließt sich, ob sie gegen das Urteil ein Rechtsmittel einlegen soll (dabei zeigt sich erneut die besondere Objektivität der Staatsanwaltschaft: Sie kann ein Rechtsmittel *zuungunsten,* aber auch *zugunsten* des Verurteilten einlegen!);
– sie leitet die Strafvollstreckung ein und sie überwacht den Strafvollzug.

4. Die „Hilfsbeamten der Staatsanwaltschaft". Zur Unterstützung ihrer Ermittlungstätigkeit kann sich die Staatsanwaltschaft bestimmter „Hilfsbeamter" bedienen. Diese Hilfsbeamten sind verpflichtet, den Anordnungen der Staatsanwaltschaft Folge zu leisten (§ 152 Abs. 1 GVG); darüber hinaus haben die „Hilfsbeamten" in dieser Eigenschaft besondere Befugnisse.

> Der Staatsanwalt kann den Kriminalpolizeibeamten K unmittelbar anweisen, den Zeugen Z zu vernehmen (dies, obwohl die Kriminalpolizei keine Justizbehörde ist, sondern dem Innenministerium untersteht).

> Unter den gleichen Voraussetzungen, wie sie für die Staatsanwaltschaft gelten, können die „Hilfsbeamten" kraft eigener Befugnis Beschlagnahmen, Durchsuchungen, körperliche Untersuchungen (z. B. Entnahmen von Blutproben) anordnen (§§ 98, 105, 81 a, 81 c StPO).

Welche Beamten „Hilfsbeamte der Staatsanwaltschaft" sind, bestimmt im einzelnen das Landesrecht (§ 152 Abs. 2 GVG).

> Kriminalbeamte sind regelmäßig „Hilfsbeamte der Staatsanwaltschaft"; bei der uniformierten Polizei ist meistens ein bestimmter Dienstrang für die Erlangung der Eigenschaft als „Hilfsbeamter der Staatsanwaltschaft" vorausgesetzt.

5. Die Gerichtshelfer. Zunehmende Bedeutung haben in letzter Zeit die Beamtengruppen erlangt, die mit dem Oberbegriff **„Sozialarbeiter der Justiz"** bezeichnet werden. Neben dem **Bewährungshelfer** – er hat die Aufgabe, einen Verurteilten, dessen Freiheitsstrafe zur Bewährung ausgesetzt ist, zu einem geordneten Leben ohne weitere Straftaten anzuhalten – und dem **Sozialarbeiter bei den Strafvollzugsanstalten,** der den Gefangenen in der Anstalt betreut und ihm den Rückweg in die fremdgewordene Freiheit ebnet, steht der **Gerichtshelfer.** Seine Aufgabe ist es, zur Unterstützung des Richters im Strafverfahren die für die Strafzumessung, Strafaussetzung zur Bewährung, Erteilung von Auflagen oder die Anordnung von Maßregeln der Besserung und Sicherung wichtigen persönlichen, wirtschaftlichen und sozialen Umständen zu erforschen, in denen der Angeklagte lebt.

6. Rechtspfleger und Urkundsbeamte der Geschäftsstelle. Vgl. oben Kap. 42 A III 2 und 3.

7. Der Angeklagte. Angeklagter ist diejenige natürliche Person, gegen die wegen hinreichenden Tatverdachts einer mit Strafe bedrohten Handlung das Hauptverfahren eröffnet worden ist.

> Im staatsanwaltschaftlichen Ermittlungsverfahren wird der Tatverdächtige als „Beschuldigter" bezeichnet.

8. Der Verteidiger. Die Verteidigung wird grundsätzlich von Rechtsanwälten (vgl. oben Kap. 42 A III 5) wahrgenommen. In jeder Lage des Verfahrens kann sich der Beschuldigte (oder Angeklagte) des Beistands eines Verteidigers bedienen (§ 137 Abs. 1 StPO). Seinen Verteidiger kann er regelmäßig selbst wählen.

> Wenn mit besonders einschneidenden Strafen oder Maßregeln der Besserung und Sicherung gerechnet werden muß (z. B. wenn das Landgericht oder das Oberlandesgericht erstinstanzlich zuständig ist, wenn dem Beschuldigten ein Verbrechen zur Last gelegt wird, wenn das Verfahren zu einem Berufsverbot führen kann), ist die Verteidigung *notwendig.* Wählt in diesen Fällen der Beschuldigte einen Verteidiger nicht selbst, so wird er vom Gericht bestellt (§§ 140, 141 StPO); man spricht von einer **„Pflichtverteidigung"** (vgl. auch oben Kap. 2 am Anfang).

III. Die Prinzipien des Strafprozesses

1. Das Offizialprinzip (Amtsgrundsatz). Nach dem Offizialprinzip obliegt die Einleitung und Durchführung des Strafverfahrens dem Staat. Im Gegensatz zum Zivilprozeß kommt es nicht darauf an, ob der durch eine strafbare Handlung Verletzte oder Geschädigte das Strafverfahren will oder nicht will.

Von diesem Grundsatz gibt es allerdings einige *Ausnahmen:* Bei bestimmten, weniger schweren Straftaten schreibt das Strafgesetzbuch im Einzelfall ausdrücklich vor, daß die Verfolgung nur auf Antrag des Verletzten eintritt (sog. *Antragsdelikte;* z. B. Beleidigung, Hausfriedensbruch, Sachbeschädigung). In diesen Fällen nimmt der Staat auf das Interesse des Verletzten Rücksicht.

Eine weitere Ausnahme bilden die sog. *Privatklagedelikte* (§§ 374 ff. StPO). Bei ihnen entscheidet der Verletzte nicht nur darüber, ob die Tat strafrechtlich verfolgt werden soll (so bei den Antragsdelikten), sondern vertritt auch selbst (ohne die Staatsanwaltschaft) die Anklage vor Gericht (z. B. Körperverletzung, Bedrohung; oft sind Antragsdelikte zugleich Privatklagedelikte, z. B. Hausfriedensbruch, Beleidigung, Sachbeschädigung).

2. Das Akkusationsprinzip (Anklagegrundsatz). Nach dem Akkusationsprinzip werden Strafverfolgung und Urteilsfindung von getrennten Funktionsträgern, der Staatsanwaltschaft (ausnahmsweise vom Privatkläger) einerseits und des Gerichts andererseits, wahrgenommen. Ohne Anklage kann das Gericht nicht tätig werden (§ 151 StPO).

Selbst dann, wenn vor den Augen des Richters, z. B. im Gerichtssaal, ein Verbrechen begangen würde, könnte er sich aus nicht sogleich eine Hauptverhandlung gegen den Täter durchführen.

Den Gegensatz bildet der bis ins 19. Jahrhundert geübte **„Inquisitionsprozeß“.** Hier lagen Strafverfolgung und Urteilsfindung in einer Hand: Richter und Ankläger war die gleiche Person.

Akkusationsprinzip bedeutet: „Wo kein Kläger, da kein Richter“.

Vom Inquisitionsprozeß konnte gesagt werden: „Wer einen Ankläger zum Richter hat, braucht Gott zum Verteidiger“.

3. Das Legalitätsprinzip (Anklagezwang). Dieser Grundsatz bedeutet, daß die Staatsanwaltschaft – sofern es sich nicht um ein Privatklagedelikt handelt – *verpflichtet* ist, die Strafverfolgung aufzunehmen und bei hinreichendem Tatverdacht Anklage zu erheben.

Eine vorsätzliche Verletzung dieser Pflicht ist mit schwerer Strafe bedroht (Strafvereitelung im Amt, § 258 a StGB).

Die Staatsanwaltschaft kann also bei zureichenden Anhaltspunkten dafür, daß eine Straftat begangen worden ist, nicht wählen, ob sie einschreiten will oder nicht; sie *muß* tätig werden.

Den Gegensatz zum Legalitätsprinzip bildet das **Opportunitätsprinzip** (Grundsatz des Handlungsermessens). Es gilt für die Staatsanwaltschaft nur ganz ausnahmsweise, nämlich bei den Privatklagedelikten und in gewissen, vom Gesetz ausdrücklich genannten Fällen (z. B. beim Absehen von der Verfolgung wegen Geringfügigkeit, § 153 StPO, vgl. auch §§ 153 a, 153 b, 153 c, 153 d, 153 e, 154, 154 b, 154 c StPO).

Stellt die Staatsanwaltschaft ein Verfahren mangels hinreichenden Tatverdachts ein (§ 170 Abs. 2 StPO), so kann unter bestimmten Voraussetzungen das sog. **Klageerzwingungsverfahren** durchgeführt werden (§ 172 StPO). Letztlich prüft hier ein Gericht (zuständig ist das Oberlandesgericht) die Einhaltung des Legalitätsprinzips nach. Kommt es zum Ergebnis, daß die Staatsanwaltschaft das Ermittlungsverfahren zu Unrecht eingestellt hat, so beschließt es die Erhebung der öffentlichen Klage, deren Durchführung aber wiederum der Staatsanwaltschaft obliegt (§ 175 StPO).

4. Der Untersuchungsgrundsatz. Das Gericht hat die Wahrheit, d. h. den richtigen Lebenssachverhalt, von Amts wegen zu erforschen; es ist an die Behauptungen und Anträge der Verfahrensbeteiligten nicht gebunden.

> So kann das Gericht z. B. freisprechen, obwohl die Staatsanwaltschaft die Verurteilung beantragt hatte; umgekehrt kann das Gericht verurteilen, obwohl die Staatsanwaltschaft Freispruch beantragt hatte.

Auch an die Beweisanträge der Prozeßbeteiligten ist das Gericht nicht gebunden, es kann vielmehr (und muß dies erforderlichenfalls auch) Beweismittel beiziehen, auf die weder der Staatsanwalt noch der Verteidiger oder der Angeklagte hingewiesen haben.

5. Der Grundsatz der freien Beweiswürdigung und die Regel „in dubio pro reo". Über das Ergebnis der Beweisaufnahme – also der Tatsachenermittlung – entscheidet das Gericht nach seiner freien, aus dem Inbegriff der Verhandlung geschöpften Überzeugung (§ 261 StPO).

> Das Gericht kann deshalb einer Zeugenaussage keinen Glauben schenken, obwohl sie unter Eid gemacht wurde; es kann demgegenüber die Aussage eines unbeeidigt gebliebenen Zeugen für glaubwürdiger halten; das Gericht ist auch nicht an ein Sachverständigengutachten gebunden, wenn es auf Grund seiner Überzeugung und Sachkenntnis zu anderen Ergebnissen als der Gutachter kommt.

Hat das Gericht an der Schuld des Angeklagten Zweifel, obwohl alle verfügbaren Beweismittel ausgeschöpft sind, so gilt der Satz **„in dubio pro reo",** d. h.: Im Zweifel ist die dem Angeklagten günstigste Tatsachenalternative bei der Entscheidung zugrunde zu legen. *Niemals* muß der Angeklagte seine Unschuld nachweisen; *stets* muß ihm seine Schuld bewiesen werden.

> Behauptet der Angeklagte, er habe sich im Zeitpunkt des ihm zur Last gelegten Verbrechens an einem ganz anderen Ort aufgehalten *(Alibi)*, so braucht er diese Behauptung nicht zu beweisen. Das Gericht muß ihm nachweisen, daß er am Tatort war und daß sein Vorbringen unrichtig ist.

6. Weitere Prinzipien des Strafprozesses. Weitere wichtige Grundsätze des Strafprozesses sind die Gewährung des rechtlichen Gehörs sowie die Mündlichkeit, Unmittelbarkeit und Öffentlichkeit der Gerichtsverhandlung.

IV. Der Gang des Verfahrens

Das Strafverfahren ist in mehrere Abschnitte gegliedert.

1. Das Vorverfahren. Die Strafverfolgung wird eingeleitet auf Grund amtlicher Wahrnehmung der Strafverfolgungsorgane (ein Polizist bemerkt z. B. auf einer Streifenfahrt, daß in ein Kaufhaus eingebrochen worden ist), auf Grund einer Strafanzeige des Verletzten oder eines Dritten (häufigster Fall) oder auf Grund eines Strafantrags.

Das Ermittlungsverfahren bildet den ersten Abschnitt des Strafverfahrens und liegt in der Hand der Staatsanwaltschaft. Das Ermittlungsverfahren dient der

Sammlung von Belastungs- und Entlastungsmaterial. Die Staatsanwaltschaft muß insbesondere Sorge tragen, daß Beweise, die verlorengehen können, alsbald erhoben werden.

Spurensicherung, Feststellung des Blutalkoholgehalts, Vernehmung eines lebensgefährlich verletzten oder erkrankten Zeugen usw.

Die Ermittlungen können von der Staatsanwaltschaft selbst durchgeführt werden. Die Staatsanwaltschaft kann die Ermittlungen aber auch von anderen Beamten, insbesondere von ihren Hilfsbeamten, durchführen lassen.

Besondere Maßnahmen im Ermittlungsverfahren sind die vorläufige Festnahme (§ 127 StPO), die Verhaftung (die Untersuchungshaft wird bei Vorliegen bestimmter Haftgründe vom Richter durch schriftlichen Haftbefehl angeordnet; §§ 112 ff. StPO), die Beschlagnahme (§§ 94 ff. StPO), die Überwachung des Fernmeldeverkehrs (§§ 100 a ff. StPO), die vorläufige Entziehung der Fahrerlaubnis (durch den Richter, § 111 a StPO), die körperliche Untersuchung und die Entnahme einer Blutprobe (§ 81 a StPO), die Leichenöffnung und Leichenschau (§ 87 StPO); auf Grund eines Haftbefehls kann die Staatsanwaltschaft oder der Richter einen Steckbrief erlassen, wenn der Beschuldigte flüchtig ist oder sich verborgen hält (§ 131 StPO) usw.

Die Beispiele zeigen, daß die Staatsanwaltschaft bei besonders schweren Eingriffen in die Freiheitssphäre des Verdächtigen einen richterlichen Beschluß herbeiführen muß (insbesondere, wenn der Beschuldigte in Untersuchungshaft genommen werden soll); im übrigen kann die Staatsanwaltschaft einzelne der bezeichneten Maßnahmen nur ausnahmsweise selber treffen, wenn besondere Eile (Gefahr des Verlusts des Beweismittels) geboten ist.

Ist der Sachverhalt so weit geklärt, daß darüber entschieden werden kann, ob öffentliche Klage zu erheben ist oder nicht, so wird das Ermittlungsverfahren abgeschlossen. Dies geschieht durch

– *Einstellung des Verfahrens* (§ 170 Abs. 2 StPO);

Einstellung erfolgt, wenn die Ermittlungen in rechtlicher oder tatsächlicher Hinsicht keinen genügenden Anlaß zur Erhebung der öffentlichen Klage bieten (vgl. oben III 3);

– *Erhebung der öffentlichen Klage durch Einreichung einer Anklageschrift beim zuständigen Gericht* (§ 170 Abs. 1 StPO);

Anklageerhebung erfolgt, wenn die Ermittlungen genügenden Anlaß zur Erhebung der öffentlichen Klage bieten, d. h. wenn der Beschuldigte hinreichend verdächtig ist, er also mit Wahrscheinlichkeit verurteilt wird;

– *Antrag auf Erlaß eines Strafbefehls* (§§ 407 ff. StPO).

Bei Vergehen kann die Strafe auf Antrag der Staatsanwaltschaft durch schriftlichen Strafbefehl des Strafrichters *ohne Hauptverhandlung* festgesetzt werden, wenn insbesondere Geldstrafe und keine längere Sperre der Fahrerlaubnis als zwei Jahre verhängt werden soll. Freiheitsstrafen können nicht durch Strafbefehl festgesetzt werden.

2. **Zwischenverfahren.** Im Zwischenverfahren prüft das Gericht anhand der Ergebnisse des Vorverfahrens, ob hinreichender Tatverdacht besteht. Das Zwischenverfahren dient dem Schutze des Betroffenen durch das unabhängige Gericht; er soll gegebenenfalls von den starken Belastungen einer unnötigen – weil mit Freispruch endenden – öffentlichen Hauptverhandlung bewahrt werden. Das Zwischenverfahren endet

– *durch Eröffnung des Hauptverfahrens;*

das Gericht erläßt den Eröffnungsbeschluß (§ 203 StPO);

– *durch Ablehnung der Eröffnung des Hauptverfahrens;*

vgl. § 204 StPO

– *durch Einstellung des Verfahrens im Rahmen der §§ 153 ff. StPO;*

> z. B. bei Geringfügigkeit; regelmäßig muß die Staatsanwaltschaft aber der Einstellung zustimmen.

3. Das Hauptverfahren. Das Hauptverfahren gliedert sich in die *Vorbereitung der Hauptverhandlung* (Anberaumung des Termins, Ladung der Beteiligten usw.) und in die *Hauptverhandlung* selbst.

Die Hauptverhandlung beginnt mit dem Aufruf der Sache und der Vernehmung des Angeklagten zur Person. Der in der Sitzung anwesende Staatsanwalt verliest hierauf die Anklageschrift. Der Angeklagte kann – muß aber nicht – zu den gegen ihn erhobenen Vorwürfen Stellung nehmen. Das Gericht führt nunmehr die Beweisaufnahme durch, d. h. es vernimmt Zeugen, verliest Urkunden, hört Sachverständige, nimmt einen Augenschein am Tatort ein und bedient sich sonstiger Beweismittel (z. B. Tatwaffen, Werkzeuge, die bei der Tatausführung verwendet wurden). Staatsanwalt, Verteidiger und Angeklagter erhalten vom Gericht jeweils Gelegenheit, Fragen an die Zeugen und Sachverständigen zu richten. Insbesondere der Angeklagte, aber auch Staatsanwalt und Verteidiger, haben das Recht, Erklärungen abzugeben. Für den Umfang der Beweisaufnahme gilt der Untersuchungsgrundsatz (vgl. oben III 4). Nach Abschluß der Beweisaufnahme erhält der Staatsanwalt das Wort für sein Plädoyer. Er würdigt objektiv das Ergebnis der Beweisaufnahme und stellt schließlich seinen Antrag, der entweder auf eine bestimmte Bestrafung oder auf Freispruch lautet. Danach plädiert der Verteidiger, der insbesondere die zugunsten des Angeklagten sprechenden Entlastungsmomente hervorhebt. Schließlich erhält der Angeklagte das „letzte Wort". Das Gericht berät nun nicht öffentlich das Urteil. Öffentlich verkündet es dann seinen Urteilsspruch und begründet ihn. Das Urteil kann entweder einen bestimmten Strafausspruch enthalten, es kann auf Freispruch lauten oder in Ausnahmefällen, z. B. wenn sich ein Verfahrenshindernis ergeben hat (Strafverfolgungsverjährung war bereits eingetreten usw.), die Einstellung anordnen. Mit der Belehrung des Angeklagten über die ihm zustehenden Rechtsmittel, die Frist und Form, in der sie eingelegt werden müssen, schließt die Hauptverhandlung.

V. Die Rechtsmittel

Über Berufung und Revision gegen Strafurteile und über die Gerichte, die im Instanzenzug zu entscheiden haben, wenn eines dieser Rechtsmittel eingelegt wird, war bereits oben (I) die Rede. An dieser Stelle sind nur folgende Ergänzungen zu machen:

1. Die Berufung. Sie führt zur Nachprüfung des Urteils in **tatsächlicher** und **rechtlicher** Hinsicht. Die Verhandlung vor dem Berufungsgericht ist praktisch eine Wiederholung der Hauptverhandlung.

> Die Berufung muß bei dem Gericht des ersten Rechtszugs binnen *einer Woche* nach Verkündung des Urteils schriftlich oder zu Protokoll der Geschäftsstelle eingelegt werden (§ 314 StPO).

Der Umfang der Beweisaufnahme ist grundsätzlich der gleiche wie in der ersten Instanz. Das Berufungsgericht muß aber, weil es zur Nachprüfung des Sachverhalts verpflichtet ist, neu aufgefundene Beweismittel (neue Zeugen, neue Urkunden usw.) verwerten.

Das Berufungsgericht hebt das erstinstanzliche Urteil also nicht nur dann auf, wenn es Rechtsfehler enthält, sondern auch – und darin liegt die besondere Bedeutung der Berufung – wenn es zu anderen tatsächlichen Feststellungen gelangt als das zuerst mit der Sache befaßte Gericht.

2. Die Revision. Im Gegensatz zur Berufung führt die Revision nur zur Nachprüfung des angefochtenen Urteils in **rechtlicher** Hinsicht.

An die tatsächlichen Feststellungen des angefochtenen Urteils ist das Revisionsgericht gebunden: Es findet keine erneute Beweisaufnahme statt.

Das Rechtsmittel der Revision hat also nur dann Erfolg, wenn Rechtsfehler, d. h. eine falsche Anwendung der gesetzlichen Vorschriften auf den Lebenssachverhalt, festgestellt werden können.

Die Revision muß binnen *einer Woche* nach Verkündung des Urteils bei dem Gericht, dessen Urteil angefochten werden soll, schriftlich oder zur Protokoll der Geschäftsstelle des Gerichts eingelegt werden. Sie ist spätestens binnen eines Monats nach Ablauf der Einlegungsfrist zu begründen (vgl. §§ 341, 345 StPO).

3. Die Beschwerde. Sie dient der Überprüfung von **Beschlüssen** und **Verfügungen** in *tatsächlicher* und *rechtlicher* Hinsicht und kann stets eingelegt werden, wenn sie das Gesetz nicht ausdrücklich ausschließt (§ 304 StPO). Sie kann unbefristet erhoben werden. Ausnahmsweise sieht das Gesetz allerdings vor, daß eine Beschwerde als sog. *sofortige Beschwerde* innerhalb einer Frist von einer Woche eingelegt werden muß (§ 311 StPO).

Gegen den Beschluß, durch den der Beschuldigte zur Vorbereitung eines Gutachtens über seinen psychischen Zustand in ein öffentliches psychiatrisches Krankenhaus gebracht und dort beobachtet werden soll, kann er sofortige Beschwerde erheben (§ 81 Abs. 4 StPO).

Der Beschluß, durch den das Hauptverfahren eröffnet worden ist, kann von dem Angeklagten nicht angefochten werden (§ 210 Abs. 1 StPO).

4. Der Gebrauch der Rechtsmittel durch die Staatsanwaltschaft und durch den Verurteilten. Sowohl die Staatsanwaltschaft als auch der Verurteilte können gegen ein Urteil Rechtsmittel einlegen (§ 296 Abs. 1 StPO). Der objektiven Stellung der Staatsanwaltschaft entspricht es, daß sie von Rechtsmitteln auch zugunsten des Verurteilten Gebrauch machen kann (§ 296 Abs. 2 StPO) und gegebenenfalls muß.

Bei der Berufung und Revision hat das **Verbot der reformatio in peius** große Bedeutung (vgl. §§ 331, 358 Abs. 2 StPO). Dieses Verbot der „Änderung ins Schlechtere" bedeutet folgendes: Legt der Verurteilte (oder die Staatsanwaltschaft zu seinen Gunsten) Berufung oder Revision ein, so darf das Urteil nach Art und Höhe der Strafe nicht zum Nachteil des Verurteilten geändert werden.

Das Verbot der reformatio in peius beschränkt sich auf den Strafausspruch; der Schuldspruch kann geändert werden.

A ist z. B. in erster Instanz wegen Diebstahls (= Schuldspruch) zu einem Jahr Freiheitsstrafe (= Strafausspruch) verurteilt worden. Er allein (also nicht auch die Staatsanwaltschaft) legt gegen das Urteil Berufung ein. In der Berufungsinstanz wird festgestellt, daß A keinen Diebstahl, sondern das schwerere Delikt des Raubes begangen hat; nach Auffassung des Gerichts hätte er eine härtere Strafe verdient. Gleichwohl muß es bei der ursprünglich verhängten einjährigen Freiheitsstrafe verbleiben (Verbot der „reformatio in peius"), lediglich der Schuldspruch kann geändert werden (A ist nicht eines Vergehens des Diebstahls, sondern eines Verbrechens des Raubes schuldig).Entsprechendes würde sogar gelten, wenn A in erster Instanz „nur" zu 10 Monaten Freiheitsstrafe verurteilt worden wäre, obwohl die Mindeststrafe für das Verbrechen des in der Berufungsinstanz festgestellten Raubes ein Jahr Freiheitsstrafe beträgt.

Das Verbot der Schlechterstellung des Verurteilten beruht auf folgendem Grund: Der Verurteilte soll nicht dadurch von der Einlegung eines Rechtsmittels abgeschreckt werden, daß er befürchten muß, er könne unter Umständen in der Berufungsinstanz noch härter bestraft werden.

Das Verbot der reformatio in peius gilt nicht, wenn neben dem Verurteilten die Staatsanwaltschaft zu dessen *Ungunsten* ein Rechtsmittel einlegt.

Legt die Staatsanwaltschaft allein ein Rechtsmittel (zuungunsten des Verurteilten) ein, so kann das angefochtene Urteil entgegen dem Willen der Staatsanwaltschaft auch *zugunsten* des Verurteilten im Strafausspruch geändert werden (§ 301 StPO).

Das Verbot der reformatio in peius stellt also eine einseitige Begünstigung des Verurteilten dar.

Zu beachten ist: Im *Strafbefehlsverfahren* (§§ 407 ff. StPO) gilt das Verbot der reformatio in peius nicht. Wer also gegen einen Strafbefehl *Einspruch* einlegt, muß damit rechnen, daß er in der hierauf vom Gericht anzusetzenden Hauptverhandlung möglicherweise härter bestraft wird als es im ursprünglichen Strafbefehl vorgesehen war; bei der Urteilsfällung ist nämlich das Gericht nicht an den im Strafbefehl enthaltenen Ausspruch gebunden (§ 411 Abs. 4 StPO).

VI. Das Jugendstrafverfahren

Neben den bisher behandelten Regeln der allgemeinen Strafgerichtsbarkeit gibt es besondere Vorschriften über die strafrechtliche Behandlung von Minderjährigen. Die Unterscheidung zwischen „Erwachsenenstrafrecht" und „Jugendstrafrecht" trägt der Tatsache Rechnung, daß der minderjährige Straftäter in besonderem Maße erziehungsbedürftig und erziehungsfähig ist. Das Jugendstrafrecht berücksichtigt, daß die Persönlichkeitsentwicklung eines Minderjährigen nicht abgeschlossen, sondern noch formbar ist; es versucht, den jugendlichen Rechtsbrecher zu bessern, ihn aber gleichzeitig vor nachteiligen Folgen staatlichen „Strafens" zu bewahren.

Nachdem bereits in § 19 StGB bestimmt ist, daß Kinder unter vierzehn Jahren nicht schuldfähig sind (vgl. oben Kap. 34 I 4 a), teilt das Jugendgerichtsgesetz junge Menschen zwischen vierzehn und einundzwanzig Jahren (also ohne Rücksicht auf das Volljährigkeitsalter) in zwei Gruppen ein (§ 1 Abs. 2 JGG):

- **Jugendliche,** d. h. junge Menschen, die zur Zeit der Tat vierzehn, aber noch nicht achtzehn Jahre alt sind, sind strafrechtlich verantwortlich, wenn sie nach ihrer sittlichen und geistigen Entwicklung bei der Tat reif genug waren, das Unrecht ihres Verhaltens einzusehen und nach dieser Einsicht zu handeln; sie werden nach besonderen Vorschriften des Jugendgerichtsgesetzes behandelt;

- **Heranwachsende,** d. h. junge Menschen, die zur Zeit der Tat achtzehn, aber noch nicht einundzwanzig Jahre alt sind, sind strafrechtlich verantwortlich; sie werden, wenn die Gesamtwürdigung ihrer Persönlichkeit bei Berücksichtigung auch der Umweltbedingungen ergibt, daß sie im Zeitpunkt der Tat nach ihrer sittlichen und geistigen Entwicklung noch den Jugendlichen gleichstanden oder wenn es sich bei ihrer Tat um eine typische Jugendverfehlung handelte, nach den besonderen Vorschriften, die für die Behandlung von jugendlichen Straftätern gelten, zur Rechenschaft gezogen; liegen die genannten Voraussetzungen dagegen nicht vor, so wendet das Gericht – mit gewissen Einschränkungen – das Erwachsenenstrafrecht an.

Nach Jugendstrafrecht können folgende Sanktionen verhängt werden:

- **Erziehungsmaßregeln** (§§ 9 ff. JGG); dies sind Weisungen (z. B. bei einer Familie oder in einem Heim zu wohnen, eine Lehr- oder Arbeitsstelle anzunehmen, bei Verletzung von Verkehrsvorschriften an einem polizeilichen Verkehrsunterricht teilzunehmen), Erziehungsbeistandschaft und Fürsorgeerziehung;

- **Zuchtmittel** (§§ 13 ff. JGG); dies sind Verwarnung, Erteilung von Auflagen (z. B. den angerichteten Schaden wieder gutzumachen, einen Geldbetrag zugunsten einer gemeinnützigen Einrichtung zu zahlen) und Verhängung von Jugendarrest (in folgenden Formen: Freizeitarrest = Freiheitsentzug während der wöchentlichen Freizeit bzw. am Wochenende, Kurzarrest = Freiheitsentzug bis höchstens 6 Tage, Dauerarrest = Freiheitsentzug von einer Woche bis höchstens vier Wochen);

- **Jugendstrafe** (§§ 17 ff. JGG); sie wird verhängt, wenn wegen der schädlichen Neigungen des Jugendlichen Erziehungsmaßregeln oder Zuchtmittel nicht ausreichen oder wenn wegen der Schwere der Schuld Strafe erforderlich ist; sie besteht in Freiheitsentzug in einer Jugendstrafanstalt von mindestens sechs Monaten und höchstens zehn Jahren.

Über strafrechtliche Verfehlungen von Minderjährigen entscheiden eigens eingerichtete **Jugendgerichte** bei Amts- und Landgerichten. Sie werden mit Richtern besetzt, die über besondere Erfahrung bei der Behandlung junger Menschen verfügen. In engem Zusammenwirken mit der **Jugendgerichtshilfe** (Jugendämter) tragen sie den erzieherischen, sozialen und fürsorgerischen Gesichtspunkten Rechnung.

Die erstinstanzliche Zuständigkeit ist wie folgt geregelt: Der Jugendrichter als Strafrichter (beim Amtsgericht) entscheidet, wenn lediglich Erziehungsmaßregeln oder Zuchtmittel zu erwarten sind; das Jugendschöffengericht (beim Amtsgericht) entscheidet bei allen Verfehlungen, die nicht zur Zuständigkeit des Jugendrichters oder der Jugendkammer gehören; die Jugendkammer (beim Landgericht) ist in den Fällen allerschwerster Kriminalität (d. h. solchen Straftaten, die bei erwachsenen Tätern vor das Schwurgericht gehören würden, z. B. Mord oder Totschlag) erstinstanzlich zuständig.

Gegen die Urteile des Jugendrichters und des Jugendschöffengerichts gibt es grundsätzlich die Berufung an die Jugendkammer. Im übrigen entsprechen die Rechtsmittel denen des allgemeinen Strafprozesses.

B. Die Strafvollstreckung

Ebenso wie beim Zivilprozeß kann im Strafprozeß zwischen dem „Erkenntnisverfahren" (oben A) und der Vollstreckung der erkannten Strafe unterschieden werden. Allerdings sind Strafurteile erst vollstreckbar, wenn sie rechtskräftig geworden sind (§ 449 StPO).

Eine vorläufige Vollstreckbarkeit gibt es also im Strafverfahrensrecht nicht.

Die Strafvollstreckung wird gewöhnlich wie folgt unterteilt:

I. Die Strafvollstreckung im engeren Sinne

Mit der „Strafvollstreckung im engeren Sinne" meint man die Einleitung und die Überwachung des Vollzugs einer rechtskräftig erkannten Strafe. Vollstreckungsbehörde ist grundsätzlich die Staatsanwaltschaft (§ 451 Abs. 1 StPO). Grundlage der Vollstreckung ist eine vom Urkundsbeamten der Geschäftsstelle zu erteilende, mit der Bescheinigung der Vollstreckbarkeit versehene beglaubigte Abschrift der Urteilsformel.

Vergleichbar mit der „vollstreckbaren Ausfertigung" des Urteils im Zivilprozeß.

Die **Vollstreckung einer Freiheitsstrafe** ist regelmäßig sofort nach Eintritt der Rechtskraft einzuleiten.

Ausnahmen: Verfällt der Verurteilte in Geisteskrankheiten oder verfällt er in eine lebensgefährliche Krankheit, so *ist* die Vollstreckung aufzuschieben. Befindet sich der Verurteilte in einem körperlichen Zustand, mit dem die Einweisung in eine Strafanstalt unverträglich wäre (z. B. hohe Schwangerschaft), so *kann* die Vollstreckung aufgeschoben werden. (Dazu 455 StPO; vgl. auch § 456 StPO.)

Der auf freiem Fuß befindliche Verurteilte wird unter Fristsetzung zum Strafantritt geladen. Erscheint er nicht freiwillig, so kann die Staatsanwaltschaft (!) Vorführungsbefehl oder Haftbefehl, bei einem Flüchtigen unbekannten Aufenthalts auch Steckbrief erlassen. Vgl. § 457 StPO.

Geldstrafen werden nach den Vorschriften der Justizbeitreibungsordnung vollstreckt (§ 459 StPO). Die Vollstreckungsbehörde entscheidet über die Bewilligung von Zahlungserleichterungen (§ 459 a StPO).

Unter bestimmten Voraussetzungen kann das Gericht (!) anordnen, daß von der Vollstreckung der Geldstrafe abgesehen wird (§ 459 d StPO).

Erst wenn sich herausstellt, daß eine Geldstrafe „nicht eingebracht werden kann", darf die Ersatzfreiheitsstrafe (§ 43 StGB) vollstreckt werden (vgl. § 459 e StPO).

Der rechtskräftig verurteilte Geizhals A kann also nicht sagen, daß er lieber 10 Tage Ersatzfreiheitsstrafe auf sich nehme, als 400 DM Geldstrafe zu bezahlen.

Für die **Vollstreckung von Maßregeln der Besserung und Sicherung** gelten grundsätzlich die Vorschriften über die Strafvollstreckung sinngemäß (§ 463 Abs. 1 StPO).

Zur Vorbereitung der bei der Strafvollstreckung zu treffenden Entscheidungen kann sich das Gericht oder die Vollstreckungsbehörde der Gerichtshilfe bedienen.

II. Der Strafvollzug

Unter „Strafvollzug" wird die Durchführung der freiheitsentziehenden Maßnahmen in den Strafvollzugsanstalten verstanden. Es handelt sich dabei um eine Justizverwaltungsaufgabe. Der Vollzug von Freiheitsstrafen, freiheitsentziehenden Maßregeln der Besserung und Sicherung sowie von Jugendarrest war bis 1976 nicht gesetzlich, sondern weitgehend durch meist bundeseinheitliche Verwaltungsvorschriften geregelt.

Durch das Strafvollzugsgesetz vom 16. März 1976 (BGBl. I S. 581) hat der Bund von seiner konkurrierenden Gesetzgebungszuständigkeit (Art. 74 Nr. 1 GG) Gebrauch gemacht. Die bisher bestehenden Verwaltungsvorschriften wurden weitgehend durch gesetzliche Regelungen ersetzt.

Das Strafvollzugsgesetz gilt für den Vollzug der Freiheitsstrafe in Justizvollzugsanstalten und für den Vollzug freiheitsentziehender Maßregeln der Besserung und Sicherung (§ 1 StVollzG).

In § 2 StVollzG sind die **Aufgaben des Vollzugs** geregelt. Die Vorschrift bestimmt: „Im Vollzug der Freiheitsstrafe soll der Gefangene fähig werden, künftig in sozialer Verantwortung ein Leben ohne Straftaten zu führen (Vollzugsziel). Der Vollzug der Freiheitsstrafe dient auch dem Schutz der Allgemeinheit vor weiteren Straftaten."

> Danach ist das Vollzugsziel der Rückfallverhütung (Resozialisierung) die vorrangige Aufgabe des Vollzugs; hinzu tritt die Sicherungsaufgabe des Vollzugs gegenüber der Allgemeinheit.

Kernstück des Gesetzes sind folgerichtig die Regelungen, die die Rechtsstellung und Behandlung des Gefangenen betreffen und die an § 2 StVollzG orientiert sind.

> Z. B.: *Planung des Vollzugs* (Erforschung der Persönlichkeit und der Lebensverhältnisse des Gefangenen [§ 6 StVollzG] mit dem Ziel, einen Vollzugsplan erstellen zu können, der u.a. Angaben enthalten muß über die Unterbringung im geschlossenen oder offenen Vollzug, über den Arbeitseinsatz und Maßnahmen der beruflichen Ausbildung, Fortbildung oder Umschulung, über besondere Hilfs- und Behandlungsmaßnahmen oder über Lockerungen des Vollzugs sowie über notwendige Maßnahmen zur Vorbereitung der Entlassung [§§ 7 ff. StVollzG]); *Unterbringung und Ernährung des Gefangenen* (§§ 17 ff. StVollzG); *Besuche, Schriftwechsel sowie Urlaub, Ausgang und Ausführung aus besonderem Anlaß* (§§ 23 ff. StVollzG, wobei das in § 24 StVollzG verankerte Recht des Gefangenen, regelmäßig Besuch empfangen zu dürfen, besonders hervorzuheben ist); *Arbeit, Ausbildung und Weiterbildung* (§§ 37 ff. StVollzG; in diesem Zusammenhang ist auf die Arbeitspflicht der Strafgefangenen [§ 41 StVollzG] und auf den Rechtsanspruch des Gefangenen auf ein – zunächst stark gemindertes – Arbeitsentgelt hinzuweisen [§§ 43 und 200 StVollzG]); *Religionsausübung* (§§ 53 ff. StVollzG); *Gesundheitsfürsorge* (§§ 56 ff. StVollzG); *Freizeit* (§§ 67 ff; hier wird dem Gefangenen u.a. das Recht eingeräumt, Zeitungen und Zeitschriften in angemessenem Umfang durch Vermittlung der Anstalt zu beziehen [§ 68 StVollzG] oder am Hörfunkprogramm der Anstalt sowie am gemeinschaftlichen Fernsehempfang teilzunehmen [§ 69 StVollzG]); *Soziale Hilfe* (§§ 71 ff. StVollzG); *Frauenstrafvollzug* (§§ 76 ff. StVollzG); *Sicherheit und Ordnung in der Anstalt* (§§ 81 ff. StVollzG); *Disziplinarmaßnahmen* (§§ 102 ff. StVollzG) u.a.m.

In einem weiteren Abschnitt enthält das Strafvollzugsgesetz besondere Vorschriften über den **Vollzug der freiheitsentziehenden Maßregeln der Besserung und Sicherung** (§§ 123 ff. StVollzG).

> Hier wird wiederum unterschieden zwischen der *Unterbringung in einer sozialtherapeutischen Anstalt* (§§ 123 ff. StVollzG), der *Sicherungsverwahrung* (§§ 129 ff. StVollzG) und der *Unterbringung in einem psychiatrischen Krankenhaus und in einer Entziehungsanstalt* (§§ 136 ff. StVollzG).

Einen weiteren Schwerpunkt des Strafvollzugsgesetzes bildet der Abschnitt, der die organisatorischen Regeln über **Arten und Einrichtungen der Justizvollzugsanstalten**

(§§ 139 ff. StVollzG), über die **Aufsicht über die Vollzugsanstalten** (§§ 151 ff. StVollzG), über den **inneren Aufbau der Justizvollzugsanstalten** (§§ 154 ff. StVollzG; z. B. mit einzelnen Bestimmungen über die Vollzugsbediensteten, über die Anstaltsleitung, über die Seelsorge, über die ärztliche Versorgung, über die Hausordnung usw.) und über die Einrichtung von Anstaltsbeiräten (§§ 162 ff. StVollzG) enthält.

Im letzten Abschnitt des Gesetzes sind Vorschriften verschiedener Art zusammengefaßt.

Z. B. Regelungen über den Vollzug des Strafarrestes in Justizvollzugsanstalten (§§ 167 ff. StVollzG), über den Vollzug von Ordnungs-, Sicherungs-, Zwangs- und Erzwingungshaft (§§ 171 ff. StVollzG) oder über die Sozial- und Arbeitslosenversicherung (§§ 190 ff. StVollzG).

Für diese Ausgestaltung des Strafvollzugs waren in erster Linie die im Grundgesetz getroffenen Wertentscheidungen maßgebend. Vorrangige Bedeutung kam vor allem den Grundrechten der Menschenwürde und der freien Entfaltung der Persönlichkeit, aber auch dem Sozialstaatsprinzip zu. Darüber hinaus ist der moderne Strafvollzug an kriminalpolitischen Zielvorstellungen orientiert; sie sind dem strafrechtlichen Sanktionensystem zu entnehmen (s. o. Kap. 35).

44. Kapitel

Grundzüge des Verwaltungsprozesses

A. Das Verwaltungsstreitverfahren

I. Die Verwaltungsgerichtsbarkeit

Die Verwaltungsgerichtsbarkeit ist derjenige Zweig der Rechtspflege, der dem einzelnen Rechtsschutz gegen Maßnahmen der Verwaltung zu gewähren hat, soweit hierfür nicht ausdrücklich der Rechtsweg zu anderen Gerichtsarten, insbesondere zu den Gerichten der Sozial- und Finanzgerichtsbarkeit, vorgeschrieben ist (s. o. Kap. 3 I). Die Verwaltungsgerichte sind demnach dazu berufen, die Rechtmäßigkeit des Verwaltungshandelns zu kontrollieren. Der Verwaltungsprozeß, in dem diese gerichtliche Kontrolle durchgeführt wird, ist in der **Verwaltungsgerichtsordnung** (VwGO) vom 21. Januar 1960 (BGBl. I S. 17) geregelt. (Zur Organisation der Verwaltungsgerichte s. o. Kap. 30 II 4c.)

II. Die Prinzipien des Verwaltungsprozesses

1. Der Untersuchungsgrundsatz. Der Verwaltungsprozeß steht – im Gegensatz zum Zivilprozeß und in Übereinstimmung mit dem Strafprozeß – unter der Herrschaft des **Untersuchungsgrundsatzes**. Dies bedeutet, daß das Gericht nicht an das Vorbringen der Beteiligten gebunden ist, sondern den Sachverhalt von Amts wegen erforschen muß (vgl. § 86 Abs. 1 VwGO).

Das Verwaltungsgericht kann daher z. B. die Vernehmung von Zeugen anordnen, auf die sich kein Verfahrensbeteiligter berufen hat. Es ist an das Vorbringen und an die Beweisanträge der Beteiligten nicht gebunden (§ 86 Abs. 1 Satz 2 VwGO).

2. Die Dispositionsmaxime. Ebenso wie im Zivilprozeß – aber im Unterschied zum Strafverfahren, wo das Offizialprinzip herrscht – gilt im Verfahren vor den Verwaltungsgerichten die *Dispositionsmaxime* (Verfügungsgrundsatz), d. h. die Prozeßbeteiligten haben grundsätzlich die „Verfügungsgewalt" über die Einleitung und den Fortgang des Verfahrens.

Das Verwaltungsgericht wird nur auf Klage oder Antrag eines Beteiligten und nicht von Amts wegen tätig (vgl. §§ 42, 43, 47, 80 Abs. 5, 123 VwGO); das Gericht darf über das Klagebegehren nicht hinausgehen, d. h. dem Kläger nicht mehr zuerkennen als er verlangt (§ 88 VwGO); Klageänderung (§ 91 VwGO) und Klagerücknahme (§ 92 VwGO) sind möglich; der Verwaltungsprozeß kann durch Vergleich beendet werden (§ 106 VwGO) usw.

3. Der Grundsatz des rechtlichen Gehörs. Der durch Art. 103 Abs. 1 GG verfassungsrechtlich gewährleistete **Grundsatz des rechtlichen Gehörs** gilt selbstverständlich auch im Verwaltungsprozeß.

Jeder Verfahrensbeteiligte muß vom Gericht ausreichend Gelegenheit bekommen, sich zu äußern und zum Vorbringen des Gegners oder zum Ergebnis einer Beweisaufnahme Stellung zu nehmen (vgl. § 108 Abs. 2 VwGO).

4. Weitere Verfahrensgrundsätze. Wie im Zivil- und Strafprozeß gelten auch im verwaltungsgerichtlichen Verfahren die Grundsätze der **Mündlichkeit, Unmittelbarkeit** und **Öffentlichkeit.**

III. Das außergerichtliche Vorverfahren

Das **Vor- oder Widerspruchsverfahren** ist Teil des außergerichtlichen Verwaltungsverfahrens und wird von der Verwaltungsgerichtsordnung grundsätzlich **zwingend** der **Anfechtungsklage** gegen einen Verwaltungsakt und der **Verpflichtungsklage,** die den Erlaß eines (begünstigenden) Verwaltungsakts zum Ziele hat, **vorgeschaltet.**

Mit Ausnahme des Beamtenrechts (vgl. § 126 BRRG) ist für die Erhebung von Feststellungsklagen und von Leistungsklagen, die nicht den Erlaß eines Verwaltungsakts anstreben (sonst Verpflichtungsklage!), ein Vorverfahren nicht erforderlich.

Im Rahmen des Vorverfahrens überprüfen die Verwaltungsbehörden (!) die bereits getroffene Verwaltungsentscheidung auf ihre **Rechtmäßigkeit und Zweckmäßigkeit.**

Wenn wir zur Verdeutlichung davon ausgehen, daß ein belastender Verwaltungsakt (z. B. der Bescheid, mit dem die Zahlung einer Abgabe oder Gebühr verlangt wird) angefochten werden soll, so ist folgendes zu beachten: Der Betroffene kann grundsätzlich nicht sofort Klage vor dem Verwaltungsgericht erheben. Er muß zunächst innerhalb der Verwaltung das in § 68 VwGO vorgeschriebene Vorverfahren in Gang setzen. Dies geschieht durch Erhebung des **Widerspruchs** (§ 69 VwGO) regelmäßig bei der Behörde, die den Verwaltungsakt erlassen hat (§ 70 VwGO). Widerspruch muß innerhalb eines Monats nach Bekanntgabe des Verwaltungsakts schriftlich oder zur Niederschrift erhoben werden (§ 70 VwGO). Die Behörde, die den Verwaltungsakt erlassen hat, ist nunmehr verpflichtet, seine *Rechtmäßigkeit und Zweckmäßigkeit* nachzuprüfen (§ 68 VwGO). Kommt die Behörde zu dem Ergebnis, daß der Widerspruch zulässig und begründet ist, so hilft sie ihm ab, d. h. sie hebt den Verwaltungsakt auf (§ 72 VwGO).

> Die Behörde kann den Widerspruch für begründet halten: entweder, weil sie nach nochmaliger Prüfung zu der Auffassung gelangt, daß der Verwaltungsakt *rechtswidrig* ist (z. B. weil er ohne gesetzliche Grundlage erging), oder weil sie den Verwaltungsakt zwar für rechtmäßig hält, nach neuem Überdenken jedoch zu dem Ergebnis kommt, daß er *unzweckmäßig* ist.

Dem Begehren des Anfechtenden wäre damit entsprochen, so daß die Einschaltung des Gerichts nicht mehr in Betracht käme (*„Siebfunktion"* des Vorverfahrens).

Hilft dagegen die Behörde dem Widerspruch nicht ab und hält sie den von ihr erlassenen Verwaltungsakt für rechtmäßig *und* für zweckmäßig, so legt sie grundsätzlich die Akten der nächsthöheren Behörde vor, die dann über den Widerspruch zu entscheiden hat (vgl. § 73 Abs. 1 VwGO).

> Welche Behörde im Einzelfall die „nächsthöhere" ist, ergibt sich aus dem jeweiligen Verwaltungsaufbau.
>
> Die Einberufung zum Wehrdienst erfolgt durch die Kreiswehrersatzämter (§ 21 Abs. 1 Satz 1 WPflG). Über den Widerspruch gegen den Einberufungsbescheid (die Widerspruchsfrist ist durch § 33 Abs. 1 WPflG auf zwei Wochen verkürzt!) entscheidet als nächsthöhere Behörde die Wehrbereichsverwaltung (§ 33 Abs. 5 Satz 1 WPflG; vgl. § 14 Abs. 1 WPflG).

Hält die nächsthöhere Behörde den Widerspruch für begründet, weil der Verwaltungsakt rechtswidrig *oder* unzweckmäßig ist, so hebt sie den Verwaltungsakt auf. Damit hätte das Anfechtungsverfahren wiederum seine Erledigung gefunden.

Bestätigt aber die nächsthöhere Behörde in einem schriftlich begründeten Widerspruchsbescheid (§ 73 Abs. 3 VwGO) den Verwaltungsakt, d. h. weist sie den Widerpruch zurück, so kann der Betroffene jetzt Anfechtungsklage vor dem Verwaltungsgericht erheben. Er muß dies innerhalb eines Monats nach Zustellung des Widerspruchsbescheids tun (§ 74 VwGO).

IV. Die Klagearten

Wie wir bereits sahen, wird das Verwaltungsgericht nicht von Amts wegen tätig. Das Streitverfahren vor den Verwaltungsgerichten setzt daher – wie der Zivilprozeß – eine Klage oder – in den Fällen des vorläufigen Rechtsschutzes (s. u. VII) – einen Antrag voraus.

Je nach der Art des Klagebegehrens haben wir zu unterscheiden:

1. Die Anfechtungsklage. Sie ist die typische Klageart des verwaltungsgerichtlichen Prozesses. Ihr Ziel ist die Aufhebung eines Verwaltungsakts (§ 42 Abs. 1 VwGO). Weil mit der Anfechtungsklage die Aufhebung oder Änderung eines öffentlich-rechtlichen Rechtsverhältnisses erreicht werden soll, handelt es sich um eine **Gestaltungsklage.**

> Wir können festhalten: Die typische Klageart des Zivilprozesses ist die Leistungsklage (A verlangt von B Schadensersatz in Geld); die typische Klageart des Verwaltungspro-

zesses ist die Gestaltungsklage (A verlangt von einer Behörde die Aufhebung eines ihn belastenden Verwaltungsakts).

Die Anfechtungsklage setzt voraus, daß ein Verwaltungsakt (vgl. oben Kap. 39) vorliegt. Der Kläger muß geltend machen, durch einen Verwaltungsakt in seinen Rechten verletzt zu sein (§ 42 Abs. 2 VwGO). Er muß grundsätzlich das Vorverfahren durchgeführt haben; andernfalls ist die Klage, falls das Vorverfahren nicht bis spätestens zum Zeitpunkt der gerichtlichen Entscheidung nachgeholt worden ist, als unzulässig abzuweisen.

Die Klage ist zu richten gegen den Bund, das Land oder die Körperschaft, deren Behörde den angefochtenen Verwaltungsakt erlassen hat; zur Bezeichnung genügt die Angabe der Behörde (§ 78 VwGO). Gegenstand der Klage ist regelmäßig der ursprüngliche Verwaltungsakt in der Gestalt, die er durch den Widerspruchsbescheid gefunden hat (§ 79 VwGO).

2. Die Verpflichtungsklage. Mit der Verpflichtungsklage wird der Erlaß eines abgelehnten oder unterlassenen Verwaltungsakts begehrt (§ 42 Abs. 1 VwGO). Sie ist daher eine **Leistungsklage** besonderer Art (die Leistung besteht in einem Verwaltungsakt).

A beantragt seine Zulassung als Rechtsanwalt beim Landgericht Z; die zuständige Behörde lehnt in einem Bescheid ab.

B fordert die Erlaubnis zum Betrieb einer Gast- und Schankwirtschaft; er wartet vier Monate vergeblich auf eine Entscheidung der Behörde.

Hat die Behörde den Erlaß des beantragten Verwaltungsakts ausdrücklich abgelehnt, so muß der Betroffene gegen den ablehnenden Bescheid das Vorverfahren durchführen (§ 68 Abs. 2 VwGO) und binnen eines Monats nach Zustellung des negativen Widerspruchsbescheids Klage vor dem Verwaltungsgericht erheben (§ 74 Abs. 2 VwGO).

Reagiert die Behörde auf den Antrag, einen bestimmten Verwaltungsakt zu erlassen, überhaupt nicht, d. h. bleibt sie untätig, so braucht ein Vorverfahren nicht durchgeführt zu werden (§ 75 Satz 1 VwGO). Die sog. **Untätigkeitsklage** ist zulässig, wenn die Behörde drei Monate lang nichts getan hat (vgl. § 75 Satz 2 VwGO).

Bei der Verpflichtungsklage muß der Kläger geltend machen, daß er durch die Ablehnung oder Unterlassung eines Verwaltungsakts in seinen Rechten verletzt ist (§ 42 Abs. 2 VwGO).

3. Sonstige Leistungsklagen. Soll mit einer Klage die Verurteilung der öffentlichen Hand zu einem Tun, Dulden oder Unterlassen erreicht werden, das sich nicht im Erlaß eines Verwaltungsakts äußert, so kommt die Leistungsklage in Betracht. Die Verwaltungsgerichtsordnung anerkennt sie in verschiedenen Vorschriften (vgl. z. B. §§ 43 Abs. 2, 111, 113 Abs. 3 VwGO).

Die Leistungsklage ist z. B. zu erheben, wenn die Erstattung zuviel bezahlter Steuern begehrt wird.

4. Die Feststellungsklage. Mit der Feststellungsklage kann nur auf Feststellung des Bestehens oder Nichtbestehens eines öffentlich-rechtlichen Rechtsverhältnisses und der Nichtigkeit eines Verwaltungsakts geklagt werden (§ 43 Abs. 1 VwGO).

Z. B. Feststellung des Bestehens eines Beamtenverhältnisses.

Der Kläger muß ein berechtigtes Interesse an der baldigen Feststellung haben (§ 43 Abs. 1 VwGO). Gegenüber der Gestaltungs- oder Leistungsklage ist die Feststellungsklage *subsidiär*, d. h. der Kläger kann nicht auf Feststellung klagen, wenn er seine Rechte durch Gestaltungsklage oder Leistungsklage verfolgen kann oder hätte verfolgen können; für die Feststellung der Nichtigkeit eines Verwaltungsakts gilt diese Subsidiaritätsklausel nicht (§ 43 Abs. 2 VwGO).

> Eine besondere Form der Feststellungsklage ist die sog. **Fortsetzungsfeststellungsklage,** die in der Praxis sehr häufig vorkommt. Hat sich der Verwaltungsakt nach Erhebung einer Anfechtungsklage erledigt (z. B. wenn ihn die Behörde nach Klageerhebung aber vor der gerichtlichen Entscheidung zurücknimmt), so kann der Anfechtungskläger verlangen, daß das Gericht die Rechtswidrigkeit des erledigten Verwaltungsakts feststellt. Dies ergibt sich aus § 113 Abs. 1 Satz 4 VwGO. Erforderlich ist auch hier, daß der Kläger ein berechtigtes Interesse an der Feststellung hat. Es liegt z. B. vor, wenn der Kläger durch den rechtswidrigen Verwaltungsakt einen Schaden erlitten hat und einen Anspruch aus Amtshaftung geltend machen möchte.

> Ein besonders ausgestaltetes Feststellungsverfahren ist die **Normenkontrolle** durch das Oberverwaltungsgericht (den Verwaltungsgerichtshof) nach § 47 VwGO. Der Überprüfung auf ihre Gültigkeit unterliegen nur landesrechtliche Vorschriften, die im Range *unter* dem Landesgesetz stehen (also z. B. Rechtsverordnungen oder Satzungen auf Landesebene; vgl. oben Kap. 3 III). Die Gültigkeit der zu überprüfenden Vorschrift hängt davon ab, ob sie mit vorrangigem Recht – Bundesrecht, Landesverfassungsrecht, Landesgesetz – vereinbar ist. Das Verfahren wird nicht durch Klage, sondern durch Antrag in Gang gesetzt; es endet nicht mit einem Urteil, sondern mit einem Beschluß, gegen den es kein Rechtsmittel gibt. Den Antrag auf Normenkontrolle kann jede natürliche oder juristische Person stellen, die durch die Anwendung der Vorschrift einen Nachteil erlitten oder in absehbarer Zeit zu erwarten hat; antragsberechtigt ist ferner jede Behörde (§ 47 Abs. 2 Satz 1 VwGO).

V. Die Verfahrensbeteiligten

Die Verwaltungsgerichtsordnung kennt – anders als die Zivilprozeßordnung – keine „Parteien", sondern **„Beteiligte".** Nach § 61 VwGO können natürliche oder juristische Personen, Vereinigungen, soweit ihnen ein Recht zustehen kann, und – vorausgesetzt, daß dies vom Landesrecht ausdrücklich bestimmt wird – Behörden am Verwaltungsstreitverfahren *beteiligt* sein.

Die Beteiligung ist nach § 63 VwGO wie folgt möglich: **Kläger** und **Beklagter, Beigeladener, Oberbundesanwalt** oder **Vertreter des öffentlichen Interesses,** falls er von seiner Beteiligungsbefugnis Gebrauch macht.

> Kläger und Beklagter können als „Hauptbeteiligte" bezeichnet werden.

> Das Gericht kann nach § 65 VwGO Personen, deren rechtliche Interessen durch die Entscheidung berührt werden, *beiladen* (z. B. im Verwaltungsprozeß wegen Erteilung einer Baugenehmigung den Nachbarn).

> Als *Vertreter des öffentlichen Interesses* ist beim Bundesverwaltungsgericht ein Oberbundesanwalt bestellt. Er hat das öffentliche Interesse zu wahren und unterstützt – wenn er sich auf Grund eigener Entschließung an einem Verfahren beteiligt – das Bundesverwaltungsgericht bei der Rechtsfindung (vgl. § 35 VwGO).

> Den Ländern ist es freigestellt, durch Rechtsverordnung ihrer Regierungen bei den Oberverwaltungsgerichten (Verwaltungsgerichtshöfen) und bei den Verwaltungsgerichten ebenfalls *„Vertreter des öffentlichen Interesses"* (Staatsanwaltschaft beim

Verwaltungsgericht, Landesanwaltschaft beim Verwaltungsgericht) zu bestellen (§ 36 VwGO). Viele Bundesländer haben von dieser Möglichkeit Gebrauch gemacht. Der Vertreter des öffentlichen Interesses hat insbesondere dann wichtige Funktionen, wenn ihm (wie z. B. in Bayern und Baden-Württemberg) kraft Gesetzes die Vertretung des Landes in Verwaltungsgerichtsprozessen übertragen ist.

VI. Der Verfahrensgang vor den Verwaltungsgerichten

Sieht man von den typischen Unterschieden der Verfahrensarten (vgl. z. B. das oben zum Untersuchungsgrundsatz Ausgeführte) ab, so kann man eine weitgehende Übereinstimmung des Verfahrensgangs im Verwaltungsprozeß mit dem Zivilprozeß feststellen. Dies gilt z. B. für die Zustellung der Klage, für die mündliche Verhandlung vor dem Verwaltungsgericht und für den Urteilserlaß.

Vgl. zum Urteil die wichtige Vorschrift des § 113 VwGO.

Im Hinblick auf den im Verwaltungsprozeß geltenden Untersuchungsgrundsatz ergeben sich Besonderheiten für die Wahrheitsfindung. Da das Gericht den wahren Sachverhalt von Amts wegen ermitteln muß, kann es keine Regeln darüber geben, welcher Beteiligte bestrittene Tatsachen beweisen muß. Bleibt trotz Ausschöpfens aller verfügbaren Beweismittel der Sachverhalt ungeklärt, so gilt nach der Rechtsprechung die Regel, daß derjenige, der sich auf eine gesetzliche Vorschrift beruft, die Folgen davon tragen muß, wenn ein dem abstrakten gesetzlichen Tatbestand entsprechender Lebenssachverhalt nicht nachweisbar festgestellt werden kann.

VII. Vorläufige Maßnahmen im verwaltungsgerichtlichen Verfahren

Auch im Verfahren vor den Verwaltungsgerichten kommt es nicht nur darauf an, daß dem Bürger ausreichende Klagemöglichkeiten zur Verfügung gestellt werden, sondern daß durch vorläufige Maßnahmen ein Schutz bis zur endgültigen Feststellung, was rechtens ist, gewährt werden kann (**vorläufiger Rechtsschutz**).

1. Die einstweilige Anordnung. Die Verwaltungsgerichtsordnung unterscheidet im Gegensatz zur Zivilprozeßordnung nicht zwischen Arrest und einstweiliger Verfügung; sie kennt nur die **einstweilige Anordnung** (§ 123 VwGO).

Einstweilige Anordnungen sind bei Verpflichtungsklagen und sonstigen Leistungsklagen sowie bei Feststellungsklagen zulässig. Dagegen darf das Gericht durch einstweilige Anordnung weder die Vollziehung eines Verwaltungsakts hindern noch bei einem bereits vollzogenen Verwaltungsakt die Aufhebung der Vollziehung bestimmen (vgl. § 123 Abs. 5 VwGO).

Die einstweilige Anordnung wird insbesondere bei Leistungsklagen bedeutsam. Z. B. wenn es darum geht, daß einem Hilfsbedürftigen unverzüglich Leistungen nach dem Sozialhilfegesetz zur Verfügung gestellt werden müssen. Würden derartige Leistungen erst nach rechtskräftigem Abschluß des Verfahrens erbracht werden dürfen, so könnte der Betroffene inzwischen verhungert sein.

Die Voraussetzungen, unter denen eine einstweilige Anordnung erlassen werden kann, sind in § 123 Abs. 1 VwGO geregelt.

2. Anordnung und Wiederherstellung der aufschiebenden Wirkung bei Verwaltungsakten sowie Aufhebung der Vollziehung von Verwaltungsakten. Nach § 80

Abs. 1 VwGO haben Widerspruch und Anfechtungsklage gegen einen erlassenen Verwaltungsakt grundsätzlich *aufschiebende Wirkung*. Dies bedeutet, daß ein Verwaltungsakt, der angefochten wurde, solange nicht vollzogen werden darf, bis entweder der Widerspruchsbescheid unanfechtbar geworden oder – im Falle der rechtzeitigen Klageerhebung – die Rechtmäßigkeit der behördlichen Maßnahme im verwaltungsgerichtlichen Verfahren rechtskräftig bestätigt worden ist.

> Ergeht gegen A eine Abbruchsverfügung, weil er nach Auffassung der Baubehörde unerlaubt ein Wochenendhaus gebaut hat, und legt A hiergegen Widerspruch ein, so muß mit dem Vollzug der Abbruchsanordnung zugewartet werden.

Von diesem Grundsatz bestehen *gesetzliche Ausnahmen* (§ 80 Abs. 2 Nr. 1 bis 3 VwGO).

> Die aufschiebende Wirkung entfällt danach bei Anforderungen von öffentlichen Abgaben und Kosten, bei unaufschiebbaren Anordnungen und Maßnahmen von Polizeivollzugsbeamten sowie in anderen durch Bundesgesetz vorgeschriebenen Fällen (in § 33 Abs. 5 Satz 2 WPflG ist z. B. bestimmt, daß der Widerspruch gegen den Einberufungsbescheid grundsätzlich keine aufschiebende Wirkung hat).

Darüber hinaus kann die Behörde, die den Verwaltungsakt erläßt, in Fällen, in denen die sofortige Vollziehung im öffentlichen Interesse oder im überwiegenden Interesse eines Beteiligten geboten erscheint, die aufschiebende Wirkung von Widerspruch und Anfechtungsklage dadurch beseitigen, daß sie die **sofortige Vollziehung** des Verwaltungsakts anordnet (§ 80 Abs. 2 Nr. 4 VwGO).

> In unserem Beispielsfall hätte also die Baubehörde die sofortige Vollziehung der Abbruchsverfügung anordnen können, wenn ihr dies im öffentlichen Interesse als geboten erschienen wäre.

Von großer Bedeutung ist es daher, daß das Verwaltungsgericht nach § 80 Abs. 5 VwGO befugt ist, die aufschiebende Wirkung anzuordnen, wo sie durch Gesetz (§ 80 Abs. 2 Nr. 1 bis 3 VwGO) ausgeschlossen ist, oder die aufschiebende Wirkung wiederherzustellen, wo sie die Behörde durch Anordnung des sofortigen Vollzugs des Verwaltungsakts (§ 80 Abs. 2 Nr. 4 VwGO) beseitigt hat. Das Gericht wird auch hier nur auf Antrag tätig. Es hat abzuwägen, ob das öffentliche Interesse oder das Interesse eines Beteiligten an der sofortigen Vollziehung überwiegt oder ob das Interesse des Anfechtenden am Aufschub der Vollziehung bis zur endgültigen Entscheidung über die Rechtmäßigkeit oder Rechtswidrigkeit des Verwaltungsakts Vorrang hat.

Ist der Verwaltungsakt bereits vollzogen, so kommt eine aufschiebende Wirkung begrifflich nicht mehr in Betracht.

> Auf Grund eines Verwaltungsakts wurde ein Gegenstand bereits eingezogen.

Nach § 80 Abs. 5 Satz 3 VwGO kann das Gericht in derartigen Fällen jedoch die Aufhebung der Vollziehung anordnen.

> Der eingezogene Gegenstand müßte dem Betroffenen zunächst solange zurückgegeben werden, bis über den Bestand oder Nichtbestand des Verwaltungsakts rechtskräftig entschieden ist.
>
> Ein Obdachloser, der bereits in Räume des Hauseigentümers A eingewiesen ist, müßte wieder entfernt werden, wenn das Gericht die Aufhebung der Vollziehung anordnet.

VIII. Die Rechtsmittel im Verwaltungsprozeß

1. Die Berufung. Jeder Beteiligte kann gegen Urteile der Verwaltungsgerichte innerhalb eines Monats nach Zustellung schriftlich oder zur Niederschrift des Urkundsbeamten der Geschäftsstelle Berufung einlegen (§ 124 VwGO). Das Verwaltungsgericht, bei dem die Berufung einzulegen ist, hat die Akten dem Oberverwaltungsgericht (Verwaltungsgerichtshof) vorzulegen; es kann seinerseits nichts mehr an dem von ihm erlassenen Urteil ändern. Das Oberverwaltungsgericht (der Verwaltungsgerichtshof) prüft das mit der Berufung angegriffene Urteil in **tatsächlicher** und **rechtlicher** Hinsicht nach.

> Das Berufungsgericht prüft also sowohl die tatsächlichen Feststellungen des erstinstanzlichen Urteils (kann dabei sogar neu vorgebrachte Tatsachen und Beweismittel berücksichtigen, § 128 VwGO) als auch die von der ersten Instanz durchgeführte Rechtsanwendung.

2. Die Revision. Gegen Urteile des Oberverwaltungsgerichts (Verwaltungsgerichtshofs) steht den Beteiligten die Revision zum Bundesverwaltungsgericht zu, allerdings grundsätzlich nur, wenn sie vom Oberverwaltungsgericht (Verwaltungsgerichtshof) zugelassen worden ist (§ 132 Abs. 1 VwGO). Die Revision kann nur zugelassen werden, wenn die Rechtssache grundsätzliche Bedeutung hat, wenn das Urteil von einer Entscheidung des Bundesverwaltungsgerichts abweicht und auf dieser Abweichung beruht sowie wenn das Urteil auf einem geltend gemachten Verfahrensmangel beruht (§ 132 Abs. 2 VwGO). Wird die Revisionszulassung abgelehnt, so kann hiergegen innerhalb eines Monats **Nichtzulassungsbeschwerde** erhoben werden (§ 132 Abs. 3 VwGO). Die Revision muß innerhalb eines Monats ab Zustellung des Urteils oder des die Revision zulassenden Beschlusses eingelegt und innerhalb eines weiteren Monats begründet werden (§ 139 Abs. 1 VwGO). Das Bundesverwaltungsgericht prüft das mit der Revision angegriffene Urteil *nur* in **rechtlicher** Hinsicht; an die tatsächlichen Feststellungen der Vorinstanz ist das Bundesverwaltungsgericht grundsätzlich gebunden (§ 137 Abs. 2 VwGO).

3. Die Beschwerde. Gegen Entscheidungen des Verwaltungsgerichts, die nicht Urteile sind, können die Beteiligten innerhalb von zwei Wochen (§ 147 Abs. 1 VwGO) Beschwerde einlegen (§ 146 VwGO). Die Beschwerde ist an das Verwaltungsgericht zu richten. Dieses kann ihr abhelfen, indem es die angefochtene Entscheidung ändert. Hilft das Verwaltungsgericht nicht ab, so muß es die Akten dem Oberverwaltungsgericht (Verwaltungsgerichtshof) zur Entscheidung vorlegen (§ 148 VwGO).

B. Die Vollstreckung

Die Vollstreckung aus verwaltungsgerichtlichen Urteilen erfolgt, soweit in der Verwaltungsgerichtsordnung nichts anderes bestimmt ist, nach den Regeln des Achten Buches der Zivilprozeßordnung (§ 167 VwGO).

> Die Vollstreckungsvorschriften der Verwaltungsgerichtsordnung gelten *nicht* für die Vollstreckung von Verwaltungsakten, auch wenn sie durch Gerichtsurteil bestätigt worden sind. Vielmehr werden Verwaltungsakte nach besonderen *Verwaltungsvollstreckungsgesetzen* des Bundes und der Länder vollstreckt.

Deshalb kommt bei Anfechtungs- und Feststellungsurteilen eine Vollstreckung nach den Vorschriften der Verwaltungsgerichtsordnung nur wegen der Prozeßkosten in Betracht.

Von dem Grundsatz, daß die Vollstreckung aus verwaltungsgerichtlichen Urteilen nach den Regeln des Achten Buches der Zivilprozeßordnung erfolgt, gibt es in den §§ 169 ff. VwGO eine Reihe von *Ausnahmen:*

Soll *zugunsten* der öffentlichen Hand aus einem Urteil *wegen einer Geldforderung* vollstreckt werden, so richtet sich die Vollstreckung nach dem Verwaltungsvollstreckungsgesetz des Bundes.

In diesem häufig vorkommenden Falle gilt die Zivilprozeßordnung also nicht! Das Verwaltungsvollstreckungsgesetz enthält Regelungen, die eine erleichterte Vollstreckung im Verwaltungswege ermöglichen.

Soll wegen einer *Geldforderung gegen* die öffentliche Hand vollstreckt werden, so muß dies das Verwaltungsgericht besonders verfügen (§ 170 VwGO).

Wurde eine Behörde durch Urteil oder einstweilige Anordnung verpflichtet, einen Verwaltungsakt zu erlassen(§ 113 Abs. 4 VwGO) oder die Folgen eines rechtswidrigen, aber vollzogenen Verwaltungsakts zu beseitigen (§ 113 Abs. 1 Satz 2 VwGO), und kommt die Behörde dieser Verpflichtung nicht nach, so kann das Verwaltungsgericht gegen sie unter Fristsetzung ein Zwangsgeld bis 2000 DM androhen, nach fruchtlosem Fristablauf festsetzen und von Amts wegen vollstrecken (§ 172 VwGO).

Vollstreckungen gegen die öffentliche Hand sind außerordentlich selten. In der Regel kommen die Behörden rechtskräftig festgestellten Verpflichtungen unverzüglich nach. Dies ist eigentlich selbstverständlich, da die Verwaltung an Gesetz und Recht gebunden ist (Art. 20 Abs. 3 GG).

Anhang I

Der Aufbau der Rechtsordnung

(nach Esser, Einführung in die Grundbegriffe des Rechtes und Staates [1949])

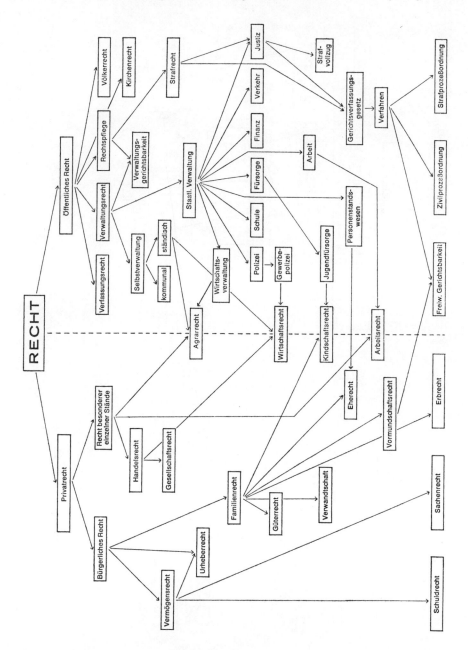

Anhang II

Der amtsgerichtliche Zivilprozeß im Schema

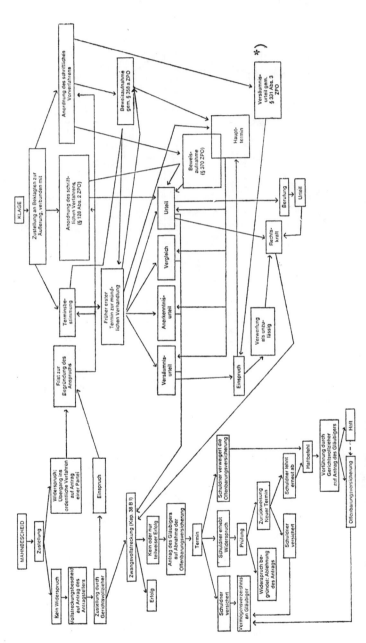

*) Gilt nicht nach vorausgegangenem Mahnverfahren

Die wichtigsten Zuständigkeiten und der Instanzenzug der Zivilgerichte

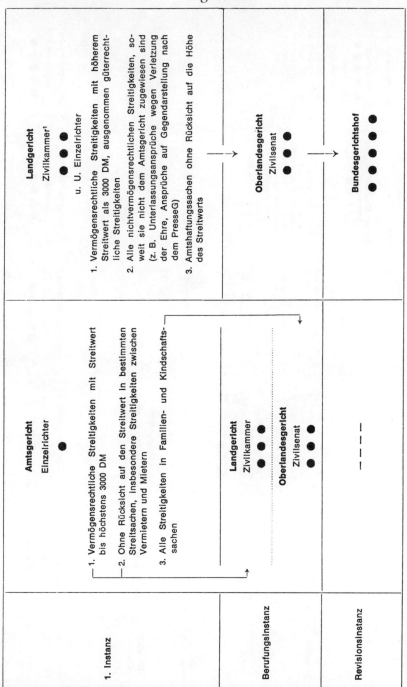

Amtsgericht
Einzelrichter

1. Vermögensrechtliche Streitigkeiten mit Streitwert bis höchstens 3000 DM

2. Ohne Rücksicht auf den Streitwert in bestimmten Streitsachen, insbesondere Streitigkeiten zwischen Vermietern und Mietern

3. Alle Streitigkeiten in Familien- und Kindschaftssachen

Landgericht
Zivilkammer[1]

u. U. Einzelrichter

1. Vermögensrechtliche Streitigkeiten mit höherem Streitwert als 3000 DM, ausgenommen güterrechtliche Streitigkeiten

2. Alle nichtvermögensrechtlichen Streitigkeiten, soweit sie nicht dem Amtsgericht zugewiesen sind (z. B. Unterlassungsansprüche wegen Verletzung der Ehre, Ansprüche auf Gegendarstellung nach dem PresseG)

3. Amtshaftungssachen ohne Rücksicht auf die Höhe des Streitwerts

Landgericht
Zivilkammer

Oberlandesgericht
Zivilsenat

Oberlandesgericht
Zivilsenat

Bundesgerichtshof

1. Instanz

Berufungsinstanz

Revisionsinstanz

● = Berufsrichter

[1] Wegen Besonderheiten des landgerichtlichen Verfahrens vgl. Kap. 38 A II 1 Fußnote 1.

Die wichtigsten Zuständigkeiten und der Instanzenzug der Strafgerichte

● = Berufsrichter   O = Schöffen

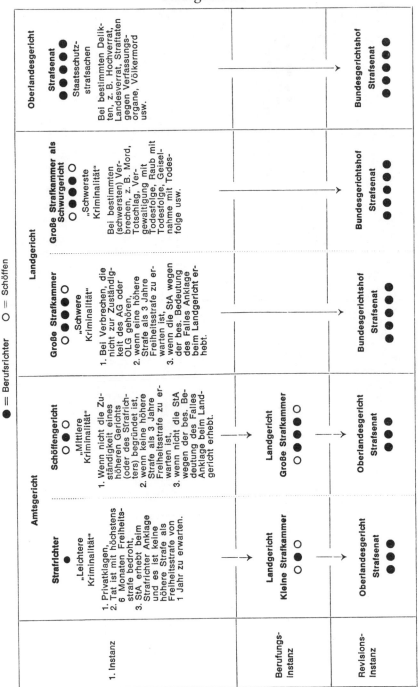

	Amtsgericht		Landgericht		Oberlandesgericht
1. Instanz	**Strafrichter** ● „Leichtere Kriminalität" 1. Privatklagen, 2. Tat ist mit höchstens 6 Monaten Freiheitsstrafe bedroht, 3. StA erhebt beim Strafrichter Anklage und es ist keine höhere Strafe als Freiheitsstrafe von 1 Jahr zu erwarten.	**Schöffengericht** O ● O „Mittlere Kriminalität" 1. Wenn nicht die Zuständigkeit eines höheren Gerichts (oder des Strafrichters) begründet ist, 2. wenn keine höhere Strafe als 3 Jahre Freiheitsstrafe zu erwarten ist, 3. wenn nicht die StA wegen der bes. Bedeutung des Falles Anklage beim Landgericht erhebt.	**Große Strafkammer** O ● ● O „Schwere Kriminalität" 1. Bei Verbrechen, die nicht zur Zuständigkeit des AG oder OLG gehören, 2. wenn eine höhere Strafe als 3 Jahre Freiheitsstrafe zu erwarten ist, 3. wenn die StA wegen der bes. Bedeutung des Falles Anklage beim Landgericht erhebt.	**Große Strafkammer als Schwurgericht** O ● ● ● O „Schwerste Kriminalität" Bei bestimmten (schwersten) Verbrechen, z. B. Mord, Totschlag, Vergewaltigung mit Todesfolge, Raub mit Todesfolge, Geiselnahme mit Todesfolge usw.	**Strafsenat** ● ● ● ● **Staatsschutzstrafsachen** Bei bestimmten Delikten, z. B. Hochverrat, Landesverrat, Straftaten gegen Verfassungsorgane, Völkermord usw.
Berufungs-Instanz	**Landgericht** **Kleine Strafkammer** ● O O	**Landgericht** **Große Strafkammer** O ● ● O			
Revisions-Instanz	**Oberlandesgericht** **Strafsenat** ● ● ●	**Oberlandesgericht** **Strafsenat** ● ● ●	**Bundesgerichtshof** **Strafsenat** ● ● ● ● ●	**Bundesgerichtshof** **Strafsenat** ● ● ● ● ●	**Bundesgerichtshof** **Strafsenat** ● ● ● ● ●

SACHVERZEICHNIS

Dieser Index ist so ausführlich gehalten, daß er demjenigen als Repetitorium dienen kann, der an Hand der einzelnen Stichwörter sein Wissen überprüft.

Bei mehrfach vorkommenden Stichwörtern sind die wichtigsten Fundstellen *kursiv* gedruckt.

Die mit einem Sternchen gekennzeichneten Stichwörter stehen in Fußnoten.

Rolf Stober

Grundgesetz der Bundesrepublik Deutschland

und Nebengesetze
Textausgabe mit Anmerkungen und Verweisungen

1978. 331 Seiten. Kst. DM 29,80
ISBN 3-17-002826-X

Richard Haase

Bürgerliches Gesetzbuch

und Nebengesetze
Textausgabe mit Anmerkungen und Verweisungen

3. erweiterte und überarbeitete Auflage 1980. 788 Seiten. Kst. DM 25,–
ISBN 3-17-004598-9

Hans G. Krause

Handelsrecht (ohne Seehandelsrecht)

Wechsel- und Scheckrecht, Bankbedingungen, Wettbewerbsrecht
Textausgabe mit Anmerkungen und Verweisungen

1976. 350 Seiten. Kst. DM 24,–
ISBN 3-17-002828-6

Hermann Fahse

Patentgesetz
Gebrauchsmustergesetz
Arbeitnehmererfindergesetz
und Warenzeichengesetz

Textausgabe mit Anmerkungen und Verweisungen

Ca. 280 Seiten. Kst. ca. DM 34,–
ISBN 3-17-005604-2

Verlag W. Kohlhammer
Stuttgart · Berlin · Köln · Mainz

Gelbe Reihe

Rudolf Schweickhardt (Hrsg.)
Allgemeines Verwaltungsrecht
2. Auflage 1980. Ca. 330 Seiten. Kart. ca. DM 39,–. ISBN 3-17-005971-8

Hans Büchner
Übungen und Fälle zum Allgemeinen Verwaltungsrecht
Ein Übungsbuch zur Methodik der Fallbearbeitung
1980. 160 Seiten. Kart. DM 25,–. ISBN 3-17-005529-1

Hans Thoma
Bürgerliches Recht · Besonderes Schuldrecht
1979. 274 Seiten. Kart. DM 29,80. ISBN 3-17-004415-X

Hans Thoma / Hans Krause
Bürgerliches Recht · Sachenrecht
Ca. 200 Seiten. Kart. ca. DM 29,–. ISBN 3-17-005167-9

Hans Krause / Hans Thoma
Strafrecht · Allgemeiner Teil
Eine Einführung mit Fällen und mit Hinweisen auf das Recht der Ordnungswidrigkeiten
2. neubearb. Auflage 1978. 132 Seiten. Kart. DM 19,80. ISBN 3-17-004861-9

Hans Krause / Hans Thoma
Das neue Strafrecht · Besonderer Teil
Eine Einführung mit Fallanleitung und mit Hinweisen auf das Recht der
Ordnungswidrigkeiten
1976. 136 Seiten. Kart. DM 18,80. ISBN 3-17-002530-9

Verlag W. Kohlhammer
Stuttgart · Berlin · Köln · Mainz